Finanças Aplicadas ao Brasil

Sobre os autores

Adriana Schor é mestre em economia pela PUC-Rio e doutoranda na USP.

Alexandre Barcinski é Ph.D. em economia pela Universidade de Chicago (EUA).

Alexandre Soriano é mestre em economia pela PUC-Rio e doutorando em economia na UCLA (EUA).

André Costa Carvalho é mestre em economia pela PUC-Rio e trabalha na Fiesp.

Cláudio Martinelli Braga é mestre em ciências da administração pelo Coppead/UFRJ, professor da Universidade de Salvador e da Faculdade de Tecnologia Empresarial e auditor da Secretaria da Fazenda do estado da Bahia.

Cristiano Fernandes é Ph.D. em estatística pela London School of Economics (Inglaterra) e professor do Departamento de Engenharia Elétrica da PUC-Rio.

Eduarda C. De La Rocque é doutora em economia pela PUC-Rio e trabalha na BBM Risk Control.

Franklin Gonçalves é Ph.D. em gestão de sistemas e negócios pelo MIT (EUA) e trabalha no Banco BBM.

Frederico Sampaio é mestre em economia pela PUC-Rio e trabalha na Petros.

Gabriela Bertol Domingues é mestre em economia pela PUC-Rio e trabalha no Banco Itaú.

Guilherme Ribenboim é mestre em economia pela PUC-Rio e trabalha na Yahoo do Brasil.

Gyorgy Varga é doutor em economia pela EPGE/FGV e trabalha na FCE.

João V. Issler é Ph.D. em economia pela Universidade da Califórnia em San Diego (EUA) e professor da EPGE/FGV.

Márcio Barros é doutor em ciência da computação pela Coppe/UFRJ e trabalha na BBM Risk Control.

Marco Bonomo é Ph.D. em economia pela Universidade de Princeton (EUA) e professor da EPGE/FGV.

Marcos Valli é mestre em matemática pelo Impa e trabalha na Valli & Campos Consultoria.

Natália Scotto Piqueira é mestre em economia pela EPGE/FGV e doutoranda na Universidade de Princeton (EUA).

Pedro L. Valls Pereira é Ph.D. em estatística pela London School of Economics (Inglaterra) e professor do Ibmec.

René Garcia é Ph.D. em economia pela Universidade de Princeton (EUA) e professor da Universidade de Montreal (Canadá).

Ricardo Pereira Câmara Leal é doutor em ciências da administração pelo Coppead/UFRJ e professor nessa instituição.

Ricardo Torres é mestre em economia pela PUC-Rio e consultor.

Sílvia Valadares é doutora em economia pela PUC-Rio e trabalha no Opportunity Asset Management.

Walter Novaes é Ph.D. em economia pelo MIT (EUA) e professor do Departamento de Economia da PUC-Rio.

Finanças Aplicadas ao Brasil

Organizador
Marco Bonomo

FGV
EDITORA

ISBN – 85-225-0390-7

Direitos desta edição reservados à
EDITORA FGV
Praia de Botafogo, 190 – 14º andar
22253-900 – Rio de Janeiro – Brasil
Tels.: 0800-21-7777 – 0-XX-21-2559-5543
Fax: 0-XX-21-2559-5532
e-mail: editora@fgv.br
http://www.fgv.br/editora

Impresso no Brasil / *Printed in Brazil*

1ª edição – 2002

Revisão de Originais: Luiz Alberto Monjardim

Revisão Técnica: Marcelo de Sales Pessoa

Editoração Eletrônica: Rio Texto

Revisão: Mauro Pinto de Faria e Sandra Pássaro

Capa: Alvaro Magalhães

Ficha catalográfica elaborada pela Biblioteca
Mario Henrique Simonsen/FGV

Finanças aplicadas ao Brasil / Marco Bonomo (org.). — Rio de Janeiro : Editora FGV, 2002.
484p.

Inclui bibliografia.

1. Finanças — Brasil. I. Bonomo, Marco Antônio César. II. Fundação Getulio Vargas.

CDD — 332.0981

Sumário

Parte II
TESTES DE MODELOS INTERTEMPORAIS DE APREÇAMENTO DE ATIVOS

Parte III
EFICIÊNCIA DO MERCADO DE AÇÕES BRASILEIRO

Parte IV
O MERCADO DE CONTROLE ACIONÁRIO NO BRASIL

Parte V
O MERCADO DE JUROS NO BRASIL

Prefácio

A idéia de publicar este trabalho surgiu no começo de 1999, quando várias teses sobre finanças aplicadas ao mercado brasileiro estavam sendo defendidas na PUC-Rio, e Márcio Garcia, membro de quase todas as bancas, sugeriu-me que escrevesse um livro com base nos resultados das teses que eu havia orientado, de modo a torná-los acessíveis aos pesquisadores e estudantes dessa disciplina no Brasil.

Então recém-contratado pela EPGE, fiz um rápido esboço do livro e mostrei-o aos meus colegas e ao nosso diretor, Clóvis de Faro. Diante do apoio recebido e do interesse demonstrado pela diretora da Editora FGV, Alzira Alves de Abreu, decidi pôr a idéia em prática. Ao longo do caminho fomos incorporando trabalhos de colegas como Ricardo Leal, João Issler, Gyorgy Varga e Franklin Gonçalves, além de Alexandre Barcinski, doutorando em Chicago.

Como vários daqueles trabalhos eram bastante relacionados, pareceu-me que os potenciais leitores deste livro se beneficiariam de uma breve introdução a cada uma das partes. Assim, pedi a Walter Novaes, co-orientador da tese de doutorado de Sílvia Valadares, que fizesse a introdução da parte IV, que trata dessa tese. Pedi também ao meu freqüente co-autor, René Garcia, de Montreal, que escrevesse uma introdução à parte V, contendo capítulos referentes à tese da Eduarda de La Rocque e outros que foram incorporados depois.

Este livro deu-me mais trabalho e demorou mais tempo para ser finalizado do que eu esperava, principalmente porque as urgências do dia-a-dia sempre me impediam de colocá-lo como prioridade. Somente pude concluir esta empreitada graças ao trabalho em lugares distantes da EPGE, como Mauá, Natal, Montreal e Comandatuba, e ao amor e paciência da minha esposa Juliana, nestas e em inúmeras outras ocasiões.

É importante registrar que neste último ano foram concluídas na EPGE muitas teses de finanças contendo contribuições relevantes para as finanças no Brasil. Mas, como o livro tinha que parar em algum lugar, elas ficam para o próximo, se houver.

Gostaria de registrar o meu débito intelectual para com John Campbell, meu professor de finanças e co-orientador de minha tese de doutorado, que continua sendo, a distância, uma contínua fonte de conhecimento e inspiração, e para com René Garcia, pelo aprendizado do trabalho empírico em nossas muitas colaborações. Gostaria de agradecer a José Alexandre Scheinkman, pelo apoio em muitas empreitadas e por ser motivo de orgulho para nós que fazemos finanças no Brasil.

Gostaria também de agradecer a Walter Novaes, Pedro Valls e Cristiano Fernandes, pelas co-orientações, a João Issler, Ricardo Leal, Gyorgy Varga, Alexandre Barcinski e Franklin Gonçalves, pelos seus trabalhos; a Flávia Graminho e Vanessa Moraes, estagiárias, e a Cristina Igreja, minha secretária, pelo apoio prestado; e especialmente ao meu chefe, Clóvis de Faro, pelo enorme apoio, incentivo e cobrança, e a Ivana Dall'Agnol, pelo infindável trabalho de revisão. Finalmente, o meu maior agradecimento vai para os meus ex-orientandos, sem os quais este livro não seria possível: Adriana Schor, André Costa Carvalho, Alexandre Soriano, Eduarda de La Rocque, Frederico Sampaio, Gabriela Bertol Domingues, Guilherme Ribenboim, Ricardo Torres e Sílvia Valadares.

PARTE I

Testes de modelos lineares: CAPM e APT

Introdução

Marco Bonomo

Os capítulos desta parte tratam de modelos lineares de fatores para apreçamento de ativos, entre os quais o célebre CAPM. O primeiro, de Ribenboim, começa por testar as duas versões incondicionais do modelo: a de Sharpe-Lintner, que requer a existência de ativo sem risco, e a de Black. O método de estimação utilizado é o de máxima verossimilhança, na hipótese de retornos normais e independentes e identicamente distribuídos (IID). A versão de Sharpe-Lintner é também testada utilizando o método dos momentos generalizados (GMM), que não requer hipóteses específicas sobre a distribuição dos retornos, permitindo heterocedasticidade e autocorrelação serial. Os testes são aplicados a carteiras de ações agrupadas por indústrias. Neles, Ribenboim utiliza dois grupos de sete indústrias, que diferem em relação à liquidez das ações envolvidas. Pretende, assim, verificar se a aderência do CAPM aos dados depende da liquidez das ações envolvidas. Ribenboim conclui que nenhum dos dois tipos de teste aplicados a quaisquer dos dois grupos de portfólios rejeita o CAPM em níveis de significância convencionais, embora o modelo tenha melhor aderência no grupo de carteiras de ações mais líquidas.

Apesar dos bons resultados obtidos com o CAPM incondicional, é pouco provável que o modelo tivesse o mesmo desempenho em amostra maior. É provável que os betas mudem com o tempo, de acordo com o conjunto de informação dos agentes, tornando mais plausível o CAPM condicional. O problema é que não observamos o conjunto de informação dos agentes, restando a alternativa de formular hipóteses paramétricas sobre a evolução temporal das covariâncias relevantes e supor que, como conseqüência, as expectativas dos agentes, por serem racionais, se atualizam da mesma forma.

O CAPM condicional permite que o prêmio de risco de um ativo possa mudar a partir da variação de um ou mais dos seguintes componentes: a variância condicional do retorno do portfólio de mercado, a covariância condicional entre o retorno do ativo e o retorno do portfólio de mercado, e o prêmio de risco do portfólio de mercado. Quando a covariância condicional entre cada ativo e o mercado é proporcional à variância condicional do mercado, recaímos no CAPM incondicional. Ribenboim segue Schwert e Seguin (1989) ao testar uma versão do CAPM condicional onde a covariância condicional de cada ativo com o mercado é uma função linear da variância do mercado. Sendo assim, as covariâncias condicionais de alguns ativos podem aumentar mais que proporcionalmente com a variância do mercado, ao passo que as de outros, menos que proporcionalmente. Os resultados de Ribenboim não são muito favoráveis a essa formulação. Em primeiro lugar, essa versão do CAPM condicional é rejeitada pelos dados para o grupo de carteiras mais líquidas. Além do mais, a restrição de que todas as covariâncias condicionais são proporcionais à variância condicional do mercado não pode ser rejeitada para nenhum dos dois grupos a 5% de significância (embora os resultados mudem se adotarmos nível de significância de 10%).

No capítulo 2, Bonomo e Garcia testam outra versão do CAPM condicional, formulada por Bodurtha e Mark (1991). No modelo testado, ambos os componentes do beta de um ativo — a variância do retorno de mercado e a covariância entre o retorno do portfólio de mercado e o retorno do ativo — seguem um processo ARCH. Essa foi a modelagem escolhida porque os dados brasileiros revelavam a existência de autocorrelação serial na série do quadrado do retorno dos ativos. Por outro lado, o modelo especificado permite achar estimadores mais resistentes à mudanças estruturais. O modelo é testado através de três carteiras de tamanhos diferentes.

Diferentemente da evidência para os EUA, os retornos médios das carteiras têm relação crescente com o tamanho, tendo a carteira de tamanho maior retorno substancialmente mais alto que as outras duas. Em primeiro lugar, um CAPM incondicional é estimado por GMM e testado. O teste de sobreidentificação não rejeita o modelo, mas a ordem dos retornos das carteiras não é monotonicamente relacionada à ordem dos betas estimados. O CAPM condicional baseado em efeitos ARCH é, em seguida, estimado por GMM. Ele parece capturar melhor a dinâmica das medidas de risco e dos retornos esperados, pois a restrição de beta constante é fortemente rejeitada. Os betas médios das carteiras agora estão alinhados com o ordenamento dos retornos médios, embora os retornos médios das três carteiras sejam maiores do que os explicados pelo modelo. Além do mais, o teste de sobreidentificação não rejeita o CAPM condicional com efeitos ARCH.

Uma curiosidade natural que surge a partir dos estudos acima é se outros modelos de fatores teriam bom desempenho para explicar os retornos no Brasil. Os modelos lineares de fatores não requerem que os fatores façam sentido economicamente ou mesmo que sejam observáveis. Um dos modelos de fatores mais bem-sucedidos empiricamente é o proposto por Fama e French (1996), que tem como fatores, além da carteira de mercado, a diferença de retorno entre uma carteira de ações pequenas e outra de ações grandes, bem como a diferença de retorno entre carteiras de ações com uma razão valor contábil/preço de mercado alta ou baixa. Esse modelo, entretanto, traz alguns problemas para a interpretação racional por causa do significado econômico dos fatores. É difícil explicar, por exemplo, o expressivo prêmio de risco embutido no preço de uma ação com alta relação entre valor contábil e valor de mercado, mesmo depois de controlado por medidas de risco convencionais.

Como economistas, gostamos de entender nossos resultados; portanto, ao adicionar outros fatores de risco comuns aos ativos, as variáveis macroeconômicas aparecem como candidatas naturais. Além disso, um modelo de risco baseado em variáveis macroeconômicas permite a investidores com opiniões diferentes da média em relação à evolução futura das variáveis macroeconômicas fazer suas apostas correspondentes em termos da carteira de ações. No último capítulo desta parte, Schor, Bonomo e Valls propõem e testam um modelo de fatores macroeconômicos para o Brasil, nos moldes do modelo de Chen, Roll e Ross (1986) para os EUA. A abordagem para estimação segue a de McElroy e Burmeister (1988), que, em vez de utilizar o procedimento em dois estágios de Fama e MacBeth (1973), o tratam como um sistema de equações não-lineares com uma restrição entre as equações. O modelo foi testado utilizando-se excessos de retorno em relação ao CDI de 10 carteiras selecionadas com base em indústria. Os fatores macroeconômicos escolhidos foram risco de crédito, inflação inesperada, taxa real de juros e produção industrial, além do excesso de retorno do portfólio do mercado. As estimativas das cargas dos fatores encontradas são significativamente diferentes de zero para a maior parte dos portfólios e para todos os fatores, com exceção do produto industrial. A restrição de que o único fator explicativo é a carteira do mercado é rejeitada fortemente, e a restrição que o modelo linear de fatores impõe aos retornos médios é aceita. Ambos os resultados corroboram a formulação do processo gerador de retornos do APT. Infelizmente, os prêmios de risco estimados dos fatores, apesar de terem magnitudes importantes, não são significativamente diferentes de zero. Certamente nossos resultados devem ser qualificados por problemas da estimação, como o pequeno tamanho da amostra e a grande variabilidade do excesso de retorno das ações no Brasil. Mas não devemos descartar a possibilidade de que esses fatores macroeconômicos, embora relevantes para explicar o risco, têm sido irrelevantes para explicar o preço das ações no Brasil.

Referências bibliográficas

Bodurtha, J. M. & Mark, Nelson C. Testing the CAPM with time-varying risks and returns. *Journal of Finance, 46*(4):1.485-505, 1991.

Chen, N-F.; Roll, R. & Ross, S. Economics forces and the stock market. *Journal of Business, 59*(3), 1986.

Fama, Eugene F. & French, Kenneth R. Multifactor explanations of asset pricing anomalies. *Journal of Finance, 51*:55-84, 1996.

— & MacBeth, J. D. Risk, return, and equilibrium: empirical tests. *Journal of Political Economy, 81*, 1973.

McElroy, M. B. & Burmeister, E. Arbitrage pricing theory as a restricted nonlinear multivariate regression model. *Journal of Business & Economic Statistics, 6*(1), Jan. 1988.

Schwert, William G. & Seguin, Paul J. Heteroskedasticity in stock returns. NBER, 1989. (Working Paper, 2.956.)

CAPÍTULO 1

Testes de versões do modelo CAPM no Brasil

Guilherme Ribenboim

Introdução

Um dos maiores desafios dos pesquisadores em finanças é estudar o *trade-off* entre o risco e o retorno dos ativos de mercado. O bom senso nos levaria a afirmar que, quanto maior o risco de um ativo, maior o retorno a ele associado. Markowitz (1959) desenvolveu a base da pesquisa que relacionaria risco e retorno, culminando com o CAPM (*capital asset pricing model*). Seu artigo tentava relacionar a escolha ótima dos agentes ao *trade-off* retorno esperado-variância. Os agentes estariam interessados em guardar ativos ou portfólios de ativos que pudessem garantir-lhes, dado o retorno esperado, a menor variância, ou risco, possível.

Sharpe (1964) e Lintner (1965b), a partir do artigo de Markowitz, desenvolveram o CAPM, que vem a ser o primeiro e mais famoso e utilizado modelo de apreçamento de ativos. Seguem-se aos artigos originais importantes derivações do modelo de Sharpe-Lintner. Lintner (1969) focalizou o retorno dos ativos em termos reais. Brennan (1970) se preocupou com os resultados com o efeito de impostos. Black (1972) escreveu uma versão onde não temos o ativo sem risco no mercado. Rubinstein (1974) desenvolveu o CAPM para uma classe menos restritiva de funções de utilidade. Kraus e Litzenberger (1976) levaram em consideração o terceiro momento da distribuição dos retornos. Finalmente, Markowitz (1990) desenvolveu uma versão com restrição em *short sales*.

Os resultados empíricos do modelo CAPM com os dados da economia americana nos permitem vislumbrar um campo para testes similares com séries de dados de ações brasileiras. Este capítulo visa discutir a validade do modelo teórico do CAPM para a economia brasileira.

O capítulo se divide em quatro seções. Na primeira apresentamos as condições pelas quais chegamos ao modelo CAPM, tanto para a versão de Sharpe-Lintner, conhecida como CAPM convencional, quanto para a versão de Black, conhecida como *zero-beta capital asset pricing model*. Na segunda derivamos o arcabouço empírico para testar o CAPM. A seção se divide em três partes. Na primeira parte testamos a versão de Sharpe-Lintner e a de Black, assumindo as hipóteses de que os retornos dos ativos tenham distribuição normal e sejam independentes e identicamente distribuídos (IID). Na segunda parte identificamos a forma de testar o CAPM sem as hipóteses da primeira parte. Por fim, discutimos o CAPM condicional e propomos uma forma de testar a validade do modelo com beta variando em função do tempo. Na terceira seção apresentamos os resultados e as análises dos testes propostos na segunda seção, comparando os resultados brasileiros aos obtidos com dados da economia americana. A última seção apresenta a conclusão com a síntese dos resultados.

O modelo CAPM

O modelo CAPM é obtido das condições de primeira ordem para que um portfólio seja de fronteira e das condições de *market clearing*. Esse resultado é obtido a partir do fato de que qualquer portfólio que seja uma combinação linear de portfólios de fronteira (PF) é igualmente de fronteira, e também a partir das condições necessárias e suficientes para que a escolha ótima de um indivíduo seja um PF. Nesse caso, a condição de *market clearing* implica que o portfólio de mercado seja uma combinação convexa dos portfólios ótimos escolhidos na alocação ótima dos indivíduos e que, conseqüentemente, seja também um portfólio de fronteira. O CAPM é obtido a partir desse resultado, uma vez que o portfólio de mercado é identificado como um PF.

Para chegar a esse resultado é preciso, em primeiro lugar, definir o conceito de separação em dois fundos. Tem-se separação em dois fundos quando, dado um portfólio factível, existe um portfólio formado por dois fundos mútuos de tal modo que um indivíduo o prefira fracamente em relação ao portfólio original. Podemos identificar esses dois fundos mútuos como portfólios de fronteira. O fato de esses dois portfólios serem de fronteira garante que qualquer combinação linear deles também o seja. Como o vetor de pesos de qualquer PF é unicamente determinado e quaisquer dois portfólios de fronteira geram toda a fronteira, quaisquer dois portfólios na fronteira podem ser fundos mútuos, o que implica que cada indivíduo detém um PF. O mercado em equilíbrio implica que o portfólio de mercado é uma combinação convexa de portfólios de fronteira e que, portanto, também será de fronteira.

Podemos escrever o retorno esperado de um portfólio qualquer **q**, desde que o portfólio **p** seja de fronteira, mas não o de mínima variância, como:

$$E[\tilde{r}_q] = (1 - \beta_{qp})\, E[\tilde{r}_{zc(p)}] + \beta_{qp}\, E[\tilde{r}_p]$$

onde $E[\tilde{r}_q]$ é o retorno esperado do portfólio **q**, $E[\tilde{r}_p]$ é o retorno esperado do portfólio **p**, e $E[\tilde{r}_{zc(p)}]$ é o retorno esperado do portfólio que covaria zero com o portfólio **p**, e

$$\beta_{qp} = \frac{\mathrm{Cov}(\tilde{r}_q, \tilde{r}_p)}{\mathrm{Var}(\tilde{r}_p)}$$

Como descrito acima, quando temos separação em dois fundos, o portfólio de mercado **m** está na fronteira em equilíbrio; então podemos escrever:

$$E[\tilde{r}_q] = (1 - \beta_{qm})\, E[\tilde{r}_{zc(m)}] + \beta_{qm}\, E[\tilde{r}_m]$$

onde $\tilde{r}_m = \sum_{j=1}^{N} w_{mj}\tilde{r}_j$ é o retorno do portfólio de mercado em que cada ativo j entra com peso w_{mj}.

Como qualquer ativo com risco é por si só um portfólio de peso um neste ativo e de peso zero no resto, temos:

$$E[\tilde{r}_j] = (1 - \beta_{jm})\, E[\tilde{r}_{zc(m)}] + \beta_{jm}\, E[\tilde{r}_m] \quad \forall j = 1, 2, \ldots, N \tag{1}$$

Assumindo algumas hipóteses adicionais, garantimos que todos os indivíduos reterão portfólios eficientes, o que garante que, em equilíbrio, o portfólio de mercado também seja eficiente.[1] Assim:

$$E(rm) - E(rzc(p)) > 0 \tag{2}$$

As equações 1 e 2, conjuntamente, são identificadas como o *zero-beta capital pricing model*, o CAPM na versão de Black.

A existência de um ativo sem risco e um raciocínio similar nos levam ao CAPM da versão de Sharpe-Lintner:

$$E[\tilde{r}_q] - r_f = \beta_{qm}\,(E[\tilde{r}_m] - r_f)$$

onde r_f corresponde ao retorno do ativo sem risco.

---

[1] O portfólio de mercado é dito eficiente desde que $E(rm) - E(rzc(m)) > 0$, onde o portfólio que covaria zero com mercado ($zc(m)$) pertence à fronteira ineficiente, no sentido de que existe um portfólio com mesmo retorno e variância menor.

Testes empíricos

Nesta seção trataremos de abordar os testes empíricos existentes para se testar o zero-beta CAPM e o CAPM convencional. Assumiremos que os retornos são independentes e normalmente distribuídos. Esses pressupostos tornam a análise empírica consistente com o CAPM sendo mantido período a período. Entretanto, a validade desses pressupostos é questionável. Evidências contra a normalidade, a presença de heterocedasticidade e a existência de autocorrelação no retorno dos ativos são abundantes na literatura.[2]

Versão de Sharpe-Lintner

Em primeiro, lugar, abordaremos os testes da versão de Sharpe-Lintner do CAPM. Definam-se:

$$Z_t = \alpha + \beta Z_{mt} + \varepsilon_t \tag{3}$$

$$E[\varepsilon_t] = 0,\ E[\varepsilon_t \varepsilon_t'] = \Sigma,\ E[Z_{mt}] = \mu_m,\ E[(Z_{mt} - \mu_m)^2] = \sigma_m^2,\ \text{Cov}[Z_{mt}, \varepsilon_t] = 0 \tag{4}$$

onde β é o vetor $N \times 1$ de betas, Z_{mt} é o excesso de retorno do portfólio de mercado sobre o ativo sem risco no período t, e α e ε_t são os $N \times 1$ vetores de intercepto do retorno dos ativos e distúrbios, respectivamente. Para que seja atendida a versão de Sharpe-Lintner do CAPM é necessário que o vetor α seja igual a zero. Nesse caso, a *proxy* do portfólio de mercado efetivamente será um portfólio de fronteira e valerá o CAPM.

Os estimadores do modelo econométrico compreendido pelas equações (3) e (4) serão obtidos por máxima verossimilhança. A função densidade do excesso de retorno condicional ao excesso de retorno do portfólio de mercado é obtida facilmente, devido à hipótese de normalidade e independência dos ativos. A função de máxima verossimilhança será:

$$L(\alpha, \beta, \Sigma) = -\frac{NT}{2} ln(2\pi) - \frac{T}{2} ln|\Sigma| - \frac{1}{2}\sum_{t=1}^{T}(Z_t - \alpha - \beta Z_{mt})' \Sigma^{-1} (Z_t - \alpha - \beta Z_{mt}) \tag{5}$$

As características dos estimadores de máxima verossimilhança são desejáveis, pois obtemos consistência e eficiência assintótica. Diferenciando a equação (5) em relação a α, β e Σ igualando a zero, obtemos os estimadores de *MV*. As distribuições dos estimadores são:

---

[2] Para evidência contra a normalidade, ver Fama (1965, 1976), Blattberg & Gonedes (1974), Affleck-Graves & McDonald (1989) e Campbell, Lo & MacKinlay (1997). Para uma resenha das evidências de heterocedasticidade e autocorrelação no retorno dos ativos, ver Campbell, Lo & MacKinlay (1997).

$$\hat{\alpha} \sim N(\alpha, \frac{1}{T}\left[1 + \frac{\bar{z}_m^2}{\hat{\sigma}_m^2}\right]\Sigma)$$

$$\hat{\beta} \sim N(\beta, \frac{1}{T}\left[\frac{1}{\hat{\sigma}_m^2}\right]\Sigma)$$

$$T\hat{\Sigma} \sim \text{Wishart } (T-2, \Sigma)$$

A distribuição Wishart é uma generalização da distribuição qui-quadrado.

Usando o modelo irrestrito, podemos formar a estatística do teste de Wald para a hipótese nula:

$$H_0: \alpha = 0$$

$$H_1: \alpha \neq 0$$

O fato de termos amostra finita torna necessária uma correção na estatística do teste de Wald, que se trata de um caso assintótico. Para tanto, usa-se o resultado obtido por Muirhead (1982), o que fornece a estatística do teste "corrigida" para o caso de amostras finitas:

$$\theta_1 = \frac{(T-N-1)}{N}[1 + \frac{\bar{z}_m^2}{\bar{\sigma}_m^2}]^{-1}\hat{\alpha}, \hat{\Sigma}^{-1}\hat{\alpha} \sim F(N, T-N-1)$$

Outro teste possível é o da razão de verossimilhança. Para obter a estatística do teste, devemos primeiramente estimar o modelo restrito, impondo a condição de que seja igual a zero. Esses estimadores são obtidos da equação (5), impondo-se $\alpha = 0$. Obtemos assim os estimadores $\hat{\beta}^*$ e $\hat{\Sigma}^*$.

O teste da hipótese nula é feito a partir da estatística abaixo. Essa estatística, proposta por Jobson e Korkie (1982), já se apresenta ajustada para o caso de amostras finitas.

$$\theta_2 = (T - \frac{N}{2} - 2)[ln|\hat{\Sigma}^*| - ln|\hat{\Sigma}|] \sim \chi_N^2$$

Versão de Black

O modelo de Black parte da hipótese de ausência de ativo sem risco. O valor esperado do retorno que covaria zero com o portfólio de mercado é tratado como não-observável e será um dos parâmetros a ser estimado. Podemos escrever o modelo de Black como:

$$E[R_t] = (\iota - \beta)\,\gamma + \beta E[R_{mt}]$$

onde γ é o valor esperado do portfólio que covaria zero com o portfólio de mercado e ι é o vetor de 1's.

A fim de testar a versão de Black, podemos escrever o modelo testável como:

$$R_t = \alpha + \beta R_{mt} + \varepsilon_t$$

$$E[\varepsilon_t] = 0,\ E[\varepsilon_t \varepsilon_t'] = \Sigma,\ E[R_{mt}] = \mu_m,\ E[(R_{mt} - \mu_m)^2] = \sigma_m^2,\ \mathrm{Cov}[R_{mt}, \varepsilon_t] = 0$$

onde β é o vetor $N \times 1$ de betas, R_{mt} é o retorno real do portfólio de mercado no período t, e α e ε_t são os $N \times 1$ vetores de intercepto do retorno dos ativos e distúrbios, respectivamente.

A hipótese a ser testada para aceitarmos o modelo é:

$$H_0\colon \alpha = (\iota - \beta)\gamma$$

A estimativa dos parâmetros dessa versão é mais complicada do que na versão de Sharpe-Lintner, uma vez que representa uma restrição não-linear.

As hipóteses nula e alternativa para o teste do modelo são:

$$H_0\colon \alpha = (\iota - \beta)\gamma$$

$$H_1\colon \alpha \neq (\iota - \beta)\gamma$$

A estatística para o teste desse modelo pode ser construída de maneira análoga à estatística da versão de Sharpe-Lintner:

$$\theta_3 = (T - \frac{N}{2} - 2)\,[ln|\hat{\Sigma}^*| - ln|\hat{\Sigma}|] \sim \chi^2_{N-1}$$

Essa estatística já foi corrigida para amostras finitas.

A derivação dessa estatística de teste pode ser obtida a partir de argumentos intuitivos. Podemos escrevê-la, como:

$$-2[ln|\hat{\Sigma}^*| - ln|\hat{\Sigma}|] = T ln \left(\frac{1 + \left(\frac{\overline{R}_h}{\hat{\sigma}_h} \right)^2}{1 + \left(\frac{\overline{R}_m}{\hat{\sigma}_m} \right)^2} \right)$$

O portfólio **h** é o de maior razão de variabilidade (média do excesso de retorno sobre o desvio-padrão) utilizando os estimadores não-restritos. Esse portfólio se encontra na fronteira. $\bar{R}_h$ e $\hat{\sigma}_h$ são, respectivamente, a média amostral e o desvio-padrão do portfólio **h**. $\bar{R}_m$ e $\hat{\sigma}_m$ são, respectivamente, a média amostral e o desvio-padrão da *proxy* de mercado. Assim, a estatística pode ser vista como um teste que relaciona a razão de variabilidade da *proxy* de mercado com a maior razão de variabilidade de um portfólio de fronteira. Caso a *proxy* de mercado esteja efetivamente na fronteira, a estatística deverá ter um valor próximo de zero e não será possível rejeitar o modelo.

Para obter o estimador da matriz de variância-covariância do modelo não-restrito, $\hat{\Sigma}$, devemos encontrar os estimadores que maximizam a função de máxima verossimilhança análoga à equação (5), só que, em vez de utilizar o excesso de retorno sobre o ativo sem risco, nesse caso utilizaremos o retorno real dos ativos e do portfólio de mercado.

Finalmente, para obter a matriz de variância-covariância do modelo restrito, $\hat{\Sigma}^*$, devemos maximizar a função de máxima verossimilhança:

$$L(\gamma, \beta, \Sigma) = -\frac{NT}{2} ln(2\pi) - \frac{T}{2} ln|\Sigma| - \frac{1}{2} \sum_{t=1}^{T} (R_t - \gamma(\iota - \beta) - \beta R_{mt})' \Sigma^{-1} (R_t - \gamma(\iota - \beta) - \beta R_{mt})$$

A estimativa dos parâmetros que maximizam essa função é bastante complicada, como será posteriormente explicado. A literatura recomenda que sejam atribuídos valores iniciais para os estimadores de β e Σ; para tanto, usaremos os estimadores obtidos na maximização não-restrita descrita acima.

Estimação por GMM

Até aqui assumimos que os retornos dos ativos e do portfólio de mercado eram normalmente distribuídos e IID. Essas hipóteses são irrealistas, pois, na literatura, diversos artigos mostram que, na prática, o retorno dos ativos não tem distribuição normal.[3] Outros chamam a atenção também para a presença de heterocedasticidade e autocorrelação no retorno dos ativos de mercado.[4]

A existência de normalidade no retorno dos ativos é uma condição suficiente mas não necessária para derivarmos o CAPM. Ao assumirmos que os retornos são normalmente distribuídos estamos facilitando a análise estatística adotada. Sem esta hipótese as propriedades de amostra finita do CAPM são mais difíceis de serem derivadas.

Com relação à presença de autocorrelação, podemos afirmar que o modelo CAPM com beta constante se baseia na premissa de não-existência de dependência temporal entre os ativos. Entretanto, segundo Campbell, apesar de nesse caso o

---

[3] Ver Fama (1965, 1976); Blattberg & Gonedes (1974); e Affleck-Graves & McDonald (1989).
[4] Ver Schwert & Seguin (1989).

modelo teórico ser pouco provável, isso não tira o interesse de testarmos o modelo CAPM empiricamente. Para tal, devemos relaxar as hipóteses até aqui adotadas.

Ao adotar o procedimento de estimação do modelo CAPM da versão Sharpe assumindo normalidade, estamos estimando uma matriz de covariância dos estimadores de forma incorreta. Isso cria um viés nas estatísticas dos testes de hipóteses. MacKynlay e Richardson (1991) quantificam o viés e mostram que, ao assumir a hipótese de normalidade em detrimento da hipótese de que os retornos tenham distribuição *t* de Student, estaremos rejeitando a hipótese nula de validade do modelo mais freqüentemente do que deveríamos.[5] Esse viés é reflexo do fato de que a variância condicional dos erros no modelo, que assume normalidade, não é mais independente do retorno dos ativos.[6]

Para resolver o problema de robustez nos testes do CAPM, devemos testá-lo utilizando o método dos momentos generalizados (GMM). Os testes com GMM nos garantem robustez dos resultados mesmo na presença de dependência serial e heterocedasticidade no retorno condicionado dos ativos do mercado. Nesse caso precisamos assumir apenas que o excesso de retorno dos ativos sobre o portfólio de mercado é estacionário e ergódigo no quarto momento.[7]

Para utilizar o GMM devemos construir um vetor de momentos condicionados com esperança igual a zero. Os resíduos serão utilizados como um dos vetores, e o outro será dado pelo produto do excesso de retorno do portfólio de mercado e o vetor de resíduos. Devemos construir uma função $f_t(\theta)$, tal que:

$$f_t(\theta) = h_t \otimes \varepsilon_t$$

onde $h_t' = [1\ Z_{mt}]$, $\varepsilon_t = Z_t - \alpha - \beta Z_m$, e $\theta' = [\alpha'\ \beta']$. A especificação do modelo acima implica que $E[f_t(\theta_0)] = 0$, onde θ_0 é o vetor de parâmetros verdadeiros do modelo. Essa é a base do teste do GMM. O procedimento é encontrar um estimador que faça com que a combinação linear da média amostral dos momentos condicionados seja zero. A média amostral pode ser descrita como:

$$g_T(\theta) = \frac{1}{T}\sum_{t=1}^{T} f_t(\theta)$$

O estimador do GMM, $\hat{\theta}$, será tal que minimize a forma quadrática

$$Q_T(\theta) = g_T(\theta)'\, W g_T(\theta)$$

---

[5] Ver Ingersoll (1987) para uma discussão sobre a aproximação do retorno dos ativos por uma distribuição *t* de Student.

[6] Ver MacKinlay & Richardson (1991).

[7] Ver Hansen (1982) para detalhes técnicos.

onde W é a matriz positiva definida de pesos ($2N \times 2N$), onde N é o número de portfólios a serem utilizados na regressão. Como esse sistema é exatamente identificado, a minimização da forma quadrática será dada onde $g_T(\theta) = 0$ para qualquer matriz de pesos W. Os estimadores do GMM são idênticos aos estimadores de máxima verossimilhança estimados nas outras seções. Isso não é surpresa, pois o nosso sistema é exatamente identificado e as variáveis instrumentais são as mesmas utilizadas na estimação do modelo por ML.

A vantagem do GMM está na robustez da matriz de covariância dos estimadores, o que permite maior segurança no teste de hipótese da validade do modelo CAPM. Assim, a variância dos estimadores $\hat{\alpha}$ e $\hat{\beta}$ difere da variância dos estimadores encontrados na maximização da função de verossimilhança. A matriz de covariância de $\hat{\theta}$ é dada por:

$$V = [D_0' S_0^{-1} D_0]^{-1}$$

onde

$$D_0 = E\left[\frac{\partial g_T(\theta)}{\partial \theta'}\right]$$

e

$$S_0 = \sum_{1=-\infty}^{+\infty} E[f_t(\theta) f_{t-1}(\theta)']$$

A distribuição assintótica de $\hat{\theta}$ é normal, dada por:

$$\hat{\theta} \sim N\left(\theta, \frac{1}{T}[D_0' S_0^{-1} D_0]^{-1}\right) \qquad (6)$$

Precisamos, para aplicar o resultado de (6), de estimadores consistentes para as matrizes D_0 e S_0, que são desconhecidas. Campbell, Lo e MacKinlay (1997) discutem os métodos existentes para encontrarmos os estimadores consistentes. Usaremos

$$D_0 = -\begin{bmatrix} 1 & \mu_m \\ \mu_m & (\sigma_m^2 + \mu_m^2) \end{bmatrix} \otimes I_N$$

A fim de computar uma matriz consistente para S_0 é necessário assumir que a soma dos termos da matriz seja finita.[8] Na prática temos dificuldade para encon-

[8] Para uma discussão dos procedimentos de estimarmos as matrizes D_T e S_T, ver Hansen & Singleton (1982), Eichenbaum, Hansen & Singleton (1988), Newey & West (1987) e Richardson & Smith (1994).

trar um estimador para S_0, pois, numa amostra finita, existem apenas finitas autocovariâncias; portanto, não podemos permitir que o número de autocovariâncias estimadas cresça muito rapidamente. Usaremos o estimador proposto por Newey e West (1987):

$$S_T(q, \hat{\theta}_T) = \Gamma_{0,T}(\hat{\theta}_T) + \sum_{j=1}^{q}\left(\frac{q-j}{q}\right)(\Gamma_{j,T}(\hat{\theta}_T) + (\Gamma'_{0,T}(\hat{\theta}_T))$$

onde

$$\Gamma_{j,T}(\hat{\theta}_T) \equiv T^{-1} \sum_{t=j+1}^{T} f_t(\hat{\theta}_T) f_{t-j}(\hat{\theta}_T)'$$

q crescerá com o tamanho da amostra; observe-se que q – 1 será o máximo de *lags* para o cálculo da autocovariância que receberão valores diferentes de zero. O estimador de Newey-West garante que o estimador de S_0 será positivo definido.

Observe-se que, no caso de não termos autocorrelação entre os retornos dos ativos, q será igual a zero. MacKinlay e Richardson (1991) testam o modelo CAPM por GMM assumindo que não existe autocorrelação serial entre os ativos e, portanto, um q igual a 1.

Com esses estimadores, podemos construir a estatística que usaremos para testar a hipótese nula do CAPM de Sharpe: $\alpha = 0$.

$$\theta_4 = T\hat{\alpha}[R[D'_T S_T D_T]^{-1} R']^{-1}\hat{\alpha}$$

onde

$$R = I_N \otimes (1\ 0) \text{ e } R\hat{\theta} = \hat{\alpha}.$$

Essa estatística converge assintoticamente para uma qui-quadrado com N graus de liberdade. Na seção seguinte iremos testar o modelo GMM em duas situações. Primeiro, atribuindo um q igual a 1; depois, assumindo q igual a 4.

CAPM condicional

Até aqui discutimos especificações do modelo com beta constante. Entretanto, a literatura recente em testes do modelo CAPM tem-se concentrado em estimar o modelo com o beta variando no tempo.[9] Esses modelos são conhecidos como versões condicionais do CAPM de Sharpe-Lintner. O CAPM condicional é uma forma conveniente para incorporar variâncias e covariâncias que se modificam ao longo do tempo, o que empiricamente verificamos em séries temporais em finanças. Assim, no caso condicional o modelo CAPM seria escrito como:

---

[9] Ver Engel & Rodrigues (1989); Bollerslev, Engle & Wooldridge (1988); Mark (1988); Harvey (1989); Huang & Chang (1990); Shanken (1990); Ng (1991); e Bodurtha & Mark (1991). Estes artigos relaxam a hipótese da variância e covariância do retorno dos portfólios serem constantes.

$$E(R_{it} \setminus I_{t-1}) = \beta_{iI_{t-1}} E(R_{mt} \setminus I_{t-1})$$

onde

$$\beta_{iI_{t-1}} = \frac{\text{cov}(R_{it}, R_{mt} \setminus I_{t-1})}{\text{var}(R_{mt} \setminus I_{t-1})}$$

Em que $E(\setminus I_{t-1})$ é a esperança condicionada ao conjunto de informações existentes para os investidores em $t-1$. O CAPM condicional permite que o prêmio de risco do ativo i possa variar a partir da variação de três componentes: a variância condicional do retorno do portfólio de mercado, a covariância condicional entre o retorno do ativo i e o retorno do portfólio de mercado, e o prêmio de risco do portfólio de mercado.

O exame do CAPM condicional é importante, pois a especificação do CAPM não-condicional pode levar a conclusões erradas quanto à validade do modelo.[10] Diversos artigos utilizando dados americanos mostraram que o CAPM não-condicional não é válido quando estamos analisando períodos de tempo muito extensos. Uma das possíveis explicações seria o fato de não estarmos incorporando as informações existentes em cada período na modelagem dos testes.

O fato de o CAPM não-condicional não valer não significa que o CAPM condicional também não valha. Poderíamos pensar o CAPM não-condicional como o CAPM condicionado a um conjunto de informações formado por um conjunto vazio. Então poderíamos afirmar que, se o CAPM não-condicional vale, também vale o CAPM condicional, mas a recíproca não é verdadeira.

Analisando o CAPM de forma pragmática, a maioria dos artigos concorda que o modelo não é "literalmente" verdadeiro. A especificação do modelo é obtida num cenário estático e só valeria intertemporalmente admitindo-se fortes premissas.[11] Entretanto, como nenhuma teoria representa exatamente a realidade, o CAPM continua sendo válido como *benchmark* se for validado empiricamente.

Na modelagem mais recente de testes do CAPM condicional, os artigos têm-se concentrado em incorporar processos ARCH e GARCH na variância do retorno do portfólio de mercado e na covariância entre o retorno dos ativos e do portfólio de mercado. Bonomo e Garcia (ver capítulo 3) testam o modelo CAPM condicional com dados brasileiros através de uma versão proposta por Bodurtha e Mark (1991). No modelo testado, ambos os componentes de beta, a variância do retorno de mercado e a covariância entre o retorno do portfólio de mercado e o retorno de um ativo i, seguem um processo ARCH. Essa foi a modelagem escolhida porque os

---

[10] Ver Hansen & Richard (1987).

[11] O CAPM tradicional só valeria intertemporalmente sob uma de três condições: a) os investidores terem funções de utilidade logarítmicas; b) o retorno do portfólio de mercado e o retorno do ativo sem risco serem observáveis e condicionalmente eficientes; e c) o retorno do portfólio de mercado ser igual a $m/(E(m^2 \setminus I)$, onde m é a taxa marginal de substituição intertemporal, e I, o conjunto de informações.

dados brasileiros revelavam autocorrelação na série do quadrado do retorno dos ativos. Por outro lado, o modelo especificado nos permite achar estimadores mais robustos para mudanças estruturais.

Outra forma de testar o CAPM condicional foi proposta por Schwert e Seguin (1989). No artigo os autores o estimam pelo método de mínimos quadrados ponderados (WLS) iterados proposto por Glejser (1969). Essa modelagem é robusta para a existência de heterocedasticidade e incorpora no modelo tradicional do CAPM uma variável que capta a heterogeneidade da heterocedasticidade do retorno dos ativos. Os testes originais dos autores visam explicar o viés que existe nos testes de portfólios de firmas de tamanho diferenciado. Portfólios formados por firmas pequenas têm, em média, retornos maiores do que o implicado pelo modelo CAPM, ocorrendo o contrário para portfólios formados por firmas grandes.

É fácil adaptar esse teste para o caso genérico onde o nosso interesse é apenas testar o modelo CAPM condicional *versus* o não-condicional. O modelo CAPM convencional que conhecemos:

$$R_{it} = \alpha_i + \beta_i R_{et} + \varepsilon_{it} \qquad t = 1, \ldots, T$$

onde R_{et} é o excesso de retorno do portfólio de mercado. O coeficiente β_i é a medida do risco não-diversificado do ativo i como parte do portfólio de mercado. O coeficiente β_i pode ser escrito como uma combinação linear dos elementos da matriz de covariância do retorno dos ativos no portfólio de mercado. Assim, temos:

$$\beta_i = \sum_{i=1}^{N} w_j \sigma_{ij} \Big/ \sum_{i=1}^{N}\sum_{j=1}^{N} w_i w_j \sigma_{ij} \tag{7}$$

Schwert e Seguin (1989) propõem um modelo de heterocedasticidade do retorno dos ativos dado por:

$$\text{cov}_{t-1}(R_{it}, R_{jt}) = a_{0ij} + a_{1ij}\sigma^2_{t-1}(R_{et}) \tag{8}$$

onde cov_{t-1} é o operador de covariância condicional e $\sigma^2_{t-1}(R_{et})$ representa a variância do retorno do portfólio de mercado no período t condicionada às informações em $t-1$. Se $a_{1ij} = 0$, então não existe evidência de heterocedasticidade relacionada com a volatilidade do retorno de portfólio de mercado. Se $a_{0ij} = 0$ e a_{1ij} é diferente de 0, a volatilidade é proporcional à volatilidade do portfólio de mercado. Se a_{0ij} e a_{1ij} são ambos diferentes de zero, o retorno dos portfólios são heterocedásticos e se relacionam de maneira heterogênea com a volatilidade do mercado.

Utilizando o modelo da equação (8), podemos escrever a equação (7) como:

$$\beta_{it} = \sum_{i=1}^{N} w_j (a_{0ij} + a_{1ij}\sigma^2_{et}) \Big/ \sum_{i=1}^{N}\sum_{j=1}^{N} w_i w_j (a_{0ij} + a_{1ij}\sigma^2_{et}) \tag{9}$$

Como o beta de cada ativo ponderado com os mesmos pesos dados a esses ativos no portfólio de mercado tem que ser igual a 1 para todo t, temos:

$$\beta_{it} = \frac{\tilde{a}_{0i}}{\sigma_{et}^2} + \tilde{a}_{1i}$$

onde

$$\tilde{a}_{mi} = \sum w_j a_{mij} \quad , \quad \text{para } m = 0,1$$

Assim, se a heterocedasticidade é heterogênea ($\tilde{a}_{0i}$ diferente de zero), o beta do ativo i irá variar com o nível de volatilidade do portfólio de mercado. Caso isso não ocorra, o beta será constante, não dependendo do tempo. Podemos incorporar esse fator no CAPM tradicional testando o modelo que assuma heterocedasticidade heterogênea:

$$R_{it} = \alpha_i + \beta_i R_{et} + \varphi_i(R_{et} / \hat{\sigma}_{et}^2) + \varepsilon_{it} \quad t = 1, \ldots, T \tag{10}$$

onde

$$B_{it} = \beta_i + \varphi_i / \hat{\sigma}_{et}^2$$

O teste empírico do modelo requer a solução em duas partes. Primeiramente, temos que construir a medida de variância do portfólio de mercado. Para tanto usaremos a modelagem proposta por French, Schwert e Stambaugh (1987). Para melhor medir a variância dos retornos, Merton (1980) propõe que utilizemos observações mais freqüentes, de modo que o cálculo da variância do portfólio de mercado será feito com base em observações diárias. Assim, temos:

$$S_{et}^2 = \sum_{i=1}^{N_t} r_i^2 + 2\sum_{i=1}^{N_t - 1} r_i r_{i+1}$$

A segunda soma capta a autocorrelação de primeira ordem do retorno do portfólio de mercado (Scholes & Williams, 1977). No modelo proposto por Glejser (1969), estimaremos o desvio-padrão do portfólio de mercado utilizando o modelo a seguir:

$$S_{et} = \beta_0 + \sum_{i=1}^{12} \beta_i S_{et-i} + u_t \tag{11}$$

Primeiramente, estimaremos a equação (11); depois, utilizaremos o módulo dos resíduos da regressão acima para estimar contra o desvio-padrão estimado em (11) a equação a seguir:[12]

$$|\hat{u}_t| = \gamma_0 + \gamma_1 \hat{\sigma}_{et} + \varepsilon_t \tag{12}$$

Como recomendado por Davidian e Carroll (1987), estimaremos (11) por OLS, seguindo a estimativa da equação (12) por WLS, depois estimando novamente (11) por WLS e assim por diante num total de três iterações.

Esse procedimento garante um resultado mais robusto do que em especificações baseadas apenas em S_{et} como *proxy* do desvio-padrão do retorno do portfólio de mercado. Desse procedimento conseguiremos obter um resultado robusto para σ^2_{et}, o qual iremos utilizar para estimar a equação (10).

Assim, para testar se é válida a formulação do modelo CAPM convencional, devemos verificar se $\varphi_i = 0$. Efetuaremos um teste de verossimilhança, fazendo a diferença do logaritmo do determinante das duas matrizes de covariância, uma com $\varphi_i = 0$ e outra com φ_i diferente de zero.

Resultados

Testes com máxima verossimilhança

A fim de testar as duas versões do modelo CAPM, construiremos 14 portfólios a partir de ações da carteira do Ibovespa. A escolha das ações se deve puramente a uma questão de liquidez. A construção dos portfólios, por sua vez, respeitará o critério de juntar ações do mesmo setor na economia (ver no anexo a descrição das ações em cada portfólio). Todas as ações receberão o mesmo peso dentro de cada portfólio. Essa forma de construção é arbitrária porém comum na literatura de testes empíricos (Fama, 1988; e Poterba, 1987). Além disso, como estamos querendo testar o modelo, não há perda de generalidade ao se construir arbitrariamente o formato do portfólio.

A *proxy* de mercado que usaremos será o Ibovespa. Em teoria, o portfólio de mercado deveria conter todos os ativos transacionados. Porém, alguns testes existentes na literatura demonstram que a utilização de uma *proxy* de mercado que contenha grande parte do volume transacionado, como é o caso do Ibovespa, não leva a perdas significativas no teste do modelo. Stambaugh (1982) mostrou, através da utilização de vários portfólios que serviriam como *proxy* de mercado, que,

[12] Segundo Seguin, a escolha do número de *lags* foi arbitrária. Uma vez que se está estimando com dados mensais, utilizando-se 12 meses consegue-se uma estimação com todo o espectro de sazonalidade.

de fato, as inferências são similares entre as diversas *proxies*. E Shanken (1987) mostrou que, se tivermos uma correlação entre a *proxy* de mercado e o portfólio verdadeiro de mercado maior que 0,70, então a rejeição do modelo com a *proxy* de mercado também implicará sua rejeição com o portfólio verdadeiro de mercado.

Como *proxy* do ativo sem risco, para teste da versão de Sharpe-Lintner, usaremos a taxa de juros efetiva mensal do Selic, que serve como taxa de juros básica da economia. Em teoria, essa taxa seria garantida pelo Banco Central nas operações diárias para zeragem do caixa bancário no final do dia, sendo portanto um bom indicador de ativo sem risco.

A base de dados obtida é composta do valor de ações diárias ao longo de 106 meses. A partir do valor médio mensal das ações obteremos a rentabilidade mês a mês dos ativos, que serão, em última instância, agrupados nos 14 portfólios. Testaremos cada modelo duas vezes, agrupando sete portfólios diferentes por vez. O objetivo é testar dois grupos distintos. O primeiro com portfólios das ações mais negociadas na Bolsa de Valores. O segundo grupo compreende ações com pouca liquidez. O objetivo de testar o CAPM dessa forma é verificar como a liquidez das ações afeta a validade do modelo.

Para o teste da versão de Sharpe-Lintner obteremos o excesso de retorno de cada portfólio e da *proxy* do portfólio de mercado descontando a taxa de retorno do ativo sem risco. Para o teste da versão de Black descontaremos o IGP-M, a fim de obter o retorno real dos portfólios e da *proxy* de mercado.

O método de estimação por máxima verossimilhança exige um processo de iteração matemática, visto que não conseguimos encontrar explicitamente os estimadores. Para economizar tempo e garantir resultados críveis, convém, primeiramente, estimar os parâmetros por mínimo quadrado ordinário e utilizar os resultados como *input* inicial para encontrar os parâmetros a partir da maximização da função de verossimilhança. No caso da versão de Black, um problema adicional que temos é quanto ao *input* inicial do parâmetro γ. Como esse parâmetro só será estimado na versão restrita da função de máxima verossimilhança, não temos *input* inicial para ele. Temendo que os resultados dos estimadores sofressem grandes variações, dependendo do valor inicial colocado, fizemos o teste para dois valores iniciais de γ: 0,05 e 0,1. A variação dos estimadores aconteceu na quinta casa decimal, bem como do valor da função, o que confirma a credibilidade do processo de iteração matemática na maximização da função. A única diferença significante foi em relação ao tempo de demora da maximização. No caso do γ igual a 0,1, o computador fez 4.944 iterações matemáticas, ao passo que com γ igual a 0,05, mais próximo do valor final estimado, foram apenas 1.028 iterações.

TABELA 1

Sharpe-Lintner – Grupo 1			Black – Grupo 1	
Portfólio	**Alfa**	**Beta**	**Alfa**	**Beta**
Siderurgia	-0,0071	0,8822	-0,0077	0,8648
	-0,323	6,429	-0,487	6,311
Bancos	0,0187	0,6172	0,0228	0,6696
	0,679	3,552	1,079	4,066
Eletrônicos	-0,0158	0,7167	-0,0105	0,7291
	-0,724	5,338	-0,623	5,329
Elétrico	0,0517	1,4265	0,0324	1,3907
	0,675	4,791	0,584	4,613
Petroquímico	-0,0001	0,9320	-0,0014	0,9177
	-0,002	12,016	-0,101	10,004
Telecomunicações	0,0290	1,1234	0,0222	1,1393
	0,645	5,151	0,584	5,333
Bens de capital	-0,0196	0,6513	-0,0101	0,6464
	-0,778	3,929	-0,479	3,629

Sharpe-Lintner – Grupo 2			Black – Grupo 2	
Portfólio	**Alfa**	**Beta**	**Alfa**	**Beta**
Bebidas e fumo	0,0063	0,6135	0,0098	0,6328
	0,442	10,095	0,86763	9,099
Papel e celulose	-0,0218	0,5518	-0,1438	0,5634
	-1,395	6,333	-1,164	7,146
Varejo	-0,0088	0,6765	-0,0069	0,6747
	-0,287	4,109	-0,305	5,338
Alimentos	-0,0222	0,6295	-0,0161	0,6245
	-1,288	6,961	-1,298	6,658
Autopeças	-0,0229	0,7228	-0,0193	0,7389
	-1,306	6,586	-1,407	7,081
Têxtil	-0,0232	0,8209	-0,0208	0,8245
	-1,012	7,508	-1,093	7,758
Aviação	0,0151	0,5341	0,0204	0,5567
	0,293	1,906	0,037	2,360

Os valores abaixo do coeficiente se referem à estatística *t*.

A tabela 1 mostra os resultados para os parâmetros estimados para as versões de Sharpe-Lintner e de Black e as estatísticas *t* dos estimadores. A observação dos resultados deixa claro que as duas versões resultam em parâmetros com valores bem parecidos, principalmente no que se refere ao β. Os valores de β são sempre significativos.

Para testar o modelo utilizaremos as estatísticas θ_1 e θ_2 para a versão de Sharpe-Lintner, e θ_3 para versão de Black. A tabela 2 apresenta os valores de cada uma dessas estatísticas e o seu *p-value*. De modo geral, as duas versões do CAPM foram aceitas ao nível de significância de 5%. O modelo testado com os setores de maior liquidez tem estatísticas menores em ambas as versões, implicando melhor *fit* dos dados.

TABELA 2

	Sharpe-Lintner		Black
	θ_1	θ_2	θ_3
Grupo 1	1,42	9,36	9,53
p-value	0,205	0,228	0,146
Grupo 2	1,77	10,59	11,00
p-value	0,102	0,157	0,088

Os resultados dos modelos foram realmente animadores, mas devemos ter em mente alguns resultados da literatura de testes do CAPM. Campbell, Lo e MacKinlay (1997) mostram o resultado dos testes em que as duas versões do CAPM foram testadas a partir de 10 portfólios de mercado. Os testes são feitos a partir de uma amostra de ações no período de 30 anos, de janeiro de 1964 a dezembro de 1993. Primeiramente são analisados subperíodos de cinco anos; depois, de 10 anos; por fim é analisado o período de 30 anos. Os resultados demonstram que o modelo é aceito na maior parte dos subperíodos de cinco anos nas três estatísticas analisadas. Já com subperíodos de 10 anos o modelo é rejeitado em dois dos subperíodos, enquanto no período de 30 anos o modelo é rejeitado.

Parece evidente que, apesar dos bons resultados, esse modelo deve ser testado utilizando-se uma amostra maior do que apenas 106 meses, como foi o caso desse trabalho.[13] O número de portfólios utilizados também é inferior ao número de portfólios dos testes na literatura. A explicação para esse fato é meramente computacional: o tempo para iterações em testes com mais de sete portfólios tornou inviável o aumento desse número.

Testes com o GMM

Os resultados acima são importantes, mas baseiam-se na premissa de que o retorno de mercado tem distribuição normal e é IID. Isso causa um viés nas estatísticas, enfraquecendo os resultados. É necessário testar o modelo admitindo-se que os retor-

[13] A escolha do período de 106 meses deve-se à dificuldade de obter dados, visto que o preço das ações tem que estar corrigido para o pagamento de dividendos, subscrições e bonificações.

nos dos ativos de mercado possam não ter distribuição normal e não ser IID. O método GMM permite que testemos o CAPM sem essas restrições.

A tabela 3 mostra os resultados dos testes do CAPM com o método GMM, utilizando no estimador de Newey-West um **q** igual a 1. Com isso estamos assumindo que não há autocorrelação serial entre o retorno dos ativos de mercado.

Na tabela 4 podemos observar o resultado das estimativas do modelo CAPM com **q** igual a 4. Nesse caso estamos utilizando o método de Newey-West, onde

$q = \text{int}(4(T/100)^{2/9})$, int () denota a parte inteira do argumento.

Observe-se que os estimadores obtidos por GMM são idênticos aos obtidos por ML, isso porque estamos utilizando como variáveis instrumentais as mesmas do método de máxima verossimilhança. Entretanto, as estatísticas *t* são diferentes.

A tabela 5 mostra os resultados da estatística θ_4. Em geral, os resultados validam o modelo CAPM. Assim como no caso da estimação por ML, o *p-value* é maior para o grupo 1.

Comparando os resultados de θ_2 e θ_4 com $q = 1$, observamos que as estatísticas de ambos os grupos são consistentemente maiores quando o modelo é estimado por GMM. A diferença entre essas duas estatísticas é que, no caso da estimação por GMM, não mais assumimos que os retornos dos ativos sejam homocedásticos e tenham distribuição normal. MacKinlay e Richardson (1991), testando o modelo CAPM com dados americanos, encontram resultados semelhantes. O artigo demonstra que, de fato, o teste por GMM com $q = 1$ rejeitará mais freqüentemente o CAPM que o teste com ML.

TABELA 3

Grupo 1			Grupo 2		
Portfólio	**Alfa**	**Beta**	**Portfólio**	**Alfa**	**Beta**
Siderurgia	–0,0071	0,8822	Bebidas e fumo	0,0063	0,6135
	–0,594	8,859		0,667	8,962
Bancos	0,0187	0,6172	Papel e celulose	–0,0218	0,5518
	1,434	6,537		–2,232	8,543
Eletrônicos	–0,0158	0,7167	Varejo	–0,0088	0,6765
	–1,320	11,521		–0,503	8,413
Elétrico	0,0517	1,4265	Alimentos	–0,0222	0,6295
	1,999	4,781		–2,117	12,466
Petroquímico	–0,0001	0,9320	Autopeças	–0,0229	0,7228
	–0,004	13,024		–1,976	12,416
Telecomunicações	0,0290	1,1234	Têxtil	–0,0232	0,8209
	1,850	11,019		–1,665	7,542
Bens de capital	–0,0196	0,6513	Aviação	0,0151	0,5341
	–1,237	9,001		0,590	4,868

Os valores abaixo do coeficiente se referem à estatística *t*.

TABELA 4

Grupo 1			Grupo 2		
Portfólio	**Alfa**	**Beta**	**Portfólio**	**Alfa**	**Beta**
Siderurgia	−0,0071	0,8822	Bebidas e fumo	0,0063	0,6135
	−0,505	8,787		0,596	8,686
Bancos	0,0187	0,6172	Papel e celulose	−0,0218	0,5518
	1,268	5,968		−2,098	8,517
Eletrônicos	−0,0158	0,7167	Varejo	−0,0088	0,6765
	−1,148	12,455		−0,517	9,797
Elétrico	0,0517	1,4265	Alimentos	−0,0222	0,6295
	1,871	4,647		−1,872	12,670
Petroquímico	−0,0001	0,9320	Autopeças	−0,0229	0,7228
	−0,003	12,552		−1,748	12,651
Telecomunicações	0,0290	1,1234	Têxtil	−0,0232	0,8209
	1,674	11,087		−1,664	7,517
Bens de capital	−0,0196	0,6513	Aviação	0,0151	0,5341
	−0,921	8,547		0,547	5,241

Os valores abaixo do coeficiente se referem à estatística *t*.

A estatística θ_4 com $q = 4$ admite que exista autocorrelação serial entre os ativos a partir da estimação da matriz S_0 com o método de Newey-West. Nesse caso o valor das estatísticas diminui, aumentando o *p-value*. Portanto, ao não admitir autocorrelação entre o retorno, estaremos enviesando nossas estatísticas ao rejeitar o CAPM mais freqüentemente do que deveríamos.

TABELA 5

	GMM	
	θ_4 **com q = 1**	θ_4 **com q = 4**
Grupo 1	11,155	8,582
p-value	0,132	0,284
Grupo 2	13,574	12,285
p-value	0,059	0,091

CAPM condicional

Na tabela 6 temos os resultados das estimações do modelo CAPM condicional proposto por Schwert e Seguin (1989). Observe-se que φ é igual a zero ao nível de significância de 5%. Nosso resultado difere daquele obtido com os dados americanos. Os autores testam cinco portfólios e encontram em dois deles um φ diferente de zero ao nível de significância de 5%.

TABELA 6

Grupo 1				Grupo 2			
Portfólio	α	β	**100.**φ	**Portfólio**	α	β	**100.**φ
Siderurgia	-0,0178	0,7114	-0,0004	Bebidas e fumo	-0,0117	0,5773	0,0001
	-1,644	8,918	-1,001		-1,458	9,764	0,464
Bancos	0,0086	0,6064	0,0002	Papel e celulose	-0,0313	0,4756	0,0002
	1,024	9,786	0,575		-3,275	6,769	0,661
Eletrônicos	0,0054	0,7104	-0,0007	Varejo	-0,0149	0,8697	-0,0005
	-0,464	8,259	-1,735		-1,034	8,202	-1,106
Elétrico	0,0337	1,6119	-0,0011	Alimentos	-0,0290	0,6804	-0,0002
	1,521	9,879	-1,423		-2,532	8,066	-0,348
Petroquímico	0,0029	0,9426	-0,0004	Autopeças	-0,0328	0,5506	0,0008
	0,311	13,540	-1,114		-2,387	5,448	1,812
Telecomunicações	0,0058	1,1724	-0,0001	Têxtil	-0,0254	0,838	-0,0002
	0,749	20,454	-0,216		-1,975	8,875	-0,379
Bens de capital	-0,0009	0,5011	0,0006	Aviação	0,0184	0,481	-0,0002
	-0,049	3,761	0,968		0,909	3,231	-0,248

Os valores abaixo do coeficiente se referem à estatística *t*.

A tabela 7 mostra os testes de razão de verossimilhança. Os testes são baseados nos determinantes das matrizes de variância-covariância dos resíduos na hipótese nula e na hipótese alternativa. As estatísticas resultantes terão distribuição qui-quadrado com sete graus de liberdade.

TABELA 7

	$\varphi = 0$	$\alpha = 0$
Grupo 1	13,065	9,831
p-value	0,070	0,198
Grupo 2	11,837	19,327
p-value	0,106	0,007

Pela especificação da equação (10), o modelo CAPM será aceito ao nível de significância de 5% para o grupo 1 e não será aceito para o grupo 2. No artigo de Schwert e Seguin os autores subdividem o período amostral em seis subperíodos de 10 anos cada. O modelo CAPM é rejeitado ao nível de significância em apenas um dos subperíodos, mas os *p-values* variam bastante entre cada subperíodo, sendo portanto razoável concluir que os desvios do CAPM são mais importantes em alguns períodos do que em outros. Essa mesma constatação já havia sido feita por Campbell e outros (1997).

A hipótese de beta constante não é rejeitada ao nível de significância de 5% para nenhum dos grupos. O resultado com os dados americanos mostram que, dos seis subperíodos, em apenas dois rejeitamos a hipótese de beta constante em favor dessa formulação de *time varying beta*, mas novamente os *p-values* variam de forma significativa entre cada subperíodo. O resultado do teste para os 60 anos rejeita o beta constante ao nível de significância de 5%. Esse resultado é intuitivo na medida em que, quanto maior o período abrangido, maior a probabilidade de rejeitarmos o modelo com beta constante.

Conclusão

De modo geral os resultados aqui obtidos são similares aos resultados com testes para dados da economia americana. O CAPM é aceito para as versões de Sharpe-Lintner e de Black com os testes por ML. No caso dos testes por GMM aceitamos o modelo CAPM, mostrando o viés causado pelas hipóteses dos retornos dos ativos serem normalmente distribuídos e IID. Finalmente, testamos o modelo CAPM condicional, aceitando o modelo para o grupo 1, com portfólios das ações mais negociadas no mercado, e rejeitando-o para o grupo 2, formado por ações de pouca liquidez no mercado. Entretanto, o modelo de beta constante não pode ser rejeitado num teste de tamanho 5% em favor do modelo de beta condicional especificado.

Os testes em todos os casos também mostram que o grupo 2 tem *p-value* menor que o do grupo 1, ficando claro que o tamanho das empresas é fator importante quando estamos testando o modelo CAPM com dados brasileiros. Esse resultado é importante e contradiz os resultados de Schwert e Seguin, que encontram estatísticas parecidas para portfólios formados por firmas grandes e pequenas.

Vale observar que nossos resultados devem ser analisados com cuidado, devido ao tamanho da amostra utilizada. A literatura existente sobre testes do modelo CAPM mostra que o ideal é ter uma amostra que nos permita algumas subdivisões em períodos de 10 anos. De fato, podemos estar aceitando o modelo no período analisado e ter de rejeitá-lo numa amostra mais longa.

Acreditamos que este trabalho tenha suprido uma lacuna de testes do modelo CAPM e que o trabalho futuro de testes na economia brasileira deverá concentrar-se em testes do modelo condicional, na linha que Bonomo e Garcia já iniciaram. O teste do CAPM por *cross-section* com dados brasileiros também poderá ser mais explorado por pesquisas futuras, na linha iniciada por Fama e MacBeth (1973).

Referências bibliográficas

Affleck-Graves, J. & McDonald, B. Non-normalities and tests of asset pricing theories. *Journal of Finance, 44*:889-908, 1989.

Black, F. Capital market equilibrium with restricted borrowing. *Journal of Business, 45*, 1972.

Blattberg, R. & Gonedes, N. A comparison of stable and student distributions as statistical models for stock prices. *Journal of Business, 47*:244-80, 1974.

Bodurtha, James N. & Mark, Nelson C. Testing the CAPM with time-varying risks and returns. *Jounal of Finance, 46*(4), 1991.

Bollerslev, T. R. Engle & Wooldridge, J. A capital asset pricing model with time varying covariances. *Journal of Political Economy, 96*:116-31, 1988.

Brennan, M. J. Taxes, market valuation, and corporate financial policy. *National Tax Journal, 4*:417-27, 1970.

Campbell, John Y.; Lo, Andrew W. & MacKinlay, A. Craig. *The econometrics of financial markets*. Princeton, Princeton Univ. Press, 1997.

Davidian, M. &Carroll, R. J. Variance function estimation. *Journal of the American Statistical Association, 82*(400), 1987.

Eichenbaum, M.; Hansen, L. & Singleton, K. A time series analysis of representative agent models of consumption and leisure choice under uncertainty. *Quarterly Journal of Economics, 103*:51-78, 1988.

Engel, C. & Rodrigues, A. P. *Tests of international CAPM with time-varying covariances*. 1989. p. 119-389.

Fama, E. The behavior of stock market prices. *Journal of Business, 38*:34-105, 1965.

——. *Foundations of finance*. New York, Basic Books, 1976.

——. Term-structure of forecasts of interest rates, inflation and real returns. University of Chicago, 1988. (Working Paper.)

—— & French, Kenneth R. Permanent and temporary components of stock prices. *Journal of Political Economy, 96*(2), 1988.

—— & MacBeth, J. Risk, return, and equilibrium: empirical tests. *Journal of Political Economy, 71*:607-36, 1973.

French, K.; Schwert, G. & Stambaugh, R. Expected stock returns and volatility. *Journal of Financial Economics, 19*:3-30, 1987.

Glejser, H. A new test for heteroskedasticity. *Journal of the American Statistical Association, 64*(325):316-23, 1969.

Greene, William H. *Econometric analysis*. MacMillan, 1990.

Hamilton, James D. *Time series analysis*. Princeton, 1994.

Handa, Puneet; Kothari, S. P. & Wasley, Charles. Sensivity of multivariate test of the capital asset-pricing model to the return measurement interval. *Journal of Finance, 48*(4), 1993.

Hansen, L. Large sample properties of generalized method of moments estimators. *Econometrica, 50*:1.029-54, 1982.

—— & Richard, S. The role of conditioning information in deducing testable restrictions implied by dynamic asset pricing models. *Econometrica, 55*:587-613, 1987.

—— & Singleton, K. Generalized instrumental variables estimation of nonlinear rational expectations models. *Econometrica, 50*:1.269-288, 1982.

Harvey, C. Time-varying conditional covariances in tests of asset pricing models. *Journal of Financial Economics, 24*:289-317, 1989.

Huang, Chi-Fu & Litzenberger, Robert H. *Foundations for financial economics*. North-Holland, 1993.

Huang, R. D. & Chang, E. C. Time-varying return and risk in the corporate bond market, 25(3):323-40, Sept. 1990.

Ingersoll, J. *Theory of financial decision making*. Totowa, N.J., Rowman & Littlefield, 1987.

Jobson, D. & Korkie, R. Potencial performance and tests of portfolio efficiency. *Journal of Financial Economics,10*:433-66, 1982.

Kraus, A. & Litzenberger, Robert H. Skewness preference and the valuation of risk assets. *Journal of Finance, 31*(4):1.085-100, 1976.

Lintner, J. Security prices, risk and maximal gains from diversification. *Journal of Finance, 20*:587-615, 1965a.

—. The valuation of risky assets and the selection of risky investments in stock portfolios and capital budgets. *Review of Economics and Statistics, 47*:13-37, 1965b.

—. The aggregation of investors' diverse judgements and preferences in pure competitive markets. *Journal of Financial and Quantitative Analysis*, *4*:347-400, 1969.

MacKinlay, A. Craig & Richardson, Matthew P. Using generalized method of moments to test mean-variance efficiency. *Journal of Finance, 46*(2), 1991.

Mark, Nelson C. Time-varying betas and risk premia in the pricing of forward foreign exchange contracts. *Journal of Financial Economics*, 22(2):335-54, Dec. 1988.

Markowitz, H. Portfolio selection: efficient diversification of investments. *Journal of Finance, 7*(1):77-91, 1959.

Merton, R. On estimating the expected return on the market: an exploratory investigation. *Journal of Financial Economics, 8*:323-61, 1980.

Muirhead, R. J. *Aspect of multivariate statistical theory*. John Wiley, 1982.

Newey, W. & West, K. A simple, positive semi-definite, heteroskedasticity and autocorrelation consistent covariance matrix. *Econometrica, 55*:703-8, 1987.

NG, Lilian. Tests of the CAPM with time-varying covariance: a multivariate Garch approach. *Journal of Finance, 46*(4), 1991.

Poterba, James M. & Summers, Lawrence. *Mean reversion and stock returns: evidence and implications*. Cambridge, Mass., NBER, March 1987.

Richardson, M. P & Smith, T. A unified approach to testing for serial correlation in stock returns. *Journal of Business, 67*(3):371-992, July 1994.

Rubinstein. An aggregation theorem for securities markets. *Journal of Financial Economics, 1*:225-44, 1974.

Scholes, M. & Williams, J. Estimating betas from nonsynchronous data. *Journal of Financial Economics, 5*:309-28, 1977.

Schwert, William G. & Seguin, Paul J. Heteroskedasticity in stock returns. NBER, 1989. (Working Paper, 2.956.)

Shanken, J. Multivariate proxies and asset pricing relations: living with the roll critique. *Journal of Financial Economics*, 18:91-110, 1987.

—. Intertemporal asset pricing: an empirical investigation. *Journal of Econometrics, 45*:99–120, 1990.

Sharpe, William F. Capital assets price: a theory of market equilibrium under conditions of risk. *Journal of Finance*, 19, 1964.

—. Capital asset prices with and without negative holdings. *Journal of Finance, 46*(2), 1991.

Stambaugh, R. On the exclusion of assets from tests of the two parameter model. *Journal of Financial Economics*, 10:235-68, 1982.

ANEXO

O retorno de cada portfólio é a média aritmética do retorno de seus ativos. O período da amostra é junho de 1989 a março de 1998.

1. Siderurgia	Acesita ON, Acesita PN, Aços Villares ON, Gerdau Met PN, Caemi Metal PN, Mannesmann ON, Vale do Rio Doce ON, Vale do Rio Doce PN, Paranapanema PN
2. Bebidas e fumo	Antartica ON, Brahma PN, Souza Cruz
3. Papel e celulose	Aracruz PN, Klabin PN, Ripasa PN, Suzano PN
4. Bancos	Bradesco PN, Bradesco ON, Itaubanco PN, Noroeste PN, Real PN, Sudameris ON, Unibanco ON, Unibanco PN
5. Eletrônicos	Brasmotor PN, Sharp PN, Multibras PN
6. Varejo	Casa Anglo PN, Lojas Americanas ON
7. Elétrico	Cemig ON, Cemig PN, Cerj ON, Cesp ON, Cesp PN, Light ON
8. Alimentos	Ceval PN, Chapecó PN, Sadia Concórdia PN, Santista Alimentos
9. Autopeças	Cofap PN, Mangels PN, Metal Leve PN
10. Bens de capital	Indústria Villares PN, Metalúrgica Santa Barbara PN
11. Petroquímico	Ipiranga Petróleo PN, Petrobras ON, Petrobras PN, Copene PNA, Oxiteno PN, Supergasbrás PN, Trikem PN, White Martins ON
12. Têxtil	Teka PN, Cia. Hering PN, Alpargatas ON, Alpargatas PN
13. Telecomunicações	Telebrás ON, Telebrás PN, Telesp ON, Telesp PN
14. Aviação	Transbrasil PN, Varig PN

Estimando e testando o CAPM condicional com efeitos ARCH para o mercado acionário brasileiro*

Marco Bonomo e René Garcia

Introdução

Como explicar a evolução dos retornos esperados das ações num mercado emergente como o Brasil, que tem enfrentado tantas turbulências macroeconômicas nas duas últimas décadas? Existe uma crença generalizada entre analistas internacionais de que a eficiência de mercado dificilmente prevalece sob essas condições. Em particular, a questão que se coloca é se os modelos usualmente utilizados para estudar retornos esperados nos Estados Unidos e em outros mercados desenvolvidos são adequados para retornos de mercados emergentes. Seriam os resultados dos testes empíricos realizados em mercados americanos aplicáveis a mercados emergentes como o Brasil?

Neste capítulo usamos dados de retornos de ações brasileiras no nível da firma, a fim de testar as versões condicionais e incondicionais do CAPM, modelo largamente utilizado para explicar os retornos esperados em mercados desenvolvidos. Mostramos que o modelo explica bem os retornos esperados de três tamanhos diferentes de carteiras formadas com ações individuais.

Quando escolhemos um índice brasileiro de ações como a carteira de mercado, estamos assumindo implicitamente que o mercado é segmentado. Outra possível abordagem seria adotar a perspectiva de um investidor estrangeiro, que diversifica

*Este capítulo é em parte baseado em Bonomo & Garcia (2001).

sua carteira internacionalmente. Se um grande número de investidores diversificar internacionalmente sua carteira, o mercado se moverá no sentido de uma integração, e os retornos esperados no Brasil serão bem descritos pela exposição do país ao risco mundial, medida pela covariância dos retornos das ações brasileiras com a carteira de mercado mundial. Essa é a visão de Harvey (1995) num recente artigo sobre mercados emergentes. O autor testa um modelo de apreçamento de ativos dinâmico no qual as cargas de risco são medidas em relação à diferença entre o retorno de mercado mundial e o retorno do ativo sem risco. Os resultados para o Brasil mostram que o beta do retorno de mercado mundial não é estatisticamente significante, e que a parte inesperada do prêmio de risco mundial é relacionada à informação do mercado local, tais como os dividendos ou as taxas de juros locais. Isso sugere que o mercado brasileiro é segmentado do mercado mundial.

Estendemos e testamos o CAPM condicional proposto por Bodurtha e Mark (1991). O beta de uma carteira de ativos é definido como a covariância condicional entre o erro de previsão do retorno da carteira e o erro de previsão do retorno de mercado, dividida pela variância condicional do erro de previsão do retorno de mercado. Assume-se que ambos os componentes do beta condicional seguem um processo ARCH, um conceito de heterocedasticidade condicional introduzido por Engle (1982). Retornos esperados de mercado também seguem uma estrutura auto-regressiva. Essa escolha de modelagem pode ser entendida de duas formas: primeiro, examinando as estatísticas amostrais (tabela 1), podemos ver uma considerável autocorrelação nas séries de retornos de mercado ao quadrado, indicando a presença de efeitos ARCH; segundo, o uso de processos auto-regressivos pode fornecer estimativas mais robustas de mudança estrutural. Ghysels (1998) e Garcia e Ghysels (1998) mostram que modelos similares aos de Harvey (1991, 1995) ou Ferson e Korajczyk (1995), onde os retornos são projetados num conjunto de variáveis pertencentes ao conjunto de informação (tais como o *spread* a termo, o *spread* de risco ou o rendimento dos dividendos), são prejudicados pela instabilidade na projeção dos coeficientes e, portanto, levam a um sistemático erro de apreçamento dos fatores de risco. Usando uma estrutura auto-regressiva, esperamos estimar melhor os retornos e suas variâncias e covariâncias.[1] Os modelos foram estimados pelo método dos momentos generalizados (GMM).

Em nossa amostra temos três carteiras de tamanhos diferentes (tabela 2). Diferentemente da evidência para os EUA, os retornos médios das carteiras possuem uma relação crescente com o tamanho, tendo a carteira de maior tamanho retorno substancialmente mais alto do que as outras duas. Nossa estimativa para o CAPM constante nos permite racionalizar em parte esse maior retorno através de

[1] Nossa abordagem assume um regime fixo de segmentação ao longo do período. O conceito de integração variante no tempo, proposto por Bekaert e Harvey (1995), poderia resolver o problema da instabilidade na projeção dos coeficientes.

um beta mais alto. Mas o retorno dessa carteira ainda é mais alto do que o explicado pelo modelo. A diferença é menor para as outras carteiras, mas o modelo não gera o mesmo ordenamento de retornos. Entretanto, testes de restrições de sobreidentificação não permitem a rejeição desse modelo.

O CAPM condicional baseado em efeitos ARCH tem maior aderência aos dados. Ele parece capturar melhor a dinâmica das medidas de risco e dos retornos esperados, pois a restrição de beta constante é fortemente rejeitada. Os betas médios das carteiras agora estão alinhados com o ordenamento dos retornos médios, embora os retornos médios das três carteiras sejam maiores do que os explicados pelo modelo. O teste de sobreidentificação não rejeita o CAPM condicional com efeitos ARCH.

O modelo

O CAPM condicional pode ser especificado da seguinte maneira:

$$E[r_i(t) \mid \Omega_t] = \beta_{it} \, E[r_M(t) \mid \Omega_t] \qquad (1)$$

onde $r_i(t)$ é o retorno de um período da carteira i em excesso ao retorno do ativo sem risco; $r_M(t)$, o excesso de retorno da carteira de mercado; e β_{it} é dado pela seguinte expressão:

$$\beta_{it} = \frac{\text{Cov}[r_i(t), r_M(t) | \Omega_t]}{\text{Var}[r_M(\text{t}) | \Omega_t]} \qquad (2)$$

Nessa versão do CAPM, todos os momentos são condicionados à informação disponível no tempo t, representado pelo conjunto de informação Ω_t. Muitos estudos de apreçamento de ativos nos mercados de ações norte-americanos (por exemplo, Ferson & Harvey, 1991) têm mostrado que é essencial permitir que os momentos variem com o tempo, uma vez que há evidências de que tanto os betas — a razão covariância/variância — quanto o preço do risco $E[r_M(t) \mid \Omega_t]$ variam no tempo. Isso é ainda mais essencial em mercados emergentes, onde rápidas e importantes mudanças nas condições políticas e econômicas podem causar consideráveis variações nos fatores. Para especificar o modelo (1) para estimação, decompomos os retornos em uma parte esperada e em uma parte inesperada:

$$r_i(t) = E[r_i(t) \mid \Omega_t] + u_i(t) \qquad (3)$$

$$r_M(t) = E[r_M(t) \mid \Omega_t] + u_M(t) \qquad (4)$$

onde $u_i(t)$e $u_M(t)$ são erros de previsão ortogonais à informação em Ω_t. A equação (1) pode, portanto, ser reescrita como:

$$E[r_i(t) \mid \Omega_t] = \frac{E[u_i(t)u_M(t)|\Omega_t]}{E[u_M(t)^2|\Omega_t]} E[r_M(t) \mid \Omega_t] \tag{5}$$

Para obter um conjunto de condições de momento para a estimação GMM, precisamos especificar modelos paramétricos para as expectâncias do lado direito de (5). Como mencionado na introdução, seguindo Bodurtha e Mark (1991), preferimos especificar processos auto-regressivos para cada uma das expectâncias:

$$E[u_M(t)^2 \mid \Omega_t] = \delta_{0M} + \sum_{j=1}^{k_{\sigma M}} \delta_{jM} u_M(t-j)^2 \tag{6}$$

$$E[u_i(t)u_M(t) \mid \Omega_t] = \delta_{0i} + \sum_{j=1}^{k_i} \delta_{ji} u_i(t-j)\, u_M(t-j) \tag{7}$$

$$E[r_M(t) \mid \Omega_t] = \alpha_{0M} + \sum_{j=1}^{k_M} \alpha_{jM} r_M(t-j) \tag{8}$$

O número de defasagens $k_{\sigma M}$, k_i, k_M a ser incluído em cada uma das equações acima continua a ser uma questão empírica, dada a restrição imposta pelo número de observações disponíveis. As formas finais das condições de momento que serão usadas para a estimação GMM podem, portanto, ser escritas como:

$$r_M(t) = \alpha_{0M} + \sum_{j=1}^{k_M} \alpha_{jM} r_M(t-j) + u_M(t)$$

$$u_M(t)^2 = \delta_{0M} + \sum_{j=1}^{k_{\sigma M}} \delta_{jM} u_M(t-j)^2 + \upsilon_M(t)$$

$$u_i(t)u_M(t) = \delta_{0i} + \sum_{j=1}^{k_i} \delta_{ji} u_i(t-j) u_M(t-j) + \upsilon_{iM}(t),\ i = 1, \ldots, N$$

$$r_i(t) = \frac{\delta_{0i} + \sum_{j=1}^{k_i} \delta_{ji} u_i(t-j) u_M(t-j)}{\delta_{0M} + \sum_{j=1}^{k_{\sigma M}} \delta_{jM} u_M(t-j)^2} \left[\alpha_{0M} + \sum_{j=1}^{k_M} \alpha_{jM} r_M(t-j) \right] + u_i(t),\ i = 1, \ldots, N \tag{9}$$

onde $\upsilon_M(t)$ e $\upsilon_{iM}(t)$ são os erros de previsão condicionais, correspondentes às condições de segundo momento.

Os dados

O *IFC Emerging Markets Data Base*, publicado pelo Banco Mundial, fornece dados de preços de ações e de outras variáveis financeiras, para o índice de ações e ações individuais, em países em desenvolvimento e recém-industrializados. Para a amostra de ações individuais fornecida para o Brasil, selecionamos um total de 25 *common shares* (ver lista de ações no anexo) que fizeram parte do Ibovespa, entre janeiro de 1976 e dezembro de 1992. Para testar o modelo poderíamos, teoricamente, utilizar os retornos das ações individuais, mas para fins de estimação devemos limitar o número de parâmetros.

Reunimos as ações num pequeno número de carteiras e testamos o modelo com base nelas. Dado o limitado número de firmas disponíveis, decidimos formar carteiras de três tamanhos, referentes ao valor de capitalização das firmas. Essas carteiras foram formadas da seguinte maneira: primeiro, ordenando os retornos das ações individuais de cada mês de acordo com o valor de capitalização; depois, separando os retornos em três grupos, de acordo com a posição encontrada. Dentro de cada grupo, ponderamos os retornos pelo valor de capitalização de suas firmas, relativamente ao valor total de capitalização das firmas dentro de um mesmo grupo. Os retornos são computados em moeda doméstica, em excesso à taxa *overnight*.

A tabela 1 mostra algumas estatísticas amostrais dos retornos e da série de excessos de retornos para o índice de ações brasileiro. Embora a média da série de retornos da moeda local seja bastante alta (159% em retornos anuais), em função das altas taxas de inflação durante o período abordado, a média de excesso de retornos é muito menor (29%), embora ainda alta se comparada às estatísticas de mercados desenvolvidos. As séries ao quadrado mostram uma forte autocorrelação, característica comum em séries temporais financeiras. Todas as séries se afastam bastante da normalidade, o que fica evidenciado, principalmente, pela alta estatística de curtose.

TABELA 1
Momentos amostrais para séries de retorno de ações

	Retornos nominais		Excessos de retorno	
	x	x^2	x	x^2
Média	159,46	83,52	28,82	50,14
Desvio-padrão	79,15	51,06	70,49	37,63
Assimetria	1,21	3,63	0,167	6,39
Excesso de curtose	1,77	15,30	4,70	50,86
ρ_1	0,156	0,159	0,001	−0,015
ρ_2	0,227	0,292	0,019	0,122
ρ_3	0,146	0,136	−0,062	0,061
ρ_4	0,169	0,189	−0,019	0,182
ρ_5	0,107	0,072	−0,015	0,044
Estatística de Box-Ljung	60,00	61,95	15,03	46,99
p-value	3,6d-09	1,6d-09	0,13	9,5d-07

A tabela 2 apresenta algumas estatísticas para as três carteiras. As carteiras 1, 2 e 3 representam as firmas pequena, média e grande, respectivamente. Como pode ser visto nessa tabela, a média das carteiras aumenta com o tamanho, ao contrário do que se observou nos mercados norte-americanos, onde os retornos são negativamente correlacionados com o tamanho. Além disso, a variância das carteiras decresce com o tamanho. Essas duas características seriam claramente incompatíveis com um modelo de apreçamento de ações no qual o risco fosse medido pela variância de uma ação ou de uma carteira, pois maior risco levaria a maior retorno. Poderiam, no entanto, ser compatíveis com o modelo CAPM, se os retornos das firmas pequenas covariassem menos com o mercado que os retornos das firmas grandes. Como veremos a seguir, este parece ser o caso.

TABELA 2
Momentos amostrais para as três carteiras classificadas por tamanho
(Retornos mensais)

	Carteira 1	Carteira 2	Carteira 3
Média	2,36	3,04	6,86
Variância	11,53	5,49	5,29
Assimetria	2,44	0,93	1,46
Excesso de curtose	13,07	6,38	3,76

As figuras 1 e 2 mostram os gráficos das séries de excessos de retornos do mercado e as séries de excessos de retornos das três carteiras, respectivamente. Todos

Figura 1
Excesso de retorno do Ibovespa

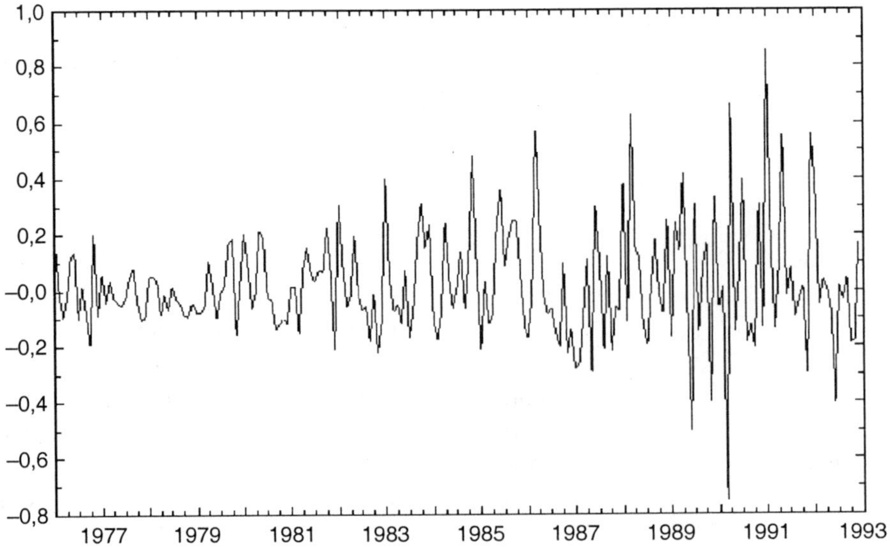

Figura 2
Excesso de retorno das carteiras de tamanho

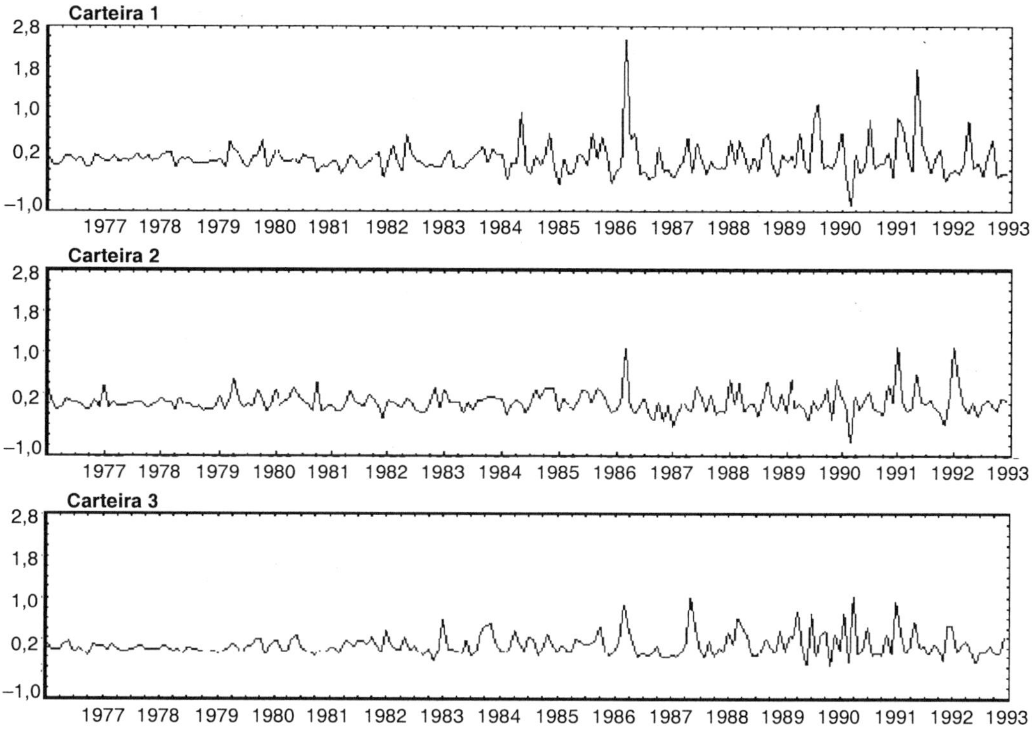

os gráficos mostram a presença de forte heterocedasticidade auto-regressiva condicional. Para lidar com esse tipo de dados, consideramos algumas especificações adicionais no modelo.

Estimação e resultados

Utilizamos o método dos momentos generalizados (GMM) proposto por Hansen (1982), tomando por base o método de Newey e West (1987), para estimar a matriz de pesos. Para aplicar o método GMM, as variáveis de projeção utilizadas para o primeiro e o segundo momentos condicionais dos retornos são valores defasados da variável dependente em cada equação. Outro método comum é utilizar variáveis tais como o risco defasado ou o *spread* a termo ou uma variável de rendimentos de dividendos. Todas as variáveis são candidatas válidas, pois estão no conjunto de informação; contudo, auto-regressões para o primeiro e para o segundo momentos podem resultar em estimativas mais robustas ante mudança estrutural.

Para começar, estimamos o modelo mais simples, um CAPM com beta constante, onde todos os parâmetros em (9), exceto $\alpha_0, \delta_{0M}, \delta_{0i}$ $(i = 1,2,3)$, são iguais a zero.

Os resultados das estimações são apresentados na tabela 3. O parâmetro de covariância da carteira da firma grande é quase duas vezes maior do que o parâmetro de covariância das carteiras das firmas média e pequena. Como a variância do mercado é constante, os betas calculados refletem exatamente o mesmo padrão. Dessa forma, o retorno médio maior da carteira 3 pode ser racionalizado pelo seu β (1,6), comparado a valores próximos de um para as duas outras carteiras. No entanto, o retorno médio previsto para essa carteira (5,05%) é próximo ao retorno médio real (6,9%). Se existe um efeito-tamanho no mercado brasileiro, ele é oposto ao efeito-tamanho encontrado nos retornos esperados estudados nos Estados Unidos (ver, por exemplo, Fama & French, 1992). Os retornos para as firmas pequenas são superavaliados pelo modelo, enquanto os retornos das firmas grandes são subavaliados.

De acordo com as estatísticas *t* e com o teste de condições de ortogonalidade,[2] o modelo parece bem ajustado aos dados. Mas deve-se atentar para o fato de que, como o número de condições de momento é grande em relação ao número de observações, a inferência assintótica convencional pode perder a validade.[3]

Em seguida, introduzimos termos defasados nas equações de média variância e covariância para estimar a forma condicional do CAPM. A especificação escolhida permite os efeitos ARCH na variância de mercado (uma característica fortemente presente nos dados) e nas covariâncias das carteiras com o mercado. Podemos testar versões restritas, tais como um modelo de beta constante, um preço de mercado constante para o risco ou uma variância condicional de mercado constante. Limitamos o número de defasagens nas auto-regressões a um máximo de duas em cada uma das equações. Ao todo existem 14 parâmetros para 24 equações, o que implica uma distribuição $\chi^2(10)$ para a estatística *J*. Essa especificação é similar à utilizada por Bodurtha e Mark (1991). As estimativas dos parâmetros para o CAPM condicional com efeitos ARCH são mostradas na tabela 4. Embora todas as estimativas dos parâmetros pareçam ser significativas, exceto na equação da média condicional, devemos estar atentos, como já foi dito, ao alto número de condições de momento. Todos os betas médios cresceram em relação ao CAPM incondicional e agora estão

---

[2] O teste *J* para as restrições sobreidentificadas impostas pelo modelo é calculado através da multiplicação por T do valor mínimo da função objetivo, $b = \arg\min \left[\frac{1}{T}\sum_{t=1}^{T} f_t(\beta)\right]' \sum_{T}^{-1} \cdot \left[\frac{1}{T}\sum_{t=1}^{T} f_t(\beta)\right]$, onde $\sum_{T}^{-1} = \frac{1}{T}\sum_{t=1}^{T} f_t(b) f_t(b)'$. O vetor $f_t(\beta)$ é construído através da multiplicação do erro em cada equação pelo vetor de instrumentos. Na hipótese nula de que o modelo esteja corretamente especificado, essa estatística tem distribuição qui-quadrado assintótica, com $2(N+1)q - (N(k_i+1) + 2 + k_M + k_{\sigma M})$ graus de liberdade.

[3] Koenker e Machado (1996) mostram que, para a estimação de um modelo linear com heterocedasticidade geral, $q^{5/2}/n \to 0$ (onde q é o número de condições de momento e n é o número de observações) é condição suficiente para a validade da inferência assintótica convencional sobre o estimador GMM. De fato, utilizando apenas oito condições de momento (com apenas uma constante como instrumento), em vez de 24, obtemos um *p-value* de 0,05 para a estatística *J*, e as estatísticas *t* diminuem para magnitudes em torno de 3 ou 4.

de acordo com a ordenação dos excessos de retornos médios das três carteiras. Esse modelo condicional, que captura melhor a dinâmica das medidas de risco (ver figura 3) e dos retornos esperados, tende a subestimar os retornos médios das três carteiras.[4]

Para testar as versões restritas do modelo mencionado, utilizamos os testes Wald. Para o modelo do beta constante, verificamos se todos os parâmetros (exceto as constantes) de cada equação são estatisticamente significativos. A estatística Wald, nesse caso, terá distribuição $\chi^2(10)$. Para o preço de mercado fixo do risco, testamos se os coeficientes (exceto as constantes) nas equações da média e da variância condicionais de mercado são estatisticamente significativos. Esse é um teste $\chi^2(4)$. Finalmente, testamos se a variância condicional de mercado é constante, verificando se δ_{1M} e δ_{2M} são iguais a zero através de um teste $\chi^2(2)$. Todas essas versões restritas do modelo são claramente rejeitadas (a menos de 0,01 em todos os casos).

TABELA 3
CAPM com beta constante

Parâmetros da carteira de mercado	
	α_{1M}
Média	0,0309
	(5,45)
	δ_{0M}
Variância	0,0308
	(18,26)

Parâmetros das covariâncias das carteiras

Carteiras		**1**	**2**	**3**
δ_{0i}		0,0298	0,0293	0,0503
		(15,18)	(16,78)	(17,63)
β_i		0,9675	0,9513	1,6331
ER_i		2,99	2,94	5,05
Teste das condições de ortogonalidade	*J*	12,6455		
	g. l.,	19		
	p-value	0,8562		

Notas: Estatísticas *t* entre parênteses. O sistema de equações (9), onde todos os parâmetros, exceto α_{0M}, δ_{0M} e δ_{0i} $(i = 1, 2, 3)$, estão restritos a ser zero, é estimado por GMM com os seguintes instrumentos: constante e duas defasagens do retorno do mercado (R_{Mt}) para os retornos do mercado e das carteiras; constante e duas defasagens das covariâncias das carteiras com o mercado (μ_{it}, μ_{Mt}) para as covariâncias das carteiras; constante e duas defasagens da variância do retorno do mercado (μ^2_{Mt}) para a variância do mercado. *ER* representa retorno esperado.

[4] Os retornos médios esperados são obtidos multiplicando β_{it} pelo retorno esperado de mercado no tempo t e tirando a média da amostra.

TABELA 4
CAPM condicional com ARCH
Variância e covariâncias condicionais

Parâmetros da carteira do mercado			
	α_{0M}	α_{1i}	
Média condicional	0,0137	0,0206	–
	(1,40)	(0,64)	
	δ_{0M}	δ_{1M}	δ_{2M}
Variância condicional	0,0033	0,4230	0,4760
	(1,67)	(15,63)	(12,64)

Parâmetros das covariâncias condicionais das carteiras

Carteiras	**1**	**2**	**3**
δ_{0i}	0,0087	0,3179	0,2656
	(1,00)	(3,91)	(3,60)
δ_{1i}	0,0127	0,2080	0,2853
	(2,38)	(4,02)	(6,79)
δ_{2i}	0,0485	–0,2300	–0,2547
	(5,18)	(–4,08)	(–5,83)
β_i (média)	1,10	1,28	3,23
ER_i	1,52	1,77	4,36
Teste das condições de ortogonalidade	*J*	*g. l.*	*p-value*
	10,0464	10	0,4364

Notas: Estatísticas *t* entre parênteses. O sistema de equações (9), com $k_M = 1, k_i = 2 (i = 1, 2, 3)$, é estimado por GMM com os seguintes instrumentos: constante e duas defasagens do retorno do mercado (R_{Mt}) para os retornos do mercado e das carteiras; constante e duas defasagens das covariâncias das carteiras com o mercado ($\mu_{it}\,\mu_{Mt}$) para as covariâncias das carteiras; constante e duas defasagens da variância do retorno do mercado (μ^2_{Mt}) para a variância do mercado. *ER* representa retorno esperado.

Conclusão

Neste capítulo estimamos e testamos modelos CAPM e CAPM condicional com efeitos ARCH para o mercado brasileiro para três carteiras de tamanhos diferentes. Os retornos médios das carteiras têm relação crescente com o tamanho e relação decrescente com o desvio-padrão dos retornos. Nossa estimativa para o CAPM constante nos permite racionalizar em parte esse maior retorno através de um beta mais alto. O CAPM condicional baseado em efeitos ARCH tem maior aderência aos dados, capturando melhor a dinâmica das medidas de risco e dos retornos esperados. Nesse modelo os betas médios das carteiras estão alinhados com o ordenamento dos retornos médios, embora os retornos médios das três carteiras sejam maiores do que os explicados pelo modelo.

Figura 3
Betas condicionais para o CAPM com

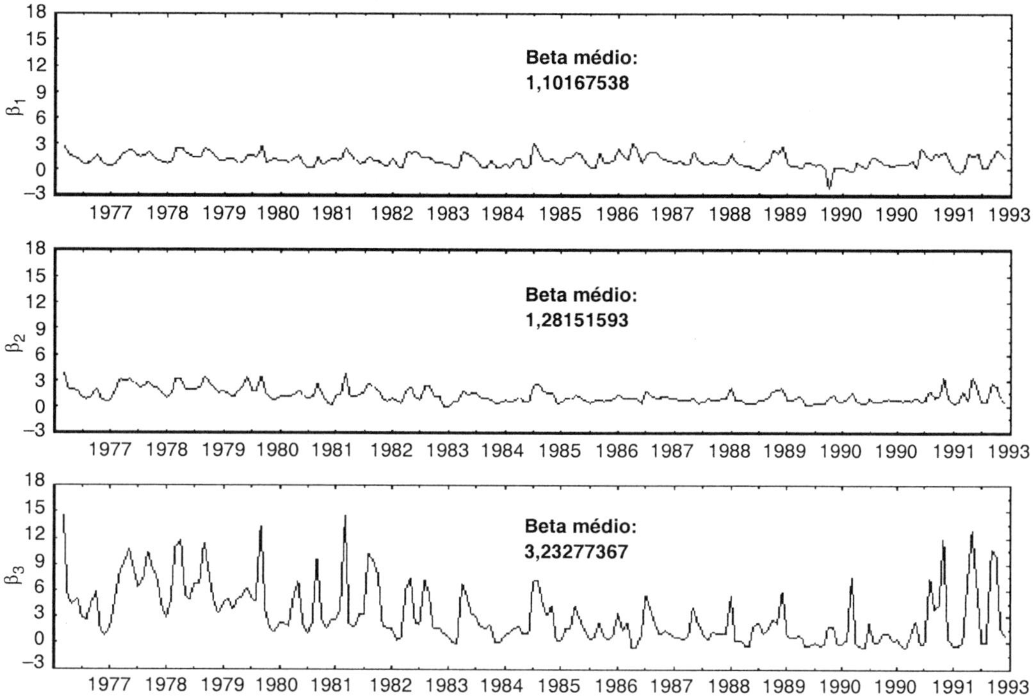

Referências bibliográficas

Bekaert, G. & Harvey, C. R. Time-varying world market integration. *Journal of Finance, 50*(2):403-44, 1995.

Bodurtha, J. M. & Mark, Nelson C. Testing the capm with time-varying risks and returns. *Journal of Finance, 46*(4):1.485-505, 1991.

Bonomo, Marco & Garcia, René. Tests of conditional asset pricing models in the Brazilian stock market. *Journal of International Money and Finance, 12*:71-90, 2001.

Cati, R. C.; Garcia, M. G. P. & Perron, P. Unit roots in the presence of abrupt governmental interventions with an application to Brazilian data. *Journal of Applied Econometrics, 14*:27-56, 1999.

Engle, R. F. Autoregressive conditional heteroskedasticity with estimates of the variance of United Kingdom inflation. *Econometrica, 50*:987-1.007, 1982.

Fama, E. F. & French K. R. The cross-section of expected stock returns. *Journal of Finance, 47*:427-65, 1992.

Ferson, W. E. & Harvey, C. R. The variation of economic risk premiums. *Journal of Political Economy, 99*:385-415, 1991.

—— & Korajczyk, R. A. Do arbitrage pricing models explain the predictability of stock returns? *Journal of Business*, 1995. p. 309-50.

Garcia, R. & Ghysels, E. Structural change and asset pricing in emerging markets. *Journal of International Money and Finance, 17*:455-73, 1998.

Ghysels, E. On stable factor structures in the pricing of risk. *Journal of Finance, 53*:549-73, 1998.

Hansen, L. P. Large sample properties of generalized method of moments estimators. *Econometrica, 50*:1.029-54, 1982.

Harvey, C. R. The world price of covariance risk. *Journal of Finance, 46*:111-57, 1991.

——. Predictable risk and returns in emerging markets. *Review of Financial Studies*, 1995. p. 773-816.

Koenker, R. & Machado, J. A. GMM inference when the number of moment conditions is large. University of Illinois, 1996. (Discussion Paper.)

Newey, W. K. & West, K. D. A simple positive semi-definite, heteroskedasticity-consistent covariance matrix. *Econometrica, 55*:703-8, 1987.

ANEXO

Lista das ações usadas para formar as carteiras de tamanho

Acesita ON, Alpargatas ON, Belgo-Mineira ON, Brahma ON, Brahma OP, Brasil ON (190.1), Brasil ON (190.2), Brasmotor PN, Docas OP, Ford OP, Klabin ON, Light OP, Lojas Americanas OP, Mannesmann ON, Moinho Santista ON, Moinho Santista OP, Paranapanema ON, Paul. F. Luz OP, Petrobras ON, Pirelli ON, Samitri ON, Souza Cruz ON, Vale do Rio Doce ON, Vidraçaria Santa Marina OP, White Martins ON.

APT e variáveis macroeconômicas: um estudo empírico sobre o mercado acionário brasileiro

Adriana Schor, Marco Bonomo e
Pedro L. Valls Pereira*

APT (*arbitrage pricing theory*)

O CAPM (*capital asset pricing model*) foi durante muito tempo considerado o modelo ideal para a análise dos retornos dos diferentes ativos. Com uma única equação foi capaz de responder a inúmeras questões a respeito do comportamento do retorno dos ativos. Entretanto, o CAPM foi alvo de inúmeras críticas. A primeira delas vem de sua matriz teórica: a análise média-variância. Esse tipo de análise requer restrições à distribuição dos retornos ou à função utilidade dos indivíduos, que nem sempre são consistentes — a distribuição normal do retorno dos ativos não limitada inferiormente e a função utilidade quadrática apresentando aversão absoluta ao risco crescente são alguns exemplos. Já Roll (1977) critica o CAPM por sua incapacidade de ser testado empiricamente. A impossibilidade de se observar o portfólio de mercado e a crítica de que a real hipótese verificada nos testes propostos para o CAPM não é a hipótese de Sharpe, e sim a hipótese de que o portfólio de mercado é eficiente, levaram à conclusão de que nenhum teste já feito foi realmente um teste da teoria do CAPM.

* Os três autores agradecem ao CNPq pelo apoio parcial, e os dois últimos, ao Pronex. Agradecem também à *Revista de Economia e Administração* do Ibmec.

O APT é um modelo teórico baseado na hipótese de não-arbitragem e que se apresenta como alternativa teórica e empírica ao CAPM. A partir de uma hipótese sobre a geração dos retornos dos ativos, a inexistência de arbitragem leva a uma relação linear entre os retornos dos ativos. Ross apresenta uma versão rigorosa do APT. Trata-se de um modelo de alguma forma semelhante ao CAPM, pois estabelece uma relação linear entre os retornos esperados dos ativos, mas com hipóteses alternativas que respondem a algumas das críticas feitas ao modelo tradicional.

Do ponto de vista teórico, o modelo APT, diferentemente do CAPM, não necessita de hipóteses sobre a distribuição dos retornos dos ativos nem sobre a estrutura de preferências dos indivíduos. A relação estabelecida pelo CAPM é alcançada pela hipótese de que a economia está em equilíbrio. O APT, em contrapartida, vale também para situações de desequilíbrio, bastando este não ser de tal sorte que haja na economia oportunidades de arbitragem — embora "a existência de não-arbitragem implique certo comportamento dos retornos" dos ativos (Huberman, 1982).

O APT responde também a certas questões empíricas não resolvidas pelo CAPM. Ao descartar a idéia de portfólio de mercado, o APT deixa de lado a discussão sobre como identificá-lo e sobre como tratá-lo nos estudos empíricos. Também abre espaço para a discussão dos fatores macroeconômicos que afetam os retornos esperados dos ativos em conjunto, só captados pelo CAPM através do fator portfólio de mercado.

O modelo

Considere-se uma seqüência de economias com número crescente de ativos. Na enésima economia há n ativos com risco gerados por um modelo K-fatorial:

$$R_i = E(R_i) + \beta_{1i} F_1 + \beta_{2i} F_2 + \dots + \beta_{Ki} F_K + \varepsilon_i \quad i = 1, 2, \dots, n \tag{1.1}$$

onde

$$E(F_j) = 0, j = 1, 2, \dots, K \tag{1.2}$$

$$E(\varepsilon_i) = 0, i = 1, 2, \dots, n \tag{1.3}$$

$$E(\varepsilon_i \varepsilon_j) = 0, \text{ se } i \neq j \tag{1.4}$$

$$\text{Var}(\varepsilon_i) = \sigma^2_{\varepsilon_i} \leq \overline{\sigma}^2 < \infty, i = 1, 2, \dots, n \tag{1.5}$$

Em notação matricial:

$$R = E(R) + BF + \varepsilon \tag{1.6}$$

Seja $\boldsymbol{\omega}$ um portfólio de arbitragem, isto é, $\boldsymbol{\omega}$ é um vetor de comprometimentos em unidade monetária em cada ativo tal que $\boldsymbol{\omega}'\mathbf{i} = 0$, onde $\mathbf{i}$ é um vetor de uns, ou seja, cujo custo de aquisição seja nulo.

Por (1.6), o retorno desse portfólio é dado por:

$$R(\omega) = \omega \, . \, R = \omega E(R) + \omega BF + \omega\varepsilon \qquad (1.7)$$

Dizemos que há oportunidade de arbitragem assintótica quando existe uma subseqüência **n'** de portfólios de arbitragem cujo retorno **R(ω (n'))** satisfaça:

$$\lim_{n'\to\infty} E(R(\omega(n'))) = +\infty, \quad \lim_{n'\to\infty} \mathrm{Var}(R(\omega(n'))) = 0 \qquad (1.8)$$

O APT mostra que, na ausência de arbitragem assintótica, há relação aproximadamente linear entre o retorno dos ativos expressa por:

$$E(R_i) \cong \lambda_0 + \lambda_1 B_{i1} + \ldots + \lambda_k B_{ik} \qquad (1.9)$$

Teorema: Suponhamos que os retornos dos investimentos com risco satisfaçam o processo gerador definido em (1.1) e não existam oportunidades de arbitragem. Então, para $n = 1, 2, \ldots$, existe $\lambda_0, \lambda_1, \ldots, \lambda_K$ e A tal que

$$\sum_{i=1}^{n}\left[E(R_i) - \lambda_0 - \sum_{j=1}^{K}\beta_{ij}\lambda_j\right]^2 \leq A \qquad (1.10)$$

Demonstração: Ao fazer a projeção ortogonal de $E(R)$ no espaço linear gerado por $\mathbf{i}$ e pelas colunas de B, obtemos a seguinte representação:

$$E(R) = \lambda_{0i} + BF + c \qquad (1.11)$$

onde

$$\lambda \in \Re^K \qquad (1.12)$$

$$\mathbf{i}\, c = 0 \qquad (1.13)$$

$$B\, c = 0 \qquad (1.14)$$

pelas propriedades da projeção ortogonal.

Assumamos que o resultado do teorema seja falso. Dessa forma, existe uma subseqüência crescente tal que

$$\lim_{n'\to\infty} \|c(n')\| = +\infty \qquad (1.15)$$

Suponhamos p fixo $\in\,]-1, -1/2[$ e considere o portfólio $\boldsymbol{\omega}(\mathbf{n}') = \alpha\, \mathbf{c}(\mathbf{n}')$ onde

$$\alpha = \|c(n')\|^{2p} \tag{1.16}$$

$\boldsymbol{\omega}(\mathbf{n}') = \alpha\, \mathrm{c}(\mathbf{n}')$ é um portfólio de arbitragem, pois

$$\alpha\, c(n')\, \mathbf{i} = \omega(n')\, \mathbf{i} = 0 \tag{1.17}$$

e cujo retorno e variância são descritos por

$$R(\omega) = R(\alpha c) = \alpha c R$$

$$\alpha c R = \alpha c E(R) + \alpha c B\lambda + \alpha c\varepsilon, \quad \text{por (1.6)}$$

$$= \alpha c[\lambda_0 \mathbf{i} + B\lambda + c] + \alpha c\varepsilon, \quad \text{por (1.11)}$$

$$R(\omega) = \alpha\, \|c\|^2 + \alpha c\varepsilon, \quad \text{por (1.12-1.14)} \tag{1.18}$$

$$E(R(\omega)) = \alpha\, \|c\|^2 = \|c\|^{2+2p}, \quad \text{por (1.16)} \tag{1.19}$$

Então, usando (1.15) em (1.19) temos:

$$\lim_{n'\to\infty} E(R(\omega(n'))) = +\infty \tag{1.20}$$

Mas,

$$\mathrm{Var}(R(\omega)) \leq \overline{\sigma}^2 \alpha^2 \|c\|^2, \quad \text{por (1.5) e (1.18)}$$

$$\mathrm{Var}(R(\omega)) \leq \overline{\sigma}^2 \|c\|^{2+4p}, \quad \text{por (1.16)} \tag{1.21}$$

e por (1.15) e pelo fato de $p \in\,]-1, -1/2[$,

$$\lim_{n'\to\infty} \mathrm{Var}[R(\omega(n'))] = 0 \tag{1.22}$$

ou seja, há oportunidade de arbitragem, o que é uma contradição.

Agora, suponhamos que haja nessa economia um ativo sem risco, isto é, existe um ativo adicional nesta enésima economia cujo retorno satisfaz $R_0 = R_f$. Seja $y_i = R_i - R_f$, $i = 1, 2, ..., n$, o excesso de retorno do ativo com risco sobre a taxa de juros sem risco.

Qualquer portfólio de arbitragem $(\omega_0, \omega_1, ..., \omega_N) \in \Re^{N+1}$ de $R_0, R_1, ..., R_N$ (que satisfaça $\boldsymbol{\omega}\mathbf{i} = 0$) é equivalente a um vetor $(c_1, ..., c_N) \in \Re^N$ indicando a alocação de riqueza entre os ativos com risco. Dessa forma, podemos reconstruir a demonstração do teorema apresentado acima com o vetor de retornos y. A decomposição (1.9) seria então substituída, em forma matricial, por:

$$E(\mathbf{R}) - R_f \mathbf{i} = \mathbf{B}\boldsymbol{\lambda} + c \qquad (1.23)$$

Assim, chegamos ao APT originado por Ross e que pode ser então descrito por um modelo fatorial linear:

$$R = E(\mathbf{R}) + \mathbf{BF} + \varepsilon \text{ onde } E(\mathbf{F}) = E(\varepsilon) = 0 \qquad (1.24)$$

com a restrição

$$E(\mathbf{R}) = R_F \mathbf{i} + \mathbf{B}\boldsymbol{\lambda} \qquad (1.25)$$

Temos então a relação linear desejada, salvo por uma discrepância que só é grande para um pequeno número dos ativos. Assim, podemos dizer que uma relação linear entre os retornos esperados dos ativos vale aproximadamente para a maioria dos ativos.

A relação linear entre os retornos dos ativos obtida pelo APT é bastante similar à do CAPM. Ambos os modelos estabelecem a relação entre risco e retorno de um ativo e os demais ativos onde o preço do risco relevante é determinado não pelo risco do próprio ativo, mas por sua relação com os demais ativos transacionados na economia. O CAPM relaciona o ativo com o portfólio de mercado, e o APT o relaciona com os fatores comuns a todos os ativos estudados. Pode-se então estabelecer uma relação entre o CAPM e o APT (Wei, 1988), como se o portfólio de mercado sintetizasse os fatores comuns, embora a derivação teórica dos dois modelos parta de hipóteses bastante distintas.

Estudos empíricos

Os estudos empíricos realizados com base no APT proposto por Ross podem ser classificados em dois tipos básicos: os que utilizam fatores não-observáveis e os que utilizam fatores observáveis. Como a teoria não determina quantos nem quais são os fatores relevantes do processo gerador dos retornos, fica a critério do pesquisador a determinação da forma de análise.[1] Também não são discutidos no corpo teórico do modelo a ser testado os sinais esperados de cada um dos coeficientes de sensibilidade nem dos prêmios de risco dos diversos fatores.

[1] O teste do APT é um teste conjunto de: a) restrição imposta ao modelo fatorial; b) hipóteses adicionais requeridas para que a restrição de desigualdade se torne igualdade; c) o próprio modelo fatorial linear; e d) o método utilizado para testá-lo.

O primeiro estudo realizado (Roll & Ross, 1980) utilizou a análise fatorial a fim de determinar simultaneamente o número de fatores, as realizações dos fatores ao longo do tempo e os coeficientes de sensibilidade (β_{ij}) de cada um dos ativos em relação aos fatores encontrados. Uma vez determinados os fatores a serem utilizados e os coeficientes de sensibilidade, procede-se às análises em *cross-section* a fim de determinar os prêmios de risco associados a cada fator.

O procedimento padrão é admitir uma estrutura fatorial estrita para os retornos dos ativos. Ou seja, os fatores encontrados explicam toda covariância comum entre os retornos. A matriz de covariâncias dos resíduos é, pois, diagonal — compõe-se apenas da variância idiossincrática de cada ativo. A análise fatorial se encaixa perfeitamente na estrutura do APT proposta por Ross (1976). Apesar de não ser necessária a hipótese de modelo fatorial estrito para que as restrições impostas pelo APT sejam válidas, Ross parte dessa estrutura em sua demonstração.

As principais críticas feitas a essa abordagem estatística são a indeterminação do número de fatores e os problemas de identificação subjacentes. Alguns estudos empíricos feitos para a economia norte-americana (por exemplo, Dhrymes, Friend & Gultekin, 1984) apresentam evidências de que o número de fatores encontrados varia positivamente de acordo com o número de ativos.

Depois de obtidos os fatores e a matriz dos coeficientes de sensibilidade, testa-se a restrição que o APT impõe ao modelo fatorial linear. A análise em *cross-section* — bastante similar à proposta por Fama e MacBeth (1973) no teste do CAPM — visa a estimar os prêmios de risco associados aos fatores. A evidência de prêmios de risco não-nulos é a evidência da validade empírica do APT.

Outra vertente de estudos empíricos acerca do APT envolve a predeterminação dos fatores. São três as alternativas para a escolha das variáveis a serem utilizadas como fatores na estimação do modelo fatorial restrito pelo APT. Como novamente a teoria não fornece nenhuma indicação, fica a critério do pesquisador (e das evidências empíricas) a escolha dos fatores observáveis.

A primeira alternativa é a utilização de variáveis relacionadas com os atributos específicos de cada ativo. Estas podem ser a série de dividendos pagos pela empresa, o tamanho desta e o setor da indústria a que pertence. A segunda alternativa é a utilização de portfólios de ativos suficientemente diversificados que representem os riscos sistemáticos do mercado acionário. A terceira e última alternativa é a utilização de variáveis que explicitem as influências sobre o processo gerador dos retornos dos ativos. Tais variáveis, geralmente variáveis macroeconômicas, têm como objetivo relacionar as fontes de risco sistemático da economia.

Chen, Roll e Ross (1986) iniciaram o estudo da influência de variáveis macroeconômicas no retorno dos ativos. Eles constroem séries de fatores relacionados às variáveis macroeconômicas que representam os riscos sistemáticos do mercado de ações. A construção dos fatores visa a adaptar os testes do APT a fatores observáveis, de modo que a estrutura original de Ross (1976) seja respeitada.

Embora a concepção do teste seja nova, a metodologia utilizada foi a estimação em dois estágios proposta por Fama e MacBeth (1973). Uma vez obtidos os coeficientes de sensibilidade em relação aos fatores determinados, estimam-se os prêmios de risco associados a cada fator. Esse foi o primeiro estudo que apresentou uma alternativa clara ao CAPM, na medida em que, além de evidenciar as fontes de riscos sistemáticos para os retornos dos ativos, sugere interpretações para os resultados obtidos.

Em vez de testar a validade do APT mediante a existência de prêmio de risco estatisticamente diferente de zero, como discutido acima, Campbell, Lo e MacKinlay (1997) propõem um teste de razão de verossimilhança a fim de comprovar a validade empírica do APT.[2]

O ponto de partida dos autores é um modelo fatorial linear:

$$r_t = a + Bf_{Kt} + \varepsilon_t \tag{2.1}$$

tal que

$$E(\varepsilon_t) = 0,\ E(\varepsilon_t\varepsilon_t') = \Sigma,\ E(f_{Kt}) = \mu_K,\ E[(f_{Kt} - \mu_K)(f_{Kt} - \mu_K)'] = \Omega_K,\ \mathrm{Cov}(f_{Kt}, \varepsilon_t') = 0$$

onde **r** é o vetor de retornos dos N ativos, **B** a matriz de cargas dos retornos dos ativos em relação aos fatores, **f** o vetor de fatores e $\boldsymbol{\varepsilon}$ o vetor de perturbações.

O modelo é estimado usando o excesso de retorno do ativo em relação ao retorno do portfólio zero-beta (γ_0) — não pressupõe a existência de uma taxa de juros sem risco — e o excesso de retorno do fator em relação à sua média.

Seja $\gamma_1 \equiv \mu_K + \lambda_K$, onde μ_K é a média do K-ésimo fator e λ_K o prêmio de risco a ele associado.

O modelo restrito pode ser então descrito por:

$$r_t = (i\gamma_0 - B\gamma_1) + Bf_{kt} + \varepsilon_t \tag{2.2}$$

Os estimadores de máxima verossimilhança do modelo restrito são obtidos por um processo iterativo, usando como valores iniciais os estimadores de máxima verossimilhança do modelo irrestrito. A restrição[3] imposta à constante é $a = i\gamma_0 - B\gamma_1$. A restrição pode então ser testada usando a estatística de razão de verossimilhança $\theta = -(T - N - K)[ln|\hat{\Sigma}| - ln|\hat{\Sigma}^*|]$, ajustada para pequenas amostras, cuja distribuição assintótica na hipótese nula é qui-quadrado com $N - K - 1$

[2] Elton, Gruber e Blake (1995) utilizam metodologia muito similar àquela proposta por Campbell, Lo e MacKinlay.

[3] Pode-se observar que, se existir uma taxa de juros sem risco e se a média do fator (μ_K) for nula, a restrição imposta à constante é equivalente à restrição imposta pelo APT original de Ross.

graus de liberdade. A estimativa dos prêmios de risco é obtida indiretamente através de γ_1.[4]

O teste de razão de máxima verossimilhança requer, porém, a estimação dos modelos restrito e irrestrito e a utilização de métodos de estimação em dois estágios, que é ineficiente. McElroy e Burmeister (1988) apresentam como alternativa ao método de estimação de dois estágios a estimação do APT (o modelo fatorial com a restrição imposta à constante) por meio de um modelo de regressão multivariada não-linear.

O APT pode então ser escrito como

$$r_{it} = \lambda_{0t} + \sum_{j=1}^{K} \beta_{ij}\lambda_j + \sum_{j=1}^{K} \beta_{ij} f_{jt} + \varepsilon_t, \quad i = 1, \ldots, N \quad \text{e} \quad t = 1, \ldots, T \qquad (2.3)$$

Temos então um sistema de N equações não-lineares em T períodos de tempo. São T observações de N retornos de ativos a partir das quais temos que estimar os NK e K parâmetros β_{ij} e λ_j, respectivamente . As restrições que caracterizam o APT são descritas como uma restrição à constante e uma restrição entre as equações do modelo. Assim, o modelo pode ser tratado como um sistema de equações não-lineares com uma restrição entre as equações.

A estimação do modelo como um sistema de equações não é apenas por causa da existência da restrição entre as constantes das equações. Caso o modelo seja descrito por um modelo fatorial não-estrito,[5] a matriz de covariância dos resíduos — obtida através da análise fatorial — pode ser não-diagonal.[6] Assim, a estimação do sistema com técnicas de SURE (*seemingly unrelated regression estimators*) fornece estimadores eficientes.

Os estimadores são obtidos em três estágios. O primeiro deles é estimar os parâmetros através da estimação por mínimos quadrados ordinários, equação por equação. Nesse estágio os $\lambda\beta$ não são identificados e portanto são substituídos por uma constante. Esse primeiro estágio coincide com o primeiro estágio da estimação em dois estágios proposta por Fama e MacBeth (1973), mas nesse caso o resultado utilizado não são os parâmetros estimados, e sim os resíduos. A partir dos resíduos é então estimada, num segundo estágio, a matriz de covariância dos resíduos $\hat{\Sigma}$ No terceiro estágio, utiliza-se essa matriz estimada para calcular os parâmetros do sistema não-linear que minimizem a forma quadrática:

---

[4] Ribenboim (capítulo 1) utiliza estatística semelhante para testar a hipótese do CAPM com dados de ativos brasileiros e encontra resultados que corroboram tanto a versão de Sharpe-Lintner quanto a versão de Black para o modelo.

[5] A imposição de que o APT parta de um modelo fatorial estrito é condição suficiente, mas não necessária, para a validade do modelo.

[6] Qualquer modelo de n-fatores pode ser escrito como um modelo de um (ou $n - k$) fator cuja matriz de resíduos seja não-diagonal.

$$Q(\lambda, \beta; \hat{\Sigma}) = \{\rho - [I_N \otimes X(\lambda)]\ \beta\}\ (\hat{\Sigma} \otimes I_T)\ \{\rho - [I_N \otimes X(\lambda)]\beta\} \quad (2.4)$$

onde ⊗ simboliza o produto Kronecker, obtida a partir de

$$\rho_i = \sum_{j=1}^{K} (\lambda_j I_t + f_j)\beta_{ij} + \varepsilon_i,\ i = 1, ..., N \quad (2.5)$$

onde

$$\rho_i = \left(r_i(1) - \lambda_0(1), ..., r_i(T) - \lambda_0(T)\right), f_j = \left(f_j(1), ..., f_j(T)\right), j = 1, ..., K,$$

$$\varepsilon_i = \left(\varepsilon_i(1), ..., \varepsilon_i(T)\right),\ i = 1, ..., N$$

são vetores $T \times 1$.

Definindo então,

$$\underset{K\times 1}{\lambda} = (\lambda_1, ..., \lambda_k),\ \underset{T\times K}{F} = (f_1, ..., f_k),\ \underset{K\times 1}{\beta_i} = (\beta_{i1}, ..., \beta_{ik})',\ i = 1, ..., N,\ \underset{T\times K}{X}(\lambda) = (\lambda' \otimes i_T) + F$$

e empilhando-os, temos

$$\rho = [I_N \otimes X(\lambda)]\beta + \varepsilon. \quad (2.6)$$

Esses estimadores são, mesmo na ausência da normalidade na distribuição dos resíduos, fortemente consistentes e com distribuição assintoticamente normal. Assim, formam a base para os testes de hipóteses clássicos, o que não ocorre com os estimadores obtidos através da análise fatorial. Se os resíduos tiverem distribuição normal, então o método iterativo fornecerá estimadores de máxima verossimilhança. A iteração ocorre entre os estágios dois e três, ou seja, entre a matriz de covariância Σ e os parâmetros β e λ.

Variáveis macroeconômicas

O modelo original do APT, tal como descrito acima, não fornece nenhuma teoria para a escolha de variáveis macroeconômicas que expliquem o retorno dos ativos. Os vários artigos que testam o APT com dados norte-americanos se utilizam da mesma fonte original, o artigo de Chen, Roll e Ross (1986). São quatro as variáveis escolhidas: produto, inflação, estrutura a termo da taxa de juros e risco de crédito. Utilizam-se essas variáveis porque afetam, de alguma forma, o preço das ações — ou o fluxo de caixa futuro das empresas, ou a taxa de desconto utilizada para trazer a valor presente esse fluxo.

A utilização de variáveis macroeconômicas na estimação do APT deve satisfazer algumas características para que o espírito original do modelo seja preservado.

Ou seja, as variáveis devem ter média nula e variância positiva e não ser autocorrelacionadas. Como afirmaram Chen, Roll e Ross, os fatores devem ser vistos como inovações, movimentos não-antecipados nas variáveis macroeconômicas que afetam os retornos dos ativos.

Produto

A construção do fator que representa a produção industrial[7] é similar à encontrada em McElroy e Burmeister (1988). Ao contrário desses autores, entretanto, utilizamos a produção industrial, e não um indicador de vendas. A variável criada foi a diferença entre a previsão no início e no fim do período para a taxa de crescimento da produção industrial do período de referência.

O modelo escolhido para descrever a série da taxa de crescimento da produção industrial e posteriormente ser utilizado como preditor da série foi um modelo estrutural univariado. A série foi dividida em três componentes não-observáveis: tendência, ciclo e sazonalidade, tal como descrito em Harvey (1989). A tendência e a sazonalidade representam as componentes permanentes da série, e o ciclo, a componente transitória:

$$y_t = \mu_t + \Psi_t + \gamma_t + \varepsilon_t \tag{3.1}$$

onde y_t é a série a ser decomposta; μ_t é a tendência; Ψ_t é o ciclo; γ_t é a componente sazonal; e ε_t é a perturbação estocástica do tipo *white-noise*.

A tendência representa os movimentos de longo prazo da série que podem ser extrapolados para o futuro. De forma parcimoniosa, a tendência foi descrita como um processo estocástico linear: $\mu_t = \mu_{t-1} + \beta_{t-1} + \eta_t$, onde μ_t representa o nível; β_t a inclinação da tendência; e $\beta_t = \beta_{t-1} + \zeta_t$: η_t as mudanças no nível da série; e ζ_t permite alterações na inclinação da tendência. As perturbações têm média zero e são não-correlacionadas.

A forma reduzida desse processo é um modelo Arima (0, 2, 2). Como a série utilizada é a taxa de crescimento do índice de produção industrial, e as evidências indicam que seja estacionária, espera-se que a variância da inclinação seja nula. Ou seja, $\beta_t = \beta_{t-1}$. De fato, a variância estimada da inclinação é nula. Além disso, o coeficiente da inclinação é muito próximo de zero. O nível da série também tem variância estimada nula e coeficiente não significativamente diferente de zero — sinais de que a série é estacionária. Assim, a tendência estimada da série tem tanto a inclinação quanto o nível próximos de zero.

[7] Utilizaram-se dados do índice de produção industrial nacional calculado pelo IBGE. A série usada foi a série de produção industrial geral sem ajuste sazonal, e a amostra abrange o período de janeiro de 1980 a dezembro de 1997.

A componente cíclica da série é a componente estacionária da decomposição. O ciclo pode ser descrito como uma combinação de senos e co-senos do tipo $\Psi_t = \alpha \cos \lambda_c t + \beta \text{ sem } \lambda_c t$, onde λ_c é a freqüência do ciclo. A fim de termos o ciclo estocástico, permitimos que α e β variem ao longo do tempo. Seja $\psi_t{}^*$ tal que $\psi_0{}^* = \beta$. Temos então:

$$\begin{bmatrix} \Psi_t \\ \Psi_t^* \end{bmatrix} = \rho \begin{bmatrix} \cos\lambda_c & \text{sen}\lambda_c \\ -\text{sen}\lambda_c & \cos\lambda_c \end{bmatrix} \begin{bmatrix} \Psi_t \\ \Psi_{t-1}^* \end{bmatrix} + \begin{bmatrix} K_t \\ K_t^* \end{bmatrix} \quad (3.2)$$

Para que o ciclo seja estacionário, temos que $|\rho| < 1$. A estimação da componente cíclica aponta para ρ próximo de 1, embora menor que unidade. Os choques, apesar de transitórios, demoram a se dissipar.

A sazonalidade de uma série, quando descrita de forma determinística, requer que seus efeitos sazonais somem zero. Ao introduzir uma perturbação, os efeitos sazonais podem variar ao longo do tempo. Como a perturbação introduzida tem média zero, na previsão da série, os efeitos somados continuam sendo nulos.

Através dos instrumentos de filtro de Kalman, os componentes da série podem ser estimados a cada instante do tempo. Além dos componentes não-observáveis, considerou-se como variável explicativa o número de dias úteis em cada mês, (x_t). A partir desses componentes, foi feita a previsão da produção industrial para cada mês da amostra. Como o indicador de produção industrial do IBGE somente é divulgado em $t + 2$, a variável utilizada em cada período foi a diferença, em cada período, da previsão em t e $t + 1$ do crescimento industrial. A única variável utilizada como preditor da série (exceto o número de dias úteis) é o passado da própria série. Não há, no início do período, outra série ligada à produção que ajude a prevê-la.

TABELA 1A
Estimação do modelo estrutural – produção

	Desvio-padrão estimado das perturbações	
Componentes		(*q-ratio*)
Irregular	0,041231	(1,0000)
Nível	0,000000	(0,0000)
Inclinação	0,000000	(0,0000)
Ciclo	0,001808	(0,0439)
Sazonalidade	0,000000	(0,0000)

Ciclo

	Parâmetros	
Coeficiente *rho*	0,98054	
Período	11,0811	(0,923 anos)
Variância	0,000085	

TABELA 1B
Estimação do modelo estrutural – produção

	Coeficientes estimados do vetor final	
	Coeficiente	**Estatística *t***
Nível	0,0082	1,47
Inclinação	4,6 e –5	1,00
Sazonal 1	–0,1309	–13,23
Sazonal 2	–0,0276	–2,60
Sazonal 3	0,0066	0,66
Sazonal 4	–0,0168	–1,73
Sazonal 5	–0,0250	–2,31
Sazonal 6	0,0023	0,21
Sazonal 7	0,0404	4,11
Sazonal 8	0,0762	7,82
Sazonal 9	–0,0130	–1,23
Sazonal 10	0,0817	8,20
Sazonal 11	0,0354	2,92
	Variável explicativa	
Dias úteis	0,0355	9,19

Assim temos: fator = $y_{t/t-2} - y_{t/t-1}$,
onde $y_{t/t-1} = \mu_{t-1} + \beta_{t-1} + 2\rho \cos \lambda_c \Psi_{t-1} - \rho^2\Psi_{t-2} + \gamma_{t-12} + bx_t$ é a soma das esperanças condicionais dos componentes da série mais a variável explicativa conhecida no tempo t (b é o coeficiente de sensibilidade estimado).

Da mesma forma,[8]

$$y_{t/t-2} = \mu_{t-2} + 2\beta_{t-2} + \rho^2 \Psi_{t-2} [4 \cos^2 \lambda_c - 1] - 2\rho^3 \cos \lambda_c \Psi_{t-3} + \gamma_{t-12} + bx_t.$$

Inflação

A taxa de inflação inesperada foi obtida através da diferença entre a taxa observada de inflação e a taxa esperada de inflação no início do período. A estimação da taxa esperada de inflação foi feita a partir de um modelo que introduz na série uma tendência estocástica e seis variáveis *dummies* (em nível ou inclinação).[9]

[8] Foram criados outros fatores relacionados com a produção industrial que expressam a diferença de previsão do nível de atividade no início e no fim do mês de referência a partir da série do nível de produção industrial, mas as séries apresentaram autocorrelação, o que as difere da proposta de fator macroeconômico do APT.

[9] A série de taxa de inflação usada na construção desse fator foi o índice geral de preços-disponibilidade interna (IGP-DI) calculado pela Fundação Getulio Vargas. A amostra compreendeu o período entre janeiro de 1980 e dezembro de 1997. Em julho de 1994, mês em que foi introduzido o Plano Real, foi utilizado o índice de inflação em URV (unidade real de valor) calculado pelo mesma instituição.

As *dummies* de nível corrigem as mudanças ocorridas apenas num período, ou seja, têm valor 1 no período e zero nos demais. São sinais de que há um *outlier* na série. Já as *dummies* de inclinação têm como objetivo corrigir mudanças que ocorrem num momento, mas que permanecem por vários períodos, sinal de que há mudança estrutural na série. As variáveis *dummies* correspondem aos planos de estabilização introduzidos durante o período estudado[10] e foram introduzidas como forma de refletir o conhecimento dos agentes sobre queda imediata da inflação no mês imediatamente subseqüente à introdução do plano de estabilização.

TABELA 2
Estimação do modelo estrutural – inflação

		Desvio-padrão estimado das perturbações	
Componentes			(*q-ratio*)
Irregular		0,0000	(0,000)
Nível		0,0333	(1,000)
Inclinação		0,0000	(0,000)
		Variáveis explicativas – *dummies*	
		Coeficiente	**Estatística *t***
Inclinação	1986.4	0,0222	3,77
Nível	1987.7	–0,1867	–5,56
Nível	1989.2	–0,2689	–8,01
Nível	1990.4	–0,7212	–21,47
Inclinação	1991.3	–0,0170	–2,92
Nível	1994.7	–0,4154	–12,40

A estimação foi feita através das componentes filtradas do filtro de Kalman (isto é, somente utilizando informação até o instante *t*), e a série de resíduos obtida identificada como a série de inflação inesperada.

Outra forma de construir a variável inflação inesperada (tal como sugerida em Bonomo e Garcia, 2001) é através da diferença entre uma taxa de juros prefixada e uma taxa de juros pós-fixada. Caso não haja alteração na política monetária (isto é, na taxa real de juros), a diferença tem forte correlação negativa com a inflação não-antecipada.

Foi construído então mais um fator macroeconômico a partir da diferença entre os retornos do CDB prefixado e do CDI (taxa de *overnight*), na expectativa de que essa diferença reflita o erro de previsão da taxa de inflação. O CDB é um título prefixado que incorpora à taxa real de juros a expectativa de inflação ao longo do

[10] Foram utilizadas variáveis *dummies* nos meses de introdução dos planos de estabilização como descrito em Cati, Garcia & Perron (1999).

mês. Como o CDI expressa a taxa nominal de juros efetiva do período, a diferença entre as duas taxas é a inflação não esperada pelos agentes no início do período.[11]

Como as duas séries não são fortemente correlacionadas, utilizamos como fator inflação inesperada os resíduos da série obtida com a decomposição da série de taxa de inflação através de um modelo estrutural. A nova série foi denominada CDB-CDI e usada como fator alternativo numa nova estimação.

Risco de crédito

Em Chen, Roll e Ross (1986) e Burmeister e McElroy (1988), o risco de crédito é medido pela diferença entre os retornos de um título público e de um título de empresa privada, ambos de mesma maturidade. Como no Brasil a maioria das empresas privadas não se financia através da emissão de títulos de renda fixa — não há inclusive amostra de títulos de renda fixa privados, afora os certificados de depósitos bancários durante o período estudado —, usou-se como taxa de retorno do investimento em renda fixa numa empresa privada a taxa de juros de capital de giro. Da mesma forma, o governo brasileiro se financiou, durante o longo período de elevada inflação, através de títulos públicos de curta maturação que eram recomprados diariamente, caso o sistema bancário não os pudesse carregar em suas carteiras. Assim, a taxa de retorno dos títulos públicos, no período estudado, pode ser aproximada pela taxa de juros do mercado interbancário (certificados de depósitos interbancários — CDI diário).

Utilizamos a diferença entre a taxa média mensal de juros de capital de giro e a taxa de juros CDI diário acumulada no mês como *proxy* do risco de crédito. A diferença entre a taxa de juros CDI e a taxa de juros de capital de giro não tem, como é de se esperar, média zero. Há um prêmio por investir em empresa privada, o risco de crédito, que no caso do Brasil, entre abril de 1986 e dezembro de 1997, ficou em torno de 1,80% ao mês, ou 24% ao ano. Assim, a série foi normalizada de forma a ter média zero.

Taxa real de juros

A utilização da taxa real de juros como fator macroeconômico parte de duas hipóteses alternativas e de resultados contraditórios. A primeira é que uma taxa real de juros elevada inibe o retorno dos ativos do mercado acionário, na medida em que proporciona alternativa de investimento mais rentável no mercado de renda fixa. A segunda hipótese é que, durante o período estudado, as empresas se utilizaram das

[11] A fim de compatibilizar as duas taxas de juros (pre e pós-fixadas) para o período de um mês e obter a taxa de inflação inesperada ao longo desse mesmo período, escolheu-se a taxa de CDB prefixado no primeiro dia útil de cada mês. Fez-se um ajuste de número de dias corridos até o vencimento do título para que as duas taxas (CDB e CDI) fossem expressas para o mesmo período.

aplicações financeiras como fonte de lucro. O maior lucro das empresas, mesmo sendo financeiro, provoca maior retorno de suas ações.

O fator a ser utilizado na estimação do modelo foi construído pela diferença entre a taxa de juros do mercado interbancário (CDI) e a taxa de inflação esperada para o mês de referência. A taxa de inflação esperada foi obtida pelo mesmo processo usado na construção da inflação inesperada. Também foi necessário normalizar a série para tornar a média nula. As estimativas sugerem uma taxa média mensal de juros reais de 1,16%, ou 14% ao ano no período.

Portfólio

Um dos principais argumentos para se usar o APT como alternativa empírica ao CAPM é a não utilização do portfólio de mercado como fator explicativo dos retornos dos ativos. Entretanto, Wei (1988) mostra que alguns dos principais problemas criados pela estimação do APT — como a validade apenas aproximada da restrição do APT à constante e a necessidade de que o número de fatores seja predeterminado — podem ser solucionados com a adição do portfólio de mercado como fator na estimação do modelo.

Wei também generaliza o modelo, a fim de que alguns fatores possam ser omitidos dos modelos econométricos utilizados usualmente para testar a teoria. Ao adicionar o portfólio de mercado ao grupo de fatores macroeconômicos, a omissão de outros fatores não impede a validade do APT. No caso extremo de que nenhum fator seja omitido, vale o modelo original de Ross. No outro extremo, caso todos os fatores sejam omitidos, o modelo é reduzido ao CAPM.

Burmeister e McElroy também se utilizam do portfólio de mercado como fator adicional. Segundo esses autores, a introdução do portfólio de mercado tem como objetivo captar os fatores de risco sistemáticos que não podem ser observados, tais como variáveis políticas e sentimento de mercado.

O fator — a fim de que sejam válidas as hipóteses do APT e de Wei — foi construído a partir dos resíduos da regressão do excesso de retorno do índice da Bolsa de Valores de São Paulo (Ibovespa) em relação à taxa de juros sem risco (CDI) sobre os demais fatores.[12]

Dados utilizados

Os retornos dos ativos utilizados na estimação do modelo são os retornos médios mensais de 39 ações de empresas negociadas na Bovespa entre janeiro de 1987 e novembro de 1997, distribuídas em 10 grupos de empresas selecionadas por setor de atividade. Esse agrupamento de ativos foi feito exclusivamente com o objetivo de reduzir o número de parâmetros a serem estimados.

[12] A inclusão ou exclusão de novos fatores faz com que novas regressões sejam estimadas.

Os ativos foram selecionados, além do critério do período de negociação, por um critério de liquidez. Os ativos que não apresentam pelo menos uma cotação em algum dos meses da amostra foram eliminados. Um segundo critério foi o de ter pelo menos sete cotações no mês. Alguns ativos não se encaixaram nesse critério, mas foram mantidos de forma discricionária pelo fato de representarem ações líquidas com poucos meses com menos de sete cotações. As séries de preços utilizadas foram os preços diários dos ativos negociados entre janeiro de 1987 e novembro de 1997. Os dados foram obtidos através do banco de dados *Economática*.[13]

Foram calculados os excessos de retorno dos diversos ativos em relação à taxa de juros nominal do período, neutralizando-se assim o efeito da inflação. Assim, podemos observar que os retornos dos ativos se comportam de forma semelhante aos retornos de ativos encontrados na literatura internacional.

TABELA 3
Análise descritiva dos excessos de retornos dos portfólios

	Média	Desvio-padrão	Assimetria	Curtose	Autocorrelação (3)	Normalidade (X^2)
Alimentos	0,004	0,168	0,044	5,352	2, 14	29.994 [0,0000]*
Bancos	0,023	0,207	0,204	6,566	1, 3, 20	69.766 [0,0000]*
Metalurgia	-0,007	0,202	0,138	5,287	1, 3, 10	28.736 [0,0000]*
Papel e celulose	-0,003	0,164	0,164	6,290	-	59.226 [0,0000]*
Química	0,005	0,211	0,806	6,523	2	81.287 [0,0000]*
Têxtil	-0,013	0,238	0,210	4,94	1, 10, 16	21.347 [0,0000]*
Mineração	0,002	0,191	0,079	5,788	7	42.227 [0,0000]*
Material eletrônico	-0,016	0,223	0,438	5,205	1	30.497 [0,0000]*
Telecomunicação	0,029	0,262	1,065	5,873	1, 4, 10	69.270 [0,0000]*
Energia	0,051	0,349	3,302	21,620	8, 10, 15	2114.301 [0,0000]*

1. Teste de normalidade de Jarque-Bera.
2.*Probabilidade de aceitar a hipótese nula de normalidade da série.
3. Defasagens em que as autocorrelações são significativas.

[13] No caso dos preços das ações da Telebrás foram encadeadas duas fontes de dados. Como na *Economática* só estavam disponíveis as cotações a partir de 1989, utilizou-se outro banco de dados (*Ergondata*) para completar a série. As séries foram encadeadas de forma que não houvesse superposição de dados das duas fontes.

A tabela 3 mostra os quatro primeiros momentos da distribuição dos retornos dos portfólios. A assimetria da distribuição observada em um terço dos ativos é resultado principalmente de *outliers* das séries. Esse é também o caso do excesso de curtose observado em alguns ativos. Não nos parece razoável corrigir essas distorções — em relação à distribuição normal —, pois os *outliers* podem ser importantes na determinação da relação entre fatores macroeconômicos — que no caso brasileiro apresentam vários *outliers* — e o excesso de retorno dos ativos em questão.

Na tabela também estão descritos os graus de autocorrelação encontrados nas séries de excesso de retornos dos ativos. Embora haja evidência de autocorrelação nos excessos de retornos, as séries não foram ajustadas, pois a ênfase do teste proposto não está na descrição da dinâmica de curto prazo dos retornos, e sim na relação de longo prazo entre os excessos de retornos e as variáveis macroeconômicas. Assim, mesmo que a autocorrelação não seja reflexo dessa relação e resulte em resíduos autocorrelacionados, os estimadores a serem utilizados são estimadores consistentes. A ineficiência desses estimadores se dá pela superestimação do desvio-padrão dos parâmetros, o que eleva a probabilidade de rejeitar a hipótese nula de que os estimadores são diferentes de zero quando ela é verdadeira.

Resultados empíricos

A estimação do modelo foi feita a partir da metodologia proposta por Burmeister e McElroy (1988) descrita anteriormente. As N equações

$$r_{it} - \lambda_{0t} = \sum_{j=1}^{K} \beta_{ij}\lambda_j + \sum_{j=1}^{K} \beta_{ij} f_{jt} + \varepsilon_{it}, \quad i = 1, \ldots, N \text{ e } t = 1, \ldots, T \qquad (5.1)$$

foram estimadas conjuntamente como um sistema de equações pelo método de *iterative seemingly unrelated regression estimators* disponível no pacote estatístico Eviews 3.0 (1997). Como condições iniciais foram utilizados os parâmetros estimados por mínimos quadrados ordinários em dois estágios (os β_{ij} são obtidos num primeiro estágio e os λ_j através de regressão de *cross-section*, tal como proposta por Fama e MacBeth (1973)).

Os resultados obtidos estão descritos nas tabelas 4 e 5.[14] Há evidência de que os resíduos não têm distribuição normal e são autocorrelacionados temporalmente. Os estimadores obtidos não são eficientes, mas são consistentes, validando assim os testes de hipóteses propostos.

Como se pode observar, nem todos os coeficientes associados aos fatores macroeconômicos são significativos, mas alguns deles são significativos para alguns port-

[14] As mesmas estimações foram feitas com os retornos dos ativos calculados sobre os preços médios mensais em dólares, e os resultados obtidos foram bastante semelhantes aos descritos nas tabelas 4 e 5.

fólios. Os fatores risco de crédito e inflação inesperada, por exemplo, são significativos (a 10%) para oito e sete dos 10 portfólios, respectivamente.

Os prêmios de risco, por outro lado, não são significativos para nenhum fator. Há ganho em relação ao CAPM, na medida em que se adicionam variáveis com valor explicativo aos retornos dos portfólios. Embora não haja evidência de que todos os fatores contribuem de forma generalizada para os retornos dos ativos, a omissão de alguns fatores para alguns portfólios significa a omissão de variáveis explicativas e acarreta todos os problemas econométricos (e de interpretação) conhecidos.

A fim de verificar a restrição do CAPM ao APT, isto é, que todos os coeficientes, com exceção dos coeficientes de sensibilidade dos portfólios com relação ao excesso de retorno do índice Bovespa sobre o CDI, são nulos, foi feito um teste de Wald (χ^2). Constatou-se que a probabilidade de a restrição ser válida é nula. Assim, há mais uma evidência de que o APT acrescenta informação ao descrever o excesso de retorno dos ativos.

TABELA 4
Matriz de cargas fatoriais (betas) – APT

	Risco de crédito	Inflação inesperada	Taxa real de juros	Produção industrial	CDB – CDI	Portfólio de mercado
Alimentos	−0,699	−0,622	0,008	−0,004	0,008	0,691
	(0,002)	(0,009)	(0,005)	(0,981)	(0,000)	(0,000)
Bancos	−1,299	−1,436	0,007	0,483	0,010	0,728
	(0,000)	(0,000)	(0,108)	(0,057)	(0,000)	(0,000)
Telecomunicação	−0,499	−1,534	0,010	0,308	0,009	1,042
	(0,200)	(0,000)	(0,058)	(0,308)	(0,000)	(0,000)
Material eletrônico	−0,827	−1,467	0,008	0,193	0,011	0,832
	(0,015)	(0,000)	(0,070)	(0,467)	(0,000)	(0,000)
Energia	−0,497	0,778	0,019	0,412	0,010	1,225
	(0,427)	(0,245)	(0,028)	(0,398)	(0,004)	(0,000)
Metalurgia	−1,149	−1,213	0,008	−0,210	0,009	0,780
	(0,000)	(0,000)	(0,045)	(0,346)	(0,000)	(0,000)
Mineração	−1,337	−0,181	0,000	−0,176	0,008	0,805
	(0,000)	(0,472)	(0,914)	(0,345)	(0,000)	(0,000)
Química	−0,943	−1,021	0,007	−0,266	0,008	0,819
	(0,003)	(0,003)	(0,102)	(0,280)	(0,000)	(0,000)
Papel e celulose	−1,141	0,229	−0,003	−0,300	0,006	0,560
	(0,000)	(0,480)	(0,537)	(0,204)	(0,001)	(0,000)
Têxtil	−0,964	−0,896	0,011	−0,266	0,010	0,854
	(0,015)	(0,035)	(0,036)	(0,392)	(0,000)	(0,000)

Nota: Os números entre parênteses indicam a probabilidade de aceitar a hipótese nula de que os coeficientes estimados são nulos.

TABELA 5
Prêmios de risco dos fatores macroeconômicos – APT

Risco de crédito	–0,04373
	(0,4304)
Inflação inesperada	0,006065
	(0,7784)
Taxa real de juros	2,868469
	(0,4844)
Produção industrial	0,05126
	(0,2537)
CDB – CDI	–11,9245
	(0,3310)
Portfólio de mercado	0,076603
	(0,3176)

Nota: Os números entre parênteses indicam a probabilidade de aceitar a hipótese nula de que os coeficientes estimados são nulos.

A evidência de prêmios de risco não diferentes de zero é, entretanto, evidência contra a formulação do APT. A fim de testar a hipótese de que a restrição do APT imposta às constantes das equações dos N portfólios é válida, construímos um teste de razão de máxima verossimilhança a partir da formulação de Elton, Gruber e Blake (1995). O teste proposto é um teste F com q graus de liberdade no numerador e $T.N - p$ graus de liberdade no denominador, onde q é o número de restrições, T o número de observações, N o número de equações e p o número de parâmetros estimados (modelo irrestrito). A hipótese nula de que a restrição é válida é rejeitada caso $qF < L$, onde $L = T(ln|\Sigma^*| - ln|\Sigma|)$, Σ e Σ^* são respectivamente as matrizes de covariância dos resíduos dos modelos irrestrito e restrito.

A hipótese nula não pode ser rejeitada ao nível de 1% de significância, pois $L = 2{,}4114 < qF = 24{,}1$. Assim, mesmo com prêmios de risco não diferentes de zero, há evidência a favor das restrições impostas pelo APT ao modelo fatorial. O teste proposto é, entretanto, sensível ao número de observações e à diferença do número de parâmetros a serem estimados nos modelos restrito e irrestrito.

Fez-se também um teste baseado na minimização do critério de informação. Ajustado para um sistema de equações, o BIC (*bayesian information criterion*) pode ser descrito por (Harvey, 1989):

$$BIC = -2 \,.\, ln|\Sigma| + n \,.\, ln(T.R) \qquad (5.2)$$

onde Σ é a matriz de covariância dos resíduos, n o número de parâmetros estimados, T o tamanho da amostra, e R o número de equações. Mais uma vez foi encontrada evidência a favor do modelo restrito, já que $BIC_{restrito} = 560{,}9 < 589{,}6 = BIC_{irrestrito}$.

Como o coeficiente de sensibilidade do ativo em relação ao fator produção não é estatisticamente diferente de zero em nenhum dos portfólios da amostra, eliminamos esse fator da lista de variáveis explicativas. Os resultados estão descritos nas tabelas 4A e 5A.

TABELA 4A
Matriz de cargas fatoriais (betas) – APT

	Risco de crédito	Inflação inesperada	Taxa real de juros	CDB – CDI	Portfólio de mercado
Alimentos	–0,701	–0,623	0,008	0,008	0,691
	(0,002)	(0,008)	(0,005)	(0,000)	(0,000)
Bancos	–1,293	–1,500	0,007	0,010	0,728
	(0,000)	(0,000)	(0,102)	(0,000)	(0,000)
Comunicação	–0,514	–1,622	0,010	0,009	1,040
	(0,186)	(0,000)	(0,051)	(0,000)	(0,000)
Material eletrônico	–0,831	–1,465	0,009	0,010	0,837
	(0,014)	(0,000)	(0,069)	(0,000)	(0,000)
Energia	–0,501	–0,831	0,019	0,010	1,227
	(0,423)	(0,210)	(0,027)	(0,003)	(0,000)
Metalurgia	–1,226	–1,156	0,007	0,010	0,778
	(0,000)	(0,000)	(0,053)	(0,000)	(0,000)
Mineração	–1,335	–0,150	0,000	0,008	0,805
	(0,000)	(0,549)	(0,887)	(0,000)	(0,000)
Química	–0,900	–0,910	0,007	0,009	0,818
	(0,004)	(0,007)	(0,125)	(0,000)	(0,000)
Papel e celulose	–1,128	0,302	–0,003	0,006	0,562
	(0,000)	(0,349)	(0,499)	(0,000)	(0,000)
Têxtil	–0,946	–0,817	0,011	0,011	0,855
	(0,017)	(0,052)	(0,041)	(0,000)	(0,000)

Nota: Os números entre parênteses indicam a probabilidade de aceitar a hipótese nula de que os coeficientes estimados são nulos.

TABELA 5A
Prêmios de risco dos fatores macroeconômicos – APT

Risco de crédito	–0,112814
	(0,5379)
Inflação inesperada	–0,014604
	(0,7698)
Taxa real de juros	6,641487
	(0,5524)
CDB – CDI	–27,24334
	(0,5249)
Portfólio de mercado	0,111791
	(0,5428)

Nota: Os números entre parênteses indicam a probabilidade de aceitar a hipótese nula de que os coeficientes estimados são nulos.

Como podemos observar, não houve alteração significativa nos coeficientes, nem nas suas significâncias estatísticas nem nas estimativas de prêmios de risco. O teste de Wald aceita a hipótese nula de que os coeficientes associados ao fator produção são estatisticamente nulos com 75% de probabilidade. Assim como no caso anterior (modelo com o fator produção incluído nas variáveis explicativas), realizamos um teste de razão de verossimilhança a fim de verificar a restrição do APT contra um modelo fatorial linear. Novamente temos evidência a favor do APT, já que $L = 2{,}86 < 23{,}2 = qF$ e que $BIC_{restrito} = 481{,}8 < 517{,}7 = BIC_{irrestrito}$.

Conclusão

Os fatores macroeconômicos construídos são estatisticamente significantes para a maioria dos portfólios. Há, pois, ganho na explicação dos retornos dos ativos com a utilização do APT como alternativa ao CAPM.

O fator risco de crédito só não é significativo para os portfólios energia e telecomunicação. Para demais grupos, os coeficientes de sensibilidade dos excessos de retorno em relação ao fator são significantes a 10% e, como esperado, têm sinal negativo. O risco de crédito mede o excesso de risco de empresas privadas (que se financiaram no período através do sistema financeiro à taxa de capital de giro) sobre o governo federal (que se financiava à taxa *overnight*). A maior probabilidade de *default* das empresas deve estar associada à sua capacidade de pagamento e, conseqüentemente à perspectiva de menor rentabilidade. Os grupos energia e telecomunicação são compostos apenas de empresas estatais, o que provavelmente explica a menor sensibilidade dos retornos desses ativos ao risco de crédito.

O fator juros reais tem correlação positiva com a maioria dos portfólios estudados, diferentemente do esperado. Como discutido anteriormente, taxas reais de juros elevadas, além de elevarem o custo de financiamento das empresas, reduzem a atratividade do mercado acionário. Entretanto, no período de elevada inflação (que corresponde à maior parte da amostra), as empresas brasileiras tiveram sensíveis ganhos financeiros. Em seus balanços, pode-se observar que o lucro freqüentemente era composto apenas do lucro financeiro, já que o resultado operacional era, na maioria das vezes, negativo. Assim, taxas reais de juros elevadas acrescentavam rentabilidade às ações.

Ambos os fatores correlacionados com a inflação inesperada têm poder explicativo sobre a maioria dos portfólios estudados. Ambos indicam que o erro de previsão de inflação afeta negativamente o retorno dos ativos. Os coeficientes de sensibilidade da variável CDB-CDI são positivos, na medida em que a variável construída tem correlação negativa com a inflação inesperada (quando a diferença entre o CDB e o CDI é positiva, a inflação estimada é maior que a taxa de inflação observada). De forma análoga, no caso da inflação inesperada, os coeficientes de sensibilidade são negativos.

A variável portfólio de mercado continua tendo elevado poder explicativo no modelo. Apesar da inclusão de diversas variáveis macroeconômicas que captam as fontes de risco sistemático no mercado de ações, ainda há uma parcela desse risco que não é explicada por nenhuma delas. Há então espaço para futura pesquisa nessa área, podendo-se descobrir novas variáveis que, junto com as aqui utilizadas, venham a ampliar o entendimento das fontes de risco da economia brasileira.

A evidência de prêmios de risco nulos associados às variáveis macroeconômicas refletem as baixas médias e as elevadas variâncias dos excessos de retorno das ações. O índice Bovespa, que teoricamente espelha o mercado acionário por ser composto das ações mais negociadas, tem excesso de retorno médio estimado de 0,8% ao mês (10% ao ano, nada desprezível). No entanto, o desvio-padrão estimado é de 20% ao mês. Assim, a média estimada (e conseqüentemente os prêmios de risco) não é significativamente diferente de zero.

A utilização do APT no mercado de ações brasileiro deve proporcionar mais um instrumento de gerenciamento de carteiras de ativos. Do ponto de vista de uma administração passiva de carteiras, como um portfólio que mimetiza um índice, o APT pode garantir que o portfólio (geralmente com um número menor de ativos que o índice) tenha a mesma sensibilidade a todas as fontes importantes de risco da economia que o índice escolhido, bastando que tenham os mesmos coeficientes de sensibilidade (betas) em relação aos diversos fatores. Essa forma de administração também pode ser útil ao excluir (ou incluir) ativos que não compõem o índice a ser seguido. Pode-se também reduzir ou eliminar a exposição de uma carteira de ativos a um determinado risco, como, por exemplo, a inflação. Do ponto de vista de uma administração ativa, o uso do APT aumenta as oportunidades de apostas em relação aos fatores de risco — por exemplo, caso o investidor acredite que a inflação será maior que a esperada pelo mercado financeiro, aumenta a sua exposição (beta) em relação à inflação inesperada, de forma que o seu portfólio tenha maior correlação positiva com o fator.

Referências bibliográficas

Bonomo, M. & Garcia, R. Tests of conditional asset pricing models in the Brazilian stock market. *Journal of International Money and Finance,* 20:71-90, 2001.

Burmeister, E. & McElroy, M. B. Joint estimation of factor sensitivities and risk premia for the arbitrage pricing theory. *The Journal of Finance,* 43, July 1988.

Campbell, J. Y.; Lo, A. W. & MacKinlay, C. *The econometrics of financial market.* Princeton, Princeton University Press, 1997.

Cati, R. C.; Garcia, M. G. P. & Perron, P. Unit roots in the presence of abrupt governmental interventions with an application to Brazilian data. *Journal of Applied Econometrics,* 14:27-56, 1999.

Chen, N-F.; Roll, R. & Ross, S. Economics forces and the stock market. *Journal of Business,* 59(3), 1986.

Dhrymes, P. J.; Friend, I. & Gultekin, N. B. A critical reexamination of the empirical evidence on the arbitrage pricing theory. *The Journal of Finance, 39*(2), June 1984.

Elton, E. J.; Gruber, M. J. & Blake, C. K. Fundamental economic variables, expected returns, and bound fund performance. *The Journal of Finance, 50*(4), 1995.

Fama, E. F. & MacBeth, J. D. Risk, return, and equilibrium: empirical tests. *Journal of Political Economy, 81*, 1973.

Harvey, A. C. *Forecasting, structural time series models and the Kalman filter*. Cambridge, Cambridge University Press, 1989.

Huberman, G. A simple approach to arbitrage pricing theory. *Journal of Economic Theory, 28*(1), 1982.

Koopman, S. & Harvey, A. C. *Structural time series analyser, modeller and predictor*. International Thomson, 1996.

McElroy, M. B. & Burmeister, E. Arbitrage pricing theory as a restricted nonlinear multivariate regression model. *Journal of Business & Economic Statistics, 6*(1), Jan. 1988.

Roll, R. & Ross, S. An empirical investigation of the arbitrage pricing theory. *The Journal of Finance, 35*(5), Dec. 1980.

—. A critique of the asset pricing theory's tests — part I: on past and potencial testability of the theory. *Journal of Financial Economics, 4*, 1977.

Ross, S. The arbitrage theory of capital asset pricing. *Journal of Economic Theory, 13*, 1976.

Wei, K. C. J. An asset-pricing theory unifying the CAPM and APT. *The Journal of Finance, 43*(4), Sept. 1988.

PARTE II

Testes de modelos intertemporais de apreçamento de ativos

Introdução

Marco Bonomo

Esta segunda parte do livro é dedicada à aplicação de modelos intertemporais de avaliação de ativos aos mercados agregados de ativos no Brasil. Os modelos testados são variantes do CCAPM (*consumption capital asset price model*) nas quais a dinâmica do consumo agregado tem papel fundamental no apreçamento de ativos. Os modelos são testados através de três metodologias. Na primeira, adotada nos capítulos 4 e 5, especifica-se um processo estocástico para o crescimento do consumo, calibram-se ou estimam-se os parâmetros desse processo com base nos dados e avalia-se a capacidade do modelo de reproduzir características dos retornos observados, como alguns momentos. A segunda, adotada no capítulo 6, deriva a partir dos dados de retorno fronteiras de volatilidade mínima do fator estocástico de desconto (núcleo de apreçamento) para cada valor esperado do mesmo e testa se um candidato a fator estocástico de desconto está na região permitida (acima) da fronteira. Por fim, nos capítulos 6 e 7, estimam-se os parâmetros de preferências e testam-se as equações de Euler para retornos através do método dos momentos generalizados.

A grande dificuldade de testar modelos intertemporais para o Brasil deve-se à inexistência de uma série de consumo de não-duráveis e serviços para periodicidades mensais ou trimestrais. Alexandre Soriano de Alencar (capítulo 6) construiu uma *proxy* a partir dos dados sobre produção de não-duráveis e semiduráveis da Pesquisa Industrial Mensal do IBGE, somando a eles o saldo do comércio exterior para os mesmos tipos de bens obtidos da Funcex. Essa série foi deslocada em um mês, para se tornar mais compatível com a periodicidade do consumo, e composta trimestralmente. Os dados resultantes foram então ponderados com os de consumo de serviços, obtidos dos dados trimestrais do PIB. Os dados construídos por Alencar foram também utilizados por Sampaio (capítulo 4) e Bonomo e Domingues (capítulo 5). João Issler e Natália Piqueira (capítulo 7) trabalham com séries de consumo que incluem o consumo de duráveis tanto para periodicidade trimestral quanto anual. A série trimestral de consumo também foi obtida por resíduo e construída originalmente por Reis, Issler, Blanco e Carvalho (1998). Eles tomam como ponto de partida os dados de produção trimestral do PIB, descontando a formação bruta de capital fixo e o saldo de transações correntes. Os dados anuais foram obtidos diretamente das Contas Nacionais.

Frederico Sampaio examina a questão do prêmio do retorno da ação sobre a renda fixa no Brasil. Nos EUA, Mehra e Prescott (1985) cunharam a expressão *equity premium puzzle* para a dificuldade do CCAPM — calibrado com parâmetros de preferências considerados razoáveis — em explicar o alto prêmio do retorno das ações em relação ao retorno de ativos de renda fixa. Sampaio utiliza o mesmo modelo de Mehra e Prescott, onde a taxa de crescimento do consumo tem dois estados possíveis, interligados por uma cadeia de Markov, e as preferências são modeladas por uma função do tipo utilidade esperada aditivamente separável no tempo com aversão relativa ao risco constante. Não existe uma resposta única para a pergunta feita no título, se existe *equity premium puzzle* no Brasil. Primeiramente, Sampaio, utilizando os dados originais, mostra através de figuras engenhosas como o problema de encontrar parâmetros razoáveis para reproduzir os primeiros momentos dos retornos se torna diferente para o Brasil. Enquanto para os EUA foi preciso haver uma aversão ao risco relativa exageradamente alta (18,3), o que caracteriza o *equity premium puzzle*, e um fator de desconto temporal superior a um (1,12), caracterizando o chamado *risk-free rate puzzle*,[1] os *puzzles* se mostraram diferentes para o Brasil. De acordo com essa avaliação, não existe *equity premium puzzle* no Brasil: o coeficiente de aversão ao risco relativo necessário para reproduzir o prêmio de risco das ações foi de 6,1, o que está dentro do intervalo considerado razoável na literatura empírica. Além do mais, o *risk-free rate puzzle* — que nos EUA se refere à dificuldade em reproduzir o nível muito baixo do retorno da *T Bill* — aparece invertido: como o nível dos retornos no Brasil é muito alto, o fator temporal de desconto necessário para explicá-los é muito baixo (0,69).[2] Sampaio conjectura que uma

---

[1] O coeficiente de aversão relativa ao risco está diretamente associado ao prêmio de risco das ações sobre a taxa sem risco, enquanto o fator temporal de desconto está diretamente associado ao nível dos retornos médios. No modelo calibrado para os EUA, quando se aumenta o coeficiente de aversão ao risco para reproduzir o prêmio de risco, aumenta-se simultaneamente o retorno médio dos ativos gerados pelo modelo. Para reduzir esses retornos a níveis realistas é preciso ter fator temporal de desconto superior a um, o que é implausível.

[2] Numa segunda investigação, Sampaio encontra uma resposta diferente, quando utiliza dados dessazonalizados: a aversão ao risco é 33,2, enquanto o fator de desconto temporal cai para 0,50. Então o fenômeno que parece robusto é o da taxa de desconto exageradamente baixa, o que é necessário para explicar o alto nível médio do retorno dos ativos.

possível explicação para esse resultado é o risco de *default* envolvido mesmo nos ativos de renda fixa mais seguros transacionados no Brasil, como os títulos do governo. Finalmente, o autor observa que a variância do retorno das ações é muito superior à gerada pelo modelo calibrado para reproduzir os primeiros momentos, o que caracteriza um *puzzle* de excesso de volatilidade dos retornos das ações.

As questões levantadas por Sampaio são retomadas por Marco Bonomo e Gabriela Domingues, que se utilizam de um modelo mais elaborado. Eles estimam um processo Markov *switching* heterocedástico com dois regimes para o consumo agregado e utilizam preferências do tipo Kreps-Porteus, que permitem separar o coeficiente de aversão ao risco relativo da elasticidade de substituição intertemporal. Modelam também explicitamente a probabilidade de *default* dos ativos de renda fixa para investigar se essa alteração ajuda a resolver o problema do baixo fator de desconto. Tentam com esse modelo reproduzir os primeiros dois momentos dos retornos do Ibovespa e da taxa Selic. Em primeiro lugar, utilizam preferências do tipo utilidade esperada com aversão relativa ao risco constante, diferindo de Sampaio apenas no processo de dotação. Os coeficientes encontrados foram mais razoáveis: o de aversão ao risco relativa se reduziu para 3,23, e o fator temporal de desconto, embora ainda baixo, aumentou para 0,81. O modelo calibrado com esses parâmetros fica perto de reproduzir a variabilidade da *proxy* da taxa sem risco, mas subestima muito a volatilidade do retorno das ações. Este último fato está em consonância com o *puzzle* do excesso de volatilidade das ações americanas. Quando utilizam preferências do tipo Kreps-Porteus — um parâmetro mais ricas — conseguem reproduzir exatamente a volatilidade do retorno da *proxy* da taxa sem risco, mas não a volatilidade dos retornos das ações. A elasticidade-substituição intertemporal utilizada para obter os resultados foi de 0,388, e os coeficientes de aversão ao risco e o fator temporal de desconto foram apenas ligeiramente alterados.

A tentativa de modelar o risco de *default* resultou infrutífera para resolver o problema do baixo fator de desconto temporal. Para os mesmo parâmetros, um risco maior de *default* ocasiona um aumento no retorno de equilíbrio do ativo de renda fixa, reduzindo o prêmio de risco das ações. Para restabelecer o valor observado do prêmio de risco das ações é necessário aumentar o coeficiente de aversão relativa ao risco. Mas o aumento deste ocasiona — ao contrário do que ocorre no modelo calibrado para os EUA — uma redução do nível médio de retorno dos ativos. Para restabelecer o nível médio observado dos retornos é necessário reduzir ainda mais o fator temporal de desconto, agravando o *puzzle* invertido brasileiro, em vez de solucioná-lo. A diferença de efeito em relação aos EUA deve-se à grande magnitude do efeito demanda precaucional por poupança no Brasil, o qual por sua vez origina-se da volatilidade substancialmente maior do crescimento do consumo agregado em relação ao seu nível médio. Novamente, a introdução de preferências mais gerais do tipo Kreps-Porteus nessa variante do modelo não permite melhorar os resultados, a não ser pela reprodução do segundo momento do ativo de renda fixa.

Alexandre Soriano de Alencar utiliza os limites de volatilidade do fator estocástico de desconto derivados por Hansen e Jagannathan (1991) para testar o CCAPM. O método permite traçar, a partir dos dados de retorno de uma determinada economia, uma fronteira que relaciona o desvio-padrão mínimo de um candidato a fator estocástico de desconto com a sua média. Então, computando-se o desvio-padrão e o retorno esperado de um candidato a fator estocástico de desconto, testa-se se o desvio-padrão está acima do limite mínimo estabelecido para aquela média. Alencar utiliza dados dessazonalizados e quatro testes estatísticos, que produzem resultados similares. Para um fator temporal de desconto de 0,99 deve-se ter um coeficiente de aversão ao risco relativo acima de 6 para que a hipótese nula de que o fator estocástico de desconto está exatamente sobre a fronteira seja aceita ao nível de significância de 5%. Os resultados são sensíveis aos valores do fator temporal de desconto utilizados. Se este é reduzido para 0,97, o valor mínimo da aversão ao risco passa para algo em torno de 11 para o mesmo nível de significância. Mas note-se que os testes utilizados são conservadores.

Na segunda parte de seu trabalho, Alencar utiliza o terceiro método de avaliação do CCAPM, seguindo Hansen e Singleton (1983): através das condições de ortogonalidade impostas pela equação de Euler para os retornos, estimar pelo método dos momentos generalizados os parâmetros das preferências e testar as restrições de sobreidentificação. Ele o fez utilizando individualmente a equação de Euler para os retornos da Selic, para os retornos do Ibovespa e para o excesso de retorno do Ibovespa sobre a Selic. Alternativamente, utilizou as duas equações de retornos simultaneamente. Nenhum dos testes de sobreidentificação rejeitou qualquer equação de Euler, separada ou conjuntamente, ao contrário do que costuma acontecer com testes similares para dados americanos. Considerando o pequeno tamanho da amostra, esse resultado deve ser visto com cautela. As estimativas da equação do Ibovespa estão em linha com os resultados obtidos por Sampaio e Bonomo e Domingues: o fator de desconto temporal é baixo — entre 0,7 e 0,84 — e o coeficiente de aversão relativa ao risco um pouco alto mas dentro do razoável — entre 3 e 4,5. A equação da Selic gerou estimativas mais precisas e dentro da faixa ideal: fator de desconto temporal entre 0,98 e 0,99, e coeficiente de aversão ao risco entre 1,5 e 2. A estimativa com base nas duas equações de retorno gerou resultados mais próximos aos obtidos com a equação da Selic, pois esta tem peso maior na estimação por ter sido calculada com maior precisão. Por fim, a estimativa do coeficiente de aversão ao risco com base na equação do excesso de retorno gerou valores mais altos que os obtidos anteriormente — entre 5 e 15.

João Issler e Natália Piqueira refazem e estendem a investigação feita na segunda parte do trabalho de Alencar, estimando a equação de Euler para utilidade esperada e para outras preferências alternativas — formação de hábito externo e

Kreps-Porteus. Em sua investigação eles usam dados anuais, além de dados trimestrais dessazonalizados por dois métodos. O teste de sobreidentificação não rejeita nenhum dos modelos testados. Para utilidade esperada e para formação de hábito externo, utilizam o sistema de duas equações de Euler para Selic e Ibovespa. Apesar de terem utilizado dados diferentes, pelo menos o resultado da estimação com dados anuais para utilidade esperada são similares aos resultados dos capítulos anteriores — um baixo valor para o fator de desconto temporal, mediana de 0,63, e um valor razoável para o coeficiente da aversão ao risco relativo, mediana de 4,89. Os testes com dados trimestrais dessazonalizados produzem resultados diferentes: a mediana do fator de desconto temporal obtida nas diversas estimações foi mais alta que as anteriores — 0,99, em linha com os resultados americanos —, enquanto o coeficiente de aversão ao risco obtido, mediana de 0,62, foi bem mais baixo. Os testes para o modelo com formação de hábito externo indicam ou que não existe hábito (dados anuais) ou que não existe aversão ao risco (dados trimestrais). Os autores testam somente a equação de Euler para a Selic quando testam o modelo com preferências do tipo Kreps-Porteus.[3] Apesar disso, a estimativa do parâmetro de elasticidade-substituição intertemporal obtida é de magnitude comparável, embora um pouco inferior, ao valor obtido por Bonomo e Domingues — 0,29 para dados trimestrais.

A disparidade de resultados obtidos nos diversos trabalhos deve-se em parte ao problema da inexistência de uma série de consumo agregado para o Brasil e à da indisponibilidade de séries mais longas de retorno. Esses problemas levam à construção de diversas *proxies* para o consumo e a estimações com base em dados trimestrais. Como os dados trimestrais embutem sazonalidade, os resultados podem variar, dependendo de terem sido ou não dessazonalizados e do método de dessazonalização empregado. De qualquer forma, alguns resultados parecem permear os diversos trabalhos. O baixo nível do fator temporal de desconto encontrado em muitas estimativas ou calibrações parece consistente com a alta taxa de juros real média do Brasil nas últimas décadas e cria um problema para sua racionalização com base no CCAPM. Em segundo lugar, a mais alta volatilidade do consumo agregado e do retorno das ações parece indicar que não existe *equity premium puzzle* no Brasil.

[3] No caso de preferências Kreps-Porteus, o fator estocástico de desconto é uma média geométrica entre o portfólio de mercado e o fator estocástico de desconto do modelo com utilidade esperada. Dessa forma, o teste da equação de apreçamento requer o uso do retorno do portfólio de mercado, o que nos traz a conhecida questão de qual é a *proxy* adequada. Issler e Piqueira usam o Ibovespa como *proxy* do mercado ao constituírem o fator estocástico de desconto. Para não usar os mesmos dados no fator estocástico de desconto e no retorno das ações, testam somente a equação de Euler para o retorno da Selic. Isso nos dá uma razão adicional, além dos dados, para que os seus resultados sejam pouco comparáveis com os de Bonomo e Domingues, que também testam o CCAPM com utilidade Kreps-Porteus.

Referências bibliográficas

Hansen, L. P. & Jagannathan, R. Implications of security market data for models of dynamic economies. *Journal of Political Economy, 99*:225-62, 1991.

___ & Singleton, K. Stochastic consumption, risk aversion and the temporal behavior of asset returns. *Journal of Political Economy, 91*:249-66, 1983.

Mehra, R. & Prescott, E. The equity premium: a puzzle. *Journal of Monetary Economics, 15*:145-61, 1985.

Reis, E.; Issler, J. V.; Blanco, F. & Carvalho, L. Renda permanente e poupança precaucional: evidências empíricas para o Brasil no passado recente. *Pesquisa de Planejamento Econômico, 28*:233-72, 1998.

CAPÍTULO 4

Existe *equity premium puzzle* no Brasil?

Frederico Santana Sampaio

Introdução

A investigação acerca da eficácia da aplicação de modelos intertemporais de equilíbrio na determinação dos retornos dos ativos financeiros foi impulsionada após a publicação do artigo seminal de Mehra e Prescott (1985). Adaptando seu modelo aos dados norte-americanos, os autores referiram incapacidade de replicar a média histórica do prêmio do retorno das ações sobre o retorno dos títulos públicos dentro de intervalos considerados razoáveis para parâmetros comportamentais. Dois paradoxos foram levantados pelas evidências: a necessidade de coeficientes demasiadamente altos de aversão ao risco para equiparação do prêmio histórico médio das ações — o *equity premium puzzle* (EPP); e a necessidade de taxas de desconto intertemporais negativas para a reprodução da média empírica da taxa de juros — o *risk-free rate puzzle* (RFP).

Este capítulo visa adaptar para os dados brasileiros o modelo pesquisado por Mehra e Prescott e verificar se os paradoxos descritos anteriormente se repetem. Além disso, a análise original é aprofundada ao se investigar o desempenho do modelo na replicação dos segundos momentos dos retornos dos ativos financeiros.

O modelo

Na variação do modelo de trocas de Lucas empregada por Mehra e Prescott, assume-se que a taxa de crescimento da dotação é estacionária e segue um processo de

Markov. O modelo supõe que na economia existe um grande número de indivíduos, imortais e idênticos, que maximizam suas utilidades intertemporais e recebem, a cada período, a dotação de um bem de consumo perecível. Considerando que a função utilidade é aditiva e separável no tempo, o agente representativo dessa economia deve resolver o seguinte problema para escolher sua trajetória de consumo intertemporal:

$$Max\ V_t = E_t \sum_{j=0}^{\infty} \beta^j U(C_{t+j}) \tag{1}$$

onde V_t denota a utilidade do agente representativo, E_t a esperança condicionada ao conjunto de informação disponível na data t, β o fator de desconto subjetivo, C_t o consumo *per capita*, e $U(\cdot)$ uma função utilidade.

Sem perda de generalidade, supõe-se que existe uma unidade de produção do bem de consumo. Há também um mercado perfeitamente competitivo, onde são negociadas participações no capital da firma, e um título que confere a seu portador o direito de consumir uma unidade do bem no período subseqüente. Uma vez que há apenas uma unidade produtiva, o retorno de suas ações é também o retorno do mercado. O bem de consumo produzido é perecível; logo, o consumo total está restrito a níveis menores ou iguais à produção total.

Sejam $\mathbf{q}_t$ o vetor 2×1 que denota as quantidades detidas dos ativos financeiros na data t, $\mathbf{p}_t$ o vetor 2×1 dos preços desses ativos em t, e $\mathbf{d}_t$ o vetor pagamento de dividendos em t. O plano factível de consumo e investimento $\{C_t\ ,\ \mathbf{q}_t\}$ obrigatoriamente deve satisfazer a seguinte restrição orçamentária:

$$C_t + \mathbf{p}_t' \cdot \mathbf{q}_{t+1} \leq (\mathbf{p}_t' + \mathbf{d}_t') \cdot \mathbf{q}_t \tag{2}$$

Resolvendo o problema de maximização obtém-se as condições de primeira ordem do agente representativo:

$$P_t^e = \beta E_t \left\{ \frac{U'(C_{t+1})}{U'(C_t)} [P_{t+1}^e + D_{t+1}] \right\} \tag{3}$$

$$P_t^f = \beta E_t \frac{U'(C_{t+1})}{U'(C_t)} \tag{4}$$

onde:

P_t^e = preço da ação;
P_t^f = preço do ativo sem risco;
C_t = consumo real *per capita*;
D_t = dividendo pago pela ação;
U' = primeira derivada da função utilidade U.

Podemos reescrever a condição de primeira ordem na forma mais usual na literatura:

$$U'(C_t) = \beta E_t[(1 + R_{t+1}) \,.\, U'(C_{t+1})]$$

O lado esquerdo da equação denota a utilidade marginal de se consumir uma unidade monetária a menos no período t. O lado direito denota a utilidade marginal esperada de investir essa unidade monetária no ativo i em t, vendê-lo em $t + 1$ e consumir o rendimento $(1 + R_{t+1})$. No ótimo, o custo marginal deve igualar o benefício marginal.

O agente apresenta aversão relativa ao risco constante determinada pela função utilidade potência, ou seja:

$$U(C) = \frac{C^{1-\alpha} - 1}{1-\alpha}, \quad 0 \langle \alpha \langle \infty \tag{5}$$

onde α é o parâmetro da aversão relativa ao risco. Ele mede a curvatura da função e, quando assume o valor um, a utilidade torna-se logarítmica.

A produção Y_t na economia é inteiramente exógena. A taxa de crescimento do processo de dotação x_t está sujeita a uma cadeia de Markov; ou seja,

$$Y_{t+1} = x_{t+1} Y_t \text{ onde } x_{t+1} \in \{\lambda_1, \ldots, \lambda_n\} \text{ e } Pr\{x_{t+1} = \lambda_j;\, x_t = \lambda_i\} = p_{ij}$$

Essa representação possibilita a modelagem da influência dos ciclos econômicos sobre a taxa de crescimento do produto (no equilíbrio consumo total iguala dividendos e produção totais). Assume-se que x_t segue um processo de Markov ergódico e que λ_i é positivo para $i = 1, \ldots, n$ e $Y_0 > 0$.

Substituindo (5) em (3) e (4) obteremos:

$$P_t^e C_t^{-\alpha} = \beta E_t C_{t+1}^{-\alpha} (P_{t+1}^e + D_{t+1}) \tag{6}$$

$$P_t^f = E_t \beta \left(\frac{C_{t+1}}{C_t} \right)^{-\alpha} \tag{7}$$

No equilíbrio $C_t = D_t$, realizando essa substituição podemos expressar os preços dos ativos como funções do estado corrente:

$$P_t^e(C_t, x_t) = \beta E_t \left\{ \frac{C_{t+1}^{-\alpha}}{C_t^{-\alpha}} [(P_{t+1}^e(C_{t+1}, x_{t+1}) + C_{t+1})] \right\}$$

$$P_t^f(C_t, x_t) = E_t \beta \left(\frac{C_{t+1}}{C_t} \right)^{-\alpha}$$

Pode-se redefinir o estado como (c, i) quando $C_t = c$ e $x_t = \lambda_i$; assim:

$$P_t^e(c,i) = \beta \sum_{j=1}^{n} p_{ij} (\lambda_j c)^{-\alpha} [P^e(\lambda_j c, j) + c\lambda_j] c^{\alpha}$$

$$P_t^f(c,i) = \beta \sum_{j=1}^{n} p_{ij} (\lambda_j c)^{-\alpha} c^{\alpha} = \beta \sum_{j=1}^{n} p_{ij} \lambda_j^{-\alpha}$$

Como os preços das ações são homogêneos de grau 1 em c, podemos escrevê-los como:

$P^e(c, i) = v_i c$, onde v_i é um coeficiente e constante:

$$v_i = \beta \sum_{j=1}^{n} p_{ij} \lambda_j^{(1-\alpha)} (v_j + 1), \text{ para } i = 1, \ldots, n$$

Se o estado corrente é (c, i) e o próximo for $(\lambda_j c, j)$, o retorno da ação será

$$r_{ij}^e = \frac{P^e(\lambda_j c, j) + \lambda_j c - P^e(c,i)}{P^e(c,i)} = \frac{\lambda_j (v_j + 1)}{v_i} - 1$$

Assim, quando o estado corrente é (c, i), o retorno esperado das ações é:

$$R_i^e = \sum_{j=1}^{n} p_{ij} r_{ij}^e$$

No caso do ativo sem risco, será:

$$R_i^f = \frac{1}{P^f(c,i)} - 1$$

Falta encontrar as esperanças não-condicionadas dos retornos. Sendo P' a matriz com elemento representativo p_{ij}, o vetor de probabilidades ergódicas π será a solução do sistema de equações:

$$\pi = P\pi$$

sujeito a:

$$\sum_{i=1}^{n} \pi_i = 1 \text{ e } P = \{p_{ji}\}$$

Os retornos esperados das ações e do ativo sem risco serão, respectivamente,

$$E(R^e) = \sum_{i=1}^{n} \pi_i R_i^e \quad \text{e} \quad E(R^f) = \sum_{i=1}^{n} \pi_i R_i^f$$

O prêmio de risco das ações no modelo será dado por $E(R^e) - E(R^f)$.

Mehra e Prescott restringiram a cadeia de Markov a dois estados, 1 e 2, onde:

$$\lambda_1 = 1 + \mu + \delta \qquad \lambda_2 = 1 + \mu - \delta$$
$$p_{11} = p_{22} = \phi \qquad p_{12} = p_{21} = 1 - \phi$$

Dois parâmetros definem as preferências, α e β, e três definem a tecnologia, ϕ, μ e δ, onde $\delta > 0$ e $0 < \phi < 1$. O exercício de calibragem consistiu em selecionar os parâmetros tecnológicos de forma a reproduzir as características amostrais da taxa de crescimento do consumo *per capita* norte-americano no período 1889-1978. O parâmetro μ foi substituído pela média da taxa de crescimento do consumo *per capita*, δ pelo seu desvio-padrão, e ϕ foi derivado a partir do coeficiente de autocorrelação de primeira ordem. Uma vez encontrados esses valores, a natureza do exercício consistiu em procurar o coeficiente de aversão ao risco (α) e o fator de desconto intertemporal (β) que possibilitam ao modelo equiparar as médias do prêmio das ações e da taxa de juros observadas na economia durante o período.

Intuitivamente, o coeficiente de aversão ao risco denota o desejo de que o consumo seja constante em diferentes estados e períodos. Quanto maior, menor a propensão a substituir consumo intertemporalmente (maior o desejo de que o processo de consumo seja suavizado no tempo). Baseados na literatura sobre o tema, Mehra e Prescott limitaram o valor de α ao intervalo (0,10).[1]

O fator de desconto intertemporal denota o grau de "paciência" dos agentes. Quanto maior seu valor, maior a importância do consumo futuro na utilidade. Ou seja, quanto mais pacientes são os indivíduos, mais eles abrem mão do consumo presente por consumo futuro. Os mesmos autores permitiram que β variasse no intervalo (0,1).

Com esse arcabouço, Mehra e Prescott não foram capazes de reproduzir a média histórica norte-americana do prêmio das ações de 6% ao ano, sobre a média da taxa de juros de 0,8% ao ano.

Seguindo o procedimento de Hansen e Singleton (1983), é fácil compreender a razão desse resultado insatisfatório. Ainda que as hipóteses que se seguem não tenham sido formuladas neste trabalho, elas ajudam a esclarecer a inter-relação entre os parâmetros comportamentais e tecnológicos e os retornos no modelo. Supondo que a distribuição conjunta condicionada dos retornos e da taxa de crescimento do consumo seja lognormal e homocedástica, podemos reescrever a condição de primeira ordem do agente representativo

[1] De acordo com Kocherlakota (1996), o limite superior 10 é puramente retórico. Ele argumenta que qualquer solução proposta que não explique o prêmio com α menor ou igual a 2,5 baseia-se em alto grau de aversão ao risco.

$$1 = \beta E_t\left[(1+R_{t+1}).\left(\frac{C_{t+1}}{C_t}\right)^{-\alpha}\right]$$

aplicando uma transformação logarítmica e obtendo[2]:

$$0 = E_t r_{t+1} + \log \beta - \alpha E_t \Delta c_{t+1} + \frac{1}{2}(\sigma_i^2 + \alpha^2 \sigma_c^2 - 2\alpha\sigma_{ic}) \quad (8)$$

onde $c_t = \log(C_t)$, $r_t = \log(1 + R_t)$, σ_i é a variância não-condicionada de r_t, σ_c a variância não-condicionada de c_t, e σ_{ic} a covariância não-condicionada entre r_t e c_t.

No caso do ativo sem risco, a expressão (8) resume-se a:

$$r_{ft+1} = -\log \beta + \alpha E_t \Delta c_{t+1} - \frac{1}{2}(\alpha^2 \sigma_c^2) \quad (9)$$

Fica clara a sensibilidade do retorno aos parâmetros tecnológicos e comportamentais quando se observa a relação imposta pela equação (9). A variável que diminui o incentivo à poupança, a expectativa de crescimento do consumo, varia positivamente com a taxa de juros. As variáveis que aumentam o desejo de poupança, o fator de desconto β e o termo poupança precaucional, variam negativamente com rf. A intuição do último termo do lado direito de (9), a poupança precaucional, é que agentes avessos ao risco, uma vez defrontados com alta volatilidade do consumo, recebem incentivo à poupança para amenizar incertezas em relação ao futuro. A influência do coeficiente de aversão ao risco α é dúbia. Pequenos valores de α tendem a elevar a taxa de juros. À medida que seu valor cresce, o termo quadrático passa a ser dominante, reduzindo r_f.

Subtraindo (9) de (8), deduz-se uma relação que determina a esperança condicionada do logaritmo do prêmio de risco:

$$E_t[r_{e,\,t+1} - r_{f,\,t+1}] + \frac{\sigma_i^2}{2} = \alpha\sigma_{ic} \quad (10)$$

O segundo termo do lado esquerdo de (10) desaparece ao reescrevermos a equação em função do logaritmo da razão dos retornos brutos:

$$\log E_t\left[\frac{(1+R_{e,t+1})}{(1+R_{f,t+1})}\right] = \alpha\sigma_{ic}$$

Podemos então deduzir que o prêmio das ações será função do coeficiente de aversão ao risco e de sua covariância com o crescimento do consumo. Intuitivamente, quanto maior essa covariância, menor o efeito diversificação das ações em

---

[2] Seja X uma variável aleatória com distribuição lognormal; então, X obedece à seguinte propriedade $\log E_t X = E_t \log X + \frac{1}{2} \mathrm{Var}_t \log X$

relação ao consumo. Nesse caso, investir em ações é pró-cíclico; em períodos de recessão os retornos tendem a ser baixos, o contrário acontecendo em expansões. Para que o investimento em ações seja atraente, é necessário que os investidores esperem receber um prêmio positivo em relação ao ativo sem risco.

É importante reafirmar que a hipótese de lognormalidade conjunta não faz parte da configuração do trabalho de Mehra e Prescott nem da derivação dos retornos nesse trabalho. O intuito é apenas facilitar a visualização do sentido da influência dos parâmetros nos retornos. Como no equilíbrio a condição de primeira ordem é obedecida, a sensibilidade dos retornos aos parâmetros na estrutura de Mehra e Prescott é semelhante. As relações matemáticas impostas por (9) e (10) não são, em si mesmas, relevantes.

Para implementar no Brasil o procedimento de calibragem descrito anteriormente é necessário basear-se numa série de consumo de bens não-duráveis *per capita*. A seguir detalhamos o método de construção da série de consumo *per capita* brasileira,[3] que determina os valores dos parâmetros tecnológicos do modelo: ϕ, μ e δ.

Os dados brasileiros

Os dados utilizados foram:

a) Produção física mensal de bens de consumo não-duráveis e semiduráveis da indústria nacional fornecida pelo IBGE. Período de agosto de 1979 a agosto de 1998.

b) Índice do PIB trimestral da categoria serviços fornecida pelo IBGE. Período 1980.1 a 1998.2.

c) Exportação e importação de bens de consumo não-duráveis fornecida pela Funcex. Período de janeiro de 1980 a agosto de 1998.

d) População residente no Brasil fornecida pelo IBGE. Período de 1980 a 1996.

e) Retornos nominais mensais médios do Ibovespa fornecidos pela *Economática*. Período de janeiro de 1980 a agosto de 1998.

f) Taxas nominais mensais médias da Selic (taxa de juros que remunera as Letras do Banco Central — LBC de 120 dias) fornecidas pela *Economática*. Período de janeiro de 1980 a agosto de 1998.

g) Taxa de inflação mensal medida pelo IGP-DI da Fundação Getulio Vargas. Período de janeiro de 1980 a agosto de 1998.

A série de consumo agregado foi formada a partir da soma ponderada das séries *a*, *b* e *c*. Os pesos basearam-se na estrutura de valor adicionado das contas nacionais

[3] O método é baseado no utilizado por Alexandre Alencar (1999) em sua dissertação de mestrado (ver bibliografia).

consolidadas. Para reproduzir com maior fidelidade o consumo interno, na agregação as exportações de bens de consumo não-duráveis entram com sinal negativo e as importações com sinal positivo. Como utiliza-se produção em vez de consumo, fez-se ajuste onde se considera que a produção do mês j é consumida em $j + 1$. A observação do padrão da produção corrobora essa hipótese. Como as três séries são fornecidas em *quantum*, não é necessário deflacioná-las.

Para formar a série de consumo *per capita*, dividiu-se a série de consumo agregado pela população total. Como esta última é fornecida em bases anuais e vai apenas até 1996, foram feitos dois ajustes. Primeiro, formularam-se hipóteses para a taxa de crescimento da população residente em 1997 e 1998: 1,28% e 1,24% respectivamente. Segundo, interpolou-se a população nos trimestres, compondo geometricamente a taxa de crescimento populacional de cada ano.

A tabela 1 reproduz as estatísticas que resumem a série da taxa de crescimento do consumo *per capita* representada na figura 1.

TABELA 1
Estatísticas da taxa de crescimento do consumo

	Taxa de crescimento do consumo *per capita*	Taxa de crescimento do consumo *per capita* dessazonalizada
Estatísticas		
Média	0,005	0,004
Desvio-padrão	0,072	0,024
Autocorrelação	−0,128	−0,074
Assimetria	−0,42	0,35
Curtose	2,17	4,66
Teste de normalidade		
Jarque-Bera	4,29	9,94
p-value	11,7%	0,7%

Figura 1
Taxa de crescimento do consumo

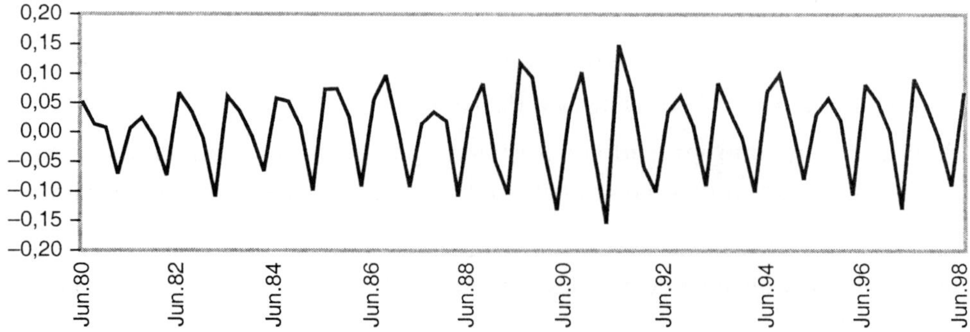

Paralelamente ao uso da taxa de crescimento do consumo, foram investigados também os momentos produzidos pelos modelos quando se utiliza essa série ajustada à sazonalidade. Na terceira coluna da tabela 1 encontram-se as estatísticas que descrevem a taxa de crescimento de consumo dessazonalizada. Na figura 2 é possível visualizar a série. O principal efeito da dessazonalização é a marcante redução do desvio-padrão, equivalente a 1/3 do original.

Figura 2
Taxa de crescimento do consumo dessazonalizada

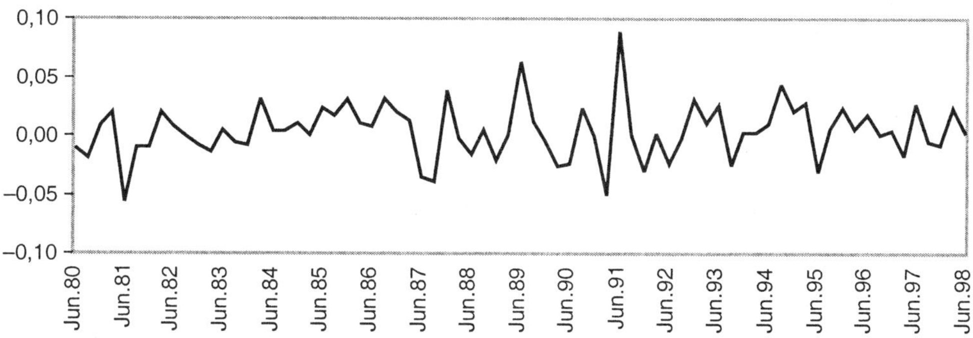

Os retornos reais dos ativos financeiros são definidos como a razão entre seus retornos brutos e a taxa de inflação bruta. Para atenuar a volatilidade das séries, os retornos trimestrais equivalem à média aritmética dos retornos dos três meses em questão. A escolha do IGP-DI como deflator foi feita em função do ambiente altamente inflacionário no período da amostra. Nessas situações é importante adequar o período de coleta de preços (do primeiro ao último dia de cada mês) ao período dos retornos. O prêmio real das ações é definido como a diferença entre o retorno real do Ibovespa e o retorno real da taxa Selic.

A figura 3 ilustra as duas séries de retornos reais e o prêmio, e a tabela 2 resume suas estatísticas.

Figura 3
Retornos reais

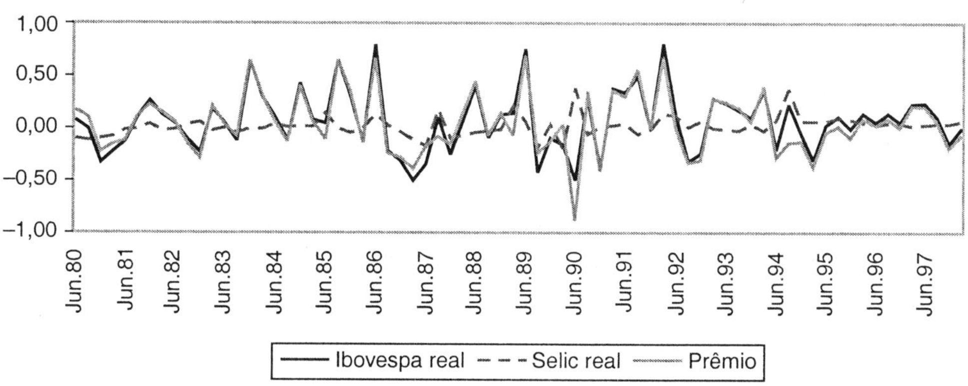

TABELA 2
Momentos amostrais dos retornos

	Ibovespa real (1)		Selic real (2)	Prêmio
Média	0,066		0,019	0,047
Desvio-padrão	0,293		0,097	0,293
Autocorrelação	0,025		–0,018	–0,025
Covariância (1, 2)		0,005		
Correlação (1, 2)		0,168		

Resultados

Esta seção é subdividida em duas partes. A primeira descreve os momentos produzidos com base na série da taxa de crescimento do consumo, batizada de dados originais. A segunda descreve os resultados baseados na série dessazonalizada. Existem argumentos que suportam o uso de ambas as séries na investigação. Hansen e Singleton (1983), Campbell (1996) e Kandel e Stambaugh (1990), entre outros, basearam suas análises em dados com freqüência trimestral. No entanto, o primeiro dessazonalizou seus dados, enquanto os dois últimos, não.

Argumentos puristas advogam em favor do uso dos dados originais. A idéia é que, no modelo, o agente representativo maximiza a utilidade do que é realmente consumido. Além disso, sendo intertemporal, a relação entre consumo e rendimentos deve valer em qualquer período de tempo. Por outro lado, pode-se afirmar também que em determinados períodos do ano a utilidade marginal do consumo difere da dos demais — por exemplo, tradicionalmente as pessoas consomem mais no Natal. Portanto, supondo-se partir da mesma quantidade, uma unidade a mais do bem de consumo em dezembro possui utilidade marginal maior que nos demais meses do ano. Não seria razoável supor que a utilidade marginal no último trimestre fosse muito mais baixa que nos demais. Devemos, pois, filtrar essa influência na construção do modelo e levar em conta apenas o consumo relativo, dessazonalizando a série.

Dados originais

Os coeficientes amostrais anuais da média, o desvio-padrão e a autocorrelação da taxa de crescimento do consumo nos EUA foram 0,018, 0,036 e –0,14, respectivamente (ver tabela 3). Para equiparar o primeiro momento dos retornos nos EUA são necessários, simultaneamente, alto coeficiente de aversão ao risco (α = 18,3) e taxa de desconto intertemporal negativa (β = 1,12).

TABELA 3
Estatísticas dos EUA

	Taxa de crescimento do consumo *per capita*	Retornos reais		
		S&P 500	*T-Bill*	Prêmio
Média	0,018	0,070	0,008	0,062
Desvio-padrão	0,036	0,165	0,057	0,167
Autocorrelação	−0,140			

Nota: Dados da tabela 1 de Mehra & Prescott (1985). As estatísticas referem-se a séries anuais.

A figura 4 retrata bem o EPP nos EUA. As linhas retas representam as médias históricas dos retornos reais das ações e da taxa de juros (*Rea* e *Rfa*) e do prêmio (*Pa*). As curvas representam os retornos (*Re*, *Rf*) e o prêmio (*P*) determinados pelo modelo, quando o fator de desconto β é fixado no nível, tido como adequado, de 0,98. No eixo x, α varia de −60 a 100. Quando $\alpha = 17{,}5$, o prêmio teórico iguala o amostral. Contudo, os níveis de *Re* e *Rf* situam-se bem acima de *Rea* e *Rfa*. No intervalo racionalizável de α, entre 0 e 10, o prêmio implicado pelo modelo é inferior ao amostral. Esse é o EPP.

Figura 4
Mehra e Prescott, EUA: β = 0,98

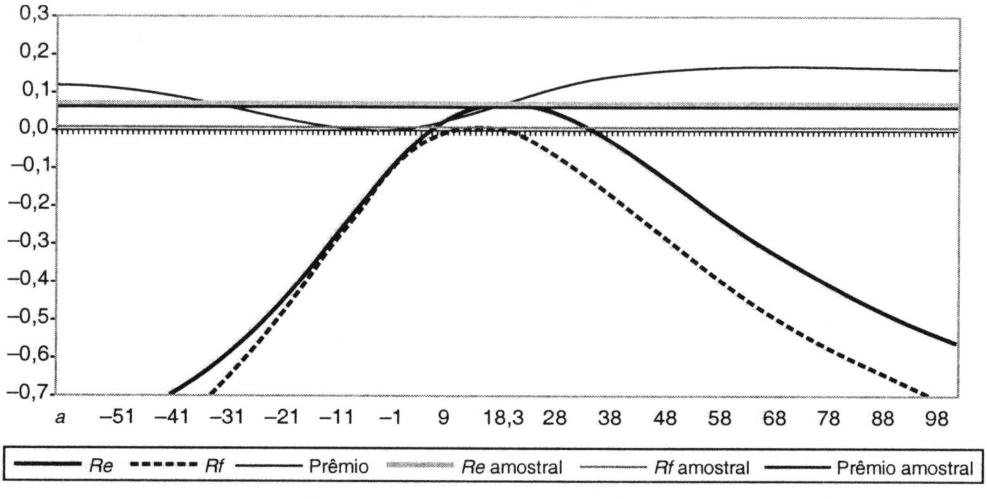

Como a série de consumo é pouco volátil em relação ao retorno das ações, o termo de covariância em (10) é baixo. Para reproduzir o prêmio é necessário então aumentar α. O *puzzle* surge porque em (9) α alto eleva excessivamente o nível de *Rf*. O efeito da poupança precaucional é dominante apenas a partir de $\alpha = 16$; nesse ponto, $Rf = 16\%$. Sendo $E\Delta c_{t+1}$ exógeno, a variável de ajuste da taxa de juros é β. O RFP surge no momento de efetuar essa correção, pois é preciso fixar β acima da unidade. A figura 5 permite visualizar a dinâmica do ajuste. Nota-se que, para um dado α, a elevação de β reduz os níveis dos retornos *Re* e *Rf* sem variar significantemente *P*. O ponto de equiparação se dá em $\alpha = 18{,}3$ e $\beta = 1{,}12$.

Figura 5
Mehra e Prescott, EUA: $\beta = 1{,}12$

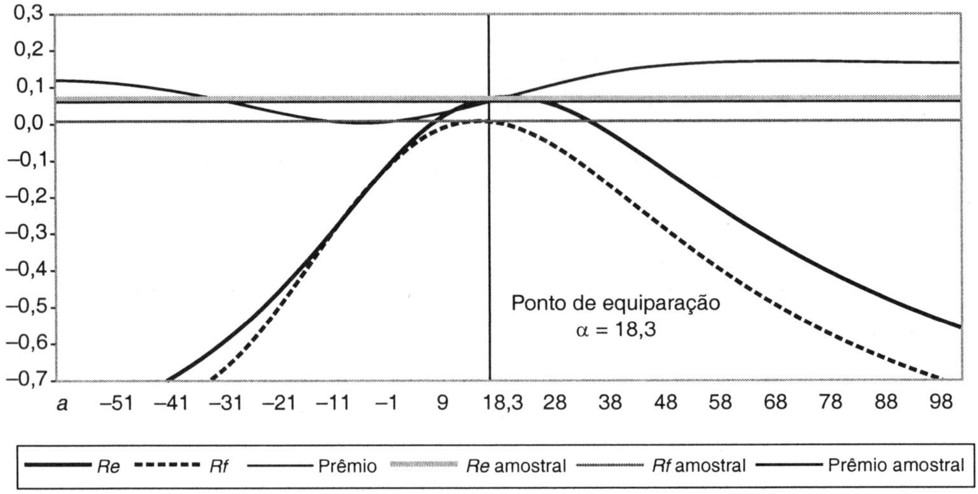

É possível explicar intuitivamente o RFP. Se o coeficiente de aversão ao risco é elevado, existe maior incentivo a realocar consumo de períodos de bonança para períodos recessivos. Como nos EUA a taxa de crescimento do consumo é relativamente alta, a perspectiva de maior consumo no futuro incentiva o agente a poupar menos e consumir mais no presente. A menor demanda de títulos eleva a taxa de juros no equilíbrio. O ajuste se dá aumentando o peso do consumo futuro na utilidade do agente, chegando ao ponto de determinar taxa de desconto negativa.

No caso brasileiro, a dinâmica de ajuste é diferente. Nossos "fatos estilizados" são (ver tabelas 1 e 2):

a) o prêmio real do mercado de ações brasileiro (deflacionado pelo IGP-DI da Fundação Getulio Vargas) possui média de 4,7% por trimestre, o equivalente a 18,8% ao ano;
b) o nível histórico médio da taxa de juros real no Brasil é 1,9% ao trimestre ou 7,6% ao ano. Seu desvio-padrão é 9,7% ao trimestre ou 38,8% ao ano;
c) a média da taxa de crescimento do consumo é 0,5% ao trimestre (1,9% ao ano); o desvio-padrão, 7,2% ao trimestre (28,8% ao ano); e o coeficiente de autocorrelação serial é negativo: –0,128.

Em comparação aos dados norte-americanos, é possível afirmar que a taxa de crescimento do consumo no Brasil possui média baixa e volatilidade alta diante da média do prêmio das ações e da taxa de juros.

A figura 6 apresenta os retornos amostrais e os produzidos pelo modelo, quando $\beta = 0{,}995$ (trimestrais), para os dados originais brasileiros. Esse fator é equivalente a 0,98 em termos anuais. Como o consumo é bem mais volátil, o termo de covariância em (10) é maior, possibilitando menor coeficiente α na equiparação do prêmio. Quando $\alpha = 6{,}3$, o prêmio é reproduzido. A particularidade é que, pelo mesmo motivo, o efeito precaucional brasileiro é muito forte. Como ele é dominante a partir de $\alpha \geq 1$, no ponto de equiparação do prêmio, os níveis de *Re* e *Rf* são extremamente baixos: –2,7% e –7,4%, respectivamente.

Figura 6
Mehra e Prescott, Brasil: β = 0,995

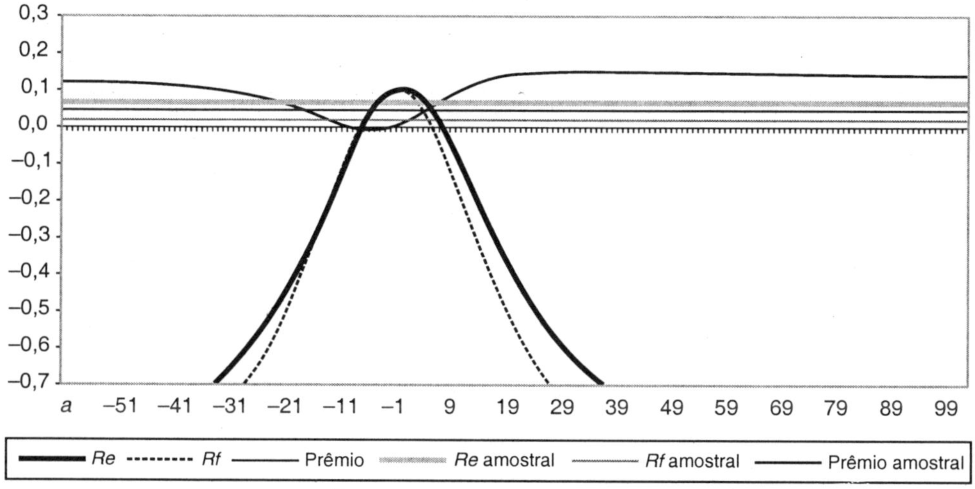

A dinâmica do ajuste torna-se diferente; é necessário elevar os níveis *Re* e *Rf* determinados pelo modelo. Para isso o coeficiente de paciência dos indivíduos deve ser reduzido. A equiparação se dá quando $\beta = 0{,}91$. A figura 7 indica o par ordenado que reproduz o primeiro momento dos retornos brasileiros: $(\alpha ; \beta) = (6{,}1 ; 0{,}91)$.

A intuição do ajuste nos dados brasileiros é, portanto, oposta à norte-americana. Em função da alta volatilidade do consumo, existe forte incentivo precaucional à poupança. Isso reduz em demasia os rendimentos dos ativos no modelo. Para elevá-los ao nível empírico, é necessário diminuir o peso do consumo futuro na utilidade dos agentes.

Se considerarmos os limites para os parâmetros comportamentais determinados por Mehra e Prescott, podemos afirmar que não existe nenhum dos *puzzles* no Brasil, uma vez que $\beta = 0{,}91$ trimestral (0,69 anual) pertence ao intervalo (0,1) e $\alpha = 6{,}1$ é menor que 10. A tabela 4 mostra momentos implícitos no modelo para diversas combinações de parâmetros. Note-se que o prêmio varia positivamente com α e que, para evitar que os retornos fiquem excessivamente baixos, reduz-se β.

Figura 7
Mehra e Prescott, Brasil: $\beta = 0{,}91$

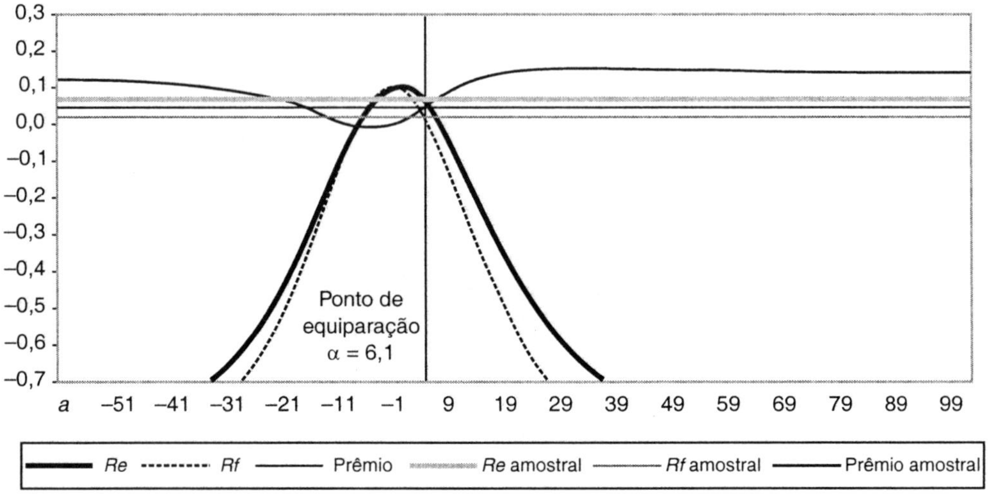

TABELA 4
Retornos gerados pelo modelo

β	α	Re %	Rf %	Prêmio %
0,99	0,5	1,30	1,10	0,20
0,98	1,3	2,60	1,90	0,70
0,95	4,1	4,80	1,90	2,90
0,93	5,2	5,70	1,90	3,80
0,91	**6,1**	**6,60**	**1,90**	**4,70**

O fator de desconto que permite replicar o primeiro momento dos retornos pertence ao intervalo proposto por Mehra e Prescott, mas o valor encontrado não pode ser considerado satisfatório. $\beta = 0{,}69$ (anualizado) é demasiadamente baixo se comparado ao nível considerado razoável de 0,98. O valor só se justificaria se o país fosse povoado por indivíduos em fim de vida e pouco sensíveis ao futuro de seus descendentes. Não é o caso. A explicação para esse "*puzzle* brasileiro" pode ser o fato de o modelo tratar os títulos públicos como ativos sem risco. No período de 1980 a 1998, o ambiente macroeconômico brasileiro foi extremamente conturbado. Alta inflação, planos econômicos e, principalmente, quebras de contrato contribuíram para o aumento de incertezas em relação ao futuro. Esses fatos levaram os agentes a requerer maior remuneração dos títulos, que não são encarados como ativos sem risco. Na condição de primeira ordem do agente representativo (4), o maior retorno esperado do ativo sem risco precisa ser compensado por um fator de desconto mais baixo.

Dados dessazonalizados

A tabela 5 mostra, para diversas combinações dos parâmetros comportamentais, os retornos teóricos implicados quando nos baseamos na taxa de crescimento do consumo ajustada sazonalmente. O modelo, com essa base de dados, requer $\alpha = 33{,}2$ e $\beta = 0{,}84$ trimestral (0,5 anual) para reproduzir a média histórica dos retornos financeiros no Brasil. Sendo assim, para replicar o prêmio das ações é necessário extrapolar o limite superior do coeficiente de aversão ao risco — caímos no EPP. A diferença em relação ao caso norte-americano é que, para reproduzir o prêmio, devemos elevar a taxa de desconto em vez de reduzi-la, não caindo no RFP tradicional. As figuras 8 e 9 demonstram a dinâmica de ajuste. A primeira delas tem o fator de desconto fixado em 0,995. No ponto onde os prêmios empírico e teórico se equivalem, os retornos definidos pelo modelo são negativos, sendo necessário elevar a taxa de desconto (reduzir β) para solucionar o problema, o que é demonstrado na figura 9, que fixa β em 0,84.

TABELA 5
Retornos teóricos com dados dessazonalizados

β	α	Re %	Rf %	Prêmio %
0,99	10,5	2,90	1,90	1,00
0,98	14	3,40	1,90	1,50
0,95	20	4,30	1,90	2,40
0,93	22,9	4,80	1,90	2,90
0,91	25,5	5,20	1,90	3,30
0,89	27,8	5,70	1,90	3,80
0,85	32,1	6,40	1,90	4,50
0,84	**33,2**	**6,60**	**1,90**	**4,70**

Figura 8
Mehra e Prescott, Brasil: $\beta = 0{,}995$
Dados dessazonalizados

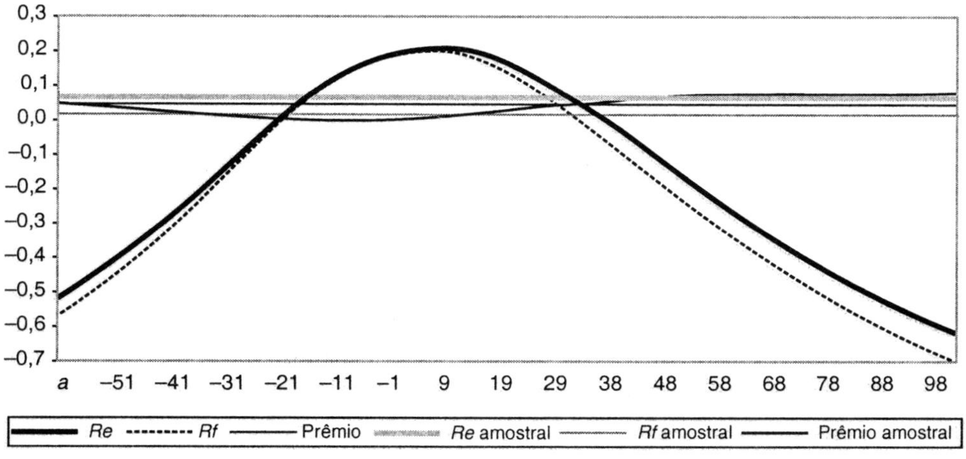

Figura 9
Mehra e Prescott, Brasil: β = 0,84
Dados dessazonalizados

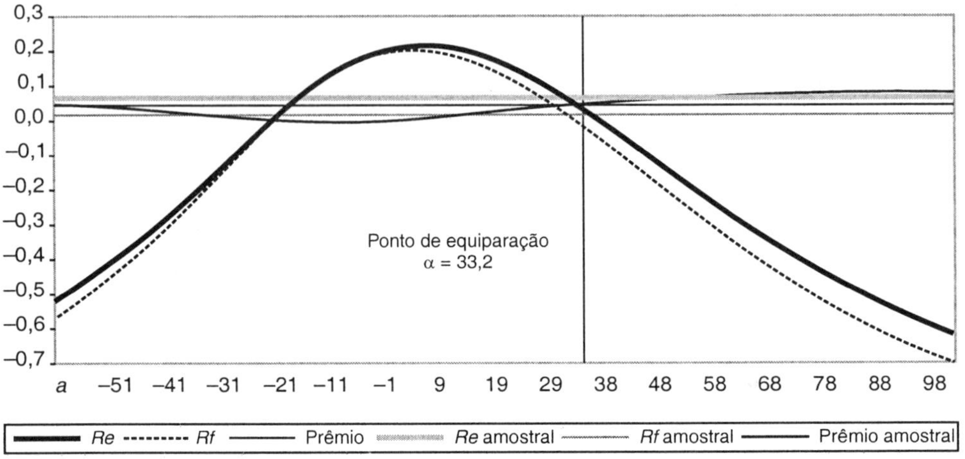

O alto coeficiente de aversão ao risco é conseqüência da menor volatilidade presente na série dessazonalizada. Na tabela 1 podemos comparar suas estatísticas com as dos dados originais. Como a utilidade marginal do consumo é menos variável, sua covariância com o prêmio das ações é menor, elevando o requerimento de α em (10). Mesmo com o menor desvio-padrão do consumo, em função do termo quadrático de α, a influência do efeito precaucional torna necessário reduzir substancialmente o fator de desconto a fim de reproduzir o retorno da Selic em (9).

Podemos concluir que, com dados dessazonalizados, o *equity premium puzzle* aparece no Brasil. Contudo, o *risk-free rate puzzle* não surge em sua forma tradicional. O "*puzzle* brasileiro" descrito na seção relativa aos dados originais repete-se.

Demais momentos do modelo

No trabalho original de Mehra e Prescott não foram investigados os segundos momentos dos retornos. No entanto, a fim de avaliar com maior precisão a qualidade do modelo, esses momentos foram deduzidos. A tabela 6 sumaria os resultados encontrados para os dois tipos de dados, nos pontos em que a combinação dos parâmetros comportamentais permitiu a reprodução das médias amostrais dos retornos.

Em ambos os casos, a volatilidade dos retornos dos ativos ficou abaixo da evidência empírica (0,293 do Ibovespa real e 0,097 da Selic real). Esse resultado corrobora o "excesso de volatilidade dos dados" descrito em Grossman e Shiller (1981). Os coeficientes de correlação, por sua vez, ficaram bem acima do nível amostral de 0,168. Por último, diferentemente da amostra, os coeficientes de autocorrelação implicados pelo modelo são praticamente nulos.

TABELA 6
Momentos implicados pelo modelo

	Dados originais			Dados ajustados		
Parâmetros	β		α	β		α
	0,91		6,1	0,84		33,2
Momentos	**Re**		**Rf**	**Re**		**Rf**
Média	0,066		0,019	0,066		0,019
Desvio-padrão	0,129		0,053	0,089		0,050
Autocorrelação	-0,007		0,000	-0,004		0,000
Covariância		0,003			0,003	
Correlação		0,447			0,605	

Referências bibliográficas

Alencar, A. Testando CCAPM com dados brasileiros. Rio de Janeiro, PUC-Rio, 1999. (Dissertação de Mestrado.)

Campbell, J. Y. Consumption and the stock market: interpreting international experience. NBER, 1996. (Working Paper, 5.610.)

——; Lo, A. W. & MacKinlay, A. C. *The econometrics of financial markets*. Princeton, Princeton University Press, 1997.

Cecchetti, S. G.; Lam, P. & Mark, N. C. Mean reversion in equilibrium asset prices. *American Economic Review, 80*:398-418, 1990.

——. The equity premium and the risk-free rate: matching the moments. *Journal of Monetary Economics 31*:21-45, 1993.

Epstein, L. G. & Zin, S. E. Substitution, risk aversion, and the temporal behavior of consumption and asset returns: an empirical analysis. *Journal of Political Economy, 99*:263-86, 1991.

Ferson, W. E. & Harvey, C. R. Seasonality and consumption-based asset pricing. *Journal of Finance, 47*:511-51, 1992.

Franco, D. Uma solução para o *equity premium puzzle*: a hipótese do *crash*. Rio de Janeiro, PUC-Rio, 1997. (Trabalho de Finanças I.)

Grossman, S. J & Shiller, R. J. The determinants of the variability of stock market prices. *American Economic Review, 71*:222-7, 1981.

Hansen, L. P. & Singleton, K. J. Stochastic consumption, risk aversion, and the temporal behavior of asset returns. *Journal of Political Economy, 91*:249-65, 1983.

Kandel, S. & Stambaugh, R. Expectations and volatility of consumption and asset returns. *The Review of Financial Studies, 3*:207-32, 1990.

——. Asset returns and intertemporal preferences. *Journal of Monetary Economics, 27*:39-71, 1991.

Kocherlakota, N. The equity premium: it's still a puzzle. *Journal of Economic Literature, 34*:42-71, 1996.

Lucas, R. E. Asset prices in an exchange economy. *Econometrica, 46*:1.429-45, 1978.

Mehra, R. & Prescott, E. The equity premium: a puzzle. *Journal of Monetary Economics, 15*:145-61, 1985.

—. The equity premium: a solution? *Journal of Monetary Economics,* 22:133-6, 1988.

Rietz, T. A. The equity premium: a solution. *Journal of Monetary Economics,* 22:117-31, 1988.

Sampaio, F. Existe *equity premium puzzle* no Brasil? Reproduzindo os momentos dos retornos dos ativos financeiros com modelo intertemporal de equilíbrio. Rio de Janeiro, PUC-Rio, 1999. (Dissertação de Mestrado.)

Weil, P. The equity premium puzzle and the risk-free rate puzzle. *Journal of Monetary Economics,* 24:401-21, 1989.

CAPÍTULO 5

Os *puzzles* invertidos no mercado brasileiro de ativos

Marco Bonomo* e
Gabriela Bertol Domingues

Introdução

Os mercados de ativos em países desenvolvidos têm apresentado alguns *puzzles* à racionalização através de modelos intertemporais de apreçamento de ativos. O prêmio das ações e a volatilidade de seus preços são considerados muito altos, e as taxas de juros muito baixas, para serem justificados por um modelo eficiente com parâmetros de preferência razoáveis. Na década de 1990, tem havido considerável desenvolvimento dos mercados emergentes, entre os quais se destaca o Brasil. No entanto, as pesquisas sobre o mercado de ativos brasileiros não têm acompanhado esse desenvolvimento no mesmo ritmo. Este capítulo pretende preencher essa lacuna através da racionalização de vários aspectos do mercado de ativos brasileiros a partir de um modelo de agente representativo com preferência intertemporal.

O mercado de ativos brasileiro é modelado basicamente como um CCAPM. Como em Cecchetti, Lam e Mark (1990) e em Bonomo e Garcia (1994), estimou-se um modelo de Markov *switching* (MSM) para a série construída de crescimento de consumo. Em seguida, buscaram-se os parâmetros de preferência que fazem com que os momentos dos retornos produzidos pelo modelo calibrado reproduzam os respectivos momentos amostrais das ações e da *proxy* da taxa de juros sem risco do

* Agradeço ao CNPq pela bolsa de pesquisa e ao Pronex/CNPq pelo apoio financeiro.

mercado brasileiro. Foram utilizadas função utilidade esperada e preferências do tipo Kreps-Porteus. No entanto, não existe uma boa *proxy* para a taxa de juros sem risco no Brasil: como os títulos públicos brasileiros embutem uma probabilidade de *default* que não pode ser negligenciada, estimou-se também um modelo onde essa probabilidade é considerada explicitamente.

Algumas estatísticas dos retornos amostrais trimestrais dos ativos brasileiros são apresentadas na tabela 1. Percebe-se, em primeiro lugar, que o prêmio das ações é de aproximadamente 9% ao ano. Como esse prêmio é consideravelmente mais alto do que o americano, poder-se-ia intuir que existe também no Brasil um *equity premium puzzle*. O desvio-padrão dos retornos das ações, por sua vez, é de aproximadamente 60% ao ano, mais do que três vezes o dos Estados Unidos, sugerindo que o *puzzle* de volatilidade no Brasil é mais acentuado do que nos EUA. Quanto à taxa de juros sem risco, sua taxa média é de aproximadamente 13% ao ano. Dadas as baixas taxas norte-americanas, há evidência de que o *risk-free rate puzzle* não se verifica no Brasil de forma similar.

TABELA 1
Primeiro e segundo momentos dos retornos amostrais
(dados trimestrais)

	Média (%)	Desvio-padrão
Taxa de juros sem risco – Selic (R^f)	3,32	6,28
Retorno das ações (R^a)	5,57	31,12
Excesso de retorno (R^e)	2,247	30,69
Correlação (R^f, R^a)	0,2136	
Correlação (R^f, R^e)	0,0168	

Como o objetivo é explicar os retornos dos ativos através dos fundamentos da economia, observa-se, a partir da tabela 2, que os resultados obtidos para o Brasil devem ser consideravelmente diferentes dos obtidos para os EUA: não só a taxa de crescimento do consumo no Brasil no período analisado é menor do que um ponto percentual ao ano, como também sua volatilidade é muito maior quando comparada à da série americana.

TABELA 2
Série de crescimento do consumo
(dados trimestrais)

Média	Desvio-padrão	Autocorrelação	Coeficiente de assimetria	Curtose
0,002	0,068	–0,075	–0,562	2,429

Tendo em vista a alta volatilidade da série de consumo agregado, não é surpresa não encontrar um *equity premium puzzle* para o Brasil. No entanto, dado o menor crescimento do consumo e o alto retorno dos ativos, não é possível explicar o nível da *proxy* da taxa de juros sem risco sem considerar um fator de desconto intertemporal muito baixo. A tentativa de resolver esse *puzzle* com a introdução explícita de probabilidade de *default* não foi bem-sucedida, tendo piorado os resultados.

O capítulo está organizado da seguinte forma: a primeira seção descreve o modelo, e a segunda explica a construção da série de consumo e a calibragem do processo de dotação, apresentando os resultados. Na terceira seção, o exercício de reproduzir os momentos dos retornos é realizado com a versão mais simples do modelo, com utilidade esperada. A quarta seção procura resolver os *puzzles* surgidos na seção anterior, generalizando o modelo de preferência de modo a permitir preferências Kreps-Porteus e introduzindo uma probabilidade de *default* no que antes seria uma taxa de juros sem risco. A última seção apresenta as conclusões.

O modelo de determinação de preços de ativos

Muitos agentes idênticos que vivem infinitamente maximizam sua utilidade intertemporal e recebem, a cada período, uma dotação de um único bem perecível. De acordo com Epstein e Zin (1989), especifica-se uma função utilidade recursiva do tipo:

$$U_t = W(C_t, \mu_t) \qquad (1)$$

onde W é uma função de agregação que combina o consumo atual C_t com $\mu_t = \mu(U_{t+1} \mid I_t)$, o equivalente certeza da utilidade futura (aleatória) U_{t+1}, dada a informação disponível para os agentes até t, para obter a utilidade intertemporal do período corrente U_t. Epstein e Zin (1989) propõem a função CES abaixo como função de agregação:

$$U_t = [C_t^{\rho} + \beta\mu_t^{\rho}]^{\frac{1}{\rho}}$$

A função utilidade é normalizada de modo que a utilidade de um nível de riqueza seja igual ao valor da riqueza. Os parâmetros β e ρ determinam a preferência entre trajetórias deterministas de consumo, já que a elasticidade de substituição intertemporal é dada por $\sigma = 1/(1-\rho)$ e a taxa de preferência intertemporal é $d = (1/\beta) - 1$.

A maneira como os agentes formam o equivalente certeza da utilidade futura está baseada nas suas preferências em relação ao risco, que se supõe ser do tipo utilidade esperada. A função equivalente certeza μ_{KP} é definida por:

$$\mu_{KP} = [E(x^{\alpha})]^{1/\alpha}$$

onde α é o parâmetro de aversão ao risco. A função equivalente certeza definida acima corresponde às preferências de utilidade esperada do tipo CRRA. Substituindo a função equivalente certeza da utilidade esperada definida acima na função de agregação, obtêm-se preferências que generalizam a utilidade esperada ($\alpha = \rho$). Quando $\alpha \neq \rho$, obtêm-se preferências do tipo Kreps-Porteus (1978), em que o parâmetro de aversão ao risco, α, independe do parâmetro de elasticidade de substituição, ρ, mas as preferências com relação aos jogos atemporais são do tipo utilidade esperada.

Abaixo estão as restrições aos retornos de ativos para a obtenção de um máximo interior, dadas as condições de primeira ordem das decisões de alocação e de consumo, tal como derivadas em Epstein e Zin (1989 e 1991):

$$E_t\left[\tilde{z}_{t+1}^{\alpha}\frac{\tilde{R}_{t+1}}{\tilde{M}_{t+1}}\right]=1 \qquad i = 1, ..., N \tag{2}$$

onde

$$z_{t+1} = \beta^{1/\rho}\left(\frac{\tilde{C}_{t+1}}{C_t}\right)^{\frac{\rho-1}{\rho}}\tilde{M}_{t+1}^{1/\rho} \qquad \text{(para } \rho \neq 0\text{);}$$

$\tilde{M}_{t+1}$ é o retorno do portfólio de mercado que paga C_t em t; e
$\tilde{R}_{t+1}$ é o retorno de qualquer portfólio.

Observa-se que a equação (2) tem a seguinte forma:

$$E_t[\tilde{\Pi}_{t,t+1}\tilde{R}_{t+1}] = 1 \qquad i = 1, ..., N \tag{3}$$

onde

$$\tilde{\Pi}_{t,t+1} = \beta^{\alpha/\rho}\left(\frac{\tilde{C}_{t+1}}{C_t}\right)^{\frac{\alpha(\rho-1)}{\rho}}\tilde{M}_{t+1}^{(\alpha/\rho)-1}$$

é um fator de desconto estocástico, que pode ser interpretado como a taxa marginal de substituição intertemporal entre t e $t + 1$. Essa equação de Euler depende tanto do crescimento do consumo quanto do retorno do portfólio de mercado.

Um ativo sem risco dá direito, em t, a uma unidade de consumo em $t + 1$. Nessa economia, as ações rendem um fluxo de dividendo $\{D_t\}$ diferente do *payoff* agregado $\{C_t\}$ do portfólio de mercado, o consumo agregado. As restrições aos retornos do portfólio de mercado, das ações e do ativo sem risco podem ser obtidas substituindo $\tilde{R}_{t+1}$ na equação (2) pelo retorno apropriado. De acordo com a abordagem empírica, na linha de Mehra e Prescott (1985), especifica-se e estima-se um processo estocástico para o processo de dotação e calculam-se os retornos do portfólio de mercado, das ações e dos ativos sem risco. Já que, nesse modelo, consumo e dividendo são diferentes, existem equações diferentes para o retorno do portfólio de mercado e o retorno das ações. Embora o portfólio de mercado não seja observável, é possível avaliar seu retorno, pois este está implicitamente definido no modelo, já que seu *payoff* é o consumo agregado. Quando se escolhe estimar as equações de

Euler diretamente a partir do método dos momentos, torna-se necessário utilizar dados sobre o retorno do portfólio de mercado, inclusive nas equações que envolvem retornos de outros ativos. A escolha mais comum para o retorno do portfólio de mercado, nesse caso, é um índice de retorno das ações (Epstein & Zin, 1991a, 1991b; Jorion & Giovanini, 1993) que é, na verdade, um direito sobre o fluxo de dividendos agregado. Isso só tende a aumentar as dificuldades existentes no diagnóstico das causas para o possível sucesso ou fracasso do modelo. A abordagem utilizada neste trabalho, a mesma escolhida por Kandel e Stambaugh (1991), Hung (1994) e Weil (1989), contorna esse problema.

Assim, determina-se que o logaritmo da série de crescimento do consumo segue um processo pelo qual sua média e sua variância sofrem mudanças de acordo com uma variável de Markov S_t que toma os valores 0, 1, ..., K-1 (quando K estados de natureza são admitidos para a economia). A seqüência $\{S_t\}$ de variáveis markovianas evolui de acordo com a seguinte matriz $\wp$ de probabilidade de transição:

$$\wp = \begin{bmatrix} P_{00} & P_{01} & \cdots & P_{0(k-1)} \\ P_{10} & P_{11} & \cdots & P_{1(k-1)} \\ \vdots & \vdots & \vdots & \vdots \\ P_{(k-1)0} & P_{(k-1)1} & \cdots & P_{(k-1)(k-1)} \end{bmatrix} \tag{4}$$

O processo de consumo pode então ser escrito como:

$$c_t - c_{t-1} = \alpha_0^c + \alpha_1^c S_{1,t} + \ldots + \alpha_{k-1}^c S_{k-1,t} + (\omega_0^c S_{k-1,t} + \omega_1^c S_{1,t} + \ldots + \omega_{k-1}^c S_{k-1,t})\varepsilon_t^c \tag{5}$$

onde $S_{i,t}$ é função do estado da economia, S_t, assumindo valor 1 quando $S_t = i$ e valor zero caso contrário; c_t é lnC_t ; e $\varepsilon_t{}^c$ é um termo de erro~$N(0,1)$. Dessa forma, no estado i, a média e o desvio-padrão da taxa de crescimento do consumo serão dados, respectivamente, por $(\alpha_0^c + \alpha_i^c, \omega_0^c + \omega_i^c)$.

Assim, dados os processos de Markov definidos acima, a relação entre o preço do portfólio de mercado e o consumo $(\lambda(t) = M_t/C_t)$, a relação entre o preço das ações e o dividendo pago $(\varphi(t) = P_t{}^i/D_t{}^i)$, e o preço do ativo livre de risco, P_f, aparecem todos como função do estado da economia. No anexo, são derivadas as seguintes equações de retorno para o portfólio de mercado e para o ativo sem risco:

$$M_{t+1} = \frac{\lambda(S_{t+1}) + 1}{\lambda(S_t)} exp(\alpha_0^c + \ldots + \alpha_0^c S_{k-1,t+1} + (\omega_0^c + \ldots + \omega_0^c S_{k-1,t+1})\, \varepsilon_{t+1}^c) \tag{6}$$

$$R_{t+1}^f = \frac{1}{P_t^f(S_t)} \tag{7}$$

A seguir são estimados, por máxima verossimilhança, os parâmetros do processo de dotação conjuntamente para as séries de consumo e dividendos.

Construção dos dados e estimação dos modelos

Construção dos dados

Como não existe uma série de consumo agregado trimestral para o Brasil, foi necessário construir uma *proxy* para consumo agregado de serviços e bens não-duráveis. Os dados utilizados referem-se ao período de 1986 a 1998. Para a série de serviços utilizou-se o PIB de serviços trimestral divulgado pelo IBGE, e para a série de bens de consumo não-duráveis utilizou-se a produção industrial de bens não-duráveis defasada em um mês, somando-se a ela as importações e subtraindo-se as exportações. As séries mensais foram então agregadas em estimativas trimestrais. As séries de serviços e bens de consumo não-duráveis resultantes foram, em seguida, agregadas de acordo com a ponderação por setor das Contas Nacionais. Essa série de consumo agregado foi dividida pela população para obter-se a *proxy* de consumo *per capita.*[1]

Calibragem do processo de dotação

Estimou-se o processo de dotação usando a série de consumo construída anteriormente. Um processo Markov *switching* foi estimado por máxima verossimilhança, de acordo com a metodologia usada por Hamilton (1989). A seguir vêm os resultados das estimativas. Dado o número limitado de observações, não é possível considerar as estimativas como derivadas de um processo de estimação sério, não sendo feito, inclusive, nenhum teste para o número de estados. A estimação por máxima verossimilhança é, na verdade, uma maneira correta de calibrar o processo.

A tabela 3 descreve as estimativas para um processo Markov *switching* heterocedástico de dois regimes. O estado zero é transiente, já que p_{00} é igual a zero. Ele capta a queda sazonal do consumo no primeiro trimestre do ano.

TABELA 3
Coeficientes estimados para o modelo de Markov *switching* univariado

	a_0^c	$a_0^c + a_1^c$	w_0^c	$w_0^c + w_1^c$	P_{00}	P_{11}
Coeficientes estimados	–0,1111	0,0362	0,0252	0,0393	0	0,6939
Estatísticas *t*	14,91	5,66	4,82	8,37	0	2,80

[1] Como a população é dada por uma série anual, foi necessário interpolar geometricamente as observações para obter números trimestrais. Da mesma forma, como o dado mais recente é referente ao ano de 1996, os dados para os anos de 1997 e 1998 foram extrapolados. Para tanto, foram admitidas taxas de crescimento da população de 1,28% e 1,24% para os anos de 1997 e 1998, respectivamente.

A série de crescimento do consumo é desenhada na figura 1, onde cada estado médio é representado por linhas contínuas, e os intervalos de confiança — construídos com um desvio-padrão — em linhas pontilhadas.

Figura 1

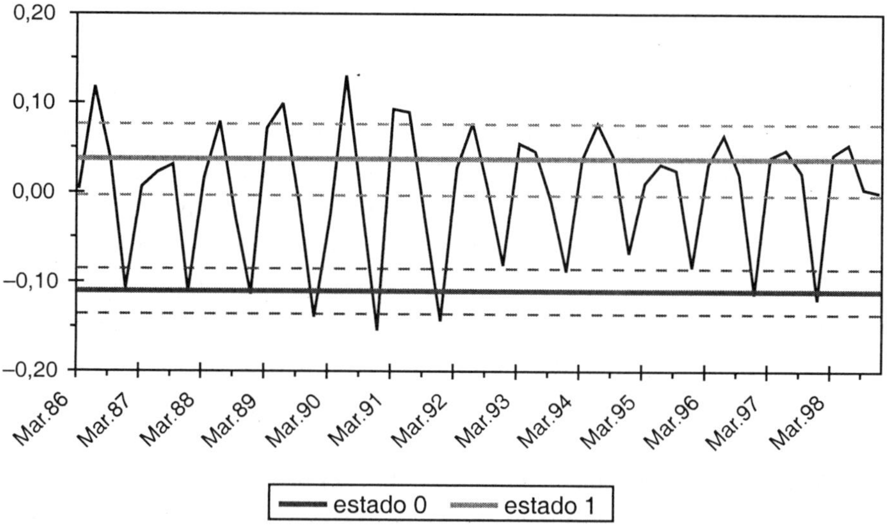

Caracterizando os *puzzles* com o modelo básico

Aqui são descritos os resultados para o modelo com processo de dotação univariado e utilidade esperada. É possível reproduzir o prêmio das ações, o retorno médio das ações e da taxa de juros sem risco com parâmetros de preferência razoáveis: $\beta = 0{,}95$ e coeficiente de aversão ao risco relativo igual a 3,23. Esses resultados contrastam com o *equity premium puzzle* (EPP) encontrado por Mehra e Prescott (1985) para a economia norte-americana. A primeira conclusão é que não existe um EPP para a economia brasileira.

Além do EPP, a economia norte-americana apresenta outro *puzzle* relacionado ao primeiro momento das séries de retorno. Este aparece quando se coloca uma aversão ao risco muito grande para poder reproduzir o prêmio das ações. Nesse caso, o retorno da taxa de juros sem risco aumenta, tornando-se muito alto. Para aproximar os retornos médios dos observados, torna-se necessário aumentar β para um valor maior que 1. Foi isso que Weil (1989) chamou de *risk-free rate puzzle*, ou seja, o fato de a taxa de juros sem risco ser muito baixa para ser reproduzida por um modelo empírico razoável.

Aqui o *risk-free rate puzzle* não aparece nem na mesma direção nem na mesma magnitude. Nota-se que o valor anualizado de β é 0,81 (vale lembrar que as séries são trimestrais), valor relativamente baixo. Se tivessem sido utilizados valores anualizados de β dentro de limites considerados razoáveis (entre 0,9 e 1, por exemplo), encontrar-se-ia uma taxa de juros sem risco mais baixa do que a taxa observada. Portanto, conclui-se que a taxa de juros sem risco no Brasil é muito alta para ser reproduzida por um modelo intertemporal com parâmetros razoáveis. Ou seja, pode-se dizer que, no Brasil, existe um *puzzle* de taxa de juros sem risco invertido em relação ao americano.

O terceiro *puzzle* que surge de um modelo de determinação de preços para os EUA refere-se ao excesso de volatilidade desses preços. Como primeiramente observado por Shiller (1981), os preços das ações parecem variar muito para que possam refletir fundamentos. Esse aspecto empírico pode ser examinado dentro do arcabouço aqui utilizado ao questionar-se a possibilidade de replicar o segundo momento do retorno das ações com um modelo de preço de ativos calibrado para os fundamentos. Usando o modelo básico, encontra-se para o Brasil um *puzzle* semelhante ao americano: o preço das ações parece muito volátil para ser justificado por fundamentos (tabela 4). Quanto à variabilidade da taxa de juros sem risco, o modelo parece reproduzi-la satisfatoriamente.

TABELA 4
Momentos populacionais do retorno da taxa de juros sem risco e do prêmio das ações gerados pelo modelo univariado com utilidade esperada

		Utilidade esperada (a = r, d = 0)				Amostral
Aversão relativa ao risco	$1 - \alpha$	3,226	2,695	2,695	2,696	
Fator de desconto	β	0,9507	0,9507	0,9519	0,9519	
Elasticidade de substituição intertemporal	$1/(1 - \rho)$	0,310	0,371	0,371	0,371	
Média do retorno das ações (R^e)		**5,57**	5,71	**5,57**	**5,57**	**5,57**
Desvio-padrão (R^e)		11,16	9,91	9,9	9,9	**31,85**
Média do retorno da taxa de juros sem risco (R^f)		**3,32**	3,95	3,82	3,82	**3,32**
Desvio-padrão (R^f)		7,71	**6,28**	6,27	**6,28**	**6,28**
Média do prêmio de risco		**2,25**	1,76	1,75	1,75	**2,25**
Desvio-padrão do prêmio de risco		8,91	8,25	8,08	9,08	**31,12**
Correlação (R^e, R^f)		0,6083	0,5627	0,5626	0,5627	**0,2136**
Correlação (R^f, prêmio de risco)		−0,1035	−0,0853	−0,0867	−0,0781	**0,01681**

Podem ser feitas diversas objeções ao modelo básico utilizado. Em primeiro lugar, a utilidade esperada é um arcabouço pobre para modelos intertemporais de determinação de preços, já que ela restringe a elasticidade de substituição intertemporal ao recíproco do coeficiente relativo de aversão ao risco (Epstein & Zin, 1989; Weil, 1989). Logo, é recomendável usar preferências Kreps-Porteus, onde esses parâmetros independem um do outro. Em segundo lugar, uma ação dá direito a um fluxo de dividendos, e não ao fluxo de consumo agregado. Como resultado, uma modelagem mais apropriada incluiria um processo de dotação bivariado, separando consumo de dividendo, onde o consumo é usado no fator estocástico de desconto e o rendimento da ação é composto de um fluxo de dividendos. Em terceiro lugar, devido ao plano de estabilização que confiscou todos os ativos líquidos no Brasil em 1990, é discutível considerar alguma taxa de juros como uma boa *proxy* para a taxa sem risco. A seguir tentaremos resolver os *puzzles* atuais estendendo o modelo básico considerando as direções mencionadas.

Extensões do modelo e *puzzles* restantes

Preferências Kreps-Porteus

Na tabela 5 são descritos os resultados obtidos para o modelo univariado que utiliza preferências do tipo Kreps-Porteus. Com um parâmetro a mais é possível reproduzir outro momento: o desvio-padrão da taxa de juros sem risco. No entanto, grande parte da volatilidade do retorno das ações continua sem explicação. Além disso, o fator de desconto é ainda mais baixo do que o usado anteriormente, acentuando o *puzzle* invertido da taxa de juros sem risco.

TABELA 5
Momentos populacionais gerados pelo modelo univariado com preferências Kreps-Porteus

		Kreps-Porteus (d = 0)			Amostral
Aversão relativa ao risco	$1 - \alpha$	3,685	3,685	3,226	
Fator de desconto	β	0,9494	0,9507	0,9507	
Elasticidade de substituição intertemporal	$1/(1 - \rho)$	0,388	0,388	0,388	
Média do retorno das ações (R^e)		**5,57**	5,43	5,55	**5,57**
Desvio-padrão (R^e)		9,72	9,71	9,68	**31,85**
Média do retorno da taxa de juros sem risco (R^f)		**3,32**	3,19	3,55	**3,32**
Desvio-padrão (R^f)		**6,28**	6,27	6,15	**6,28**
Média do prêmio de risco		**2,25**	2,24	2	**2,25**
Desvio-padrão do prêmio de risco		8,13	8,12	8,10	**31,12**
Correlação (R^e, R^f)		0,5552	0,5551	0,5535	**0,2136**
Correlação (R^f, prêmio de risco)		−0,1086	−0,1083	−0,0978	**0,01681**

Na melhor combinação de parâmetros encontrada, os coeficientes de aversão ao risco e de elasticidade de substituição aumentaram e o fator de desconto diminuiu, em relação à melhor escolha de coeficientes obtida utilizando-se utilidade esperada. Para entender as mudanças nos coeficientes, vale lembrar, em primeiro lugar, que com utilidade esperada os coeficientes escolhidos produziram muita variabilidade na taxa de juros sem risco. Para reduzir essa variabilidade, foi necessário aumentar a elasticidade de substituição intertemporal. No entanto, ao variar somente esse parâmetro, deixando os outros constantes, como mostram os resultados da terceira coluna (tabela 5), há uma tendência a aumentar a taxa de juros sem risco, o que reflete o efeito da maior demanda por poupança precaucional. Esse aumento na taxa de juros sem risco não é acompanhado de aumento do retorno médio das ações, reduzindo assim o prêmio das ações. Para restabelecer o prêmio das ações é preciso então aumentar a aversão ao risco, como é feito na segunda coluna. No entanto, o nível médio de retornos fica um pouco menor do que o amostral, exigindo uma diminuição do fator de desconto. Desta forma é possível reproduzir os quatro momentos simultaneamente.

Introduzindo uma pequena probabilidade de default nos títulos de renda fixa

Em março de 1990, o governo brasileiro congelou todas as aplicações em renda fixa e as contas correntes acima de determinado valor. Como conseqüência, o risco de *default* em qualquer ativo brasileiro se tornou uma verdade incontestável para o período analisado. Portanto, achar que o retorno de ativos de renda fixa brasileiros constitui uma boa *proxy* para o retorno do ativo sem risco pode ser um sério engano. Pode-se também acreditar que o *puzzle* da taxa de juros sem risco encontrado é conseqüência dessa especificação equivocada.

Aqui um investimento de renda fixa é modelado com uma pequena probabilidade de *default*. Em seguida são comparados os momentos gerados pelo modelo com aqueles encontrados usando-se a taxa Selic (taxas *overnight* de financiamento com lastro em títulos do governo).

Assume-se que há uma pequena probabilidade de *default* igual a $1-\theta$ no estado onde o crescimento do consumo é baixo. A equação para o preço do ativo para o estado k fica assim:

$$p_{kb}\left\{\beta^{\alpha/\rho}\exp\left[(\alpha-1)m_b^c+\frac{(\alpha-1)^2}{2}\sigma_b^{c\,2}\right]\left(\frac{\lambda(b)+1}{\lambda(k)}\right)^{\frac{\alpha}{\rho}-1}(P^f(b))^{-1}\right\}+$$

$$p_{kr}\left\{\beta^{\alpha/\rho}\exp\left[(\alpha-1)m_r^c+\frac{(\alpha-1)^2}{2}\sigma_r^{c\,2}\right]\left(\frac{\lambda(r)+1}{\lambda(k)}\right)^{\frac{\alpha}{\rho}-1}\theta(P^f(r))^{-1}\right\}=1 \quad (8)$$

onde os subscritos b e r referem-se aos estados bom e ruim do crescimento do consumo, respectivamente.

Pode-se repetir o exercício feito anteriormente substituindo a taxa de juros sem risco por um título com pequena probabilidade de *default*. O exercício é executado com uma probabilidade de *default* de 5% num estado ruim, indicando uma probabilidade de *default* de 1,13% (a probabilidade do estado ruim é aproximadamente 0,23).

Os resultados são mostrados na tabela 6, para utilidade esperada. Na primeira coluna, utiliza-se o melhor conjunto de parâmetros de preferência encontrados para o modelo em questão. Na segunda coluna, muda-se o parâmetro de aversão ao risco a fim de restabelecer o prêmio das ações. Por fim, na terceira coluna, muda-se o fator de desconto para restabelecer os primeiros momentos.

TABELA 6
Modelo univariado com probabilidade de *default* = 1,13%

		Utilidade esperada (a = r)			Amostral
Aversão relativa ao risco	$1 - \alpha$	3,226	4,800	4,800	
Fator de desconto	β	0,9507	0,9507	0,9431	
Elasticidade de substituição intertemporal	$1/(1 - \rho)$	0,310	0,208	0,208	
Probabilidade de *default*	$1 - \delta$	0,05	0,05	0,05	
Média do retorno das ações (R^e)		**5,57**	4,74	**5,57**	**5,57**
Desvio-padrão (R^e)		11,16	15,11	15,22	**31,85**
Média do retorno da taxa de juros sem risco (R^f)		4,92	2,49	**3,32**	**3,32**
Desvio-padrão (R^f)		6,82	11,3	11,39	**6,28**
Média do prêmio de risco		0,65	**2,25**	**2,25**	**2,25**
Desvio-padrão do prêmio de risco		8,91	8,25	8,08	**31,12**
Correlação (R^e, R^f)		0,6083	0,699	0,7002	**0,2136**
Correlação (R^f, prêmio de risco)		–0,0035	–0,0895	–0,0907	**0,01681**

Quando uma pequena probabilidade de *default* é incluída, o retorno médio do título aumenta, reduzindo o prêmio das ações. Observa-se que o desvio-padrão do retorno do título também aumenta. Para reproduzir o prêmio das ações, é necessário aumentar a aversão ao risco. Nesse caso, porém, o retorno do título cai, de modo que é preciso reduzir o fator de desconto para poder reproduzir os primeiros momentos. Com isso o *puzzle* brasileiro da taxa de juros sem risco torna-se acentuado.

Esse resultado paradoxal surgiu porque a maior aversão ao risco reduziu o retorno dos títulos. Nos Estados Unidos, o *puzzle* da taxa de juros sem risco existe porque o que acontece é justamente o oposto: quando o parâmetro de aversão ao risco aumenta para reproduzir o prêmio das ações, os retornos também crescem. A diferença entre os efeitos que ocorrem no Brasil e nos EUA pode ser explicada a partir da diferença entre as séries de crescimento do consumo. Nos Estados Unidos, o efeito predominante decorre da baixa elasticidade de substituição, que exige maior retorno dos ativos para que os consumidores fiquem satisfeitos com a taxa de crescimento do consumo. No Brasil, o crescimento médio de consumo é bem menor, e sua volatilidade, maior. Como conseqüência, o efeito da poupança precaucional predomina. Quando o grau de aversão ao risco aumenta, a demanda por poupança precaucional leva a uma queda das taxas de retorno em equilíbrio.

Os resultados desse modelo com preferências Kreps-Porteus estão na tabela 7. Eles são semelhantes àqueles gerados a partir da utilidade esperada, estando a diferença no fato de que, com uma variável a mais para arbitrar, é possível reproduzir mais um parâmetro — no caso, o desvio-padrão dos títulos.

TABELA 7
Modelo univariado com probabilidade de *default* = 1,13%

		Kreps-Porteus (d = 0)		Amostral
Aversão relativa ao risco	$1-\alpha$	3,685	7,400	
Fator de desconto	β	0,9494	0,9406	
Elasticidade de substituição intertemporal	$1/(1-\rho)$	0,388	0,384	
Probabilidade de *default*	$1-\delta$	0,05	0,05	
Retorno médio das ações (R^e)		**5,57**	**5,57**	**5,57**
Desvio-padrão (R^e)		9,72	10,09	**31,85**
Média da taxa de juros sem risco (R^f)		4,97	**3,32**	**3,32**
Desvio-padrão (R^f)		5,37	**6,28**	**6,28**
Média do prêmio de risco		0,6	**2,25**	**2,25**
Desvio-padrão do prêmio de risco		8,08	8,30	**31,12**
Correlação (R^e, R^f)		0,5552	0,5705	**0,2136**
Correlação (R^f, prêmio de risco)		0,0032834	–0,06306	**0,01681**

Conclusão

Ao examinar o mercado de ativos no Brasil com um modelo intertemporal básico de determinação de preços de ativos, chega-se às seguintes conclusões:

a) não há *equity premium puzzle*;

b) o *puzzle* da taxa de juros sem risco é invertido;

c) o *puzzle* da taxa de juros sem risco não pode ser resolvido com uma probabilidade de *default* no que, de outra forma, seria um ativo sem risco. De fato, os resultados pioram;

d) é possível reproduzir o desvio-padrão da taxa de juros sem risco, mas não a volatilidade exagerada do retorno das ações.

É provável que a quarta conclusão seja invertida quando o índice de ações é modelado como dando direito ao dividendo agregado, em vez de ser modelado para o consumo agregado, uma vez que o desvio-padrão da série de crescimento do dividendo é cerca de 400 vezes maior que o da série de crescimento do consumo. Na verdade, dada a volatilidade da série de dividendos, acredita-se ter no Brasil uma volatilidade excessiva nos fundamentos, invertendo-se também o *puzzle* de volatilidade encontrado nos mercados norte-americanos.

Referências bibliográficas

Bonomo, M. & Garcia, R. Can a well-fitted equilibrium asset pricing model produce mean reversion? *Journal of Applied Econometrics, 9*:19-29, 1994.

Cecchetti, S. G.; Lam, Pok-Sang & Mark, Nelson C. Mean reversion in equilibrium asset prices. *American Economic Review, 80*(3):398-418, 1990.

Epstein, L. G. & Zin, Stanley E. Substitution, risk aversion, and the temporal behavior of consumption and asset return: a theoretical framework. *Econometrica, 57*(4):937-69, 1989.

——. Substitution, risk aversion, and the temporal behavior of consumption and asset return: an empirical analysis. *Journal of Political Economy, 99*(2):263-86, 1991a.

——. The independence axiom and asset returns. NBER, 1991b. (Technical Working Paper, 109.)

Hamilton, James D. A new approach to the economic analysis of nonstationary time series and the business cycle. *Econometrica, 57*:357-84, 1989.

Hung, Mao-Wei. The interaction between nonexpected utility and asymmetric market fundamentals. *Journal of Finance, 49*(1):325-43, 1994.

Jorion, P. & Giovanini, A. Time-series tests of a non-expected-utility model of asset pricing. *European Economic Review, 37*(5):1.083-100, 1993.

Kandel, S. & Stambaugh, R. F. Asset returns and intertemporal preferences. *Journal of Monetary Economics, 27*:39-71, 1991.

Kreps, D. & Porteus, E. L. Temporal resolution of uncertainty and dynamic choice theory. *Econometrica, 36*:185-200, 1978.

Lucas Jr., R. E. Asset prices in an exchange economy. *Econometrica, 66*:1.429-445, Nov. 1978.

Mehra, R. & Prescott, Edward C. The equity premium: a puzzle. *Journal of Monetary Economics, 15*:145-61, 1985.

Shiller, Robert J. Do stock prices move too much to be justified by subsequent changes in dividends? *American Economic Review, 71*(3):421-36, 1981.

Weil, P. The equity premium and the risk-free rate puzzle. *Journal of Monetary Economics, 24*:401-21, 1989.

ANEXO

Derivação das fórmulas de retorno

Dado o processo especificado por (5), a equação (2) para o portfólio de mercado pode ser reescrita como:

$$\sum_{l=0}^{K-1} p_{kl} \left\{ \beta^{\frac{\alpha}{\rho}} \exp\left[\alpha m_l^c + \frac{\alpha^2}{2} \sigma_l^{c^2} \right] \left(\frac{\lambda(l)+1}{\lambda(k)} \right)^{\frac{\alpha}{\rho}} \right\} = 1 \tag{9}$$

para $k = 0, ..., K-1$. Os parâmetros m_l^c e σ_l^c denotam a média e o desvio-padrão do crescimento do consumo no estado l, e $f(\varepsilon^c)$ é a função densidade de ε_{t+1}^c, cuja distribuição assume-se ser normal. Os λs expressam a razão entre o preço do portfólio de mercado e o consumo (o *payoff* do portfólio de mercado) nos vários estados. Então:

$$B_{k,j} = \frac{1}{\sigma_l^c} \left(-\frac{1}{\rho} \log \beta - m_l^c - \frac{1}{\rho} \log \frac{\lambda(l)+1}{\lambda(k)} \right)$$

Para a equação referente ao retorno das ações obtemos:[2]

$$\sum_{l=0}^{K-1} P_{kl} \left\{ \beta^{\frac{\alpha}{\rho}} \exp[\mu_0 + \mu_l \, 1(l>0)] \left(\frac{\lambda(l)+1}{\lambda(k)} \right)^{\frac{\alpha}{\rho}-1} \frac{\varphi(l)+1}{\varphi(k)} \right\} = 1 \tag{10}$$

onde:

$$\mu_o = (\alpha - 1)\, \alpha_o^c + \alpha_o^d + \frac{1}{2}[(\alpha-1)^2 w_o^{c^2} + w_o^{d^2} + 2(\alpha-1)\, w_o^c w_o^d \rho_{cd}]$$

$$\mu_j = (\alpha-1)\, \alpha_j^c + \alpha_j^d + \frac{1}{2}[(\alpha-1)^2 w_j^{c^2} + w_j^{d^2} + 2(\alpha-1)(w_o^c w_j^d + w_j^c w_o^d + w_j^c w_j^d)\rho_{cd} +$$

$$2(\alpha-1)^2 w_o^c w_j^c + 2 w_o^d w_j^d]$$

[2] Nesta equação, integra-se ε_{t+1}^d para evitar uma integral dupla.

$1\,(l>0)$ é uma função indicadora que assume valor 1 quando l é maior do que zero e valor zero caso contrário; e $\varphi\,(l)$ é a razão preço/dividendo da ação. A equação para o ativo sem risco é dada por:

$$\sum_{l=0}^{K-1} p_{kl} \left\{ \beta^{\frac{\alpha}{\rho}} \exp\left[(\alpha-1)\, m_l^c + \frac{(\alpha-1)^2}{2} \sigma_l^{c^2} \right] \left(\frac{\lambda(l)+1}{\lambda(k)} \right)^{\frac{\alpha}{\rho}-1} (P^f(k))^{-1} \right\} = 1 \quad (11)$$

Dadas as estimativas dos parâmetros do processo de dotação, as equações (9), (10) e (11) podem ser resolvidas numericamente para as funções λ, φ, e P^f. As fórmulas dos retornos do portfólio de mercado, das ações e do ativo sem risco serão dadas por:

$$M_{t+1} = \frac{\lambda(S_{t+1})+1}{\lambda\,(S_t)} \exp(\alpha_0^c + \ldots + \alpha_{k-1}^c S_{k-1,t+1} + (w_0^c + \ldots + w_{k-1}^c S_{k-1,t+1})\, \varepsilon_{t+1}^c) \quad (12)$$

$$R_{t+1}^e = \frac{\varphi(S_{t+1})+1}{\varphi(S_t)} \exp(\alpha_0^d + \ldots + \alpha_{k-1}^d S_{k-1,t+1} + (w_0^d + \ldots + w_{k-1}^d S_{k-1,t+1})\, \varepsilon_{t+1}^d) \quad (13)$$

$$R_{t+1}^f = \frac{1}{P_t^f(S_t)} \quad (14)$$

Derivação das fórmulas dos momentos incondicionais

O primeiro e o segundo momentos do retorno das ações são dados por:

$$E\,R_e = \sum_{i=0}^{K-1}\sum_{j=0}^{K-1} \exp\left[\alpha_0^d + \frac{w_0^{d^2}}{2} \right] \pi_i p_{ij} f_{ij}^1$$

onde: $\pi_i = \dfrac{(1-C_{ii})}{\sum_{j=0}^{K-1} (1-C_{jj})}$

C_{ii} sendo o co-fator do (i, i) elemento da matriz de probabilidade de transição P; e

$$f_{i0}^1 = \frac{\varphi(0)+1}{\varphi(i)}$$

$$f_{ij}^1 = \frac{\varphi(j)+1}{\varphi(i)} \exp\left[\alpha_j^d + w_0^d w_j^d + \frac{w_j^{d^2}}{2} \right]$$

$$E[R_e^2] = \sum_{i=0}^{K-1}\sum_{j=0}^{K-1} \exp[(2\alpha_0^d + w_0^{d^2})]\pi_i p_{ij}(f_{ij}^2)^2$$

$$f_{i0}^2 = \frac{\varphi(0)+1}{\varphi(i)}$$

$$f_{ij}^2 = \frac{\varphi(j)+1}{\varphi(i)} \exp[\alpha_j^d + 2w_0^d w_j^d + w_j^{d^2}]$$

O primeiro e o segundo momentos do ativo sem risco são dados por:

$$E[R_f] = \sum_{i=0}^{K-1} \pi_i \frac{1}{P_f(i)}$$

$$E[R_f^2] = \sum_{i=0}^{K-1} \pi_i \frac{1}{P_f(i)^2}$$

A covariância do retorno das ações e do ativo sem risco é dada por:

$$E[R_e R_f] = \sum_{i=0}^{K-1}\sum_{j=0}^{K-1} \exp\left[\alpha_0^d + \frac{w_0^{d^2}}{2}\right]\pi_i p_{ij} f_{ij}^{ef}$$

com:

$$f_{i0}^{ef} = \frac{\varphi(0)+1}{\varphi(i)} \frac{1}{P_f(i)}$$

$$f_{ij}^{ef} = \frac{\varphi(j)+1}{\varphi(i)} \frac{1}{P_f(i)} \exp\left[\alpha_j^d + w_0^d w_j^d + \frac{w_j^{d^2}}{2}\right]$$

Todos os momentos aqui calculados podem ser derivados das fórmulas acima.

CAPÍTULO 6

Testando o CCAPM através das fronteiras de volatilidade e da equação de Euler

Alexandre Soriano

Introdução

Este capítulo aborda um modelo dinâmico que relaciona dados de consumo agregados com dados de retornos de ativos financeiros. De modo geral, até o início dos anos 1980, não se utilizavam dados sobre retornos de ativos financeiros em modelos macroeconômicos, assim como se evitavam dados agregados nas pesquisas sobre retornos de ativos financeiros.

Os modelos aqui estudados são comumente denominados modelos CCAPM (*consumption capital asset pricing model*). Ao contrário do CAPM — modelo estático no qual se supõe que o agente "consome" toda sua dotação no período seguinte ao investimento nos ativos —, este modelo molda os preços dos ativos financeiros de acordo com o padrão de consumo do agente ao longo do tempo.

Foi na década de 1980 que começaram a surgir estudos englobando ambos os conjuntos de dados. E, junto com esses estudos, resultados inesperados apareceram. Mehra e Prescott (1985), utilizando uma versão discreta e calibrada do modelo de Lucas (1978) e dados anuais norte-americanos dos últimos 100 anos, concluíram que apenas um coeficiente de aversão ao risco "exageradamente" alto poderia explicar o elevado prêmio de risco oferecido pelo mercado acionário norte-americano. Em outras palavras, as ações não se mostram arriscadas o suficiente para justificar uma diferença de retornos tão grande em relação aos títulos do Tesouro americano, títulos com risco muito baixo. Essa conclusão se mostrou bastante robusta, passando a ser denominada de *equity premium puzzle* (paradoxo do prêmio das ações).

Philippe Weil (1989), utilizando os mesmos dados, enfatizou outro *puzzle*. De acordo com os modelos tradicionais de preferências individuais, como o empregado neste trabalho, quando um indivíduo deseja que seu consumo seja suave ao longo dos possíveis estados (ou seja, quando ele é avesso ao risco), ele também deseja que seu consumo seja suave ao longo do tempo (não gosta de crescimento do consumo). Como o elevado prêmio das ações sobre os títulos do Tesouro exige uma alta aversão ao risco, modelos tradicionais implicariam um desejo de baixo crescimento do consumo. Contudo, apesar das taxas dos títulos não-arriscados serem bastante baixas, os norte-americanos poupam o suficiente para que o crescimento do consumo seja bastante elevado. Apenas uma taxa de desconto temporal negativa poderia justificar esse comportamento. A esse fato Weil se referiu como *risk-free rate puzzle* (paradoxo da taxa de retorno sem risco).

Em diversos outros estudos foram encontrados resultados semelhantes — um elevado coeficiente de aversão ao risco e/ou um alto fator de desconto temporal. Pesquisas foram então realizadas para encontrar respostas satisfatórias para esses *puzzles*. Nelas foram empregadas outras formas funcionais para função de utilidade, restrições de liquidez, mercados incompletos, entre outras alternativas.

Aqui procuramos ajustar um modelo tradicional de agente representativo aos dados brasileiros. Utilizando o conceito de fator estocástico de desconto, equivalente neste trabalho à taxa marginal de substituição intertemporal, construímos fronteiras de mínima volatilidade baseadas em Hansen e Jagannathan (1991). Com essas fronteiras e uma função de utilidade de potência separável no tempo, é possível encontrar valores mínimos para o coeficiente de aversão relativa ao risco, de modo a se aceitar a compatibilidade do candidato à taxa marginal de substituição com as fronteiras de mínima volatilidade. Estimamos, ainda, através do método generalizado dos momentos (MGM), o coeficiente de aversão relativa ao risco e o fator de desconto temporal no caso brasileiro. Por fim, procedemos a uma análise crítica dos resultados encontrados.

Modelo e conceitos

Em primeiro lugar, é necessário fazer certas suposições a respeito do ambiente econômico estudado. Adota-se o paradigma do mercado sem fricção. Assume-se a inexistência de custos de transação e restrições de crédito. Embora não seja realista, esse paradigma possibilita que o problema tenha tratamento matemático simples e fornece um *benchmark* conveniente, permitindo a comparação com resultados obtidos em pesquisas nos Estados Unidos. No final do trabalho, apresenta-se uma breve discussão a respeito dessa hipótese.

Um conceito fundamental para este capítulo é o fator estocástico de desconto ou *kernel*. Um fator estocástico de desconto é qualquer variável aleatória M que represente corretamente os preços dos *payoffs* através da fórmula:

$$q_t = E[P_{t+1} \,.\, M_{t+1}] \qquad (1)$$

onde q_t é o preço em t do *payoff* P_{t+1}, realizado no período seguinte.

O nome advém do fato de M descontar *payoffs* de maneira diferente em diferentes estados. Através da simples decomposição de covariâncias: $\text{cov}(M, P) = E[M \,.\, P] - E[M]E[P]$, (1) mostra-se equivalente a:

$$q_t = E[M_{t+1}]\, E[P_{t+1}] + \text{cov}(M_{t+1}, P_{t+1}), \qquad (2)$$

onde o primeiro termo da direita utiliza $E[M]$ para descontar os *payoffs* médios e o segundo para ajustar os riscos dos *payoffs*.

Outra restrição pode ser imposta ao fator estocástico de desconto: ele deve ser positivo. A restrição de positividade é suficiente para garantir a ausência de oportunidades de arbitragem. Ela garante preços positivos para *payoffs* não-negativos que são estritamente positivos com probabilidade maior que zero.

Para a geração do candidato a *kernel*, emprega-se um modelo de escolha intertemporal de um agente representativo que pode negociar livremente um ativo i e que maximiza a utilidade esperada descontada de uma função utilidade separável no tempo:

$$Max\; E_t\left[\sum_{j=0}^{\infty} \beta^j U(C_{t+j})\right]$$

sujeito a

$$A_{i,\,j+1} = (R_{i,\,j+1}) \,.\, (A_{i,\,j} + Y_j - C_j)$$

onde β é o fator de desconto temporal, $U(C_{t+j})$ é a utilidade do consumo em $t + j$, $A_{i,j}$ é a quantidade do ativo i (ou de um portfólio qualquer) que o agente possui em j, $R_{i,j+1}$ é o retorno bruto $(1 + R_{líquido})$ que o ativo i (ou que os ativos do portfólio) proporcionam a quem aplicar em j, Y é a renda e C é o consumo.

A condição de primeira ordem ou equação de Euler que descreve o comportamento ótimo do investidor é dada por:

$$U'(C_t) = \beta \,.\, E_t[(R_{i,t+1}) \,.\, U'(C_{t+1})]$$

Dividindo ambos os lados por $U'(C_t)$, chegamos a:

$$1 = E_t[(R_{i,t+1}) \,.\, M_{t+1}]$$

onde $M_{t+1} = \beta \,.\, U'(C_{t+1})/\, U'(C_t)$. M_{t+1} é o nosso candidato a fator estocástico de desconto ou *kernel*. Nos modelos comumente estimados, assim como no presente modelo, o *kernel* é equivalente à razão das utilidades marginais descontada $\beta \,.\, U'(C_{t+1})/\, U'(C_t)$, conhecida como taxa marginal de substituição intertemporal (TMSI). A partir de agora, os termos fator estocástico de desconto, *kernel* e taxa marginal de substituição intertemporal serão utilizados com o mesmo significado. O fato de as utilidades marginais serem sempre assumidas como positivas (não-saciedade) é coerente com a restrição de que o fator estocástico de desconto também deve ser positivo.

Como foi dito, qualquer modelo de retornos esperados de ativos pode ser visto como um modelo do fator estocástico de desconto. Hansen e Jagannathan (1991) desenvolveram uma fronteira de volatilidade mínima do fator estocástico de desconto. Começaram com a equação vetorial:

$$\boldsymbol{\iota} = E_t[(\mathbf{R}_{t+1}) \,.\, M_{t+1}]$$

e, aplicando a lei das expectativas iteradas, chegaram a:

$$\boldsymbol{\iota} = E[(\mathbf{R}_t) \,.\, M_t]$$

onde $\boldsymbol{\iota}$ é um vetor de 1's de dimensão N, e $\mathbf{R}_t$ é um vetor dos retornos em t de N ativos. Assumiram que $\mathbf{R}_t$ tem uma matriz de variância-covariância $\boldsymbol{\Omega}$ não-singular, ou seja, nenhum ativo ou combinação de ativos é incondicionalmente sem risco. Se houver um ativo incondicionalmente sem risco, assume-se que ele não é conhecido *a priori*. Assim, eles tratam a média incondicional do fator estocástico de desconto como um parâmetro desconhecido $E[M]$. Para cada $E[M]$ possível, Hansen e Jagannathan formam um candidato a fator estocástico de desconto $M_t^*(E[M])$ como uma combinação linear dos retornos dos ativos. Eles mostram que a variância de $M_t^*(E[M])$ representa um limite inferior para as variâncias de qualquer fator estocástico de desconto com média $E[M]$.

O candidato a *kernel* de mínima variância dado por Hansen e Jagannathan é:

$$M_t^*(E[M]) = E[M] + (\mathbf{R}_t - E[\mathbf{R}_t])' \,.\, \boldsymbol{\beta}_M$$

onde

$$\boldsymbol{\beta}_M = \boldsymbol{\Omega}^{-1} \,.\, (\boldsymbol{\iota} - E[M] \,.\, E[\mathbf{R}_t])$$

A variância desse fator estocástico de desconto é dada então por:

$$\begin{aligned} \mathrm{Var}[M_t^*(E[M])] &= \beta_M' \,.\, \Omega \,.\, \beta_M \\ &= (\boldsymbol{\iota} - E[M].E[\mathbf{R}_t])' \,.\, \Omega^{-1}.(\boldsymbol{\iota} - E[M].E[\mathbf{R}_t]) \qquad (3) \end{aligned}$$

O lado direito da equação acima é um limite inferior para a volatilidade de qualquer fator estocástico de desconto com média $E[M]$.[1]

Pode-se fazer uma análise semelhante através da utilização do excesso dos retornos de ativos i sobre um ativo de referência k, o qual pode ser tanto arriscado quanto sem risco. A equação $\iota = E[(\mathbf{R}_t).M_t]$ torna-se:

$$0 = E[\mathbf{Z}_t \,.\, M_t] \tag{4}$$

onde $\mathbf{Z}_t$ é o vetor de excesso de retornos, no qual o elemento i é dado por $Z_{it} = R_{it} - R_{kt}$.

Procedendo como anteriormente, tem-se:

$$M_t^*(E[M]) = E[M] + (\mathbf{Z}_t - E[\mathbf{Z}_t])' \,.\, \beta^*_M$$

$$\beta^*_M = \Omega^{*-1}.(-E[M].\,E[\mathbf{Z}_t])$$

$$\mathrm{Var}[M_t^*(E[M])] = E[M]^2 \,.\, E[\mathbf{Z}_t]' .\, \Omega^{*-1} \,.\, E[\mathbf{Z}_t] \tag{5}$$

onde Ω^* é a matriz variância-covariância dos excessos de retorno.

Se for utilizado apenas um excesso de retorno, a equação (5) acima simplifica-se:

$$\mathrm{Var}[M_t^*(E[M])] = E[M]^2 \,.\, E[Z_t]^2 / \mathrm{Var}\,[Z_t]$$

ou

$$\frac{\sigma[M_t^*(E[M])]}{E[M]} = \frac{E[Z_t]}{\sigma[Z_t]} \tag{6}$$

Essas fronteiras que acabaram de ser calculadas não levam em conta, contudo, o fato de que M_t deve ser positivo. Neste capítulo, trabalha-se com uma condição mais fraca: o *kernel* deve ser não-negativo. Emprega-se essa condição mais fraca por motivos de implementação operacional. Hansen e Jagannathan mostram que o problema pode ser reformulado: trata-se de achar os coeficientes α que definem a variável aleatória:

$$M_t^{*+} = ((\mathbf{R}_t)' \,.\alpha)^+, \tag{7}$$

onde $X^+ = \max(X,0)$ é a parte não-negativa de X, sujeita à restrição:

$$E[(\mathbf{R}_t).M_t^{*+}] = E[(\mathbf{R}_t) \,.\, ((\mathbf{R}_t)'.\,\alpha)^+] = \iota \tag{8}$$

---

[1] Seja $M_t(E[M])$ outro candidato qualquer a fator estocástico de desconto. Como $M_t^*(E[M])$ é uma combinação linear de retornos de ativos, temos que $\mathrm{Cov}[M_t^*(E[M]), M_t(E[M]) - M_t^*(E[M])] = 0$. Então: $\mathrm{Var}[M_t(E[M])] = Var[M_t^*(E[M])] + \mathrm{Var}[M_t(E[M]) - M_t^*(E[M])] + 2\mathrm{Cov}[M_t^*(E[M]), M_t(E[M]) - M_t^*(E[M])] = \mathrm{Var}[M_t^*(E[M])] + \mathrm{Var}[M_t(E[M]) - M_t^*(E[M])] \geq \mathrm{Var}[M_t^*(E[M])]$.

A variável M_t^{*+} é o *kernel* de variância mínima quando se impõe a restrição de não-negatividade.[2]

Como já foi dito, não se tem um ativo incondicionalmente sem risco. Mais uma vez, contudo, pode-se supor um ativo com essa característica, atribuindo-lhe determinado retorno ou, por outra ótica, atribuindo-se um valor para a média do *kernel*. Para montar a fronteira não-negativa, atribuem-se diferentes valores para a média do *kernel* e soluciona-se a equação (8). Assim, para cada $E[M]$ encontra-se um vetor $\boldsymbol{\alpha}$ e estima-se o segundo momento de um ponto da fronteira.

Outra fronteira montada por Cochrane e Hansen (1992) é a do valor mínimo para o segundo momento não-centrado do fator estocástico de desconto, dado por:

$$E[M^2] \geq (E[M]\boldsymbol{\iota}').\mathbf{M}_r^{-1}.(E[M]\boldsymbol{\iota}')' \qquad (9)$$

onde $\mathbf{M}_r^{-1} = (E[\mathbf{R}^*.\mathbf{R}^{*\prime}])^{-1}$, sendo $\mathbf{R}^*$ o vetor dado por $(1\ \mathbf{R}')'$. Essa fronteira é equivalente à fronteira de mínima variância. A única diferença é que agora utilizamos o segundo momento não-centrado do fator estocástico de desconto.

Dados

Os dados para os retornos do Ibovespa foram obtidos na *Economática* (1986 a 1998) e complementados com dados pedidos diretamente à Bovespa (1980 a 1985). Foram coletadas as cotações nominais diárias do índice. Calculou-se a média aritmética dessas cotações para cada mês. Dessa maneira, os dados do Ibovespa tornam-se compatíveis com o índice de inflação utilizado, o IGP-DI. A taxa de inflação do IGP-DI é calculada através da média dos preços em um mês contra a média dos preços no mês anterior. Criou-se então um índice para o IGP-DI — acumulando-se, mês a mês, a inflação medida — que foi utilizado para deflacionar as cotações do Ibovespa. Obteve-se assim um índice mensal real para o Ibovespa. Para encontrar o retorno real trimestral, calculou-se a média do índice real para cada trimestre. O retorno foi obtido através da razão da média de um trimestre com a média do trimestre anterior.

O objetivo é obter um índice médio de rendimento para o Ibovespa que seja compatível com os índices de inflação. Outra vantagem de se calcular esse índice médio é que ele é mais compatível com os dados de consumo, uma vez que o consumo medido ocorre ao longo de cada três meses.

O outro ativo empregado foram as Letras do Banco Central remuneradas pela taxa Selic. Esta foi obtida na *Economática*, sendo também deflacionada pelo IGP-DI. O retorno médio real trimestral do Selic foi calculado de modo semelhante ao do Ibovespa.

---

[2] Seja M_t um outro candidato a fator estocástico de desconto, que satisfaz a restrição de não-negatividade. Então: $E[M_t\,.\,M_t^*] = E[M_t.((\mathbf{R}_t)'.\,\boldsymbol{\alpha})^+] \geq \alpha' E[(\mathbf{R}_t)\,.\,M_t] = \boldsymbol{\alpha}'\,.\,E[(\mathbf{R}_t)\,.\,M_t^{*+}] = E[(M_t^{*+})^2]$. Como a correlação entre as variáveis não pode ser maior que um, temos que: $E[M_t\,.\,M_t^*] \geq E[(M_t^{*+})^2] \Rightarrow E[M_t^2] \geq E[(M_t^{*+})^2]$.

Deveriam ter sido empregados dados do consumo trimestral de bens não-duráveis e serviços. Esses dados, contudo, não estão disponíveis no Brasil. Foram então utilizados a produção e o saldo do comércio exterior como *proxy* para o consumo de bens não-duráveis e semiduráveis. Esses dados foram obtidos no IBGE, através da Pesquisa Industrial Mensal (PIM) e da Funcex. Observando-se a série de produção de não-duráveis e semiduráveis da PIM, nota-se que a produção sofre uma forte queda de novembro para dezembro, indicando que os produtos consumidos em dezembro são produzidos até novembro. Então, a série foi deslocada em um mês para se tornar compatível com a periodicidade do consumo. Os dados de importação foram somados à série, enquanto os dados de exportação foram subtraídos. Como a série utilizada deve excluir os bens de consumo duráveis, não foi possível encontrar outras *proxies* no Brasil para o consumo dos bens. Distorções relacionadas à questão dos estoques são minimizadas pelo fato de terem sido utilizados dados trimestrais (a série trimestral foi construída através da soma da produção de três meses consecutivos).

Para o consumo de serviços foram utilizados os dados trimestrais do PIB. Esses dados também foram fornecidos pelo IBGE.

A série de consumo final foi formada a partir da soma ponderada das séries anteriores. Os pesos se basearam na estrutura de valor adicionado das Contas Nacionais consolidadas e na pesquisa de orçamentos familiares feita pelo IBGE: 35% de peso para os não-duráveis e semiduráveis, e 65% para os serviços. Os resultados, contudo, não mudam significativamente dentro de uma faixa para as ponderações. Em outras palavras, os resultados obtidos com uma composição de 75% de serviços e 25% de não-duráveis são aproximadamente compatíveis com os resultados obtidos com uma composição de 50% de serviços e 50% de não-duráveis. Como o dado que nos interessa é o consumo *per capita*, dividiu-se a série de consumo agregado pela população total do país. A série para a população foi fornecida pelo IBGE com dados anuais. Assim, os dados trimestrais de população foram obtidos através da interpolação da série anterior, compondo-se geometricamente a taxa de crescimento populacional de cada ano. Para os anos de 1997 e 1998, assumiu-se uma taxa de crescimento populacional de 1,28% e 1,24% ao ano, respectivamente.

São apresentados, a seguir, os gráficos e as estatísticas básicas referentes às séries de retornos dos ativos e do crescimento do consumo dessazonalizado. A média, a mediana, o máximo e o mínimo são dados em termos percentuais.

TABELA 1
Matriz de variância-covariância

	Ibovespa	Selic	Cresc. Cons.
Ibovespa	0,0835	0,0041	0,0007
Selic	0,0041	0,0032	0,0003
Cresc. Cons.	0,0007	0,0003	0,0005

TABELA 2
Características gerais

	Ibovespa	Selic	Cresc. Cons.
Média(%)	6,5	1,8	0,4
Mediana(%)	7,6	2,5	0,4
Máximo(%)	80,3	16,1	5,2
Mínimo(%)	-50,3	-11,6	-6,5
Desv.-pad.	29,1	5,7	2,2
Skewness	0,421	-1,164	-0,272
Curtose	3,183	6,933	3,417
Jarque-Bera	2,264	65,533	1,431
Probab.	0,322	0,000	0,489
Nº observ.	73	73	73

Figura 1
Retornos trimestrais do Ibovespa deflacionado pelo IGP-DI

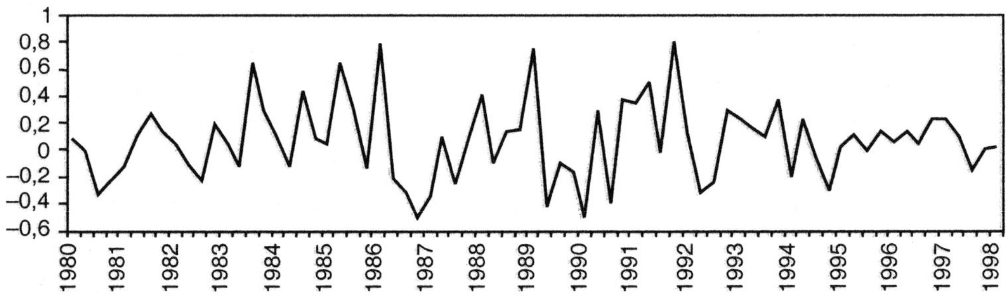

Figura 2
Retornos trimestrais da taxa Selic deflacionada pelo IGP-DI

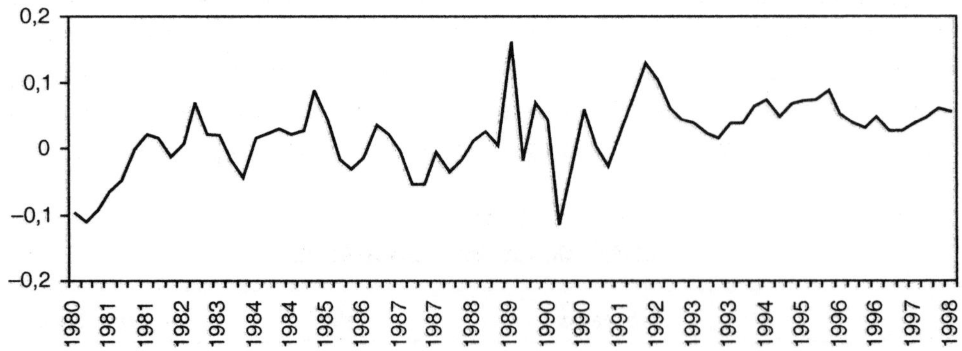

Figura 3
Crescimento trimestral do consumo dessazonalizado

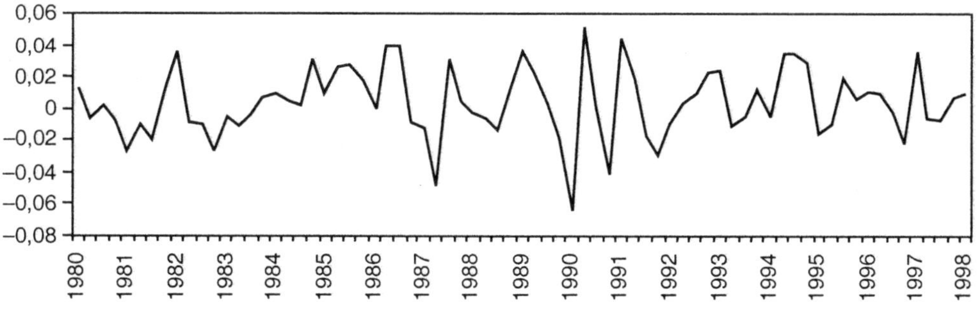

O período de referência deste estudo — início de 1980 até início de 1998 — foi marcado por significativas mudanças na economia brasileira. Os anos 1980 apresentaram significativa elevação das taxas de inflação, com taxas de juros reais diversas vezes negativas. A economia entrou num período de queda de crescimento, mantendo-se bastante fechada. No começo dos anos 1990, teve início um processo de abertura. Barreiras comerciais foram relaxadas e houve grande aumento do fluxo de capital estrangeiro. Mais recentemente, a partir do segundo semestre de 1994, houve uma brusca queda nas taxas de inflação e uma elevação das taxas de juros reais. Apesar de todas essas mudanças, o modelo deve continuar sendo válido, pois a função de utilidade empregada, o coeficiente de aversão ao risco e o fator de desconto temporal continuam sendo válidos. Tomou-se, contudo, o cuidado de empregar métodos econométricos robustos ante a heterocedasticidade.

Na maior parte deste trabalho empregou-se uma série de consumo dessazonalizada. O modelo estudado envolve a relação entre o crescimento do consumo e os retornos dos ativos. Efeitos sazonais nada têm a ver com essa relação. Representam uma fonte de ruído que pode tornar as estimações muito imprecisas. Existe certa discussão a respeito de qual série deveria ser empregada: a original ou a dessazonalizada. Ferson e Harvey(1992) fazem comparações dos resultados obtidos com ambas as séries em diferentes modelos. De modo geral, concluem que a sazonalidade deve ser controlada para a obtenção de resultados mais confiáveis. Para o modelo específico aqui estudado, não encontraram razões que justificassem a utilização de dados sazonais. Além disso, a maioria das pesquisas realizadas sobre o tema emprega dados dessazonalizados. Assim, os resultados aqui apresentados foram obtidos com a série de consumo dessazonalizada através do X-11. No final do trabalho, contudo, há uma seção sobre estimações feitas empregando-se a série original de consumo.

Testes das fronteiras

Anteriormente foram apresentadas as fronteiras de mínima volatilidade. Tais fronteiras são um útil instrumento para a avaliação de candidatos a fator estocástico de desconto. Permitem a realização de um simples teste visual. Dado um candidato a *kernel*, estimamos sua média e sua volatilidade, e vemos se ele está acima ou não da fronteira. Embora este seja um instrumento simples e importante, um teste formal pode fornecer resultados mais confiáveis.

A idéia é realizar uma avaliação estatística das restrições impostas pela fronteira de mínima volatilidade através de testes que informam se a distância entre duas variáveis aleatórias pode ser considerada nula. A seguir são apresentados quatro testes, baseados na medida da distância do candidato a *kernel* à fronteira. Os testes apresentam como hipótese nula a igualdade entre um ponto da fronteira e o candidato a fator estocástico de desconto. Não sendo possível rejeitar essa hipótese, o candidato não é rejeitado.

T1 – Teste da distância vertical à fronteira, baseado no desvio-padrão

Como exposto anteriormente, sob a restrição $\iota = E[(\mathbf{R}_t).M_t]$, o *kernel* tem que apresentar o seguinte limite em seu desvio-padrão:

$$\sigma_m \geq ((\iota - E[M].E[\mathbf{R}_t])' . \Omega^{-1} . (\iota - E[M].E[\mathbf{R}_t]))^{1/2}.$$

De posse dos dados dos retornos, é possível estimar essa fronteira, que depende do valor desconhecido de $E[M]$. Dada a estacionariedade da série de retornos, estimam-se, através da média amostral, $E[R]$ e Ω:

$$R_m = \frac{1}{T}\sum_{t=1}^{T} R_t$$

$$S_r = \frac{1}{T}\sum_{t=1}^{T}(R_t - R_m)(R_t - R_m)'$$

A estimativa da fronteira de mínima volatilidade é dada então por:

$$((\iota - E[M] . (\mathbf{R}_m))' . S_r^{-1} . (\iota - E[M] . (\mathbf{R}_m)))^{1/2}.$$

É preciso agora estimar os dois primeiros momentos do candidato a TMSI. Através dos dados do crescimento do consumo, calcula-se:

$$M_m = \frac{1}{T}\sum_{t=1}^{T} M_t$$

$$s_m = \left[\frac{1}{T} \sum_{t=1}^{T} (M_t - M_m)^2 \right]^{1/2}$$

O próximo passo é criar a variável d, que pode ser entendida como a distância vertical do candidato a *kernel* à fronteira de mínima volatilidade, ou seja, a distância do ponto A (candidato a *kernel*) ao ponto B (fronteira) na figura 4.

$$d = \sigma_m - ((\iota - E[M].E[R_t])'.\ \Omega^{-1}.(\iota - E[M].E[R_t]))^{1/2}$$

Figura 4
Distância vertical do candidato a *kernel* à fronteira

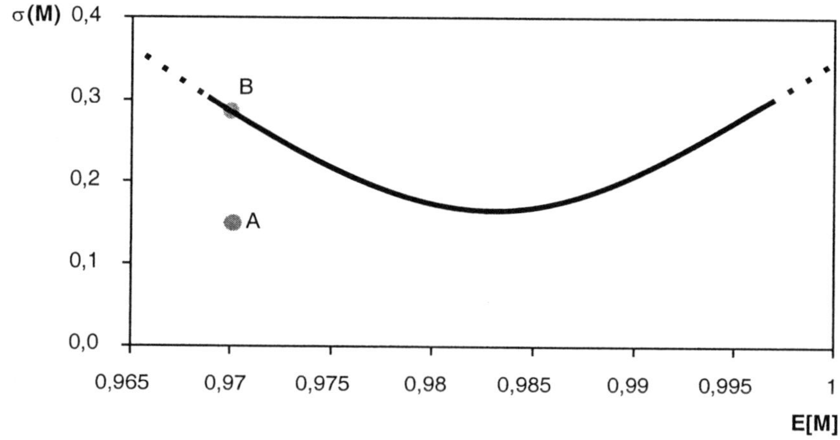

Qualquer *kernel* válido deve apresentar um valor não-negativo para a variável d. É necessário, então, determinar o sinal de d_a, a distância vertical amostral, para verificar se o par (M_m, s_m) se encontra ou não abaixo da fronteira:

$$d_a = s_m - ((\iota - M_m.(R_m))'.\ S_r^{-1}.(\iota - M_m.(R_m)))^{1/2}$$

d_a tem uma distribuição assintoticamente normal (Hansen, 1982; Burnside, 1994). Com a estimação do desvio-padrão assintótico de $T^{1/2}(d_a - d)$, chamado de σ_d, define-se a estatística $T1$:

$$T1 = \sqrt{T}\,\frac{d_a}{\sigma_d}$$

A estatística $T1$ é "conservadora" no sentido de que, na hipótese nula Ho: $d = 0$, $T1$ é assintoticamente normal, mas $T1 \rightarrow \infty$ se $d > 0$. O candidato a TMSI é rejeitado se seus valores (M_m, s_m) estiverem significativamente abaixo da fronteira, ou seja, se $T1$ for significativamente diferente de zero.

Esses momentos, sob determinadas condições de regularidade, podem ser estimados através do método generalizado dos momentos. Por esse método realizam-se, simultaneamente, as seguintes estimações:

$$E[M_t - M_m] = 0$$

$$E[(M_t - M_m)^2 - S_m] = 0$$

$$E[R_{it} - R_{mi}] = 0 \qquad i = 1,...,N$$

$$E[(R_{it} - R_{mi}) \,.\, (R_{jt} - R_{mj}) - S_{rij}] = 0 \qquad i = 1, ..., N, \;\; j = 1, ..., i$$

$$E[d_a - ((S_m)^{1/2} - (\iota - M_m.(\mathbf{R}_m))'.\, \mathbf{S_r}^{-1}.(\iota - M_m.(\mathbf{R}_m)))^{1/2}] = 0$$

onde R_{mi} representa cada elemento i do vetor $\mathbf{R}_m$ da média amostral dos retornos dos ativos, e S_{rij} representa cada elemento ij da matriz de variância-covariância $\mathbf{S_r}$ dos retornos. Os parâmetros a serem estimados acima são M_m, S_m, R_{mi}, S_{rij} e d_a.

Para obter o desvio-padrão assintótico, pode-se utilizar o método desenvolvido por Newey e West (1987).

T2 – Teste da distância vertical à fronteira, de mínimo segundo momento não-centrado (teste de Cochrane e Hansen)

Como já foi dito, Cochrane e Hansen (1992) utilizaram uma fronteira de mínima volatilidade baseada no segundo momento (não-centrado) dos retornos:

$$E[M^2] \geq (E[M].\, \iota').M_r^{-1}\,.\, (E[M].\, \iota')'$$

onde $\mathbf{M}_r^{-1} = (E[\mathbf{R}^*.\, \mathbf{R}^{*}{}'])^{-1}$, sendo $\mathbf{R}^*$ o vetor dado por $(1\ \mathbf{R}')'$.

O teste é baseado na construção da variável h, análoga à distância vertical d do teste anterior:

$$h = E[M^2] - (E[M]\,.\iota').\mathbf{M}_r^{-1}\,.\, (E[M].\iota')' \geq 0$$

O valor de h deve ser positivo para qualquer TMSI. Para testar se determinado candidato a *kernel* se encontra ou não acima da fronteira, calcula-se o valor amostral de h:

$$h_a = V_m - (M_m\,.\, \iota').\mathbf{M}_{rm}^{-1}\,.\, (M_m\,.\iota')'$$

onde

$$V_m = \frac{1}{T}\sum_{t=1}^{T}(M_t)^2$$

e

$$M_{rm} = \frac{1}{T}\sum_{t=1}^{T} R_t^* R_t^{*\prime}$$

A estatística de teste é dada por:

$$T2 = \sqrt{T}\,\frac{h_a}{\sigma_h}$$

onde σ_h é o desvio-padrão assintótico de $T^{1/2}$. $(h_a - h)$.

Na hipótese nula Ho: $h = 0$, $T2$ é distribuído assintoticamente como uma variável normal padrão. Como anteriormente, tem-se um teste "conservador", uma vez que $T2 \rightarrow \infty$ quando $h > 0$.

O MGM pode ser utilizado para estimar a distância h, que é obtida através da estimação exatamente identificada:

$$E\left[\begin{pmatrix} M_t \\ \iota \end{pmatrix} - R_t^* R_t^{*\prime} \alpha\right] = 0$$

$$E\,[M_t^2 - (M_t\ \iota')\alpha - h] = 0$$

Pode-se novamente empregar o método de Newey e West para a estimação da matriz de variância-covariância dos parâmetros.

T3 – Teste da distância "ótima"

Os testes anteriores mediam a distância entre o desvio-padrão (ou segundo momento) do candidato a *kernel* e a fronteira, dada uma média comum qualquer. Ou seja, mediam a distância vertical. O teste apresentado a seguir procura medir a distância "ótima" entre o candidato a *kernel* e a fronteira. A diferença entre os testes é representada na figura 5. O teste anterior media a distância entre o ponto A e o ponto B, enquanto este mede a distância entre os pontos A e C.

Num primeiro passo, deve-se estimar a matriz M_r dos segundos momentos não-centrados dos retornos. Para isto, procede-se como no teste $T2$.

Figura 5
Distância vertical e distância ótima

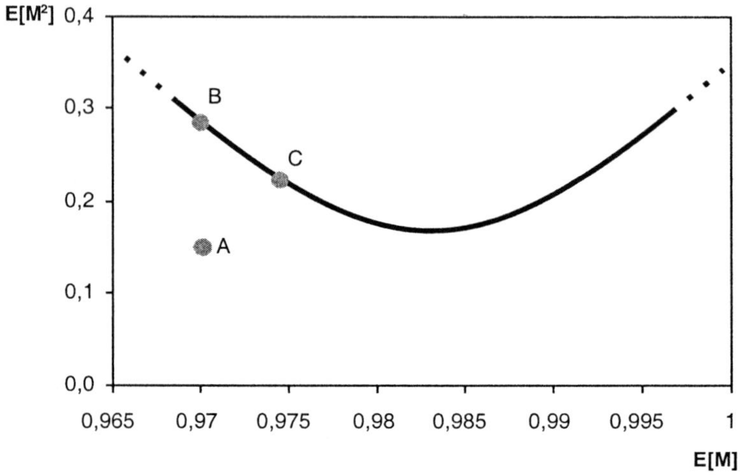

A estatística de teste é construída pela escolha de ν que satisfaz as seguintes condições de momentos:

$$E\lfloor M_t - \nu \rfloor = 0$$

$$E[M_t^2 - (\nu \quad \iota).\mathbf{M}_{rm}^{-1}.(\nu \quad \iota')'] = 0$$

Para solucionar o sistema anterior, emprega-se o MGM. Assim, ν é escolhido de forma a minimizar:

$$J_T(\nu) = \left(M_m - \nu \quad V_m - (\nu \ \iota') \, . \, \mathbf{M}_r^{-1} . \, (\nu \ \iota')'\right) . \ W_T \, . \left(M_m - \nu \quad V_m - (\nu \ \iota'). \, \mathbf{M}_r^{-1} . (\nu \ \iota')'\right)'$$

Os pesos de cada restrição são dados pela matriz W_T de acordo com a variância de cada uma delas. Quanto maior a variância, menor o peso. Assim, na medida da distância à fronteira têm importância tanto a média do candidato a *kernel* (distância horizontal) quanto seu segundo momento (distância vertical).

Esse teste somente será realizado se a estimativa da distância h_a do teste $T2$ anterior for negativa. Dessa forma, a estatística de teste $T3$ é dada por:

$$T3 = 0 \qquad \text{se } h_a \geq 0$$

$$T3 = T \, . \, J_T(\nu) \qquad \text{se } h_a < 0$$

Na hipótese nula, de que o candidato a *kernel* se encontra exatamente na fronteira, $T3$ é distribuída assintoticamente como uma $\chi^2(1)$ com probabilidade ½, uma vez que nos limitamos ao caso em que a estimativa h_a do teste $T2$ é negativa.

T4 – Teste da distância vertical à fronteira, com restrição de não-negatividade

Esse teste explora a restrição de não-negatividade que o fator de desconto estocástico deve possuir. Como já foi explicado, a fronteira não-negativa do segundo momento é dada por:

$$E[M^2] \geq E[(((\mathbf{R}_t^*)'.\alpha)^+)^2]$$

A distância vertical do candidato a *kernel* à fronteira não-negativa é dada por:

$$h^+ = E[M^2] - E[(((\mathbf{R}_t^*)'.\alpha)^+)^2]$$

onde α é estimado de modo a fazer com que o ponto da fronteira tenha a mesma média que o candidato a *kernel*. Essa distância pode ser estimada como:

$$h_a^+ = V_m - \frac{1}{T}\sum_{t=1}^{T}[(R_t^{*\prime}\alpha_a)^+]^2$$

A estatística do teste $T4$ é dada então por:

$$T4 = \sqrt{T}\,\frac{h_a^+}{\sigma_h}$$

onde σ_h é o desvio-padrão assintótico de h_a^+.

Na hipótese nula Ho: $h^+ = 0$, $T4$ possui distribuição assintótica normal padrão, como mostram Hansen e Heaton (1992). Novamente, o teste é conservador quanto à consistência de um candidato a *kernel* com a fronteira não-negativa. Esse teste pode ser implementado via MGM através das restrições de momentos:

$$E\lfloor(M_t\ \iota')' - \mathbf{R}_t^*(\mathbf{R}_t^{*\prime}\alpha)^+\rfloor = 0$$

$$E\lfloor M_t^2 - [(\mathbf{R}_t^{*\prime}\alpha)^+]^2 - h^+\rfloor = 0$$

Resultados

Fronteiras

Conforme demonstrado anteriormente, existem fronteiras de mínima volatilidade que devem ser respeitadas por qualquer candidato a fator estocástico de desconto.

A figura 6 apresenta duas fronteiras construídas a partir dos retornos trimestrais do Ibovespa e da taxa Selic. São fronteiras de mínimo desvio-padrão. A primeira fronteira (linha pontilhada) foi construída a partir da equação (3) e não impõe restrições de não-negatividade ao *kernel*. A segunda fronteira (linha contínua), baseada na equação (8), impõe a restrição de não-negatividade.

Figura 6
Fronteiras de mínima volatilidade

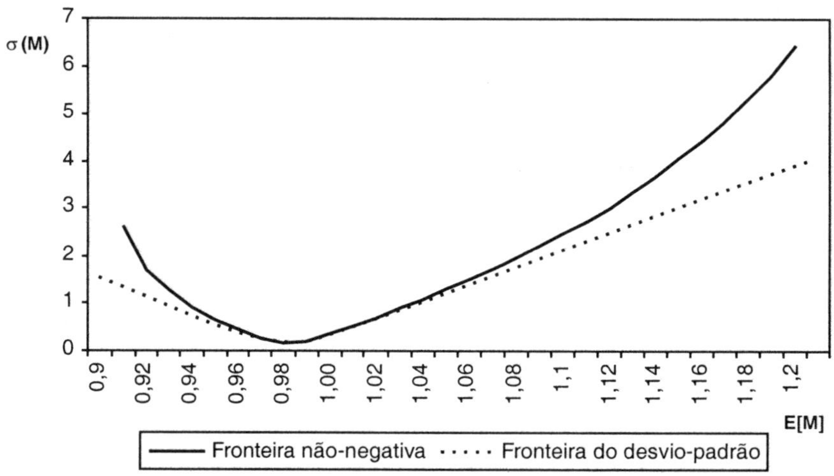

Observe-se que as fronteiras coincidem para valores de $E[M]$ para os quais a volatilidade é menor. Essas fronteiras começam a se descolar para volatilidades acima de 0,7. Tal comportamento é típico, sendo verificado nos estudos sobre fronteiras com dados norte-americanos (ver, por exemplo, Cochrane & Hansen, 1992). A explicação é simples: à medida que a volatilidade aumenta, aumenta a probabilidade de que um dos dados utilizados na construção do *kernel* de mínima volatilidade, que tem média em torno de um, possua valor negativo. Logo, a partir de certa volatilidade, começam a impor-se restrições ao *kernel* não-negativo, e quanto maior a volatilidade, maior o número de amostras que violam a restrição de não-negatividade. A imposição da restrição de não-negatividade mostra-se, portanto, um refinamento das fronteiras originais.

No gráfico ainda são observados os limites superiores e inferiores para a média do *kernel* impostos pela fronteira não-negativa. O limite inferior encontra-se em torno de 0,91 e o superior em torno de 1,20. Tais limites advêm da condição de não-arbitragem do apreçamento dos *payoffs*, impedindo que tenham preço negativo os *payoffs* não-negativos com probabilidade positiva de serem maiores do que zero.

Como dito, essas fronteiras são um método não-paramétrico de estabelecer restrições a qualquer candidato a fator estocástico de desconto. Ou seja, pode-se testar a "validade" de qualquer candidato a TMSI através dessas fronteiras. Assim, o passo seguinte é encontrar um candidato a *kernel* e proceder a esse teste.

Emprega-se o modelo de maximização intertemporal de um agente representativo apresentado anteriormente, no qual a função de utilidade de potência separável no tempo é utilizada:

$$U_t = \frac{C_t^{1-\gamma}}{1-\gamma}$$

γ é o coeficiente de aversão ao risco. Essa função, que possui aversão relativa ao risco constante, já foi amplamente empregada em estudos com dados norte-americanos, permitindo assim uma comparação direta dos resultados obtidos nesses estudos com os aqui encontrados. Dessa forma, tem-se o seguinte problema:

$$Max\, E_t\left[\sum_{j=0}^{\infty}\beta^j U(C_{t+j})\right] = Max\, E_t\left[\sum_{j=0}^{\infty}\beta^j \frac{C_{t+j}^{1-\gamma}}{1-\gamma}\right]$$

sujeito a

$$A_{i,j+1} = (R_{i,j+1}) \,.\, (A_{i,j} + Y_j - C_j)$$

Com essas especificações, o candidato a *kernel* é dado por:

$$M_{t+1} = \frac{\beta U'(C_{t+1})}{U'(C_t)} = \beta.\left(\frac{C_{t+1}}{C_t}\right)^{-\gamma}$$

Esse candidato depende da forma funcional da função de utilidade, bem como dos parâmetros γ (coeficiente de aversão ao risco) e β (fator de desconto temporal). Diferentes valores para os parâmetros são, pois, assumidos, e verifica-se se o *kernel* está ou não acima da fronteira. Na figura 7, baseada no desvio-padrão do *kernel*, assumiu-se que β = 0,99 e forneceram-se diferentes valores para o parâmetro γ — de 0 a 10 — com intervalos de 1. Visualmente, verifica-se que o *kernel* só entra na fronteira para valores de γ superiores a 8. Ou seja, se β = 0,99, exige-se um coeficiente de aversão ao risco maior que 8 para que o modelo não seja rejeitado.

Resultado semelhante será encontrado se for utilizada a fronteira com imposição de não-negatividade ($\gamma > 8$): a do segundo momento não-centrado dos retornos ($\gamma > 8$) ou a do excesso dos retornos ($\gamma > 7$).

Figura 7
Teste visual da compatibilidade do candidato a *kernel* com a fronteira

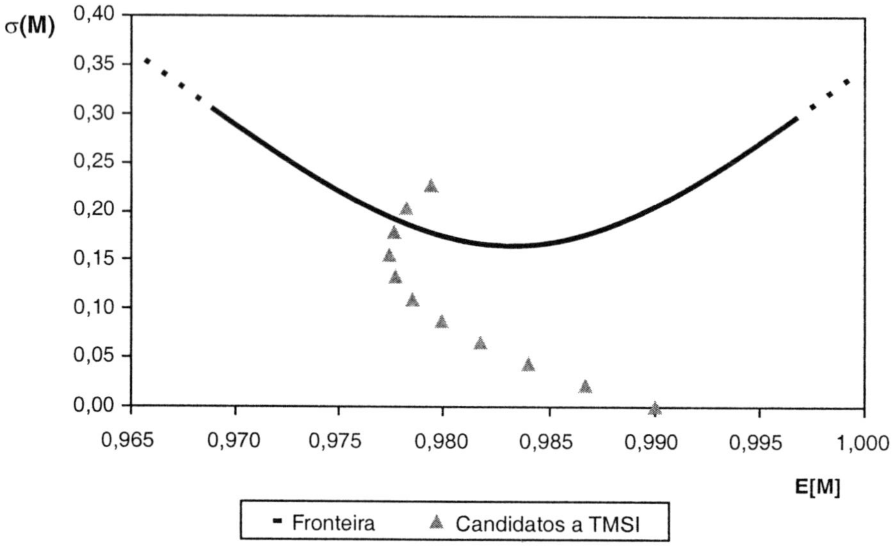

É preciso conhecer a confiabilidade desse teste "visual", dada a amostra de dados. Para tanto foram efetuados os quatro testes descritos anteriormente. A abordagem adotada foi o delineamento de intervalos de confiança para a aceitação dos parâmetros, ou seja, para que não se possa rejeitar a compatibilidade do candidato a *kernel* com a fronteira. Para diferentes valores do parâmetro de desconto temporal β, calculou-se o valor do coeficiente de aversão ao risco mínimo que seria aceito para certo nível de significância. A tabela 3 apresenta os resultados para os quatro testes utilizando níveis de significância de 1%, 5% e 10%.[3]

Nota-se grande sensibilidade dos resultados em relação aos valores adotados para o parâmetro β. Isso era esperado, uma vez que o parâmetro β desloca a média do candidato a *kernel* de maneira direta. Quanto menor o β, mais deslocado para a esquerda se encontra o candidato a *kernel*. Como se vê na figura 7, candidatos com β mais próximos de 0,99 ficam menos distantes da região de mínima volatilidade da fronteira, daí necessitarem de menor coeficiente de aversão ao risco para serem aceitos como pertencentes à mesma.

[3] Burnside (1994) investigou as propriedades desses testes para pequenas amostras nos Estados Unidos. Modelando o consumo de equilíbrio e os ativos em taxas de crescimento como um processo auto-regressivo de primeira ordem gaussiano bivariado, ele realizou simulações de Monte Carlo considerando amostras de tamanho 88 e 300. Empregando suas palavras: "A simulação de Monte Carlo fornece evidências de que se deve tomar cuidado ao avaliar modelos utilizando fronteiras de volatilidade. Embora as simulações mostrem que as propriedades de potência e tamanho dos testes são muito boas em pequenas amostras, elas também ressaltam a importância de se considerar as incertezas das amostras para evitar o que, de outra forma, seriam freqüentes erros do tipo I.

TABELA 3
Resultados dos testes das fronteiras

β = 0,95

%	T1	T2	T3	T4
10	15,5	15,5	10,1	15
5	15,2	15,2	8,6	14,5
1	14,5	14,5	6,7	13,3

β = 0,97

%	T1	T2	T3	T4
10	12	12,1	7,1	11,6
5	11,7	11,7	6,6	11,1
1	11	11	6	10,1

β = 0,99

%	T1	T2	T3	T4
10	6,9	7	6,6	6,8
5	6,6	6,7	6,3	6,4
1	6	6,1	5,9	5,7

Como também já era esperado, os resultados dos testes 1 e 2 foram bastante semelhantes. A única diferença entre eles é que um se baseia no segundo momento centrado e o outro no segundo momento não-centrado dos retornos. Utilizando-se esses testes, para um nível de significância de 5%, um γ mínimo de 15,2 é exigido quando se emprega um β de 0,95, e um γ mínimo de 6,6 é exigido quando se emprega um β de 0,99.

O teste *T*3 apresentou resultados diferentes dos obtidos pelos outros testes quando o parâmetro β assumiu os valores 0,95 e 0,97. Nesse teste, a exigência de menores valores para o parâmetro γ não causa surpresa. Enquanto os outros testes medem a distância vertical do candidato a *kernel* à fronteira, o teste *T*3 mede uma distância "ótima", ponderando não apenas a distância do segundo momento (vertical), mas também a distância da média do *kernel* (horizontal). Quando β é igual a 0,95 ou 0,97, a TMSI está bastante deslocada para a esquerda em relação ao ponto de mínima volatilidade do gráfico. Se for medida apenas a distância vertical, esta se mostrará muito grande. Se, no entanto, for levada em conta a distância "ótima" entre o candidato e a fronteira, um valor bem menor para γ é necessário. Já quando β = 0,99, o candidato a *kernel* se encontra "abaixo" da região de mínima volatilidade da fronteira. Assim, a distância ótima se aproxima da distância vertical. Por isso o teste 3 apresenta resultados parecidos com os dos demais testes para β = 0,99.

Em princípio, seria de se esperar que o teste 4 exigisse maiores valores para γ, uma vez que a fronteira não-negativa impõe maiores restrições à volatilidade mínima do fator estocástico de desconto. No entanto, esse teste também pode trazer consigo maior desvio-padrão para a medida da distância. É exatamente isso que ocorre com os dados utilizados. Embora a medida da distância h_a^+ tenha-se mostrado sempre ligeiramente superior às medidas da distância dos testes 1 e 2, seu desvio-padrão também se mostrou sempre um pouco superior. Assim, o que se observa é a aceitação de valores de γ ligeiramente inferiores aos exigidos pelos testes 1 e 2.

Estimação do coeficiente de aversão ao risco e do fator de desconto temporal

Anteriormente foram estimadas fronteiras de mínima volatilidade. Como foi explicado, essas fronteiras são um importante instrumento não-paramétrico para se testar a validade de candidatos a TMSI. Fazem exigências de mínima volatilidade, não levando em consideração a correlação verificada entre o *kernel* e os retornos.

Agora o objetivo é a estimação direta dos parâmetros γ e β a partir dos dados disponíveis. Enquanto na seção anterior procurou-se encontrar um γ mínimo, dado β, que levasse o candidato a *kernel* para a região de aceitação da fronteira, aqui os parâmetros γ e β serão estimados simultaneamente através do MGM.[4] Continua-se a utilizar a mesma função de utilidade da seção anterior. É possível, assim, proceder a uma comparação com os resultados anteriores, bem como com os resultados obtidos em diversas estimações com dados norte-americanos.

Ao se estimar os parâmetros das equações de Euler com o MGM, utilizam-se instrumentos. O estimador se baseia no fato de que os erros de previsão associados com as equações de Euler são não-correlacionados com informações disponíveis para os agentes durante o período em que planejam seu consumo e investimento. Dessa forma podem ser geradas diversas restrições de ortogonalidade, caso seja possível identificar variáveis mensuráveis que estejam no conjunto de informação dos agentes. Há, pois, certo grau de "aleatoriedade" na escolha dos instrumentos. No presente caso, candidatos naturais a instrumentos são as taxas dos retornos e do crescimento do consumo defasadas.

A seguir são apresentados conjuntos de tabelas referentes a essas estimações com instrumentos. O primeiro conjunto se refere à estimação dos parâmetros γ e β através da utilização simultânea das equações do Ibovespa e do Selic (tabelas 4A e 4B). O segundo apresenta os resultados do emprego da taxa Selic somente (tabelas 5A e 5B) e o terceiro os resultados do emprego do Ibovespa (tabelas 6A e 6B). Finalmente, o quarto conjunto apresenta os resultados da equação dos excessos dos retornos (tabelas 7A e 7B). Os instrumentos utilizados são os próprios retornos e ta-

[4] Como o MGM é justificado por propriedades de distribuição assintótica, existe certa preocupação quanto a seu desempenho em pequenas amostras. Tauchen (1986) e Kocherlakota (1990) fornecem evidências de simulação para o modelo separável no tempo. Tauchen observou que as estatísticas de teste têm boa *performance* para um número tão baixo quanto 50 observações, embora tenha verificado uma pequena tendência para rejeitar o modelo muito infreqüentemente. Kocherlakota, utilizando um conjunto diferente de valores para os parâmetros, encontrou casos em que o modelo era rejeitado mais infreqüentemente do que deveria.

xas de crescimento do consumo defasadas. Foram empregados diferentes conjuntos de instrumentos (maior ou menor número de *lags*) para verificar a "robustez" dos resultados e para obter maior precisão para os mesmos (por exemplo, ao se ler nas tabelas ibov(–2,–3), isso significa que estão sendo usados como instrumentos os retornos do Ibovespa defasados de dois e três períodos). Também foram empregadas seis diferentes maneiras de se estimar a matriz de ponderação W, que fornece os diferentes pesos para as diversas equações de momento utilizadas. As tabelas apresentam ainda os resultados do teste de sobreidentificação para cada conjunto de instrumentos utilizados. Na hipótese nula de não haver sobreidentificação, o resultado da minimização realizada pelo MGM multiplicado pelo número de observações na amostra se distribui como qui-quadrado. O número de graus de liberdade desse qui-quadrado é dado pela diferença entre o número de restrições (equações) e o número de parâmetros a serem estimados.

Os resultados das estimações são apresentados da seguinte maneira: o número de cima representa o valor estimado para o coeficiente, e o número de baixo, o valor de seu desvio-padrão. Já nos testes de sobreidentificação, o número de cima representa o valor de $T \times J$ (tamanho da amostra multiplicado pelo resultado da minimização), enquanto o número de baixo fornece o *p-value* na hipótese de não haver sobreidentificação.

TABELAS 4A e 4B
Estimação das duas equações de Euler simultaneamente

$$1 = E_t\left[(R_{Ibov}).\beta.\left(\frac{C_{t+1}}{C_t}\right)^{-\gamma}\right] \quad 1 = E_t\left[(R_{selic}).\beta.\left(\frac{C_{t+1}}{C_t}\right)^{-\gamma}\right]$$

TABELA 4A
Instrumentos: 1, ccsa(–2), selic(–2), ibov(–2)

Kernel	Bandwidth	λ	β	Teste de sobreidentificação
Bartlett	Fixed(3)	2,197	0,990	3,66
		(1,102)	(0,008)	0,72
Bartlett	Andrews(0,40)	2,368	0,988	3,08
		(1,365)	(0,010)	0,80
Bartlett	Newey-West variable(5)	2,189	0,994	4,67
		(0,988)	(0,007)	0,59
Quadratic	Fixed(3)	1,856	0,992	4,32
		(0,947)	(0,007)	0,63
Quadratic	Andrews(0.70)	2,361	0,988	3,07
		(1,379)	(0,010)	0,80
Quadratic	Newey-West variable(3)	1,856	0,992	4,32
		(0,947)	(0,007)	0,63

TABELA 4B
Instrumentos: 1, ccsa(–2,–3), selic(–2,–3), ibov(–2,–3)

Kernel	Bandwidth	λ	β	Teste de sobreidentificação
Bartlett	Fixed(3)	2,812	0,992	5,12
		(0,643)	(0,006)	0,95
Bartlett	Andrews(0,21)	2,972	0,991	5,68
		(1,036)	(0,007)	0,93
Bartlett	Newey-West variable(5)	2,979	0,995	5,57
		(0,572)	(0,005)	0,94
Quadratic	Fixed(3)	3,231	0,993	6,65
		(0,313)	(0,005)	0,88
Quadratic	Andrews(0,50)	2,983	0,991	5,65
		(1,040)	(0,008)	0,93
Quadratic	Newey-West variable(3)	3,231	0,993	6,65
		(0,313)	(0,005)	0,88

TABELAS 5A e 5B
Estimação da equação de Euler com o retorno do Selic

$$1 = E_t\left[(R_{selic}).\beta.\left(\frac{C_{t+1}}{C_t}\right)^{-\gamma}\right]$$

TABELA 5A
Instrumentos: 1, ccsa(–2), selic(–2), ibov(–2)

Kernel	Bandwidth	λ	β	Teste de sobreidentificação
Bartlett	Fixed(3)	1,523	0,991	2,07
		(1,189)	(0,008)	0,35
Bartlett	Andrews(1,00)	1,880	0,988	1,16
		(1,390)	(0,010)	0,56
Bartlett	Newey-West variable(1)	1,896	0,990	1,54
		(1,282)	(0,009)	0,46
Quadratic	Fixed(3)	0,814	0,992	3,18
		(0,932)	(0,008)	0,20
Quadratic	Andrews (1,27)	1,879	0,988	1,40
		(1,298)	(0,010)	0,50
Quadratic	Newey-West variable(3)	-	-	-

TABELA 5B
Instrumentos: 1, ccsa(-2,-3), selic(-2,-3), ibov(-2,-3)

Kernel	Bandwidth	λ	β	Teste de sobreidentificação
Bartlett	Fixed(3)	2,119	0,988	2,15
		(0,710)	(0,007)	0,83
Bartlett	Andrews(1,24)	2,113	0,987	1,97
		(0,992)	(0,008)	0,85
Bartlett	Newey-West variable(1)	2,113	0,987	1,91
		(0,796)	(0,008)	0,86
Quadratic	Fixed(4)	2,050	0,989	2,82
		(0,519)	(0,006)	0,73
Quadratic	Andrews(1,47)	2,102	0,987	1,93
		(0,700)	(0,008)	0,86
Quadratic	Newey-West variable(3)	2,074	0,988	2,32
		(2,502)	(0,006)	0,80

TABELAS 6A e 6B
Estimação da equação com o retorno do Ibovespa

$$1 = E_t\left[(R_{Ibov}).\beta.\left(\frac{C_{t+1}}{C_t}\right)^{-\gamma}\right]$$

TABELA 6A
Instrumentos: 1, ccsa(-2), selic(-2), ibov(-2)

Kernel	Bandwidth	λ	β	Teste de sobreidentificação
Bartlett	Fixed(3)	4,698	0,957	0,22
		(4,084)	(0,033)	0,90
Bartlett	Andrews(0,41)	4,074	0,955	0,21
		(4,516)	(0,033)	0,90
Bartlett	Newey-West variable(4)	4,698	0,957	0,22
		(4,084)	(0,033)	0,90
Quadratic	Fixed(3)	4,844	0,956	0,21
		(3,726)	(0,032)	0,90
Quadratic	Andrews(0,71)	4,064	0,955	0,21
		(4,523)	(0,033)	0,90
Quadratic	Newey-West variable(2)	4,263	0,956	0,26
		(4,107)	(0,034)	0,88

TABELA 6B
Instrumentos: 1, ccsa(–2, –3), selic(–2, –3), ibov(–2, –3)

Kernel	Bandwidth	λ	β	Teste de sobreidentificação
Bartlett	Fixed(3)	2,907	0,954	2,71
		(12,730)	(0,030)	0,74
Bartlett	Andrews(0,28)	0,575	0,942	2,47
		(3,463)	(0,032)	0,78
Bartlett	Newey-West	2,907	0,954	2,71
	[variable(4)]	(2,730)	(0,030)	0,74
Quadratic	Fixed(4)	4,306	0,956	3,00
		(1,985)	(0,028)	0,70
Quadratic	Andrews(0,56)	0,513	0,941	2,48
		(3,472)	(0,033)	0,78
Quadratic	Newey-West	3,526	0,954	2,92
	[variable(3)]	(2,303)	(0,030)	0,71

TABELAS 7A e 7B
Estimação da equação do excesso do retorno

$$0 = E_t\left[(R_{ibov} - R_{selic}).\left(\frac{C_{t+1}}{C_t}\right)^{-\gamma}\right]$$

TABELA 7A
Instrumentos: 1, ccsa(–2,–3), selic(–2,–3), excesso(–2,–3)

Kernel	Bandwidth	λ	Teste de sobreidentificação
Bartlett	Fixed(4)	6,62	3,59
		(6,80)	0,73
Bartlett	Andrews(0,21)	4,37	4,73
		(10,94)	0,58
Bartlett	Newey-West variable(5)	7,50	3,57
		(6,59)	0,74
Quadratic	Fixed(4)	7,72	3,56
		(4,52)	0,74
Quadratic	Andrews(0,47)	4,42	4,72
		(10,87)	0,58
Quadratic	Newey-West variable(3)	6,65	3,49
		(5,48)	0,75

TABELA 7B
Instrumentos: 1, ccsa(-2,-3,-4), selic(-2,-3,-4), excesso(-2,-3,-4)

Kernel	Bandwidth	λ	Teste de sobreidentificação
Bartlett	Fixed(4)	8,31	6,97
		(6,00)	0,64
Bartlett	Andrews(0,13)	1,57	7,35
		(10,47)	0,60
Bartlett	Newey-West variable(5)	9,41	6,61
		(5,93)	0,68
Quadratic	Fixed(4)	13,85	8,23
		(4,18)	0,51
Quadratic	Andrews(0,35)	1,56	7,36
		(10,44)	0,60
Quadratic	Newey-West variable(3)	11,42	7,46
		(4,41)	0,59

Alguns resultados interessantes podem ser destacados. O primeiro deles é que o teste de sobreidentificação não rejeitou nenhum conjunto de instrumentos a 20%. A maioria dos testes aceita a hipótese nula a mais de 50%.

Quando o Selic foi empregado individualmente, os valores para o fator de desconto temporal se situaram em torno de 0,99, apresentando um desvio-padrão muito baixo. Já o coeficiente de aversão ao risco se situou, de modo geral, entre 1,5 e 2, apresentando menor precisão. Esses valores encontram-se numa faixa bastante razoável.

A equação do Ibovespa apresentou estimativas para o fator de desconto um pouco mais imprecisas. Elas também se situaram num patamar mais baixo, ao redor de 0,95. Como esses dados são trimestrais, isso representaria um fator de desconto anual em volta de 0,81, valor considerado bastante baixo, implicando descontos temporais muito elevados. Ao se montar intervalos de confiança de 95% para os resultados, contudo, boa parte desses intervalos incluem valores mais razoáveis para os parâmetros. Já as estimativas para o parâmetro γ foram um pouco mais elevadas que as anteriores. A maioria se situou entre 3 e 4,5.[5] Essas estimativas foram muito imprecisas para a maioria dos conjuntos de instrumentos. A inclusão da taxa Selic defasada entre os instrumentos e o aumento do número de *lags* dos mesmos contribuíram para dar mais precisão aos resultados.

[5] Frederico Sampaio (1999), em estudo no qual utilizou os mesmos dados aqui presentes, obteve resultados semelhantes — baixo fator de desconto temporal e elevado coeficiente de aversão ao risco — ao empregar um modelo de Markov *switching* para verificar a existência do paradoxo do prêmio das ações no Brasil.

A estimação com o emprego simultâneo das duas equações de Euler apresentou valores para β em torno de 0,99 e valores para γ entre 2 e 3. Novamente, o aumento do número de instrumentos serviu para dar maior precisão às estimativas. Observe-se que, com os parâmetros em torno desses valores, nosso candidato a TMSI se encontraria abaixo da fronteira de mínima volatilidade.

A equação dos excessos dos retornos, que independe do valor de β, foi a que forneceu os maiores valores para o parâmetro γ. Para que as estimativas se tornassem significativamente diferentes de zero, foi necessário empregar maior número de instrumentos. De modo geral, as estimativas ficaram entre 5 e 15, com um desvio-padrão em torno de 5. Com esses valores, o candidato a *kernel* se situa acima da fronteira de mínima volatilidade para o excesso dos retornos.

Note-se que não foram empregados como instrumentos variáveis defasadas apenas um período. Evitam-se, assim, maiores problemas com a agregação dos dados de consumo (ver Epstein & Zin, 1991).

Análise dos resultados

Para melhor compreensão dos resultados obtidos com dados brasileiros, é interessante a explicação de determinadas informações e a comparação com dados norte-americanos. A tabela 8 apresenta algumas estatísticas básicas dos dados dos Estados Unidos. Nela, $R_{S\&P}$ é o retorno percentual anual do índice S&P 500 da bolsa norte-americana, R_{bonds} é o retorno percentual anual dos títulos norte-americanos de três meses e C_{t+1}/C_t é o crescimento percentual anual do consumo de bens não-duráveis e serviços.

TABELA 8
Dados anuais dos Estados Unidos

	Média amostral
$R_{S\&P500}$ (%)	7,0
R_{bonds} (%)	1,0
C_{t+1}/C_t (%)	1,8

Matriz de variância-covariância amostral

	$R_{S\&P500}$	R_{bonds}	C_{t+1}/C_t
$R_{S\&P500}$	0,0274	0,00104	0,00219
R_{bonds}	0,00104	0,00308	-0,000193
C_{t+1}/C_t	0,00219	-0,000193	0,00127

Em primeiro lugar, deve-se destacar o fato de que, embora elevado, o coeficiente de aversão relativa ao risco exigido no Brasil para que o candidato a *kernel* entre na fronteira é menor que o exigido nos Estados Unidos. O *equity premium puzzle* pode ser resumido justamente como a necessidade de um elevado γ para que se justifique o elevado prêmio de risco norte-americano. Lá, a volatilidade das ações, bem como sua covariância com o crescimento do consumo não são suficientes para que se aceite essa elevada diferença de remunerações dentro de uma faixa considerada "razoável" para o coeficiente. Utilizando a mesma função de utilidade que a aqui apresentada, diferentes autores encontraram um γ mínimo entre 15 e 40 para que o candidato a *kernel* entrasse na fronteira.

Dois fatores contribuem para esse menor coeficiente de aversão ao risco no Brasil. O primeiro deles é o fato de a volatilidade do Ibovespa ser muito alta: a variância (trimestral) do Ibovespa é cerca de três vezes maior que a variância (anual) do S&P500, enquanto seus retornos (trimestrais) são ligeiramente inferiores aos retornos (anuais) do S&P500. Já a variância (trimestral) do Selic é muito semelhante à variância (anual) dos títulos do Tesouro americano, enquanto seus retornos (trimestrais) são um pouco superiores. Assim, aplicações em ações no Brasil oferecem riscos bem maiores que aplicações na bolsa nos Estados Unidos. Isso contribui para justificar o alto prêmio pago no país, mesmo que as pessoas não sejam tão avessas ao risco. Uma conseqüência direta desse comportamento dos dados sobre a fronteira de mínima volatilidade é que esta é um pouco mais baixa no Brasil do que nos Estados Unidos. Ou seja, ela exige menos volatilidade do *kernel*.

O outro fator que contribui de forma decisiva para o menor coeficiente de aversão ao risco no Brasil é o próprio comportamento do consumo. O candidato a *kernel* tem a seguinte forma funcional:

$$\beta.(c_{t+1}/c_t)^{-\gamma} = \beta.(c_t/c_{t+1})^{\gamma}$$

Assim, toda vez que o consumo decresce de um período para o seguinte, o termo c_t/c_{t+1} torna-se maior que 1. Acontece que o crescimento médio do consumo no país é muito menor que nos Estados Unidos, com um número muito maior de períodos em que esse crescimento é negativo. À medida que γ cresce, os períodos com crescimento negativo fazem com que $(c_t/c_{t+1})^{\gamma}$ torne-se cada vez maior, enquanto aqueles com crescimento positivo contribuem para um valor menor para o *kernel*. A conseqüência é que, embora a variância do crescimento do consumo (trimestral) no Brasil seja menor que a dos Estados Unidos, a variância do *kernel* vai-se tornando muito maior à medida que γ aumenta.

Outra conseqüência é que a média do candidato a *kernel* começa a crescer com γ muito mais cedo do que nos Estados Unidos. Como se vê na figura 7, à medida que γ aumenta, a volatilidade do *kernel* também vai aumentando. No entanto, sua média cai inicialmente e só a partir de certo momento começa a crescer. Para um γ em torno de 6, a média do *kernel* começa a crescer com o aumento de γ. Nos Estados Unidos, é necessário um coeficiente de aversão ao risco muito mais alto para que essa mudança de direção ocorra. Em diversos estudos, a média do candidato a TMSI só começa a crescer com o coeficiente de aversão ao risco quando este é maior que 12. A explicação segue os mesmos passos que a anterior. À medida que γ aumenta, os períodos com crescimento negativo do consumo começam a ter peso cada vez maior na média do *kernel*, enquanto os períodos com crescimento positivo tendem a diminuir a média, mas com um peso cada vez menor. No Brasil, a partir de um coeficiente em torno de 6, os períodos de diminuição do consumo começam a dominar os de aumento. Com essa maior média do *kernel*, as pessoas descontam de forma mais intensa os *payoffs*, exigindo maiores retornos.

As estimativas obtidas para γ através do MGM também merecem uma explanação mais detalhada. Em primeiro lugar, é interessante enfatizar os baixos valores encontrados para o coeficiente de aversão ao risco quando foram estimadas as equações de Euler para o Ibovespa e para o Selic. Vimos que a equação do Ibovespa fornecia um valor para γ em torno de 3,5, enquanto a equação do Selic fornecia um valor em torno de 1,5 e 2. Esses valores deixariam nosso candidato a *kernel* abaixo das fronteiras apresentadas. No entanto, devemos lembrar que as fronteiras construídas empregavam os dois ativos simultaneamente. Que aconteceria se construíssemos a fronteira para cada ativo separadamente? Essas fronteiras são apresentadas na figura 8.

Nelas existe um valor para $E[M]$ que faz com que a volatilidade mínima exigida seja zero. Basta olhar para a equação (3) e verificar que existe um valor esperado do

Figura 8
Fronteiras construídas com o emprego de um único ativo

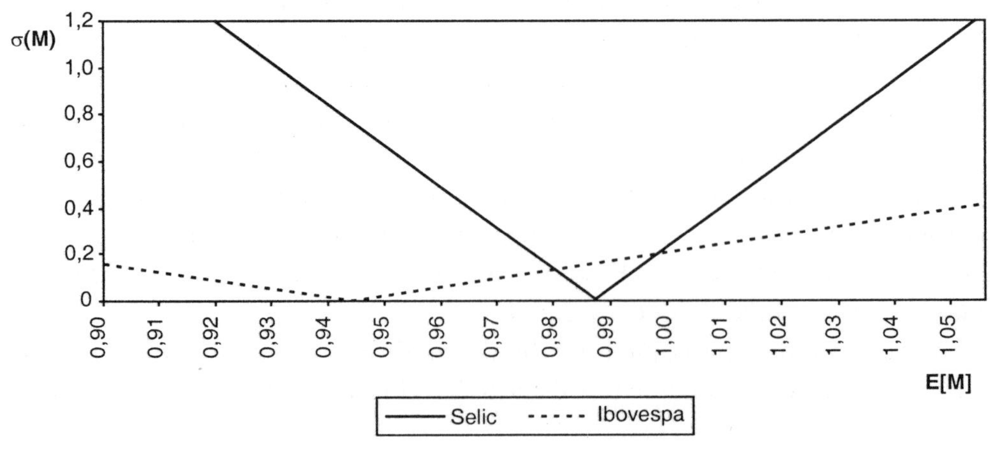

kernel que torna nulo o numerador. Se for escolhido um valor de β adequado, um γ bem próximo de zero será suficiente para que o candidato a *kernel* entre na fronteira. Olhando para cada fronteira separadamente, nota-se que o candidato a *kernel* se encontra acima das mesmas para os valores estimados dos parâmetros.

Mas e quando estimamos as duas equações de Euler simultaneamente? Para essas estimações encontramos valores para o coeficiente de aversão ao risco em torno de 3. Para o fator de desconto temporal, os valores encontrados se situaram em torno de 0,99. Esses valores, como já foi visto, não se encontram acima da fronteira gerada pelos dois ativos. Porém, quando o Ibovespa e o Selic são empregados simultaneamente, a fronteira é construída através de uma "ponderação" de seus retornos. Quanto maior a variância, menor o peso dado àquele ativo na construção da fronteira. Quando empregamos o MGM para a estimação dos parâmetros, também calculamos uma matriz *W* para a ponderação de cada equação. Agora, contudo, o número de equações é muito maior, pois empregamos mais de um instrumento na estimação. Para cada instrumento, temos duas equações. Essa matriz W é calculada de forma a dar menos peso às equações mais imprecisas e mais peso àquelas com menor variância. Porém, as equações que envolvem o Ibovespa são muito mais voláteis que as que envolvem a taxa Selic. Ao empregar os instrumentos, a tendência é dar mais peso às equações que envolvem a taxa Selic. Dessa forma, acaba-se por encontrar um β próximo de 0,99 e um γ próximo de 3. O candidato a *kernel* acaba ficando abaixo da fronteira.

Uma maneira de contornar a questão da ponderação é estimar o coeficiente de aversão ao risco através da equação dos excessos dos retornos. Quando realizamos essa estimação, encontramos valores para o parâmetro não apenas superiores aos anteriormente estimados, mas também capazes de colocar o candidato a *kernel* acima da fronteira.

Um ponto que vale a pena ser analisado são as correlações dos retornos com o crescimento do consumo. O Ibovespa tem menor correlação com o consumo do que o S&P500, enquanto o Selic apresenta correlação bem maior do que a apresentada pelos títulos do Tesouro americano. A menor correlação por parte do Ibovespa contribui para que o agente demande retornos mais baixos do mesmo. Isso porque ativos pouco correlacionados podem oferecer bons retornos em momentos de pouco crescimento do consumo, enquanto ativos muito (positivamente) correlacionados tendem a oferecer os melhores retornos justamente nos momentos de maior crescimento do consumo, quando esses altos retornos seriam menos necessários. Assim, devido à sua baixa correlação com o consumo, o Ibovespa apresentaria maior atratividade, não tendo que pagar prêmios muito altos. Por outro lado, a maior correlação apresentada por parte do Selic o torna menos atraente, o que contribui para que o agente demande maior retorno por parte desse ativo. O alto prêmio do Ibovespa sobre o Selic (4,7% ao trimestre) que foi verificado contribuiria para a estimação de um coeficiente maior de aversão ao risco.

Temos, assim, três fatores que contribuem de maneira diversa para a estimação do coeficiente de aversão ao risco: a) a maior volatilidade do Ibovespa, que justifica maior prêmio de risco, ou seja, contribui para a estimação de um γ menor; b) a maior volatilidade do *kernel* alcançada com baixos valores do coeficiente de aversão ao risco, a qual contribui para que este seja menor; e c) a menor correlação do Ibovespa e a maior correlação do Selic com o crescimento do consumo, o que tenderia a gerar menor prêmio de risco. Como o prêmio é alto, um γ maior é necessário para justificá-lo.

Problemas e alternativas

O modelo aqui apresentado está presente em diversas publicações internacionais e serve de referência, permitindo a comparação dos resultados obtidos com dados brasileiros com os resultados obtidos em diversos estudos nos Estados Unidos. Como o *equity premium puzzle* se mostrou um fenômeno robusto, diversas explicações e alternativas ao modelo têm sido apresentadas.

Faremos a seguir uma breve análise dos fatores que podem alterar os resultados do modelo. Enfatizamos o caso brasileiro e apresentamos diversos caminhos que podem ser seguidos.

Em primeiro lugar, deve-se levar em conta a qualidade da série de consumo. Como não existe uma série de consumo propriamente dita, foi necessário utilizar dados de produção como *proxy* para o consumo de não-duráveis. Essa é uma fonte de erros, principalmente se levarmos em conta a questão da formação de estoques. Como se utilizaram apenas os bens não-duráveis e semiduráveis e somaram-se os dados mensais para formar o valor de cada trimestre, esse problema foi parcialmente reduzido. Já a série de serviços foi obtida através do PIB pela ótica do consumo, que, como se sabe, não é uma série plenamente confiável.

Os dados dos retornos nominais dos ativos são bem mais precisos. No entanto, o mercado acionário brasileiro é pequeno e, até fins dos anos 1980, estava sujeito à ineficiência e manipulação do valor de ativos. A questão da inflação também merece ser mencionada. O Brasil apresentou altas taxas de inflação até meados da década de 1990. Embora tenha-se tomado todo o cuidado para deflacionar as séries adequadamente, pequenos erros podem ter sido gerados, até mesmo pela imprecisão do índice de inflação. No MGM, por exemplo, se o índice de inflação possuir algum viés, este pode transmitir-se tanto ao retorno utilizado na equação de Euler quanto ao retorno defasado utilizado como instrumento, gerando assim covariâncias espúrias dos instrumentos com as equações de momento.

Passemos agora à análise do modelo propriamente dito. Primeiramente, contudo, vale ressaltar novamente o papel exercido pelas fronteiras de mínima volatilidade. Como já foi explicado, elas são um importante instrumento não-paramétrico para testar a validade dos mais diferentes candidatos a TMSI. Por exemplo, não dependem da forma funcional assumida para a função de utilidade. Tudo que exigem é a satisfação da equação básica $E[M.R] = 1$, onde M pode ser qualquer candidato a fator estocástico de desconto.

Um ponto muito abordado nos estudos com dados norte-americanos é justamente a forma funcional do candidato a *kernel*, ou seja, a função de utilidade. A função de utilidade aqui empregada, por exemplo, apresenta uma rígida relação entre aversão ao risco e elasticidade de substituição intertemporal. Weil (1989) procurou quebrar essa relação usando uma generalização da função de utilidade. Epstein e Zin (1991) utilizaram uma formulação recursiva da utilidade que relaxa a hipótese de separabilidade no tempo, quebrando o vínculo entre o coeficiente de aversão ao risco e a elasticidade de substituição intertemporal. Weil não conseguiu melhorar os resultados anteriormente encontrados. Já Epstein e Zin obtiveram menores coeficientes de aversão ao risco. No entanto, assumiram que o índice de ações representava o retorno estocástico de todas as fontes de renda do agente, o que pode ter enviesado significativamente os resultados.

Outra abordagem que apresentou resultados bastante razoáveis é a que modela a formação de hábitos. A idéia é que o agente desejaria manter um nível de consumo e se preocuparia apenas com o que excedesse esse nível. Com isso ameniza-se o problema da alta suavidade da taxa de crescimento do consumo. Entre os pesquisadores que trabalharam com esses modelos, cabe citar Constantinides (1990), Abel (1990) e Campbell e Cochrane (1995).

Rietz (1988), introduzindo uma pequena probabilidade de catástrofe, conseguiu justificar o prêmio e o retorno do ativo sem risco com parâmetros dentro de uma faixa considerada "razoável". Porém, fizeram-se diversas críticas ao seu trabalho. Além de argumentos teóricos contra a imposição dessa probabilidade de catástrofe, ele não fez uma adequada distinção entre os retornos nominais e os retornos reais dos *Treasury bills*, a *proxy* empregada para o ativo sem risco.

Bonomo e Garcia (1993), trabalhando com um modelo no qual os agentes apresentam aversão ao desapontamento, mostram ser possível racionalizar o desejo dos agentes de não investir em ações mesmo com um alto prêmio de risco.

Outra linha adotada é o estudo do papel das fricções do mercado. Estas podem enfraquecer a ligação entre os mercados de ativos e a TMSI baseada em dados agregados; incluem mercados incompletos, custos transacionais como os *spreads* de compra e venda, e distorções nas restrições orçamentárias geradas por impostos. Os estudos sobre as restrições de crédito vêm, contudo, se destacando, não apenas porque elas se mostraram uma das maiores fontes de distorção nos modelos, mas também porque seu impacto quantitativo não se restringe a movimentos de alta freqüência.

Campbell e Mankiw (1989) estimaram em cerca de 50% a proporção de consumidores americanos que enfrentam restrições de crédito. Num interessante trabalho desenvolvido com dados brasileiros, Reis, Issler, Blanco e Carvalho (1998) estimaram em 80% a proporção de consumidores (ou renda) restritos no país. Essa proporção é significativamente diferente de zero e não é significativamente diferente de 1 com 95% de confiança. As aplicações em ações são uma realidade ainda mais distante do padrão brasileiro. Esses fatos podem distorcer os resultados obtidos num modelo de agente representativo como o aqui estudado. Cochrane e Hansen (1992), com um modelo baseado em Towsend (1980) e Bewley (1980), mostram que essas restrições levam a um viés para baixo na TMSI, o que contribui para encontrar um elevado coeficiente de aversão ao risco nas estimações. Attanasio, Banks e Tanner (1998), empregando dados de painel, estimaram a probabilidade de posse para a identificação dos detentores e não-detentores de ações. Construíram, então, estimativas para a TMSI desses diferentes grupos e encontraram maior volatilidade para o crescimento do consumo dos detentores de ações em relação aos não-detentores, assim como maior correlação com os excessos de retornos. Seus resultados exigem, portanto, menor coeficiente de aversão ao risco para que o candidato a *kernel* se torne mais compatível com as fronteiras.

Conclusão

Neste capítulo testou-se o funcionamento do CCAPM no Brasil. Dois métodos foram empregados. O primeiro, a construção de fronteiras que restringem a volatilidade que o fator estocástico de desconto deve possuir, é um método não-paramétrico que pode testar a rejeição ou não de qualquer candidato a *kernel*. Para a função de utilidade de potência separável no tempo, esse teste exigiu coeficientes de aversão ao risco superiores a 6. Embora o valor exigido tenha sido bem menor do que os normalmente encontrados nos Estados Unidos — às vezes superiores a 40 —, ele ainda é relativamente alto.

O segundo método, a estimação direta dos parâmetros através do MGM, exige a especificação da forma funcional da TMSI. As equações de momento foram empregadas tanto separada quanto conjuntamente. Os resultados obtidos com a equação de Euler que envolve o Selic foram muito razoáveis: um fator de desconto temporal da ordem de 0,99 ao trimestre e um coeficiente de aversão ao risco da ordem de 2. Já a equação que envolve o Ibovespa gerou um baixo fator de desconto temporal, da ordem de 0,94 ao trimestre, e um coeficiente de aversão ao risco razoável, em torno de 3,5 e 4. Quando empregadas simultaneamente, a equação do Selic teve muito mais peso para a geração dos resultados do que a equação do Ibovespa, que é mais imprecisa. Assim, o β ficou em torno de 0,99 e o γ em torno de 3.

A estimação empregando a equação dos excessos dos retornos resultou em valores mais altos para o coeficiente de aversão ao risco — embora também menores que nos Estados Unidos —, mostrando assim a dificuldade de explicar o alto prêmio existente no país, mesmo em face da alta volatilidade da bolsa. O *equity premium puzzle* também pode verificar-se no Brasil, embora de forma muito menos intensa.

Podemos destacar três fatores que contribuem significativamente para os resultados encontrados. O primeiro é a alta volatilidade do Ibovespa. Essa alta volatilidade afugenta os investidores. Para atraí-los, a Bolsa tem realmente que oferecer retornos mais elevados. Assim, o prêmio consegue ser em parte justificado pelo risco, não necessitando de elevadíssima aversão ao risco por parte do agente. O segundo fator é a alta volatilidade do *kernel* alcançada com baixos valores do coeficiente de aversão ao risco. Ela é gerada pela resposta do consumo nos diferentes períodos, freqüentemente alternando momentos de decréscimo com momentos de crescimento. Como o consumo não é tão suave ao longo do tempo, o agente não deve ser muito avesso ao risco — lembre-se que, no modelo empregado, quanto maior a aversão ao risco, menor a elasticidade de substituição intertemporal. O terceiro fator é a menor correlação do Ibovespa e a maior correlação do Selic com o crescimento do consumo. A menor correlação torna o Ibovespa mais atrativo, pois este pode fornecer, com maior probabilidade, bons retornos em momentos ruins, de baixo crescimento do consumo. Assim, o agente exigiria menor retorno médio da bolsa. A maior correlação do Selic o torna menos atraente pelo fato de costumar fornecer bons retornos em bons momentos e retornos fracos em momentos ruins. Menos atraente, o Selic deveria oferecer melhores taxas para atrair o investidor. Logo, o prêmio de risco deveria ser menor. Apenas a maior aversão ao risco poderia justificar esse prêmio mais alto.

O modelo de agente representativo aqui adotado apresenta os eventuais problemas desse tipo de modelo. Os resultados foram, contudo, razoáveis, podendo-se comparar os parâmetros comportamentais com os obtidos em outras pesquisas. O assunto deveria ser mais pesquisado no país, podendo-se, por exemplo, seguir as diversas alternativas apresentadas no final do capítulo, como as que envolvem fricções no mercado.

Referências bibliográficas

Abel, Andrew B. Asset prices under habit formation and catching up with the Joneses. *American Economic Review, 80*:38-42, May 1990.

Andrews, D. W. K. Heteroskedasticity and autocorrelation consistent covariance matrix estimation. *Econometrica, 59*:817-58, 1991.

—— & Monahan, J. C. An improved heteroskedasticity and autocorrelation consistent covariance matrix estimator. *Econometrica, 60*:953-66, 1992.

Attanasio, O. P.; Banks, J. & Tanner, S. Asset holding and consumption volatility. NBER, 1998. (Working Paper, 6.567.)

Bewley, Truman F. The optimum quantity of money. In: Kareken, J. H. & Wallace, N. (eds.). *Models of monetary economics*. Federal Reserve Bank of Minneapolis, 1980. p. 169-210.

Bonomo, M. A. & Garcia, R. Disappointment aversion as a solution to the equity premium and the risk-free rate puzzles. University of Montreal, 1993. (CRDE Discussion Paper, 2.793.)

Burnside, A. C. Hansen-Jagannathan bounds as classical tests of asset-pricing models. *Journal of Business and Economic Statistics*, Jan. 1994. p. 57-79.

Campbell, J. Y. & Cochrane, J. H. By force of habit: a consumption based explanation of aggregate stock market behavior. NBER, 1995. (Working Paper, 4.995.)

——; Lo, A. W. & MacKinlay, A. C. *The econometrics of financial markets*. Princeton, Princeton University Press, 1997.

—— & Mankiw, G. Consumption, income, and interest rates: reinterpreting the time series evidence. Nber, 1989. (Working Paper, 2.924.)

Cochrane, J. H. & Hansen, L. P. Asset pricing explorations for macroeconomics. Nber, 1992. (Working Paper, W4.088.)

Constantinides, G. Habit formation: a resolution of the equity premium puzzle. *Journal of Political Economy, 98*:519-43, 1990.

Epstein, L. & Zin, S. Substitution, risk aversion, and temporal behavior of consumption and asset returns II: an empirical analysis. *Journal of Political Economy, 99*:263-86, 1991.

Ferson, E. W. & Harvey, C. R. Seasonality and consumption-based asset pricing. *Journal of Finance, 47*(2):511-51, 1992.

Hamilton, J. D. *Time series analysis*. Princeton, Princeton University Press, 1994.

Hansen, L. P. Large sample properties of generalized method of moments estimators. *Econometrica, 50*:1.029-54, 1982.

——; Heaton, J. & Luttmer, E. Econometric evaluation of asset pricing models. Nber, 1992. (Technical Working Paper, 145.)

—— & Jagannathan, R. Implications of security market data for models of dynamic economies. *Journal of Political Economy, 99*:225-62, 1991.

—— & Singleton, K. J. Generalized instrumental variables estimation of nonlinear rational expectation models. *Econometrica, 50*:1.269-86, 1982.

—— & ——. Stochastic consumption, risk aversion, and the temporal behavior of asset returns. *Journal of Political Economy, 91*:249-65, 1983.

Kocherlakota, N. On tests of representative consumer asset pricing models. *Journal of Monetary Economy, 26*(2):285-304, 1990.

——. The equity premium: it's still a puzzle. *Journal of Economic Literature, 34*:42-71, 1996.

Lucas, R. E. Asset prices in an exchange economy. *Econometrica, 46*(6):1.429-45, 1978.

Mehra, R. & Prescott, E. C. The equity premium: a puzzle. *Journal of Monetary Economy, 15*(2):145-61, 1985.

Newey, W. & West, K. D. A simple positive semi-definite, heteroskedasticity and autocorrelation consistent covariance matrix. *Econometrica, 55*:703-8, 1987.

Reis, E.; Issler, J. V.; Blanco, F. & Carvalho, L. Renda permanente e poupança precaucional: evidências empíricas para o Brasil no passado recente. *Pesquisa de Planejamento Econômico, 28*:233-72, 1998.

Rietz, T. A. The equity risk premium: a solution. *Journal of Monetary Economics, 22*:117-31, 1988.

Russel, D. & Mackinnon, J. *Estimation and inference in econometrics*. New York, Oxford University Press, 1993.

Sampaio, F. S. Existe *equity premium puzzle* no Brasil? Reproduzindo os momentos dos retornos dos ativos financeiros com modelo intertemporal de equilíbrio. PUC-Rio, 1999. (Dissertação de Mestrado.)

Tauchen, G. Statistical properties of generalized method-of-moments estimators of structural parameters obtained from financial market data. *Journal of Business and Economic Statistics*, 4(4):397-416, 1986.

Towsend, R. Models of spatially separated agents. In: Kareken, J. H. & Wallace, N. (eds.). *Models of monetary economics*. Federal Reserve Bank of Minneapolis, 1980. p. 265-303.

Weil, Philippe. The equity premium puzzle and the risk-free rate puzzle. *Journal of Monetary Economics*, 24(3):401-21, 1989.

ANEXO A

Consumo sazonal

Como já foi dito, a série de consumo empregada foi previamente dessazonalizada pelo X11. Estudo feito por Ferson e Harvey (1992) com dados trimestrais norte-americanos não chegou a uma conclusão precisa sobre qual a série mais indicada para se utilizar com a função de utilidade de potência separável no tempo. Mostrou, porém, que os modelos que controlam a sazonalidade apresentam melhores resultados. A maioria das pesquisas realizadas com dados de periodicidade menor que um ano dessazonaliza as séries de consumo argumentando que assim capta-se a relação de interesse entre os retornos dos ativos e o crescimento do consumo. Além disso, evitam-se problemas como a geração de uma utilidade marginal do consumo muito menor no quarto trimestre do que no primeiro.

Como essa discussão ainda não se encerrou, apresentamos a seguir alguns resultados obtidos com os dados sazonais no Brasil. Primeiramente, mostramos algumas estatísticas básicas da série original de consumo. Como esperado, o crescimento do consumo sazonal apresenta variância muito maior que o da série dessazonalizada. As covariâncias com os dados de retornos também são muito mais baixas.

A construção das fronteiras de mínima volatilidade nos permite observar comportamentos distintos daqueles obtidos anteriormente. A figura 9 mostra o mínimo desvio-padrão que o candidato a *kernel* deve apresentar. Nota-se que, dependendo da taxa de desconto temporal, diversos candidatos a *kernel* podem não entrar na fronteira, independentemente do valor de γ a eles fornecido; e os que entram têm seu coeficiente de aversão ao risco limitado a uma estreita faixa de valores. Como esperado, com a série original do crescimento do consumo, o candidato a TMSI se torna muito volátil para baixos valores de γ. No entanto, sua média também cresce rapidamente com γ, o que pode impedir que o candidato se situe acima da fronteira.

TABELA 9
Características dos dados sazonais

Matriz de variância-covariância

	Ibov	Selic	Cresc. const.
Ibov	0,08348	0,00407	0,00007
Selic	0,00407	0,00321	0,00003
Cresc. const.	0,00007	0,00003	0,00361

Características gerais

Média (%)	0,4
Mediana (%)	1,8
Máximo (%)	11,9
Mínimo (%)	-13,7
Desvio-padrão	0,061
Skewness	-0,573
Curtose	2,508
Jarque-Bera	4,737
Probabilidade	0,094

Figura 9
Teste da fronteira com dados sazonais

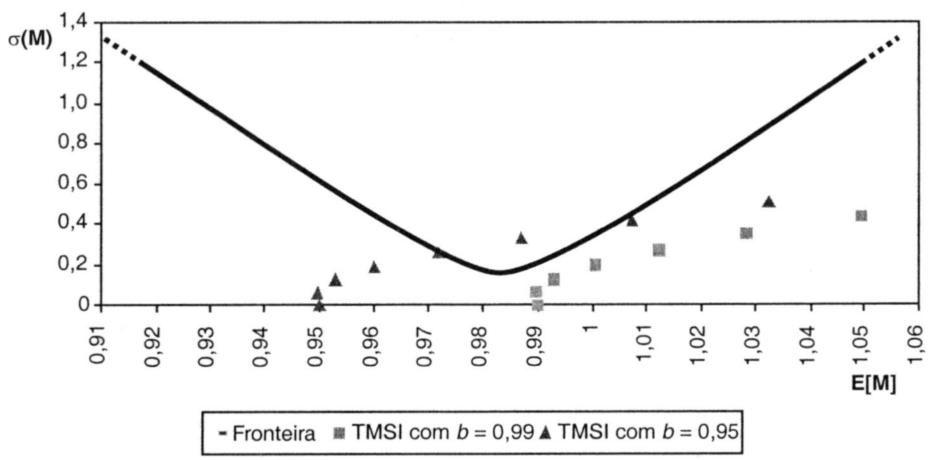

A figura 10 mostra a fronteira do excesso dos retornos. Com baixos valores de γ ($\gamma > 2,5$), o *kernel* já se situa acima da mesma.

Figura 10
Teste da fronteira do excesso dos retornos com dados sazonais

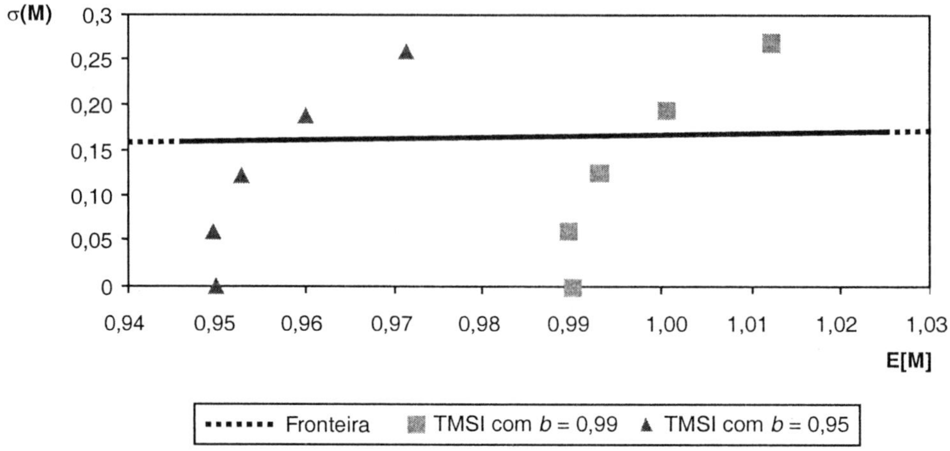

Resta agora levar em consideração as correlações existentes entre a série de consumo e as séries dos retornos dos ativos. Como visto, as covariâncias tornam-se cerca de 10 vezes menores (e as correlações, cerca de 30 vezes menores). Através do MGM, foram estimados os parâmetros β e γ. Utilizaram-se os instrumentos já empregados nas seções anteriores. Embora as estimações para β tenham ficado em faixas razoáveis, em torno de 0,98, sistematicamente obtiveram-se valores para γ bem próximos de zero quando se usaram as equações de Euler. Quando o parâmetro γ foi estimado através da equação do excesso dos retornos, a maioria das estimações forneceu valores negativos para o coeficiente de aversão ao risco: entre 2 e –7. Ou seja, o agente teria propensão ao risco.

Os resultados obtidos através das estimações com dados sazonais foram não apenas mais imprecisos, como também bastante diferentes dos anteriormente encontrados. Embora as estimações das seções anteriores tenham encontrado, para o caso do excesso dos retornos, valores relativamente altos para o coeficiente de aversão ao risco, os coeficientes negativos agora encontrados são de aceitação ainda mais difícil. Os dados dessazonalizados mostraram-se, de modo geral, mais apropriados para o presente estudo.

ANEXO B

Utilizando o INPC como deflator

O período ao qual se referem os dados aqui empregados — início de 1980 até início de 1998 — foi em sua maioria marcado por elevada e oscilante inflação. Como já foi dito, torna-se necessário um cuidadoso tratamento dos dados. Tomou-se todo o cuidado para compatibilizar as taxas de retornos nominais com as taxas de inflação e assim poder deflacionar os retornos dos ativos sem distorcer as taxas reais. No entanto, existem diferentes índices de inflação, com diferentes metodologias de cálculo. Para verificar se os resultados são robustos ante o índice de inflação utilizado, o INPC também foi empregado como deflator. As características dos retornos dos ativos quando deflacionados pelo INPC são apresentadas a seguir.

TABELA 10
Matriz de variância-covariância

	Ibovespa	Selic	Cresc. Cons.
Ibovespa	0,0850	0,0038	0,0007
Selic	0,0038	0,0029	0,0002
Crescimento Cons.	0,0007	0,0002	0,0005

Como se pode observar, as características são extremamente parecidas com as dos retornos deflacionados pelo IGP-DI. Os resultados obtidos nos testes das fronteiras e nas regressões foram, como esperado, também muito parecidos com os anteriores. Dada a similaridade dos resultados, não serão todos reproduzidos aqui. Apresentamos, para uma rápida comparação, apenas algumas estimações do coeficiente de aversão ao risco e do fator de desconto temporal. Nessas estimações, a forma funcional da janela utilizada foi a de Bartlett, e a largura da banda foi dada pelo método de Newey-West. A notação para os instrumentos utilizados é a mesma empregada anteriormente (tabelas 4 a 7).

TABELA 11
Características gerais

	Ibovespa	Selic	Cresc. Cons.
Média(%)	7,3	2,1	0,4
Mediana(%)	8,9	3,2	0,4
Máximo(%)	80,2	12,7	5,2
Mínimo(%)	-532,2	-11,6	-6,5
Desv.-pad.	0,294	0,054	0,022
Skewness	0,341	-1,842	-0,272
Curtose	3,013	10,070	3,417
Jarque-Bera	1,395	190,645	1,431
Probab.	0,498	0,000	0,489
Nº observ.	72	72	73

TABELA 12
Estimação das duas equações de Euler simultaneamente

$$1 = E_t\left[(R_{Ibov}).\beta.\left(\frac{C_{t+1}}{C_t}\right)^{-\gamma}\right] \qquad 1 = E_t\left[(R_{selic}).\beta.\left(\frac{C_{t+1}}{C_t}\right)^{-\gamma}\right]$$

Instrumentos	λ	β	Teste de sobreident.
ccsa(–2), ibov(–2),	2,037	0,989	3,70
selic(–2), 1	(1,120)	(0,007)	0,72
ccsa(–2, –3), ibov(–2, –3),	2,676	0,990	5,06
selic(–2, –3), 1	(0,671)	(0,006)	0,96

TABELA 13
Estimação da equação de Euler com o retorno do Selic

$$1 = E_t\left[(R_{selic}).\beta.\left(\frac{C_{t+1}}{C_t}\right)^{-\gamma}\right]$$

Instrumentos	λ	β	Teste de sobreident.
ccsa(–2), ibov(–2),	1,626	0,988	1,89
selic(–2), 1	(1,186)	(0,007)	0,39
ccsa(–2, –3), ibov(–2, –3),	2,271	0,985	2,66
selic(–2, –3), 1	(0,690)	(0,006)	0,75

TABELA 14
Estimação da equação com o retorno do Ibovespa

$$1 = E_t\left[(R_{Ibov}).\beta.\left(\frac{C_{t+1}}{C_t}\right)^{-\gamma}\right]$$

Instrumentos	λ	β	Teste de sobreident.
ccsa(–2), ibov(–2),	5,777	0,952	0,28
selic(–2), 1	(40,45)	(0,031)	0,87
ccsa(–2, –3), ibov(–2, –3),	3,495	0,951	2,69
selic(–2, –3), 1	(2,809)	(0,029)	0,75

TABELA 15
Estimação da equação do excesso do retorno

$$0 = E_t\left[(R_{ibov} - R_{selic}).\left(\frac{C_{t+1}}{C_t}\right)^{-\gamma}\right]$$

Instrumentos	λ	Teste de sobreident.
ccsa(–2, –3), ibov(–2, –3),	7,727	3,50
selic(–2, –3), 1	(7,197)	0,74
ccsa(–2, –3, –4), ibov(–2, –3, –4),	7,920	6,52
selic(–2, –3, –4), 1	(6,048)	0,69

Como já foi dito, os resultados são extremamente parecidos com os obtidos com o uso do IGP-DI. Os intervalos de confiança a 50% para as estimações feitas com os diferentes índices de inflação se sobrepõem.

Aversão ao risco, taxa de desconto intertemporal e substitutibilidade intertemporal no consumo no Brasil*

João Victor Issler e
Natália Scotto Piqueira

Introdução

Este capítulo tem por objetivo analisar o comportamento do consumidor brasileiro diante do risco e da substitutibilidade intertemporal no consumo através da estimação de modelos CCAPM (*consumption capital asset pricing model*). A idéia básica desses modelos (Lucas, 1978) é que os agentes retêm riqueza (na forma de ativos) para implementar seus planos de consumo futuro, de forma que as propriedades das séries de retorno dos ativos estão relacionadas com as propriedades da série de consumo e com o grau de aversão ao risco do agente.

Para dados americanos, o modelo básico CCAPM, com função utilidade aditivamente separável do tipo CRRA (*constant relative risk aversion*), não se mostrou adequado aos dados de consumo agregado e retornos dos ativos, gerando um importante *puzzle* macroeconômico, o *equity premium puzzle*, apresentado originalmente por Mehra e Prescott (1985). Para o período 1889-1978, a média do prêmio

* Este texto é uma versão revisada da tese de mestrado de Natália S. Piqueira, feita sob a supervisão de João Victor Issler. Agradecemos a Marco Bonomo, René Garcia, Ajax Moreira e Carlos Martins Filho pelas críticas e sugestões. Todos os erros remanescentes são de nossa inteira responsabilidade. Agradecemos também ao CNPq e ao Pronex pelo auxílio financeiro, bem como à *Revista de Econometria* pela cessão dos direitos de publicação deste trabalho.

de risco das ações (*equity premium*) foi de 6,18% ao ano. Simulando o modelo para valores dos parâmetros considerados razoáveis (coeficiente de aversão relativa ao risco entre zero e 10), Mehra e Prescott concluíram que o *equity premium* observado era inconsistente com as previsões do modelo, sendo incapaz de replicar o comportamento das séries de consumo e retorno, a não ser com um coeficiente de aversão ao risco entre 30 e 40.

Testes econométricos formais do modelo CCAPM foram conduzidos por Hansen e Singleton (1982, 1984), usando utilidade CRRA, e por Epstein e Zin (1991), usando utilidade Kreps-Porteus, entre outros. Esses testes exploram as restrições de sobreidentificação dos modelos envolvidos (Hansen, 1982) e podem ser interpretados como testes econométricos formais do *equity premium puzzle*, pois avaliam se as restrições implícitas nas equações de Euler envolvendo o título público (ativo sem risco) e o índice de ações (ativo arriscado) valem *simultaneamente*. Para os EUA, tanto no estudo de Hansen e Singleton quanto no de Epstein e Zin, as restrições advindas das equações de Euler são consistentemente rejeitadas, confirmando o *puzzle* apontado por Mehra e Prescott.

Em resposta a esse *puzzle*, o modelo básico CCAPM com utilidade CRRA foi reformulado em duas direções. Em primeiro lugar, justificou-se que o *puzzle* decorria de imperfeições de mercado — mercados incompletos (Mankiw, 1986), restrições à liquidez (Scheinkman & Weiss, 1986), custos de transação (Grossman & Laroque, 1989) — que implicariam a não-validade de um modelo de consumidor representativo, devido ao acesso limitado dos agentes ao mercado de ativos. Nesse caso, o modelo foi reformulado de modo a incorporar agentes heterogêneos. Em segundo lugar, tentou-se incorporar ao modelo de consumidor representativo preferências mais gerais que as dadas pelo modelo CRRA, permitindo a não-separabilidade no tempo e funções mais gerais que as do tipo utilidade esperada.

Para dados brasileiros, estimativas de aversão ao risco já foram calculadas no trabalho de Reis et alii (1998) para o modelo básico CRRA linearizado (na hipótese de log-normalidade), chegando-se a valores significativos, em alguns casos, de aversão relativa ao risco entre 3 e 5. Entretanto, para a log-linearização do modelo gerar resultados aceitáveis, os retornos dos ativos e o consumo têm que obedecer a uma série de restrições paramétricas muito fortes. Ademais, no estudo de Reis et alii apenas se considera que o agente econômico possa acumular ativos na forma de títulos sem risco, o que limita também a abrangência dos resultados empíricos.

Neste capítulo, estuda-se a aversão ao risco e a substitutibilidade intertemporal no consumo no Brasil de forma relativamente abrangente. Seguindo a segunda vertente da literatura internacional descrita anteriormente, estimam-se esses parâmetros estruturais para a economia brasileira usando o modelo de suavização do consumo ao longo do tempo a partir de três diferentes parametrizações para a função utilidade, a saber: utilidade do tipo CRRA (Hansen & Singleton, 1982, 1983), com hábito externo (Abel, 1990) e utilidade do tipo Kreps-Porteus (Epstein & Zin, 1989, 1991). Ademais, na implementação empírica, faculta-se ao consumidor representativo a possibilidade de alocar sua riqueza em dois tipos de ativos distintos: títulos públicos e uma carteira de ações.

A técnica econométrica aqui utilizada é o método generalizado dos momentos (GMM). Este possibilita não só estimar os parâmetros estruturais dos modelos envolvidos, mas também testar as restrições advindas das respectivas equações de Euler de cada modelo, resultando num teste do *equity premium puzzle* para o Brasil. Usam-se dados em duas freqüências diferentes (anual e trimestral) e uma vasta gama de instrumentos. A grande variedade de possíveis combinações de freqüências dos dados, funções utilidade e lista de instrumentos possibilita verificar a robustez das estimativas obtidas e dos testes do *equity premium puzzle* para o Brasil. Sem dúvida, os resultados empíricos aqui obtidos representam um esforço original e necessário para pôr a literatura brasileira a par com a literatura internacional. Mesmo do ponto de vista desta última, desconhecemos qualquer esforço empírico semelhante ao nosso contido num único trabalho.

Primeiramente descrevemos os três modelos macroeconômicos teóricos a serem testados. Em seguida, apresentamos a descrição dos dados e do método de estimação empregado e, por fim, os resultados empíricos e as conclusões.

Modelos teóricos

O problema geral do agente representativo é:

$$\max_{\left[\{c_{t+j}\}_{j=0}^{\infty},\ \{\theta_{t+j+1}\}_{j=0}^{\infty}\right]} U_t(.), \tag{1}$$

sujeito à seqüência (2) abaixo:

$$C_{t+j} + q_{t+j}\theta_{t+j+1} \leq [q_{t+j} + q^*_{t+j}]\ \theta_{t+j} + y_{t+j},\ \forall_j = 0, 1, 2, ..., \tag{2}$$

onde estão disponíveis N ativos nessa economia, sendo $\theta_{t+j(N\times 1)}$ o vetor referente às suas respectivas quantidades detidas em $t+j$, $q_{t+j(N\times 1)}$ o vetor de preços desses ativos (líquidos de distribuição) no período $t+j$ e $q^*_{t+j(N\times 1)}$ o vetor de dividendos (valores das distribuições) desses ativos. Adicionalmente, a cada período, o agente recebe uma renda exógena y_{t+j}, que é variável de estado no problema do consumidor.

A função utilidade CRRA

Seguindo Hansen e Singleton (1983), a função utilidade intertemporal no modelo básico é do tipo *von Neumann-Morgenstern* (aditivamente separável):

$$U_t = E_t\left[\sum_{j=0}^{\infty}\beta^j u[C_{t+j}]\right] \tag{3}$$

onde C_t é o consumo agregado *per capita*, $E_t(.)$ é a esperança condicional ao conjunto de informação disponível ao agente no período t, e β é a taxa de desconto intertemporal, sendo $0 < \beta < 1$. A maximização de (3) sujeita à seqüência (2) resulta nas seguintes N condições de primeira ordem (equações de Euler):

$$u'\left[C_t\right] = E_t\left\{\beta u'\left[C_{t+1}\right]\left(1 + R_{i,t+1}\right)\right\}, \forall i = 1, \ldots, N, \tag{4}$$

onde definiu-se a taxa de retorno real do ativo i no período $t + 1$ como $R_{i,t+1} := \dfrac{q_{t+1} + q^{*}_{t+1}}{q_t} - 1.$

Dividindo-se ambos os lados de (4) por $u'(C_t)$ obtém-se:

$$1 = E_t\left[\left(1 + R_{i,t+1}\right)M_{t+1}\right], \forall i = 1, \ldots, N, \tag{5}$$

onde M_{t+1} é o chamado *pricing kernel*.

No primeiro modelo aqui discutido, parametriza-se a função utilidade instantânea do agente representativo como CRRA:

$$u(C_t) = \frac{C_t^{1-\gamma} - 1}{1-\gamma}, \tag{6}$$

onde γ é o coeficiente de aversão relativa ao risco. A maior crítica a essa especificação de função utilidade é que apenas um parâmetro γ rege tanto o coeficiente de aversão relativa ao risco quanto a elasticidade intertemporal de substituição no consumo ψ, pois:

$$\psi \equiv \frac{\partial \ln\left(\frac{C_{t+1}}{C_t}\right)}{\partial \ln R_t} \tag{7}$$

$$= \frac{1}{\gamma} \tag{8}$$

Por exemplo, um agente avesso ao risco (γ alto) pouco altera seu padrão de consumo em resposta a variações nas taxas de juros (ψ baixo), dado que a aversão ao risco é recíproca à elasticidade intertemporal de substituição no consumo.

Aplicando-se a parametrização da função utilidade em (4), obtém-se:

$$1 = E_t\left[\beta\left(\frac{C_{t+1}}{C_t}\right)^{-\gamma}\left(1 + R_{i,t+1}\right)\right], \forall = 1, \ldots, N \tag{9}$$

e, nesse caso, o *pricing kernel* é uma função do crescimento do consumo:

$$M_{t+1}^{CRRA} = \beta\left(\frac{C_{t+1}}{C_t}\right)^{-\gamma}. \tag{10}$$

Modelo de hábito externo

Os chamados modelos de formação de hábito supõem a existência de um efeito positivo do consumo passado — entendido como "hábito" do consumidor — na função utilidade instantânea do agente, permitindo que haja a não-separabilidade da função utilidade no tempo. A função utilidade intertemporal passa a depender também de v, um parâmetro de preferências:

$$U_t = E_t \sum_{j=0}^{\infty} \beta^j u[C_{t+j}, v_{t+j}]. \tag{11}$$

A especificação da forma funcional de $u(.)$ e de $v(.)$ deu origem a diferentes modelos de formação de hábito na literatura. Para especificações alternativas, ver, por exemplo, Abel (1990) ou Constantinides (1990). Seguindo-se Abel, especifica-se aqui a função $v(.)$ como:

$$v_t := [C_{t-1}^{D}\overline{C}_{t-1}^{1-D}]^k, \tag{12}$$

onde C_{t-1} é o consumo do agente em $t-1$, $\overline{C}_{t-1}$ o consumo agregado em $t-1$, e k é o parâmetro que rege a separabilidade no tempo da função utilidade. Para termos hábito externo, $D = 0$ e $k > 0$ (ou seja, o nível de hábito é variável de estado para o agente), enquanto no modelo de hábito interno $D = 1$ e $k >$ (ou seja, a escolha do nível de consumo do agente hoje afeta o nível de hábito no período seguinte). O modelo de hábito externo de Abel, também chamado de *catching up with the Joneses*,[1] tem a função utilidade instantânea parametrizada como:

$$u(C_t, v_t) = \frac{\left[\frac{C_t}{v_t}\right]^{1-\gamma}}{1-\gamma}. \tag{13}$$

Aventando-se a hipótese de hábito externo ($D = 0$ e $k > 0$), aplicando-se (12) em (13) e substituindo-se em (11), o problema do agente representativo torna-se:

---

[1] No modelo de hábito externo, o nível de hábito relevante para o agente é o observado na sua "vizinhança" (*Joneses*) no período anterior, originando-se daí a expressão *catching up with the Joneses*.

$$\max_{\left[\{C_{t+j}\}_{j=0}^{\infty},\ \{\theta_{t+j}\}_{j=0}^{\infty}\right]} E_t\left[\sum_{j=0}^{\infty}\beta^j\left[\frac{\left[\frac{C_{t+j}}{(\overline{C}_{t+j-1})^k}\right]^{1-\gamma}}{(1-\gamma)}\right]\right], \tag{14}$$

sujeito à seqüência (2), onde C_{t+j} representa o consumo individual e $\overline{C}_{t+j-1}$ o consumo agregado, que é tomado parametricamente pelo agente no problema de otimização. Resolvendo-se o problema para o agente representativo e impondo-se a restrição de que o consumo individual e o agregado são idênticos, chega-se às seguintes N equações de Euler:

$$1 = E_t\left[\beta\left(\frac{C_t}{C_{t-1}}\right)^{k(\gamma-1)}\beta\left(\frac{C_{t+1}}{C_t}\right)^{-\gamma}\left(1+R_{i,t+1}\right)\right],\ \forall i = 1, ..., N \tag{15}$$

de forma que nesse modelo o *pricing kernel* inclui outro termo referente ao crescimento do consumo no período anterior, que desaparece se $k = 0$:

$$M_{t+1}^{HE} = M_{t+1}^{CRRA}\left(\frac{C_t}{C_{t-1}}\right)^{k\ \gamma-1}. \tag{16}$$

Interpreta-se k como parâmetro de separabilidade do consumo *vis-à-vis* o consumo passado na função utilidade. Porém, quando $k = 0$, volta-se ao caso em que as equações de Euler são idênticas àquelas com utilidade CRRA, ou seja, equação (9). Ademais, como o consumidor representativo toma o consumo agregado parametricamente, a elasticidade intertemporal de substituição no consumo ψ é igual à $1/\gamma$ no modelo com hábito externo. Note-se que o mesmo não ocorre para o modelo com hábito interno, sendo essa uma diferença marcante entre ambos.

Modelo com utilidade tipo Kreps-Porteus

O modelo apresentado aqui segue Epstein e Zin (1989, 1991). É uma generalização da função do tipo utilidade esperada proposta por Kreps e Porteus (1978) e permite a separação entre o comportamento observável atribuível à aversão ao risco e aquele atribuível à substituição intertemporal — uma das críticas ao modelo com utilidade CRRA.[2] A idéia básica é que o agente representativo forma um equivalen-

[2] A principal crítica à não identificação dos dois parâmetros no modelo CRRA, de acordo com Hall (1988), fundamenta-se no seguinte argumento: a elasticidade de substituição intertemporal refere-se à disposição dos investidores de alterar seu consumo entre períodos de tempo (o que é definido mesmo num ambiente sem incerteza), enquanto o coeficiente de aversão ao risco refere-se à disposição dos investidores de alterar seu consumo entre estados da natureza (o que é definido mesmo num modelo uniperiódico).

te certeza de sua utilidade futura usando sua preferência pelo risco. Esse equivalente certeza é combinado com o consumo corrente em t (determinístico) através de uma função agregadora ($W(.)$), obtendo-se, assim, uma função de utilidade intertemporal.

Definindo-se $\overline{U}_{t+1}$ como a utilidade futura do agente e $\mu[\overline{U}_{t+1} \mid I_t]$ como o seu equivalente certeza, tem-se a seguinte especificação de função utilidade intertemporal:

$$U_t = W[C_t, \mu[\tilde{U}_{t+1} \mid I_t]], \tag{17}$$

de forma que a aversão ao risco está sintetizada em $\mu(.)$, e a substituição intertemporal, em $W(.)$. A modelagem do equivalente certeza utilizada — a das preferências pelo risco — é a chamada α-*mean* ou *constant relative risk aversion expected utility*:

$$\mu[\tilde{U}_{t+1} \mid I_t] = [E_t \tilde{U}_{t+1}^{\alpha}]^{1/\alpha}, \; 0 \neq \alpha < 1,$$

$$\log[\mu[\tilde{U}_{t+1} \mid I_t]] = E_t \log\tilde{U}_{t+1}, \; \alpha = 0. \tag{18}$$

Parametriza-se a função agregadora como uma função de elasticidade de substituição constante (CES):

$$U_t = \left[(1-\beta)\, C_t^{\rho} + \beta\, (E_t \tilde{U}_{t+1}^{\alpha})^{\frac{\rho}{\alpha}} \right]^{\frac{1}{\rho}}, \text{ para } 0 \neq \rho < 1, \tag{19}$$

onde a elasticidade intertemporal de substituição no consumo (ψ) é dada por

$$\psi = \frac{1}{(1-\rho)}. \tag{20}$$

O parâmetro α reflete o comportamento do agente diante do risco. Na especificação acima, o coeficiente de aversão relativa ao risco γ é constante, $\gamma = 1-\alpha$. Note-se que, quando, $\alpha = 0$, temos um modelo com as mesmas restrições que as de um modelo de utilidade esperada e preferências logarítmicas. Quando $\alpha = \rho$, volta-se a ter a utilidade aditivamente separável.

A resolução da maximização de (19) sujeita à seqüência de restrições (2) resulta nas seguintes N equações de Euler (Epstein & Zin, 1991):

$$1 = E_t \left[\beta^{\eta} \left(\frac{C_{t+1}}{C_t} \right)^{\eta(\rho-1)} \tilde{B}_{t+1}^{\eta-1} \left(1 + R_{i,t+1}\right) \right], \; \forall i = 1, \ldots, N \tag{21}$$

onde definiu-se $\eta := \frac{\alpha}{\rho}$ e o termo $\widetilde{B}_{t+1}$ como o retorno bruto do portfólio ótimo.[3]

Essa especificação permite, pois, incluir um termo no *pricing kernel* referente à incerteza agregada na economia, captado por $\widetilde{B}_{t+1}$: o *pricing kernel* é uma média geométrica entre aquele do modelo aditivamente separável (CRRA) — que reflete o crescimento do consumo — e o termo que reflete a incerteza agregada:

$$M_{t+1}^{EZ} = (M_{t+1}^{CRRA})^{\eta} \left(\frac{1}{\widetilde{B}_{t+1}} \right)^{1-\eta} \tag{22}$$

Para testar a hipótese de separabilidade, os autores usam um sistema de equações de Euler que inclui (21) e a especificação do modelo para o caso de preferências pelo risco logarítmicas com não-separabilidade $\alpha = 0$; $\rho \neq 0$, dada pela seguinte equação:

$$E_t \left[\frac{\left[\beta \left(\frac{C_{t+1}}{C_t} \right)^{(\rho-1)} \widetilde{B}_{t+1} \right]^{\eta} - 1}{\eta} \right] = 0 \tag{23}$$

Base de dados e método de estimação

Base de dados

Os sistemas de equações formados por (9), (15), e (21) e (23), foram respectivamente estimados para os dados brasileiros em diferentes freqüências. Os trabalhos empíricos na literatura internacional (Hansen & Singleton, 1982, 1983; Epstein & Zin, 1991) utilizam dados em freqüência mensal, argumentando que estes se adaptam mais ao *timing* de decisão dos agentes. Além disso, tais modelos são adequados para dados de consumo agregado de bens não-duráveis.[4] Utilizaram-se aqui séries de consumo e retorno dos ativos em duas diferentes freqüências: anual, por ser a série oficialmente publicada nas Contas Nacionais para o consumo (apesar de não se adequar ao *timing* de decisão do agente e não diferenciar duráveis de não-duráveis), e trimestral, cuja série é construída a partir da série anual, mas também sem discriminar bens duráveis de não-duráveis.

[3] Epstein e Zin representam essa variável pelo retorno de um índice de ações negociadas na Bolsa de Nova York.

[4] Ver Bernanke (1985) para explicação do problema com bens duráveis.

Considerou-se também usar uma série mensal de produção doméstica de bens não-duráveis na cidade de São Paulo como *proxy* para o consumo mensal de não-duráveis. Infelizmente, essa série, além de ter abrangência regional, ainda apresenta uma quebra estrutural em 1990:1, quando seu nível recuou em 50% *vis-à-vis* os valores do mês anterior, o que representaria um comportamento demasiado aberrante para qualificar essa série como uma *proxy* para o consumo.[5]

Os dados de consumo agregado nominal em freqüência anual, de 1975 a 1994, vêm das Contas Nacionais calculadas pela Fibge[6] e foram deflacionados pelo IGP-DI para obter a série de consumo agregado real. Como o modelo requer o consumo agregado real *per capita*, dividimos os dados de consumo real pelos dados de população, também publicados pela Fibge. Para freqüência trimestral, os dados de consumo agregado não são calculados diretamente nas Contas Nacionais, apesar de contarmos com as séries de PIB e de formação bruta de capital fixo para essa freqüência. Para o período de 1975:1 a 1994:4, utilizam-se as mesmas séries de Reis et alii (1998), que subtraíram da série de PIB nominal trimestral as séries trimestrais de formação bruta de capital fixo e de saldos de transações correntes, a fim de obter uma aproximação do consumo nominal trimestral. A série nominal de consumo agregado obtida foi deflacionada pelo IGP-DI e posteriormente dividida pela série de população[7] para obter o consumo real *per capita*. A série de consumo real *per capita* foi então dessazonalizada por apresentar um forte componente sazonal, o que pode decorrer do fato de a série de consumo ter sido obtida a partir da série do PIB e da formação bruta de capital fixo. Vale ressaltar que as séries usadas em estudos internacionais também são dessazonalizadas, o que torna os nossos resultados diretamente comparáveis aos resultados internacionais.[8]

A série de taxa de juros utilizada — retorno de títulos públicos federais — publicada pela Associação Nacional de Instituições de Mercado Aberto (Andima) tem por fonte a mesa de operações do Banco Central. A publicação contém dados mensais nominais e reais, que foram acumulados para a obtenção dos dados trimestrais e anuais.

A série de retorno do ativo arriscado utilizada foi a taxa de retorno do Ibovespa. A partir dos índices Bovespa mensais para o período de 1975:1 a 1998:12 constru-

---

[5] Agradecemos a um parecerista anônimo por ter chamado a atenção para esse fato. Uma versão anterior deste trabalho contém a análise dessa série mensal.

[6] As séries de consumo agregado nas Contas Nacionais, por serem calculadas como resíduo, contêm erros de mensuração. A estimação por GMM (e o teste de sobreidentificação) permite verificar se esses erros afetam as estimativas. Para uma explicação mais detalhada desse problema, ver Reis et alii (1998).

[7] Como não há disponibilidade de dados trimestrais para a série de população, fez-se uma interpolação linear na série anual, uma vez que a série de população é muito suave.

[8] As equações também foram estimadas para o modelo com a série trimestral sem correção de sazonalidade, mas incluindo-se *dummies* sazonais nas equações de Euler como instrumentos, num procedimento idêntico ao feito por Reis et alii (1998), tornando os resultados nesse caso também diretamente comparáveis.

iu-se a série de retorno nominal, posteriormente deflacionada — tal como feito com a série de juros — para a obtenção do retorno real do ativo arriscado.

As figuras 1 e 2 apresentam os dados aqui usados em freqüência anual e trimestral, respectivamente. Vale notar a grande variação observada no retorno do índice Bovespa.

Figura 1
Dados em freqüência anual

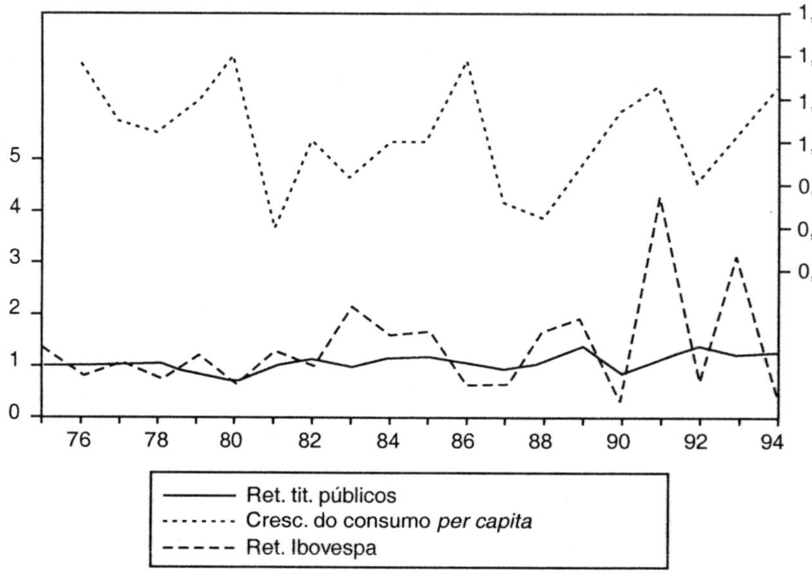

Figura 2
Dados em freqüência trimestral

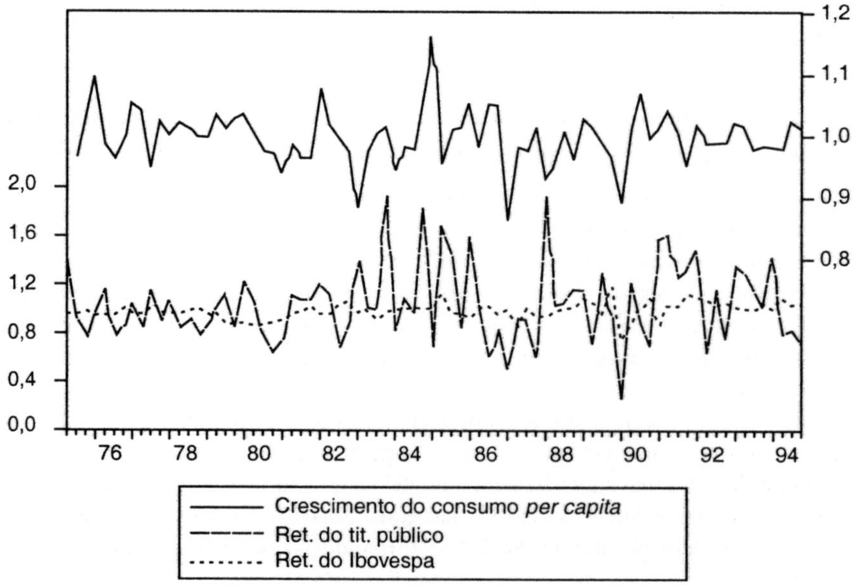

Estimação por GMM

A idéia básica do método generalizado dos momentos é implementar um procedimento de escolha de parâmetros que minimize as contrapartidas amostrais ponderadas das condições de ortogonalidade populacionais (também chamadas de restrições de momentos) derivadas do modelo. A estimação por variáveis instrumentais pode ser vista como uma aplicação do método GMM, uma vez que explora a idéia de ortogonalidade entre o resíduo e o conjunto de instrumentos e, portanto, impõe restrições aos momentos populacionais.

Como as propriedades dos estimadores de GMM são atualmente de conhecimento geral na econometria e macroeconomia aplicadas, aqui não discutiremos o tema em profundidade.[9]

Para implementar essa técnica, deve-se inicialmente selecionar um conjunto de instrumentos. Visando maior robustez dos resultados, diferentes conjuntos de instrumentos são aqui utilizados. Antes dos resultados de cada modelo, na próxima seção, há uma listagem dos instrumentos empregados, procurando-se sempre utilizar os mesmos conjuntos de trabalhos anteriores. Para poder identificar os parâmetros de interesse, é necessário que o número de condições de ortogonalidade seja igual ao de parâmetros. Em geral, os modelos são sobreidentificados (mais restrições de ortogonalidade do que parâmetros), de forma que não se pode satisfazer todas as condições de ortogonalidade simultaneamente para um mesmo parâmetro escolhido como ótimo. Para resolver essa questão, utiliza-se uma matriz de ponderação para as várias restrições de momentos, a qual pode ser estimada de forma ótima. Para dar maior robustez aos resultados, utilizam-se diferentes formas de estimação da matriz ótima de ponderação e de construção da estimativa da matriz de covariância dos parâmetros estimados: o método de Newey e West (1987) com janela fixa (F), o de Newey e West (1994) com janela variável (NWV) e o de Andrews (1991) com janela variável (ADW).

A especificação de cada modelo estimado por GMM é testada pelo teste das restrições de sobreidentificação (Hansen, 1982) através da estatística$(T \times J)$, que tem distribuição assintótica χ^2, com $(r - k)$ graus de liberdade, onde r é o número de condições de ortogonalidade e k o número de parâmetros do modelo estrutural.

---

[9] O leitor interessado deve consultar Hamilton (1994) e Davidson e MacKinnon(1993) para uma introdução ao assunto. Para uma explicação detalhada das propriedades dos estimadores GMM, ver Hansen (1982). Para uma explicação sobre a implementação do método e sua aplicação ao modelo macroeconômico básico de consumidor representativo (CRRA), ver Hansen e Singleton (1982). Para uma resenha recente, bastante completa, ver Mátyás (1999).

Resultados empíricos

Para tentar resumir da melhor forma possível os resultados empíricos, procede-se da seguinte maneira: primeiro, apresentam-se os resultados das estimativas dos parâmetros estruturais de cada modelo individualmente, comparando-se os resultados das estimativas intramodelos nas próximas três seções. Segundo, resumem-se todos os resultados empíricos comparando-os intermodelos, a fim de ter uma clara visão da aversão ao risco, da taxa de desconto intertemporal, e da substitutibilidade intertemporal do consumo no Brasil. Isso é feito na quarta seção, que também engloba uma comparação entre os resultados empíricos (brasileiros) aqui obtidos e os da economia norte-americana. Para os últimos, usam-se como referências os estudos de Hansen e Singleton (1982) — utilidade CRRA, com dados mensais —, de Epstein e Zin (1991) — utilidade Kreps-Porteus, com dados mensais —, e de Runkle (1991) — utilidade CRRA, com dados anuais.

Modelo com função utilidade CRRA

Os resultados da estimação de (9) pelo método GMM estão resumidos na tabela 1 (A, B e C). Seguindo-se Hansen e Singleton (1982), usou-se um sistema com dois tipos de ativos: um de renda fixa (títulos públicos) e outro de renda variável (índice Bovespa). Cada tabela apresenta as estimativas obtidas utilizando-se diferentes conjuntos de instrumentos e diferentes formas de estimação da matriz de ponderação, como já descrito. Mostram-se apenas os resultados das estimativas onde se conseguiu a convergência dos estimadores.

Os resultados da tabela 1 (A, B e C) mostram que em nenhum dos casos o sistema de equações de Euler foi rejeitado pelo teste $T \times J$ das restrições de sobreidentificação utilizando os níveis de significância usuais. As estimativas de β mostram-se, em geral, muito próximas à unidade (com mediana de 0,99) para dados em freqüência trimestral, embora próximas de 0,9 para dados com freqüência anual. Note-se que só se pode comparar taxas em freqüências diferentes se estas forem equalizadas para alguma freqüência comum, o que traria a estimativa mediana trimestral para 0,96 em freqüência anual.

Já as estimativas de γ apresentam resultados menos robustos, especialmente se comparamos os resultados de 1B com os de 1C. Pelos resultados da primeira, temos estimativas positivas, entre zero e um, mas geralmente não-significativas (com algumas exceções). Já para a segunda, temos estimativas superiores à unidade e significativas em todos os casos. Se considerássemos apenas os resultados de 1C, teríamos um grau mediano de aversão ao risco de aproximadamente 1,70, o que estaria em linha com o que se poderia esperar *a priori*. A existência da não-neutralidade ao risco $\gamma > 0$ obtida em 1C está em linha com os resultados de 1A. Entretanto, o resultado para dados anuais revela uma aversão ao risco quase três vezes maior que a estimativa mediana para dados trimestrais com *dummies* sazonais (4,89).

TABELA 1
Utilidade CRRA – sistema de equações de Euler

$$1 = E_t\left[\beta\left(\frac{C_{t+1}}{C_t}\right)^{-\gamma}(1+R_{i,t+1})\right],\ \forall i = 1, ..., N$$

onde $N = 2$, $R_{1,t+1}$ = retorno do Ibovespa e $R_{2,t+1}$ = retorno do título público

A) Dados anuais				B) Dados trimestrais dessazonalizados				C) Dados trimestrais com *dummies* sazonais			
Inst./Mtz.	**β**	**γ**	**T × J**	**Inst./Mtz.**	**β**	**γ**	**T × J**	**Inst./Mtz.**	**β**	**γ**	**T × J**
I4/F	0,894**	4,810**	6,774	I3/F	0,995**	0,891	6,468	I3/F	0,978**	1,320**	10,129
	(0,021)	(0,238)	(0,872)		(0,008)	(0,701)	(0,594)		(0,017)	(0,485)	(0,518)
I7/ADW	0,890**	4,970**	10,200	I3/NWV	0,993**	1,255**	5,700	I3/ADW	0,984**	1,287**	10,658
	(0,04)	(0,34)	(0,598)		(0,041)	(0,618)	(0,680)		(0,022)	(0,513)	(0,472)
I8/ADW	0,740**	6,810**	11,050	I3/ADW	0,991**	0,856	7,768	I4/F	0,968**	1,373**	11,295
	(0,04)	(1,09)	(0,525)		(0,008)	(0,789)	(0,456)		(0,016)	(0,335)	(0,731)
I8/F	0,830**	6,600**	6,630	I4/F	0,981**	–0,589	9,978	I4/NWD	0,970**	1,739**	9,323
	(0,03)	(0,53)	(0,881)		(0,006)	(0,394)	(0,617)		(0,013)	(0,300)	(0,860)
I7/F	0,640**	4,490**	13,010	I4/NWV	0,982**	0,566*	7,192	I4/ADW	0,979**	1,176**	13,748
	(0,04)	(0,66)	(0,327)		(0,005)	(0,316)	(0,844)		(0,020)	(0,402)	(0,544)
I7/NWV	0,900**	6,820**	9,010	I4/ADW	0,987**	0,700	15,107	I6/F	0,963**	2,2284**	12,267
	(0,04)	(0,31)	(0,702)		(0,007)	(0,612)	(0,235)		(0,024)	(0,621)	(0,658)
I4/NWV	0,890**	5,790**	6,800	I6/F	0,993**	0,311	10,373	I6/ADW	0,961**	1,6826**	15,244
	(0,02)	(0,27)	(0,871)		(0,005)	(0,507)	(0,583)		(0,024)	(0,565)	(0,433)
I9/ADW	1,010**	1,360	4,76	I6/NWV	1,000**	0,125	7,592	I7/F	0,819**	4,7902**	10,266
	(0,03)	(1,48)	(0,575)		(0,005)	(0,423)	(0,816)		(0,045)	(1,443)	(0,802)
I9/F	0,990**	0,590	4,42	I6/ADW	0,986**	0,146	18,065	I7/NWV	0,776**	6,4381**	8,957
	(0,02)	(1,33)	(0,620)		(0,006)	(0,509)	(0,113)		(0,042)	(1,369)	(0,879)
I9/NWV	1,000**	2,640*	4,08	I7/F	0,986**	0,677	10,108	I7/ADW	0,843**	3,9593**	11,656
	(0,02)	(1,37)	(0,666)		(0,007)	(0,518)	(0,606)		(0,047)	(1,499)	(0,704)
				I7/NWV	0,992**	0,399	7,335				
					(0,007)	(0,402)	(0,834)				
				I7/ADW	0,988**	2,202*	11,539				
					(0,013)	(1,227)	(0,784)				
Estimativa mediana	**0,89**	**4,89**			**0,99**	**0,62**			**0,97**	**1,70**	

Notas: 1) *Inst.* se refere à lista de instrumentos utilizada. Todas contêm uma constante. Além disso, I1 usa duas defasagens de $R_{1,t+1}$ e C_{t+1}/C_t, I2 usa duas defasagens de $R_{2,t+1}$ e C_{t+1}/C_t, I3 usa duas defasagens de $R_{1,t}$ e C_t/C_{t-1}, I4 usa duas defasagens de $R_{1,t}$, $R_{2,t}$ e C_t/C_{t-1}, I5 usa duas defasagens de $R_{2,t}$ e C_t/C_{t-1}, I6 usa duas defasagens de $R_{1,t+1}$, $R_{2,t+1}$ e C_{t+1}/C_t, I7 usa três defasagens de $R_{1,t+1}$ e $R_{2,t+1}$, I8 usa duas defasagens de $R_{1,t-1}$, $R_{2,t-1}$ e C_{t-1}/C_{t-2}, I9 usa duas defasagens de C_{t+1}/C_t, I10 usa uma defasagem de $R_{1,t+1}$ e C_{t+1}/C_t e I11 usa uma defasagem de $R_{1,t}$ e C_t/C_{t-1}. Nas estimativas com *dummies* sazonais, estas também foram incluídas como instrumentos nas listas anteriores, embora mantendo-se a mesma notação anterior. 2) *Mtz.* se refere à forma como foi estimada a matriz de variância-covariância das restrições de momento usadas, onde *F* designa o uso da técnica de Newey e West (1987) com janela fixa, *ADW* designa o uso da técnica dem Andrews (1991) com janela variável, e *NWV* designa o uso da técnica de Newey e West (1994) com janela variável. 3) Os números entre parênteses, abaixo das estimativas dos parâmetros, são seus respectivos desvios-padrão estimados, robustos ante a heterocedasticidade e a autocorrelação serial nas restrições de momento. 4) A estatística $T \times J$ do teste das restrições de sobreidentificação de Hansen (1982), bem como o seu respectivo p-valor são apresentados na última coluna de cada conjunto de estimativas para o sistema. 5) A última linha da tabela apresenta a estimativa mediana para cada conjunto de estimativas numa determinada freqüência de observações. 6) * e ** designam, respectivamente, parâmetros significativamente diferentes de zero num teste unicaudal ao nível de 5% e 1%.

De qualquer forma, como tanto nas estimativas anuais quanto nas estimativas trimestrais com *dummies* sazonais obtiveram-se valores relativamente altos para γ, a aversão relativa ao risco, pode-se concluir que há evidências de que ela seja alta para consumidores brasileiros com função utilidade CRRA. Nesse sentido, os resultados com dados trimestrais dessazonalizados, que revelam uma estimativa mediana da aversão ao risco de 0,62, seriam uma nota dissonante. Vale ressaltar, entretanto, que Hansen e Singleton usam dados dessazonalizados semelhantes a esses, razão pela qual não deveríamos desconsiderar esse último resultado de nossa análise.[10]

Modelo de hábito externo

A tabela 2 (A e B) resume os principais resultados da estimação do sistema de equações de Euler (para o ativo sem risco e para o ativo arriscado) dado por (15) — em freqüência anual e trimestral (dados dessazonalizados).[11] Adotou-se a mesma notação das tabelas anteriores, com pequenas variações no conjunto de instrumentos.

Os resultados da tabela 2 são ambíguos, apesar de o modelo de hábito externo não ser rejeitado em nenhum caso pelo teste de restrições de sobreidentificação.[12] A causa dessa ambigüidade é o fato de encontrarmos forte evidência de que $k = 0$ para dados trimestrais, bem como forte evidência de que $k \neq 0$ para dados anuais. Ademais, para estes últimos, na maioria das vezes encontram-se dois tipos de resultados contra-intuitivos que violam pelo menos uma das premissas básicas do modelo de hábito externo. O primeiro é que $k < 0$, conjuntamente com $\gamma > 0$; e o segundo, que $k > 0$, conjuntamente com $\gamma < 0$. Note-se que não há nenhum caso em que ambas as estimativas sejam positivas e individualmente significativas. De qualquer forma, a estimativa mediana para γ é 1,10, o que parece razoável. Já os resultados para β com dados anuais indicam uma estimativa mediana de 0,88, que, embora baixa, também parece razoável. Com relação à elasticidade intertemporal de substituição no consumo ψ, como no modelo de hábito externo ela é ainda igual a $1/\gamma$, sua estimativa mediana é de 0,91 para dados anuais.

Para dados trimestrais, na maioria das vezes encontram-se estimativas também razoáveis para β. Entretanto, para γ e k encontra-se evidência de que sejam indivi-

---

[10] À luz dos resultados anuais, e levando em conta que a única diferença entre as séries trimestrais é a forma de modelar a sua sazonalidade, pode-se concluir que o uso de séries dessazonalizadas possivelmente mascara parte da variação cíclica do crescimento do consumo e do retorno dos ativos. Se assim for, então seria preferível usar *dummies* sazonais para isolar a sazonalidade das séries. Se compararmos os resultados de 1C com os de Reis et alii (1998), que também usam *dummies* sazonais para modelar a sazonalidade das séries, teremos resultados bastante parecidos, com uma estimativa não-trivial para a substituição intertemporal no consumo. Apesar disso, as estimativas de β em Reis et alii são bem menores do que as aqui apresentadas.

[11] Esse modelo não foi estimado usando-se *dummies* sazonais, mas apenas dados de consumo dessazonalizados, o que seria interessante para fins de comparação com os resultados de Reis et alii (1998).

[12] Vale notar que, com dados anuais, foi extremamente difícil conseguir a convergência do código de estimação por GMM.

TABELA 2
Utilidade com hábito externo – sistema de equações de Euler

$$1 = E_t\left[\beta\left(\frac{C_t}{C_{t-1}}\right)^{\kappa(\gamma-1)}\left(\frac{C_{t+1}}{C_t}\right)^{-\gamma}\left(1+R_{i,t+1}\right)\right], \forall i = 1, \ldots, N$$

onde $N = 2$, $R_{1,t+1}$ = retorno do Ibovespa e $R_{2,t+1}$ = retorno do título público

A) Dados anuais					B) Dados trimestrais dessazonalizados				
Inst./Mtz.	**β**	**κ**	**γ**	**T × J**	**Inst./Mtz.**	**β**	**κ**	**γ**	**T × J**
I4"/ADW	1,044**	−0,792*	−0,709	9,204	I1"/F	1,004**	2,894**	0,614	5,332
	(0,010)	(0,423)	(0,458)	(0,603)		(0,009)	(0,566)	(0,591)	(0,619)
I8/ADW	0,751**	-0,601**	12,993**	7,140	I1"/ADW	0,995**	3,280	0,695	6,516
	(0,060)	(0,167)	(2,227)	(0,787)		(0,009)	(6,77)	(0,620)	(0,480)
I4/NWV	0,860**	−0,350**	3,390**	5,280	I4/F	0,987**	1,190	0,492	9,094
	(0,01)	(0,10)	(0,17)	(0,917)		(0,007)	(1,112)	(0,370)	(0,613)
I4/F	0,920**	-11,88**	1,00**	6,400	I4/NWV	0,991**	0,679	0,436	7,130
	(0,01)	(0,03)	(0,12)	(0,845)		(0,006)	(0,454)	(0,285)	(0,788)
I4"/F	0,820**	0,570**	-1,600	6,560	I4/ADW	0,987**	3,442	0,833	13,172
	(0,03)	(0,29)	(1,60)	(0,833)		(0,08)	(11,89)	(0,579)	(0,282)
I4"/NWV	0,870**	0,660**	−0,65	4,800	I4"/F	0,979**	3,655	0,815	8,416
	(0,01)	(0,28)	(0,72)	(0,940)		(0,008)	(16,25)	(0,529)	(0,675)
I7/NWV	0,890**	−0,520**	60,28**	6,29	I4"/NWV	0,979**	0,584	0,410	7,625
	(0,09)	(0,04)	(0,90)	(0,901)		(0,007)	(0,520)	(0,484)	(0,746)
I11/F	1,04**	3,58	1,19	2,89	I6"/F	0,998**	1,533	0,413	9,663
	(0,03)	(45,57)	(2,32)	(0,409)		(0,007)	(1,350)	(0,376)	(0,560)
					I6"/NWV	1,003**	0,524	0,498*	6,787
						(0,005)	(0,533)	(0,278)	(0,816)
					I6"/ADW	0,988**	1,563	0,654	14,321
						(0,007)	(2,46)	(0,472)	(0,215)
					I7/NWV	0,956**	3,212	2,617*	6,537
						(0,032)	(2,206)	(1,484)	(0,835)
					I8/F	0,984**	0,694	-0,687	10,648
						(0,007)	(0,526)	(0,799)	(0,473)
					I8/ADW	0,986**	3,730**	-0,336	13,421
						(0,006)	(0,521)	(0,69)	(0,266)
					I10"/F	0,994**	0,745	0,192	2,404
						(0,008)	(1,102)	(0,580)	(0,492)
					I10"/NWV	0,998**	0,967	0,302	2,424
						(0,009)	(1,386)	(0,594)	(0,489)
					I10"/ADW	0,992**	0,571	-0,028	2,359
						(0,007)	(0,424)	(0,590)	(0,501)
Estimativa mediana	**0,88**	**−0,44**	**1,10**			**0,99**	**1,36**	**0,46**	

Notas: 1) *Inst.* se refere à lista de instrumentos utilizada. Todas contêm uma constante. Além disso, I1 usa duas defasagens de $R_{1,t+1}$ e C_{t+1}/C_t, I2 usa duas defasagens de $R_{2,t+1}$ e C_{t+1}/C_t, I3 usa duas defasagens de $R_{1,t}$ e C_t/C_{t-1}, I4 usa duas defasagens de $R_{1,t}$, $R_{2,t}$ e C_t/C_{t-1}, I5 usa duas defasagens de $R_{2,t}$ e C_t/C_{t-1}, I6 usa duas defasagens de $R_{1,t+1}$, $R_{2,t+1}$ e C_{t+1}/C_t, I7 usa três defasagens de $R_{1,t+1}$ e $R_{2,t+1}$, I8 usa duas defasagens de $R_{1,t-1}$, $R_{2,t-1}$ e C_{t-1}/C_{t-2}, I9 usa duas defasagens de C_{t+1}/C_t, I10 usa uma defasagem de de $R_{1,t+1}$ e C_{t+1}/C_t, e I11 usa uma defasagem de $R_{1,t}$ e C_t/C_{t-1}. Em alguns casos, usaram-se esses mesmos conjuntos de instrumentos genéricos (IJ) com a taxa de crescimento do consumo defasada de um período adicional, os quais foram denominados IJ". 2) *Mtz.* se refere à forma como foi estimada a matriz de variância-covariância das restrições de momento usadas, onde *F* designa o uso da técnica de Newey e West (1987) com janela fixa, *ADW* designa o uso da técnica de Andrews (1991) com janela variável, e *NWV* designa o uso da técnica de Newey e West (1994) com janela variável. 3) Os números entre parênteses, abaixo das estimativas dos parâmetros, são seus respectivos desvios-padrão estimados, robustos ante a heterocedasticidade e a autocorrelação serial nas restrições de momento. 4) A estatística $T \times J$ do teste das restrições de sobreidentificação de Hansen (1982), bem como o seu respectivo *p*-valor são apresentados na última coluna de cada conjunto de estimativas para o sistema. 5) A última linha da tabela apresenta a estimativa mediana para cada conjunto de estimativas numa determinada freqüência de observações. 6) * e ** designam, respectivamente, parâmetros significativamente diferentes de zero num teste unicaudal ao nível de 5% e 1%.

dualmente zero, com raríssimas exceções. Vale lembrar que, quando $k = 0$, o modelo de hábito externo se degenera, transformando-se no modelo com utilidade CRRA. Mas há algumas exceções onde se encontram indícios de separabilidade no tempo. Nesses casos, dadas as respectivas estimativas de γ, dir-se-ia que os agentes são neutros em relação ao risco. Entretanto, a maioria dos resultados da tabela 2(B) com dados trimestrais leva a concluir, forçosamente, que não há separabilidade. Nesse caso, as estimativas de γ na tabela 1 seriam mais eficientes do que as da tabela 2, pois no modelo com utilidade CRRA estima-se um parâmetro a menos do que naquele com hábito externo.

Modelo com utilidade tipo Kreps-Porteus

No trabalho original de Epstein e Zin (1991), a estimação do sistema de equações de Euler dado por (21) e (23) foi feita para cinco ativos: o ativo sem risco (título do governo) e quatro grupos de ações.[13] Para o caso brasileiro, porém, não há uma série longa desagregada por setores do retorno do Ibovespa. Assim, aqui a estimação será feita apenas para o ativo sem risco. Os conjuntos de instrumentos utilizados são os mesmos dos modelos anteriores (para muitos não se atingiu a convergência dos estimadores).

A escolha dos parâmetros a serem estimados diretamente no sistema composto por (21) e (23) recaiu sobre (β, n e ρ), devido à sua maior adequação aos métodos numéricos aqui utilizados. Como os parâmetros de interesse são β, Ψ e γ,[14] as estimativas para ψ e γ foram obtidas a partir de η e ρ através do método delta (ver Greene, 1997).

Para dados trimestrais (tabela 3), o modelo não foi rejeitado pelo teste das restrições de sobreidentificação para os conjuntos I3, I4, I7, I9 e I10. Para os casos de não-rejeição do modelo, as estimativas para β foram significativas e altas, variando entre 0,94 e 0,98 — com estimativa mediana entre todas as estimativas de 0,96. As estimativas de ψ foram significativamente diferentes de zero na maioria dos casos nos quais o modelo não foi rejeitado, ficando quase sempre dentro do intervalo [0,2, 0,3] (mediana de 0,29) e evidenciando alguma disposição dos agentes de alterar seu padrão de consumo diante de variações nas taxa de juros, isto é, alguma substitutibilidade intertemporal no consumo. Na maioria dos casos em que o modelo não foi rejeitado, constatou-se que γ não é estatisticamente significativo, o que nos levaria ao modelo com utilidade esperada e preferências logarítmicas. De qualquer forma, a estimativa mediana de γ é 0,68.

---

[13] Como os autores consideram o retorno do portfólio ótimo (ou portfólio de mercado) um índice ponderado de ações, os retornos dos ativos de risco considerados foram calculados a partir de índices que refletem os retornos das ações dos quatro principais grupos da classificação SIC que compõem esse índice de mercado.

[14] A interpretação do parâmetro η é feita no trabalho original, refletindo a preferência do agente pela resolução "tardia" ou "recente" da incerteza.

TABELA 3
Utilidade Kreps-Porteus – sistemas de equações de Euler

$$\begin{cases} 1 = E_t\left[\beta^{\eta}\left(\dfrac{C_{t+1}}{C_t}\right)^{\eta(\rho-1)} \tilde{B}_{t+1}^{\eta-1}\ (1+R_{i,t+1})\right], \forall i = 1,\ldots,N \\[2ex] E_t\left[\dfrac{\left[\beta\left(\dfrac{C_{t+1}}{C_t}\right)^{(\rho-1)} \tilde{B}_{t+1}\right]^{\eta} - 1}{\eta}\right] = 0 \end{cases}$$

onde $N = 1$, $\tilde{B}_{t+1}$ = retorno do Ibovespa e $R_{1,t+1}$ = retorno do título público,

$\eta = \dfrac{\alpha}{\rho}$,

$\psi = \dfrac{1}{1-\rho}$, $\gamma = 1 - \alpha$.

(a) Dados anuais						(b) Dados trimestrais dessazonalizados					
Inst./Mtz.	β	ρ	ψ	γ	T × J	Inst./Mtz.	β	ρ	ψ	γ	T × J
I4/NWV	0,934**	1,521**	−1,919**	0,032	5,185	I2/ADW	0,947**	2,439**	−0,694**	1,151**	15,76
	(0,008)	(0,256)	(0,943)	(0,175)	(0,921)		(0,010)	(0,747)	(0,114)	(0,192)	(0,027)
I9/F	0,931**	−3,192	0,238	2,797*	1,619	I3/F	0,946**	−2,473*	0,287**	−0,271	8,85
	(0,005)	(3,562)	(0,202)	(1,579)	(0,655)		(0,020)	(1,408)	(0,116)	(1,07)	(0,263)

(a) Dados anuais

Inst./Mtz.	β	ρ	ψ	γ	T × J
I9/ADW	0,932**	–3,185	0,238	–0,802	1,615
	(0,059)	(3,563)	(0,203)	(1,595)	(0,655)
I10/ADW	0,820**	10,567**	–0,104**	–27,23**	2,61
	(0,104)	(2,878)	(0,031)	(8,735)	(0,455)
I11/F	1,020**	–0,289	0,775	1,308	2,403
	(0,05)	(1,870)	(1,125)	(1,998)	(0,493)
I11/NWV	0,975**	–2,839	0,260**	3,083**	1,989
	(0,053)	(16,25)	(0,124)	(1,27)	(0,544)
I9/F	0,94**	–3,180	0,240	2,780	1,800
	(0,06)	(3,55)	(0,20)	(1,92)	(0,610)
I6/F	1,19**	0,130**	1,149**	0,750	6,120
	(0,03)	(0,41)	(0,54)	(0,79)	(0,865)
I6/NWV	0,81**	4,390**	–0,294**	–5,360**	17,46
	(0,02)	(0,74)	(0,06)	(1,08)	(0,095)
Estimativa mediana	**0,93**		**0,24**	**0,75**	

(b) Dados trimestrais dessazonalizados

Inst./Mtz.	β	ρ	ψ	γ	T × J
I3/NWV	0,949**	–2,447**	0,290**	–0,262	7,717
	(0,020)	(1,27)	(0,107)	(0,921)	(0,358)
I4/F	0,960**	–2,477**	0,287**	–1,137	10,725
	(0,020)	(1,17)	(0,096)	(1,158)	(0,151)
I4/NWV	0,985**	–1,166	0,375**	–0,699	8,662
	(0,019)	(0,904)	(0,127)	(0,986)	(0,653)
I4/ADW	0,946**	–1,206	0,453**	–0,111	18,15
	(0,019)	(1,108)	(0,227)	(1,008)	(0,078)
I7/F	0,966**	–2,207	0,311**	0,802**	6,590
	(0,016)	(1,340)	(0,122)	(0,223)	(0,831)
I7/ADW	0,969**	–2,475	0,287**	1,193**	7,524
	(0,018)	(1,665)	(0,137)	(0,453)	(0,755)
I9/F	0,961**	1,517**	–1,934	0,676*	1,694
	(0,018)	(0,666)	(2,497)	(0,349)	(0,638)
I9/NWV	0,964**	1,401**	–2,493	0,632**	1,740
	(0,017)	(0,665)	(4,204)	(0,305)	(0,628)
I9/ADW	0,960**	1,676**	–1,477	0,644	1,725
	(0,018)	(0,730)	(1,595)	(0,452)	(0,631)
I10/ADW	0,963**	–1,408	0,415	1,516	0,808
	(0,025)	(6,38)	(1,100)	(2,356)	(0,847)
I11/F	0,957**	–0,033	0,968	0,975	7,242
	(0,020)	(1,092)	(1,168)	(0,834)	(0,064)
Estimativa mediana	**0,96**		**0,29**	**0,68**	

Notas: 1) *Inst.* se refere à lista de instrumentos utilizada. Todas contêm uma constante. Além disso, I1 usa duas defasagens de $R_{1,t+1}$ e C_{t+1}/C_t, I2 usa duas defasagens de $\tilde{B}_{t+1}$ e C_{t+1}/C_t, I3 usa duas defasagens de $R_{1,t}$ e C_t/C_{t-1}, I4 usa duas defasagens de $R_{1,t}$, $\tilde{B}_t$ e C_t/C_{t-1}, I5 usa duas defasagens de $\tilde{B}_t$ e C_t/C_{t-1}, I6 usa duas defasagens de $R_{1,t+1}$, $\tilde{B}_{t+1}$ e C_{t+1}/C_t, I7 usa três defasagens de $R_{1,t+1}$ e $\tilde{B}_{t+1}$, I8 usa duas defasagens de $R_{1,t-1}$, $\tilde{B}_{t-1}$ e C_{t-1}/C_{t-2}, I9 usa duas defasagens de C_{t+1}/C_t, I10 usa uma defasagem de $R_{1,t+1}$ e C_{t+1}/C_t e I11 usa uma defasagem de $R_{1,t}$ e C_t/C_{t-1}. 2) *Mtz.* se refere à forma como foi estimada a matriz de variância-covariância das restrições de momento usadas, onde *F* designa o uso da técnica de Newey e West (1987) com janela fixa, *ADW* designa o uso da técnica de Andrews (1991) com janela variável, e *NWV* designa o uso da técnica de Newey e West (1994) com janela variável. 3) Os números entre parênteses, abaixo das estimativas dos parâmetros, são seus respectivos desvios-padrão estimados, robustos ante a heterocedasticidade e a autocorrelação serial nas restrições de momento. 4) A estatística $T \times J$ do teste das restrições de sobreidentificação de Hansen(1982), bem como seu respectivo *p*-valor são apresentados na última coluna de cada conjunto de estimativas para o sistema. 5) A última linha da tabela apresenta a estimativa mediana para cada conjunto de estimativas numa determinada freqüência de observações. 6) * e ** designam, respectivamente, parâmetros significativamente diferentes de zero num teste unicaudal ao nível de 5% e 1%.

Para dados anuais (tabela 3A), obteve-se a convergência das estimativas em menos ocasiões e para poucos conjuntos de instrumentos. Para β, obteve-se uma estimativa mediana de 0,93, mas algumas estimativas atingiram valores acima da unidade (I6/F). O parâmetro ψ foi significativamente diferente de zero na maioria dos casos, com estimativa mediana de 0,24, valor próximo ao da estimativa com dados trimestrais. O parâmetro γ foi estatisticamente diferente de zero em quatro casos, num total de nove, obtendo-se estimativas muito discrepantes. Mais uma vez temos preponderantemente indícios de um modelo com utilidade esperada e preferências logarítmicas, sendo a estimativa mediana de γ 0,75.

A idéia da utilização da função utilidade Kreps-Porteus para solucionar o *equity premium puzzle* dos EUA é adicionar mais ruído ao *pricing kernel* (mediante a inclusão do termo que reflete a incerteza agregada), no intuito de gerar uma covariância maior (em módulo) com a taxa de retorno dos ativos, visto que a série de consumo agregado é muito suave. Os resultados mostram que, para os dados brasileiros, o modelo com utilidade do tipo Kreps-Porteus não é capaz de alterar os resultados do modelo básico em grande medida. Primeiro, pelo fato de não ser aplicável a alguns dos conjuntos de instrumentos (testes das restrições de sobreidentificação), evidenciando pouca adequação do modelo aos dados brasileiros. Segundo, por apresentar evidências de não-rejeição da hipótese de baixa aversão/neutralidade ao risco. O maior proveito de usar esse tipo de especificação refere-se à estimativa da elasticidade de substituição intertemporal dissociada do coeficiente de aversão ao risco, sendo que os valores estimados foram relativamente baixos: elasticidade mediana de 0,24 para dados anuais e de 0,29 para dados trimestrais. Note-se que esses valores estão em linha com os mesmos resultados usando a utilidade potência CRRA — mediana de 0,21.

Resumindo os resultados brasileiros e comparando-os com os americanos

A tabela 4 apresenta um resumo dos resultados medianos brasileiros usando os três tipos de função utilidade. Para possibilitar a comparabilidade dos resultados *inter-modelos*, os resultados para a taxa de desconto β são expressos em termos de taxa equivalente anual. Os resultados podem ser resumidos da seguinte forma:

a) As estimativas para a taxa de desconto β variam de 0,85 a 0,96 em bases anuais. Logo, um valor em torno de 0,90 em bases anuais seria razoável para a economia brasileira.

b) As estimativas do coeficiente de aversão relativa ao risco γ foram pouco robustas, pois há tanto evidência de neutralidade quanto de alta aversão ao risco — estimativas preponderantemente entre 0,5 e 1 para a neutralidade, e mediana extremamente alta no outro caso: 4,89. Portanto, é difícil escolher um valor para representar a aversão ao risco na economia brasileira. Devido ao problema, já mencionado, de usar dados dessazonalizados em vez de *dummies* sazonais nas regressões, talvez seja mais prudente dar preferência aos resultados com dados anuais. Estes apontariam para uma aversão relativa ao risco mediana relativamente alta, entre o valor mediano de γ = 4,89 para o modelo com utilidade CRRA e de γ = 1,10 para o modelo com hábito externo, embora não se rejeite a neutralidade na maioria dos casos quando se usa utilidade Kreps-Porteus.

c) Os resultados da substitutibilidade intertemporal no consumo, excetuando-se os modelos de hábito externo, apontam uma elasticidade de substituição intertemporal ψ baixa, preponderantemente em torno de 0,25. Tal como no caso da aversão relativa ao risco, os resultados são pouco robustos.

TABELA 4
Resumo dos resultados para o Brasil usando estimativas medianas

Brasil	Dados anuais			Dados trimestrais dessazonalizados		
	CRRA	Hábito externo	Kreps-Porteus	CRRA	Hábito externo	Kreps-Porteus
β (taxa de desconto em bases anuais)	0,890	0,880	0,930	0,960	0,960	0,850
γ (aversão relativa ao risco)	4,89	1,10	0,75	0,62	0,46	0,64
ψ (elasticidade intertemporal de substituição no consumo)	0,21	0,91	0,24	1,61	2,17	0,29

Notas: 1) Os resultados aqui apresentados foram extraídos das tabelas 1, 2, e 3. 2) Para permitir a comparação das estimativas em diferentes freqüências de β, todas foram transformadas na taxa equivalente anual correspondente.

A comparação entre os resultados brasileiros (aqui encontrados) e os norte-americanos está na tabela 5. Isso deve ser feito, preferivelmente, comparando-se diretamente os resultados de modelos iguais em freqüências iguais (ou tão próximas quanto possível, como trimestrais e mensais). Após a comparação, fica claro os seguinte:

a) O consumidor brasileiro é mais impaciente que o norte-americano, pois tem menor taxa de desconto da utilidade futura. Enquanto a nossa é próxima de 0,9, a deles é próxima de 1.

b) Os brasileiros são mais avessos ao risco que os norte-americanos, pois têm níveis de aversão ao risco duas ou três vezes maiores: 4,89 *versus* 2,3 e 0,62 *versus* 0,14, dependendo da freqüência dos dados. Uma exceção fica por conta dos resultados usando utilidade Kreps-Porteus, caso em que os norte-americanos têm maior aversão: 1,02 *versus* 0,64. Vale ressaltar que, na maioria das estimativas para o Brasil e também nas de Epstein e Zin (1991) para os EUA, α foi não-significativo. Logo, estatisticamente, pode não haver diferenças entre brasileiros e norte-americanos para a especificação Kreps-Porteus.

c) Os brasileiros têm uma elasticidade intertemporal de substituição no consumo ψ menor que a dos norte-americanos, apresentando valores medianos que são pelo menos a metade dos valores medianos destes últimos: 0,21 *versus* 0,45; 1,61 *versus* 7,14; e 0,29 *versus* 0,72. Esse resultado pouco surpreende, considerando o incipiente mercado de capitais brasileiro *vis-à-vis* o padrão internacional — ver os resultados de restrição à liquidez em Reis *et alii* (1998).

TABELA 5
Resumo dos resultados para os EUA usando estimativas medianas

EUA	Dados anuais		Dados trimestrais dessazonalizados			
	CRRA	Hábito externo	Kreps-Porteus	CRRA	Hábito externo	Kreps-Porteus
β (taxa de desconto em bases anuais)	-	-	-	0,995	-	0,980
γ (aversão relativa ao risco)	2,25	-	-	0,14	-	1,02
ψ (elasticidade intertemporal de substituição no consumo)	0,45	-	-	7,14	-	0,72

Notas: 1) Para permitir a comparação das estimativas em diferentes freqüências de β, todas foram transformadas na taxa equivalente anual correspondente. 2) Os resultados usando a função CRRA e dados anuais foram extraídos de Runkle(1991, tabela 2, coluna 1). 3) Os resultados usando a função CRRA e dados mensais relativos ao sistema com o retorno dos títulos públicos do índice da bolsa foram extraídos de Hansen e Singleton(1984, tabela 3, coluna 2). Note-se que esse resultado saiu numa errata do artigo original de 1982. 4) Os resultados usando utilidade Kreps-Porteus e dados mensais foram extraídos de Epstein e Zin (1991, tabela 4).

Por fim, cabe dizer algo a respeito do *equity premium puzzle*, isto é, o fato de que, para a economia norte-americana, a diferença observada entre os retornos dos índices de ações e a taxa de juros do ativo sem risco não pode ser conciliada com o modelo CCAPM com utilidade CRRA. O *puzzle* foi inicialmente proposto por Mehra e Prescott (1985). Os primeiros testes econométricos formais em sistemas de equação de Euler foram feitos por Hansen e Singleton (1982) no modelo com utilidade CRRA usando o teste $T \times J$ de Hansen (1982). Hansen e Singleton (1984, tabela 3, coluna 2) constatam que, ao nível de significância de 5%, o sistema (9) foi rejeitado para todas as listas de instrumentos utilizadas (num total de seis). Mesmo variando a função utilidade, esses resultados se mantêm, pois Epstein e Zin (1991, tabela 4), usando utilidade Kreps-Porteus, rejeitam o modelo em quatro casos (de seis possíveis) pelo teste $T \times J$. Logo, a aderência do modelo CCAPM aos dados norte-americanos é pequena.

Para o Brasil verificou-se o contrário. Nos testes $T \times J$ de Hansen, os diferentes modelos tiveram um suporte empírico bastante amplo e mesmo impressionante *vis-à-vis* os resultados norte-americanos. A única exceção foi o modelo com utilidade Kreps-Porteus, e mesmo assim para um número reduzido de casos (4/22). Portanto, uma conclusão que emerge de nossos resultados empíricos é que não há *equity premium puzzle* para o Brasil. Note-se que isso ocorre independentemente da função utilidade, da freqüência das observações e da lista de instrumentos usada, o que torna esse resultado relativamente amplo e robusto.

Obviamente, uma investigação minuciosa do *equity premium puzzle* para o Brasil está fora do escopo deste capítulo, embora caiba uma investigação preliminar do assunto. Supondo que a equação (9) valha para dois ativos brasileiros, um título público com retorno R_{1t} e um índice de ações com retorno R_{1t}, e sem supor necessariamente que o título público seja um ativo sem risco, se combinarmos as duas equações do sistema, teremos:

$$0 = E_t\left[\beta\left(\frac{C_{t+1}}{C_t}\right)^{-\gamma}(R_{2,t+1} - R_{1,t+1})\right].$$

Tomando a esperança incondicional da expressão acima e usando-se a lei das expectativas iteradas:

$$0 = E\left[\beta\left(\frac{C_{t+1}}{C_t}\right)^{-\gamma}(R_{2,t+1} - R_{1,t+1})\right].$$

Ora, se soubéssemos o valor dos parâmetros populacionais β e γ, poderíamos simplesmente testar se $\beta\left(\frac{C_{t+1}}{C_t}\right)^{-\gamma}(R_{2,t+1} - R_{1,t+1})$ tem média zero ou não, o que se reduz a um simples teste estatístico.

Apesar de não sabermos os valores populacionais de β e γ, usaremos aqui, como investigação preliminar, seus respectivos valores medianos em freqüência anual: $\beta = 0{,}89$ e $\gamma = 4{,}89$ (ver tabela 1A). Nesse caso, a média de $\beta\left(\frac{C_{t+1}}{C_t}\right)^{-\gamma}(R_{2,t+1} - R_{1,t+1})$ é 0,257, para dados com freqüência anual, o que parece ser um valor alto. Entretanto, o desvio-padrão estimado é 0,748, resultando numa estatística t de 1,496. Logo, $E\left[\beta\left(\frac{C_{t+1}}{C_t}\right)^{-\gamma}(R_{2,t+1} - R_{1,t+1})\right]$ não é significativamente diferente de zero aos níveis usuais de 5% e 10%. O que parece acontecer nesse caso é que a variância de $\beta\left(\frac{C_{t+1}}{C_t}\right)^{-\gamma}(R_{2,t+1}-R_{1,t+1})$ é muito alta, embora a média também o seja. Observando-se a figura 1, fica claro que a variância de $\beta\left(\frac{C_{t+1}}{C_t}\right)^{-\gamma}(R_{2,t+1}-R_{1,t+1})$ é alta por causa da variância de $(R_{2,t+1}-R_{1,t+1})$.[15] Logo, não há *equity premium puzzle* para o Brasil devido à grande variação observada no prêmio de risco do mercado acionário.

Vale a pena investigar a não-existência do *equity premium puzzle* para o Brasil por outro ângulo. Usando os dados anuais para computar o prêmio de risco do mercado acionário brasileiro, obtém-se uma média de 29,06% ao ano para o período 1975-94. Comparado ao valor norte-americano de longo prazo (1889-1978), de 6,18% ao ano, o prêmio de risco aqui é quase cinco vezes maior. Mesmo levando em conta que essa *performance* de 20 anos pode não se manter a longo prazo, o prêmio de risco brasileiro impressiona. Entretanto, impressionante também é a estimativa de seu desvio-padrão: 94,22%. Dessa forma, se testarmos a hipótese nula de que $E(R_{2,t+1}-R_{1,t+1})=0$, chega-se a uma estatística t de 1,379. Logo, não se rejeita a hipótese de que o prêmio de risco brasileiro seja nulo aos níveis de significância usuais. Visto desse ângulo, não há *equity premium puzzle* para o Brasil simplesmente porque não há *equity premium*.

Quando o mesmo tipo de teste é realizado para a economia norte-americana, usando o retorno do índice Dow-Jones e os juros do título público de um ano de maturidade,[16] os resultados são opostos. A estatística t da hipótese nula de que $E(R_{2,t+1}-R_{1,t+1})=0$ é 1,999, rejeitando-a a 5% de significância. Logo, nos EUA, há tanto *equity premium* quanto *equity premium puzzle*, ao contrário do Brasil, onde não há nenhum dos dois.

Conclusões

O objetivo deste capítulo foi apresentar estimativas do coeficiente de aversão ao risco, da taxa de desconto da utilidade futura, e da elasticidade intertemporal de substituição no consumo no Brasil. Usaram-se três diferentes especificações de função utilidade a partir do modelo CCAPM. Em cada um dos casos, a partir das respectivas equações de Euler para o consumidor representativo, estimaram-se os parâmetros estruturais pelo método generalizado dos momentos (GMM) e testaram-se as restrições de sobreidentificação dos modelos a partir do teste $T \times J$ de Hansen (1982).

---

[15] Ver Bonomo e Domingues (2000), que argumentam que $\frac{C_{t+1}}{C_t}$ também é relativamente volátil.

[16] Ambas as séries foram extraídas da base de dados DRI (Citibase), para o período 1947:1 até 1999:1, em freqüência mensal.

Os resultados obtidos permitem fazer algumas inferências sobre a *performance* dos modelos para o caso brasileiro e sobre o comportamento do consumidor brasileiro diante do risco, da substituição intertemporal no consumo e do desconto da utilidade futura. Tais inferências podem ser assim sintetizadas:

a) Uma estimativa razoável para a taxa de desconto β no Brasil é 0,90. Comparando-se brasileiros e norte-americanos, fica claro que o consumidor brasileiro é mais impaciente que o norte-americano, que tem uma taxa de desconto próxima à unidade.

b) Para uma parcela razoável dos modelos estimados, conclui-se que a elasticidade de substituição intertemporal no consumo não é muito alta, com valores preponderantemente próximos a 0,25. Isso pode ser interpretado de duas formas opostas: como mais um indicativo da suavização do consumo ou como evidência da não-participação (ou alta restrição de participação) do consumidor brasileiro médio no mercado de ativos (inclusive no mercado de ativos sem risco).[17]

c) Para a aversão relativa ao risco, encontraram-se resultados ambíguos: para o modelo com utilidade CRRA, usando dados anuais, encontraram-se valores relativamente altos para a aversão ao risco (valor mediano de 4,89). Para os demais modelos e freqüências de dados, chegou-se a uma aversão relativa ao risco preponderantemente dentro do intervalo $\left[\frac{1}{2},1\right]$, com forte evidência de neutralidade ao risco. Nas comparações internacionais, concluiu-se que os brasileiros são mais avessos ao risco que os norte-americanos. Entretanto, vale ressaltar que, para o modelo com utilidade Kreps-Porteus, encontrou-se uma aversão ao risco um pouco menor que a norte-americana, apesar de mais uma vez haver forte evidência de neutralidade em relação ao risco.

Não podemos ser totalmente conclusivos com relação à elasticidade intertemporal de substituição no consumo, mas devemos preferir uma elasticidade baixa, que foi o resultado preponderante com dados anuais. Tal resultado é compatível com a existência de um incipiente mercado de crédito no Brasil. Quanto à aversão relativa ao risco, deve-se preferir o resultado de aversão ao risco alta e não-nula, por duas razões: a) num dos modelos onde ela é estatística e numericamente zero (utilidade Kreps-Porteus), deram-se as únicas (e poucas) rejeições da escolha paramétrica refletidas nas equações de Euler; e b) para dados anuais, temos forte evidência de alta aversão relativa ao risco.

---

[17] Essa conclusão está de acordo com estimativas feitas para dados brasileiros por Reis et alii (1998), que estimaram que 80% dos consumidores brasileiros são do tipo restrito, no sentido de Campbell e Mankiw (1989).

Nos testes de sobreidentificação de Hansen, em raríssimos casos se rejeitaram os modelos estimados, o que nos levou a concluir que, contrariamente ao caso da economia norte-americana, não há *equity premium puzzle* para o Brasil. Segundo nossa investigação preliminar, a não-existência do *equity premium puzzle* se deve ao fato de que há grande variação no prêmio de risco do mercado acionário. Como conseqüência dessa variabilidade, não se rejeitou que o prêmio de risco do mercado acionário brasileiro fosse estatisticamente zero. Logo, concluímos que não há *equity premium puzzle* para o Brasil porque não há *equity premium*.

Por fim, um campo para futuras pesquisas seria uma avaliação alternativa dos três modelos aqui estimados: utilidade CRRA, hábito externo e utilidade Kreps-Porteus. Vale lembrar que, nos testes das restrições de sobreidentificação, a única especificação que apresentou problemas (ainda que parciais) foi a que usava a utilidade Kreps-Porteus. Portanto, seria interessante poder escolher entre essas especificações a mais apropriada para representar os consumidores brasileiros. Parte do problema diz respeito ao teste $T \times J$, que tem baixo poder. Poderíamos buscar outras formas de escolher modelos usando testes de especificação alternativos. Diebold, Ohanian e Berkowitz (1998), entre outros, propõem uma forma interessante de avaliar modelos, comparando dados e modelos em todas as freqüências e ponderando as diferenças de forma distinta, dependendo da freqüência. Esse desvio ponderado entre dados e modelos pode ser usado para avaliar estes últimos mediante testes estatísticos.

Referências bibliográficas

Abel, A. Asset prices under habit formation and catching up with the Joneses. *American Economic Review, 80*:38-42, 1990.

Andrews, D. Heteroskedasticity and autocorrelation consistent covariance matrix estimation. *Econometrica, 59*:817-58, 1991.

Bernanke, B. Adjustment costs, durable goods and aggregate consumption. *Journal of Monetary Economics*, 1985.

Bonomo, Marco A. & Domingues, Gabriela B. Brazilian asset pricing puzzles. EPGE-FGV, 2000. (mimeog.)

Campbell, J. Intertemporal asset pricing without consumption data. *American Economic Review, 83*:487-512, 1993.

——; Lo, A. & MacKinlay. *The econometrics of financial markets*. Princeton, Princeton University Press, 1997.

—— & Mankiw, G. Consumption, income and interest rates: reinterpreting the time series evidence. Nber, 1989 (Working Paper, 2.924.).

Constantinides, G. Habit formation: a resolution of the equity premium puzzle. *Journal of Political Economy, 98*:519-43, 1990.

Davidson, R. & MacKinnon, J. G. *Estimation and inference in econometrics*. New York, Oxford University Press, 1993.

Diebold, F.; Ohanian, L. & Berkowitz, J. Dynamic equilibrium economies: a framework for comparing models and data. *Review of Economic Studies, 65*:433-51, 1998.

Deaton, A. *Understanding consumption*. New York, Oxford University Press, 1992.

Duffie, D. The nature of incomplete security markets. In: Laffont, L. (ed.). *Advances in economic theory*. Cambridge, Cambridge University Press, 1992.

Epstein, L. & Zin, S. Substitution, risk aversion, and the temporal behavior of consumption and asset returns: a theoretical framework. *Econometrica, 57*:937-68, 1989.

——. Substitution, risk aversion, and the temporal behavior of consumption and asset returns: an empirical investigation. *Journal of Political Economy, 99*:263-86, 1991.

Greene, W. H. *Econometric analysis*. Prentice Hall, 1997.

Grossman, S. & Laroque, G. Asset pricing and optimal portfolio choice in the presence of illiquid durable consumption goods. *Econometrica, 58*:25-52, 1989.

Hall, R. Intertemporal substitution in consumption. *Journal of Political Economy, 96*:221-73, 1988.

Hamilton, J. *Time series analysis*. Princeton, Princeton University Press, 1994.

Hansen, L. Large sample properties of generalized method of moments estimators. *Econometrica, 50*:1.029-54, 1982.

—— & Jagannathan, R. Restriction on intertemporal marginal rates of substitution implied by asset returns. *Journal of Political Economy, 99*:225-62, 1991.

—— & Singleton, K. Generalized instrumental variables estimation of nonlinear expectations models. *Econometrica, 50*(5):1.269-86, 1982.

—— & ——. Stochastic consumption, risk aversion and the temporal behavior of asset returns. *Journal of Political Economy, 91*:249-66, 1983.

——. Generalized instrumental variables estimation of nonlinear expectations models (errata). *Econometrica, 52*(1):267-8, 1984.

Kreps, D. & Porteus, E. Temporal resolution of uncertainty and dynamic choice theory. *Econometrica, 46*:185-200, 1978.

Lucas, R. Asset prices in an exchange economy. *Econometrica, 46*:1.429-45, 1978.

Mankiw, G. The equity premium and the concentration of aggregate shocks. *Journal of Financial Economics, 17*:211-9, 1986.

Mátyás, L. (ed.). *Generalized method of moments estimation*. Cambridge, Cambridge University Press, 1999.

Mehra, R. & Prescott, E. The equity premium: a puzzle. *Journal of Monetary Economics, 15*:145-61, 1985.

Newey, W. & West, K. A simple, positive semi-definite, heteroskedasticity and autocorrelation consistent covariance matrix. *Econometrica, 55*:703-8, 1987.

——. Automatic lag selection in covariance matrix estimation. *Review of Economic Studies, 64*(4):631-53, 1994.

Reis, E. J.; Issler, J. V.; Blanco, F. & Carvalho, L. Renda permanente e poupança precaucional: evidências empíricas para o Brasil no passado recente. *Pesquisa de Planejamento Econômico, 28*:233-72, 1998.

Romer, D. *Advanced macroeconomics*. McGraw-Hill, 1996.

Runkle, D. Liquidity constraints and the permanent income hypothesis: evidence from panel data. *Journal of Monetary Economics, 27*:73-98, 1991.

Scheinkman, J. A. & Weiss, L. Borrowing constraints and aggregate economic activity. *Econometrica, 54*:23-45, 1986.

PARTE III

Eficiência do mercado de ações brasileiro

Introdução

Marco Bonomo

Os capítulos desta parte tratam da eficiência dos mercados financeiros no Brasil. De certa forma, eles testam quão eficientes são esses mercados, sob três aspectos. O primeiro está relacionado ao padrão temporal dos retornos no mercado agregado (capítulo 8), que pode propiciar ganhos extraordinários em estratégias que envolvam ficar comprado/vendido no mercado como um todo em diferentes momentos. O segundo aspecto diz respeito ao padrão de retorno entre ações (capítulo 9), que pode ser explorado em estratégias que envolvam comprar/vender carteiras de ações com determinadas características para gerar ganhos extraordinários. O terceiro aspecto envolve o ajuste do mercado a eventos exógenos (capítulo 10), que pode propiciar ganhos anormais em estratégias que explorem a resposta do mercado aos eventos.

Diz-se que um mercado é eficiente quando não é possível obter retornos esperados anormais. Isso implica a impossibilidade de se obter retornos anormais através de estratégias que explorem padrões de comportamento temporal agregado, de retorno entre ações ou de reações a eventos.

No capítulo 8, Ricardo Torres, Cristiano Fernandes e Marco Bonomo examinam a hipótese de passeio aleatório no mercado brasileiro utilizando carteiras tanto de peso igual quanto ponderadas por valor e horizontes de retorno que vão do diário até 96 meses. Através da estatística de razão de variância, testam-se duas versões de passeio aleatório: na primeira, a hipótese nula é de que os retornos são não-correlacionados, e na segunda, independentes. Para retornos diários e semanais encontraram-se resultados similares aos que Lo e McKinlay obtiveram nos

EUA: a hipótese de passeio aleatório é rejeitada em favor de uma persistência dos retornos. Tal como nos EUA, esse efeito é maior para as carteiras de peso igual, o que sugere que o resultado estatístico é atribuível, pelo menos em parte, à pouca liquidez das ações pequenas, cujos preços reagiriam defasadamente a novas informações relevantes para o mercado. Esse diagnóstico é reforçado pelo resultado obtido na estimação de matrizes de autocorrelação cruzadas e de assimetria de autocorrelação para carteiras agrupadas por tamanho: os retornos de carteiras grandes lideram os retornos de carteiras pequenas. Entretanto, testes de autocorrelação realizados com carteiras formadas por um número mais restrito de ações mais líquidas indicam que a autocorrelação positiva dos retornos de curto prazo é robusta perante efeitos de liquidez. A questão que permanece em aberto é a possibilidade de obter lucros extraordinários através de estratégias que explorem essas correlações, descontados os custos de transação. De qualquer forma, existem indícios de que o mercado acionário brasileiro está se tornando mais eficiente, pois no período pós-Real a rejeição do modelo de passeio aleatório se dá de forma mais fraca e somente para horizontes de tempo mais curtos que o horizonte máximo para o qual se encontra rejeição em períodos anteriores.

Para retornos de prazo mais longo — acima de um mês —, o padrão detectado é o de reversão: retornos acima da média têm alguma tendência a serem seguidos por retornos abaixo da média. Entretanto, talvez porque o pequeno tamanho da amostra reduza a potência dos testes, não foi possível rejeitar a hipótese de passeio aleatório para esses horizontes. Observa-se também que a rejeição de passeio aleatório para períodos mais longos seria menos indicativa de ineficiência, uma vez que a variação do retorno esperado ao longo do ciclo econômico (produzida, por exemplo, pelo CCAPM) poderia produzir autocorrelação negativa nos retornos.

Fizeram-se testes para sazonalidade diária e mensal dos retornos. O menor retorno médio na segunda-feira, observado com dados norte-americanos, também é detectado no Brasil com significância estatística. O retorno da sexta-feira, por sua vez, é superior à média, embora a magnitude desse efeito seja menor. Os retornos mensais têm mais peculiaridades. O maior retorno no mês de janeiro — efeito muito importante nos dados norte-americanos — não é significativo ao nível de 5%. Entretanto, outro efeito aparece mais forte em magnitude, sendo inclusive estatisticamente significante: o menor retorno do mês de novembro.

No capítulo 9, Cláudio Braga e Ricardo Leal procuram no Brasil evidências similares às encontradas nos EUA por Fama e French (1992) de que as carteiras com ações de maior razão entre valor contábil e preço de mercado (*V/P*) e menor tamanho (*T*) têm retornos esperados maiores. Os autores formam carteiras de acordos com as variáveis *V/P* e *T*, individualmente e de forma bivariada, e calculam o retorno numa janela de um ano, começando esta seis meses à frente. Eles concluem, em consonância com estudos anteriores, que a variável *V/P* está diretamente associada a um retorno maior, mas não encontram evidência significativa para o efeito tamanho. Constatam que a carteira com maior *V/P* tem igualmente variância de retornos significativamente maior que a de menor *V/P*, mas que seu índice de Sharpe também é substancialmente maior (e significativo a 10%). Em suma, o capítulo corrobora a evidência encontrada por Costa Jr. e Neves (2000) – que investigam a mesma questão utilizando regressões em painel – de que as carteiras de alto valor no Brasil[1] têm retorno mais alto, mas não confirma o efeito tamanho detectado por eles. O maior índice de Sharpe encontrado para as carteiras de valor alto pode ser interpretado como ineficiência do mercado ou como indicador da existência de um fator de risco comum a essas carteiras, o qual deveria ser incorporado num modelo de fatores tal como fizeram Fama e French (1993) para os EUA.

No capítulo 10, André Costa Carvalho investiga se a variação de preços das ações no dia em que se tornam ex-dividendos reflete devidamente o pagamento dos dividendos e as diferenças de tributação entre dividendos e ganhos de capital. Nos EUA, a maior tributação sobre ganhos de capital deveria fazer com que os preços se reduzissem menos do que o montante de dividendos pagos, o que acaba acontecendo, embora em magnitude menor do que o justificável pela diferença das alíquotas. No Brasil, a situação é inversa — a alíquota para dividendos é menor —, o que deveria implicar uma redução do preço da ação maior do que o dividendo pago. Entretanto, os resultados apontam para uma redução média de preço entre 65% e 70% (dependendo da janela utilizada) do valor do dividendo. Noutra forma de testar a mesma hipótese, o retorno médio no dia de evento para uma posição comprada foi calculado em 1,5% do valor da ação no dia anterior. Os resultados de ambos os tipos de testes foram altamente significativos, o que tende a indicar ineficiência do mercado.

Referências bibliográficas

Costa Jr., N. & Neves, M. Variáveis fundamentalistas e o retorno das ações. *Revista Brasileira de Economia, 54*(1):123-37, jan./mar. 2000.

Fama, E. & French, K. The cross-section of expected stock returns. *Journal of Finance*, 47:427-65, 1992.

——. Common risk factors in the returns on stocks and bonds. *Journal of Financial Economics*, 33:3-56, 1993.

[1] Atribuímos a pouca significância de alguns de seus resultados à pouca potência dos testes diante do reduzido tamanho da amostra.

A aleatoriedade do passeio na Bovespa: testando a eficiência do mercado acionário brasileiro

Ricardo Torres, Marco Bonomo e Cristiano Fernandes*

Introdução

Um dos temas mais discutidos na área de finanças é a hipótese da eficiência do mercado de capitais. De acordo com essa hipótese, o sistema de preços deve refletir todo o conjunto de informações disponíveis aos seus agentes. Na taxonomia proposta por Fama (1970), diz-se que um mercado é eficiente na forma fraca quando é impossível obter retornos anormais para qualquer ativo do mercado utilizando-se informação acerca de seus retornos passados. Se o nível de retorno considerado normal for constante, essa definição implica um passeio aleatório para o (log do) preço de um ativo.

Vale notar que uma possível confirmação do modelo do passeio aleatório implicaria que as complexas técnicas de análise gráfica e os modelos econométricos de previsão univariada de preços de ativos representariam um esforço inútil na busca de lucros extraordinários. De fato, tais implicações não são exclusivas do modelo de passeio aleatório, e sim conseqüências da eficiência da forma fraca do mercado. Em qualquer mercado eficiente da forma fraca, uma estratégia de *trading*

* Agradecemos à *Revista Brasileira de Economia* por permitir a reprodução do texto. Marco Bonomo agradece o apoio do Pronex e do CNPq. Cristiano Fernandes agradece o apoio do CNPq.

baseada em informações passadas não geraria lucros extraordinários, uma vez que o preço de todos os ativos refletiriam as informações disponíveis no mercado.

Boa parte dos trabalhos empíricos norte-americanos voltou-se para a questão dos testes do modelo de passeio aleatório. Embora os testes iniciais não fossem capazes de rejeitar tal hipótese, testes univariados mais potentes desenvolvidos posteriormente, os quais analisam retornos em diversos horizontes de tempo, indicaram rejeição do modelo, com evidências de persistência nos retornos de curto prazo e de reversão à média nos horizontes de longo prazo.[1] Tais evidências indicavam que os mercados não seriam eficientes na forma fraca, conforme a taxonomia de eficiência de Fama.[2]

Se a partir do trabalho de Fama (1970) o modelo de passeio aleatório passou a ser amplamente considerado como sinônimo de eficiência, a elaboração de modelos de equilíbrio com retornos esperados variantes ao longo do tempo representou uma grande mudança no pensamento acadêmico acerca da questão. O modelo de Lucas (1978) compatibiliza a possibilidade de previsibilidade intertemporal dos retornos com a existência de um mercado eficiente, num contexto de expectativas racionais. A intuição básica do modelo é que o retorno de um ativo depende de sua covariância com o estado de consumo agregado, o qual, variando intertemporalmente, é capaz de gerar autocorrelações não-nulas nos retornos esperados e, logo, nos retornos realizados. Fama e French (1988) levantam a possibilidade teórica de reversão à média nos retornos de longo prazo. Cechetti, Lam e Mark (1990) vão além ao reproduzir a autocorrelação negativa dos retornos de longo prazo das ações norte-americanas com um modelo eficiente, calibrado para os dados da economia norte-americana.[3]

Como o teste de eficiência de mercado é um teste conjunto, pressupondo um modelo específico de equilíbrio de retornos, sua rejeição gera uma dicotomia, dando margem a duas possíveis interpretações: a de que o mercado realmente não é eficiente e o modelo de equilíbrio é correto, e a de que o mercado é eficiente e o modelo de equilíbrio de retornos é mal especificado. Em ambas as interpretações, o conhecimento dos fatos estilizados relativos à previsibilidade de retornos é de extrema relevância para o desenvolvimento da investigação acadêmica.

---

[1] Lo e MacKinlay (1988) e Conrad e Kaul (1988) encontraram evidências de persistência nos retornos semanais. Fama e French (1988) encontraram reversão à média da ordem de –32%, –36% e –34% em retornos de três, quatro e cinco anos, respectivamente, com dados norte-americanos no período 1926-85. Tais resultados são confirmados por Poterba e Summers (1988). As evidências destes últimos são questionadas por alguns autores.

[2] Summers (1986) argumenta que, embora os testes iniciais não tenham rejeitado a hipótese do passeio aleatório, isso não deve ser tomado como evidência a favor da hipótese de eficiência do mercado. Ele apresenta um modelo no qual o mercado é fortemente ineficiente, de modo que os preços dos ativos se mantêm persistentemente distintos de seus valores fundamentais em horizontes de longo prazo, mas seus desvios não são captados nos testes tradicionais.

[3] Bonomo e Garcia (1994) mostram que a especificação do processo de dotação de Cechetti, Lam e Mark (1990) é inadequada.

Este capítulo visa contribuir para a caracterização dos fatos estilizados de retornos do mercado de ações brasileiro. Na caracterização da distribuição dos retornos em *log*, aplicam-se os testes de Jarque-Bera e regressão quantílica, bem como se avalia o índice de cauda. Na avaliação da hipótese de passeio aleatório, empregam-se testes de razão de variância e de autocorrelação. Matrizes de autocorrelações cruzadas e sua assimetria são investigadas em portfólios de firmas agrupadas por tamanho. A existência de sazonalidade determinista nos retornos é verificada através de regressões com variáveis *dummy*. Finalmente, empregam-se os testes de McLeod-Li (1983) e Hsieh (1989) para avaliar possíveis não-linearidades nos dois primeiros momentos dos retornos. Os testes são feitos com retornos de diversos horizontes de tempo.

Entre os resultados encontrados destaca-se uma previsibilidade de retornos diários e semanais com alta significância estatística e caracterizada pela persistência. Tanto em retornos diários quanto mensais, observam-se sazonalidades típicas, como o efeito segunda-feira, e atípicas. Observa-se, igualmente, um padrão de assimetria de autocorrelações cruzadas de primeira ordem entre os retornos de carteiras de firmas agrupadas segundo o tamanho, indicando, no caso de retornos diários e semanais, que os retornos de firmas grandes ajudam a prever os retornos de firmas pequenas. Evidências de não-linearidades nos retornos são encontradas em diversos horizontes de tempo.

Alguns estudos brasileiros levantam evidências de previsibilidade de retornos. Brito e Manazes (1981) realizaram testes de autocorrelação serial com dados diários de ações no período de 1973 a 1980. Os autores encontraram predominância de reversão à média nos retornos de ações nos testes realizados aos níveis de 1% e 5% numa fração significativa das ações testadas. Cabe observar que a reversão à média encontrada nesse caso pode ser conseqüência de um problema de liquidez, pois a amostra do estudo considerou relevante qualquer ação que possuísse ao menos 45 observações de retorno (30 pares de observações para as autocorrelações de 15ª ordem).

Correa e Pereira (1997) fizeram um estudo sobre previsibilidade e não-linearidade do Ibovespa. O teste de McLeod-Li (1983) forneceu indícios de não-linearidade nos retornos diários, e o teste de Hsieh (1989) rejeitou a hipótese de linearidade na média. Os autores constataram também um ganho de previsibilidade na consideração do efeito do dia da semana, em função da tendência dos retornos a serem ligeiramente menores na segunda-feira, tal qual observado nos estudos norte-americanos. Por último, verificaram que modelos não-lineares, como o GARCH (1,1) ou o TAR (*threshold autoregression*), geram melhores previsões de retornos em relação a modelos lineares.

Lemgruger, Becker e Chaves (2000) investigaram a sazonalidade de dias da semana utilizando dados de 1983 a 1987. Constataram que o retorno de segunda-feira é significativamente menor que os de quarta, quinta e sexta, mas não é significativamente diferente do de terça-feira.[4]

O capítulo está organizado da seguinte forma: primeiro descrevem-se os procedimentos metodológicos relativos à seleção da amostra e apresentam-se os testes propostos e seus resultados para retornos de curto prazo (diários e semanais).[5] Em seguida apresentam-se os resultados para retornos de médio e longo prazo (a partir de um mês) e, por fim, as conclusões.

Dados

Nos testes aqui previstos utilizaram-se tanto ações agrupadas em carteiras quanto ações individuais. As séries de preços diários das ações estendem-se de 4-3-1986 a 15-4-1998 e foram obtidas na *Economática*. Utilizou-se também o índice Ibovespa pela maior extensão de sua série, permitindo a análise a partir do horizonte mensal desde 1970. A participação de cada ação nesse índice tem relação direta com a sua representatividade no mercado à vista, calculada com base num índice de negociabilidade. As séries de preços de ações são corrigidas para proventos.

Carteiras agregadas

Dada a constatação, na literatura norte-americana, de que a evidência de previsibilidade é sensível à metodologia de sua especificação, adotaram-se dois métodos distintos de cálculo de carteiras agregadas. O primeiro deles estabelece uma ponderação igual para as ações das empresas que compõem a carteira. O segundo estabelece uma ponderação de cada ação proporcional ao valor da empresa na carteira de mercado. A ponderação em cada ano foi determinada com base no valor de mercado da empresa ao final do respectivo ano. As carteiras serão chamadas de EW e VW daqui por diante, conforme sua metodologia de cálculo obedeça ao primeiro ou ao segundo método, respectivamente.

A seleção das ações que fazem parte das carteiras EW e VW ocorreu da seguinte maneira. No início de 1998, o sistema da *Economática* possuía dados de 377 ações. Destas, foram selecionadas 91 ações com séries de preços desde março de 1986. Havendo duas classes de ações para a mesma empresa, ordinárias e preferenciais, optou-se pela classe mais líquida. Além disso, eliminaram-se as ações com probabilidade diária de não transacionar superior a 35%. Assim foi montada a carteira EW, com

[4] Eles também testaram e rejeitaram a hipótese de que o retorno médio por dia de calendário é constante, o que implicaria retornos de segunda-feira mais altos.

[5] Para uma explicação mais detalhada sobre os testes empregados, o leitor deve consultar Torres, Bonomo e Fernandes (2000). Esta referência faz parte dos Ensaios Econômicos do EPGE, os quais encontram-se disponíveis para consulta pela internet no endereço www.fgv.br/ epge/home/publi/ensaios.

66 ações. Devido à falta de dados sobre a quantidade de ações emitidas por quatro empresas, estas foram excluídas da carteira VW, que ficou com 62 ações.[6]

Carteiras agrupadas por tamanho da firma

A evidência norte-americana de que a previsibilidade do retorno de uma carteira varia conforme o tamanho de suas firmas levou à montagem de carteiras com firmas de tamanhos distintos. As 62 ações da carteira VW foram ordenadas por tamanho, sendo agrupadas a cada ano em quintis. Cinco carteiras com igual ponderação foram então formadas com base em cada quintil: Port 1, com 13 firmas; Port 2, Port 3 e Port 4, com 12 firmas cada; e Port 5, com 13 firmas, em ordem crescente de tamanho.

Retornos reais

Na análise dos retornos reais, o deflator adotado foi o índice geral de preços — disponibilidade interna (IGP-DI) da Fundação Getulio Vargas, o qual se estende pelo período integral da amostra. O período de coleta desse índice vai do primeiro ao último dia do mês, de modo que sua taxa reflete aproximadamente a inflação mensal centrada no meio do mês. Conseqüentemente, a taxa de inflação mensal centrada no final do mês foi calculada como a média geométrica da taxa do índice do próprio mês e do mês seguinte. As taxas de inflação em horizontes de tempo superiores ao mensal foram calculadas através da composição das taxas de inflação mensais centradas.[7]

Para os testes propostos foram geradas séries de retornos em três freqüências, sendo esses retornos acumulados posteriormente em diversos multiperíodos. Consideraram-se retornos de curto prazo aqueles relativos às freqüências diária[8] e

---

[6] A lista de ações que compõem as respectivas carteiras, as ponderações das ações na carteira VW, a quantidade total de ações por proporção de dias não-transacionados e a proporção de dias não-transacionados de cada ativo podem ser encontradas no apêndice de Torres, Bonomo e Fernandes (2000).

[7] Como a série do índice é de periodicidade mensal e faz-se necessária uma medida de inflação diária para o cálculo de retornos reais diários e semanais, utilizamos o seguinte algoritmo de construção de taxas de inflação diárias. Para cada mês, calculou-se a taxa diária equivalente à inflação do mês, utilizando-se para tanto o número de dias úteis do mês. Atribuiu-se essa taxa a um dia central, onde a posição do centro varia conforme o número de dias úteis. Assim determinou-se a taxa de inflação média diária relativa ao centro do mês, para cada mês. As taxas de inflação diária dos dias localizados entre os centros de cada mês foram calculadas como uma média geométrica ponderada com base na distância do dia aos respectivos centros. Tal distância foi avaliada com base no número de dias úteis existentes entre os centros. A taxa de inflação semanal foi calculada através da composição das taxas de inflação diária.

[8] Exceto no caso da análise de sazonalidades diárias, foram eliminados todos os dias não-úteis da série de preços (sábados, domingos e feriados). Toda vez que a ação não foi negociada no dia *t*, seu último preço de fechamento foi repetido, de modo que ela tenha apresentado retorno nominal zero nesse dia. Uma vez calculados os fatores de retorno nominal de todas as ações, foram formadas as séries de retornos das carteiras citadas anteriormente.

semanal.[9] A análise em multiperíodos das razões de variância estendeu-se até a 16ª ordem nesse caso. Os retornos de médio a longo prazos são gerados na freqüência mensal[10] e acumulados em multiperíodos até o intervalo de 96 meses. Os testes nos intervalos mais longos têm sua potência comprometida em função do tamanho reduzido da amostra de apenas 28 observações anuais não sobrepostas no período integral.[11] As séries de retorno são construídas tomando-se o retorno bruto em logaritmo natural.

A tabela 1 apresenta as características do comportamento dos retornos reais em nível das carteiras Ibovespa, EW e VW e também a variação do índice IGP-DI.

TABELA 1
Variações reais das carteiras analisadas e variação do IGP-DI

Período	Ibovespa real %	EW real %	VW real %	IGP-DI %
Dez. 1986-fev. 1986	-10	-8	-6	26
1987	-75	-52	-42	432
1988	117	71	116	1.118
1989	-12	27	27	2.013
1990	-69	-61	-57	1.217
1991	305	134	402	497
1992	-12	74	23	1167
1993	88	81	183	2.851
1994	36	94	40	753
1995	-14	-37	-13	15
1996	50	25	42	9
1997	35	20	40	7
Mar. 1998-dez. 1997	16	18	19	1
Variação anual média mar. 1998-fev. 1986	8	16	33	431
Variação anual média mar. 1998-dez. 1969	6,85	-	-	177,56

[9] Os fatores de retorno semanal das carteiras foram calculados pelo procedimento de CLM. Formou-se inicialmente uma série que acumula as taxas de retorno diárias para cada carteira. A partir dela construiu-se um índice com observações semanais. As observações semanais foram calculadas com base na terça-feira de uma semana à terça-feira da semana seguinte. Sempre que a terça-feira foi feriado, utilizou-se o valor da série acumulada na quarta-feira. Caso esta também tenha sido feriado, utilizou-se o valor da série acumulada na segunda-feira. Se a segunda, a terça e a quarta-feira foram feriados, então desconsiderou-se essa observação semanal. Os fatores de retorno semanal são então calculados como a razão entre as observações da semana corrente e da semana anterior. Esse mesmo procedimento foi adotado para a determinação das séries dos deflatores semanais.

[10] Os fatores de retorno mensal foram calculados a partir das séries que acumulam os fatores de retorno diários para cada carteira. O fator de retorno mensal de uma carteira é dado pela razão entre as observações da série de fator de retorno diário acumulado relativa ao último dia útil do mês corrente e o último dia útil do mês anterior.

[11] O ganho de potência gerado pelo uso de observações sobrepostas é discutido por Richardson e Smith (1991).

Analisando-se a tabela podemos observar que as rentabilidades das carteiras consideradas são bastante diferenciadas. Em primeiro lugar, o universo de ações contempladas pelas carteiras EW e VW é distinto daquele contemplado pelo índice Ibovespa. Como já foi dito, os dois primeiros incorporaram todas as ações da base de dados da *Economática* que possuíam dados diários no período de 4-3-1986 até 15-4-1998, sujeitas à mencionada restrição de liquidez. Uma vez definidas tais ações, essas carteiras mantiveram suas quantidades de ações fixas no período analisado. Como entraram apenas ações de empresas que não faliram durante o período considerado, é de se esperar que tais carteiras apresentem um viés de sobrevivência. Portanto, espera-se que as carteiras construídas tenham retorno superior ao Ibovespa. Este possui um universo de ações móvel, eliminando ações que passem a apresentar baixa negociabilidade. Além disso, os retornos da carteira VW são sensíveis a poucos ativos que possuem alta ponderação na carteira de mercado, tais como Petrobras PN, Banco do Brasil PN, Vale do Rio Doce PN e, no período mais recente, Telesp PN, e tendem a dar peso crescente às ações vencedoras, o que explica o seu maior descolamento.

Testes e resultados para retornos de curto prazo

Por questões metodológicas, a apresentação dos resultados será dividida em duas partes: a dos retornos de curto prazo e a dos retornos de médio a longo prazos. Nesta seção apresentamos os testes mencionados na introdução e analisamos os resultados de curto prazo.

O período de análise dos retornos estende-se de 4-3-1986 a 15-4-1998, contando com 2.974 observações de retornos diários e 610 observações de retorno semanal. Três subperíodos foram também analisados, a fim de se testar a robustez ante o período de amostragem. O primeiro vai de 4-3-1986 a 13-3-1990, o segundo, de 20-3-1990 a 29-7-1994, e o último, de 1-8-1994 a 15-4-1998. A redução drástica das taxas de inflação e a forte presença de investidores estrangeiros no mercado doméstico são as características institucionais mais relevantes do terceiro subperíodo. Exceto quando explicitamente mencionado, a análise que se segue refere-se ao período integral.

Características da distribuição dos retornos

As características da distribuição dos retornos são aqui avaliadas utilizando-se três testes: o teste de Jarque-Bera, a regressão dos quantis e o índice de cauda.

O teste de Jarque-Bera é o mais conhecido para a hipótese de normalidade, baseando-se nos coeficientes de assimetria (S) e de curtose (K) da distribuição dos retornos. Se a estatística de teste $JB > \chi^2_{1-\alpha}$ (2), então a hipótese nula de normalidade da distribuição dos retornos não é aceita ao nível de significância α.

A regressão dos quantis é um procedimento heurístico que investiga a simetria da distribuição dos retornos, baseando-se na comparação das distâncias dos quantis Q_α e $Q_{1-\alpha}$ em relação à mediana da distribuição. Se a distribuição é simétrica, tais distâncias devem ser iguais. Sejam $r_{(1)}, r_{(2)}, ...r_{(T)}$ as estatísticas de ordem dos retornos da amostra, e m a sua mediana, $u_i = m - r_i$ e $v_i = r_{(T-i+1)} - m$, onde $i = 1, 2, ..., [T/2]$, $[z]$ denotando maior inteiro menor ou igual a $[z]$. Estimamos a regressão $\mathbf{v} = \beta_1 + \beta_2.\mathbf{u} + \boldsymbol{\varepsilon}$. Se a distribuição for simétrica, então não deveremos rejeitar as hipóteses $\beta_1 = 0$ e $\beta_2 = 1$.

O índice de cauda é uma medida não-paramétrica utilizada para avaliar tanto a curtose quanto a assimetria da distribuição, baseando-se na comparação das distâncias interquartílicas da distribuição empírica e da distribuição normal. Se a distribuição dos dados for normal, então $T_L = T_R = 1$. Se a distribuição for leptocúrtica, possuindo caudas mais pesadas do que a normal, então $T_L > 1$ ou $T_R > 1$. Se a distribuição for simétrica, então $T_L = T_R$.

A tabela 2 apresenta estatísticas relativas à distribuição dos retornos das carteiras EW e VW analisados nos horizontes diário e semanal. Mostramos na tabela os estimadores amostrais dos coeficientes de assimetria e curtose, a estatística de Jarque-Bera (*JB*) e as estimativas dos coeficientes b_1 e b_2 da regressão dos quantis. Os índices de cauda T_L e T_R são apresentados para os correspondentes valores de α. Por convenção, os níveis de significância marginal das respectivas estatísticas de teste serão sempre mostrados aqui entre parênteses.

TABELA 2
Características dos retornos de curto prazo dos portfólios EW e VW, de 4-3-1986 a 15-4-1998

Portfólio EW						Portfólio VW					
A. Retornos diários											
JB	3,388	(,0000)	Curtose		8,20	*JB*	2,809	(,0000)	Curtose		7,75
Assimetria		0,26	Índice de cauda			Assimetria		0,06	Índice de cauda		
Regr. dos quantis			α	T_L	T_R	Regr. dos quantis			α	T_L	T_R
	Coef.	*p-value*	1%	1,41	1,44		Coef.	*p-value*	1%	1,38	1,49
B_1	0,00	(,0000)	5%	1,27	1,24	b_1	0,00	(,0000)	5%	1,22	1,25
B_2	1,06	(,0000)	10%	1,15	1,13	b_2	0,99	(,0958)	10%	1,13	1,16
B. Retornos semanais											
JB	653	(,0000)	Curtose		8,04	*JB*	842	(,0000)	Curtose		8,64
Assimetria		−0,23	Índice de cauda			Assimetria		−0,56	Índice de cauda		
Regr. dos quantis			α	T_L	T_R	Regr. dos quantis			α	T_L	T_R
	Coef.	*p-value*	1%	1,44	1,53		Coef.	*p-value*	1%	1,29	1,46
B_1	0,01	(,0002)	5%	1,33	1,42	b_1	0,00	(,0000)	5%	1,16	1,35
B_2	0,86	(,0000)	10%	1,20	1,30	b_2	0,84	(,0000)	10%	1,10	1,24

Os resultados revelam a não-normalidade nas séries de retorno de curto prazo. Em todos os casos, os coeficientes de curtose dos retornos ficam entre 7 e 8, sendo bem superiores aos da distribuição normal. As caudas das distribuições são mais pesadas que as da distribuição normal, atribuindo maior probabilidade a valores extremos. As distribuições também não são simétricas, sendo a assimetria positiva nos retornos diários e negativa nos semanais.[12] Além disso, em ambos os casos há indícios de assimetria na cauda da distribuição, pois o índice de cauda à direita tende a ser um pouco superior em relação à esquerda, revelando a maior probabilidade de valores extremos positivos do que negativos nos retornos de curto prazo. A estatística de Jarque Bera rejeita a hipótese de normalidade em todos os casos, indicando a possibilidade de modelos não-lineares serem mais adequados para descrever o comportamento dos retornos.[13]

Testes para a hipótese de passeio aleatório

Seja P_t o preço do ativo no tempo t. O retorno R_t do ativo no tempo t é definido como a razão entre o preço desse ativo entre t e $t-1$, ou seja, $R_t \equiv P_t / P_{t-1}$. Utilizando letras minúsculas para denotar o logaritmo da variável, tal que $x \equiv ln(X)$, considere a relação:

$$p_t = \mu + p_{t-1} + \varepsilon_t, \qquad t = 1,\ldots,T \tag{1}$$

Tal relação implica que $r_t = p_t - p_{t-1} = \mu + \varepsilon_t$. O sistema de classificação da hipótese de passeio aleatório proposto por Campbell, Lo e MacKinlay (1997), doravante CLM, depende das hipóteses feitas sobre a distribuição dos choques ε_t.

A versão RW1 corresponde ao modelo do passeio aleatório original, previamente descrito. Estabelece que os choques ε_t têm média zero, sendo independentes e identicamente distribuídos (IID) no tempo. A versão RW3 é menos restritiva e exige apenas que os choques ε_t sejam não-correlacionados. Nesse caso, os retornos passados não têm relevância na previsão linear dos retornos esperados futuros. Contudo, além de incorporar a possibilidade de previsibilidade da variância, tal versão admite a previsibilidade não-linear da média, visto que nessa hipótese o retorno esperado não precisa ser constante.

---

[12] O padrão dos retornos nominais diários encontrado difere tanto do norte-americano quanto daquele observado no Ibovespa, para os quais a assimetria é negativa, da ordem de –0,36 no período integral. A negatividade da última também é confirmada por Correa e Pereira (1997) numa amostra com 650 retornos nominais diários, de 17-4-1991 a 29-11-1993.

[13] Uma ressalva em relação aos testes de Jarque-Bera, de autocorrelação cruzada dos retornos e de McLeod-Li refere-se à ausência de correção para uma possível heterocedasticidade nos retornos, tal como feito por White (1980). Porém, vale observar que, se a rejeição à hipótese nula for muito forte, a correção para heterocedasticidade deve afetar muito pouco a conclusão do teste.

Aqui realizamos testes para as hipóteses RW1 e RW3 baseadas nas seguintes estatísticas: a) autocorrelações de ordem k; e b) razão de variância dos retornos em multiperíodos.[14] A estatística $\tilde{\rho}(k)$ ajustada para viés proposta por Fuller (1976:256) será adotada na avaliação das autocorrelações de ordem k. A razão de variância de ordem (q) é definida como $VR(q) \equiv \frac{Var[r_t(q)]}{q.Var[r_i]}$, onde $r_t(q) \equiv r_t + r_{t-1} + ... + r_{t-q+1}$. O teste de razão de variância explora o fato de que a variância dos incrementos do passeio aleatório é linear no intervalo de tempo analisado. Conseqüentemente, a variância do retorno anual deve ser 12 vezes a variância do retorno mensal, por exemplo. Sendo assim, a razão de variância dos incrementos de um passeio aleatório deve ser igual à unidade. Para os testes de RW1 e RW3 usaremos a estatística de teste $VR(q)$ apresentada por Lo e MacKinlay (1989) como um refinamento sobre o estimador usual da razão de variância. Ambas as estatísticas utilizam-se de dados sobrepostos de retornos em multiperíodos.

A tabela 3 mostra os resultados dos testes mencionados para a hipótese de RW1. Ambos os testes apresentam evidências contra essa hipótese, sugerindo alguma persistência dos retornos de curto prazo.[15]

TABELA 3
Autocorrelações ajustadas para viés e razões de variância com observações sobrepostas das carteiras EW e VW sob RW1, de 4-3-1986 a 15-4-1998

	$\tilde{\rho}(1)$	$\tilde{\rho}(2)$	$\tilde{\rho}(3)$	$\tilde{\rho}(4)$	$\tilde{\rho}(5)$	VR(2)	VR(4)	VR(8)	VR(16)
A. Retornos diários									
Carteira EW	,32	,18	,10	,10	,07	1,32	1,71	2,13	2,44
	(,0000)	(,0000)	(,0000)	(,0000)	(,0000)	(,0000)	(,0000)	(,0000)	(,0000)
Carteira VW	,23	,09	,04	,06	,04	1,23	1,47	1,69	1,81
	(,0000)	(,0000)	(,0145)	(,0016)	(,0325)	(,0000)	(,0000)	(,0000)	(,0000)
B. Retornos semanais									
Carteira EW	,22	,11	–,01	–,05	–,04	1,21	1,33	1,17	0,82
	(,0000)	(,0088)	(,7677)	(,2031)	(,3366)	(,0000)	(,0000)	(,1674)	(,3008)
Carteira VW	,15	,08	–,09	–,08	–,06	1,13	1,14	0,93	0,70
	(,0003)	(,0480)	(,0251)	(,0593)	(,1682)	(,0009)	(,0681)	(,5777)	(,0921)

[14] Richardson e Smith (1994) analisam a potência de diversas estatísticas utilizadas nos testes do modelo de passeio aleatório, entre elas a estatística *J* de Jegadeesh (1991), e concluem que não há um teste assintótico uniformemente mais potente. De maneira geral, contra a hipótese de reversão à média nos retornos de longo prazo, a razão de variância dos retornos em multiperíodos tende a ser mais potente que as demais. Para maiores esclarecimentos, ver Torres, Bonomo e Fernandes (2000).

[15] Uma vez que são apresentadas evidências de não-normalidade dos retornos, a hipótese de RW1 torna-se muito restritiva. De qualquer forma, os testes serão realizados sob tal hipótese, a fim de que seus resultados possam ser comparados com os da hipótese de RW3.

As autocorrelações de primeira ordem estimadas são positivas em ambos os horizontes, mais fortes do que as de ordem superior em todos os casos e maiores no horizonte diário do que no semanal. Nos retornos diários, as autocorrelações de segunda a quinta ordens são também todas positivas e significativas ao nível de 5%. Nos retornos semanais, surgem autocorrelações negativas a partir da terceira ordem. Em ambos os horizontes de análise, a rejeição da hipótese de RW1 tende a ser mais forte nas carteiras com ponderação igual (EW) do que nas carteiras ponderadas por valor (VW), sugerindo que o tamanho da firma pode ser uma variável relevante na previsão de retornos. Tais resultados são coerentes com aqueles encontrados por CLM na análise de retornos diários e semanais, e por Lo e Mackinlay (1988) e Conrad e Kaul (1988) na análise de retornos semanais.[16]

Passando à análise das razões de variância na mesma tabela, verifica-se que elas são fortemente significativas até a 16ª ordem nos retornos diários e até a quarta ordem nos semanais. Constata-se também que os valores estimados da razão de variância de ordem 2, subtraídos da unidade, são aproximadamente iguais aos das autocorrelações de primeira ordem, conforme esperado. A razão de variância de ordem 2 encontrada no retorno diário da carteira EW, de 1,32, por exemplo, indica uma autocorrelação serial de primeira ordem de 32%, sendo coerente com a estimativa da autocorrelação de primeira ordem.[17]

O padrão ascendente das razões de variância de ordem 2, 4, 8 e 16 dos retornos diários indica a existência de autocorrelação serial positiva dos retornos em multiperíodos de 2, 4 e 8 dias. Nos retornos semanais, a seqüência de razões de variância inicialmente ascende e posteriormente descende, indicando a ocorrência de autocorrelação serial positiva dos retornos em multiperíodos de duas semanas e negativa dos retornos em multiperíodos de quatro e oito semanas. A razão $VR(4)/VR(2)$ do retorno semanal da carteira EW, por exemplo, é dada por 1,33/1,21, indicando que a autocorrelação de primeira ordem do retorno em multiperíodo de duas semanas da carteira EW deve ser da ordem de 10%.

[16] No tratamento dos dados, a falta de liquidez dos ativos é capaz de gerar alguma autocorrelação positiva espúria, tendo sido Fisher (1966) o primeiro a levantar essa questão. Lo e MacKinlay (1990) sugerem um modelo para o tratamento desse problema, conhecido como *nonsynchronous trading*. Torres, Bonomo e Fernandes (2000) avaliam as autocorrelações de ordem k de uma carteira formada apenas por ativos extremamente líquidos. A probabilidade de cada um deles não transacionar é inferior a 10%, ficando a média da carteira em 3,41%. Embora as autocorrelações obtidas sejam um pouco mais baixas, os resultados continuam sugerindo forte rejeição à hipótese de RW1. Além disso, os autores analisam nessa nova carteira a sensibilidade das autocorrelações à presença de observações *outliers* e constatam que elas foram pouco afetadas.

[17] Duas propriedades estatísticas interessantes das razões de variância são que $VR(2)$ equivale à autocorrelação de primeira ordem adicionada da unidade e que $VR(2q)/VR(q)$ equivale à autocorrelação de primeira ordem de retornos formados em q períodos adicionada da unidade.

A tabela 4 mostra os resultados dos testes assintóticos de razão de variância sob RW3,[18] utilizando estatística de teste assintoticamente consistente com a heterocedasticidade.

TABELA 4
Razões de variância sobrepostas das carteiras EW e VW sob RW3, de 4-3-1986 a 15-4-1998

	VR(2)	VR(4)	VR(8)	VR(16)
A. Retornos diários				
Carteira EW	1,32	1,71	2,15	2,48
	(,0000)	(,0000)	(,0000)	(,0000)
Carteira VW	1,23	1,46	1,70	1,81
	(,0000)	(,0000)	(,0000)	(,0000)
B. Retornos semanais				
Carteira EW	1,22	1,42	1,41	1,28
	(,0000)	(,0000)	(,0089)	(,1913)
Carteira VW	1,14	1,25	1,12	1,01
	(,0135)	(,0214)	(,4553)	(,9646)

As indicações de previsibilidade dos retornos diários até o horizonte de 16 dias e dos retornos semanais até o horizonte de quatro semanas permanecem fortes no período integral. A única mudança relevante refere-se à razão de variância de ordem 8 da carteira EW dos retornos semanais, que passa a ser significativa. A rejeição da hipótese nula permanece mais forte na carteira EW do que na VW. Conclui-se, portanto, que a indicação de previsibilidade dos retornos de curto prazo é robusta ante mudanças na variância dos mesmos, uma vez que a estatística de teste adotada é assintoticamente consistente quando há heterocedasticidade.

Subperíodos

A tabela 5 apresenta os resultados dos testes de razão de variância para a hipótese de RW1, avaliados nos subperíodos previamente mencionados.

---

[18] Romano e Thombs (1996) discutem inferência sobre as autocorrelações de ordem *k* sob hipóteses menos restritivas de distribuição, como RW3. Isto não foi adotado, pois além de computacionalmente complexo, não gera ganhos de potência compensatórios sob a hipótese alternativa de reversão à média no longo prazo.

TABELA 5

Razões de variância sobrepostas das carteiras EW e VW nos subperíodos sob RW1

	4-3-1986 a 13-3-1990				20-3-1990 a 29-7-1994				1-8-1994 a 15-4-1998			
	VR(2)	VR(4)	VR(8)	VR(16)	VR(2)	VR(4)	VR(8)	VR(16)	VR(2)	VR(4)	VR(8)	VR(16)
A. Retornos diários												
Carteira EW	1,33	1,70	2,05	2,17	1,32	1,72	2,06	2,17	1,19	1,30	1,29	1,56
	(,0000)	(,0000)	(,0000)	(,0000)	(,0000)	(,0000)	(,0000)	(,0000)	(,0000)	(,0000)	(,0031)	(,0001)
Carteira VW	1,29	1,58	1,83	1,91	1,20	1,38	1,48	1,43	1,15	1,12	0,89	0,92
	(,0000)	(,0000)	(,0000)	(,0000)	(,0000)	(,0000)	(,0000)	(,0000)	(,0000)	(,0500)	(,2816)	(,5970)
B. Retornos semanais												
Carteira EW	1,15	1,27	1,17	0,81	1,28	1,28	1,15	0,77	1,05	1,30	1,41	1,46
	(,0290)	(,0402)	(,4078)	(,5403)	(,0000)	(,0239)	(,4557)	(,4447)	(,5263)	(,0261)	(,0561)	(,1535)
Carteira VW	1,13	1,21	1,02	0,69	1,16	1,02	0,90	0,71	0,83	0,87	0,85	0,76
	(,0578)	(,1061)	(,9230)	(,3235)	(,0171)	(,8477)	(,6210)	(,3338)	(,0209)	(,3427)	(,4751)	(,4527)

A análise revela que os dois primeiros subperíodos possuem um padrão bem semelhante ao do período integral. Nos retornos diários, a mudança mais relevante ocorre no último subperíodo da carteira VW, para o qual as razões de variância de ordem 8 e 16 tornam-se inferiores à unidade, embora não sejam significativamente diferentes de 1. Em linhas gerais, a evidência de previsibilidade tende a ser menor no período mais recente para ambas as carteiras nesse horizonte. A maior previsibilidade da carteira EW em relação ao VW é mantida em todos os casos. De maneira geral, pode-se considerar que o padrão de previsibilidade dos retornos diários é robusto ante o período de amostragem. Nos retornos semanais, a mudança de padrão do último subperíodo é considerável. No terceiro subperíodo, a razão de variância de ordem 2 permanece superior à unidade para a carteira EW, mas reduz-se sensivelmente, deixando de ser significativa. Contudo, a razão de variância de ordem 4 mantém-se significativa. A seqüência de razões de variância torna-se ascendente, indicando autocorrelação serial positiva nos retornos em multiperíodos de duas, quatro e oito semanas para essa carteira. Já em relação à carteira VW, apenas a razão de variância de ordem 2 permanece significativa. Porém, a mesma torna-se inferior à unidade e passa a indicar reversão à média. Apesar de o padrão não ser tão estável quanto na análise dos retornos diários, a evidência de que a previsibilidade dos retornos semanais tende a ser menor em períodos mais recentes é compatível com os resultados da análise norte-americana de CLM (1997).

A tabela 6 apresenta os resultados dos testes de razão de variância para a hipótese de RW3, avaliados nos subperíodos previamente estabelecidos.

A análise dos retornos de curto prazo sob RW3 revela um padrão bem semelhante àquele encontrado sob RW1. Nos retornos diários, comparando-se os dois primeiros subperíodos e o período integral ao terceiro subperíodo, pode-se verificar que os níveis de significância marginal são maiores no último para ambas as carteiras, indicando menor previsibilidade. Nos retornos semanais, os níveis de significância marginal de ambas as carteiras aumentam em relação ao período integral em todos os subperíodos. Uma mudança refere-se à razão de variância de ordem 8 da carteira EW, que passa a ser significativa no segundo subperíodo. No último subperíodo, apenas essa razão de variância mantém-se significativa a 10%. A característica de redução da previsibilidade nos períodos mais recentes é mantida.

TABELA 6
Razões de variância sobrepostas das carteiras EW e VW nos subperíodos sob RW3

	4-3-1986 a 13-3-1990				20-3-1990 a 29-7-1994				1-8-1994 a 15-4-1998			
	VR(2)	VR(4)	VR(8)	VR(16)	VR(2)	VR(4)	VR(8)	VR(16)	VR(2)	VR(4)	VR(8)	VR(16)
A. Retornos diários												
Carteira EW	1,35	1,72	2,08	2,29	1,33	1,78	2,32	2,62	1,19	1,29	1,30	1,54
	(,0000)	(,0000)	(,0000)	(,0000)	(,0000)	(,0000)	(,0000)	(,0000)	(,0023)	(,0108)	(,0775)	(,0218)
Carteira VW	1,30	1,59	1,84	1,96	1,21	1,47	1,74	1,77	1,15	1,12	0,92	0,91
	(,0000)	(,0000)	(,0000)	(,0000)	(,0000)	(,0000)	(,0000)	(,0000)	(,0252)	(,3664)	(,6816)	(,7212)
B. Retornos semanais												
Carteira EW	1,17	1,27	1,23	1,12	1,29	1,48	1,41	1,19	1,04	1,30	1,47	1,55
	(,0287)	(,0417)	(,2744)	(,6876)	(,0008)	(,0015)	(,0728)	(,5397)	(,7440)	(,1226)	(,0878)	(,1379)
Carteira VW	1,15	1,21	1,06	0,94	1,18	1,22	1,07	0,93	0,83	0,88	0,86	0,84
	(,0459)	(,1144)	(,7899)	(,8327)	(,0501)	(,1505)	(,7511)	(,8211)	(,2019)	(,6189)	(,6762)	(,7049)

Ativos individuais

Estudos norte-americanos indicam que, embora se observem autocorrelações diferentes de zero em carteiras diversificadas em determinados horizontes de tempo, na análise de ativos individuais as correlações são bem próximas de zero.[19] A intuição é que os ativos individuais estão mais sujeitos a riscos idiossincráticos; portanto, seu comportamento seria mais imprevisível. Esse fato motiva a avaliação das razões de variância médias dos ativos individuais. A significância da média *cross-section* da razão de variância dos ativos individuais não será avaliada, dadas as relações de dependência *cross-section* entre os ativos.

A tabela 7 mostra as médias *cross-section* das razões de variância $VR(q)$ dos ativos individuais e seus respectivos desvios-padrão, referidos inferiormente.

TABELA 7
Médias *cross-section* das razões de variância sobrepostas dos ativos individuais de 4-3-1986 a 15-4-1998

	VR(2)	VR(4)	VR(8)	VR(16)
A. Retornos diários	1,05	1,12	1,17	1,17
(desvio-padrão)	(,0667)	(,1241)	(,1694)	(,1960)
B. Retornos semanais	1,02	0,98	0,85	0,71
(desvio-padrão)	(,0591)	(,1020)	(,1655)	(,1760)

A análise dos retornos diários do período integral revela que os ativos individuais também possuem razões de variância superiores à unidade até a ordem 16, embora em magnitude bem inferior àquelas observadas nas carteiras. A seqüência de razões de variância também é não-decrescente, indicando persistência dos retornos nos q dias. A análise dos retornos semanais revela que a razão de variância de ordem 2 é ligeiramente superior à unidade, e que as demais são inferiores e decrescentes, indicando uma reversão à média nas q semanas mais rápida do que aquela observada nas carteiras.

[19] Fisher (1966) constata que as autocorrelações de ativos agrupados em carteiras diversificadas são positivas e bem maiores do que aquelas observadas em ativos individuais no horizonte mensal. Fama e French (1988) encontram autocorrelações de ordem k corrigidas para viés bem próximas de zero e simetricamente distribuídas nos retornos de multiperíodos de um a 10 anos, mas autocorrelações negativas nos retornos de carteiras no longo prazo. CLM encontram médias de razões de variância próximas à unidade nos ativos individuais em retornos semanais, e superiores à unidade em carteiras.

Carteiras agrupadas por tamanho

A constatação de que a rejeição às hipóteses de passeio aleatório tende a ser mais forte nas carteiras EW do que nas carteiras VW leva à questão da relação entre o tamanho da firma e a previsibilidade. Conforme descrito anteriormente, cinco carteiras por tamanho foram formadas a fim de se analisar as matrizes de autocorrelações cruzadas: Port 1, Port 2, Port 3, Port 4 e Port 5, respectivamente, da menor para a maior. Para os testes da hipótese de passeio aleatório, essas cinco carteiras foram reunidas em três: uma carteira de firmas pequenas, contendo apenas Port 1, com 13 firmas; uma carteira de firmas médias, com retorno dado pela média aritmética dos retornos das carteiras Port 2, Port 3 e Port 4, englobando 36 firmas; e uma carteira de firmas grandes, idêntica à Port 5, com 13 firmas. Testes de razão de variância para as hipóteses nulas de RW1 e RW3 foram então realizados. Os resultados encontram-se na tabela 8.

TABELA 8
Razões de variância sobrepostas das carteiras por tamanho no curto prazo de 4-3-1986 a 15-4-1998

	RW1				RW3			
	VR(2)	VR(4)	VR(8)	VR(16)	VR(2)	VR(4)	VR(8)	VR(16)
A. Retornos diários								
Firmas pequenas	1,19	1,47	1,81	2,11	1,19	1,48	1,83	2,15
	(,0000)	(,0000)	(,0000)	(,0000)	(,0000)	(,0000)	(,0000)	(,0000)
Firmas médias	1,32	1,73	2,17	2,45	1,33	1,74	2,20	2,51
	(,0000)	(,0000)	(,0000)	(,0000)	(,0000)	(,0000)	(,0000)	(,0000)
Firmas grandes	1,24	1,48	1,72	1,85	1,24	1,48	1,73	1,84
	(,0000)	(,0000)	(,0000)	(,0000)	(,0000)	(,0000)	(,0000)	(,0000)
B. Retornos semanais								
Firmas pequenas	1,18	1,36	1,27	1,00	1,20	1,42	1,48	1,41
	(,0000)	(,0000)	(,0228)	(,9975)	(,0001)	(,0000)	(,0009)	(,0405)
Firmas médias	1,23	1,34	1,15	0,83	1,23	1,43	1,42	1,31
	(,0000)	(,0000)	(,2033)	(,3303)	(,0000)	(,0000)	(,0094)	(,1653)
Firmas grandes	1,12	1,13	0,90	0,66	1,13	1,23	1,07	0,91
	(,0028)	(,0770)	(,4104)	(,0534)	(,0222)	(,0323)	(,6681)	(,6969)

Em primeiro lugar, vale observar que, embora as hipóteses de RW1 e RW3 sejam mais fortemente rejeitadas na carteira de firmas médias, tal rejeição pode estar relacionada ao maior número de firmas nela contidas. Isso pode permitir melhor diversificação do risco idiossincrático das firmas, uma vez que a previsibilidade dos ativos organizados em carteiras tende a ser maior que a dos ativos individuais, conforme observado. Sendo assim, a comparação mais cabível é entre firmas pequenas e firmas grandes. Nesse caso, não há um padrão claro, pois embora a rejeição das hipóteses de RW1 e RW3 seja mais forte para a carteira de firmas grandes no horizonte diário, tal padrão é invertido no horizonte semanal. Esse padrão dos retornos diários aparentemente não é coerente com a menor previsibilidade da carteira VW, na qual firmas maiores possuem maior ponderação.

Matrizes de autocorrelações cruzadas e sua assimetria

Outro padrão de previsibilidade de interesse analisado pelos estudos norte-americanos é o chamado *lead-and-lag*, segundo o qual algumas carteiras têm tendência a seguir o comportamento de outras. Para avaliar tal padrão, constroem-se matrizes de autocorrelações cruzadas entre essas carteiras. Uma vez que nos estudos do mercado norte-americano a variável tamanho mostrou-se relevante na previsão, tal padrão será avaliado com base em carteiras agrupadas por tamanho.

A tabela 9 mostra as matrizes estimadas de autocorrelações cruzadas de primeira ordem $\hat{Y}(1)$ e de assimetria $\hat{Y}(1) - \hat{Y}(1)'$ das carteiras ordenadas por tamanho Port 1, Port 2, Port 3, Port 4 e Port 5 (em ordem crescente) cujos retornos no tempo t são dados respectivamente por $r_{1t}, r_{2t}, r_{3t}, r_{4t}, r_{5t}$. A matriz de assimetria revela a diferença de influência dos retornos defasados das firmas grandes em relação às pequenas (abaixo da diagonal principal), e vice-versa (acima da diagonal principal). Os desvios-padrão assintóticos das autocorrelações cruzadas sob a hipótese de RW1 são dados por $1/\sqrt{T}$, iguais a 1,8% e 4% para os retornos diários e semanais, respectivamente.[20]

Um padrão interessante pode ser notado na matriz $\hat{Y}(1)$: as autocorrelações abaixo da diagonal principal tendem a ser maiores do que aquelas acima da mesma. Por exemplo, enquanto a correlação do retorno semanal em t-1 da firma grande com o retorno em t da firma pequena é da ordem de 22%, a correlação do retorno em $t-1$ da firma pequena com o retorno em t da firma grande é da ordem de 0%. Tal padrão pode ser verificado mais adequadamente nas matrizes de assimetria $\hat{Y}(1) - \hat{Y}(1)'$, as quais são dominadas por valores positivos abaixo da diagonal principal e por valores negativos acima dela. Esses resultados são coerentes com aqueles observados por CLM. Autocorrelações fortemente significativas podem ser observadas nos dois horizontes. Esse padrão sugere a possibilidade de uma estratégia que, em termos esperados, gere lucros extraordinários na ausência de custos de transação. Por exemplo, se o retorno de uma carteira de firmas grandes for alto no fechamento de determinado dia, então a compra de uma carteira de firmas pequenas no fechamento desse dia e sua posterior venda no fechamento do dia seguinte gerarão

[20] Os vieses dos estimadores das autocorrelações cruzadas são da ordem de 0,03% e 0,16% e, portanto, irrelevantes nas conclusões.

lucros extraordinários em termos esperados. Note-se que tal lucro extraordinário existiria mesmo que o retorno de cada carteira agrupada por tamanho fosse imprevisível com base nos seus retornos defasados.

TABELA 9

Matrizes de autocorrelações cruzadas de primeira ordem e de assimetria das autocorrelações para carteiras agrupadas por tamanho, de 4-3-1986 a 15-4-1998

	$\hat{Y}(1)$						$\hat{Y}(1) - \hat{Y}(1)'$				
A. Retornos diários											
	r_{1t}	r_{2t}	r_{3t}	r_{4t}	r_{5t}		r_1	r_2	r_3	r_4	r_5
r_{1t-1}	0,19	0,23	0,20	0,20	0,12	r_1	0,00	–0,05	–0,07	–0,06	–0,15
r_{2t-1}	0,28	0,28	0,27	0,26	0,19	r_2	0,05	0,00	–0,02	–0,04	–0,11
r_{3t-1}	0,28	0,29	0,27	0,28	0,20	r_3	0,07	0,02	0,00	–0,01	–0,09
r_{4t-1}	0,27	0,30	0,29	0,28	0,22	r_4	0,06	0,04	0,01	0,00	–0,09
r_{5t-1}	0,27	0,30	0,29	0,30	0,25	r_5	0,15	0,11	0,09	0,09	0,00
B. Retornos semanais											
	r_{1t}	r_{2t}	r_{3t}	r_{4t}	r_{5t}		r_1	r_2	r_3	r_4	r_5
r_{1t-1}	0,18	0,14	0,09	0,08	0,00	r_1	0,00	–0,14	–0,16	–0,19	–0,22
r_{2t-1}	0,28	0,21	0,19	0,17	0,10	r_2	0,14	0,00	0,00	–0,05	–0,09
r_{3t-1}	0,25	0,19	0,18	0,17	0,07	r_3	0,16	0,00	0,00	–0,03	–0,11
r_{4t-1}	0,27	0,21	0,20	0,17	0,10	r_4	0,19	0,05	0,03	0,00	–0,07
r_{5t-1}	0,22	0,20	0,18	0,17	0,12	r_5	0,22	0,09	0,11	0,07	0,00

Testes de sazonalidade

Dada a evidência norte-americana de sazonalidade em retornos diários, montou-se uma regressão com variáveis *dummy* a fim de avaliar tal efeito. Na avaliação do efeito dia da semana em conjunção com o efeito auto-regressivo, adotamos a especificação:[21]

$$r_t - \bar{r} = \gamma_1 SEG + \gamma_2 TER + \gamma_3 QUA + \gamma_4 QUI + \gamma_5 SEX + \beta r_{t-1} + \varepsilon_t \qquad (2)$$

Havendo indicação de heterocedasticidade, a metodologia de White (1980) será adotada para obter uma estimativa consistente do estimador das variâncias dos coeficientes da regressão, na presença de heterocedasticidade de forma desconhecida.

[21] Uma vez que a série original de retornos diários era composta apenas por dias úteis, os feriados foram incluídos nessa série e considerados uma observação NA, visando manter a ordem dos dias da semana.

A tabela 10 mostra os resultados da regressão. Os respectivos níveis de significância marginal são indicados ao lado, avaliados sob as hipóteses de homocedasticidade e heterocedasticidade.

TABELA 10
Regressões defasadas com *dummies* para sazonalidade estimadas por MQ das carteiras EW e VW, de 4-3-1986 a 15-4-1998, para os retornos diários

$$R_t - r = \gamma_1{*}SEG + \gamma_2{*}TER + \gamma_3{*}QUA + \gamma_4{*}QUI + \gamma_5{*}SEX + \beta{*}\, r_{t-1} + \varepsilon_t$$

	Carteira EW			Carteira VW		
	Coef.	*p-value*	*White-p*	Coef.	*p-value*	*White-p*
SEG	-,0062	(,0000)	(,0000)	-,0064	(,0000)	(,0000)
TER	,0002	(,8494)	(,8501)	,0019	(,1317)	(,1417)
QUA	,0008	(,3914)	(,4055)	-,0004	(,7562)	(,7571)
QUI	,0004	(,6446)	(,6571)	,0008	(,5441)	(,5637)
SEX	,0024	(,0131)	(,0077)	,0016	(,1956)	(,1680)
R_{t-1}	,3194	(,0000)	(,0000)	,2311	(,0000)	(,0000)
R^2	,12	-	-	,06	-	-
AC(1) resíduo	-,01	(,5520)	-	-,01	(,5623)	-
Efeito ARCH: $e_t^2 = \beta_1 + \beta_2{*}\, e_{t-1}^2$						
B_1	,00	(,0000)	-	,00	(,0000)	-
B_2	,17	(,0000)	-	,16	(,0000)	-
R^2	,03	-	-	,03	-	-

Analisando a especificação, podemos notar a existência de um efeito sazonal na segunda-feira em ambos os portfólios. Observa-se também um efeito sazonal em EW na sexta-feira. Tal evidência é coerente com o fato estilizado de que os retornos da segunda-feira tendem a ser menores do que aqueles dos demais dias da semana, fato observado por Cross (1973), French (1980) e Gibbons e Hess (1981) nos dados norte-americanos, e por Correa e Pereira (1997) nos dados brasileiros.

O teste ARCH-LM de heterocedasticidade condicional nos erros da regressão é também apresentado na tabela, rejeitando a hipótese nula dos quadrados dos erros defasados não serem correlacionados. Conseqüentemente, a matriz de covariância do vetor de coeficientes foi estimada segundo a metodologia consistente com a heterocedasticidade de White. Os níveis de significância marginal calculados com base em tal metodologia são indicados ao lado daqueles baseados na hipótese de homocedasticidade. A correção para heterocedasticidade não modifica as conclusões anteriores.

Testes de não-linearidade

Teste BDS

O teste BDS (Brock, Dechert, Le Baron & Scheinkman, 1996) é adequado para investigar desvios da hipótese nula de independência e distribuição idêntica, tais como não-estacionariedade, não-linearidade e caos determinístico. A estatística de teste do BDS é baseada na integral de correlação entre dois vetores de séries temporais e definida pela seguinte expressão:

$$C_m(\varepsilon) = \lim_{T \to \infty} \frac{1}{(T-m)(T-m+1)} \sum_{i,j=1}^{T} I(|x_i^m - x_j^m) < \varepsilon) \; i \neq j$$

onde T é o tamanho da série, $x_t^m = (x_t, x_{t+1}, \ldots, x_{t+m-1})$ e $I(.)$ é a função indicadora. Os autores mostraram que, na hipótese nula de observações IID, $C_m(\varepsilon) = (C_1(\varepsilon))^m$. A partir desse resultado define-se a estatística de teste BDS:

$$BDS_m(\varepsilon) = \sqrt{T}[C_m(\varepsilon) - (C_1(\varepsilon))^m] \,/\, V_m^{1/2}$$

onde V é a expressão da variância, cuja fórmula pode ser encontrada em Cromwell et alii (1994:34). É possível mostrar que, na hipótese de IID, essa estatística tem distribuição assintótica normal padrão. Essa aproximação é adequada desde que $T/m > 200$. Brock, Hsieh e Le Baron (1991) recomendam usar ε entre 0,5 e 2 vezes o desvio-padrão da série, e o parâmetro dimensional m, entre 2 e 10. Na tabela 11 apresentamos os resultados da aplicação do teste BDS aos retornos dos portfólios EW e VW observados à freqüência diária (2.996 observações) e semanal (613 observações).

Como se pode ver, a hipótese nula de séries IID é fortemente rejeitada, ao nível de 1% ou bem menos, para todos os tipos de carteira (EW e VW) e freqüências analisadas (diária e semanal). Os dados diários, que apresentam maior persistência na volatilidade, rejeitam mais fortemente a hipótese de independência. Dada a não-especificidade da hipótese alternativa no teste BDS, cabe investigar, através de testes mais específicos, as origens dessa rejeição. Parte da resposta está na informação contida na tabela 3, onde é possível observar a autocorrelação significativa para as séries investigadas, ou seja, a presença de dependência linear na média. Entretanto, é nos resultados dos testes subseqüentes (McLeod-Li e Hsieh) que fica evidente que a rejeição da hipótese da distribuição independente e idêntica está mais fortemente associada à existência de dependência não-linear nas séries dos retornos de portfólios, em consonância com os fatos estilizados observados em séries de retornos financeiros nos diversos mercados mundiais.

TABELA 11
Teste de BDS nos retornos de curto prazo para as carteiras EW e VW, de 4-3-1986 a 15-4-1998

		Retornos diários				Retornos semanais			
	ε/ m	2	3	4	5	2	3	4	5
Carteira EW	**0,5** σ	19,953	26,542	36,935	52,974	8,409	11,747	16,454	21,852
	σ	19,29	23,539	28,918	35,232	6,949	9,521	11,959	14,257
	1,5 σ	17,943	20,786	23,624	26,350	5,483	6,776	8,357	9,363
	2 σ	16,76	19,099	20,799	22,353	4,652	5,498	6,839	7,480
Carteira VW	**0,5** σ	17,107	24,122	34,449	52,541	4,853	7,529	11,346	16,944
	σ	15,973	20,044	24,482	29,743	5,096	6,575	8,617	10,297
	1,5 σ	14,602	17,965	20,670	23,078	5,310	6,013	7,113	7,892
	2 σ	13,077	16,773	19,039	20,580	6,484	6,419	6,941	7,259

Teste de McLeod-Li

O teste de McLeod-Li (1983) baseia-se na análise do correlograma do quadrado de uma determinada variável. A hipótese nula de as primeiras *k* autocorrelações do quadrado dos retornos serem simultaneamente zero pode ser testada utilizando-se a estatística de Ljung-Box: $Q_{xx}(k)$. A rejeição da hipótese nula indica que existe dependência não-linear nos retornos, podendo a mesma ocorrer na média e/ou na variância. A aceitação da hipótese nula não exclui a possibilidade de dependência não-linear de ordem superior à quadrática.

A tabela 12 apresenta os resultados do teste aplicado à série de quadrados dos retornos. A evidência mostra que existe dependência não-linear na série dos retornos.

TABELA 12
Teste de McLeod-Li nos retornos de curto prazo para as carteiras EW e VW, de 4-3-1986 a 15-4-1998

	$Q_{xx}(5)$	$Q_{xx}(10)$	$Q_{xx}(15)$	$Q_{xx}(25)$	$Q_{xx}(35)$
A. Retornos diários					
Carteira EW	444,11	650,99	749,71	822,32	845,10
	(,0000)	(,0000)	(,0000)	(,0000)	(,0000)
Carteira VW	536,01	751,42	875,74	945,09	960,30
	(,0000)	(,0000)	(,0000)	(,0000)	(,0000)
B. Retornos semanais					
Carteira EW	35,36	38,48	48,38	56,91	62,31
	(,0000)	(,0000)	(,0000)	(,0003)	(,0030)
Carteira VW	37,69	41,41	48,57	54,08	56,09
	(,0000)	(,0000)	(,0000)	(,0006)	(,0133)

Teste de Hsieh

Para a realização do teste de Hsieh (1989), a dependência linear da variável testada deve ser inicialmente filtrada. A fim de detectar a existência de não-linearidade na média, o autor propõe um teste baseado no terceiro momento do processo $\{e_t\}$, definindo a estatística:

$$\varphi(i,j) \equiv \frac{E[e_t e_{t-i} e_{t-j}]}{E[e_t^2]^{3/2}}, \text{ onde } i, j \text{ representam as defasagens do processo } \{e_t\}.$$

Se o processo é não-linear na média, então $\varphi(i,j) \neq 0$, para algum $i, j > 0$. Sendo assim, o teste estabelece como hipótese nula que $\varphi(i,j) = 0$ para todo $i, j > 0$, o que ocorrerá quando o processo for IID ou não-linear na variância.

A rejeição da hipótese nula significa que modelos não-lineares na média podem ser úteis na previsão do comportamento dos retornos. Nesse caso, pode ou não haver não-linearidade na variância. Se o teste de McLeod-Li indicar a existência de não-linearidade, a aceitabilidade da hipótese nula do teste de Hsieh indica que deve haver não-linearidade somente na variância do retorno. Observe-se que, se não houvesse o processo de filtragem do resíduo mencionado, o teste de Hsieh poderia rejeitar a hipótese nula em função de dependência linear no distúrbio aleatório do modelo, o que seria indesejável.[22]

O teste de Hsieh foi aplicado à série de resíduos filtrados de dependência linear conforme a metodologia de Box, Jenkins e Reinsel (1994). Nos retornos diários foram incluídas variáveis *dummies* para os dias da semana. A autocorrelação serial dos distúrbios aleatórios e_t da regressão linear foi analisada e, aceitando-se a hipótese de autocorrelação nula, esses resíduos foram então utilizados no teste. As defasagens das especificações lineares dos processos de retornos foram em número de oito e 10 no horizonte diário, e de dois e três no horizonte semanal para as carteiras EW e VW, respectivamente.

A tabela 13 apresenta as estatísticas $\hat{\varphi}(i,j)$ do teste de Hsieh. A análise da carteira EW não rejeita a possibilidade de os processos serem lineares na média. Como o teste de McLeod-Li indica a existência de não-linearidade, conclui-se que esta deve ocorrer na variância, e não na média. Em relação à carteira VW, temos que $\hat{\varphi}(2, 1)$, $\hat{\varphi}(3, 1)$ e $\hat{\varphi}(4, 1)$ são significativas no horizonte diário, e $\hat{\varphi}(3, 2)$ é significativa no horizonte semanal. Isso sugere a investigação de especificações não-lineares na média e na variância para a previsão de retornos dessa carteira.

---

[22] Avaliando a potência de seu teste, Hsieh mostra que, para determinadas combinações de (i,j) e especificações dos parâmetros dos modelos, o teste rejeita fortemente os seguintes modelos não-lineares na média: *MA* não-linear, Threshold AR e Tent Map. A potência é menor para o modelo híbrido ARCH-M. Os modelos lineares na média AR(1), MA(1) e ARCH são rejeitados com baixíssima probabilidade.

TABELA 13
Teste de Hsieh nos retornos de curto prazo para as carteiras EW e VW, de 4-3-1986 a 15-4-1998

		$\hat{\phi}(2,1)$	$\hat{\phi}(2,2)$	$\hat{\phi}(3,1)$	$\hat{\phi}(3,2)$	$\hat{\phi}(3,3)$	$\hat{\phi}(4,1)$	$\hat{\phi}(4,2)$	$\hat{\phi}(4,3)$	$\hat{\phi}(4,4)$
A. Retornos diários										
Carteira EW	–,02	,05	,13	–,08	,03	–,01	,04	–,07	,00	,04
	(,7654)	(,3115)	(,1532)	(,1382)	(,5535)	(,9479)	(,4123)	(,2016)	(,9662)	(,6702)
Carteira VW	–,05	,08	,13	–,13	–,01	,00	,08	–,08	–,03	,01
	(,4741)	(,0396)	(,1621)	(,0242)	(,8666)	(,9644)	(,0836)	(,1620)	(,4901)	(,8938)
B. Retornos semanais										
Carteira EW	,03	,07	,03	–,04	,05	,11	–,15	,06	,05	,10
	(,8087)	(,3137)	(,7400)	(,4272)	(,3202)	(,6671)	(,1038)	(,2673)	(,5222)	(,5326)
Carteira VW	,06	,07	–,02	–,02	,12	–,06	–,09	,06	,10	–,07
	(,6800)	(,3187)	(,8222)	(,7745)	(,0173)	(,5590)	(,2146)	(,2884)	(,1544)	(,5074)

Embora não tenhamos realizado testes de não-linearidade específicos para a média condicional dos retornos, a evidência empírica acumulada é insuficiente para atribuir a rejeição do teste BDS à não-linearidade na média.[23]

Sumário e comparação com resultados americanos

Algumas das evidências encontradas corroboram qualitativamente os seguintes fatos estilizados norte-americanos: a) rejeição da hipótese de normalidade dos retornos em *log*; b) possibilidade de modelos não-lineares na média e/ou na variância serem úteis na previsão de retornos; c) rejeição das hipóteses de passeio aleatório RW1 (retornos independentes e identicamente distribuídos) e RW3 (retornos não-correlacionados), com indicação de previsibilidade linear de retornos; d) redução da previsibilidade linear univariada no período mais recente; e) razões de variância mais próximas da unidade para ativos individuais, indicando sua menor previsibilidade em relação às carteiras; f) maior previsibilidade de carteiras de firmas pequenas em relação às de firmas grandes no horizonte semanal; g) assimetria das autocorrelações cruzadas dos retornos semanais, com carteiras de firmas maiores explicando o comportamento dos retornos das carteiras de firmas menores; h) tendência dos retornos a serem significativamente menores na segunda-feira.

Algumas comparações podem ser estabelecidas entre os resultados encontrados na análise do mercado brasileiro entre 1986 e 1998 e aqueles encontrados para o mercado norte-americano no período de 1978 a 1994 (CLM). As evidências de previsibilidade linear geradas pelas autocorrelações dos retornos diários e semanais das carteira EW e VW são mais fortes no caso brasileiro do que no caso norte-americano.

[23] Ver, por exemplo, Hsieh (1993).

O mesmo pode ser dito das razões de variância no horizonte semanal. Em relação às carteiras agrupadas por tamanho das firmas, as razões de variância dos retornos semanais indicam maior previsibilidade da carteira de firmas pequenas no mercado norte-americano, e maior previsibilidade das carteiras de firmas grandes no mercado brasileiro. A assimetria da matriz de autocorrelações dos retornos semanais das carteiras agrupadas por tamanho das firmas pode ser considerada bem semelhante.

Outras evidências encontradas na análise do caso brasileiro são: a) o padrão de comportamento das autocorrelações cruzadas do horizonte diário é bem semelhante ao do semanal; e b) no horizonte diário há uma inversão da evidência de previsibilidade das carteiras agrupadas por tamanho, tendo as carteiras de firmas grandes maior previsibilidade que as de firmas pequenas.

Retornos de médio a longo prazos

O período de análise dos retornos estende-se de janeiro de 1970 a março de 1998, contando com 339 observações não-sobrepostas de retornos mensais e 28 de retornos anuais. A fim de se testar a robustez ante a amostragem, a amostra foi dividida em dois subperíodos: janeiro de 1970 a fevereiro de 1986 e março de 1986 a março de 1998. Como os dados sobre retornos das ações foram obtidos apenas a partir de 1986, as carteiras EW e VW não foram construídas para o primeiro subperíodo. Sendo assim, a análise do mesmo fica limitada apenas ao Ibovespa.

Características da distribuição dos retornos

A tabela 14 é análoga à tabela 2, apresentando estatísticas relativas à distribuição do Ibovespa nos horizontes de médio prazo. São avaliados tanto o período integral quanto o segundo subperíodo.

A análise do período integral rejeita a hipótese de normalidade dos retornos ao nível de significância de 10% em todos os horizontes de tempo, com exceção do quadrimestral. Em todos os casos os coeficientes de assimetria são negativos, apresentando a análise da regressão dos quantis forte evidência para a rejeição da hipótese de simetria. Os coeficientes de curtose são superiores a 3 em todos os casos. De maneira geral, os índices de cauda são superiores à unidade, às vezes mais pesados à esquerda, outras vezes à direita. O padrão observado no segundo subperíodo é praticamente o mesmo, diferindo apenas nos horizontes quadrimestral e anual, nos quais o coeficiente de curtose é inferior mas bem próximo de 3.

A tabela 15 faz as mesmas avaliações para as carteiras EW e VW no segundo subperíodo. A única diferença relevante encontrada na carteira EW em comparação com o Ibovespa refere-se à ausência de assimetria nos horizontes mensal e bimestral. Os testes com a carteira VW, por sua vez, indicam a aceitação da hipótese de normalidade dos retornos a partir do horizonte quadrimestral, com coeficientes de curtose bem próximos de 3, e rejeitam a hipótese de simetria ao nível de 10% pela regressão dos quantis, indicando assimetria negativa.

TABELA 14
Características dos retornos de médio prazo do portfólio Ibovespa

Período 1-1970 a 3-1998						Período 3-1986 a 3-1998					
A. Retornos mensais											
JB	812,9	(,0000)		Curtose	10,49	*JB*	182,1	(,0000)		Curtose	8,15
Assimetria		−0,57		Índice de cauda		Assimetria		−0,94		Índice de cauda	
Regr. dos quantis			α	T_L	T_R	Regr. dos quantis			α	T_L	T_R
	Coef.		1%	1,46	1,38		Coef.		1%	1,58	1,70
B_1	0,02	(,0000)	5%	1,07	1,23	b_1	0,02	(,0043)	5%	1,12	1,65
B_2	0,88	(,0000)	10%	1,05	1,06	b_2	0,70	(,0000)	10%	1,02	1,26
B. Retornos bimestrais											
JB	93,26	(,0000)		Curtose	6,61	*JB*	26,53	(,0000)		Curtose	5,58
Assimetria		−0,20		Índice de cauda		Assimetria		−0,73		Índice de cauda	
Regr. dos quantis			α	T_L	T_R	Regr. dos quantis			α	T_L	T_R
	Coef.		1%	1,26	1,77		Coef.		1%	1,16	1,31
B_1	0,04	(,0073)	5%	1,31	1,33	b_1	0,01	(,4068)	5%	1,05	1,08
B_2	0,82	(,0039)	10%	1,10	1,12	b_2	0,66	(,0000)	10%	1,12	0,92
C. Retornos trimestrais											
JB	31,41	(,0000)		Curtose	5,33	*JB*	14,00	(,0009)		Curtose	4,76
Assimetria		−0,55		Índice de cauda		Assimetria		−0,99		Índice de cauda	
Regr. dos quantis			α	T_L	T_R	Regr. dos quantis			α	T_L	T_R
	Coef.		1%	1,22	1,18		Coef.		1%	1,32	0,99
B_1	0,06	(,0002)	5%	1,04	1,42	b_1	0,04	(,0250)	5%	1,09	1,15
B_2	0,76	(,0000)	10%	0,99	1,20	b_2	0,51	(,0000)	10%	1,14	1,24
D. Retornos quadrimestrais											
JB	1,23	(,5403)		Curtose	3,54	*JB*	0,26	(,8794)		Curtose	2,81
Assimetria		−0,11		Índice de cauda		Assimetria		−0,18		Índice de cauda	
Regr. dos quantis			α	T_L	T_R	Regr. dos quantis			α	T_L	T_R
	Coef.		1%	1,13	1,44		Coef.		1%	0,74	1,31
B_1	−0,01	(,1939)	5%	0,93	1,37	b_1	−0,05	(,0837)	5%	0,76	1,30
B_2	0,93	(,0018)	10%	1,03	1,38	b_2	0,78	(,0006)	10%	0,80	1,28
E. Retornos semestrais											
JB	22,83	(,0000)	Curtose		5,34	*JB*	7,99	(,0183)		Curtose	4,29
Assimetria		−1,04		Índice de cauda		Assimetria		−1,25		Índice de cauda	
Regr. dos quantis			α	T_L	T_R	Regr. dos quantis			α	T_L	T_R
	Coef.		1%	1,47	0,97		Coef.		1%	2,04	0,80
B_1	0,15	(,0008)	5%	1,19	0,96	b_1	0,12	(,0002)	5%	2,05	0,99
B_2	0,35	(,0000)	10%	0,96	0,99	b_2	0,33	(,0000)	10%	1,88	1,12
F. Retornos anuais											
JB	4,89	(,0866)		Curtose	4,20	*JB*	1,65	(,4377)		Curtose	2,95
Assimetria		−0,82		Índice de cauda		Assimetria		−0,91		Índice de cauda	
Regr. dos quantis			α	T_L	T_R	Regr. dos quantis			α	T_L	T_R
	Coef.		1%	1,73	0,83		Coef.		1%	1,00	0,92
B_1	0,19	(,0002)	5%	1,78	0,96	b_1	0,07	(,5992)	5%	1,30	0,91
B_2	0,58	(,0000)	10%	1,16	0,70	b_2	0,32	(,0022)	10%	1,44	0,64

TABELA 15

Características dos retornos de médio prazo das carteiras EW e VW, de 3-1986 a 3-1998

Carteira EW						Carteira VW					
A. Retornos mensais											
JB	90	(,0000)	Curtose		6,84	*JB*	140	(,0000)	Curtose		7,73
Assimetria		0,00	Índice de cauda			Assimetria		−0,41	Índice de cauda		
Regr. dos quantis			α	T_L	T_R	Regr. dos quantis			α	T_L	T_R
	Coef.	*p-value*	1%	1,25	1,88		Coef.	*p-value*	1%	1,37	1,53
B_1	0,01	(,4128)	5%	1,20	1,28	b_1	0,02	(,0055)	5%	1,07	1,57
B_2	1,02	(,6601)	10%	1,09	1,23	b_2	0,89	(,0022)	10%	1,15	1,27
B. Retornos bimestrais											
JB	10,73	(,0000)	Curtose		4,88	JB	19,81	(,0000)	Curtose		5,53
Assimetria		−0,11	Índice de cauda			Assimetria		−0,21	Índice de cauda		
Regr. dos quantis			α	T_L	T_R	Regr. dos quantis			α	T_L	T_R
	Coef.	*p-value*	1%	1,06	1,13		Coef.	*p-value*	1%	1,17	1,33
B_1	0,01	(,6652)	5%	0,86	1,05	b_1	0,01	(,2635)	5%	0,96	1,32
B_2	0,97	(,2471)	10%	0,83	1,19	b_2	0,90	(,0067)	10%	0,93	1,05
C. Retornos trimestrais											
JB	5,36	(,0600)	Curtose		4,20	*JB*	13,16	(,0013)	Curtose		4,89
Assimetria		−0,55	Índice de cauda			Assimetria		−0,86	Índice de cauda		
Regr. dos quantis			α	T_L	T_R	Regr. dos quantis			α	T_L	T_R
	Coef.	*p-value*	1%	2,42	0,89		Coef.	*p-value*	1%	1,31	1,06
B_1	0,06	(,0005)	5%	2,21	1,01	b_1	0,04	(,0329)	5%	1,03	1,31
B_2	0,74	(,0000)	10%	1,79	1,05	b_2	0,58	(,0000)	10%	1,02	1,11
D. Retornos quadrimestrais											
JB	0,10	(,9477)	Curtose		2,96	*JB*	0,01	(,9692)	Curtose		3,07
Assimetria		−0,13	Índice de cauda			Assimetria		0,09	Índice de cauda		
Regr. dos quantis			α	T_L	T_R	Regr. dos quantis			α	T_L	T_R
	Coef.	*p-value*	1%	0,84	1,01		Coef.	*p-value*	1%	0,79	1,18
B_1	0,01	(,8360)	5%	0,91	0,90	b_1	−0,03	(,2677)	5%	0,83	1,07
B_2	0,80	(,0035)	10%	0,89	0,76	b_2	0,99	(,9157)	10%	0,81	0,93
E. Retornos semestrais											
JB	11,45	(,0032)	Curtose		4,92	*JB*	3,94	(,1391)	Curtose		3,67
Assimetria		−1,39	Índice de cauda			Assimetria		−0,93	Índice de cauda		
Regr. dos quantis			α	T_L	T_R	Regr. dos quantis			α	T_L	T_R
	Coef.	*p-value*	1%	1,56	1,42		Coef.	*p-value*	1%	1,30	1,01
B_1	0,01	(,5345)	5%	1,62	1,21	b_1	−0,01	(,6600)	5%	1,49	0,95
B_2	0,33	(,0000)	10%	1,27	1,31	b_2	0,46	(,0000)	10%	1,35	1,02
F. Retornos anuais											
JB	1,14	(,0566)	Curtose		3,10	*JB*	0,41	(,8123)	Curtose		2,56
Assimetria		−0,75	Índice de cauda			Assimetria		−0,39	Índice de cauda		
Regr. dos quantis			α	T_L	T_R	Regr. dos quantis			α	T_L	T_R
	Coef.	*p-value*	1%	1,47	1,21		Coef.	*p-value*	1%	1,23	0,96
B_1	0,02	(,7686)	5%	1,86	1,25	b_1	0,13	(,3080)	5%	1,73	1,11
B_2	0,50	(,0072)	10%	1,98	0,99	b_2	0,64	(,0637)	10%	2,06	1,08

Testes para a hipótese de passeio aleatório

Na tabela 16 estão os resultados dos testes de razão de variância sob RW1 com observações sobrepostas, calculadas com base nos retornos mensais para o período integral e para os dois subperíodos estabelecidos. O intervalo de medida dos retornos em multiperíodos vai de dois a 96 meses. Como já foi dito, nas ordens mais altas da razão de variância a perda de potência do teste tende a ser considerável, devido ao baixo número de observações não-sobrepostas.

Em relação ao período integral, não há indicação de rejeição à hipótese de RW1. As razões de variância do Ibovespa sugerem autocorrelações de primeira ordem praticamente nulas no horizonte mensal, positivas no horizonte semestral e negativas nos horizontes bimestral, quadrimestral e de um, dois, três e quatro anos.

A autocorrelação mensal de primeira ordem próxima de zero do período integral não é robusta ante a amostragem. No primeiro subperíodo, a razão de variância de ordem 2 revela uma autocorrelação mensal positiva da magnitude de 12%, significativa ao nível de 10%. Já no segundo subperíodo, as razões de variância de ordem 2 das três carteiras são inferiores à unidade, sendo inclusive significativas a 5% para a carteira VW. A autocorrelação negativa no horizonte quadrimestral é mantida para as carteiras EW e VW, mas torna-se próxima de zero para o Ibovespa nos subperíodos. As autocorrelações negativas dos horizontes de dois e três anos tornam-se positivas nos demais subperíodos, e a do horizonte de quatro anos torna-se positiva no primeiro subperíodo. A autocorrelação positiva no horizonte semestral é mantida no segundo subperíodo, sendo próxima de zero no primeiro.

As únicas autocorrelações de primeira ordem robustas ante a amostragem são as dos horizontes bimestral e anual, mantendo seu padrão negativo nas demais carteiras para os dois subperíodos. Pode-se notar que os níveis de significância marginal das razões de variância da carteira VW são ligeiramente menores em relação à carteira EW, indicando uma rejeição da hipótese de previsibilidade mais fraca para a primeira. De modo geral, as evidências de previsibilidade dos retornos de médio e longo prazos são estatisticamente mais fracas do que as dos retornos de curto prazo.

Na tabela 17 estão os resultados dos testes assintóticos de razão de variância sob RW3, utilizando-se estatística de teste assintoticamente consistente com a heterocedasticidade.

Comparando os resultados com os análogos sob a hipótese de RW1 (tabela 16), podemos observar que as razões de variância de ordem 2 a 4 da carteira VW, as quais já não eram robustas ante a amostragem, deixam de ser significativas. A única razão de variância significativa sob RW3 é a de ordem 2 do Ibovespa no primeiro subperíodo.

TABELA 16
Razões de variância sobrepostas com retornos mensais sob RW1

	VR(2)	VR(3)	VR(4)	VR(6)	VR(8)	VR(12)	VR(16)	VR(24)	VR(32)	VR(36)	VR(48)	VR(64)	VR(72)	VR(96)
A. Período 1-1970 a 3-1998														
Ibov.	1,00	0,90	0,95	0,80	0,86	0,87	0,94	0,66	0,59	0,60	0,64	0,57	0,53	0,37
	(,9811)	(,2006)	(,5950)	(,1376)	(,3894)	(,5223)	(,8103)	(,2603)	(,2345)	(,2747)	(,3995)	(,3859)	(,3706)	(,3046)
B. Subperíodo 1-1970 a 2-1986														
Ibov.	1,12	1,12	1,08	1,09	1,05	1,09	1,08	0,94	1,06	1,11	1,04	1,08	1,19	1,66
	(,0949)	(,2792)	(,5473)	(,6131)	(,7964)	(,7414)	(,8026)	(,8793)	(,8990)	(,8150)	(,9483)	(,9012)	(,7819)	(,4161)
C. Subperíodo 3-1986 a 3-1998														
Ibov.	0,87	0,85	0,81	0,77	0,81	0,87	0,83	0,57	0,40	0,40	0,70	0,48	0,57	0,37
	(,1284)	(,2230)	(,2250)	(,2527)	(,4397)	(,6835)	(,6491)	(,3468)	(,2597)	(,2900)	(,6454)	(,4958)	(,5944)	(,4997)
EW	0,88	0,83	0,80	0,75	0,75	0,74	0,74	0,59	0,49	0,47	0,66	0,54	0,54	0,37
	(;1537)	(,1619)	(,1897)	(,2189)	(,3054)	(,3995)	(,4686)	(,3681)	(,3359)	(,3444)	(,6049)	(,5397)	(,5654)	(,5025)
VW	0,79	0,77	0,74	0,69	0,70	0,71	0,68	0,53	0,46	0,47	0,66	0,51	0,55	0,38
	(,0114)	(,0668)	(,0952)	(,1322)	(,2293)	(,3497)	(,3810)	(,2977)	(,3046)	(,3459)	(,6060)	(,5164)	(,5755)	(,5090)

TABELA 17
Razões de variância sobrepostas com retornos mensais sob RW3

	VR(2)	VR(3)	VR(4)	VR(6)	VR(8)	VR(12)	VR(16)	VR(24)	VR(32)	VR(36)	VR(48)	VR(64)	VR(72)	VR(96)
A. Período 1-1970 a 3-1998														
Ibov.	0,96	0,95	0,89	0,83	0,83	0,87	0,83	0,65	0,56	0,55	0,54	0,45	0,41	0,32
	(,6844)	(,6742)	(,4762)	(,3805)	(,4422)	(,6528)	(,6169)	(,4064)	(,3603)	(,3824)	(,4326)	(,4040)	(,3908)	(,3790)
B. Subperíodo 1-1970 a 2-1986														
Ibov.	1,11	1,10	1,06	1,05	0,99	1,02	0,98	0,91	1,01	1,05	0,99	0,99	0,96	0,86
	(,0971)	(,3512)	(,6601)	(,7770)	(,9723)	(,9490)	(,9537)	(,8380)	(,9781)	(,9186)	(,9874)	(,9871)	(,9472)	(,8542)
C. Subperíodo 3-1986 a 3-1998														
Ibov.	0,89	0,87	0,83	0,77	0,78	0,78	0,73	0,52	0,39	0,38	0,46	0,40	0,41	0,35
	(,3592)	(,4631)	(,4065)	(,3650)	(,4628)	(,5640)	(,5496)	(,3948)	(,3401)	(,3583)	(,4827)	(,4866)	(,5071)	(,5090)
EW	0,91	0,88	0,84	0,78	0,75	0,68	0,65	0,50	0,38	0,35	0,38	0,29	0,25	0,17
	(,4151)	(,4217)	(,4016)	(,3522)	(,3662)	(,3687)	(,4084)	(,3390)	(,3100)	(,3130)	(,4002)	(,3880)	(,3880)	(,3858)
VW	0,80	0,79	0,75	0,69	0,68	0,64	0,60	0,45	0,36	0,35	0,38	0,28	0,25	0,17
	(,1612)	(,2873)	(,2863)	(,2757)	(,3206)	(,3612)	(,3853)	(,3288)	(,3202)	(,3371)	(,4204)	(,4033)	(,4059)	(,3977)

Ativos individuais

A tabela 18 apresenta as médias das razões de variância *cross-section* $VR(q)$ dos ativos individuais com seus respectivos desvios-padrão indicados abaixo. A característica marcante é a semelhança do comportamento dos ativos individuais com a carteira EW na análise das razões de variância do mesmo subperíodo. Estas são todas inferiores à unidade, variando de 0,40 a 0,88 e indicando uma reversão à média nos ativos individuais para a qual o nível de significância é desconhecido.

Carteiras agrupadas por tamanho

Dada a menor rejeição à hipótese de previsibilidade da carteira VW, as hipóteses de RW1 e RW3 foram avaliadas para as carteiras de firmas agrupadas por tamanho no segundo subperíodo. Os resultados dos testes de razão de variância são apresentados na tabela 19.

Contrapondo-se os resultados das firmas grandes e pequenas, observa-se que as razões de variância dos multiperíodos de dois a seis meses das firmas grandes são significativas sob RW1, o que é aparentemente coerente com os resultados da carteira VW. Sob RW3, contudo, apenas a razão de variância de ordem 2 é significativa ao nível de aproximadamente 10%.

Matrizes de autocorrelações cruzadas e sua assimetria

A tabela 20 mostra as matrizes estimadas de autocorrelações cruzadas de primeira ordem $\hat{Y}(1)$ e de assimetria $\hat{Y}(1) - \hat{Y}(1)'$ das carteiras ordenadas por tamanho. Os desvios-padrão assintóticos das autocorrelações cruzadas sob a hipótese de RW1 são dados por $1/\sqrt{T}$, sendo portanto iguais a 5,4% nos retornos mensais, 7,6% nos bimestrais, 9,4% nos trimestrais, 10,9% nos quadrimestrais, 13,3% nos semestrais e 18,8% nos anuais.[24]

[24] Os respectivos vieses dos retornos mensais, bimestrais, trimestrais, quadrimestrais, semestrais e anuais são da ordem de 0,68%, 1,38%, 2,08%, 2,77%, 4,16% e 8,33%.

TABELA 18

Médias *cross-section* das razões de variância sobrepostas dos ativos individuais com retornos mensais, de 3-1986 a 3-1998

	VR(2)	VR(3)	VR(4)	VR(6)	VR(8)	VR(12)	VR(16)	VR(24)	VR(32)	VR(36)	VR(48)	VR(64)	VR(72)	VR(96)
VR	0,88	0,85	0,81	0,77	0,77	0,75	0,72	0,61	0,53	0,52	0,63	0,55	0,55	0,40
Desvio-padrão	(,1187)	(,2813)	(,1474)	(,2813)	(,2026)	(,2813)	(,2813)	(,2813)	(,2813)	(,2813)	(,2813)	(,2813)	(,2813)	(,2813)

TABELA 19

Razões de variância sobrepostas com retornos mensais das carteiras por tamanho, de 3-1986 a 3-1998, sob RW1 e RW3

RW1	VR(2)	VR(3)	VR(4)	VR(6)	VR(8)	VR(12)	VR(16)	VR(24)	VR(32)	VR(36)	VR(48)	VR(64)	VR(72)	VR(96)
F. peq.	1,00	0,91	0,93	0,97	0,98	1,01	1,07	0,95	0,92	0,93	1,28	1,00	0,92	0,35
	(,9993)	(,4820)	(,6639)	(,8736)	(,9422)	(,9747)	(,8507)	(,9085)	(,8808)	(,8973)	(,6701)	(,9995)	(,9256)	(,4845)
F. méd.	0,86	0,82	0,77	0,70	0,70	0,66	0,65	0,51	0,39	0,36	0,49	0,43	0,43	0,33
	(,0896)	(,1418)	(,1470)	(,1506)	(,2199)	(,2793)	(,3373)	(,2797)	(,2526)	(,2528)	(,4321)	(,4509)	(,4786)	(,4750)
F. gde.	0,75	0,72	0,67	0,60	0,62	0,63	0,58	0,48	0,42	0,43	0,58	0,47	0,51	0,38
	(,0023)	(,0215)	(,0314)	(,0543)	(,1202)	(,2288)	(,2560)	(,2499)	(,2756)	(,3108)	(,5212)	(,4878)	(,5405)	(,5055)
RW3	**VR(2)**	**VR(3)**	**VR(4)**	**VR(6)**	**VR(8)**	**VR(12)**	**VR(16)**	**VR(24)**	**VR(32)**	**VR(36)**	**VR(48)**	**VR(64)**	**VR(72)**	**VR(96)**
F. peq.	1,03	0,98	1,00	1,02	1,00	0,95	0,94	0,77	0,67	0,64	0,69	0,55	0,51	0,39
	(,6804)	(,8484)	(,9824)	(,9077)	(,9936)	(,8681)	(,8721)	(,6255)	(,5455)	(,5377)	(,6469)	(,5596)	(,5419)	(,5017)
F. méd.	0,90	0,88	0,84	0,75	0,71	0,63	0,59	0,44	0,32	0,28	0,30	0,22	0,19	0,12
	(,3320)	(,4168)	(,3641)	(,2839)	(,2942)	(,2837)	(,3207)	(,2794)	(,2582)	(,2582)	(,3325)	(,3445)	(,3500)	(,3596)
F. gde.	0,75	0,72	0,66	0,59	0,58	0,56	0,52	0,40	0,32	0,31	0,33	0,25	0,22	0,14
	(,1051)	(,1865)	(,1735)	(,1725)	(,2247)	(,2904)	(,3161)	(,3032)	(,3067)	(,3217)	(,3931)	(,3928)	(,3954)	(,3919)

TABELA 20

Matrizes de autocorrelações cruzadas de primeira ordem e de assimetria das autocorrelações para carteiras agrupadas por tamanho, de 3-1986 a 3-1998

$\hat{Y}(1)$ $\hat{Y}(1) - \hat{Y}(1)'^{3}$

A. Retornos mensais

	r_{1t}	r_{2t}	r_{3t}	r_{4t}	r_{5t}		r_1	r_2	r_3	r_4	r_5
r_{1t-1}	0,00	-0,03	-0,16	-0,20	-0,24	r_1	0,00	-0,06	-0,23	-0,24	-0,33
r_{2t-1}	0,03	-0,07	-0,18	-0,23	-0,29	r_2	0,06	0,00	-0,18	-0,20	-0,25
r_{3t-1}	0,07	0,00	-0,13	-0,17	-0,24	r_3	0,23	0,18	0,00	-0,02	-0,11
r_{4t-1}	0,05	-0,03	-0,15	-0,20	-0,26	r_4	0,24	0,20	0,02	0,00	-0,08
r_{5t-1}	0,09	-0,04	-0,13	-0,18	-0,26	r_5	0,33	0,25	0,11	0,08	0,00

B. Retornos bimestrais

	r_{1t}	r_{2t}	r_{3t}	r_{4t}	r_{5t}		r_1	r_2	r_3	r_4	r_5
r_{1t-1}	-0,04	0,00	-0,11	-0,16	-0,25	r_1	0,00	0,03	-0,09	-0,14	-0,26
r_{2t-1}	-0,03	-0,02	-0,14	-0,22	-0,28	r_2	-0,03	0,00	-0,15	-0,21	-0,30
r_{3t-1}	-0,03	0,02	-0,08	-0,18	-0,25	r_3	0,09	0,15	0,00	-0,08	-0,21
r_{4t-1}	-0,03	-0,01	-0,10	-0,18	-0,23	r_4	0,14	0,21	0,08	0,00	-0,10
r_{5t-1}	0,01	0,02	-0,04	-0,13	-0,18	r_5	0,26	0,30	0,21	0,10	0,00

C. Retornos trimestrais

	r_{1t}	r_{2t}	r_{3t}	r_{4t}	r_{5t}		r_1	r_2	r_3	r_4	r_5
r_{1t-1}	-0,07	-0,11	-0,23	-0,20	-0,26	r_1	0,00	0,04	-0,11	-0,09	-0,14
r_{2t-1}	-0,15	-0,24	-0,33	-0,32	-0,39	r_2	-0,04	0,00	-0,15	-0,10	-0,20
r_{3t-1}	-0,12	-0,17	-0,27	-0,27	-0,37	r_3	0,11	0,15	0,00	-0,01	-0,14
r_{4t-1}	-0,11	-0,22	-0,26	-0,27	-0,37	r_4	0,09	0,10	0,01	0,00	-0,16
r_{5t-1}	-0,12	-0,19	-0,22	-0,21	-0,30	r_5	0,14	0,20	0,14	0,16	0,00

D. Retornos quadrimestrais

	r_{1t}	r_{2t}	r_{3t}	r_{4t}	r_{5t}		r_1	r_2	r_3	r_4	r_5
r_{1t-1}	-0,26	-0,29	-0,46	-0,46	-0,47	r_1	0,00	0,01	-0,16	-0,18	-0,29
r_{2t-1}	-0,30	-0,35	-0,50	-0,51	-0,53	r_2	-0,01	0,00	-0,18	-0,21	-0,30
r_{3t-1}	-0,30	-0,32	-0,46	-0,47	-0,51	r_3	0,16	0,18	0,00	-0,05	-0,17
r_{4t-1}	-0,28	-0,31	-0,41	-0,45	-0,48	r_4	0,18	0,21	0,05	0,00	-0,17
r_{5t-1}	-0,18	-0,23	-0,35	-0,31	-0,36	r_5	0,29	0,30	0,17	0,17	0,00

E. Retornos semestrais

	r_{1t}	r_{2t}	r_{3t}	r_{4t}	r_{5t}		r_1	r_2	r_3	r_4	r_5
r_{1t-1}	0,11	-0,12	-0,38	-0,32	-0,36	r_1	0,00	-0,12	-0,60	-0,44	-0,70
r_{2t-1}	0,00	-0,21	-0,38	-0,40	-0,44	r_2	0,12	0,00	-0,39	-0,31	-0,58
r_{3t-1}	0,22	0,01	-0,20	-0,19	-0,21	r_3	0,60	0,39	0,00	0,02	-0,21
r_{4t-1}	0,12	-0,09	-0,21	-0,25	-0,25	r_4	0,44	0,31	-0,02	0,00	-0,28
r_{5t-1}	0,33	0,13	0,00	0,03	-0,04	r_5	0,70	0,58	0,21	0,28	0,00

F. Retornos anuais

	r_{1t}	r_{2t}	r_{3t}	r_{4t}	r_{5t}		r_1	r_2	r_3	r_4	r_5
r_{1t-1}	0,21	0,14	-0,53	-0,55	-0,53	r_1	0,00	-0,21	-1,34	-1,26	-1,26
r_{2t-1}	0,35	0,28	-0,46	-0,43	-0,39	r_2	0,21	0,00	-1,13	-1,03	-1,00
r_{3t-1}	0,81	0,66	-0,20	-0,07	-0,07	r_3	1,34	1,13	0,00	0,15	0,16
r_{4t-1}	0,71	0,60	-0,22	-0,18	-0,16	r_4	1,26	1,03	-0,15	0,00	0,10
r_{5t-1}	0,73	0,61	-0,23	-0,26	-0,28	r_5	1,26	1,00	-0,16	-0,10	0,00

Nas matrizes de assimetria $\hat{\Upsilon}(1) - \hat{\Upsilon}(1)'$ dos retornos de médio prazo, nota-se o mesmo padrão observado nos retornos de curto prazo, ou seja, valores positivos abaixo da diagonal principal e valores negativos acima dela. Contudo, tal assimetria tem, nesse caso, uma razão inteiramente distinta daquela do retorno de curto prazo. Neste último, ela era explicada pela dominância da forte autocorrelação positiva entre o retorno em $t-1$ das firmas maiores com o retorno em t das menores, em relação à mais fraca autocorrelação positiva entre o retorno em $t-1$ das firmas menores com o retorno em t das maiores. No médio prazo, a assimetria é explicada pelas fortes autocorrelações negativas entre o retorno em $t-1$ das firmas pequenas com o retorno em t das maiores. Tais correlações sugerem que, se os retornos das firmas pequenas forem positivos, as firmas grandes apresentarão maior tendência a ter retornos negativos no período seguinte. Autocorrelações significativas podem ser observadas em todos os horizontes, mesmo considerando-se a existência de um viés positivo.

Testes de sazonalidade

Na investigação da sazonalidade mensal em conjunção com o efeito auto-regressivo, adotou-se a seguinte especificação:

$$r_t - \bar{r} = \gamma_1 JAN + \gamma_2 FEV + \ldots + \gamma_6 JUN + \gamma_7 JUL + \gamma_8 AGO + \ldots + \gamma_{12} DEZ + \beta r_{t-1} + \varepsilon_t \quad (3)$$

A tabela 21 mostra os resultados da regressão. Os níveis de significância marginal correspondentes são indicados ao lado, avaliados sob a hipótese de homocedasticidade. Os coeficientes revelam a existência de sazonalidade mensal em novembro para os portfólios EW e VW. A sazonalidade mensal observada por Kleim (1983) e Roll (1983), segundo a qual no mercado norte-americano os retornos mensais de janeiro tendem a ser maiores que nos demais meses do ano, é verificada no portfólio ponderado por valor. Observam-se ainda sazonalidades em abril para EW e em outubro para VW. A tabela também revela que não há um efeito ARCH na heterocedasticidade. Conclui-se, portanto, que a sazonalidade mensal é uma variável relevante na previsão do comportamento dos retornos.

Testes de não-linearidade

Tal qual realizado nos portfólios com dados de retornos de curto prazo, poderíamos, em princípio, utilizar a estatística BDS para testar a presença de não-linearidades nos retornos de médio e longo prazo. Entretanto, a aproximação normal para a distribuição da estatística BDS só será adequada se $T/m > 200$. Claramente essa condição não é satisfeita no presente contexto, uma vez que T varia entre 28 (retornos anuais) e 339 observações (retornos mensais). A solução seria aumentar o tamanho do teste BDS por *bootstrap*. Não seguiremos essa estratégia pois, possivelmente, os benefícios au-

TABELA 21
Regressões defasadas com *dummies* para sazonalidade estimadas por MQ das carteiras EW e VW, de 3-1986 a 3-1998, para retornos mensais

$$r_t - \bar{r} = \gamma_1{*}JAN + \gamma_2{*}FEV + ... + \gamma_6{*}JUN + \gamma_7{*}JUL + \gamma_8{*}AGO + ... + \gamma_2{*}DEZ + \beta{*}r_{t-1} + \varepsilon_t$$

Port. EW	**JAN**	**FEV**	**MAR**	**ABR**	**MAIO**	**JUN**	**JUL**	**AGO**	**SET**	**OUT**	**NOV**	**DEZ**	r_{t-1}
Coef.	,0767	,0384	–,0584	,1211	,0010	–,0357	,0600	–,0294	,0030	–,0776	–,1089	–,0229	–,1067
p-value	(,1337)	(,4570)	(,2742)	(,0186)	(,9849)	(,4830)	(,2398)	(,5672)	(,9536)	(,1291)	(,0348)	(,6556)	(,1994)
Port. VW													
Coef.	,0879	,0532	–,0541	,1187	,0306	–,0335	,0623	–,0282	,0090	–,0727	–,0847	,0389	–,2105
p-value	(,0527)	(,6556)	(,1081)	(,6933)	(,4630)	(,1207)	(,7437)	(,1371)	(,3137)	(,0407)	(,0294)	(,5325)	(,0126)

Efeito ARCH: $e_t^2 = \beta_1 + \beta_2 {*} e_{t-1}^2$

Carteira EW	b_1	b_2	R^2	Carteira VW	b_1	b_2	R^2
Coef.	,03	,04	,00	Coef.	,03	,10	,01
p-value	(,0000)	(,6371)	–	*p-value*	(,0002)	(,2466)	–

feridos pelo uso desse procedimento computacional intensivo são questionáveis: a evidência empírica internacional sugere que a não-linearidade dos retornos está geralmente associada à variância, cuja dependência pode ser capturada pelos testes de McLeod-Li e de Hsieh, apresentados a seguir.

Teste de McLeod-Li

A tabela 22 apresenta os resultados do teste aplicado à série de quadrados dos retornos do Ibovespa no período integral. A evidência mostra que existe dependência não-linear na série de retornos nos horizontes mensal a quadrimestral. Vale lembrar que a aceitabilidade da hipótese de os retornos ao quadrado serem descorrelacionados nos horizontes semestral e anual não exclui a possibilidade de haver correlação dos retornos em ordens superiores.

TABELA 22
Teste de McLeod-Li nos retornos de médio prazo para o Ibovespa, de 1-1970 a 3-1998

	$Q_{xx}(5)$	$Q_{xx}(10)$	$Q_{xx}(15)$	$Q_{xx}(20)$
A. Retornos mensais	26,06	88,71	103,55	107,03
	(,0001)	(,0000)	(,0000)	(,0000)
B. Retornos bimestrais	17,70	26,48	37,32	41,40
	(,0033)	(,0032)	(,0011)	(,0033)
C. Retornos trimestrais	15,92	32,31	44,36	51,25
	(,0071)	(,0004)	(,0001)	(,0001)
D. Retornos quadrimestrais	24,72	43,16	44,99	47,81
	(,0002)	(,0000)	(,0001)	(,0005)
E. Retornos semestrais	1,68	12,45	15,69	16,73
	(,8912)	(,2560)	(,4031)	(,6707)
F. Retornos anuais	3,66	6,90		
	(,5998)	(,7350)		

Teste de Hsieh

Tal qual na análise dos retornos diários, variáveis *dummy* para os meses do ano foram incorporadas. Utilizando a metodologia de Box, Jenkins e Reinsel (1994), obtivemos no período integral as séries de resíduos do Ibovespa filtrados de dependência linear, aos quais aplicamos o teste de Hsieh. As defasagens das especificações lineares dos processos de retornos foram em número de 9, 9, 5, 4, 2 e 1 nos horizontes mensal, bimestral, trimestral, quadrimestral, semestral e anual, respectivamente.

A tabela 23 apresenta as estatísticas $\hat{\varphi}(i, j)$ do teste de Hsieh. Em todos os horizontes houve rejeição da hipótese nula ao nível de 10%. Isto se dá em $\hat{\varphi}(3, 2)$ e $\hat{\varphi}(4,$

1) no horizonte mensal, $\hat{\varphi}(2, 1)$ no bimestral, $\hat{\varphi}(3, 2)$ no trimestral, $\hat{\varphi}(3, 1)$ no quadrimestral, $\hat{\varphi}(3, 2)$ no semestral e $\hat{\varphi}(3, 2)$ no anual. A evidência dos dois testes tomada conjuntamente sugere a existência de não-lineares na média e na variância.

TABELA 23
Teste de Hsieh nos retornos de médio prazo para o Ibovespa, de 1-1970 a 3-1998

	$\hat{\varphi}(1, 1)$	$\hat{\varphi}(2, 1)$	$\hat{\varphi}(2, 2)$	$\hat{\varphi}(3, 1)$	$\hat{\varphi}(3, 2)$	$\hat{\varphi}(3, 3)$	$\hat{\varphi}(4, 1)$	$\hat{\varphi}(4, 2)$	$\hat{\varphi}(4, 3)$	$\hat{\varphi}(4, 4)$
A. Retornos mensais	,48	,10	–,14	–,01	–,17	,01	–,19	–,07	–,11	–,03
	(,1748)	(,3013)	(,3698)	(,8277)	(,0402)	(,9521)	(,0545)	(,4195)	(,4960)	(,9205)
B. Retornos bimestrais	,44	–,29	,02	,16	,11	–,29	–,12	,23	,03	,09
	(,1145)	(,0394)	(,9594)	(,3909)	(,3824)	(,3160)	(,2988)	(,3314)	(,7688)	(,7363)
C. Retornos trimestrais	,18	,01	,17	–,01	,15	–,11	,17	,06	–,10	,04
	(,4642)	(,9403)	(,2654)	(,9406)	(,0490)	(,5685)	(,2068)	(,3978)	(,3959)	(,8137)
D. Retornos quadrimestrais	,10	,45	–,08	,34	–,20	,08	,02	–,12	–,34	,28
	(,8138)	(,1126)	(,7698)	(,0615)	(,2451)	(,7345)	(,9039)	(,5069)	(,0810)	(,2758)
E. Retornos semestrais	,35	,15	–,26	,19	–,39	,40	–,20	,20	–,20	,59
	(,3059)	(,4307)	(,2990)	(,3447)	(,0551)	(,3800)	(,3571)	(,1780)	(,3838)	(,1393)
F. Retornos anuais	–,33	,18	,66	–,01	–,58	–,14	–,22	,13	,36	–,09
	(,2906)	(,3224)	(,3353)	(,9422)	(,0443)	(,7092)	(,2859)	(,7131)	(,3981)	(,8697)

Sumário e comparação com resultados norte-americanos

Na análise dos retornos de médio prazo, as evidências de previsibilidade concentram-se nas sazonalidades observadas nos retornos mensais em outubro e novembro e na forte assimetria das autocorrelações cruzadas de primeira ordem. Ambas não são encontradas na análise norte-americana, de forma que a literatura ainda não apresenta interpretações para tais fatos. O "efeito janeiro" observado no mercado norte-americano não é confirmado no mercado brasileiro. O fato estilizado de reversão à média no mercado norte-americano nos horizontes de longo prazo de três a cinco anos para carteiras EW não foi encontrado. Contudo, a potência dos testes foi comprometida nesses casos pela limitação da extensão da base de dados. A ausência de previsibilidade linear univariada nos horizontes de médio prazo é compatível com a evidência norte-americana. Os testes de não-linearidade revelam que modelos não-lineares na média e/ou na variância podem ser úteis na previsão de retornos.

Conclusão

Por se tratar de mercado emergente, seria de esperar que houvesse mais indícios de ineficiência no mercado acionário brasileiro do que no mercado americano. Também seria de esperar que a ineficiência fosse reduzida ao longo do tempo. As autocorrelações de primeira ordem altamente significativas para retornos diários e semanais, e declinantes no período recente, parecem à primeira vista confirmar tal expectativa. Mas a disciplina do ofício de economista nos obriga a primeiro examinar a hipótese de que essa evidência seja compatível com a eficiência de mercado.

Três interpretações podem tentar compatibilizar a evidência de previsibilidade com a hipótese de mercado eficiente: a) os padrões de previsibilidade são compatíveis com retornos esperados variantes ao longo do tempo, dentro do contexto do modelo de equilíbrio intertemporal com expectativas racionais de Lucas (1978), também chamado de CCAPM (*consumption capital asset pricing model*); b) os fatos estilizados não são robustos ante o tratamento adequado dos dados e decorrem de problema de microestrutura do mercado; c) os lucros extraordinários derivados de estratégias que explorem os padrões de previsibilidade indicados seriam eliminados quando considerados os custos explícitos de transação, tais como os de corretagem e impostos.

Em relação à primeira dessas possíveis explicações, cabe ressaltar que o CCAPM é adequado para explicar padrões de previsibilidade nos retornos a partir de variações do retorno esperado ao longo do ciclo econômico, tais como as autocorrelações negativas no longo prazo encontradas para retornos norte-americanos. Entretanto, a previsibilidade encontrada foi de retornos diários e semanais. Não nos parece razoável atribuí-las a mudanças no retorno requerido, resultantes de alterações percebidas na fase do ciclo econômico.

Quanto à segunda interpretação, cabem algumas observações. Em primeiro lugar, os modelos de microestrutura *bid-ask-spread* e *nonsynchronous trading* geram autocorrelações negativas nos ativos individuais nos retornos diários (CLM). Contudo, autocorrelações positivas foram encontradas. Em segundo lugar, embora o *nonsynchronous trading* possa gerar autocorrelações positivas nos retornos de curto prazo de carteiras, a evidência apontada por Torres, Bonomo e Fernandes (2000:62) sugere que esse efeito não é capaz de explicar as magnitudes de autocorrelações observadas. Em terceiro lugar, em relação às matrizes de assimetria das autocorrelações cruzadas, um modelo de *nonsynchronous trading* deveria ser aplicado para quantificar um possível viés das autocorrelações cruzadas gerado pela falta de liquidez (CLM). Entretanto, dada a magnitude dos valores encontrados, é pouco provável que ela possa ser totalmente explicada por *nonsynchronous trading*.

Finalmente, a testabilidade da terceira interpretação requer a especificação de modelos de previsibilidade e sua sujeição a simulações na presença de custos explícitos de transação. De acordo com Cochrane (1999), a magnitude das autocorrelações de primeira ordem para retornos diários norte-americanos (35% para a carteira EW) não é suficiente para gerar retornos extraordinários em estratégias que explorem essas correlações. As razões apontadas são os custos de transação, a pouca liquidez das ações pequenas e o alto custo das vendas a descoberto. No Brasil a magnitude é similar, e certamente os obstáculos apontados não são menores do que os norte-americanos, o que sugere a impossibilidade de gerar retornos extraordinários no mercado brasileiro explorando-se essas autocorrelações, apesar de sua alta significância estatística. Nesse sentido, a menor magnitude das autocorrelações no período mais recente pode tão-somente refletir a redução dos custos de transação. Por fim, em relação às sazonalidades encontradas, é provável que as estratégias que as explorem encontrem os mesmos obstáculos, conforme observado na literatura sobre o mercado norte-americano.[25] De qualquer forma, seria um exercício interessante a avaliação de estratégias que explorem as previsibilidades relatadas, incorporando explicitamente os custos de transação do mercado brasileiro.

Referências bibliográficas

Bonomo, M. & Garcia, R. Can a well-fitted equilibrium asset pricing model produce mean reversion? *Journal of Applied Econometrics, 9*:19-29, 1994.

Box, George E. P.; Jenkins, G. M. & Reinsel, G. C. *Time series analysis: forecasting and control.* Prentice Hall, 1994.

Brito, Ney O. & Manazes, José Célio F. de. A eficiência informacional fraca do mercado à vista na Bolsa de Valores do Rio de Janeiro no período 1973-80. Coppead-UFRJ, 1981. (Relatório de Pesquisa, 22.)

Brock, W.; Dechert, W. D.; Le Baron, B. & Scheinkman, J. A test for independence based on the correlation dimension. *Econometric Reviews, 15*(3):197-235, 1996.

——; Hsieh, D. & Lebaron, B. *Non linear dynamics, chaos, and instability: statistical theory and economic evidence.* Cambridge, Mass., MIT, 1991.

Campbell, John Y.; Lo, Andrew W. & MacKinlay, A. Craig. *The econometrics of financial markets.* Princeton, N.J., Princeton University Press, 1997.

Cechetti, Stephen G.; Lam, Pok-Sang & Mark, Nelson C. Mean reversion in equilibrium asset prices. *American Economic Review, 80*:398-418, 1990.

Cochrane, John. New facts in finance. *Economic Perspectives.* Federal Reserve Bank of Chicago, 23(3):36-58, 1999.

Conrad, Jennifer & Kaul, Gautam. Time-variation in expected returns. *Journal of Business, 61*:409-25, 1988.

Correa, Mario M. R. da Luz & Pereira, Pedro V. Modelos não lineares em finanças: previsibilidade em mercados financeiros e gestão de risco. São Paulo, USP, 1997.

Cross, Frank. The behaviour of stock prices on fridays and mondays. *Financial Analysts Journal, 29*:67-9, Nov./Dec. 1973.

Cromwell, J. B.; Labys, W. C. & Terraza, M. Univariate tests for time series models. Sage University Papers, 1994.

Fama, Eugene F. Efficient capital markets: a review of theory and empirical work. *Journal of Finance, 25*:383-417, 1970.

[25] Lakonishok e Smidt (1988) e Roll (1983) argumentam que os aparentes lucros extraordinários derivados da exploração de sazonalidades no mercado norte-americano seriam eliminados quando se levassem em consideração tanto os custos de transação quanto o *bid-ask-spread.*

—— & French, Kenneth R. Permanent and temporary components of stock prices. *Journal of Political Economy, 96*:246-73, 1988.

Fisher, Lawrence. Some new stock market indexes. *Journal of Business, 39*:191-225, 1966.

French, Kenneth R. Stock returns and the weekend effect. *Journal of Financial Economics, 8*:55-69, 1980.

Fuller, W. *Introduction to statistical times series*. New York, Wiley, 1976.

Gibbons, Michael R. & Hess, Patrick. Day of the week effects and asset returns. *Journal of Business, 54*:3-27, 1981.

Hsieh, D. Testing for nonlinearity in daily foreign exchange rate changes. *Journal of Business* 62:339-68, 1989.

——. Implications of nonlinear dynamics for financial risk management. *Journal of Financial and Quantitative Analysis, 28*(1):41-65, 1993.

Jarque, C. M. & Bera, A. K. A test for normality of observations. *International Statistical Review, 55*:163-72, 1987.

Jegadeesh, N. Seasonality in stock price mean reversion: evidence from the US and UK. *Journal of Finance, 46*:1.427-44, 1991.

Kleim, Donald B. Size-related anomalies and the stock return seasonality. *Journal of Financial Economics, 12*:13-32, 1983.

Lakonishok, Josef & Smidt, Seymour. Are seasonal anomalies real? A ninety perspective. *Review of Financial Studies, 1*:435-55, 1988.

Lemgruger, Eduardo Facó; Becker, João Luiz & Chaves, Tânia B. O efeito de fim de semana no comportamento dos retornos diários de índices de ações. In: Costa Jr., Newton; Leal, Ricardo & Lemgruger, Eduardo Facó (orgs.). *Mercado de capitais: análise empírica no Brasil*. São Paulo, Atlas, 2000.

Lo, Andrew W. & Mackinlay, A. Craig. Stock market prices do not follow random walks: evidence from a simple specification test. *Review of Financial Studies, 1*:41-66, 1988.

——. The size and power of the variance ratio test in finite samples: a Monte Carlo investigation. *Journal of Econometrics, 40*:203-38, 1989.

——. An econometric analysis of nonsynchronous trading. *Journal of Econometrics, 45*:181-212, 1990.

Lúcas, Robert E. Asset prices in an exchange economy. *Econometrica, 46*:1.429-445, 1978.

McLeod, A. J. & Li, W. K. Diagnostic checking Arma times series models using squared residuals correlations. *Journal of Time Series Analysis, 4*:269-73, 1983.

Poterba, James & Summers, Lawrence. Mean reversion in stock prices: evidence and implications. *Journal of Financial Economics, 22*:27-59, 1988.

Richardson, M. & Smith, T. Tests of financial models with the presence of overlapping observations. *Review of Economic Studies, 4*:227-54, 1991.

——. A unified approach to testing for serial correlation in stock returns. *Review of Financial Studies, 4*:227-54, 1994.

Roll, Richard. Vas ist Das? The turn-of-the-year effect and the return premia of small firms. *Journal of Portfolio Management, 9*:18-28, 1983.

Romano, Joseph & Thombs, Lori A. Inference for autocorrelations under weak assumptions. *Journal of the American Statistical Association, 91*:590-600, 1996.

Summers, Lawrence H. Does the stock market rationally reflect fundamental valors? *Journal of Finance, 41*:591-601, 1986.

Torres, Ricardo; Bonomo, Marco & Fernandes, Cristiano. A aleatoriedade do passeio na Bovespa: testando a eficiência do mercado acionário brasileiro. *Ensaios Econômicos EPGE 402*, 2000.

White, H. A heteroskedasticity-consistent covariance matrix estimator and a direct test for heteroskedasticity. *Econometrica, 48*:817-38, 1980.

CAPÍTULO 9

Ações de valor e de crescimento nos anos 1990

Cláudio A. B. M. Braga e
Ricardo P. C. Leal*

Introdução

Fama e French (1992) questionam a validade do CAPM como modelo que descreve o retorno de ações norte-americanas, uma vez que não encontram uma relação sistemática entre o beta e os retornos dos ativos. Sugerem que a razão entre o valor patrimonial da ação sobre o preço da ação (*VPA/P*) e o tamanho da empresa são fatores que explicam melhor do que o beta o comportamento do painel dos retornos das ações de empresas norte-americanas. A partir de então, vários trabalhos repetindo ou criticando a análise de Fama e French foram produzidos na literatura mundial e brasileira de finanças.

As ações com valor contábil ou patrimonial alto em relação ao seu valor de mercado são chamadas de "ações de valor" ou "ações de barganha" (*value stocks*). As ações de valor são aquelas que aparentemente estão sendo negociadas a um preço relativo baixo. A razão para o preço relativo baixo pode ser ou o elevado risco dessas empresas, ou uma situação financeira delicada, ou a falta de oportunidades de crescimento ou, ainda, uma combinação de todas essas coisas. Há vários indicadores comuns de mercado que podem ser usados para identificar as ações de valor. Uma alta relação *VPA/P*, um baixo índice *P/L* (preço/lucro) ou um alto rendimento

* Os autores agradecem à *Economática* pelo uso de seu banco de dados e à Faperj e ao CNPq pelo suporte financeiro.

de dividendos podem ser indicadores de preço baixo e de uma ação de valor. É claro que o preço aparentemente baixo pode estar plenamente justificado pela situação corrente da empresa.

As ações de crescimento (*growth stocks*) são aquelas que apresentam um preço relativo elevado, possivelmente devido a oportunidades de crescimento consideradas atraentes pelo mercado. Assim, uma relação *VPA/P* baixa, um *P/L* alto ou um baixo rendimento de dividendos são indicadores de ações de crescimento.

Diversos autores encontram uma relação significativa e positiva da variável *VPA/P* com os retornos médios das ações em diferentes países.[1] O grande problema por trás desses resultados é a inexistência de fundamentos econômicos e de uma teoria que justifique essa relação. Haugen (1995) acredita que os resultados de Fama e French (1992) e de Capaul, Rowley e Sharpe (1993) comprovam que os investidores reagem com excesso ao desempenho passado da firma, superavaliando as ações de crescimento e subavaliando as ações de valor. Daí as ações com maior relação *VPA/P* apresentarem retornos mais altos do que as ações com menor relação *VPA/P*.

Segundo Haugen, isso ocorre porque, no longo prazo, as empresas que apresentam ações com razão *VPA/P* elevada (ações de valor) conseguem efetuar amplos processos de reestruturação e redirecionamento dos negócios, voltando a participar ativamente do mercado e melhorando significativamente seus resultados. Por outro lado, as empresas que apresentam uma relação *VPA/P* baixa (ações de crescimento) passam a ter novos concorrentes dispostos a obter uma fatia da lucratividade do setor econômico em que atuam, provocando quedas nas margens dos produtos com conseqüente redução do fluxo de caixa da empresa ou diminuição do período de vantagem competitiva da empresa com redução do valor presente das ações.

O retorno mais elevado das ações de valor pode resultar de seu risco maior. Entretanto, Lakonishok, Shleifer, e Vishny (1994) e Capaul, Rowley e Sharpe (1993) concluíram que as ações de valor possuem um risco menor. De acordo com Haugen (1995), se o mercado de capitais fosse efetivamente eficiente, tal comportamento não deveria ocorrer porque todos os agentes negociariam as ações a um preço justo. Todavia, Chan (1988) e Ball e Kothari (1989) atribuem a reação exagerada do mercado às mudanças intertemporais no risco e no retorno esperado das ações.

Fama e French (1993, 1995, 1996,1998), contradizendo Haugen, argumentam que por trás da superioridade dos retornos das estratégias de investimento do tipo valor existe um risco maior e que, conseqüentemente, no mercado não ocorre senão uma simples compensação de risco (maior retorno), que pode ser detectada a partir da utilização de um modelo multifatorial que leve em consideração, além do

[1] Por exemplo, Fama e French (1998), Capaul et alii (1993) e Arshanapalli et alii (1998).

beta, dois outros fatores de risco: um associado ao tamanho da firma e outro associado à variável fundamental *VPA/P*. De acordo com Fama e French, ações de tamanho pequeno e com alta razão *VPA/P* são mais sujeitas a um processo de concordata ou a uma dificuldade financeira, tendo necessariamente que oferecer uma esperança de retorno mais atrativa aos investidores.

Diversos trabalhos já estudaram o desempenho das ações de valor no mercado brasileiro. Costa Jr. e Neves (2000) examinam a relação dos retornos de carteiras formadas segundo o índice *P/L*, a razão *VPA/P* e o tamanho da empresa com o beta e essas três variáveis usando uma técnica de painel. Eles encontram uma relação negativa com o índice *P/L* e com o tamanho da empresa, e uma relação positiva com o *VPA/P* e o beta em relação ao Ibovespa. Embora seus resultados sejam condizentes com a evidência de que as ações de valor têm retornos mais elevados do que as ações de crescimento, o beta ainda foi o fator de maior poder explicativo na sua amostra no período entre 1988 e 1996. Mellone Jr. (1999) encontra um resultado similar para o período entre janeiro de 1994 e agosto de 1998. Nogueira (2000) verifica se a superioridade dos retornos das carteiras de valor depende do mês de formação das carteiras e da mensuração dos retornos a partir de junho, como neste estudo, ou a partir de março, como em Costa Jr. e Neves (2000), e conclui que os resultados não mudam.

Alambert (2000) testa o modelo de três fatores de Fama e French (1993) para o Brasil e encontra evidência de retornos mais elevados para as ações de valor e para ações de empresas de maior porte. Mas, assim como Costa Jr. e Neves (2000), ele não descarta o prêmio de risco do mercado como fator importante na especificação de um modelo de avaliação de ativos para o Brasil.

Barros et alii (1998) utilizam carteiras formadas segundo a variável *VPA/P* e carteiras formadas segundo o beta para o período entre 1988 e 1994, numa análise muito similar à que faremos neste capítulo. Eles encontram um retorno mais elevado para a carteira de ações de alto *VPA/P* (valor), mas não encontram diferença entre o beta da carteira de ações de valor e o da carteira de ações de crescimento. Mescolin et alii (1997) examinam os retornos em dólares, entre junho de 1989 e junho de 1996, usando uma metodologia similar à nossa e à de Barros et alii (1998) e estimando o beta nos 36 ou 60 meses anteriores, conforme a disponibilidade. Eles também encontram evidência de retorno mais elevado para as ações de valor segundo a variável *VPA/P* sem que os betas das ações de valor sejam diferentes dos betas das ações de crescimento. A variável *VPA/P* aparece relacionada de forma positiva e consistente com os retornos das ações brasileiras em todos os trabalhos examinados.

Silva (s.d.), para o período entre março de 1992 e fevereiro de 1997, e Hazzan (1991), para o período entre junho de 1981 a maio de 1988, encontram uma relação negativa entre o índice *P/L* e os retornos das ações de carteiras organizadas segundo o índice *P/L*, mas os betas das carteiras não são diferentes. Esse resultado é confirmado por Costa Jr. e Neves (2000) e por Mellone Jr. (1999). Entretanto, Mescolin et alii (1997) não confirmam essa relação no seu período de estudo. Os resultados encontrados para as classificações da carteira de valor segundo o índice *P/L* não foram consistentes com as carteiras classificadas segundo o *VPA/P*. Os autores alertam para a precariedade dos resultados devido a um período amostral muito curto e sugerem que outras medidas de recompensa ao risco, como o índice de Sharpe, sejam utilizadas em lugar do beta.

Mescolin et alli (1997) examinam o poder explicativo do rendimento de dividendos no Brasil como indicação de ações de valor e encontram desempenho superior para as ações de alto rendimento de dividendos. Entretanto, Silva e Leal (2000) não encontram um desempenho superior aos índices de mercado das estratégias de investimento baseadas no rendimento de dividendos.

Alguns artigos internacionais também incluem o Brasil. Rouwenhorst (1999) não encontra diferença significativa entre o retorno de carteiras de ações brasileiras de beta alto e beta baixo ou entre carteiras de empresas menores e empresas maiores, o que é consistente com muitos dos estudos brasileiros sobre o assunto. O autor também não encontra diferença significativa entre as carteiras com alto *L/P* e baixo *L/P* ou entre as carteiras de empresas com desempenho passado bom e ruim. Entretanto, há uma diferença significativa entre as empresas de alto *VPA/P* e baixo *VPA/P*, de acordo com todos os estudos nacionais revistos acima. O estudo de Rouwenhorst focalizou os retornos mensais em dólares norte-americanos para 87 empresas, desde 1982 até 1997. Barry et alii (1997) examinam a América Latina de forma agregada e não encontram um efeito tamanho para a região, e sim um efeito valor, condizente com os resultados brasileiros anteriores. Claessens et alii (1999), analisando um modelo de múltiplos fatores para o Brasil, encontram uma relação direta da variável *VPA/P* e do tamanho das empresas com os prêmios de risco em dólares de 25 ações brasileiras entre 1988 e 1992.

O objetivo deste capítulo é verificar se existe um desempenho ajustado ao maior risco das ações de valor. Estudos como os de Alambert e de Costa Jr. e Neves sugerem que o beta das ações continua sendo um fator de risco importante, que pode ser complementado por outros fatores. Diante do problema de erros nas variáveis decorrentes do uso do beta, conforme discutido por Costa Jr. e Neves, decidimos adotar a metodologia de construção de carteiras utilizada por Barros et alii (1998) e por Mescolin et alii (1997) para examinar o comportamento do índice de Sharpe de carteiras de valor e de crescimento sem utilizar análise de regressão. Seguimos a sugestão de Mescolin et alii de usar o índice de Sharpe, uma vez que a relação do beta com os retornos apresenta controvérsias. Utilizamos apenas a variável *VPA/P* e o tamanho das empresas para formar as carteiras, uma vez que ambos parecem ter relação com os retornos de ações brasileiras. Nas próximas seções apresentamos as hipóteses e a metodologia, seguidas da análise dos resultados empíricos e das conclusões do trabalho.

Hipóteses e metodologia

Utilizamos uma amostra de retornos de ações transacionadas na Bolsa de Valores de São Paulo (Bovespa) entre dezembro de 1990 e junho de 1998. As carteiras foram formadas ao final de cada ano *t* e os retornos calculados a partir de junho de $t+1$ a junho de $t+2$. Assim, por exemplo, os retornos do período que compreende os meses de junho de 1991 a junho de 1992 foram estimados com base nas carteiras formadas em dezembro de 1990. Os dados referentes às cotações das ações, assim como seus dados de balanço (valor patrimonial da ação), os dados de mercado (valor de mercado da ação) e o retorno do ativo livre de risco, aqui representados pela taxa Selic do Banco Central, foram obtidos do sistema *Economática*, resultando em 423 ações diferentes (empresas e tipos PN, ON, PNB).

Utilizamos cotações mensais de fechamento entre junho de 1991 e junho de 1998, totalizando um máximo de 84 observações por ação. O preço das ações encontra-se corrigido para proventos (dividendos, bonificações, desdobramentos etc.) e deflacionado pelo índice geral de preços — disponibilidade interna (IGP-DI). O exercício empírico é feito sobre o logaritmo neperiano do retorno real das ações, e não sobre o retorno nominal das ações, tal como em Costa Jr. e Neves. A taxa livre de risco também foi deflacionada. O preço das ações obtido foi o preço de fechamento de cada mês, entendendo-se este como o preço apresentado pela ação no último dia útil de cada mês ou, na ausência deste, o preço mais próximo do último dia útil. Nos casos em que uma ação não tenha apresentado preço ao longo do mês, considerou-se esse período sem negociação.

Retiramos todas as empresas classificadas pela *Economática* como bancos e seguradoras. Essas empresas normalmente se apresentam muito alavancadas, dada a natureza de sua atividade econômica, o que pode implicar em empresas com problema de solvência financeira quando misturadas com outros setores econômicos. Procedimento semelhante foi adotado por diversos autores, como por exemplo Fama e French (1992), Capaul, Rowley e Sharpe (1993) e Mescolin et alii (1997). Eliminamos as ações que por algum motivo deixaram de apresentar informações relevantes para a formação das carteiras. Por fim, as ações que apresentaram razão *VPA/P* negativa também foram excluídas porque representam empresas com sérios problemas de solvência financeira.

Procuramos trabalhar com ações que tenham apresentado cotações por, no mínimo, 48 meses ao longo do período estudado e por um ano consecutivamente, conforme Costa Jr. e Neves. O problema, quando se trabalha com as ações mais líquidas, é que há o risco de se introduzir novamente o viés da sobrevivência na amostra. Após os ajustes, restaram aproximadamente 173 ações a serem analisadas.

Como utilizamos as empresas existentes ao final de cada ano para formar as carteiras analisadas, acreditamos não ter um problema sério de viés de sobrevivência. Esse viés ocorre quando se usam somente ações que foram cotadas ininterruptamente do início ao fim do período em estudo, desconsiderando-se as ações que porventura tenham sido cotadas ou descotadas no decorrer desse período.

Outro viés eliminado foi aquele conhecido como *look-ahead-bias*. Nesse caso, selecionaram-se as carteiras de ações nos meses de dezembro do ano *t*, a partir de 1990, mas os retornos foram calculados a partir do mês do preço de fechamento de junho de $t + 1$ a junho de $t + 2$. Dessa forma, garantiu-se aos investidores o conhecimento de informações contábeis relevantes que viessem a influenciar o preço das ações e, conseqüentemente, os prêmios de risco das carteiras. Nossa escolha é aparentemente conservadora, uma vez que Costa Jr. e Neves escolheram retornos medidos a partir de março e chegaram a resultados similares, enquanto Nogueira mostra que a escolha entre março e junho não influencia os resultados.

A metodologia empregada no cálculo dos retornos reais consistiu basicamente na formação de quatro carteiras segundo o valor da variável de interesse em dezembro (tamanho ou *VPA/P*) e contendo cerca de 25% das ações da amostra. O tamanho da empresa é medido pelo preço da ação multiplicado pela quantidade de ações em 31 de dezembro. As carteiras eram rebalanceadas em dezembro de cada ano *t* segundo a variável de interesse, e seu retorno medido a partir do preço de fechamento em junho do ano $t + 1$ até junho de $t + 2$. As carteiras foram formadas com aproximadamente 44 ações cada uma.

Ao final do período analisado, existiam 84 retornos reais mensais para cada tipo de carteira obtida a partir da variável *VPA/P* ou da variável tamanho. Calculamos a média dos retornos reais das carteiras para todo o período, a fim de verificar se as carteiras de valor apresentam desempenho superior ao das carteiras de crescimento. Calculamos também o retorno real acumulado anual e para todo o período analisado. Para tanto bastou somar os retornos reais mensais, pois eles já se encontram na forma logarítmica.

Realizamos também testes bivariados com a finalidade de verificar se determinado comportamento de uma das variáveis analisadas se repetia ao fixarmos a outra variável. O procedimento do teste bivariado, tomando como exemplo a análise da variável *VPA/P* a partir da fixação da variável tamanho, dá-se da seguinte forma: inicialmente, ordenam-se todas as ações por ordem crescente de tamanho da empresa, ou seja, da menor para a maior; em seguida formam-se quatro carteiras, cada qual contendo 25% das ações. Uma vez classificadas as ações por tamanho, faz-se uma nova classificação, agora pela variável *VPA/P*, em ordem decrescente. Essa nova classificação ocorre dentro de cada carteira já definida pela variável tamanho. Na nova ordenação, cada carteira anterior é dividida em quatro novas carteiras segundo a variável *VPA/P*. No final, surgem 16 carteiras, que terão seus retornos reais calculados por 84 meses. O mesmo teste foi efetuado no caso da análise da variável tamanho, a partir da fixação da variável *VPA/P*. É importante mencionar que na execução dos testes bivariados as carteiras ficaram com cerca de 10 a 11 ações e nunca menos do que oito ações. Como não estamos usando o beta como medida de risco, não acreditamos que isso acarrete algum problema.

Utilizamos testes de diferença de média paramétricos para verificar a diferença de desempenho entre as carteiras. Adicionalmente, usamos o teste estatístico não-paramétrico de Wilcoxon para verificar se as medianas das carteiras são estatisticamente diferentes. O teste não-paramétrico apresenta duas vantagens que merecem ser destacadas. Primeiro, ele não depende da forma da distribuição dos dados. Segundo, ele acaba eliminando os efeitos dos valores extremos. Por outro lado, trata-se de um teste muito conservador, ou seja, dificilmente acusa a rejeição da hipótese nula. Como trabalhamos sempre com quatro carteiras, mesmo nos testes bivariados,[2] utilizamos o teste *F* para verificar se existia diferença estatística entre os retornos reais das quatro carteiras analisadas. Para testar as hipóteses associadas ao risco, calculamos a estatística *F* como a razão entre as variâncias das carteiras extremas.

Usamos o índice de Sharpe para medir a relação retorno/risco entre as carteiras. A taxa livre de risco utilizada no cálculo do índice de Sharpe foi o retorno real da taxa Selic do Banco Central, que foi da ordem de 13,3% no período.

Resultados

A carteira composta por ações com *VPA/P* elevado (ações de valor) apresentou retornos reais superiores aos da carteira com *VPA/P* mais baixo (ações de crescimento), exceto no período de junho de 1995 a junho de 1996. O retorno real acumulado de junho de 1991 a junho de 1998 apresenta uma diferença elevada entre essas carteiras. Analisando-se o comportamento das quatro carteiras no período de junho de 1991 a junho de 1998, nota-se uma tendência de redução dos retornos ao se deslocar da carteira de *VPA/P* mais alto para a carteira de *VPA/P* mais baixo, ficando as carteiras intermediárias (não apresentadas na tabela 1) com valores entre 13,17% e –20,03%. A média dos retornos reais mensais da carteira de *VPA/P* mais alto é significativamente mais alta do que a média dos retornos reais mensais da carteira de *VPA/P* mais baixo, indicando uma superioridade das ações de valor sobre as ações de crescimento. Entretanto, os testes *F* e de Wilcoxon não são significativos. Os resultados são condizentes com os de diversos trabalhos brasileiros anteriores. A análise do risco total das carteiras sugere que a carteira de *VPA/P* mais alto (valor) é significativamente mais arriscada que a carteira de *VPA/P* mais baixo (crescimento). Esse resultado é condizente com os de Fama e French, que afirmam em diversos trabalhos que as ações com razão *VPA/P* elevada apresentam retornos superiores por serem mais arriscadas. Finalmente, o ín-

[2] Nos testes bivariados, apesar de termos um total de 16 carteiras, para cada carteira de variável fixada temos uma nova subdivisão com mais quatro novas carteiras. Exemplo: dentro da carteira tamanho muito pequeno temos as carteiras valor alto, valor baixo, crescimento baixo e crescimento alto.

TABELA 1
Retorno real médio, desvio-padrão e índice de Sharpe no período de 6-1991 a 6-1998 das carteiras de maior relação *VPA/P* (valor) e menor *VPA/P* (crescimento)

Períodos	Retorno real médio e desvio-padrão da carteira com *VPA/P* mais alto (1)	Retorno real médio e desvio-padrão da carteira com *VP/P* mais baixo (2)	(1) – (2)	Índice de Sharpe do retorno real da carteira com *VPA/P* mais alto	Índice de Sharpe do retorno real da carteira com *VPA/P* mais baixo
6-1991 a 6-1992	11,55%	–10,25%	21,79%	–0,07	–1,34
	(24,70%)	(17,60%)			
6-1992 a 6-1993	40,75%	16,37%	24,38%	2,28	0,40
	(12,05%)	(7,65%)			
6-1993 a 6-1994	75,60%	4,15%	71,45%	6,55	–1,20
	(9,50%)	(7,64%)			
6-1994 a 6-1995	12,15%	–8,54%	20,69%	–0,10	–3,07
	(11,88%)	(7,11%)			
6-1995 a 6-1996	–24,91%	–17,18%	–7,73%	–8,17	–4,62
	(4,68%)	(6,60%)			
6-1996 a 6-1997	28,67%	10,85%	17,82%	2,97	–0,73
	(5,17%)	(3,35%)			
6-1997 a 6-1998	–34,19%	–40,80%	6,61%	–4,92	–6,10
	(9,65%)	(8,87%)			
6-1991 a 6-1998	1,31%	–0,54%	0,77%	1,31	–15,19
	(12,58%)	(9,12%)			
Acumulado	109,63%	–45,40%	155,02%		

Notas: A estatística *F* para as médias mensais das quatro carteiras formadas foi de 0,4447 e não-significativa. A estatística *t* para a diferença entre os retornos das carteiras com *VPA/P* mais alto (valor) e mais baixo (crescimento) foi de 2,0363, significativa ao nível de 5%. A estatística de Wilcoxon para a diferença entre as medianas dos retornos das carteiras com *VPA/P* mais alto (valor) e mais baixo (crescimento) foi de 1,4360, não-significativa ao nível de 5%. O teste *F* para a razão de variâncias dos retornos das carteiras com *VPA/P* mais alto (valor) e mais baixo (crescimento) foi de 1,9015, significativo ao nível de 5%. O teste *t* para a diferença entre os índices de Sharpe médios das carteiras com *VPA/P* mais alto (valor) e mais baixo (crescimento) foi de 1,6996, significativo ao nível de 10%. O índice de Sharpe foi calculado com a taxa Selic real do Banco Central.

dice de Sharpe é sempre mais elevado para a carteira de *VPA/P* mais alto, sugerindo que as ações de valor apresentam melhor recompensa ao risco. Esses resultados são compatíveis com os de Capaul, Rowley e Sharpe (1993) e de Arshanapalli, Coggin e Doukas (1998).

Na análise da variável tamanho na tabela 2, percebe-se que a carteira de empresas menores apresenta retorno real superior ao da carteira de empresas maiores em cinco dos sete anos analisados. Entretanto, nenhuma das estatísticas indica superioridade do desempenho de uma carteira formada por empresas menores sobre o de uma carteira formada por empresas maiores. O risco da carteira de empresas menores foi ligeiramente maior do que o risco da carteira de empresas maiores, com significância estatística marginal. Nosso resultado é consistente com os de Downs e Ingram (2000) e de Knez e Ready (1997). Segundo eles, depois de se eliminar alguns valores extremos e de se controlar para o prêmio de risco do mercado, o tamanho das empresas não tem poder explicativo sobre os retornos das ações. Entretanto, não encontramos a relação negativa e significativa entre tamanho e retornos observada por Costa Jr. e Neves no período entre 1988 e 1996. O índice de Sharpe não mostra nenhuma diferença conclusiva entre as duas carteiras.

As tabelas 3 e 4 trazem os resultados dos testes bivariados. Ao fixar-se a variável tamanho, pode-se medir o retorno de carteiras formadas segundo a variável *VPA/P* dentro de grupos que apresentam ações com o mesmo tamanho. Da mesma forma, ao fixar-se a variável *VPA/P*, pode-se medir o retorno de carteiras formadas segundo a variável tamanho dentro de grupos que apresentam ações com a mesma razão *VPA/P*.

Pelos resultados apresentados na tabela 3, nota-se que, entre as carteiras ordenadas pela variável tamanho, os retornos das carteiras de maior *VPA/P* (valor) são maiores do que os retornos das carteiras com menor *VPA/P* (crescimento), embora esse melhor desempenho só seja estatisticamente significativo para as empresas maiores. O risco das carteiras de valor também é maior do que o das carteiras de crescimento para todos os tamanhos.

A tabela 4 apresenta os resultados encontrados para o retorno e o risco de carteiras formadas a partir da fixação da variável *VPA/P* e subseqüentemente divididas segundo o tamanho das empresas. Verifica-se, em todas as situações, que as ações de empresas maiores apresentam retornos maiores que o das empresas menores, mas sem qualquer significância estatística. Não há resultados conclusivos em relação ao risco.

TABELA 2

Retorno real médio, desvio-padrão e índice de Sharpe no período de 6-1991 a 6-1998 das carteiras de menor tamanho e de maior tamanho formadas segundo a variável tamanho

Períodos	Retorno real médio e desvio-padrão da carteira de empresas menores (1)	Retorno real médio e desvio-padrão da carteira de empresas maiores (2)	(1) – (2)	Índice de Sharpe do retorno real da carteira de empresas menores	Índice de Sharpe do retorno real da carteira de empresas maiores
6-1991 a 6-1992	–27,88%	7,54%	–35,42%	–1,90	–0,31
	(21,70%)	(18,78%)			
6-1992 a 6-1993	49,39%	24,91%	24,48%	2,86	1,10
	(12,64%)	(10,57%)			
6-1993 a 6-1994	46,67%	17,88%	28,79%	2,76	0,48
	(12,10%)	(9,62%)			
6-1994 a 6-1995	12,74%	–8,87%	21,60%	–0,04	–2,52
	(13,07%)	(8,80%)			
6-1995 a 6-1996	–43,68%	8,77%	–52,45%	–11,31	–0,75
	(5,04%)	(6,00%)			
6-1996 a 6-1997	24,40%	24,17%	0,23%	2,08	3,22
	(5,34%)	(3,37%)			
6-1997 a 6-1998	–33,76%	–47,75%	13,99%	–5,01	–6,04
	(9,39%)	(10,11%)			
6-1991 a 6-1998	0,33%	0,32%	0,01%	–5,26	–6,40
	(12,39%)	(10,38%)			
Acumulado	27,88%	26,65%			

Notas: A estatística *F* para as médias mensais dos retornos das quatro carteiras formadas foi de 0,0371 e não-significativa. A estatística *t* para a diferença entre os retornos das carteiras de empresas menores e empresas maiores foi de 0,0139 e não-significativa. A estatística de Wilcoxon para a diferença entre as medianas dos retornos das carteiras de empresas menores e empresas maiores foi de 0,058 e não-significativa ao nível de 5%. O teste *F* para a razão de variâncias dos retornos das carteiras de empresas menores e empresas maiores foi de 1,4245, significativo ao nível de 10%. O teste *t* para a diferença entre os índices de Sharpe médios das carteiras de empresas menores e empresas maiores foi de 0,4740 e não é significativo. O índice de Sharpe foi calculado com a taxa Selic real do Banco Central.

TABELA 3
Retorno real médio e desvio-padrão no período de 6-1991 a 6-1998 das carteiras de menor *VPA/P* e de maior *VPA/P* formadas segundo a variável tamanho

Carteiras ordenadas por tamanho da empresa	Carteira com maior *VPA/P* (1)	Carteira com menor *VPA/P* (2)	Teste *t* (1) – (2)	Teste de Wilcoxon (1) – (2)	Teste *F* para a diferença de variâncias (1)/(2)
1 Menores	0,06% (15,71%)	–0,78% (13,76%)	0,7247	0,482	1,2166
2	0,96% (13,08%)	–0,49% (10,18%)	1,3621	0,95	1,6509*
3	0,42% (16,87%)	–1,16% (11,14%)	1,1556	0,562	2,2936*
4 Maiores	1,63% (14,80%)	–0,52% (9,99%)	1,8365*	1,601	2,1938*

Notas: O desvio-padrão está entre parênteses. O nível de significância de 5% é indicado por um asterisco.

TABELA 4

Retorno real médio e desvio-padrão no período de 6-1991 a 6-1998 das carteiras de empresas de menor tamanho e de maior tamanho formadas segundo a variável *VPA/P*

Carteiras ordenadas pela variável *VPA/P*	Carteira com empresas menores (1)	Carteira com empresas maiores (2)	Teste *t* (1) – (2)	Teste de Wilcoxon (1) – (2)	Teste *F* para a diferença de variâncias (1)/(2)
1 Valor	1,20% (14,26%)	2,35% (16,48%)	–0,7958	0,923	1,3356
2	–0,35% (13,21%)	0,75% (14,31%)	–0,7027	0,352	1,1742
3	–0,86% (13,26%)	0,81% (12,30%)	–1,2647	1,195	1,1632
4 Crescimento	–0,36% (10,32%)	–0,02% (9,91%)	–0,3497	0,615	1,0842

Notas: O desvio-padrão está entre parênteses. O nível de significância de 5% é indicado por um asterisco.

Conclusões

Pode-se concluir que, no período de junho de 1991 a junho de 1998, as carteiras formadas por ações com alto *VPA/P* (valor) apresentaram retornos reais e risco maiores do que as carteiras formadas por ações com baixo *VPA/P* (crescimento), confirmando diversos trabalhos brasileiros anteriores. Julgamos que a maior contribuição deste trabalho é a evidência de que o índice de Sharpe da carteira de valor é superior ao da carteira de crescimento, sugerindo uma recompensa maior para o risco dessas carteiras. Os retornos superiores das carteiras de valor continuam mesmo depois de controlarmos para a variável tamanho. Ao contrário de Costa Jr. e Neves, não encontramos diferenças relevantes para as carteiras formadas segundo o tamanho das empresas, quer controlando para a variável *VPA/P*, quer não. Diante dos resultados encontrados, acreditamos que o prêmio de risco para as ações de alto *VPA/P* em relação às ações de baixo *VPA/P* deve ser incluído nos modelos de avaliação de ações no Brasil, tal como proposto por Fama e French (1993) e adotado por Alambert (2000) para o mercado brasileiro.

Referências bibliográficas

Alambert, Murilo. O efeito valor, o efeito tamanho e o modelo multifatorial: evidências do caso brasileiro. XXIV Enanpad. *Anais*..., 2000. (CD-ROM).

Arshanapalli, B.; Coggin, D. T. & Doukas, J. Multifactor asset pricing analysis of international value investment strategies. *Journal of Portfolio Management, 24*:10-23, Summer 1998.

Ball, R. & Kothari, S. P. Non-stationary expected returns: implications for tests of market efficiency and serial correlation in returns. *Journal of Financial Economics, 25*:51-74, 1989.

Barros, P. da S.; Picanço, M. B. & Costa Jr., N. C. A. Retornos e riscos das *value* e *growth stocks* no mercado brasileiro. *Resenha BM&F, 124*:41-50, 1998.

Barry, C.; Goldreyer, E.; Lockwood, L. & Rodriguez, M. Size and book-to-market effects: evidence from emerging equity markets. Fort Worth, Texas Christian University, 1997. (mimeog.)

Brito, N. *Gestão de investimentos*. São Paulo, Atlas, 1989.

Capaul, C.; Rowley, I. & Sharpe, W. International value and growth stock returns. *Financial Analysts Journal*, Jan./Feb. 1993. p. 27-36.

Chan, L. K. C. On the contrarian investment strategy. *Journal of Business, 61*:147-63, 1988.

Claessens, S.; Dasgupta, S. & Glen, J. The cross-section of stock returns: evidence from the emerging markets. *Emerging Markets Quarterly*, 2(4):4-13, 1999.

Costa Jr., N. C. A. & Neves, M. Variáveis fundamentalistas e o retorno das ações. *Revista Brasileira de Economia, 54*(1):123-37, jan./mar. 2000.

Downs, T. W. & Ingram, R. W. Beta, size, risk, and return. *Journal of Financial Research*, 23(3):245-60, 2000.

Fama, E. F. & French, K. R. The cross-section of expected stock returns. *Journal of Finance*, 47:427-65, 1992.

——. Common risk factors in the returns on stocks and bonds. *Journal of Financial Economics*, 33:3-56, 1993.

——. Size and book-to-market factors in earnings and returns. *Journal of Finance, 50*: 131-55, 1995.

——. Multifactor explanations of asset pricing anomalies. *Journal of Finance, 51*:55-84, 1996.

——. Value versus growth stocks: the international evidence. *Journal of Finance, 53*(6): 1.975-999, Dec. 1998.

Haugen, R. A. *The new finance: the case against efficient markets*. Englewood, Prentice-Hall International, 1995.

Hazzan, S. Desempenho de ações da Bolsa de Valores de São Paulo e sua relação com o índice preço/lucro. São Paulo, Eaesp/FGV, 1991. (Tese de Doutorado.)

Knez, P. J. & Ready, M. J. On the robustness of size and book-to-market in cross-sectional regressions. *Journal of Finance, 52*:1.355-82, 1997.

Lakonishok, J.; Shleifer, A. & Vishny, R.W. Contrarian investment, extrapolation and risk. *Journal of Finance, 49*:1.541-578, 1994.

Mellone Jr., G. Evidência empírica da relação cross-section entre o retorno e earnings to price ratio e book to market ratio no mercado de ações do Brasil no período 1995 a 1998. XXIII Enanpad, *Anais*..., 1999.

Mescolin, A.; Braga, C. M. & Costa Jr., N. Risco e retorno das value e growth stocks no mercado de capitais brasileiro. XXI Enanpad. *Anais*..., 1997.

Nogueira, J. A. Growth ou value investing — em março ou em junho? Um estudo empírico no mercado de valores mobiliários brasileiro. Rio de Janeiro, PUC-Rio/IAG, 2000. (Dissertação de Mestrado.)

Rouwenhorst, K. Local return factors and turnover in emerging stock markets. *Journal of Finance, 54*(4):1.439-64, 1999.

Silva, A. L. C. da. Anomalia do efeito P/L no mercado acionário *Mercado de Capitais*, 79, p. 18-21.

—— & Leal, R. P. C. Análise do desempenho da estratégia Dogs of the Dow Jones para a carteira do Ibovespa. *Revista de Administração,* 35(3):5-12, jul./set. 2000.

O efeito dos impostos no comportamento das ações no dia em que se tornam ex-dividendos*

André Costa Carvalho

Introdução

Entre os diversos aspectos associados à questão dos dividendos, este capítulo se concentra em dois deles, que, aliás, estão estreitamente ligados. O primeiro diz respeito à queda média dos preços das ações no dia em que estas perdem o direito aos dividendos, passando a denominar-se ex-dividendos. Em muitos estudos,[1] encontra-se evidência de queda média do preço das ações inferior ao valor médio dos dividendos. Uma das explicações mais aceitas atribui o fato ao diferencial de impostos existente entre os ganhos de capital e o rendimento de dividendos. Em geral, a tributação dos países analisados favorece os ganhos de capital.

O segundo aspecto se refere a esse mesmo diferencial de impostos mas, nesse caso, importa avaliar sua relação com a escolha da composição do portfólio dos investidores. Trata-se do "efeito clientela", isto é, a idéia de que o *dividend yield* pago pelas empresas está correlacionado com a faixa de alíquota do imposto de renda

* Este capítulo se baseia em minha tese de mestrado em economia na PUC-Rio. Gostaria de agradecer aos membros da banca, Marco Antonio Bonomo (orientador), Dionísio Dias Carneiro e Nilson Teixeira, por seus comentários valiosos. Agradeço também ao apoio e aos comentários de Walter Novaes e José Julio Senna, bem como ao suporte financeiro prestado pelo CNPq. Evidentemente, todo e qualquer erro é de minha inteira responsabilidade.

[1] Por exemplo, Elton e Gruber (1970) e Barclay (1987).

(IR) à qual pertencem seus acionistas. Elton e Gruber (1970) e Barclay (1987), por exemplo, encontram evidências a favor do "efeito clientela". Segundo esse efeito, as firmas que pagam os maiores *yields* atraem investidores sobre os quais incide baixa alíquota de IR. Da mesma forma, baixos *yields* seriam interessantes para investidores sujeitos às alíquotas mais altas. Tal efeito pressupõe que o diferencial de impostos favorece os ganhos de capital, valendo-se do fato de que o retorno de uma ação pode ser decomposto em ganho de capital e rendimento de dividendos, e que um aumento na participação de um dos termos implica, necessariamente, a redução da importância do outro.

Diversos autores, como Eades, Hess e Kim (1984) e Grinblatt, Masulis e Titman (1984), questionam a interpretação dada por Elton e Gruber, dizendo que o retorno da ação no ex-dia pode estar associado aos custos de transação, e não aos impostos.

Miller e Scholes (1978) vão além e defendem a irrelevância dos impostos na formação dos preços das ações, em particular no dia em que estas perdem o direito aos dividendos. Os autores destacam alguns aspectos do código de tributação sobre a renda de pessoas físicas dos EUA para mostrar que há a possibilidade de reduzir ou até mesmo eliminar o diferencial de impostos que aparentemente prejudica os dividendos em relação aos ganhos de capital. Com base em algumas condições específicas, os autores enunciam a chamada *strong dividend invariance proposition*: dada a decisão de investimento da firma, sua política de dividendos não tem qualquer efeito sobre a riqueza e o bem-estar econômico de seus acionistas. A prova dessa proposição aponta para a indiferença dos investidores quanto ao recebimento de dividendos, na medida em que esses rendimentos podem se tornar equivalentes aos do ganho de capital.

Noutro artigo, Miller e Scholes (1982) avaliam testes que procuram verificar se os acionistas que recebem altos *dividend yields* são compensados por maiores retornos (ajustados ao risco). A razão para se esperar uma compensação desse tipo é o fato de os rendimentos provenientes de dividendos sofrerem maior tributação do que os ganhos de capital. A preocupação dos autores diz respeito basicamente aos estudos que, utilizando definições de curto prazo para a variável *dividend yield* esperado, atribuem ao diferencial de impostos a relação positiva, por vezes encontrada, entre o retorno de ações e o nível de distribuição de dividendos. Verifica-se que tais relações positivas se devem menos ao diferencial de impostos e mais a outros fatores como, por exemplo, a proximidade do anúncio do pagamento de dividendos (o chamado "efeito informacional dos dividendos"). Os autores também mostram que a relação entre o retorno de uma ação e o *dividend yield* de curto prazo é bastante sensível à escolha da *proxy* desta segunda variável. Após corrigirem o viés introduzido pelo efeito informacional dos dividendos, Miller e Scholes não encontram relação significativa entre o retorno das ações e o *dividend yield* esperado. Conclui-se que o diferencial de impostos não faz com que os investidores demandem maior retorno das ações que pagam níveis mais elevados de dividendos.

Murray e Jagannathan (1998) também questionam a interpretação dada por Barclay e por Elton e Gruber, de que o movimento dos preços das ações no ex-dia reflete o diferencial de impostos. Murray e Jagannathan avaliam a queda média do preço de 351 firmas no mercado acionário de Hong Kong, entre janeiro de 1980 e dezembro de 1993. Embora os dividendos e os ganhos de capital não sejam tributados, verifica-se uma queda média do preço das ações equivalente a cerca de 43% do valor médio dos dividendos. Na medida em que não há diferencial tributário que justifique uma queda média de preços inferior aos dividendos, os autores apresentam argumentos baseados "na microestrutura dos mercados" para explicar as evidências encontradas. Um dos pontos para o qual chamam a atenção é a dificuldade de se interpretar a relação entre a queda média do preço das ações no ex-dia e o valor médio dos dividendos, na presença de investidores heterogêneos, sujeitos a diferentes custos de transação e alíquotas de impostos.

Murray e Jagannathan concluem que, caso se considerem os aspectos da microestrutura de mercado, na ausência de impostos, os dividendos voltam a ter o mesmo valor que os ganhos de capital, isto é, a queda média do preço das ações no ex-dia torna-se igual ao valor médio dos dividendos. Entre os aspectos que devem ser considerados, eles ressaltam que a maioria dos negócios no último dia com dividendos é feita ao preço de oferta de venda, enquanto no ex-dia é feita ao preço de oferta de compra. Além disso, há que avaliar a influência da unidade em que as ações são transacionadas. Uma vez que seus preços variam de forma discreta, há a possibilidade de o dividendo médio não ser um múltiplo inteiro da unidade média de variação dos preços, o que faria com que a média dos preços no ex-dia fosse maior ou menor do que seria atribuível ao efeito dos impostos. De qualquer modo, Murray e Jagannathan reafirmam a dificuldade para relacionar o valor dos dividendos com a queda do preço das ações no ex-dia. Afinal, os investidores tendem a concentrar mais ordens de compra no ex-dia e mais ordens de venda no dia anterior a este, mas não se sabe a probabilidade de esse comportamento ocorrer, nem há dados disponíveis sobre o *spread* de compra e venda, em particular acerca do último negócio do dia.

A literatura brasileira sobre dividendos é bastante escassa, principalmente no que diz respeito a trabalhos empíricos, cabendo citar Speranzini (1994) e Brito e Rietti (1981).

A hipótese básica para o estudo de Speranzini enuncia a irrelevância dos dividendos na determinação do retorno de uma ação. Para testá-la, o autor regride o retorno da ação na variável *dividend yield* e no seu risco sistemático (beta), para cada ano, de 1985 a 1989, utilizando o modelo CAPM, com dividendos e impostos, de Litzenberger e Ramaswamy (1979). Para tentar neutralizar o efeito informacional dos dividendos sobre a variável *yield*, o autor usa três definições distintas para esta última. Nos três casos, identifica-se coeficiente positivo para a variável *yield*, sendo este significativo ao nível de 5% em três dos cinco anos para a primeira definição, e em dois dos cinco anos para as demais definições. Tal resultado demonstra que os dividendos não são desejados pelos investidores, uma vez que estes exigem maior retorno como compensação por maior *yield*. No caso da variável beta, o coeficiente encontrado também é positivo, o que corrobora a idéia de que precisa haver uma compensação pelo maior risco envolvido.

Brito e Rietti procuram identificar as alíquotas marginais de tributação dos investidores do mercado acionário brasileiro, observando preços com e ex-dividendos e o valor dos dividendos pagos por 60 empresas. O período analisado começa em 1973 e termina em 1976. Tendo em vista que, nos anos em questão, os ganhos de capital eram isentos de tributação e a alíquota máxima incidente sobre dividendos era de 15%, na hipótese de o mercado ser eficiente, as alíquotas marginais de tributação não deveriam ser superiores a 15%.

Os autores também examinam a presença de "efeito clientela". Para cada um dos quatro anos analisados, os autores calculam a média da razão $\frac{p_{t-1} - p_t}{D_t}$ e encontram alíquotas marginais de imposto que variam de 16,12 a 37,09%. Como tais valores superam em muito o limite legal de tributação (15%), Brito e Rietti concluem que o diferencial de preços com e ex-dividendos é menor do que deveria ser num mercado eficiente. O fato de as cotações das ações estarem elevadas no momento em que perdem o direito aos dividendos faz com que as estratégias de investimento que envolvem a compra de ações no dia anterior ao ex-dia e a venda no mesmo, com o recebimento dos dividendos, resultem em ganhos extraordinários significativos nos anos em questão. Segundo os autores, tais ganhos sugerem "ineficiência do mercado na consideração de dividendos para a formação de preços".

Uma vez que as médias da razão $\frac{p_{t-1} - p_t}{D_t}$, para os anos em questão, situaram-se entre 0,6291 e 0,8387, Brito e Rietti concluem que, em geral, "a diferença entre preços com e ex-dividendos é menor do que o valor dos dividendos distribuídos. Esta conclusão é consistente com a relevância da consideração de níveis marginais de taxação na formação de preços de títulos no mercado acionário". Com relação ao efeito clientela, Brito e Rietti não encontram evidências no mercado brasileiro.

A seguir apresentamos a técnica econométrica de estudo de eventos, os critérios adotados para seleção da amostra e tratamento dos dados e, por fim, os principais resultados encontrados.

Os impostos e o comportamento das ações no dia em que se tornam ex-dividendos

Metodologia

Como já foi dito, trata-se de avaliar a influência que, em média, as ações sofrem quando deixam de incluir o direito ao recebimento do dividendo "recém-anunciado" pelas empresas. Como isso ocorre no dia em que a ação passa a ser negociada ex-dividendo, a janela do evento consiste num único dia, o ex-dia. Interessa-nos avaliar a variação média dos preços das ações nesse dia e testar se essa média é equivalente ao valor médio dos dividendos pagos. Assim, pode-se expressar a hipótese nula como $\frac{p_{t-1} - p_t}{D_t} = 1$, isto é, supondo que a razão entre a variação de preços[2] e o valor do dividendo por ação seja igual a um. Porém, como assinala Barclay, essa forma de expressão da hipótese nula piora algumas propriedades estatísticas do parâmetro de teste (por exemplo, agrava a heterocedasticidade do vetor de ganhos anormais). Portanto, opta-se por uma forma equivalente, na qual se admite a inexistência de retorno anormal médio significativo no ex-dia.

Decerto a definição do ganho anormal depende da determinação de uma forma de cálculo para o que se considera ser o retorno normal. Para tanto optou-se pelo modelo de mercado, modelo estatístico que relaciona o retorno da ação com o retorno do portfólio de mercado. Utilizamos como *proxy* para este último o retorno do índice Bovespa. Esse modelo é expresso pela seguinte equação de regressão:

$$R_{it} = \alpha_i + \beta_i R_{mt} + \varepsilon_{it} \qquad E(\varepsilon_{it}) = 0 \quad \text{e} \quad V(\varepsilon_{it}) = \sigma^2_{\varepsilon i} \tag{1}$$

onde R_{it} é o retorno da ação *i* no tempo *t*, R_{mt} é o retorno do portfólio de mercado no tempo *t*, e ε_{it} é o retorno anormal da ação *i* no tempo *t*. Este último é uma variável aleatória com esperança zero e variância finita. Em termos genéricos, o retorno anormal pode ser entendido como o resultado da diferença entre o retorno da ação e seu componente normal ou esperado: $\varepsilon_{it} = R_{it} - E(R_{it} | X_t)$, onde X_t representa a informação disponível para o modelo de mercado (no caso adotado, seria o próprio retorno do portfólio de mercado) no tempo *t*.

A escolha de uma janela para a estimação dos parâmetros do modelo de mercado (α_i, β_i e $\sigma^2_{\varepsilon i}$) deve considerar o critério de consistência dos estimadores, procurando preservar, da melhor forma possível, a estabilidade dos mesmos. Assim, não pode ser nem grande nem pequena demais. Caso exceda ao tamanho apropriado, por um lado, favorece a consistência dos estimadores por incluir mais retornos; por outro, aumenta as chances de estes perderem sua representatividade no momento em que ocorre o evento. A não-representatividade poderia ser atribuída, por exemplo, à alteração do risco do negócio da empresa e/ou à mudança na própria natureza deste, bem como aos planos econômicos (tão comuns no período amostral). Na medida em que os cálculos são feitos utilizando-se dados passados, admite-se implicitamente, senão a constância, pelo menos certa estabilidade dos estimadores ao longo do tempo. Por isso deve-se atentar para a possibilidade de haver outros eventos na janela de estimação que tenham influência significativa sobre o

[2] Ajusta-se o valor de p_t com o intuito de eliminar o componente normal do retorno da ação, ou seja, aquele que não está associado à perda do direito ao dividendo.

retorno da ação e, conseqüentemente, sobre os estimadores dos parâmetros. Caso a janela de estimação seja menor do que a apropriada, poderiam perder-se boas propriedades assintóticas dos estimadores, como a consistência. Por fim, opta-se por um intervalo que se inicia a 360 dias corridos do ex-dia e termina a 90 dias do mesmo, a exemplo do que foi feito em estudos semelhantes. Para testar a sensibilidade dos resultados à escolha da janela de estimação, efetuamos os mesmos cálculos deslocando essa janela no tempo, de sete em sete dias úteis ou, aproximadamente, de 10 em 10 dias corridos. Ao todo, acrescentamos mais três intervalos, iniciando por volta de 350, 340 e 330 dias e terminando a cerca de 80, 70 e 60 dias do ex-dia, respectivamente.

A Figura 1 apresenta a notação da linha temporal a ser utilizada neste estudo de eventos.

Figura 1
Linha temporal de um estudo de eventos

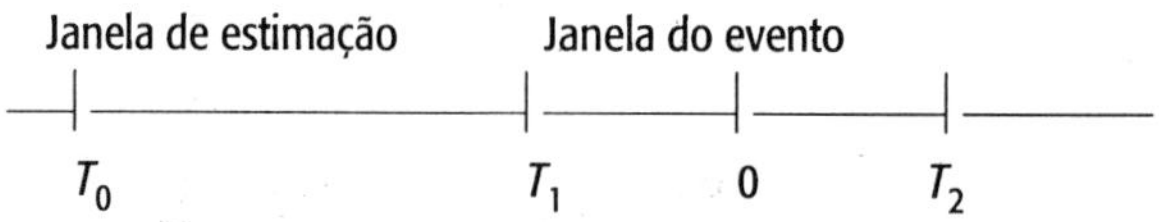

Pode-se expressar a relação resultante do modelo de mercado, na janela de estimação, como um sistema de regressão dado por:

$R_i = X_i\theta_i + \varepsilon_i$ onde $R_i = [R_{iT0+1}, \dots, R_{iT1}]'$;

$$X_i = [\iota \; R_m]$$

$$\theta_i = [\alpha_i \; \beta_i]'$$

$$\varepsilon_i = [\varepsilon_{iT0+1}, \dots, \varepsilon_{iT1}]'$$

sendo ι vetor coluna formado por 1's em todas as entradas e $R_m = [R_{mT0+1}, \dots, R_{mT1}]'$.

A estimativa dos parâmetros é feita por mínimos quadrados ordinários (MQO). Vale notar que, de posse dos estimadores, os incorporamos no modelo de mercado para, na janela de eventos, obter o retorno anormal. Este é característico de cada firma para cada evento e é dado por:

$$\hat{\varepsilon}^*_{it} = R^*_{it} - \hat{\alpha}_i - \hat{\beta}_i R^*_{mt}$$

$$\hat{\sigma}^2_{\varepsilon i} = \frac{1}{T_1 - T_0 + 1}\hat{\varepsilon}'_i\hat{\varepsilon}_i$$

$$\text{Var}(\hat{\theta}_i) = (X_i'X_i)^{-1}\,\sigma^2_{\varepsilon i}$$

$$\hat{\theta}_i = (X_i'X_i)^{-1}X_i'R_i$$

Uma vez condicionado ao retorno de mercado, na janela de eventos, o retorno anormal será normalmente distribuído com esperança e variância condicional dadas pelas expressões abaixo:

$$E(\hat{\varepsilon}^*_{it}\,|\,[X^*_i]) = 0$$

$$V_i = V(\hat{\varepsilon}^*_i\,|\,X^*_i) = E[\hat{\varepsilon}^{*\prime}_i\hat{\varepsilon}^*_i\,|\,X^*_i] = \sigma^2_{\varepsilon i} + X^*_i(X^{*\prime}_i X^*_i)^{-1}X^{*\prime}_i\sigma^2_{\varepsilon i}$$

Note-se que a variância condicional é composta de dois termos: o primeiro é dado pela variância do distúrbio, e o segundo representa um termo adicional, fruto do erro amostral em α_i e β_i. Caso o tamanho da janela de estimação seja grande o suficiente, costuma-se aproximar de zero este último componente. Aqui adotamos essa aproximação.

Como se sabe, deseja-se testar a hipótese nula de o retorno anormal médio ser igual a zero. Para tanto é preciso definir uma forma de agregar e tirar a média desses retornos, característicos de diferentes papéis e momentos no tempo. A solução adotada é a média aritmética. Somam-se, simplesmente, os retornos anormais de todas as empresas e, posteriormente, divide-se o total pelo número de ex-dias da amostra. A fórmula abaixo retrata esse procedimento:

$$C\varepsilon = \frac{1}{T}\sum_i\sum_t\hat{\varepsilon}^*_{it} \qquad (2)$$

Continuamos nos referindo ao retorno anormal da firma *i* no tempo *t* (no caso, o ex-dia *t*) por ε_{it}; $C\varepsilon$ é o retorno anormal médio para o período de 1990 a 1998, e T é o número total de ex-dias da amostra.

Usamos a estatística *t* para avaliar a hipótese nula de os retornos anormais médios serem iguais a zero, o que pode ser feito tanto para o período amostral como um todo quanto para um subconjunto deste. No primeiro caso, a estatística *t* é dada pela divisão de $C\varepsilon$ pelo respectivo desvio-padrão. Em virtude da hipótese de normalidade adotada, a estatística de teste tem distribuição assintótica normal padrão.[3]

[3] Para uma abordagem mais detalhada sobre estudo de eventos, ver Campbell, Lo e MacKinlay (1997).

A amostra

Para testar a hipótese de o retorno anormal médio ser igual a zero nos dias ex-dividendos, utiliza-se o teorema central do limite. Segundo este, em *cross-section*, se os excessos de retorno das ações forem independentes e identicamente distribuídos (IID) e provenientes de distribuições com variância finita, então a distribuição do excesso de retorno médio converge para a normalidade com o aumento do número de ações da amostra. Após avaliar a distribuição do excesso de retorno médio para amostras de diferentes tamanhos, Brown e Warner (1985) constataram que, para amostras de tamanho 50, essa distribuição se aproxima da normal. Sabendo disso, selecionamos uma amostra composta de 50 papéis (discriminados na tabela 1). Uma vez fixado o tamanho da amostra, estabelecemos como critério para a escolha dos papéis o grau de liquidez nos anos de referência para o pagamento dos dividendos, isto é, entre 1989 e 1997 (ou, ainda, no período que compreende todas as janelas de estimação). Utilizamos como *proxy* para o grau de liquidez o volume negociado de cada ação. Sabendo que a carteira teórica do índice Bovespa (nossa *proxy* para a carteira de mercado) também é constituída segundo o critério de maior volume negociado, baseamo-nos em sua composição, no período de 1989 a 1997, para a escolha das ações da amostra.[4] Na verdade, o que fizemos foi avaliar a freqüência com que cada ação participou das 27 diferentes composições do Ibovespa[5] no período amostral e escolher as 50 que mais participaram, excluindo as que não estão sendo negociadas atualmente em bolsa de valores e os papéis de bancos (Bradesco PN e Itaúbanco PN). Pode-se justificar a não-inclusão desses dois papéis pelo fato de que, há alguns anos, tais instituições passaram a declarar dividendos em bases mensais, diferentemente do res-

---

[4] Para que uma ação seja incluída no índice Bovespa é necessário que ela atenda a três quesitos básicos, sempre com relação aos últimos 12 meses: a) apresentar participação, em termos de volume, superior a 0,1% do total negociado na Bovespa; b) ter sido negociada em mais de 80% do total de pregões do período; e c) estar incluída entre as ações com maior índice de negociabilidade, até que a soma dos índices dessas ações chegue a 80%. A forma de cálculo do índice da ação *i* é dada pela seguinte expressão:

$$I_i = \sqrt{\frac{n_i}{N} \times \frac{v_i}{V}}, \text{ onde}$$

n_i = número de negócios com a ação realizados no mercado à vista (lote-padrão) nos últimos 12 meses;
N = número total de negócios do mercado à vista (lote-padrão) nos últimos 12 meses;
v_i = valor em moeda corrente dos negócios com a ação no mercado à vista (lote-padrão) nos últimos 12 meses;
V = valor em moeda corrente de todos os negócios do mercado à vista (lote-padrão) nos últimos 12 meses.
Pelo que foi visto, o critério para composição do índice Bovespa não limita o número de ações de sua carteira. No período de 1989 a 1997, por exemplo, esse número variou de 48 a 67 papéis.

[5] Como a composição da carteira teórica é atualizada quadrimestralmente, entre 1989 e 1997, encontram-se 27 diferentes formações da mesma.

tante da amostra. Uma vez que procuramos testar a hipótese de ausência de retorno anormal médio no ex-dia, trabalhar com esses dois papéis significaria enviesar a média a favor dos mesmos, prejudicando as conclusões acerca do mercado como um todo. Além dos papéis componentes da amostra, a tabela 1 mostra também o número de vezes que cada ação participa do Ibovespa, entre 1989 e 1997, e o número de dias ex-dividendos, por papel e total.

TABELA 1
Composição da amostra

	Ação	Tipo	Participação no IBOVESPA	Ex-dias (período de referência)	
				1989 a 1997	1989 a 1997 (com exceção de 1995)
1	Aracruz	PNB	27	6	3
2	Banespa	PN	27	9	9
3	Belgo Mineira	PN	27	7	6
4	Brahma	PN	27	15	13
5	Brasil	PN	27	5	5
6	Ceval	PN	27	7	5
7	Cofap	PN	27	7	7
8	Copene	PNA	27	18	14
9	Duratex	PN	27	15	13
10	Electrolux	PN	27	0	0
11	Itausa	PN	27	39	35
12	Klabin	PN	27	15	13
13	Paranapanema	PN	27	7	7
14	Petrobras	PN	27	5	5
15	Sadia Concórdia	PN	27	17	14
16	Sharp	PN	27	0	0
17	Souza Cruz	ON	27	13	11
18	Unipar	PNB	27	11	10
19	V C P	PN	27	5	3
20	Vale do Rio Doce	PN	27	12	10
21	White Martins	ON	27	31	27
22	Alpargatas	PN	25	12	10
23	Cim. Itau	PN	25	9	9
24	Ipiranga Pet	PN	25	13	11
25	Telebrás	PN	23	8	7
26	Estrela	PN	22	4	4
27	Aços Villares	PN	20	1	1
28	Cemig	PN	20	8	7
29	Eletrobrás	PNB	20	6	5
30	Metal Leve	PN	19	5	5
31	Paraibuna	PN	19	3	3

	Ação	Tipo	Participação no IBOVESPA	Ex-dias (período de referência)	
				1989 a 1997	1989 a 1997 (com exceção de 1995)
32	Suzano	PN	19	10	10
33	Telesp	PN	19	9	8
34	Light	ON	18	7	6
35	Vidr. S. Marina	ON	18	11	11
36	Mannesmann	ON	17	3	3
37	Varig	PN	17	1	1
38	Usiminas	PN	16	11	9
39	Ferro Ligas	PN	15	1	1
40	Agroceres	PN	14	2	2
41	Bombril	PN	14	5	4
42	Met Badara	PN	14	0	0
43	Pirelli	PN	13	2	2
44	Ripasa	PN	13	2	2
45	Tupy	PN	13	0	0
46	Brasmotor	PN	12	13	12
47	Ericsson	PN	12	8	8
48	Paul F Luz	ON	12	3	3
49	Telepar	PN	12	4	3
50	Cesp	PN	11	0	0
	Total			405	357

Notas: a) As ações da amostra foram escolhidas segundo o critério de maior liquidez possível, no período de 1989 a 1997. Para tanto foram observadas as 27 composições da carteira teórica do índice Bovespa nesses nove anos, verificando-se a participação de cada um dos papéis. Em seguida, todos os papéis que participaram do Ibovespa no período foram postos em ordem decrescente, de acordo com o número de vezes que constaram da carteira teórica do índice. Selecionaram-se, então, as 50 primeiras ações. Note-se que Bradesco PN e Itaúbanco PN foram eliminadas, pois há alguns anos sua política de distribuição de dividendos passou a ser em bases mensais; b) A terceira coluna mostra o número de vezes que cada papel participou das 27 composições do índice Bovespa nos anos de 1989 a 1997; c) A quarta coluna apresenta o total de ex-dias de nossa amostra, discriminados por firma, nos anos de 1989 a 1997.

Como se vê na tabela, os 50 papéis participam de pelo menos 11 composições do índice Bovespa, e 21 deles aparecem em todas as 27 composições do período amostral. Note-se que, além de os papéis da amostra se caracterizarem por grande liquidez entre 1989 e 1997, também representam percentual significativo da carteira teórica do Ibovespa no último quadrimestre de 1997: cerca de 77,7%.[6]

Na tabela observa-se também alta correlação entre a liquidez das ações (cuja *proxy* é dada pelo número de participações no Ibovespa) e o número de ex-dias da

[6] Como precisamos supor que os excessos de retorno das ações são independentes e identicamente distribuídos, incluímos na amostra ações de um só tipo (por exemplo, Banco do Brasil PN, e não ON). Caso se considerassem todos os tipos, as ações de nossa amostra passariam a representar 91,3% da carteira teórica do Ibovespa no último quadrimestre do ano passado.

amostra. Para ilustrar esse ponto, note-se que as 21 ações que participam de todas as composições do Ibovespa estão associadas a 60% dos 405 ex-dias. Se incluirmos todos os papéis com pelo menos 20 participações, esse percentual chega a 75. Como a hipótese nula a ser testada diz respeito à média aritmética dos retornos anormais, percebe-se que cada ex-dia tem a mesma importância para o nosso estudo. O fato de um grande número de ex-dias estar associado a papéis com elevada liquidez beneficia nossos resultados, uma vez que estaremos lidando com preços de ações que refletem com mais precisão o valor percebido pelo mercado.

A escolha do grau de liquidez como critério para composição da amostra pode ser também justificada pela própria natureza da hipótese nula a ser testada. Como se sabe, admite-se que os investidores sejam indiferentes quer ao possível ganho de capital com a venda da ação no dia útil imediatamente anterior ao ex-dia e a recompra no mesmo, quer ao ganho pelo recebimento dos dividendos. De certa forma, essa hipótese pressupõe a possibilidade de negociação do papel no dia útil imediatamente anterior ao ex-dia, com *spreads* de compra e venda razoavelmente justos. Caso contrário, o mercado teria dificuldades em se tornar eficiente, eliminando os ganhos anormais que porventura aparecessem. Nesse sentido, trabalhar com papéis pouco líquidos poderia enviesar nossos resultados a favor da presença de retorno anormal médio significativo.

A nosso ver, uma das principais razões para os agentes que atuam no mercado financeiro brasileiro darem especial importância à liquidez, em contraste com a preocupação dos participantes do mercado norte-americano com o valor de mercado das empresas, é o fato de existir um número razoável de empresas com alto valor de mercado (produto da cotação pela quantidade de ações) mas com baixo volume de negócios na bolsa. Num cenário predominantemente instável (característica da maior parte de nosso período amostral), a liquidez dos papéis significa uma evolução de retornos mais próxima da forma contínua, o que facilita a tomada de decisão e as negociações em geral.

Note-se que a Lei nº 9.249, de 26-12-1995, permitiu que o montante pago a título de juros sobre o capital próprio passasse a ser deduzido do valor dos dividendos mínimos obrigatórios. Enquanto tais dividendos se tornavam isentos de imposto de renda, sobre os juros incidia a alíquota de 15%. Optou-se por não considerar os dias nos quais as ações ficaram ex-juros como equivalentes aos dias ex-dividendos.

Os dados

As cotações de fechamento de cada uma das 50 ações e do índice Bovespa foram obtidas na *Economática*. Os dados se referem ao período que começa em 1989 e se estende até 30-4-1998. Para fins de análise, optamos por cotações não-ajustadas para eventos, em valores nominais e na moeda atual (ou seja, em reais). Assim, as cotações de fechamento das ações foram corrigidas de modo a eliminar os efeitos da troca de moedas e do corte de zeros na expressão monetária (fatos muito comuns no período amostral). Note-se que o banco de dados da *Economática* fornece cotações de fechamento referentes a uma ação, e não a um lote, que é a forma pela qual muitas vezes as ações são negociadas em bolsa.

As informações sobre dividendos e grupamentos e bonificações de ações foram compradas na Bolsa de Valores do Rio de Janeiro (BVRJ). Os dados são utilizados pela publicação *Eventos e Benefícios*, da BVRJ, e fornecidos à bolsa pelas próprias empresas. Como se pode ver na tabela, ao todo foram aproveitados 405 dias ex-dividendos. A fim de avaliar a confiabilidade das informações, conferimos os dados com seus pares no banco de dados da *Economática*. Isso possibilitou corrigir os dividendos, para que se referissem a uma ação e estivessem expressos em reais, e identificar grupamentos e bonificações ausentes da planilha da BVRJ. Diante de quaisquer diferenças expressivas, mantivemos as informações obtidas na BVRJ.

Como as cotações de fechamento das ações da *Economática* não haviam sido corrigidas para eventos, em alguns casos verificamos a presença de retornos de grandes proporções, o que poderia prejudicar as estimativas dos parâmetros do modelo de mercado e o cálculo dos retornos anormais nos ex-dias. Portanto foi necessário obter a data dos grupamentos e bonificações e os respectivos percentuais, a fim de ajustar as cotações de fechamento.

Os retornos das ações que não resultaram da variação de dois preços de fechamento consecutivos (em termos de dias úteis) foram eliminados. Com isso procurou-se evitar percentuais muito pronunciados (taxas que acumulavam retornos de muitos dias). Esse critério aumenta a importância da composição da amostra com base na liquidez dos papéis. Isso porque, no caso de ações negociadas com maior freqüência, há menos necessidade de eliminar retornos, o que gera um ganho de eficiência nas estimativas dos parâmetros do modelo de mercado e exclui menos dias ex-dividendo. Além disso, Brown e Warner mostram que, no caso de retornos de ações que se referem a períodos distintos dos retornos do portfólio de mercado (problema da não-sincronia), as estimativas do parâmetro β do modelo de mercado feitas por mínimos quadrados ordinários são enviesadas (para baixo) e inconsistentes. Embora essas "perdas de boas propriedades" não acarretem erro de especificação do modelo de mercado, decerto é preferível evitá-las. Por fim, a adoção desse critério resultou na exclusão de 63 ex-dias de nossa amostra, entre outros retornos. Barclay adota procedimento semelhante, mas só elimina retornos associados a ex-dias.

Note-se que os retornos das ações e do portfólio de mercado utilizados no modelo de mercado são expressos em termos reais. Para deflacioná-los utilizou-se o IGP-DI (calculando, primeiramente, os preços de fechamento reais). Esse índice se refere ao período que começa no primeiro dia de cada mês e termina no último. Como os retornos das ações são calculados com base em dias úteis, foi preciso encontrar a taxa de inflação equivalente também em dias úteis. Para simplificar os cálculos, considerou-se constante a taxa diária de inflação num dado mês. Tal procedimento acarretou "saltos" na taxa diária, ao se passar de um mês para outro. Para ilustrar esse ponto, pode-se dizer que, entre os anos de 1989 e 1998, o maior salto verificado ocorreu na passagem de março de 1990 para abril do mesmo ano, quando houve –2,6% de variação na taxa diária (as taxas mensais foram iguais a 81,3% e 11,3%, respectivamente).

Para testar a hipótese nula de retorno anormal médio igual a zero foi preciso adicionar ao preço de fechamento de cada ação no ex-dia o valor do respectivo dividendo. Em primeiro lugar, note-se que os valores dos dividendos obtidos na BVRJ se referem à data de pagamento dos mesmos, o que torna desnecessária qualquer correção monetária de tais valores. Em segundo lugar, é necessário trazer a valor presente (na data do ex-dia) os dividendos efetivamente pagos. Para isso tais valores foram descontados pela taxa do CDI extragrupo da Andima acumulada no período. Esse procedimento nos obrigou a formular algumas hipóteses. Admitiu-se, por exemplo, que os investidores tinham conhecimento tanto da data de pagamento quanto do valor do dividendo nessa data. Além disso, supôs-se que tais participantes do mercado tinham razoável estimativa da taxa de CDI que prevaleceria no período entre o ex-dia e a data de pagamento.

Resultados

A tabela 2 apresenta os resultados das quatro diferentes estimativas do retorno anormal médio, os respectivos desvios-padrão e as estatísticas *t*. Como se pode ver, associou-se cada retorno anormal a uma janela de estimação. A razão para isso é o fato de a única diferença entre eles estar na estimativa dos parâmetros do modelo de mercado. Entenda-se por janela *A* o período que se inicia 360 dias corridos antes do ex-dia e termina a 90 dias dessa data. As demais janelas foram determinadas deslocando-se, sucessivamente, o período da primeira janela por sete dias úteis (ou, aproximadamente, 10 dias corridos). *Grosso modo*, pode-se dizer que as janelas *B*, *C* e *D* se iniciam a 350, 340 e 330 dias do ex-dia e se estendem até 80, 70 e 60 dias da data em que cada ação se tornou ex-dividendos, respectivamente.

As estatísticas *t* apresentadas na tabela 2 superam os valores críticos aos níveis de significância de 5% e 1%, rejeitando a hipótese nula de os retornos anormais médios serem iguais a zero. Note-se que o resultado não é sensível à escolha do período para a estimação dos parâmetros do modelo de mercado.

No intuito de interpretar os resultados encontrados (por exemplo, retornos anormais médios superiores a 1,5%), utilizamos uma relação desenvolvida originalmente por Elton e Gruber para expressar a condição de indiferença do investidor entre vender uma ação no ex-dia e com isso receber o dividendo ou vendê-la no dia anterior àquele. Para obter a mencionada relação devemos, primeiramente, definir as seguintes variáveis:

p_c = preço de compra da ação;

$E(p_t)$ = preço esperado da ação no ex-dia;

p_{t-1} = preço da ação no dia anterior ao ex-dia;

D_t = valor do dividendo no ex-dia;

τ_c = alíquota de imposto sobre ganho de capital;

τ_0 = alíquota de imposto de renda.

A partir dessas variáveis, pode-se expressar a condição de indiferença pela equação abaixo, supondo neutralidade diante do risco:

$$p_{t-1} - \tau_c(p_{t-1} - p_c) = E(p_t) - \tau_c(E(p_t) - p_c) + D_t(1 - \tau_0),$$

donde:

$$\frac{p_{t-1} - E(p_t)}{D_t} = \frac{1-\tau_0}{1-\tau_c}$$

Reorganizando seus termos, pode-se expressar o retorno anormal médio esperado da seguinte forma:[7]

$$E(R_t) = \frac{E(p_t) + D_t - p_{t-1}}{p_{t-1}} = \frac{D_t}{p_{t-1}} \frac{\tau_0 - \tau_c}{1-\tau_c} \qquad (3)$$

De acordo com a equação (3), a hipótese de o retorno anormal médio ser igual a zero equivale à igualdade entre as alíquotas de imposto incidentes sobre os ganhos de capital e os dividendos (isto é, $\tau_c = \tau_0$). A não-rejeição da hipótese nula mostraria que os investidores consideram ganhos de capital e dividendos como substitutos perfeitos. O fato de se ter encontrado retorno anormal médio positivo (ver tabela 2) e significativamente diferente de zero é coerente com a hipótese de os investidores descontarem o valor dos dividendos no momento de formar o preço das ações nos ex-dias (cujos anos de referência situaram-se entre 1989 e 1997, com exceção de 1995).

[7] Na verdade, a equação (3) é válida tanto no caso de se efetuar o ajuste do retorno de cada ação da amostra pelo "movimento de mercado" quanto no caso de não se efetuá-lo. Como calculou-se aqui o retorno anormal médio a partir do excesso de retorno das ações da amostra nos ex-dias, a correta interpretação da equação (3) deve considerar o termo à esquerda do primeiro sinal de igualdade como a média do excesso de retorno esperado.

TABELA 2
Teste para se verificar a significância do retorno anormal médio[1]

	Janela de estimação			
	A	B	C	D
Retorno anormal médio	0,015228	0,015267	0,015214	0,015173
Desvio-padrão	0,003405	0,003400	0,003400	0,003393
Estatística *t*	4,471701	4,489873	4,474089	4,471323

[1] Esta tabela apresenta os resultados de quatro diferentes estimativas do retorno anormal médio, seus respectivos desvios-padrão e estatísticas *t*. Como se pode ver, associou-se cada resultado a uma janela de estimação. A razão disso e o fato de a única diferença entre eles estar relacionada ao período de estimação dos parâmetros do modelo de mercado. A janela A, por exemplo, refere-se ao período de estimação que se inicia a 360 dias corridos do ex-dia e termina a 90 dias desta. *Grosso modo*, as janelas B, C e D começam a 350, 340 e 330 dias do ex-dia e terminam a 80, 70 e 60 dias dele, respectivamente.

Notas: a) Os valores referentes aos retornos anormais médios estão expressos em percentagem. O retorno anormal médio encontrado na janela A, por exemplo, equivale a 1,5228%; b) As estatísticas *t* são usadas para testar a hipótese nula de retornos anormais iguais a zero.

Como foi dito anteriormente, testar a hipótese nula de o retorno anormal médio ser igual a zero é equivalente a avaliar a condição de a média da razão entre a variação de preços e o valor do dividendo ser igual a um, ou seja, H_0: $\frac{p_{t-1} - p_t}{D_t} = 1$. A tabela 3 apresenta os resultados dessa segunda forma de expressão da hipótese nula, para dois diferentes períodos: entre os anos de 1989 e 1997, incluindo-se ou não o ano de 1995. Note-se que, para cada período, foram calculadas duas médias para a razão $\frac{p_{t-1} - p_t}{D_t}$. Para chegar à primeira delas foi preciso descontar os valores dos dividendos, desde as datas de pagamento até os respectivos ex-dias, pela taxa acumulada do CDI e corrigir monetariamente os preços de fechamento das ações (p_{t-1}), desde o último dia com direito a dividendos até o primeiro dia sem tal direito. Feito isso, chega-se ao valor médio da razão não-ajustada. Na segunda forma de cálculo da razão média, $\frac{p_{t-1} - p_t}{D_t}$, acrescentou-se ao procedimento adotado para a versão não-ajustada uma correção que procurou controlar os movimentos comuns ao mercado nos ex-dias. Os preços de fechamento das ações nos ex-dias foram multiplicados pela cotação do índice do portfólio de mercado do último dia com direito a dividendos e divididos pela cotação de fechamento do ex-dia.[8] Na tabela 3, além das médias e dos respectivos desvios-padrão, são também apresentadas as estatísticas *t* – entre parênteses, na segunda coluna, logo abaixo do valor encontrado para as médias correspondentes. Tal como no resultado encontrado para o retorno anormal médio, aqui também se rejeita a hipótese nula ao nível de significância de 5% nos dois períodos analisados, com ou sem o ajuste para os movimentos de mercado. Percebe-se

[8] A exemplo do procedimento adotado em Elton e Gruber (1970).

claramente que a queda média do preço das ações no dia em que perdem direito ao dividendo representa apenas uma fração deste (entre 64,54% e 69,23%). Esta é mais uma evidência a favor da hipótese de os investidores descontarem o valor dos dividendos no momento em que formam os preços das ações nos ex-dias.

TABELA 3
Estimativas da média da razão $\frac{P_{t-1} - P_t}{D_t}$ nos ex-dias

Período amostral	Média	Desvio-padrão
1989 a 1997		
- sem ajuste	0,6923	0,6266
	(-2,0872)	
- com ajuste	0,6536	0,6309
	(-2,1340)	
exceto 1995		
- sem ajuste	0,6544	0,6665
	(-2,0325)	
- com ajuste	0,6763	0,6707
	(-1,9737)	

Nota: As estatísticas *t* são apresentadas entre parênteses, abaixo das respectivas médias.

Como o teorema central do limite pressupõe que os excessos de retorno de ações são independentes e identicamente distribuídos (IID) no tempo, a coincidência de duas ou mais ações ficarem ex-dividendos no mesmo dia (fenômeno conhecido como *clustering*) prejudica, em particular, a hipótese de independência dos excessos de retorno. A exemplo do que é feito na literatura de estudo de eventos, entende-se que a forma mais apropriada de lidar com o *clustering* seja agregando na forma de um portfólio as ações que ficam ex-dividendos no mesmo dia. Atribui-se o mesmo peso às ações pertencentes a cada um dos portfólios. Essa solução para o problema de *clustering* permite considerar cada portfólio como uma observação independente, pois eliminam-se da amostra os retornos anormais associados ao ex-dia que deu origem ao portfólio. Pode-se assim calcular o retorno anormal médio e seu desvio-padrão sem maiores preocupações quanto à correlação existente entre os retornos anormais componentes. Aqui esse procedimento reduz nossa amostra em 73 ex-dias, ou seja, de 357 ex-dias para 284. Os resultados são apresentados na tabela 4. Tal como no caso no em que não se fazem correções para *clustering*, verifica-se um retorno anormal médio positivo e significativamente diferente de zero, aos níveis de significância de 5% e 1%. Pode-se observar, também, que o resultado não é sensível à escolha do período da janela de estimação. Comparando-se os valores da tabela 2 (sem correção para *clustering*), nota-se que a variação nas estimativas se limitou à média do retorno anormal, a qual diminuiu de cerca de 1,5% para 1,3%.

Um dos motivos pelos quais se identificou razoável presença de *clustering* na amostra de ex-dias é a grande concentração de ex-dias em meses específicos, notadamente em abril. Pode-se ilustrar esse argumento assinalando que, dos 77 ex-dias identificados em abril, apenas 53 ocorram em datas distintas, ou seja, formaram-se 18 portfólios independentes, com um total de 42 ações (eliminando-se 24 ex-dias). A tabela 5 apresenta a distribuição mensal de ex-dias, em duas situações distintas, considerando-se ou não o ano de 1995 como um dos exercícios de referência dos dividendos, no período de 1989 a 1997.

TABELA 4
Teste para se verificar a significância do retorno anormal médio, com correção para *clustering*[1]

	Janela de estimação			
	A	B	C	D
Retorno anormal médio	0,013226	0,013316	0,013301	0,013288
Desvio-padrão	0,003404	0,003401	0,003398	0,003389
Estatística *t*	3,884902	3,915495	3,914715	3,921383

[1] Esta tabela apresenta os resultados de quatro diferentes estimativas do retorno anormal médio, seus respectivos desvios-padrão e estatísticas *t*. Como se pode ver, associou-se cada resultado a uma janela de estimação. A razão disso e o fato de a única diferença entre eles estar relacionada ao período de estimação dos parâmetros do modelo de mercado. A janela A, por exemplo, refere-se ao período de estimação que se inicia a 360 dias corridos do ex-dia e termina a 90 dias desta. *Grosso modo*, as janelas B, C e D começam a 350, 340 e 330 dias do ex-dia e terminam a 80, 70 e 60 dias dele, respectivamente.
Nota: A correção para *clustering* foi feita agregando-se num portfólio todas as ações que se tornaram ex-dividendos no mesmo dia, no período que começa em 1-1-1990 e se estende até 30-4-1998 (com exceção de 1995). Adotou-se o mesmo peso para cada uma das ações de um portfólio.

TABELA 5
Distribuição mensal de ex-dias

	De 1989 a 1997	Com exceção do ano de 1995
Janeiro	17	17
Fevereiro	38	31
Março	45	43
Abril	90	77
Maio	41	36
Junho	16	15
Julho	27	23
Agosto	55	47
Setembro	30	26
Outubro	24	21
Novembro	7	7
Dezembro	15	14
Total	405	357

Notas: a) A segunda coluna apresenta a distribuição mensal de 405 ex-dias, referentes aos exercícios fiscais de 1989 a 1997. Isto é, os dividendos associados a cada um dos 405 ex-dias devem estar sujeitos à tributação prevalescente num dos anos do período de 1989 a 1997; b) A terceira coluna resulta da subtração, da segunda coluna, dos ex-dias associados ao ano fiscal de 1995. Isso porque, no período estudado, o ano de 1995 é o único a ter alíquota de imposto sobre dividendos superior à de ganhos de capital.

A tabela 6 apresenta o *dividend yield* médio para os anos de 1990 a 1998. Nesse caso, os anos não são o período de referência dos dividendos, e sim o momento de pagamento destes. Para encontrar a média dos *dividend yields*, adotaram-se dois critérios. O primeiro diz respeito ao retorno que cada firma proporcionou com o pagamento anual de dividendos. Calculou-se então o *dividend yield* associado a cada ex-dia admitindo-se ser este último a razão entre o valor do dividendo pago (descontado até a data ex-dividendo pelo CDI) e a última cotação de fechamento, com direito ao dividendo, da respectiva ação (corrigida monetariamente). Isso feito, agregaram-se os *dividend yields* de uma mesma empresa ano a ano. A média aritmética desses retornos anuais resultou no *yield* médio de cada um dos nove anos. O primeiro critério proporcionou os valores apresentados na coluna três. Na coluna dois mostramos a quantidade de firmas que pagou dividendos em cada um dos anos. O segundo critério estabelece a média anual de *dividend yields*, calculada nos ex-dias. Nesse caso, não se agregam os *yields* de uma mesma empresa a cada ano. Na coluna cinco mostram-se as razões médias por ex-dia, de 1990 a 1998. Observe-se que, na coluna quatro, os ex-dias aparecem distribuídos ano a ano. Comparando-se os resultados das colunas dois e quatro, percebe-se que em nenhum dos nove anos da amostra as empresas pagaram uma média de dois dividendos por ano. Na verdade, o maior número médio de pagamentos ocorreu em 1996, quando atingiu 1,84 vez por firma.

TABELA 6
O *dividend yield* médio

Anos	Número de *dividend yields*	*Dividend yields* – média anual %	Número de ex-dias	*Dividend yields* – média por ex-dia %
1990	30	4,51	54	2,46
1991	29	4,17	45	2,66
1992	24	2,25	38	1,42
1993	31	3,95	52	2,34
1994	33	2,98	56	1,73
1995	37	3,81	60	2,30
1996	25	4,39	46	2,36
1997	28	2,78	42	1,84
1998	11	2,29	12	2,10
Total	248		405	

Notas: a) A segunda coluna apresenta a quantidade de *dividend yields* pagos em cada um dos nove anos analisados. Note-se que cada *yield* está associado ao ano em que ocorreu o pagamento, e não ao ano fiscal de referência; b) A terceira coluna mostra a média anual dos *dividend yields* para cada um dos anos do período que se inicia em 1990 e termina em 30-4-1998. Cada *dividend yield* foi calculado dividindo-se o valor presente do dividendo pago, até a data do ex-dia, pelo preço de fechamento da ação, do último dia com direito ao dividendo, corrigido monetariamente até o ex-dia. Em seguida, compusemos todos os *dividend yields* de uma mesma firma, para cada um dos anos. Com base nos *yields* anuais de cada ação, calculou-se a média aritmética do *yield* dentre as firmas da amostra; c) A quarta coluna apresenta os 405 ex-dias distribuídos de acordo com o ano de sua ocorrência; d) A última coluna registra a média anual dos *dividends yields* verificados em cada um dos 405 ex-dias. Esse caso difere daquele apresentado na coluna três pelo fato de não termos agregado os diferentes *yields* de uma firma quando pertencentes a um mesmo ano.

Como foi dito, o efeito clientela decorre da hipótese de os investidores considerarem o diferencial de impostos existente entre dividendos e ganhos de capital (a favor destes últimos) na composição de seus portfólios. Como as alíquotas de imposto de renda (sobre dividendos) são diferenciadas, os investidores sobre os quais incidem as mais altas alíquotas deveriam optar por papéis que pagassem menores níveis de dividendos. Dessa forma, o retorno dependeria menos de dividendos e mais de ganhos de capital, os quais estariam sujeitos a menor encargo tributário. Pelo mesmo motivo, menores alíquotas de imposto sobre dividendos deveriam acarretar maior demanda de ações que pagassem mais dividendos.[9] Dada a natureza do efeito clientela, não se deve esperar que haja indícios de tal efeito quando os dividendos são tributados a uma alíquota de imposto inferior à do ganho de capital, como é o caso da realidade brasileira no período de 1989 a 1997 (com exceção de 1995). Isso porque, nessas condições, os investidores deveriam desejar sempre o máximo de seu retorno na forma de dividendos, independentemente da alíquota de imposto de renda que incida sobre cada um.

Conclusão

Em geral, atribui-se o comportamento médio do preço das ações, no ex-dia, ao diferencial dos impostos sobre a renda e sobre ganhos de capital. No Brasil, verifica-se que, nos anos fiscais de 1989 a 1997 (com exceção de 1995), a alíquota do imposto de renda sobre dividendos é significativamente inferior à do imposto sobre ganhos de capital. Nessas condições, para que o diferencial de impostos explicasse a queda média do preço das ações no ex-dia, seria preciso que essa queda superasse o valor médio dos dividendos. Os resultados encontrados indicam redução média do preço das ações entre 0,6454 e 0,6923% do valor médio dos dividendos. Também foram encontrados retornos anormais médios significativos, da ordem de 1,5%.

Como o período amostral se caracteriza por grande instabilidade macroeconômica e de preço dos ativos, estimaram-se os parâmetros do modelo de mercado em quatro diferentes janelas. *Grosso modo*, pode-se dizer que a primeira começa a 360 dias do ex-dia e as demais a 350, 340 e 330 dias, respectivamente. O tamanho de todas as quatro é mantido constante e igual a 270 dias corridos. Por fim, verificou-se que os resultados não são sensíveis à escolha da janela de estimação.

A princípio, os resultados indicam preços médios das ações nos ex-dias superiores àqueles que poderiam ser explicados pelo diferencial dos impostos sobre dividendos e sobre ganhos de capital. Tal fato sugere que as operações envolvendo a compra de ações no último dia com direito a dividendos e a venda no ex-dia (com o recebimento dos dividendos) proporcionam retornos anormais significativos. No entanto, Murray e Jagannathan apontam outros fatores que têm influência expres-

[9] Na maioria dos estudos, utilizam-se duas variáveis para representar o nível de distribuição de dividendos: o *dividend yield* e o *dividend pay-out*.

siva sobre os preços das ações no ex-dia. Entre eles, cabe citar a evidência de que a maioria dos negócios no último dia com dividendos é feita ao preço de oferta de compra e, no dia ex-dividendo, ao preço de oferta de venda. Além disso, chamam a atenção para o problema de as ações serem negociadas a preços que têm variação discreta, ou seja, nem sempre podem ser ajustados para baixo pelo exato valor dos dividendos (por estes não serem, necessariamente, um múltiplo inteiro da unidade de variação mínima do preço das ações). Como os autores bem observam, tais fatores independem do montante de dividendos distribuído e, quando levados em conta, o retorno anormal médio não é significativamente diferente de zero.

Aparentemente, para a realidade brasileira, os impostos não são suficientes para explicar o movimento médio das ações no ex-dia. A nosso ver, antes de afirmar a ineficiência do mercado bursátil brasileiro, cumpre examinar a influência de fatores semelhantes àqueles avaliados por Murray e Jagannathan. A divulgação de novos estudos sobre o tema é um sinal mais do que claro de que o mesmo ainda não está esgotado.

Referências bibliográficas

Barclay, Michael J. Dividends, taxes, and common stock prices: the ex-dividend day behavior of common stock prices before the income tax. *Journal of Financial Economics, 14*:31-44, 1987.

Brito, N. O. & Rietti, R. C. Efeito clientela, níveis marginais de taxação e eficiência: o caso de dividendos no mercado acionário brasileiro. In: Brito, N. O. (org.). *O mercado de capitais e a estrutura empresarial brasileira*. Rio de Janeiro, Guanabara, 1981.

Brown, S. e Warner, Jerold. Measuring security price performance. *Journal of Financial Economics, 8*:205-58, 1980.

——. Using daily stock returns: the case of event studies. *Journal of Financial Economics, 14*:3-31, 1985.

Campbell, John Y.; Lo, Andrew W. & Mackinlay, C. *The econometrics of financial markets*. Princeton University Press, 1997.

Copeland, T. E. & Weston, J. F. *Managerial finance*. 9 ed. 1992.

Dent, W. T. & Collins, D. W. Econometric testing procedures in market-based accounting and finance research. Iowa City, University of Iowa, 1981. (Working Paper.)

Dimson, E. Risk measurement when shares are subject to infrequent trading. *Journal of Financial Economics, 7*:197-226, 1979.

Eades, K.; Hess P. & Kim, E. On interpreting security returns during the ex-dividend period. *Journal of Financial Economics, 13*:68-74, 1984.

Elton, E. & Gruber, M. Marginal stockholder tax rates and the clientele effect. *The Review of Economics and Statistics, 52*:68-74, 1970.

Fama, E. F. *Foundation of finance*. New York, Basic, 1976.

Grinblatt, M.; Masulis, R. & Titman, S. The valuation effects of stock splits and stock dividends. *Journal of Financial Economics, 13*:461-90, 1984.

Litzenberger, Robert H. & Ramaswany, K. The effect of personal taxes and dividends on capital asset prices: theory and empirical evidence. *Journal of Financial Economics*, 7(2): 163-95, June 1979.

Miller, M. & Scholes, M. Dividends and taxes. *Journal of Financial Economics*, 6:333-64, 1978.

——. Dividend and taxes: some empirical evidence. *Journal of Political Economics*, 82:1.118-41, Dec. 1982.

Murray, Frank & Jagannathan, R. Why do stock prices drop by less than the value of the dividend? Evidence from a country without taxes. *Journal of Financial Economics*, 47:161-88, 1998.

Poterba, J. & Summers, L. New evidence that taxes affect the valuation of dividends. *The Journal of Finance*, 39:1.397-415, 1984.

Ross, Westerfield & Jaffe. *Corporate finance*. 4 ed. 1994.

Scholes, M. & Williams, J. Estimating betas from nonsynchronous data. *Journal of Financial Economics*, 5:309-28, 1977.

Speranzini, M. de M. Efeito da política de dividendos sobre o valor das ações no mercado brasileiro de capitais. Universidade de São Paulo, 1994. (Tese de Mestrado.)

PARTE IV

O mercado de controle acionário no Brasil

Introdução

Walter Novaes

Muito antes do trabalho pioneiro de Franco Modigliani e Merton Miller (1958), que reintegraram o estudo de finanças à análise econômica, os economistas já reconheciam a importância do mercado de capitais para uma alocação eficiente de recursos. Ainda assim, o estudo sistemático do *design* do mercado de capitais ficou relegado a segundo plano até a segunda metade da década de 1980, quando Sanford Grossman e Oliver Hart (1988) e Milton Harris e Artur Raviv (1988) analisaram a eficiência de uma controversa regra que a Bolsa de Ações de Nova York (NYSE) vinha então de abolir: cada ação negociada na NYSE tem direito a voto na empresa.

Por um lado, os defensores da regra "cada ação, um voto" argumentavam que, na ausência do direito de voto, os acionistas controladores diluiriam os minoritários, desviando recursos que deveriam ser usados para pagamento de dividendos. Por outo lado, os adeptos do lançamento de diferentes modalidades de ação sustentavam que, conquanto o desvio de recursos ocorresse, o preço das ações minoritárias refletiria o baixo volume de dividendos. Portanto, os minoritários seriam recompensados pelas possíveis perdas futuras pagando um baixo preço pela ação.

O grande mérito dos trabalhos desses quatro autores foi mostrar que, mesmo num mercado de capitais competitivo, a existência de ações sem direito a voto aumenta o risco de uma mudança ineficiente do grupo de acionistas controladores, pois parte do fluxo de caixa gerado pela empresa não é verificável pela Justiça, podendo portanto ser apropriado pelos controladores.

Para ver a razão do aumento do risco de uma troca ineficiente de controle, consideremos um caso extremo em que as ações com direito a voto não têm direito a dividendos, mas se apropriam do fluxo de caixa não-verificável, o qual doravante chamaremos de benefícios privados de controle. Consideremos também a existência de um grupo rival que, mesmo não sendo tão eficiente quanto o grupo controlador, tem maior capacidade de extrair benefícios privados, isto é, no caso de tomada de controle, o grupo rival geraria maior montante de benefícios privados, mas tal aumento não compensaria a perda da capacidade de pagamento de dividendos. Sob tais hipóteses, o grupo rival tem condições de oferecer ao grupo controlador um preço maior pelas ações com direito a voto do que os benefícios privados que elas lhe propiciam. Sem dúvida, a menor capacidade do grupo rival para pagar dividendos implica que os minoritários perderão com tal troca de controle. Entretanto, tal perda não afeta nem o grupo de controle que sai nem o que entra, dada a hipótese de que as ações com direito a voto não têm direito a dividendos.

Suponhamos agora que todas as ações tenham igualmente direito a voto e a dividendos. Nesse caso, o grupo rival teria que oferecer ao grupo controlador pelo menos o que eles receberiam em benefícios privados mais o que eles prevêem receber em dividendos. Como dito anteriormente, o pagamento dos benefícios privados não é problemático para o grupo rival, que tem uma vantagem comparativa em extrair benefícios. Entretanto, o pagamento dos dividendos esperados implica uma perda para o grupo rival, que não tem a mesma capacidade de gerar fluxo de caixa verificável. Conseqüentemente, a regra de "cada ação, um voto" dificulta a troca ineficiente de controle por forçar o grupo rival a pagar pela capacidade do grupo controlador de gerar benefícios privados e dividendos.

Os trabalhos teóricos que seguiram os de Grossman e Hart e de Harris e Raviv demonstraram que os benefícios privados de controle afetam outras decisões corporativas, como fusões e aquisições, estrutura de capital, investimentos etc. Atualmente, a prioridade acadêmica é determinar empiricamente a importância de tais distorções e a relevância dos mecanismos de proteção aos acionistas minoritários.

Numa série de trabalhos recentes, Rafael La Porta, Florencio Lopez-de-Silanes, Andrei Shleifer e Robert Vishny (1997 e 1998) mostraram que a falta de proteção aos acionistas minoritários limita o tamanho do mercado de capitais. Complementando tais trabalhos, Raghuram Rajan e Luigi Zingales (1998) mostraram evidência para a hipótese de que as limitações no mercado de capitais causam efeitos reais no crescimento do setor produtivo. Sendo assim, um vasto arsenal de trabalhos teóricos e empíricos recentes destaca a importância de estudos que investiguem as medidas para proteger os acionistas minoritários.

Os capítulos de Sílvia Valadares contidos nesta parte certamente contribuem para um melhor entendimento de tais questões na realidade brasileira. Contrariamente ao que sucede nas economias inglesa e norte-americana, Sílvia mostra que a maioria das empresas brasileiras de capital aberto tem um acionista majoritário no controle da empresa. A combinação dessa alta concentração de propriedade com o alto valor dos benefícios privados de controle que Sílvia estimou para as empresas de capital aberto no Brasil sugere que há muito o que fazer em termos de proteção aos acionistas minoritários brasileiros. Por último, ao analisar a performance de empresas públicas privatizadas, a autora obtém evidência sobre a relevância alocativa da estrutura de propriedade. Ou seja, existe evidência de que a proteção aos minoritários no Brasil tem efeitos sobre a geração de riqueza, e não apenas sobre o preço das ações.

Referências bibliográficas

Grossman, S. & Hart, O. One share-one vote and the market for corporate control. *Journal of Financial Economics, 20*: 175-201, 1988.

Harris, M. & Raviv, A. Corporate governance: voting rights and majority rules. *Journal of Financial Economics, 20*: 203-35, 1988.

La Porta, R.; Lopez-de-Silanes, F.; Shleifer, A. & Vishny, R. Determinants of external finance. *Journal of Finance, 52*: 1.131-50, 1997.

______.Law and finance. *Journal of Political Economy, 106*: 1.113-55, 1998.

Modigliani, F. & Miller, M. H. The cost of capital, corporation finance and the theory of investment. *American Economic Review, 48*: 261-97, 1958.

Rajan, R. & Zingales, L. Financial dependence and growth. *American Economic Review, 88*: 559-86, 1998.

CAPÍTULO 11

Estrutura de controle e propriedade de empresas brasileiras

Sílvia Valadares

Introdução

Este capítulo tem por objetivo analisar a estrutura de propriedade e controle das empresas brasileiras. Examinaremos o grau de concentração de propriedade nas empresas, bem como os mecanismos utilizados para separar controle de propriedade. Vamos observar uma alta utilização de ações sem direito a voto. A utilização de pirâmides, embora ampla, parece não ter como objetivo principal a separação de propriedade e controle. Veremos, ainda, quais são os grupos que detêm as empresas e como ocorrem as alterações de propriedade.

Quando as pessoas que detêm ações da empresa não a controlam, dizemos que existe separação entre propriedade e controle. Quando isso ocorre, temos um problema de agência entre os controladores e esses investidores. Os primeiros não obrigatoriamente seguirão o objetivo dos últimos, qual seja, a maximização do retorno de seus investimentos. Assim, é necessário criar mecanismos para que aqueles que controlam a empresa o façam atendendo aos interesses dos que nela investiram. Caso contrário, a captação de recursos será prejudicada. Os investidores, sabendo que o retorno de seu investimento pode estar comprometido, podem reduzir sua disposição de investir, acarretando menor captação de poupança via mercado acionário.

Grande parte da literatura que estudou esses mecanismos preocupou-se em explicar o problema existente em grandes corporações onde a propriedade ocorre de forma difusa e quem controla a empresa, ou seja, possui os *residual rights of control* são seus gerenciadores.[1] Assim, a preocupação inicial era criar mecanismos que minimizassem a perda de eficiência nesse ambiente. Desenvolveram-se estudos sobre como monitorar os gerenciadores das empresas ou como criar incentivos através de contratos ótimos, a fim de defender os interesses dos acionistas. Além do monitoramento e da especificação de contratos, o estudo de mercado por controle corporativo, principalmente via aquisições hostis (*takeovers*), também mereceu bastante atenção.

No entanto, os países anglo-saxões basicamente se caracterizam por corporações com propriedade difusa. A maioria deles apresenta propriedade de empresas bastante concentrada. La Porta et alii (1998), utilizando uma amostra de 49 países, mostram que, mesmo se nos concentrarmos nas maiores companhias abertas (normalmente caracterizadas por propriedade mais difusa), os três maiores acionistas possuem, em média, 46% da empresa — onde a mediana é 45%.

Ao contrário dos anglo-saxões, países como França, Itália e Alemanha, entre outros, caracterizam-se por uma forte concentração de propriedade e controle. Por exemplo, na Itália, das 500 maiores empresas fora do sistema financeiro, 95% têm um acionista com mais de 50% do capital votante,[2] enquanto na Alemanha isso ocorre com 57% das empresas numa amostra das maiores 171 empresas cotadas em bolsa.[3] Além da forte concentração no controle, este não é freqüentemente transacionado. Por último, observa-se ainda uma pequena capitalização do mercado de capitais. Enquanto o valor de mercado das companhias domésticas cotadas em bolsa representa 166% e 188,9% do PIB nos EUA e na Inglaterra, respectivamente, na França e na Alemanha esse percentual é 62% e 45,8%, respectivamente.[4]

No tocante à estrutura de controle e propriedade nas empresas brasileiras, o resultado encontrado é mais semelhante ao de países da Europa continental, ou seja, uma alta concentração no capital.

Cabe então perguntar: por que o capital é tão concentrado? Considerando indivíduos avessos ao risco, a concentração de capital significa que se está incorrendo num custo, qual seja, o excesso de risco. Isso só ocorrerá se os indivíduos esperarem um retorno por deter uma parcela tão grande da empresa. Ou seja, existe um benefício por deter tal parcela. A origem desse benefício está normalmente ligada à menor proteção aos acionistas minoritários nesses países. La Porta et alii mostram uma correlação fortemente negativa entre concentração de propriedade (medida como a proporção da empresa possuída pelos três maiores acionistas) e a qualidade de proteção legal aos investidores num determinado país. Existem várias explicações para essa relação.

---

[1] Ver Shleifer & Vishny (1997).

[2] Ver Bianchi & Casavola (1995).

[3] Ver Franks & Mayer (1995).

[4] Ver Renneboog (1996).

Como observado por esses autores, quando a lei não protege os investidores, estes devem ser grandes o suficiente para exigir dos gerenciadores o retorno de seus investimentos. A maior concentração de propriedade aumenta os benefícios de monitoramento para os acionistas, diminuindo o problema de *free-rider* no monitoramento dos gerenciadores da firma.[5] Assim, em ambientes onde uma pequena proteção é garantida por lei, os benefícios do monitoramento seriam maiores, podendo exceder o custo do risco de deter uma parcela maior da companhia, donde a maior concentração de propriedade.

Porém, quando um acionista pode influenciar o controle da companhia, temos um novo problema de agência, agora entre o acionista controlador (aquele que detém mais de 50% dos votos da companhia) e os pequenos acionistas (e não entre executivos e acionistas, como ocorre no caso de propriedade difusa). Quando o acionista é grande o suficiente para influenciar diretamente o controle da empresa, ele também tem incentivo para diminuir o retorno dos investidores menores. Logo, para possibilitar seu financiamento no mercado de capitais, é necessário criar mecanismos que diminuam esse incentivo. Isso porque, de acordo com Jensen e Meckling (1976), os acionistas minoritários, sendo racionais, esperarão esse tipo de comportamento do maior acionista, levando assim à diminuição no preço da ação da empresa.

Portanto, o custo de expropriação seria pago pelo acionista controlador, que teria incentivo para comprometer-se a extrair menor parcela dos pequenos investidores. A posse de grande parcela do capital da empresa funciona como uma espécie de comprometimento. Em primeiro lugar, quando o acionista controlador possui a maior parcela do capital da empresa, ele tem menos incentivo para diminuir o valor da empresa. Ou seja, o problema de agência entre o acionista controlador e os pequenos acionistas diminui. Segundo, como apontado por Gomes (1997), a posse de uma grande parcela do capital da empresa pode levar o acionista a extorquir pouco dos acionistas minoritários, através de um efeito reputação. A necessidade de voltar ao mercado de ações para captar recursos incentiva o acionista controlador a agir em favor dos interesses dos pequenos investidores, a fim de manter alto o preço das ações. Assim, a possibilidade de voltar ao mercado de capitais incentiva o controlador a criar uma reputação no mercado, o que permite a venda de ações a acionistas minoritários num ambiente com fraca proteção legal aos pequenos investidores. Como conseqüência, o acionista possuiria uma grande parcela do capital da empresa como garantia de que vai voltar ao mercado de capitais para financiar-se sem abrir mão do controle da empresa.

Assim, de alguma forma, a fraca proteção aos minoritários acarreta um custo para a sociedade, qual seja, o excesso de risco decorrente da alta concentração de propriedade. O Brasil segue a tradição do direito francês, que oferece a menor proteção legal aos investidores, tanto em relação às leis existentes quanto ao seu cum-

[5] Ver Shleifer & Vishny (1986).

primento.[6] Assim, como era de esperar, observa-se aqui uma alta concentração de capital nas empresas, principalmente no que se refere ao capital votante.

Além da alta concentração na posse de capital votante, constata-se uma ampla utilização de ações sem direito a voto, ou seja, existe um distanciamento da regra "uma ação, um voto". Isso porque, mesmo numa situação com alta concentração de capital, pode haver mecanismos que permitam separação de controle e propriedade, como as ações sem direito a voto, ou subsidiárias com capital aberto. Tais mecanismos permitem captar recursos no mercado sem abrir mão do controle da empresa. Este seria garantido mesmo com menos de 50% do capital total da empresa. Observa-se uma ampla utilização de ações sem direito a voto no mercado brasileiro, o que pode estar permitindo uma separação de propriedade e controle. Quanto à utilização de subsidiárias com capital aberto ou de pirâmide na estrutura de controle, embora seja bastante comum no Brasil, não parece ter como objetivo principal a separação de propriedade e controle.

Analisamos também a participação de diversos grupos de investidores (bancos e seguradoras, outras empresas, indivíduos, estrangeiros, entre outros) na propriedade e controle das empresas. Nesse aspecto, mais uma vez encontramos o Brasil mais próximo de países como França e Alemanha, onde outras empresas são os principais acionistas diretos, seguidas por famílias e indivíduos. Já nos EUA e na Inglaterra, os grandes acionistas com mais de 5% do capital da empresa são em sua maioria indivíduos, fundos de pensão, fundos de investimento e companhias de seguro.[7]

Por último, analisamos a dinâmica da estrutura de controle no Brasil. É necessário haver mecanismos que garantam que os melhores administradores estejam no comando das firmas. Em economias caracterizadas por propriedade difusa, existe a possibilidade de aquisições hostis, menos comuns em economias onde o capital votante é muito concentrado, como no Brasil. Um mecanismo alternativo seria a existência de um mercado para blocos de ações ordinárias. Se uma empresa não estiver apresentando retornos satisfatórios, os acionistas aumentarão sua participação na mesma para poder monitorar seu gerenciamento. Também pode haver a venda do controle pelo acionista majoritário a outro acionista que proporcione maior valor à firma. Assim, analisamos o mercado por blocos de ações durante quatro anos. Observamos um elevado número de trocas de controle, quando comparado ao total de transações em bloco. Isso parece estar relacionado com o fato de que o controle das empresas, na maioria das vezes, está na mão de apenas um acionista.

Dados

A amostra utilizada partiu de todas as empresas privadas com ações cotadas na Bolsa de Valores de São Paulo (Bovespa). Colhemos informações sobre estrutura do

[6] Ver La Porta et alii (1998).
[7] Ver Renneboog (1996).

capital acionário na CVM. No primeiro semestre de cada ano, as empresas são obrigadas a entregar o relatório de informações anuais (IAN), que fornece, entre outros, dados sobre o capital acionário. Foram considerados os IANs entregues no primeiro semestre de 1997, cujos dados sobre composição do capital social se referem ao final do ano de 1996. Apenas 325 relatórios estavam disponíveis de forma completa, dos quais 26 pertenciam ao setor financeiro (bancos e seguradoras). Esta foi, portanto, a amostra considerada.

Analisamos a composição acionária de duas formas: direta e indireta. A composição acionária direta é formada pelos que possuem as ações da empresa propriamente dita. Consideramos todos os acionistas com 5% ou mais do capital votante. Isso porque a empresa só é obrigada a relatar a existência desses acionistas. A composição indireta diz respeito aos acionistas que detêm a empresa em última instância. Ou seja, se um acionista possui 50% de uma empresa que possui 50% de outra, ele detém 25% do capital desta última (50% * 50%). Esta é a situação verificada na figura 1, que mostra a composição acionária das Lojas Americanas.

Figura 1
Composição acionária das Lojas Americanas

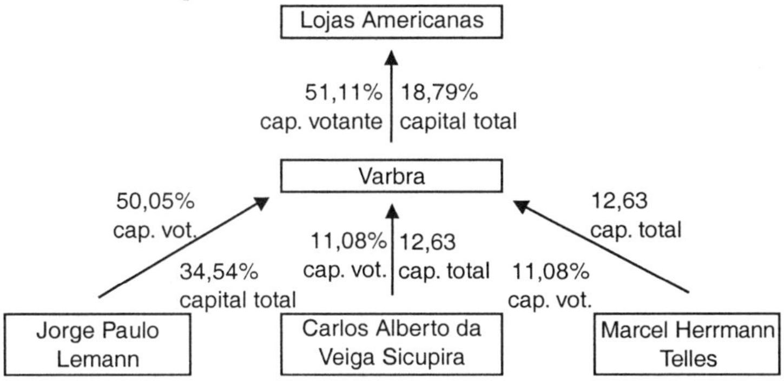

Diretamente, a companhia tem apenas um grande acionista (que detém mais de 5% do capital votante), a empresa Varbra S.A., com 51,11% do capital votante e 18,79% do capital total. Esta, por sua vez, pertence a três acionistas, com 50,05%, 11,08% e 11,08% do capital votante e 34,54%, 12,63% e 12,63% do capital total, respectivamente. Ou seja, as Lojas Americanas têm indiretamente três acionistas, o maior deles com 25,6% (50,05% * 51,11%) do capital votante e 6,45% (34,54% * 18,79%) do capital total. Eis outro exemplo de como a composição indireta pode ser diferente da direta: quando um acionista possui 100% de duas empresas que são acionistas de uma terceira, indiretamente ele tem a soma da participação dessas duas empresas. Tal situação pode ser verificada na figura 2, que mostra a composição acionária da empresa Construções Comércio Camargo Corrêa S.A.

Figura 2
Composição acionária da Construção Camargo Corrêa S.A.

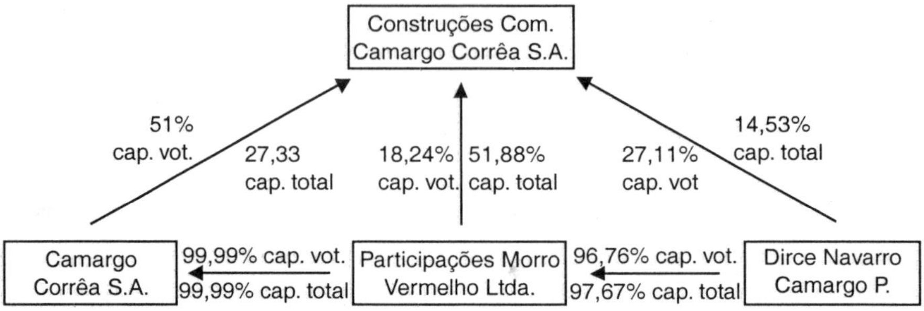

Diretamente, a empresa tem três acionistas, mas indiretamente apenas um (com mais de 5% do capital votante), que possui 94,1% (27,11% + 96,76% * 18,24% + 96,76%* 99,99% * 51%) e 91,2% (14,53% + 97,67% * 51,88% + 96,76* 99,99% * 27,33%)[8] do capital votante e do capital total, respectivamente. Esse tipo de análise é importante para saber quem realmente possui e controla as empresas, principalmente quando se trata de estruturas complexas de propriedade, como é o caso da Votorantim Celulose e Papel S.A., analisada na figura 3. Apesar de sua complexa estrutura de propriedade, a empresa pertence a quatro acionistas, sendo o capital votante dividido igualmente entre eles.

Foi possível fazer esse tipo de análise porque os IANs apresentam também a composição acionária das controladoras. Assim, examinamos regressivamente a composição acionária até identificar o acionista num dos seguintes grupos: pessoas físicas, bancos e seguradoras, fundos de pensão, empregados, estrangeiros, governo, fundações e fundos de investimento.[9] Isso é importante para analisar a participação de cada grupo no controle e propriedade das empresas, como veremos adiante.

[8] Este acionista tem 27,11% (14,53%) do capital votante (total) diretamente, tem 96,76% (97,67%) do capital votante (total) de uma segunda empresa que possui 18,24% (51,88%) do capital votante (total) da Construções Comércio Camargo Corrêa S.A. e 99,99% (99,99%) do capital votante (total) de uma terceira empresa que possui 51% (27,33%) do capital votante (total) da Construções Comércio Camargo Corrêa S.A.

[9] Parou-se em bancos e seguradoras já que tínhamos o objetivo de analisar também o papel deste grupo na propriedade e controle das empresas direta e indiretamente. Contudo, foi feito também uma análise onde a composição acionária indireta não parou quando chegou-se aos bancos. Os resultados encontrados não foram muito diferentes.

Figura 3
Composição acionária da Votorantim

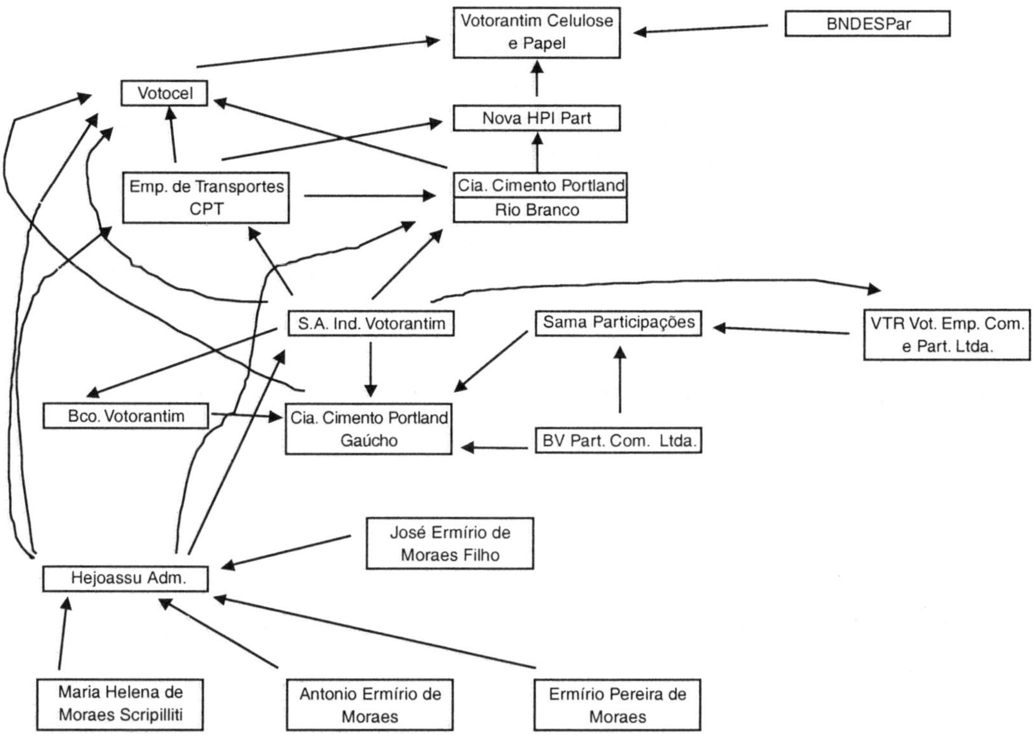

Composição acionária direta

Quanto à composição direta, o quadro encontrado foi o seguinte. Das 325 empresas, 203 (62,5 %) possuem um acionista que detém o controle da empresa, ou seja, possui mais de 50% do capital votante. Esse acionista possui, em média, 74% do capital votante, sendo a mediana igual a 73,5%. Nas empresas cujo controle não está em mãos de apenas um acionista (122), o maior acionista possui em média 32% do capital votante, com mediana igual a 29%. Ou seja, mesmo onde não há um acionista com a maioria dos votos, o maior acionista detém proporção considerável dos votos. Considerando a amostra inteira, o maior acionista, os três maiores e os cinco maiores possuem, respectivamente, 58%, 78%, 82% do capital votante. Os dados estão na tabela 1.

Nota-se, pois, uma grande concentração do capital votante. Dir-se-ia que o controle é bem definido, ou seja, pode-se apontar aqueles ou, mais comumente, aquele que controla a empresa. Mesmo quando não existe um acionista majoritário, o maior acionista da empresa detém parcela significativa do capital votante, e a empresa é, em média, controlada pelos três maiores acionistas. Além disso, 82% do capital votante das empresas estão em mãos dos cinco maiores acionistas. Ou seja, não há diluição do capital votante da empresa. Os votos estão concentrados nas mãos de poucas pessoas. Cumpre ressaltar que a presença de um acionista controlador elimina qualquer possibilidade de aquisição hostil das empresas.

TABELA 1
Composição acionária direta das empresas

	Empresas com acionista majoritário (203)		Empresas sem acionista majoritário (122)		Toda a amostra (325)	
	Capital votante %	Capital total %	Capital votante %	Capital total %	Capital votante %	Capital total %
Média maior acionista	74	51	32	25	58	41
(mediana)	(73)	(50)	(29)	(18)	(58)	(36)
Média três maiores	89	63	67	49	78	58
acionistas (mediana)	(93)	(63)	(65)	(42)	(82)	(53)
Média cinco maiores	90	64	76	56	82	61
acionistas (mediana)	(94)	(64)	(73)	(48)	(87)	(56)

Para se ter uma idéia de como esse resultado está distante do padrão anglo-saxônico, damos o seguinte exemplo. Segundo Shleifer e Vishny (1986) e Demsetz e Lehn (1985), considerando a amostra da *Fortune 500* para empresas americanas, os cinco maiores acionistas detêm 28% em média das empresas, e 23% delas não têm um acionista com mais de 5%. Para o Brasil, a primeira medida é 85% para capital votante (62% para capital total), e a segunda, zero. O padrão brasileiro aproxima-se mais do padrão da Europa continental: na Alemanha e na França, mais da metade das empresas possui um acionista majoritário.[10]

Apesar dessa grande concentração do capital votante, observa-se uma razoável diferença entre o capital votante e o capital total em mãos dos grandes acionistas. No Brasil, as empresas podem emitir ações preferenciais sem direito a voto até dois terços do capital total da empresa, como estabelecido pela Lei nº 6.404. Isso lhes permite emitir ações sem abrir mão do controle, sendo essa uma forma de separar propriedade e controle. O controle da empresa pode ser garantido com apenas um sexto de seu capital total. A emissão de ações sem direito a voto é amplamente utilizada pelas empresas brasileiras. Na amostra, apenas 35 empresas (11%) não têm ações preferenciais. A média da utilização de ações com direito a voto como proporção do total de ações é 54%, sendo a mediana 50%. Ou seja, na média, o capital social é dividido da seguinte forma: 54% de ações com direito a voto e 46% de ações sem direito a voto. Além disso, 88 empresas (27%) estão praticamente no limite de emissão de ações sem direito a voto (têm menos que 34% de seu capital social com-

[10] Ver Renneboog (1996); Franks & Mayer (1994).

posto por ações com direito a voto). Assim, apesar da grande concentração na posse do capital votante, a utilização de ações sem direito a voto permite certo grau de separação de propriedade e controle. Ao que parece esse mecanismo é usado pelos grandes acionistas para manter o controle da empresa sem deter 50% do seu capital. Nas empresas com um acionista majoritário, este possui em média 74% dos votos, mas apenas 51% do capital total e apenas 22% do capital não-votante. Considerando toda a amostra, os cinco maiores acionistas possuem 82% do capital votante, mas apenas 61% do capital total. Se existe alguma dispersão na propriedade da empresa, isso se dá através das ações sem direito a voto. Assim, os pequenos acionistas normalmente não têm direito a voto, ou seja, não têm como garantir os seus direitos junto aos dirigentes da empresa.

No entanto, apesar de quase 90% das empresas emitirem ações sem direito a voto, na maioria delas o acionista controlador detém mais que apenas 50% do capital votante. Das 203 empresas que possuem um acionista controlador, em apenas 11 o maior acionista tem apenas 50% do capital votante, e em apenas seis destas 11 o capital total pertencente ao acionista controlador se aproxima de um sexto do capital total da empresa, ou seja, observa-se o máximo de separação entre propriedade e controle permitido por lei. Assim, normalmente o controle é garantido com mais que o mínimo do capital necessário para tanto.

Porém, como ressaltado por Bergström e Rydqvist (1990), a relação que normalmente encontramos entre pequena proteção a investidores e maior concentração do capital diz respeito ao capital total, e não apenas ao votante. De acordo com Jensen e Meckling (1976), o problema de agência entre o controlador e os pequenos acionistas só é atenuado quando o primeiro detém grande parcela do capital da empresa, já que isso faz com que a não-maximização do valor da firma represente um custo também para o grande acionista. Como observam Leland e Pyle (1977), o controlador deve ter uma grande parcela do capital da firma, de modo a sinalizar para o mercado que ela é lucrativa, havendo portanto um problema de seleção adversa, uma vez que somente o controlador tem informação sobre o tipo da firma (lucrativa ou não). Como ao manter uma grande parcela do capital o controlador estaria incorrendo num custo de excesso de risco, assim ele estaria indicando ao mercado que a firma é do tipo lucrativa, ou seja, o retorno esperado por manter a propriedade do capital excede o seu custo. Por último, Gomes (1997) ressalta que a possibilidade de voltar ao mercado de capitais para captar mais recursos leva o acionista controlador a agir de acordo com os interesses dos pequenos investidores, obtendo poucos benefícios privados do controle e criando uma boa reputação no mercado. No entanto, para que ele volte mais vezes ao mercado sem perder o controle da companhia é necessário que sua participação no capital total da firma seja maior que apenas 50% do capital votante. Ou, se ele puder emitir ações sem direito a voto, bastaria ter apenas 50% do capital votante, desde que não esteja no limite da emissão de ações sem direito a voto. Assim, nesse ambiente, a possibilidade de emitir ações sem direito a voto aumenta a possibilidade de o acionista controlador voltar ao mercado sem perder o controle da companhia, ampliando ainda mais o efeito reputação. Ou seja, de acordo com esse argumento, a possibilidade de emitir ações sem direito a voto pode ser benéfica para o desenvolvimento do mercado de capitais num ambiente de pequena proteção legal a pequenos investidores.

Assim, a emissão de ações sem direito a voto permite manter o controle com menor participação no capital da empresa, podendo isso resultar numa separação de propriedade e controle que gere mais incentivos para a expropriação de pequenos investidores. Embora essas ações sejam amplamente utilizadas pelas empresas brasileiras, resta saber se na prática isso resulta em menor utilização de capital total ou em maior expropriação dos pequenos investidores ou, ainda, se tem um efeito positivo sobre o desenvolvimento do mercado de capitais brasileiro, como sugere Gomes (1997).

Uma forma de contrapor o argumento de Gomes, de que a emissão de ações sem direito a voto pode ser benéfica para os mercados de capitais brasileiros, ao de outros autores, que apontam um efeito negativo, seria verificar até que ponto o controlador volta ao mercado de capitais através de novas emissões. Isso porque o argumento de Gomes se baseia na possibilidade de o controlador voltar ao mercado de capitais. Se a volta ao mercado de forma regular não ocorrer na prática, poderemos concluir que o controlador não tem interesse em manter baixa a extração de benefícios privados com o objetivo de voltar ao mercado de capital. Eis, portanto, um tema para futura pesquisa.[11]

Composição acionária indireta

Passemos agora aos dados sobre composição indireta. O primeiro fato a ser ressaltado é a diminuição da parcela de propriedade dos maiores acionistas no caso das empresas onde estes possuem mais que 50% do capital votante. Analisando a composição indireta, pode-se dizer que existe nessas empresas maior diluição da propriedade. Diretamente o maior acionista possui, em média, 74% do capital votante e 51% do capital total da empresa, ao passo que indiretamente ele possui apenas 51% e 35% do capital votante e do capital total da empresa, respectivamente. No entanto, essa diminuição da participação do maior acionista no capital da empresa não se verifica nas empresas onde não há um acionista majoritário. Ao contrário, observa-se inclusive um pequeno aumento do capital investido, como mostra a tabela 2.

Isso poderia indicar, de certa forma, a utilização de pirâmide ou de subsidiárias com capital aberto para manter o controle diminuindo a quantidade investida na empresa. Assim, se um acionista tiver 50% de uma empresa que possui, por sua vez, 50% de outra empresa, ele controlará essa empresa com apenas 25% de seu capital. Se a pirâmide ocorrer em vários níveis, a separação de propriedade e controle — ou mesmo o distanciamento da regra "uma ação, um voto" — será ainda maior.

[11] Agradeço aos comentários de Márcio Garcia e Ricardo Leal sobre esse ponto.

Esse mecanismo é amplamente utilizado em vários países como Alemanha (Franks & Mayer, 1994), Bélgica e Itália (Renneboog, 1996). Para verificar isso, analisamos as empresas onde um acionista detém o controle, comparando a composição direta com a indireta.

TABELA 2
Composição acionária indireta das empresas

	Empresas com acionista majoritário (203 – 62%)		Empresas sem acionista majoritário (122 – 38%)		Toda a amostra (325)	
	Capital votante %	Capital total %	Capital votante %	Capital total %	Capital votante %	Capital total %
Média maior acionista (mediana)	51 (50)	35 (28)	33 (30)	25 (19)	44 (40)	32 (24)
Média três maiores acionistas (mediana)	72 (77)	49 (43)	61 (63)	45 (42)	68 (71)	48 (42)
Média cinco maiores acionistas (mediana)	79 (83)	54 (50)	70 (72)	50 (48)	76 (79)	52 (49)

Nota: Empresa com acionista majoritário é aquela onde um acionista possui mais que 50% dos votos diretamente. Os dados se referem ao final de 1996.

Assim, classificamos as 203 empresas desse tipo em cinco grupos, como pode ser visto na tabela 3. O primeiro grupo é formado pelas empresas onde o controle não é mantido indiretamente. Nesse caso, em algum segmento da pirâmide o controle não é mantido, ou seja, não existe sempre um acionista com mais de 50% do capital votante em todos os andares da pirâmide. Um exemplo desse tipo de empresa pode ser visto na figura 4, que mostra a composição acionária indireta da Inepar S.A. Indústria e Construções.

Embora no primeiro patamar tenhamos uma empresa com 56% do capital votante (a Inepar Administração e Participações S.A.), ou seja, que detém o controle da companhia, essa empresa possui cinco acionistas porém nenhum acionista controlador. Nesse caso, dizemos que não houve manutenção do controle indiretamente. Ou seja, na composição indireta, nenhum acionista possui uma seqüência com mais de 50% do capital votante. Estão nesse grupo 83 empresas das 203 iniciais (40,9%) com acionista controlador direto. Isso mostra que o controle é menos definido do que parece quando consideramos apenas a composição direta. Examinando a composição indireta, há menos casos em que um acionista possui o controle da empresa.

Figura 4
Composição acionária da Inepar S.A. Ind. e Construções

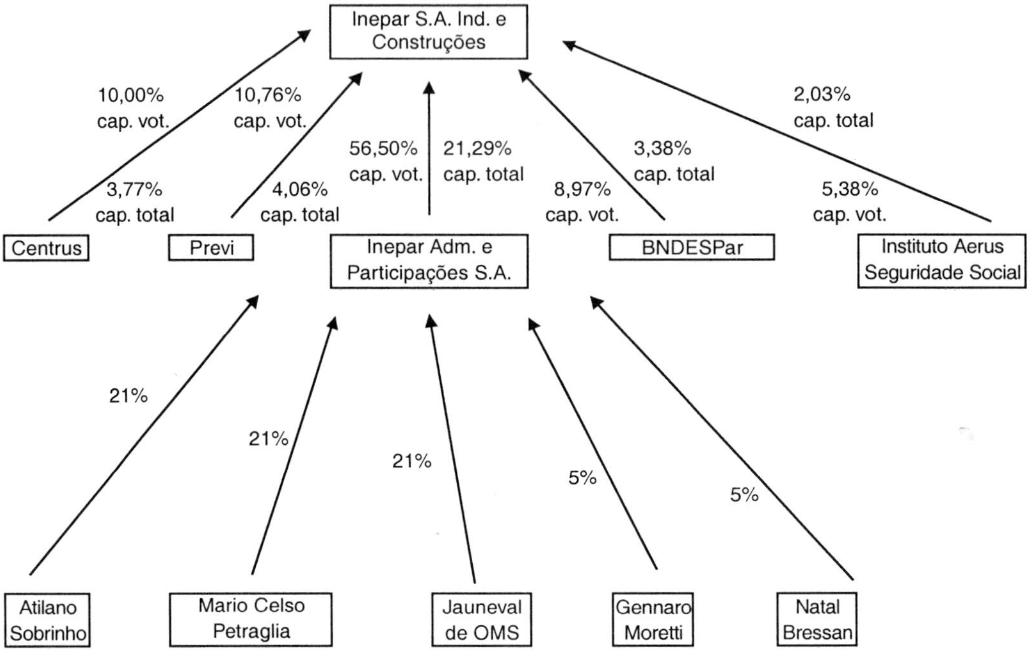

Nessas 83 empresas observamos pirâmide com manutenção do controle. Ou seja, em todos os andares existe um acionista com mais de 50% do capital votante, sendo o controle mantido por apenas um acionista. Dividimos essas empresas em três grupos: aquele onde existe concentração de capital, ou seja, indiretamente o maior acionista possui maior percentual do capital do que diretamente; aquele onde a participação no capital total é mantida; e, por último, aquele onde existe uma diminuição da participação no capital total. No primeiro grupo estão 21 empresas (10,3%), das quais temos um exemplo na figura 2, que mostra a estrutura da composição acionária da empresa Construções Comércio Camargo Corrêa S.A. Enquanto na composição direta observamos três acionistas, com um acionista controlador que possui 51% e 27% do capital votante e do capital total, respectivamente, indiretamente temos apenas um grande acionista, que possui 94% e 91% do capital votante e do capital total, respectivamente. Isso ocorre porque esse acionista não só era um dos acionistas diretos, como tinha quase a totalidade do capital das demais empresas acionistas.

O grupo onde existe manutenção do controle e da participação no capital social da empresa conta 18 empresas (8,9%), das quais temos um exemplo na figura 5, onde vemos a composição acionária da Dana Albarus S.A. Indústria e Comércio.

O acionista que controla a empresa indiretamente (Dana Corporation) possui 100% do capital do acionista controlador direto (Dana Equipamentos Ltda.). Logo, controla a empresa com a mesma proporção do capital.

No outro grupo onde há manutenção do controle por um acionista cuja parcela do capital é menor indiretamente do que diretamente estão 44 empresas (22,7%). Temos um exemplo disso na figura 1, onde vemos a composição acionária das Lojas Americanas. Nesse caso, o controle da empresa é mantido com 26% do capital votante e 6,5% do capital total. Ou seja, com a utilização de pirâmide consegue-se manter o controle da empresa com menor participação no seu capital. Diretamente não é possível controlar a empresa com 6,5% do seu capital. O limite mínimo para se manter o controle da empresa sem utilização de pirâmide é de 16,67% do capital (quando se tem apenas 50% do capital votante e este representa 33,33% do capital da empresa, o limite mínimo permitido por lei). Assim, nesse grupo estão as empresas que poderiam estar se utilizando de pirâmide como forma de separar controle e propriedade ou de se distanciar da regra "uma ação, um voto".

Figura 5
Composição acionária da Dana Albarus Indústria e Comércio

Num último grupo estão as empresas onde a composição direta e indireta é a mesma — mesma participação no capital e mesmo acionista. São 37 empresas (18,2%) que não se utilizam de pirâmide na estrutura de controle.

Os dados da tabela 3 parecem indicar que não é muito comum a utilização de pirâmide como mecanismo para manter o controle da empresa com menor custo, ou seja, com menor parcela do capital. Ao contrário, vemos que o controle das empresas é menos definido, ou seja, existe mais competição pelo controle do que parece à primeira vista. Essa competição se daria dentro do grupo controlador.

TABELA 3
Participação indireta de acionistas controladores

		Participação direta maior acionista		Participação indireta maior acionista	
		Capital votante %	Capital total %	Capital votante %	Capital total %
Não manteve o controle (83)		75	48	25	17
Manteve o controle (83)	Concentração (21)	68	49	77	63
	Manutenção (18)	78	54	78	54
	Diversificação (44)	77	52	60	33
	Média	75	52	68	45
Média quatro grupos		74,8	50	46,3	31
Mesma composição (37)		72	55	72	55

Notas: Separamos as empresas que possuíam apenas um acionista majoritário (com mais de 50% do capital votante) e analisamos sua participação indireta. Para tanto, dividimos as empresas em cinco grupos: a) o acionista não manteve o controle indiretamente; b) o acionista manteve o controle e aumentou sua participação no capital da empresa; c) o acionista manteve a mesma participação; d) o acionista manteve o controle e diminuiu sua participação no capital da empresa; e e) não há alteração do acionista nem do percentual mantido direta e indiretamente. A participação indireta é calculada da seguinte forma: quando um acionista tem 40% de uma empresa que possui 60% de outra, ele tem indiretamente 24% desta última. Os dados são referentes ao final do ano de 1996 e foram obtidos na CVM.

Das 166 empresas onde a composição acionária direta e indireta não é a mesma, com os mesmos acionistas, apenas 44 (26,5%) mantêm o controle com uma diminuição do capital investido. Na média, enquanto diretamente o maior acionista garante o controle com 52% do capital da empresa, indiretamente ele o faz com 33%. Por outro lado, em 83 empresas (50%) não existe mais um acionista que detém o controle.

Para reforçar a idéia de que a utilização de pirâmide não parece ter como objetivo o distanciamento da regra "uma ação, um voto", procedemos a outro tipo de análise dos dados. Nas 166 empresas onde se observa diferenciação na composição direta e indireta (eliminamos as 37 empresas onde havia o mesmo acionista com o mesmo capital investido direta e indiretamente), examinamos primeiramente o número de andares na pirâmide enquanto se mantém o controle da empresa. Por exemplo, a empresa representada na figura 1 tem dois andares (o primeiro correspondendo à composição direta). Em seguida, medimos a utilização de pirâmide para diminuir o capital investido dividindo a participação direta do acionista controlador no capital pela participação indireta. Fizemos o mesmo cálculo com o capital votante. Sempre que esse número foi maior que 1, houve manutenção de controle com diminuição do capital investido.

A vantagem desse tipo de análise é considerar o fato de que, mesmo quando não há manutenção de controle indiretamente (nas 83 empresas onde há diversifi-

Figura 6
Composição acionária da Construtora Norberto Odebrecht S.A.

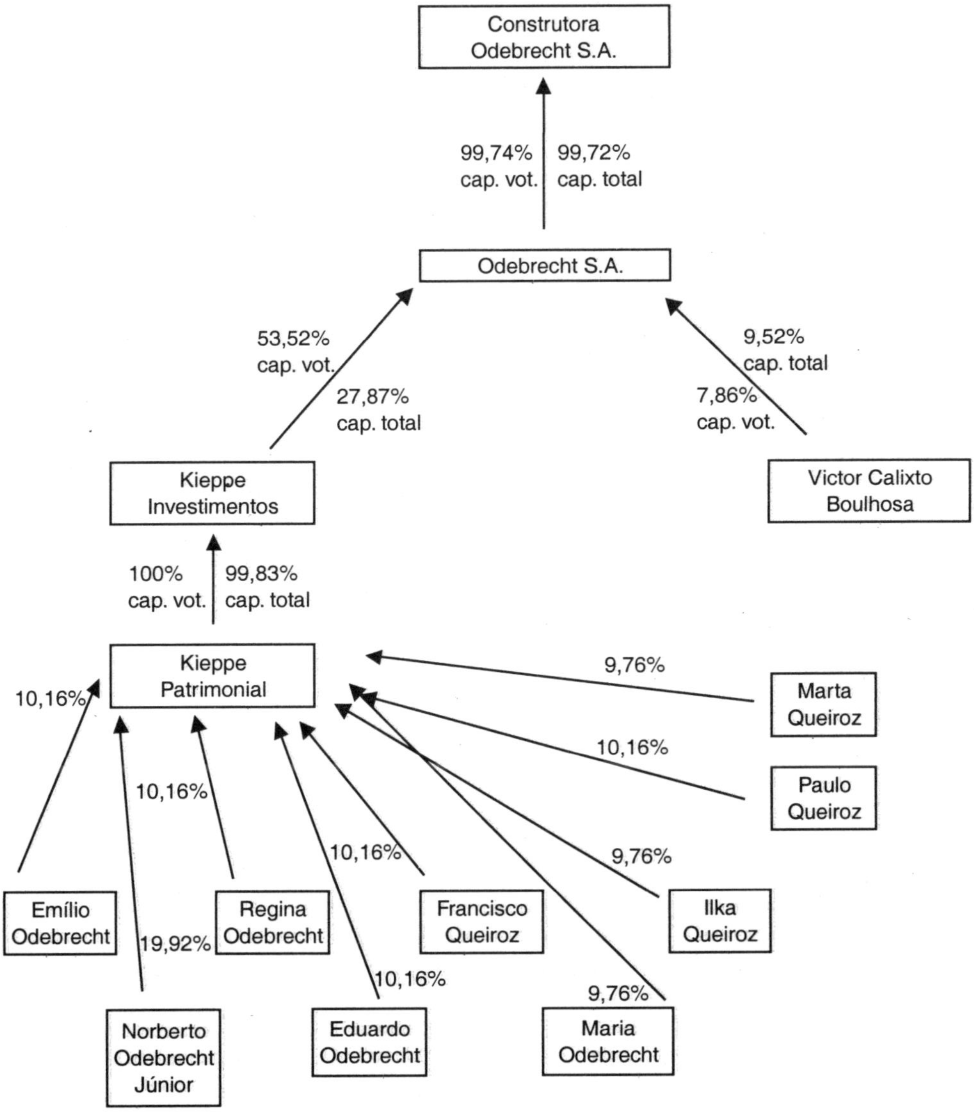

cação), pode-se estar utilizando a pirâmide como forma de manter o controle da empresa com menor participação no seu capital. Seria o caso de utilização de pirâmides por outras empresas. Isso pode ser observado na Construtora Norberto Odebrecht S.A. cuja estrutura acionária está representada na figura 6.

Nesse caso, a empresa Kieppe Patrimonial Ltda. é o acionista controlador no terceiro nível da pirâmide (o último onde o controle da empresa é mantido por apenas um acionista). Ou seja, aqui a pirâmide tem três andares. Enquanto diretamente o acionista controlador possui 99,72% do capital total, indiretamente ele possui 27,74% do capital total. Assim, a razão capital total direto/capital total indireto é 3,59. Para o capital votante, esse número é 1,87. Os cálculos foram feitos para cada um dos quatro grupos a que pertencem as 166 empresas e podem ser vistos na tabela 4.

Podemos reafirmar a pouca utilização de pirâmide como forma de diminuir o custo de ter o controle de uma empresa. Não só temos um pequeno número de andares, mas também uma pequena razão capital total direto/indireto (1,38). No caso de uma empresa ter 50% de outra, que por sua vez tenha 50% de uma terceira, esse número seria 2. Renneboog, analisando todas as empresas listadas na Bolsa de Valores de Bruxelas, encontra como número médio de andares 2,2 e razão capital direto/indireto de 2,9.[12] Com uma média de andares um pouco maior que a brasileira, tem-se maior diminuição no capital investido na empresa. Além disso, no Brasil, em 102 das 166 empresas (61,4%), a relação capital investido direto/indireto não é maior que a unidade. Ou seja, não há diminuição do capital investido.

TABELA 4
Utilização de pirâmides com manutenção de controle

		Nº de andares	Capital votante direto/indireto	Capital total direto/indireto
Não manteve o controle (83-50%)		1,48	1,07	1,34
Manteve o controle (83-50%)	Manutenção (18-10,8%)	2,06	1	1
	Concentração (21-12,6%)	2	0,88	0,76
	Diversificação (44-26,5%)	2,59	1,42	1,93
Média		1,9	1,13	1,38
Mediana		2	1	1

Nota: Para as 166 empresas onde existe um acionista majoritário direto e este não é o mesmo acionista indireto, foram feitos os seguintes cálculos. Considerou-se como acionista controlador o último acionista na estrutura acionária da empresa que detém (direta ou indiretamente) o controle da companhia, ou seja, até esse acionista existe uma seqüência de acionistas, cada qual detendo mais de 50% do capital votante da empresa. A partir daí verificamos em que andar esse acionista está na pirâmide (o primeiro correspondendo à composição acionária direta), a razão do capital direto/indireto tanto para capital votante quanto para capital total. Os resultados se referem aos quatro primeiros grupos apresentados na tabela 3.

A existência de pirâmides na estrutura de controle é comum em países da Europa continental, como França, Alemanha e Itália. Normalmente, considera-se que o principal objetivo da existência de pirâmide é a possibilidade de obter o controle com menor parcela do capital da empresa. Este, no entanto, não parece ser o caso

[12] Além das cadeias ininterruptas de acionistas detendo mais de 50% do capital votante da empresa, Renneboog considera também cadeias onde em cada andar o acionista detém 25% ou mais do capital da empresa, não havendo em nenhum momento outro acionista com parcela maior que 25% do capital.

Figura 7
Composição acionária da Varga Participações

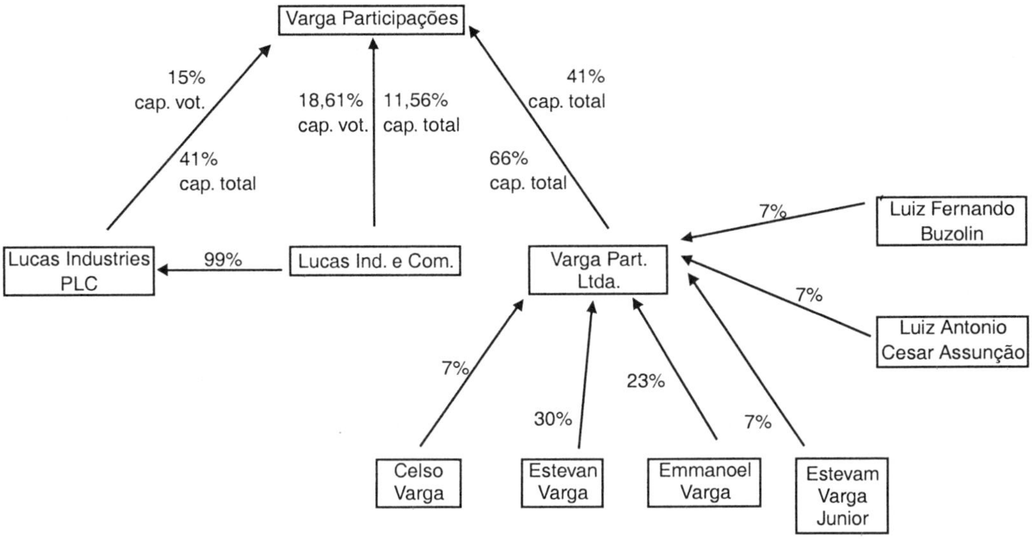

brasileiro. Mesmo havendo grande participação de empresas como acionistas de outras empresas, ou grupos de empresas onde mais de uma empresa tem capital aberto, não há grande distanciamento da regra "uma ação, um voto" por meio desse mecanismo. Uma das possíveis explicações seria a já grande utilização de ações sem direito a voto como forma de separar controle e propriedade. Outra seria a necessidade dos controladores de manter uma grande participação no capital investido da empresa. Como já foi discutido anteriormente, em mercados com fraca proteção aos pequenos investidores, pode ser necessário que o acionista controlador mantenha uma grande participação na empresa.

No entanto, seria interessante apontar as principais razões para a existência de pirâmides ou de estruturas de controle tão complexas como a da Votorantim Celulose e Papel S.A.

Uma delas é a manutenção do controle da empresa por uma mesma família. Temos um exemplo disso na figura 7, onde mostramos a estrutura acionária da Freios Varga S.A.

Se não existisse a Varga Participações S.A. e cada acionista tivesse ações diretamente na Freios Varga S.A., poder-se-iam tomar decisões sem necessitar da maioria dos votos da família Varga (por exemplo, se Estevan Varga se unisse à Lucas Industries, ambos teriam 53,6% dos votos). No entanto, com a estrutura representada na figura, a empresa Varga Participações S.A. tem a maioria dos votos da Freios Varga S.A. Assim, qualquer decisão votada precisa da maioria dos votos da família Varga. Algumas empresas serviriam como meio de formar coalizões entre os acionistas. Ou seja, essa estrutura de propriedade pode estar sendo usada para facilitar o controle de um grupo de grandes acionistas contra outro grupo também formado por grandes acionistas, e não para facilitar o controle de um grupo de grandes acionistas contra um grupo de pequenos acionistas — hipótese levantada pela literatura até agora.

Importância dos grupos de investidores

Igualmente importante é analisar a importância de vários grupos — como bancos, outras indústrias, indivíduos — como acionistas das empresas. Para tanto dividimos os acionistas em oito grupos: indivíduos, empresas privadas fora do sistema financeiro, bancos e seguradoras, fundos de pensão, governo, empregados, estrangeiros (empresa, banco, ou pessoa física) e fundações. Consideramos todos os acionistas dessas empresas que detenham mais de 5% do capital votante e calculamos a média para cada grupo.

Como se pode ver na tabela 5, o grupo que tem maior participação nas empresas é aquele formado por outras empresas (com 53% do capital votante). A seguir vêm indivíduos (15%) e estrangeiros (8%). A maior participação das corporações e a pequena participação de investidores institucionais novamente tornam o Brasil mais próximo da Alemanha e da França que dos Estados Unidos e da Inglaterra.

TABELA 5
Separação de propriedade de empresas brasileiras por categorias

Categorias	Composição direta		Composição indireta	
	Capital votante %	Capital total %	Capital votante %	Capital total %
Indivíduos	15	11	51	31
Empresas privadas fora do sistema financeiro	53	35	0	0
Bancos e seguradoras	3,8	2,8	4,6	3,2
Fundos de pensão	3,1	2,5	4,2	3
Governo	0,5	0,4	0,97	0,8
Estrangeiros	8	8,1	14,7	13,1
Empregados	0,43	0,19	0,46	0,19
Fundações	1,23	0,87	2,4	1,5
Outros[13]	0,58	0,64	0,76	0,78
Total	85,5	61,7	79,2	53,8

Nota: A tabela mostra a participação de oito categorias na propriedade de empresas brasileiras privadas fora do sistema financeiro. Os dados são referentes ao final do ano de 1996 e foram obtidos na CVM. Considerando todos os acionistas que possuam mais que 5% do capital votante de uma empresa, calculou-se a participação média de cada categoria nas empresas. O cálculo foi feito tanto para participação direta quanto indireta.

[13] Inclui fundos de investimento, câmara de liquidação e custódia, sociedades culturais etc.

Quando consideramos a participação indireta, o principal grupo é o de indivíduos, com 51%. Ou seja, nesse caso, as pessoas físicas passam a ter o maior peso na propriedade das empresas. Outro grupo em que se observa um grande aumento da participação indireta em relação à direta é o de investidores estrangeiros. Estes participam do capital votante das empresas através de outras empresas.

Quanto à participação do governo, vale ressaltar que estamos considerando apenas empresas privadas. Logo, tal análise não mede a participação do governo na economia brasileira; apenas mostra que hoje o governo não é normalmente um acionista minoritário das empresas.

Também é importante verificar a que grupos pertencem os acionistas majoritários (mais de 50% do capital votante) das empresas, ou seja, qual a importância dos diversos grupos no controle das empresas.

Os dados apresentados na tabela 6 mostram, mais uma vez, que as pessoas físicas controlam as empresas principalmente por via indireta. No entanto, devido à forma pela qual calculamos a composição indireta, não podemos ter empresas como controladores indiretos. Se considerássemos como controlador indireto o último acionista numa seqüência com mais de 50% do capital votante em cada andar, deveríamos considerar ainda as 80 empresas onde o controle não foi mantido. Em 28 delas, são outras empresas que mantêm o controle por via indireta (temos aí uma empresa no segundo andar ou acima que detém o controle). Ou seja, mesmo assim, há uma participação maior de indivíduos e estrangeiros como controladores indiretos.

TABELA 6
Classificação do acionista controlador por categorias

Categorias	Controlador direto	Controlador indireto
Indivíduos	13	70
Empresas privadas fora do sistema financeiro	162	-
Bancos e seguradoras	8	11
Estrangeiros	15	31
Empregados	1	1
Fundações	3	6
Outros	1	1
Total	203	120

Nota: A tabela mostra a classificação do acionista controlador de acordo com a categoria. Acionista controlador direto é aquele que detém mais de 50% do capital votante da empresa diretamente. Acionista controlador indireto é aquele que mantém o controle quando analisamos a composição indireta, ou seja, está no final de uma cadeia onde em todos os níveis se possui mais que 50% do capital votante. Os dados da composição acionária se referem a dezembro de 1996 e foram obtidos na CVM.

Dinâmica da estrutura de propriedade e controle

Outro fator a ser considerado é a dinâmica da estrutura de controle. Isso porque o mercado de controle de empresas é um importante mecanismo para se garantir a eficiência das mesmas. Em economias caracterizadas por propriedade difusa, existe a possibilidade de aquisições hostis, menos comuns em economias onde o capital votante é muito concentrado, como no Brasil. Um mecanismo alternativo seria a existência de um mercado para blocos de ações ordinárias. Quando uma empresa não estivesse apresentando retornos satisfatórios, algum acionista aumentaria sua participação na mesma a fim de poder monitorar seu gerenciamento. Ou mesmo haveria a venda do controle pelo acionista majoritário, quando um comprador desse mais valor ao bloco de ações que garanta o controle da empresa.

Assim, analisamos todas as transações que representaram alienações de controle ou, ainda, aquelas regulamentadas pela Instrução nº 69 da CVM (de 8-9-1987), que envolvem blocos de ações ordinárias (com direito a voto) sem representar alienação de controle. Os dados foram obtidos na Gerência de Operações Especiais da CVM. De acordo com a legislação brasileira, "qualquer alienação de controle da companhia aberta dependerá de prévia autorização da Comissão de Valores Mobiliários" (Lei nº 6.404, capítulo XX, seção VI, art. 254). Portanto, todas as alienações de controle devem ser comunicadas à CVM. Além disso, de acordo com a Instrução nº 69, qualquer pessoa física ou jurídica que atingir participação, direta ou indireta, correspondente a 10% ou mais das ações com direito a voto deve comunicar o fato à CVM. Esta também deverá ser informada toda vez que algum acionista titular de mais de 10% do capital votante aumentar sua participação em 5%. A comunicação será feita no prazo de 24 horas. Assim, coletamos dados para o período de janeiro de 1993 a dezembro de 1996. Nesse período, ocorreram 28 alienações de controle e 62 transações de blocos de ações ordinárias. Destas últimas, 10 foram conseqüência de subscrição de ações. As outras 52 resultaram de operação de compra e venda de forma privada ou em bolsa de valores. Foram descartadas as transações quer dentro de um mesmo grupo, representando apenas uma reestruturação do mesmo, sem qualquer impacto no controle, quer no caso de herança. Ou seja, nesses quatro anos registraram-se 90 transações com algum impacto na estrutura de controle das empresas.[14]

O primeiro ponto a destacar é a existência de um grande número de alienações de controle relativamente ao total de transações em blocos (32%). Renneboog analisou as transações de blocos de ações na Bélgica entre 1989 e 1992. Das 164 transações com mais de 5% das ações, apenas 16 (10%) representaram uma percentagem maior que 50% do capital da empresa.[15] Isso pode estar diretamente re-

[14] Isso representa um limite mínimo de transações. Acreditamos que podem ter ocorrido transações (principalmente as regulamentadas pela Instrução nº 69) que não tenham sido relatadas à CVM.

[15] Não se deve fazer uma comparação direta, já que uma transação com menos de 50% do capital votante pode representar alienação de controle. Na verdade, no Brasil, 25 transações (29%) representaram mais de 50% do capital votante.

lacionado ao fato de que, no Brasil, o controle costuma ser bem definido dentro da empresa. Ou seja, havendo um acionista com mais de 50% do capital votante, de pouco adianta que outro acionista aumente seu capital dentro da empresa no intuito de monitorar o seu funcionamento. Só seria eficaz, nesse caso, a compra do controle da empresa. Como a compra do controle da empresa representa maior custo, tanto por se ter maior risco quanto pelo prêmio que se paga pelo controle, isso só ocorre quando se espera um alto ganho de eficiência. Não se deve esquecer, no entanto, que o distanciamento da regra "uma ação, um voto" diminui o custo de uma alienação de controle, já que permite obter o controle da empresa com menos de 50% do capital votante.

As 90 transações podem, de certa forma, indicar a existência de um mercado de controle das empresas. Mas, como mostram dois estudos feitos na Bélgica (Renneboog, 1996) e na Alemanha (Franks & Mayer, 1994), a dinâmica do mercado brasileiro é menor. Na Bélgica, com 171 empresas cotadas, ocorreram 164 casos de aumento na participação acionária em mais de 5% no período 1989-92. Na Alemanha, com 134 empresas cotadas entre 1988 e 1991, em 18 casos (13,4%) houve venda do bloco de controle da empresa. No Brasil, havia 856 empresas cotadas em dezembro de 1992 e 925 em dezembro de 1996.

Também é interessante verificar os grupos que mais participam desse tipo de transação. A tabela 7 mostra a participação de cada grupo como compradores de blocos de ações.

TABELA 7
Participação das diversas categorias nas transações de blocos de ações

Categorias	Alienação de controle %	Transações em bloco que não representam alienação de controle %	Todas as transações %
Indivíduos	14	18	16
Empresas privadas fora do sistema financeiro	48	42	44
Bancos e seguradoras	3	7	6
Fundos de pensão	10	23	19
Estrangeiros	24	11	15

O primeiro ponto a ser ressaltado é a grande participação dos fundos de pensão, quando comparada à das empresas privadas (tabela 5). Sua maior participação em transações que não significam alienação de controle está provavelmente ligada às restrições existentes quanto à sua participação no capital de empresas. Quando compram o controle de empresas, os fundos de pensão o fazem conjuntamente. Resta saber se essa participação está relacionada com o monitoramento da empresa na qual investem.

Os outros grupos que mais participam dessas transações são as empresas privadas fora do sistema financeiro (23%), as empresas de participação (21%), famílias e indivíduos (16%) e estrangeiros (15%).

Conclusão

Chegamos às seguintes conclusões sobre a estrutura de controle e propriedade das empresas brasileiras. Existe grande concentração do capital, principalmente do capital votante. A larga utilização de emissão de ações sem direito a voto permite um distanciamento da regra "uma ação, um voto". A presença de pirâmide na estrutura de propriedade, embora freqüente, não parece ter como objetivo principal a manutenção do controle com um menor custo.

Observamos uma grande participação de outras empresas como acionistas, sendo este o grupo com maior presença na composição direta das empresas. Indiretamente, os indivíduos, seguidos dos estrangeiros, são os principais acionistas das empresas. Esses dois grupos são os principais controladores indiretos das empresas.

Cabe ressaltar alguns pontos que consideramos importante para discussão e futura pesquisa. Isso porque, como já foi dito, grande parte da pesquisa sobre mercado de controle corporativo foi feita num contexto caracterizado por empresas com propriedade difusa, o que não se aplica ao caso brasileiro.

Em primeiro lugar, num mercado como o nosso, a separação de propriedade e controle não se dá entre administradores e acionistas em geral. Como existem acionistas que detêm uma grande parcela do capital da empresa, estes têm incentivo para influir na sua administração, quando dela não participam diretamente. Assim, o maior conflito de interesses ocorre entre grandes acionistas e acionistas minoritários. Cumpre examinar que regras permitiriam um melhor monitoramento dos grandes acionistas por parte dos acionistas minoritários, tornando mais atrativo para estes últimos o investimento no mercado de capitais.

Um segundo ponto é a dinâmica do mercado de controle. Como ressaltamos, é importante que o mercado permita que as empresas sejam administradas da forma mais eficiente possível, pelas pessoas mais capazes dentro do mercado. Num ambiente com propriedade difusa, um mecanismo comum é o *take-over*, praticamente inexistente em economias como a nossa. Logo, é necessário estudar outros mecanismos. Um possível mecanismo seria a venda de blocos de ações com direito a voto que representem ou não o controle da companhia. A troca de acionistas com uma grande parcela do capital pode permitir uma mudança no monitoramento da administração da empresa ou mesmo uma troca dos administradores diretos. Assim, ao estabelecer regras para a compra e venda de blocos de ações, deve-se procurar criar um ambiente favorável às trocas que representem um aumento de eficiência no gerenciamento das empresas. Por exemplo, a obrigatoriedade ou não de oferta pública aos acionistas minoritários, quando da venda de controle, deve ser analisada não apenas visando garantir maiores direitos aos acionistas minoritários, mas também levando em conta qual será a sua influência sobre o mercado de troca de blocos de controle. Outro aspecto relevante é a alocação de controle dentro de um grupo familiar. Por exemplo, como se dão as trocas dos administradores dentro de uma família? Esse tipo de análise é importante devido à grande presença de famílias e indivíduos no controle de empresas brasileiras e de outros países como Itália e França.

Um terceiro ponto é o impacto da utilização de ações sem direito a voto sobre o desenvolvimento do mercado de capitais. Como já foi dito, vários autores ressaltam que o uso de ações sem direito a voto, na medida em que permite ao acionista ter maior participação no capital votante do que no capital total, pode aumentar o problema de incentivo entre controladores e acionistas minoritários, desencorajando estes últimos a investir em ações, com um efeito negativo sobre o mercado de capitais. No entanto, argumentando que os acionistas controladores desejam manter uma boa reputação no mercado para voltar a captar recursos, Gomes (1997) sugere que a emissão de ações sem direito a voto pode ter um efeito benéfico para o desenvolvimento do mercado de capitais. Testar essas teorias seria de extrema relevância para o Brasil, dada a grande utilização de ações sem direito a voto pelas empresas brasileiras. Vale lembrar que, embora seja possível emitir tais ações em outros países, elas não são tão difundidas como no Brasil, sendo essa uma particularidade do mercado brasileiro.

Um último aspecto a ser destacado é a utilização de pirâmides na estrutura de propriedade. Como já foi dito, a maioria dos estudos considera que essa é uma forma de separar controle e propriedade, mas não nos parece que isso se aplique ao caso brasileiro. Apresentamos aqui uma explicação alternativa, mas a questão merece uma análise mais profunda. Por exemplo, até que ponto a estrutura de propriedade dos grupos empresariais é influenciada pela estrutura fiscal?

Referências bibliográficas

Bergström, C. & Rydqvist, K. The determinants of corporate ownership. An empirical study on Swedish data. *Journal of Banking and Finance, 14*:237-53, 1990.

Bianchi, M. & Casavola. Piercin the corporate veil: trust and appearance in Italian listed pyramidal groups. In: *Corporate Governance and Property Rights Workshop*, Milano, June 1995, 16-17. (Working Paper Banc D'Italia.)

Demsetz, H. & Lehn, K. The structure of corporate ownership: causes and consequences. *Journal of Political Economy, 93*:1.155-77, 1985.

Franks, J. & Mayer, C. *The ownership of German corporations*. London Business School, 1994.

——. *The ownership of German corporations*. London Business Schooll, 1995.

Gomes, A. Going public with asymmetric information, agency costs and dynamic trading. 1997. mimeog.

Jensen, M. & Meckling, W. Theory of the firm: managerial behaviour, agency costs and ownership structure. *Journal of Financial Economics, 3*:305-60, 1976.

La Porta, R.; Lopez-de-Silanes, F.; Shleifer, A. & Vishny, R. Law and finance. *Journal of Political Economy, 106*:1.113-55, 1998.

Leland, H. & Pyle, D. Informational asymmetries, financial structure and financial intermediation. *Journal of Finance, 32*:371-87, 1977.

Renneboog, L. *Shareholding concentration and pyramidal ownership structures in Belgium: stylized facts*. Catholic University of Louvain, 1996.

Shleifer, A. & Vishny, R. Large shareholders and corporate control. *Journal of Political Economy, 95*:461-88, 1986.

——. A survey of corporate governance. *Journal of Finance*, June 1997.

CAPÍTULO 12

Estimativa do valor de controle no Brasil

Sílvia Valadares

Introdução

Embora a literatura especializada enfatize a importância dos mecanismos que garantem eficiência onde existem empresas com propriedade difusa, estas não são predominantes na maioria dos países. La Porta et alii (1998), utilizando amostra de 49 países, mostram que, mesmo nas grandes companhias abertas, normalmente caracterizadas por propriedade mais difusa, os três maiores acionistas possuem, em média, 46% da empresa (a mediana é 45%), ou seja, a propriedade é mais concentrada do que se imaginava. Por que o capital é tão concentrado? Considerando-se indivíduos avessos ao risco, a concentração de capital significa que se está incorrendo num custo, qual seja, o excesso de risco. Isso só ocorrerá se os indivíduos esperarem um retorno pelo fato de possuírem uma parcela tão grande da empresa. Ou seja, o controle de uma empresa deve ter valor.

Neste capítulo, pretende-se fazer uma estimativa do valor de controle para o Brasil. Para tanto utilizou-se o prêmio pago pelo voto nas operações de troca de blocos de ações ordinárias. Assim, encontraremos um alto valor de controle, principalmente nos casos em que os compradores são estrangeiros.

Segundo Grossman e Hart (1980), o controle de uma empresa tem valor devido à existência de benefícios privados daí decorrentes, isto é, a possibilidade de diluição de direitos de minoritários por aqueles que detêm o controle da empresa. Uma parte do valor total da empresa não é dividida igualmente entre todos os acionistas, ficando apenas com aqueles que detêm o seu controle. Alguns trabalhos tentam mostrar as várias formas pelas quais se verifica essa diluição dos direitos dos minoritários. Uma delas seria, por exemplo, pagar altos salários a si mesmo. Holderness e Sheehan (1988) mostram que os acionistas majoritários, quando ocupam cargos na empresa, costumam receber salários maiores que aqueles pagos em empresas com propriedade difusa, principalmente quando esse acionista é uma pessoa física, e não uma empresa. Zingales (1995b) mostra que os níveis anormais de remuneração dos administradores se refletem no prêmio pelo voto das empresas. Além disso, podem existir benefícios não-pecuniários, como assinalam Demsetz e Lehn (1985). No entanto, segundo Zingales (1994), a dificuldade de se apontar as fontes dos benefícios privados decorrentes do controle advém da própria natureza desses benefícios. Se fossem facilmente quantificados, não mais seriam privativos dos controladores, já que os acionistas minoritários poderiam exigi-los. Assim, certos benefícios são desfrutados apenas pelos administradores precisamente porque não podem ser facilmente medidos (e, logo, exigidos) pelos outros acionistas.

A literatura nos mostra não apenas por que pode existir esse valor de controle, mas também as suas possíveis implicações para várias decisões da empresa. Por exemplo, Harris e Raviv (1988) mostram o efeito dos benefícios privados decorrentes do controle sobre o nível de endividamento da firma; Zingales (1995a), sobre a decisão de se abrir ou não o capital da empresa; e Zwiebel (1995), sobre a estrutura de propriedade da empresa.

Considerando a relação entre estrutura de propriedade e benefícios privados decorrentes do controle, La Porta et alii (1998) mostram que existe uma forte correlação negativa entre concentração de capital e nível de proteção legal aos investidores num país. Segundo Grossman e Hart (1980), a falta de suficiente proteção legal aos investidores minoritários torna possível uma diluição maior de seus direitos, originando assim um alto valor de controle. Daí a grande concentração de capital. Como a lei não protege os investidores, estes têm que ser grandes o suficiente para poder exigir pagamentos para si. A maior concentração de propriedade aumenta os benefícios de monitoramento para os acionistas, diminuindo o problema de *free-rider* no monitoramento dos administradores da firma.[1] Jensen e Meckling (1976), Leland e Pyle (1977) e Gomes (1997) mostram uma relação positiva entre concentração de propriedade e benefícios privados decorrentes do controle.

Portanto, a fraca proteção aos minoritários acarreta um custo para a sociedade, qual seja, o excesso de risco decorrente da alta concentração de propriedade. O Brasil pertence à tradição do direito francês, que oferece a menor proteção legal aos investidores, tanto em relação às leis existentes quanto ao seu cumprimento.[2] Logo, devemos esperar uma alta concentração de propriedade acompanhada de um alto valor de controle.

---

[1] Ver Shleifer & Vishny (1986).

[2] Ver La Porta et alii (1998).

Numa amostra de 325 empresas listadas na Bovespa, podemos observar quão concentrado é o capital das empresas brasileiras.[3] Em 203 empresas (62,5%), o maior acionista possui mais de 50% do capital votante, ou seja, a empresa possui um acionista majoritário. Em toda a amostra, o maior acionista, os três maiores e os cinco maiores possuem, respectivamente, 58%, 78% e 83% do capital votante e 41%, 58% e 61% do capital total. Além disso, observamos uma larga utilização de ações sem direito a voto como forma de captar recursos no mercado. Apenas 35 empresas (11%) não têm ações sem direito a voto. A média de utilização de ações com direito a voto como proporção do total de ações é 54%, sendo a mediana 50%. A ampla utilização de ações sem direito a voto pode ser uma forma de se ampliar o capital sem abrir mão do controle da empresa. Ou seja, tanto a grande concentração no capital da empresa como a grande utilização de ações sem direito a voto nos levam a esperar um alto valor de controle.

E foi isso exatamente que constatamos. Através do prêmio pago pelo voto nas transações de blocos de ações ordinárias,[4] estimamos o valor de controle como proporção da parcela do valor da firma que seria distribuído igualmente entre todos os acionistas. No menor resultado encontrado, essa relação corresponde a 57%, índice que é alto. Vários autores já analisaram o prêmio pelo voto no mercado de ações — como Horner (1988) para a Suíça, Levy (1983) para Israel, Lease et alii (1983) para os Estados Unidos — e todos eles defendem o valor do controle como origem do prêmio encontrado. Isso porque o direito a voto tem valor na medida em que aloca o controle da empresa.

Benjo (1996) e Freire (1992) tentam mostrar o prêmio pelo voto em empresas brasileiras. Freire analisa quatro empresas entre janeiro de 1979 e dezembro de 1988. Em três delas (Belgo Mineira S.A., Brahma S.A. e Mannesmann S.A.) encontrou um prêmio positivo pelo voto, exceto na quarta empresa, a Companhia Vale do Rio Doce (1996), mas esta era então controlada pelo Estado. Benjo (1996) analisa nove empresas no período de janeiro de 1988 a março de 1996, tendo encontrado um prêmio positivo pelo voto em apenas três. Numa delas, o prêmio não é significativamente diferente de zero, e nas demais, o prêmio é negativo. O fato de o autor ter encontrado prêmio não-positivo pelo voto não nega a existência de um alto valor de controle. Isso porque o prêmio não-positivo foi encontrado em empresas estatais, com exceção de uma. Vale lembrar que o voto só tem valor quando aloca controle. No caso de empresas cujo controle está nas mãos do governo, não sendo cogitada ainda a privatização, é natural encontrar um prêmio negativo pelo voto. Benjo tenta explicar o prêmio positivo pela diferença de liquidez entre os dois tipos

[3] Considerando todas as empresas cotadas na Bovespa, coletamos dados sobre sua composição acionária direta e indireta de acordo com o IAN (informações anuais), relatório entregue à CVM pelas empresas abertas. Os dados para dezembro de 1996 estavam disponíveis de forma completa para 325 empresas, sendo esta a amostra considerada.

[4] Transações que envolvam mais de 5% das ações ordinárias (com direito a voto).

de ações, pela relação do número de ações com e sem direito a voto e pela percentagem de ações com direito a voto nas mãos do acionista controlador. Em quase todos os casos, essas variáveis não conseguem explicar o prêmio pelo voto nas empresas.

Zingales (1994) utiliza esse prêmio pelo voto nas ações transacionadas em bolsa para estimar o valor do controle para a Itália. Nosso objetivo aqui também é estimar o valor de controle, só que utilizando o prêmio pelo voto nas transações com blocos de ações ordinárias.

O capítulo está organizado da seguinte forma: primeiro desenvolvemos a equação a ser estimada, em seguida descrevemos os dados utilizados e, por fim, apresentamos os resultados das regressões.

Especificação da equação

Consideramos que o valor da empresa tem dois componentes. Um componente verificável, V, que é dividido proporcionalmente entre todos os acionistas da empresa, e um componente não-verificável –B, ou benefícios privados decorrentes do controle, somente para os que estão no controle da empresa. Trata-se de calcular a importância de B em relação a V, ou a razão $B/V = \beta$.

Sendo N o número total de ações da empresa, N_B o número de ações com direito a voto do bloco em transação, e B_B o valor dos benefícios privados referentes ao bloco transacionado, $(V\ N_B / N + B_B)^c$ e $(V\ N_B / N + B_B)^v$ representam, respectivamente, o valor do bloco para o comprador e para o vendedor. Sempre que o valor do bloco for maior para o comprador do que para o vendedor, $((V\ N_B / N + B_B)^c > (V\ N_B / N + B_B)^v)$, haverá venda do bloco de ações. O preço da ação vigente na transação (P_v) vai depender, no entanto, do poder de barganha do comprador e do vendedor, de forma que:

$$(V\ N_B / N + B_B)^c / N_B \geq P_v \geq (V\ N_B / N + B_B)^v / N_B \qquad (1)$$

Poderíamos, então, trabalhar com os dados tanto do comprador quanto do vendedor. Duas variáveis assumiriam valores diferentes, quais sejam, o preço da ação sem direito a voto, P_{nv} (mostraremos adiante como a variável entrará na equação), e o número de ações com direito a voto do bloco em transação, N_B.

O preço da ação sem direito a voto, P_{nv}, deve ser igual ao componente verificável da empresa, V, dividido pelo número total das ações da empresa, N, ou seja, a parte do valor da empresa que cabe a todos os acionistas dividida pelo número de ações da empresa. Logo, P_{nv} depende da capacidade do comprador (ou vendedor) de gerar um valor maior ou menor para a empresa (V + B), bem como de sua capacidade de extrair benefícios privados do controle. Se considerarmos os dados do comprador, $(P_{nv})^c$, o preço da ação sem direito a voto deverá referir-se a uma data após a transação; se considerarmos os dados do vendedor, $(P_{nv})^v$, o preço da ação sem direito a voto deverá referir-se a uma data antes do anúncio da troca do bloco de controle. Isso porque o mercado não deve incorporar no preço da ação nenhuma expectativa quanto ao futuro comprador. Logo, o preço da ação deve ser considerado para uma data anterior a qualquer informação sobre a venda do bloco de ações.

A outra variável, o número de ações com direito a voto do bloco em transação, N_B, terá valores diferentes pelo seguinte motivo. De acordo com a legislação brasileira, na alienação de controle da empresa, o comprador deverá fazer uma oferta pública para a compra das demais ações com direito a voto, de modo a assegurar-lhes o mesmo tratamento dado ao acionista controlador.[5] Assim, quando o comprador for avaliar o valor do bloco, deverá considerar como bloco não só as ações que comprar diretamente do vendedor, mas também as ações dos acionistas que aceitarem a oferta pública. Neste caso, N_B seria incerto, *ex ante*, ou seja, no momento da transação. No entanto, trabalharemos com os dados *ex post*. Consideraremos que os dados *ex post* são iguais à expectativa do comprador, com um erro com expectativa zero. Se trabalhássemos com os dados do vendedor, o número de ações transacionadas, N_B, seria referente apenas às ações do bloco transacionado.

Utilizaremos apenas os dados do comprador porque seria difícil precisar a data do primeiro anúncio de que a empresa iria vender o seu controle, ou seja, a data para a qual teríamos $(P_{nv})^v$. Como dissemos anteriormente, para que o preço da ação considere apenas as informações sobre o vendedor, ele deve ser coletado antes de qualquer anúncio referente à venda do bloco.

Assim, sabendo que P_{nv} deve ser igual a V / N, teremos, a partir de (1), a seguinte equação para o prêmio pelo voto na transação do bloco (VP_B):[6]

$$VP_B = (P_v - P_{nv}) / P_{nv} = B_B / (N_B \, P_{nv}) \tag{2}$$

O próximo passo é calcular a relação entre o valor de controle do bloco e o valor de controle da empresa. A idéia de que seria dividido proporcionalmente de acordo com o tamanho do bloco é descartada imediatamente quando se considera a própria definição de **B**. Benefício privado decorrente do controle é a parcela do valor da empresa que fica somente com aqueles que detêm o controle da companhia. Para calcular $\mathbf{B_B}$, ou seja, o valor esperado dos benefícios privados decorrentes do controle de um bloco de ações, utilizaremos uma modificação do Shapley *value* usual, desenvolvida por Milnor e Shapley (1961). Considera-se aí a alocação de controle como um jogo majoritário num contexto cooperativo com a seguinte estrutura:

[5] A obrigação de tratamento eqüitativo aos acionistas minoritários, quando da alienação de controle de companhia aberta mediante oferta pública de compra de ações, foi revogada em abril de 1997, quando houve uma alteração na Lei das Sociedades Anônimas — Lei nº 6.404.

[6] Doravante todas as variáveis se referem ao comprador.

a) uns poucos grandes jogadores representando os acionistas com grandes blocos de ações;

b) um contínuo de pequenos jogadores representando os pequenos acionistas.

O poder relativo de um bloco nesse jogo será dado pela probabilidade de seus votos serem decisivos para que a coalizão de jogadores a que pertençam seja vencedora. Ou seja, o valor de cada jogador é a probabilidade de que, num ordenamento aleatório de todos os jogadores, ele juntamente com seus antecessores tenham votos suficientes para ganhar, mas seus antecessores, somente, não. Como resultado, teremos um vetor que nos dá o poder relativo de cada bloco de ações, bem como do conjunto dos acionistas minoritários.

O poder de cada grande jogador **i** (acionista detentor de grande bloco de ações) será dado por:

$$SV_i = \sum_{S \in M - \{i\}} \int_{<(05 - w(S \cup i))/\theta>}^{<(05 - w(S))/\theta>} x^s (1-x)^{m-s-1}\, dx$$

onde

M = conjunto dos grandes jogadores, sendo *m* o número de grandes jogadores;
S = coalizão entre grandes jogadores, sendo s o número de membros de cada coalizão;
{i} = conjunto do jogador *i*;
w(S) = fração dos votos possuídos pela coalizão *S*;
θ= fração dos votos pertencentes aos pequenos acionistas;
<x> = mediana de $(0, x, 1) = 0$, se $x \leq 0$

x, se $0 < x \leq 1$

1, se $x > 1$

Apesar de seus fundamentos teóricos não serem largamente aceitos, os resultados são bastante razoáveis. Por exemplo, o poder relativo de cada bloco aumenta com o número de ações possuídas, ou, quando um acionista tem mais de 50% dos votos, todo o poder (ou toda a fatia dos benefícios privados decorrentes do controle) lhe é atribuído.

Rydqvist (1987) foi o primeiro a usar essa técnica para explicar o prêmio pelo voto. Ele mostrou que o Shapley *value* (*SV*) pode explicar a variação *cross-sectional* do prêmio pelo voto num mercado competitivo de controle de corporações.

Consideraremos então:

$$\mathbf{B_B = SV\ B^5}$$

[7] Se o comprador já tiver ações com direito a voto antes da transação, o Shapley *value* calculado será a diferença entre o *SV* da nova composição acionária e o *SV* da antiga, ou seja, anterior à transação.

Substituindo em (2), teremos:

$$VP_B = SV\ \beta / \mu$$

onde:

$$\beta = B / V$$

$$\mu = NB / N$$

Essa medida considera que o prêmio pelo voto depende dos fatores seguintes:

a) valor do controle dividido pela parte verificável da empresa, **B/V**, que queremos estimar;

b) estrutura de propriedade da empresa, através de *SV*, que depende diretamente da estrutura de posse do capital;

c) desigualdade na estrutura de votos da empresa (número de ações com direito a voto em relação ao de ações sem direito a voto), que será vista através de **μ**. Quanto maior a desigualdade, maior seria o prêmio pelo voto. Com grande desigualdade na estrutura de votos da empresa (maior distanciamento da regra "uma ação, um voto"), os benefícios privados decorrentes do controle estariam concentrados em menor parcela de ações da empresa, acarretando maior prêmio pelo voto.

Outra possível correção seria para o recebimento de dividendos. As ações preferenciais podem ter prioridade no recebimento de dividendos, apesar de não haver uma regra fixada por lei. Mas, na prática, isso parece ser pouco significativo. Assim, optamos por desconsiderar esse fato.[8]

A regressão a ser estimada será então:

$$VP_B{}^i = \beta\ (SV / \mu)^i + u^i$$

Dados

Os dados utilizados para estimar a regressão acima foram obtidos diretamente na Comissão de Valores Imobiliários (CVM), exceto a cotação da ação preferencial.

Coletamos dados para o período de janeiro de 1993 a janeiro de 1997. Nesse período ocorreram 28 alienações de controle e 52 transações de blocos de ações

[8] Com a modificação da Lei das Sociedades Anônimas (Lei nº 6.404, de abril de 1997), tornou-se obrigatório o pagamento de dividendos a ações preferenciais no mínimo 10% maiores que o pagamento a ações ordinárias, salvo no caso de ações com dividendos mínimos ou fixos. Essa vantagem não existia anteriormente.

ordinárias. Descartaram-se as transações que significassem aumento de mais de 5% das ações ordinárias em virtude da subscrição de ações (10 observações) e as transações ocorridas dentro de um mesmo grupo, representando apenas uma reestruturação do mesmo sem qualquer impacto no controle da empresa, ou no caso de herança.

Porém, várias observações tiveram que ser descartadas, principalmente entre as transações que não representam alienação de controle. Isso porque a Instrução nº 69 não exige que o preço da transação seja declarado à CVM se o comprador notificar o aumento de participação acionária. Assim, os preços que obtivemos são de empresas que os declararam por livre e espontânea vontade à CVM ou de empresas às quais, por algum motivo, a CVM exigiu o contrato de compra e venda, além das transações realizadas em leilão na Bolsa de Valores. Sobraram, então, 10 transações. Destas, mais três tiveram que ser descartadas por falta de dados sobre ações preferenciais ou composição acionária. Restaram, pois, sete transações. Quanto à alienação de controle, restaram 13 transações. As outras observações foram descartadas por falta de cotações para ação preferencial e pelo fato de algumas empresas não terem ações preferenciais.

Os dados sobre as transações, o preço de venda do bloco e a composição acionária foram obtidos na CVM. O preço das transações regidas pela Instrução nº 69 é aquele declarado pela empresa ou coletado nas bolsas de valores. Para as transações de alienação de controle, o preço utilizado foi aquele oferecido aos minoritários quando da oferta pública. Esse preço nem sempre corresponde ao preço declarado pela empresa na compra das ações ordinárias, tendo sido freqüentemente corrigido pela CVM no intuito de repassar aos acionistas minoritários aquilo que o acionista controlador efetivamente recebeu. Por exemplo, a transferência de dívida (quando esta estava em nome do antigo controlador) será considerada no preço a ser pago ao acionista minoritário. Estaríamos, assim, mais próximos do que efetivamente foi pago ao antigo controlador.

As cotações das ações preferenciais foram obtidas principalmente no banco de dados da *Economática*. Algumas foram obtidas na CVM ou no Banco Garantia.[9] As cotações foram coletadas tanto para o primeiro dia em que a ação foi transacionada, a partir de um dia após a transação, quanto para a média no mês seguinte à transação. Como os resultados da regressão pouco se alteraram nos dois casos, apresentamos apenas aqueles referentes à primeira cotação a partir do dia seguinte à transação. Apenas num caso usou-se a cotação para o dia da transação, o que não constitui grande problema, pois normalmente a informação de troca de controle é difundida no mercado anteriormente à transação. Isso pode ser visto quando se comparam as séries para cotações de ações preferenciais. Não há grande alteração na cotação da ação preferencial no dia da transação, e sim alguns meses antes.

[9] Apenas uma empresa.

Resultados

Estimamos a regressão inicialmente com os dados referentes apenas à alienação de controle e depois com toda a amostra. Isso para tentar eliminar o viés que poderia aparecer na amostra relativa às transações sob a Instrução nº 69, nas quais não é obrigatório declarar o preço de transação.

Antes de apresentar o resultado da regressão, vejamos na tabela 1 algumas informações sobre os prêmios encontrados. Observa-se um alto prêmio pago pelo voto nas transações. Para as transações com alienação de controle, a média é 252,16% (a mediana é 148,9%). Considerando todas as transações, a média do prêmio é 169,32% (mediana igual a 79,52%). Observa-se também um alto desvio-padrão.

TABELA 1
Prêmio pago nas transações de blocos de ações ordinárias

	Alienação de controle	Todas as transações
Média	252,16%	169,32%
Mediana	148,9%	79,52%
Desvio-padrão	261,85%	242,08%
Mínimo	−18,37%	−99,87%
Máximo	813,84%	813,84%
Observações	13	20

Nota: Os dados se referem aos prêmios encontrados em transações de blocos de ações ordinárias entre janeiro de 1993 e dezembro de 1997. O prêmio na transação é definido como $(P_v - P_{nv}) / P_{nv}$. A primeira coluna se refere a transações que significaram alienação de controle, e a segunda, ao conjunto de todas as transações. Os dados foram obtidos na CVM, exceto aqueles referentes a ações preferenciais, que foram coletados no banco de dados da *Economática*.

Estimamos então as regressões, cujos dados estão na tabela 2. Considerando apenas as transações com alienação de controle, encontramos um coeficiente de $\beta = 0{,}85$, significativo a 1%. Isso nos diz que apenas 65% do valor da firma são distribuídos igualmente entre os acionistas. O restante representa os benefícios privados decorrentes do controle.

Na regressão considerando toda a amostra (regressão 2), observa-se que o β estimado (significativo a 1%) é inferior àquele encontrado na regressão anterior, mas continua indicando um alto valor de controle. Os que detêm o controle ficam com 57% do que é destinado igualmente a todos os acionistas, o que talvez se explique pelo fato de utilizarmos os preços declarados à CVM sem qualquer ajuste, diferentemente dos dados sobre alienação de controle, em que vários preços foram reajustados. Isso corresponderia a menores prêmios pelo controle.

TABELA 2
Estimação do valor de controle

$$VP_B^{\,i} = \beta (SV / \mu)^i + u^i$$

	Alienação de controle (1)	Todas as transações (2)
SV/μ	0,85*	0,57*
Desvio-padrão	(0,22)	(0,17)
R^2	13,65	6,33
Observações	13	20

Notas: a) $VP_B^{\,i}$ é o prêmio pago pelas ações com direito a voto na transação de blocos dessas ações em relação às ações sem direito a voto negociadas no mercado na transação *i*; b) *SV* é o Shapley *value* para o bloco transacionado; c) μ é a razão das ações com direito a voto do bloco transacionado pelo número total de ações (com e sem direito a voto) da empresa. O coeficiente a ser estimado, β, representa o valor de controle (*B*) relativo à parcela verificável do valor da empresa (*V*). A primeira coluna se refere apenas às transações que representaram alienação de controle, e a segunda inclui todas as transações de blocos de ações ordinárias. Os dados foram obtidos na CVM para o período de janeiro de 1993 a dezembro de 1996. Os resíduos foram testados para heterocedasticidade, aceitando-se a hipótese de homocedasticidade a 10%.
* Coeficientes significativos a 1%.

As regressões 1 e 2 explicam, respectivamente, 13,65% e 6,33% da variação nos prêmios pagos pelo controle. Várias são as razões para isso. Em primeiro lugar, estamos tentando calcular uma média para o país. As empresas podem ter valor de controle diferentes, dependendo do seu controlador ou mesmo do setor em que atuam. O valor de controle decorre do fato de o controlador da empresa não repassar todo o seu valor a todos os acionistas. Isso pode ocorrer por vários motivos. Por exemplo, o acionista controlador pode ter outros objetivos que não a maximização dos lucros. Se o controlador for outra empresa que tenha sinergia com a empresa em questão, sendo, por exemplo, seu fornecedor, ele pode utilizar a empresa para alcançar outros objetivos que não os dos demais acionistas. Assim, dependendo do controlador, o valor de controle será maior ou menor. Além disso, o controlador pode utilizar a empresa para realizar objetivos pessoais. E isso pode variar conforme o setor em que a firma atua. Demsetz e Lehn (1985) mostram que nos setores de mídia e esportes a estrutura de propriedade é mais concentrada, principalmente por indivíduos e famílias. Isso porque, segundo eles, os benefícios privados decorrentes do controle são maiores nesses setores.

Em segundo lugar, como utilizamos os dados sobre os compradores, temos que $VP_B \leq SV\ \beta/\mu$. O prêmio de controle efetivo em cada transação depende do poder de barganha entre o comprador e o vendedor.

Outro fator seria a diferença entre o preço efetivo e o coletado. A CVM analisa os preços corrigindo-os de modo a defender os acionistas minoritários, mas isso nem sempre pode ser feito com precisão. Acredita-se que na maioria das transações o preço encontrado não se refere ao preço efetivamente pago, o qual seria maior. Testaremos essa última hipótese da seguinte maneira. Acredita-se que as empresas estrangeiras normalmente declarem o preço de forma mais real, seja porque não querem criar problemas no país onde atuam, seja porque já estão habituadas a operar num ambiente onde as regras devem ser respeitadas. Isso faria com que o preço anunciado por um comprador estrangeiro estivesse mais próximo do efetivo. Assim, dividimos a amostra em dois grupos: o de compradores nacionais e o de compradores estrangeiros. Criamos duas variáveis *dummies*, uma para compradores estrangeiros e outra para nacionais, com a seguinte regressão a ser estimada:

$$VP_B{}^i = \beta_1\ d_1\ (SV/\mu)^i + \beta_2\ d_2\ (SV/\mu)^i + u^i$$

onde d_1 e d_2 são, respectivamente, *dummies* para o comprador estrangeiro e o comprador nacional.

TABELA 3

$VP_B{}^i = \beta_1\ d_1\ (SV/\mu)^i + \beta_2\ d_2\ (SV/\mu)^i + u^i$

	Alienação de controle	Todas as transações
$d_1\ SV/\ \mu$	1,61*	1,24*
Desvio-padrão	(0,48)	(0,39)
Observações	4	6
$d_2\ SV/\ \mu$	0,66**	0,43**
Desvio-padrão	(0,25)	(0,18)
Observações	9	14
R^2	35,49	17,48
Total de observações	13	20

Notas: a) $VP_B{}^i$ é o prêmio pago pelas ações com direito a voto na transação de blocos dessas ações em relação às ações sem direito a voto negociadas no mercado na transação *i*; b) *SV* é o Shapley *value* para o bloco transacionado; c) μ é a razão de ações com direito a voto do bloco transacionado pelo número total de ações (com e sem direito a voto) da empresa; d) d_1 é a variável *dummy* para compradores estrangeiros, e d_2, para compradores nacionais. A primeira coluna se refere apenas às transações que representaram alienação de controle, e a segunda inclui todas as transações de blocos de ações ordinárias. Os dados foram obtidos na CVM para o período de janeiro de 1993 a janeiro de 1997. Os resíduos foram testados para heterocedasticidade, não se rejeitando a hipótese de homocedasticidade a 10% para a segunda regressão. Na primeira coluna, os resultados foram corrigidos de acordo com a matriz covariância de White.

* Coeficientes significativos a 1%.

** Coeficientes significativos a 5%

Na regressão feita apenas com as transações que representam alienação de controle, observa-se uma grande diferença nos coeficientes estimados para os dois grupos ($\beta_1 = 1,61$ e $\beta_2 = 0,66$), ambos significativos: β_1 a 1% e β_2 a 5%. Testamos a hipótese nula de que os dois coeficientes são iguais e obtivemos um *p-value* para a estatística *F* igual a 0,1098. São quatro observações em que o comprador é estrangeiro e nove em que é nacional. Assim, temos que o prêmio pago pelo estrangeiro é bem maior do que o pago pelo nacional. Uma das possíveis explicações para isso é o fato de o preço declarado pela empresa estrangeira estar mais próximo do real. No entanto, seria interessante considerar outras explicações. A regressão explica, agora, 35% da variação no prêmio pelo voto.

Considerando toda a amostra, também se observa um coeficiente estimado para compradores estrangeiros bem maior do que para compradores nacionais. Os dois coeficientes são significativos: β_1 a 1% e β_2 a 5%. A hipótese de que os dois coeficientes são iguais é rejeitada a 10%. Foram 14 observações em que o comprador é nacional e seis em que é estrangeiro.

Encontramos um alto valor de controle para o Brasil. Considerando a primeira especificação (a mais conservadora), teríamos um valor de controle representando 57% do montante destinado a todos os investidores. A título de comparação, Zingales (1994) encontra para Itália um valor de controle igual a 30%. Assim como no Brasil, a estrutura de propriedade na Itália é bastante concentrada. Para os Estados Unidos, Zingales (1995b) encontra um valor de controle igual a 4,2%.[10] Um valor de controle tão alto possivelmente teria impacto na capacidade de financiamento externo das empresas. Como apenas uma pequena parcela do valor da empresa se destina aos acionistas que não têm participação no seu controle, estes podem ter menos disposição para investir nela, criando assim um empecilho ao desenvolvimento do mercado de capitais. Isso é de extrema importância quando se tenta analisar o impacto que um mercado de capitais pouco desenvolvido pode ter no crescimento de uma economia. Entre outros autores que procuram relacionar crescimento econômico e desenvolvimento do mercado financeiro, Rajan e Zingales (1996) mostram que o desenvolvimento do mercado financeiro estimula o crescimento econômico na medida em que reduz o custo de financiamento externo das firmas.

Conclusão

Este capítulo mostrou que existe um alto valor de controle para o Brasil, refletido no alto prêmio pago nas transações com blocos de ações com direito a voto e, principalmente, nas transações onde o controle da empresa é transferido.

Esse alto valor de controle é resultado da alta possibilidade de diluição dos direitos dos minoritários por parte dos que detêm o controle da empresa. Logo, está diretamente relacionado a uma fraca proteção aos investidores minoritários.

Entre as possíveis conseqüências de um alto valor de controle está a maior dificuldade das empresas para se financiarem nesse ambiente, o que tem como resulta-

[10] Em ambos os casos, Zingales utiliza o prêmio pelo voto verificado nas transações em bolsa. Para analisar o valor estratégico dos direitos de voto em mãos dos pequenos acionistas, ele usa o Shapley *value* dos votos dos pequenos acionistas. Aqui utilizamos o Shapley *value* relacionado ao bloco de ações com direito a voto transacionadas, num mesmo jogo desenvolvido por Milnor e Shapley (1978). Assim, acreditamos ser possível comparar os resultados encontrados pelas duas metodologias.

do um mercado de capitais menos desenvolvido. Enquanto nos EUA e na Inglaterra o valor de mercado das companhias domésticas cotadas em Bolsa representa 166% e 188,9% do PIB, respectivamente, na França e no Brasil esse valor é 62% e 20% do PIB, respectivamente.[11] Ou seja, a menor proteção aos minoritários pode ter impacto direto no desenvolvimento do mercado de capitais. Ou, como sugere Gomes (1997), o desenvolvimento do mercado de capitais nesse ambiente só seria possível com uma alta concentração do capital.

Referências bibliográficas

Benjo, Isaac. Do valor do voto no mercado de capitais brasileiro. Departamento de Administração, PUC-Rio, 1996. (Dissertação de Mestrado.)

Demsetz, H. & Lehn, K. The structure of corporate ownership: causes and consequences. *Journal of Political Economy, 93*:1.155-77, 1985.

Freire, Alexis T. de A. O valor de controle de empresas abertas no Brasil: comportamento das ações e possibilidade de arbitragem. Coppead/UFRJ, 1992. (Dissertação de Mestrado.)

Gomes, A. Going public with asymmetric information, agency costs and dynamic trading. 1997. mimeog.

Grossman, S. & Hart, O. Takeovers bids, the free rider problems and the theory of the corporation. *Bell Journal of Economics, 11*:42-69, 1980.

Harris, M. & Raviv, A. Corporate control contests and capital structure. *Journal of Financial Economics, 20*:55-86, 1988.

Holderness, C. & Sheehan. The role of majority shareholders in a publicly held corporations: an exploratory analysis. *Journal of Financial Economics, 20*:317-46, 1988.

Horner, M. The value of the corporate voting right. *Journal of Banking and Finance, 12*:69-83, 1988.

Jensen, M. & Meckling, W. Theory of the firm: managerial behaviour, agency costs and ownership structure. *Journal of Financial Economics, 3*:305-60, 1976.

La Porta, R.; Lopez-de-Silanes, F.; Shleifer, A. & Vishny, R. Law and finance. *Journal of Political Economy, 106*:1.113-55, 1998.

Lease, R.; McConnell, J. & Mikkelson, W. The market value of control in publicly traded corporations. *Journal of Financial Economics, 11*:439-67, 1983.

Leland, H. & Pyle, D. Informational asymmetries, financial structure and financial intermediation. *Journal of Finance, 32*:371-87, 1977.

Levy, H. Economic valuation of voting power of common stock. *Journal of Finance, 38*:79-93, 1983.

Milnor, J. & Shapley, L. Values of large games II: oceanic games. *Mathematics of Operations Research, 3*:290-307, 1978.

Rajan, R. & Zingales, L. Finance dependence and growth NBER, 1996. (Working Paper, 5.758.)

Rydqvist, K. Empirical investigation of the voting premium. North-Western University, 1987. (Working Paper, 35.)

[11] Dados de 1992; para os EUA e o Brasil, os dados são de 1991 e 1996, respectivamente.

Shleifer, A. & Vishny, R. Large shareholders and corporate control. *Journal of Political Economy, 95*:461-88, 1986.

Zingales, L. The value of the voting right: a study of the Milan stock exchange. *Review of Financial Studies, 7*:125-48, 1994.

——. Insider ownership and the decision to go public. *Review of Economic Studies, 62*: 25-448, 1995a.

——. What determines the value of corporate votes? *The Quarterly Journal of Economics*, Nov. 1995. p. 1.047-73.

Zwiebel, J. Block investment and partial benefits of corporate control. *Review of Economic Studies, 62*:161-85, 1995.

Efeito da composição acionária sobre o resultado de um leilão de privatização: análise do caso brasileiro

Sílvia Valadares

Introdução

Este capítulo tem como objetivo analisar a influência que a composição acionária anterior a um leilão de privatização pode ter sobre o resultado desse leilão. Para tanto separamos em dois grupos as empresas vendidas pelo governo entre 1991 e 1997, dentro do Programa Nacional de Desestatização (PND): aquelas onde o governo era acionista controlador (24 empresas) e aquelas onde ele tinha apenas participação minoritária no capital votante (23 empresas). A partir daí, analisamos três aspectos nos quais esses dois grupos se diferenciam: o aumento de lucratividade antes e depois do leilão, a composição acionária posterior ao leilão e o ágio pago sobre o preço mínimo. Pretendemos mostrar que os dois tipos de composição acionária podem gerar resultados diferentes nesses três aspectos.

A literatura sobre privatização tem priorizado, até agora, a questão de como vender as empresas visando maximizar a receita ou gerar eficiência. Maskin (1992) compara o resultado de diversos tipos de leilão (aberto, de primeiro preço e de segundo preço) sob diferentes hipóteses quanto ao comportamento dos agentes, procurando mostrar qual deles geraria maior receita ou garantiria um resultado eficiente. Schmidt e Schnitzer (1996), além de discutir os diferentes resultados dos diversos formatos de leilão, comparam venda por leilão com venda por negociação entre o governo e um possível comprador, considerando os resultados em termos de receita esperada e eficiência. Lopez-de-Silanes (1997), num trabalho empírico sobre privatizações no México, analisa o impacto que têm no preço de venda as características da empresa e de seu ramo de atividade; o processo do leilão; e as políticas de reestruturação adotadas pelo governo antes da venda da empresa. Em nenhum dos casos, porém, considera-se o efeito da composição acionária anterior ao leilão sobre o resultado do mesmo. Na verdade, Zingales e Fulghieri (1994) chegam a considerar a importância da composição do capital, mas como um objetivo a ser alcançado no processo de privatização. Analisam qual seria a forma de venda da empresa que geraria uma composição acionária capaz de garantir maior eficiência na gestão da empresa num ambiente de fraca proteção aos investidores minoritários, tal como se observa na Itália.

Aqui analisaremos a composição acionária não como um objetivo do processo de privatização, mas como uma característica da empresa que terá influência no resultado do processo de venda da mesma. Como já foi dito, são três os aspectos analisados: lucratividade das empresas, composição acionária resultante do leilão e ágio pago sobre o preço mínimo. Em relação ao primeiro aspecto, analisamos a lucratividade das empresas no período compreendido entre dois anos antes e dois anos depois da privatização. As empresas que eram controladas pelo governo foram as que tiveram maior ganho de lucratividade nesse período, mas esse ganho se verifica sobretudo nos anos anteriores à privatização.[1] Já nas empresas onde o governo era acionista minoritário observamos uma diminuição na lucratividade antes da privatização. Isso provavelmente reflete a adoção de políticas de reestruturação antes da venda dessas empresas. A existência de outros acionistas antes do leilão pode desencorajar o governo a investir recursos em políticas de reestruturação que possam ter algum impacto no preço de venda. Isso porque o governo ficaria com uma parcela menor dos benefícios gerados por essas políticas do que no caso de ser ele o acionista controlador, já que detém menor parcela do capital dessas empresas.

Quanto à composição acionária, observa-se um movimento oposto no que se refere à concentração de capital quando se analisam os dois grupos de empresas. Enquanto há diminuição na concentração de capital nas empresas onde o Estado detinha o controle, verifica-se um aumento na concentração de capital nas empresas onde o governo tinha apenas participação minoritária. Isto porque, nesse segundo grupo de empresas, os leilões foram quase todos vencidos por antigos acionistas que já participavam da empresa antes do leilão. Tal fato sugere uma assimetria entre os compradores divididos em dois grupos, antigos acionistas e novos acionistas, mostrando-se o primeiro mais disposto a pagar pelo bloco vendido.

O terceiro e último aspecto aqui abordado é a diferença de ágio entre os dois grupos. Não só o ágio médio é maior nas empresas onde o controle foi vendido (média de 31,3% contra 2,8%), mas também o ágio está próximo de zero na quase

[1] Esse maior aumento da lucratividade no período anterior à privatização já foi observado anteriormente por Vickers e Yarrow (1991) em algumas empresas privatizadas na Inglaterra.

totalidade das empresas onde apenas uma participação minoritária foi vendida — apenas uma empresa desse grupo tem ágio maior que 1%. Tudo isso indica não haver incentivo à participação de novos acionistas. Damos aqui uma explicação para esse fato baseada numa assimetria entre os acionistas já existentes na empresa antes do leilão e outros potenciais compradores.

Tal assimetria entre antigos e novos acionistas ocorreria em dois aspectos: informação e disposição para pagar pelo bloco. Primeiro, os antigos acionistas possuem toda a informação pública disponível aos outros potenciais compradores e também alguma informação privada, o que lhes permite fazer uma estimativa mais precisa do valor da empresa. Segundo, a compra do bloco minoritário por um antigo acionista pode garantir-lhe o controle da empresa (mais de 51% dos votos) donde sua disposição para pagar mais pelo bloco vendido, dado o valor estimado da empresa. Assim, se um novo acionista vencer o leilão, ele perceberá que estimou um valor para a empresa superior àquele estimado pelos jogadores com informação privada. Isso pode desencorajar a participação de outros potenciais compradores, gerando o resultado encontrado.

O capítulo está assim organizado: primeiramente descrevemos as características básicas do Programa Nacional de Desestatização. Em seguida analisamos a lucratividade das empresas privatizadas antes e depois de sua venda, bem como a composição acionária posterior. Por fim, discutimos a diferença do ágio pago entre os dois grupos de empresas.

O Programa Nacional de Desestatização (PND)

As empresas aqui consideradas foram privatizadas dentro do PND no período de 1991 a 1997, quando se realizaram leilões abertos ao público para 56 empresas. Destas, 24 eram controladas pelo governo; em 25 o governo tinha apenas participação minoritária, vendendo apenas as ações sem direito a voto em duas delas; nas sete empresas restantes, o leilão foi para concessão ou arrendamento. Nas 23 empresas em que o governo tinha participação minoritária no capital votante, esta era, em média, de 30,6 % (mediana de 32,3%). Além do governo, essas empresas tinham outros acionistas com grande participação no capital votante. Os três maiores acionistas tinham, em média, 92,08% do capital votante (mediana igual a 97,4%).[2]

A tabela 1 mostra a distribuição da receita e o número de empresas privatizadas pelo PND nos anos de 1991 a 1997.

[2] Estamos considerando 19 das 23 empresas. As restantes não dispunham de informações sobre a composição do capital votante, mas apenas do capital total. Foram empresas que tiveram lotes de ações com e sem direito a voto vendidas conjuntamente: Indag, Copene, Nitrocarbono e Pronor.

TABELA 1
Resultados da privatização – evolução anual

Ano	Nº de empresas	Receita	
		US$ milhões	%
1991	4	1.613,7	9,3
1992	14	2.400,9	13,8
1993	6	2.628,8	15,2
1994	9	1.570,1	9,1
1995	8	1.004,1	5,8
1996	11	4.044,5	23,3
1997	4	4.076,9	23,5
Total	56	17.336,5	100,0

Fonte: BNDES (1997).

Tais empresas pertenciam aos seguintes setores: siderurgia, petroquímica, fertilizantes, elétrico, ferroviário, mineração, portuário, financeiro e outros. O número de empresas vendidas em cada setor, a receita auferida, o grau de monopólio e o número de empresas nas quais se vendeu o controle podem ser vistos na tabela 2.

TABELA 2
Classificação das empresas por setor

Setor	Número de empresas	Venda de controle	Receita		Grau de monopólio médio
			US$ milhões	%	
Siderurgia	8	8	5.561,5	31	87,61
Petroquímica	27	4	2.698,5	15,2	62,06
Fertilizantes	5	3	418,2	2,4	87,80
Elétrico	2	2	3.028,2	16,9	100
Ferroviário	6	6	1.491,1	8,3	–
Mineração	2	2	3.304,7	19	92,6
Portuário	1	1	251,1	1,4	–
Financeiro	1	1	240,1	1,3	–
Aviões e componentes	2	2	283,3	1,6	96,07
Material de transporte	1	1	48,8	0,3	1
Navegação fluvial	1	1	12	0,1	–
Total	56	31	17.336,5	100,0	76

Nota: Venda de controle é o número de empresas que tiveram o seu controle vendido ao setor privado. As restantes representavam participação minoritária do governo nas empresas. O grau de monopólio é medido pela participação das quatro maiores empresas na receita operacional líquida do setor.
Fonte: BNDES (1997); *Gazeta Mercantil* (1989-97).

A maior parte da receita auferida na privatização (63,1%) foi nos setores siderúrgico, petroquímico e elétrico. Neste último, a venda de apenas duas empresas representou 16,9% da receita total dos leilões. As participações minoritárias do governo se concentram nos setores petroquímico (23 de 27 empresas) e de fertilizantes (duas de cinco).

Outro ponto a se considerar é o alto grau de monopólio das empresas participantes do processo de privatização. A medida de grau de monopólio se refere à participação da receita operacional líquida das quatro maiores empresas do setor (classificadas em função da receita operacional líquida) na receita total do mesmo setor.[3] A classificação dos setores e os dados referentes à receita tiveram como fonte o balanço anual da *Gazeta Mercantil* de 1997.[4] Os dados se referem ao balanço de dezembro de 1996. Como se vê, a maioria das empresas vendidas atua em setores com alto grau de monopólio, sendo a média geral para todas as empresas igual a 76%.

Além disso, o formato padrão de venda das empresas foi o leilão inglês. Nesse tipo de leilão, em sua forma mais simples, o leiloeiro define um preço mínimo e aumenta-o gradativamente até que só reste um comprador (ou até que a demanda se iguale à oferta no leilão). Mas dentro da modelagem de venda podemos distinguir dois tipos principais: a) o leilão em lotes de ações; e b) o leilão em bloco único. No primeiro, a empresa é dividida em vários lotes de ações. A cada preço, cada participante determina sua demanda. Se o total demandado de ações for maior que o ofertado, o leiloeiro aumenta o preço até que a demanda se iguale à oferta.[5] Estão nesse grupo 34 empresas. No segundo tipo, a totalidade das ações, objeto do leilão, será vendida a apenas um participante, ou seja, o objeto leiloado é indivisível. As 15 empresas restantes foram vendidas dessa forma. Além disso, a modelagem de venda das empresas se diferencia em outros aspectos, como existência ou não de oferta ao público, existência ou não de oferta a empregados, leilão apenas de ações ordinárias, leilão de ações ordinárias seguido de leilão para ações preferenciais, leilão conjunto de ações ordinárias e preferenciais.

Lucratividade das empresas

Vejamos agora a lucratividade das empresas privatizadas numa janela de dois anos antes a dois anos depois do leilão de privatização. Como medida de lucratividade,

---

[3] Essa medida representa um índice de concentração que satisfaz às seguintes condições desejáveis: simétrica entre firmas (é invariante a troca de participações no mercado entre firmas); de Lorenz (aumento da variância: preservando a média, aumenta a concentração de mercado); para firmas simétricas, a concentração diminui quando o número de firmas aumenta de n para $n + 1$. Para maiores detalhes, ver Tirole (1988).

[4] Para algumas empresas que não tinham dados no balanço anual de 1997, os dados foram coletados em edições anteriores. Não foram obtidos dados para 12 empresas.

[5] Na verdade, o leilão segue enquanto a demanda exceder à oferta, sendo interrompido no primeiro preço para o qual a oferta exceda à demanda. O excesso de oferta será levado a um leilão de saldos.

utilizaremos a razão lucro líquido/patrimônio líquido (%). Os dados foram obtidos no Centro de Economia de Empresas da FGV-RJ. Trata-se de balanços auditados de companhias abertas, encontrados em *As Quinhentas Maiores Empresas do Brasil*, publicação anual da revista *Conjuntura Econômica*. Os dados não-disponíveis nessa fonte foram coletados no balanço anual da *Gazeta Mercantil*. Os dados para o ano de 1997 tiveram como fonte o relatório Demonstrações Financeiras Padronizadas (DFP), apresentado todos os anos à CVM pelas empresas.

O primeiro ponto a observar é que, nos dois anos anteriores à privatização, as empresas onde o governo era controlador tiveram menor lucratividade (média de –42% e mediana de –8%)[6] do que aquelas onde ele era sócio minoritário (média de 1,76% e mediana de 1,2%). Além disso, embora o ganho de lucratividade entre dois anos antes e dois depois do leilão seja maior para as empresas onde o Estado era controlador, os dois grupos não apresentam muita diferença no aumento da lucratividade entre um ano antes e dois anos depois do leilão. Enquanto para as empresas controladas pelo governo o crescimento médio da lucratividade entre os anos –2 e 2 foi de 53,4%[7] (mediana de 18,6%), para as empresas onde ele tinha participação minoritária esse crescimento foi de 3,6% (mediana de 6,4%). Já o aumento da lucratividade entre os anos –1 e 2 foi, em média, de 18,5% (mediana de 10,5%) para o primeiro grupo e de 15,5% para o segundo (mediana de 14%). Um fator que contribui para essa diferença é o aumento da lucratividade entre dois anos e um ano antes da privatização. Enquanto nas empresas controladas pelo governo esse crescimento foi de 32% (mediana de 7,8%),[8] nas empresas onde o Estado era sócio minoritário houve diminuição na lucratividade (crescimento médio de –8,2% e mediana de 0,8%). O crescimento médio positivo entre um ano e dois anos após a privatização foi bem maior nas empresas onde o governo tinha participação minoritária. Enquanto o crescimento médio nesse grupo foi de 17,7% (mediana de 8,4%), nas empresas antes controladas pelo governo chegou a 2,1% (mediana de 0,9%).

Testamos ainda a hipótese nula de que as médias de lucratividade são iguais nos dois grupos. Para lucratividade dois anos antes, crescimento médio entre dois anos antes e dois anos depois e entre dois anos e um ano antes do leilão, a hipótese nula foi rejeitada a 10%. O *p-value* para o crescimento entre um ano e dois anos depois é de 0,11. Para as outras medidas de lucratividade, a hipótese nula não foi rejeitada. Esses dados podem ser vistos na tabela 3.

O principal ponto a ser ressaltado é a diferença no aumento da lucratividade antes da privatização. O maior aumento na lucratividade das empresas anterior-

[6] Se tirarmos uma empresa (Mafersa S.A.), cuja lucratividade foi de –355%, a média passa a ser –25%. Dispõe-se de dados para 20 empresas nesse grupo.

[7] Sem a Mafersa, o crescimento médio é 35,4%.

[8] Mais uma vez, se excluirmos a Mafersa, a média será 17,9%.

mente controladas pelo Estado mostra que elas passaram por um processo de reestruturação antes de serem vendidas ao setor privado, de modo que grande parte do aumento da lucratividade ocorreu antes do leilão de privatização. Já nas empresas onde o Estado não era controlador deu-se justamente o contrário: redução no nível de lucratividade nos dois anos anteriores à privatização e aumento após a mesma. Isso pode representar diferentes incentivos à implementação de políticas de reestruturação pelo governo. Tais políticas têm como efeito um aumento no valor da empresa, o qual possivelmente terá um efeito positivo no preço pago no leilão. Nas empresas onde o Estado é acionista controlador, quase todo o benefício ou retorno dessas políticas ficará com o governo, enquanto nas empresas onde existem outros acionistas com grande parcela do capital da empresa, também estes se beneficiarão do resultado dos investimentos. Isso pode diminuir o interesse do governo em investir recursos nessas empresas logo antes da privatização, na medida em que ficará com menor parcela do retorno desses investimentos.[9]

TABELA 3
Lucratividade pré-privatização e pós-privatização por venda de controle ou participação minoritária

	Ano	Venda de controle	Participação minoritária	Teste para igualdade das médias – *p-value*	Total
Lucratividade	-2	-42	1,8	0,04	-20
		(-8)	(1,2)		(-2,3)
	-1	-10,5	-4,5	0,2	-7,5
		(-1,5)	(-1)		(-1)
	1	4,7	-10	0,05	-1,8
		(4,5)	(0,1)		(2,4)
	2	6,3	6,9	0,93	6,6
		(3,9)	(4,6)		(4,4)
Aumento da lucratividade	-2 a -1	32	-8,2	0,04	12,5
		(7,8)	(0,8)		(-4)
	1 a 2	2,1	17,7	0,11	9
		(0,9)	(8,4)		(2,3)
	-1 a 2	18,5	15,5	0,74	17,4
		(10,5)	(14)		(12,3)
	-2 a 2	53,4	3,6	0,06	31,6
		(18,6)	(6,4)		(10,7)

Nota: As empresas foram divididas em dois grupos: num, o Estado vende o controle; noutro, apenas uma participação minoritária é vendida. Os números entre parênteses são os valores medianos.

[9] Poderíamos também considerar que, quando o Estado não é acionista controlador, a adoção de políticas de reestruturação por parte do Estado é mais difícil.

Por fim, cabe ressaltar que o nível de lucratividade médio é o mesmo para os dois grupos no ano 2.

Composição acionária futura

Passemos agora à composição acionária das empresas após o leilão. O primeiro aspecto a ser ressaltado é o aumento da concentração de capital nas empresas onde o governo era acionista minoritário, juntamente com a diminuição dessa concentração naquelas onde ele era controlador. No primeiro grupo, o maior acionista tinha 38,8% do capital votante (mediana de 35%) antes do leilão, passando a ter 58,4% (mediana de 60%) depois do leilão. Já nas empresas onde o governo era controlador, o maior acionista tinha, em média, 87,5% antes do leilão, passando a ter 50,8% após o leilão (mediana de 34,4%). Além disso, entre as empresas onde o Estado era sócio minoritário, aumentou muito o número daquelas com um acionista controlador (de duas para 14 após os leilões). Já nas empresas onde o Estado era controlador, apenas nove continuaram tendo um acionista controlador. Ou seja, em 14 empresas o controle passou a ser dividido entre mais que dois acionistas. Esses dados podem ser vistos na tabela 4.

TABELA 4
Composição acionária do capital votante

		Venda de controle	Participação minoritária	Todas as empresas
Número de empresas considerado		23	19	42
Antes da privatização	Empresas com acionista controlador	23	2	25
	Maior acionista	87,5	38,8	65,5
		(91,5)	(35)	(67,5)
	Três maiores acionistas	97,6	92,1	95,1
		(99,9)	(96)	(99,6)
Após a privatização	Empresas com acionista controlador	9	14	23
	Maior acionista	50,8	58,4	54,3
		(34,4)	(60)	(50,5)
	Três maiores acionistas	70,2	96,8	82,2
		(77,4)	(99,8)	(90,2)

Nota: Acionista controlador é aquele com mais de 50% dos votos. Da amostra de 56 empresas, excluímos as que foram leiloadas para concessão ou arrendamento (7), as que venderam apenas seu capital não-votante (2) e as que apresentavam a distribuição do capital total, mas não a do capital votante (5). As empresas foram divididas em dois grupos: num, o Estado vendeu o controle; noutro, apenas uma participação minoritária foi vendida. Os números entre parênteses são os valores medianos.

A concentração de capital nas empresas onde o governo vendeu uma participação minoritária sugere que os vencedores dos leilões foram, em sua maioria, antigos acionistas, considerando os dados de composição acionária obtidos imediatamente antes e imediatamente após o leilão. Na verdade, entre as 19 empresas consideradas, em apenas três temos novos acionistas. Ou seja, nas 16 empresas restantes, os detentores do capital votante são os mesmos antes e depois da privatização, havendo portanto uma concentração de capital. E naquelas três empresas, só em uma os acionistas antigos não compraram ações no leilão. Nas outras duas, o acionista controlador após o leilão já era acionista anteriormente (numa delas, já era o acionista controlador).

Tal cenário indica uma vantagem por parte dos antigos acionistas. Por já estarem na empresa, esses investidores fizeram nela investimentos específicos. Tais investimentos representam um custo não-recuperável (*sunk cost*), o que pode fazer com que esses acionistas estejam dispostos a pagar mais pelo bloco vendido pelo governo do que outros acionistas que não participavam da empresa. Isso porque esses investimentos são específicos àquela empresa e não podem ser transferidos para outra, tampouco para outros compradores. Ou seja, ao avaliar a empresa, os outros potenciais compradores levarão em conta que deverão fazer esse tipo de investimento. Assim, se os antigos acionistas estiverem dispostos a entrar no leilão para comprar o controle da empresa, possivelmente pagarão mais pela participação do governo.

Outro argumento que explicaria essa maior disposição para pagar pelo bloco vendido seria o maior valor de controle atribuído a esse bloco pelos acionistas antigos. Isso porque, ao comprar a participação do governo, esses acionistas estarão na maioria das vezes garantindo todo o controle da empresa ao adquirir mais de 50% dos votos. Como vimos na tabela 4, a maioria das empresas passa a ter um acionista controlador. O fato de esse acionista passar a ter o controle da empresa pode fazer com que atribua maior valor de controle ao bloco vendido. Assim, para uma mesma estimativa do valor da empresa, esses acionistas estarão dispostos a pagar mais pelo bloco vendido no leilão.[10]

Essa assimetria entre os compradores pode explicar o fato de quase todos os leilões de participação minoritária terem sido vencidos por antigos acionistas.

Ágio pago nos leilões

Outro fator que diferencia os dois grupos de empresas é o ágio obtido nos leilões. Enquanto na venda do controle o ágio médio chegou a 31,3%, na venda de partici-

[10] Possíveis efeitos do valor de controle não devem ser desconsiderados quando se analisa o mercado de controle corporativo em ambientes com fraca proteção a investidores minoritários, como o Brasil. Anteriormente, estimamos que a percentagem do valor de controle sobre a parte da empresa que será dividida igualmente entre todos os acionistas é 57, numa estimativa mais conservadora.

pação minoritária ele ficou em 2,8%. A diferença se torna mais marcante quando consideramos as empresas com ágio maior que 1%. Na venda do controle, esse grupo inclui 14 empresas (58%), ao passo que na venda de participação minoritária, apenas uma empresa teve ágio maior que 1% (4,3%). Nota-se, pois, uma grande diferença entre esses dois grupos, a qual tentaremos aqui explicar. A tabela 5 mostra o ágio nos leilões em que o governo vendeu o controle ou apenas uma participação minoritária.

TABELA 5
Ágio nos leilões

	Venda de controle	Participação minoritária	Total
Número de empresas	24	23	47
Ágio médio	31,3	2,8	17,3
(mediana)	(14,1)	(0)	(0)
Ágio máximo	161	62,2	161
Empresas com ágio zero	8	18	26

Nota: O ágio médio é a média do ágio do preço pelo qual a empresa foi vendida sobre o preço mínimo fixado pelo governo. Os dados foram obtidos no BNDES.

O maior ágio pago para a venda do controle não é um resultado novo. Observando os retornos diários de ações associados ao anúncio da privatização de empresas da União Européia, Widlansky (1994) encontra um retorno diário anormal positivo para as empresas que terão seu controle vendido e um retorno anormal negativo para aquelas onde o controle permanecerá nas mãos do governo. Lopez-de-Silanes (1997) encontra um prêmio nos preços pagos nas privatizações mexicanas para as empresas onde se vendeu o controle em relação àquelas onde se vendeu uma participação minoritária e que já eram controladas pelo setor privado. Duas são as razões normalmente apresentadas para esse prêmio: o valor de controle associado ao bloco de controle e o ganho futuro de lucratividade decorrente da transferência do gerenciamento da empresa do setor público para o setor privado.

A hipótese de valor de controle está relacionada ao fato de o valor de uma empresa dividir-se em duas partes: uma que é dividida igualmente entre todos os acionistas e outra que fica apenas com aqueles que controlam a empresa, ou seja, os benefícios privados decorrentes do controle, que podem ser pecuniários ou não. O valor de controle resulta de um problema de agência entre os investidores e os administradores da empresa. A possibilidade de os administradores diluírem o direito dos acionistas minoritários mediante o pagamento de salários excessivos, a venda de ativos (ou produtos) a empresas controladas pelos próprios administradores a preços favoráveis aos mesmos e a escolha de estratégias de investimento por razões pessoais sem beneficiar outros investidores são alguns exemplos de como os administradores podem não seguir os objetivos dos investidores.[11] Assim, na medida em que se está vendendo a empresa ao setor privado, está-se também passando o controle da empresa, que tem valor por si só. Isso explicaria um preço maior que o fluxo de caixa futuro gerado pela empresa.

A segunda explicação é o ganho de eficiência/lucratividade na administração das empresas quando elas passarem para o setor privado. Assim, se o preço mínimo estiver relacionado com a capacidade do setor público para gerar fluxo de caixa, a venda da empresa ao setor privado poderá significar um ganho de eficiência que implicaria um ágio sobre esse preço mínimo num leilão competitivo.

Em princípio, qualquer dessas duas hipóteses seria razoável para explicar o maior ágio na venda do controle. Primeiro, porque se está vendendo o controle da empresa, o que por si só já geraria maior ágio, principalmente se considerarmos o ambiente de fraca proteção a investidores minoritários existente no Brasil. Segundo, porque se pode esperar maior ganho de eficiência nas empresas onde o controle será vendido. Nelas haveria efetivamente a troca da gestão governamental pela gestão privada, com todas as diferenças de incentivos existentes entre as duas. Logo, a passagem do controle para o setor privado pode reforçar a ênfase dada à lucratividade, tornando possível um maior aumento da mesma. Quanto às empresas onde o governo era sócio minoritário, o ganho esperado de eficiência poderá ser menor se considerarmos que a maior parte do capital já estava em mãos do setor privado.

No entanto, vamos sugerir aqui uma terceira hipótese para explicar esse resultado. Tal hipótese tem como base uma assimetria entre antigos acionistas e outros potenciais compradores, com os primeiros desestimulando a entrada destes últimos.

Teríamos assim uma situação em que apenas os acionistas preexistentes venceriam os leilões pagando um preço próximo ao mínimo fixado pelo governo. Na verdade, na única empresa onde se observou um ágio maior que 1%, a Cia. Industrial de Polipropileno S.A. (PPH), em cujo leilão o ágio alcançou 62,2%, os vencedores do leilão foram exatamente os três acionistas existentes na empresa antes da privatização. Além disso, nas empresas onde entraram novos acionistas, o ágio pago no leilão foi igual a zero, o que mostra a inexistência de competição entre antigos e novos acionistas.

A não-entrada de novos acionistas se explicaria pelo fato de esses acionistas terem um retorno esperado negativo para a participação nos leilões. Isso poderia acontecer por dois motivos: a maior disponibilidade de informação por parte dos antigos acionistas e sua maior disposição para pagar pela empresa.

Em primeiro lugar, por já estarem na empresa, esses acionistas devem dispor de mais informação sobre ela. Assim, poderíamos considerar uma situação em que

[11] Ver La Porta et alii (1997).

o conjunto de informação dos antigos acionistas contém o conjunto de informação dos novos, além de os primeiros disporem de outras informações privadas a que os últimos não têm acesso.

Haveria também a maior disposição para pagar por parte dos antigos acionistas. Como dissemos anteriormente, isso pode estar ligado aos investimentos específicos que eles já fizeram na empresa, os quais de certa forma representam custos não-recuperáveis. Isso faria com que esses acionistas valorizassem mais o controle da empresa, dispondo-se a pagar mais pelo bloco de ações.

Além disso, a aquisição do bloco vendido pelo governo pode garantir o controle da empresa (mais de 50% dos votos) para os antigos acionistas. Como já vimos, esse é o caso mais freqüente, passando a maioria das empresas a ter um acionista controlador. Visto que a aquisição do controle da empresa faz com que o antigo acionista esteja disposto a pagar mais pelo bloco do governo do que outro comprador que esteja entrando na empresa naquele momento, ou seja, se o valor de controle relacionado ao bloco for maior para um antigo acionista do que para um novo acionista, o primeiro estará mais disposto a pagar pelo bloco considerando uma mesma estimativa do valor da empresa.

Teríamos assim a seguinte situação. Se um novo acionista vencer um acionista antigo num leilão aberto, ele estará pagando a valoração, ou preço de reserva, do acionista antigo para o bloco vendido. Como o acionista antigo está mais disposto a pagar pelo bloco, além de ter um conjunto maior de informação, isso significa que o novo acionista valorizou mais a empresa do que outro participante que tinha um conjunto de informação maior que o dele. Assim, um conjunto menor de informação diminui o retorno esperado por participar do leilão. Se este não for vencido por um antigo acionista, o vencedor provavelmente estará superavaliando a empresa. Assim, o retorno esperado por participar do leilão para esse potencial comprador pode ser negativo e representar um desestímulo à sua participação, o que explicaria a quase inexistência de ágio nesses leilões.

Outro fator capaz de explicar o ágio nulo seria a coalizão de antigos acionistas. Se eles competissem no leilão, teríamos apenas antigos acionistas, porém um ágio acima de zero. Este parece ser o caso da PPH, cujo leilão teve um ágio de 62,2%: os vencedores foram os três acionistas já existentes. A coalizão dos participantes com mais informação também foi constatada por Hendricks e Porter (1988), que analisaram leilões fechados de primeiro preço de concessão para exploração de petróleo num ambiente de informação semelhante ao descrito aqui. Eles consideraram dois tipos de firmas que participam desse tipo de leilão: as que possuem apenas informação pública e as que possuem informação pública e privada não-disponível para as primeiras. Não só constataram que houve poucos leilões com participação de mais de uma firma com mais informação (mesmo havendo várias firmas com mais informação), mas também mostraram que o lucro líquido (descontado o preço pago pela concessão) não é menor quando há participação de mais de uma firma com informação privada. Mostraram, ainda, que o valor dos lances decresce à medida que participam mais firmas com mais informações, o que é inconsistente com a teoria de leilão competitivo, dadas algumas hipóteses razoáveis sobre as distribuições das valorações dos participantes. Os leilões analisados por Hendricks e Porter (1988) foram leilões de primeiro preço. No entanto, leilões abertos e de segundo preço são mais suscetíveis à coalizão, pois não existe incentivo para que algum jogador quebre o acordo firmado. Suponhamos que os participantes de um leilão se unam e escolham o vencedor (aquele que valoriza mais o bem que está sendo vendido). Num leilão de primeiro preço, isso significa que esse jogador deverá fazer um lance menor do que faria caso não houvesse coalizão, já que pagará o seu lance pela empresa. Nesse caso, outro participante poderá fazer um lance um pouco maior e levar o bem, desde que esse lance seja menor que a sua valoração. Num leilão aberto ou de segundo preço não existe essa possibilidade. Num leilão inglês, se outro participante desistisse do acordo e aumentasse o seu lance, ele não conseguiria comprar o bem, mas apenas aumentar o preço a ser pago pelo jogador com maior valoração. Ou seja, não há incentivo para os outros jogadores quebrarem o acordo anterior. No caso do leilão de segundo preço, o participante com maior valoração pode prevenir-se fazendo um lance igual à sua valoração, garantindo que vencerá o leilão. Assim, esses dois tipos de leilões são mais suscetíveis à coalizão.

Portanto, a assimetria de antigos e novos acionistas, quer no tocante à disposição para pagar, quer no tocante ao conjunto de informação, pode explicar um ágio próximo de zero nos leilões em que o governo vendeu apenas uma participação minoritária na empresa.

Conclusão

Neste capítulo procuramos mostrar que a composição acionária da empresa anteriormente à privatização, em particular a existência ou não de outros acionistas com uma grande parcela do capital da empresa, pode alterar o resultado de sua venda em leilão. Isso ocorre em relação não apenas à receita auferida pelo governo, mas também ao incentivo do próprio governo para reestruturar a empresa e à composição acionária resultante da privatização. Assim, constamos uma relação entre menor receita e maior concentração no capital da empresa.

Embora isso vá de encontro ao objetivo da privatização, é difícil eliminar a assimetria entre os possíveis compradores que originou esse resultado, qual seja, a assimetria existente entre os acionistas já existentes na empresa antes de sua venda e outros possíveis compradores. O governo talvez consiga diminuir a assimetria de informação entre os potenciais compradores, mas dificilmente eliminaria a maior disposição para pagar pela empresa devido a investimentos não-renováveis ou a um maior valor de controle.

Referências bibliográficas

BNDES. Programa Nacional de Desestatização — sistema de informações. 31-12-1997.

Hendricks, K. & Porter, H. An empirical study of an auction with asymmetric information. *American Economic Review, 78*(5):865-83, 1988.

La Porta, R.; Lopez-de-Silanes, F.; Shleifer, A. & Vishny, R. Agency problem and dividend policies around the world. 1997. mimeog.

Lopez-de-Silanes, F. The determinants of privatization prices. *Quarterly Journal of Economics, 112*, Nov. 1997.

Maskin, E. Auction and privatization. In: Siebert, H. (ed.). *Privatization: symposium in honor of Herbert Giersch*. Tübingen, J. C. B. Mohr, 1992. p. 115-36.

Schmidt, K. & Schnitzer, M. Methods of privatization: auctions, bargaining, and give-aways. University of Munich, 1996. mimeog.

Tirole, J. *The theory or industrial organization*. MIT, 1988.

Vickers, J. & Yarrow, G. Economic perspectives on privatization. *Journal of Economic Perspectives, 5*(2):111-32, 1991.

Widlansky, R. The effect of privatization on the value of the firm in the European Union. University of Chicago, 1994. mimeog.

Zingales, L. & Fulghieri, P. Privatizzazioni e struttura del controllo societario: il ruolo della public company. In: *Economia, mercati e istituzioni: le nuove frontiere della politica economica, Milano*. Igier, 18-6-1994.

PARTE V

O mercado de juros no Brasil

Introdução

Marco Bonomo e René Garcia

Esta parte é dedicada ao mercado de renda fixa no Brasil. Os capítulos nela incluídos focalizam uma ampla variedade de técnicas e mercados, como por exemplo o mercado de depósitos interbancários por um dia (capítulo 15), o mercado futuro de depósitos interbancários (capítulos 14 e 17), o mercado de *swap* entre as taxas de depósitos interbancários e prefixadas (capítulo 16) e o mercado de eurobônus brasileiros. Entre as técnicas empregadas, destacam-se a medida martingala equivalente para derivativos (capítulos 14 e 18), a modelagem X-GARCH e de volatilidade estocástica para séries temporais (capítulo 15), o método eficiente de momentos para estimação (capítulo 15) e a análise de componentes principais (capítulos 16 e 17).

Será que os modelos de apreçamento de ativos construídos para economias estáveis se aplicam aos mercados onde há grandes choques macroeconômicos e incerteza política? Estruturas institucionais diferentes podem afetar significativamente a dinâmica das séries? Em mercados como o Brasil, onde esses dois fatores têm desempenhado papel central, tais questões são fundamentais. Os capítulos 14 e 15, de autoria de Eduarda de La Rocque, representam uma rara tentativa de aplicar os modelos freqüentemente utilizados para analisar as taxas de juros nos Estados Unidos a séries brasileiras semelhantes, incluindo o período de alta inflação. É um exercício audacioso, mas, como o leitor irá descobrir, a recompensa será proporcional ao risco assumido.

O capítulo 14 investiga a estrutura de volatilidade dos preços futuros em economias instáveis, concentrando-se no mercado futuro de DI. A autora começa por derivar o efeito do prazo de maturação sobre a volatilidade do preço de um contrato a termo qualquer, concluindo que em geral a volatilidade é crescente e côncava com o prazo de maturação. Esse resultado não é novo, mas tem especial importância num mercado como o Brasil, onde os contratos não possuem maturidade muito longa. Nesse caso, quando tiramos a diferença dos logaritmos de preços futuros diários, a fim de estimar taxas de *hedge*, devemos levar em conta uma heterocedasticidade cíclica, para padronizar as séries. Devido ao efeito de reversão à média dos juros, essa heterocedasticidade não é de magnitude importante quando se trata de prazos longos, razão pela qual usualmente é desconsiderada em economias estáveis. Entretanto, na comparação de prazos de maturação pequenos, ela se torna expressiva.

No Brasil, um dos mais importantes mercados de renda fixa é o de contratos futuros de depósitos interbancários. A autora deriva a estrutura de volatilidade dos contratos futuros dos depósitos interbancários e mostra que a volatilidade cresce com a maturidade. Esse efeito é diferente do derivado para o mercado futuro de juros americano, onde a volatilidade decresce com a maturidade se houver reversão à média da taxa de juros de curto prazo, mas é constante quando não há reversão. A discrepância resulta da diferença de objetos nos dois mercados. O mercado futuro de juros americano é realmente um mercado futuro de títulos de desconto. Mas, conforme demonstrado pela autora, o mercado futuro de juros no Brasil é definido de tal forma que o preço negociado deve ser idêntico ao preço de um título de desconto com mesmo prazo no mercado à vista. Como conseqüência, a estrutura de volatilidade do mercado de juros brasileiro é idêntica à estrutura de volatilidade do preço de um título de desconto, sendo crescente e côncava no prazo de maturação.

O capítulo 15 aborda diretamente a modelagem de uma variável econômica crucial — a taxa de juros. Com dados americanos ou europeus, não importa muito qual é a taxa de juros de curto prazo escolhida, pois as conclusões tendem a ser robustas ante a variável escolhida. Além disso, a escolha usual de uma taxa nominal, em vez de uma taxa real (a variável econômica de interesse), não faz muita diferença no apreçamento de títulos ou derivativos de longo prazo. No Brasil, por causa da inflação, a realidade era totalmente diferente, já que a taxa de um mês era, de fato, uma taxa de juros de longo prazo. Assim, a autora é levada a escolher a taxa de depósito interbancário real diária como variável de interesse. Esta escolha traz uma série de problemas desconhecidos para pesquisadores acostumados com as bem-comportadas séries americanas de taxas de juros. Como a intenção da autora é construir um modelo de tempo contínuo para as taxas de juros brasileiras de curto prazo, as séries precisam estar livres de fatores institucionais e sazonais e de mudanças estruturais. Há que ter perseverança e conhecimento dos mecanismos de mercado para que surjam dados razoáveis. Esta é apenas a primeira parte da desencorajadora tarefa proposta. A segunda é usar os mais recentes e sofisticados métodos econométricos para fazer os dados falarem. Como estes são "discretos" e os modelos feitos em tempo contínuo, a estimação dos modelos através de sua "discretização" faz com que os parâmetros estimados sejam enviesados. Até recentemente, esses vieses eram devidamente reconhecidos, mas não corrigidos. Com o advento dos métodos de simulação, tais como a inferência indireta e o método eficiente dos momentos, os vieses podem ser corrigidos. O método depende da especificação de um chamado modelo auxiliar (o modelo em tempo "discreto" da autora). La Rocque também inova nesse aspecto, já que o modelo auxiliar proposto, com redes neurais e efeitos ARCH, difere do usual modelo semiparamétrico (SNP) proposto por Gallant e Tauchen.

Podem-se tirar algumas lições importantes da experiência. A cuidadosa modelagem dos fatores institucionais presentes no mercado brasileiro de curto prazo é um complemento essencial para o uso bem-sucedido de modelos não-lineares sofisticados. Quanto mais sofisticado é um modelo, mais importante é confiar em considerações econômicas *a priori*. Alguns resultados são de interesse especial quando comparados com os resultados conhecidos para esses mercados. Não é o nível de inflação, mas a aceleração da inflação que aparece como uma variável central na explicação do nível de volatilidade da taxa de curto prazo. A autora também identifica um efeito assimétrico na volatilidade, na forma de um efeito inversamente alavancado. Choques positivos aumentam a volatilidade mais que choques negativos. A interpretação intuitiva é a mesma que a usual, donde concluímos que choques positivos são ruins nesse caso, já que aumentos nas taxas reais ou na inflação esperada conferem maior dinamismo ao mercado. Por fim, em termos de modelos, a autora conclui que os modelos comuns de um fator, com a taxa de curto prazo como único estado variável, não são apropriados para a taxa de curto prazo brasileira, e que existe alguma evidência para um modelo de volatilidade estocástica e, portanto, para a inclusão de uma fonte adicional de ruído. Esse resultado não é surpreendente, em função da alta volatilidade da inflação no período.

O capítulo 16, de Gyorgy Varga e Marcos Valli, e o capítulo 17, de Alexandre Barcinski, procuram estimar a estrutura a termo brasileira pelo método dos componentes principais, seguindo o trabalho de Litterman e Scheinkman (1993) para os EUA. Os capítulos se complementam. O trabalho de Varga e Valli foi pioneiro, contém uma exposição mais abstrata e detalhada do método dos componentes principais e utiliza dados do mercado de *swap*. O de Barcinski apresenta o método enquanto modelo de fator e mostra como se pode utilizar o mercado futuro de DI para "hedgear" uma carteira qualquer de renda fixa. Ambos os capítulos concluem que, assim como nos EUA, os três principais componentes, identificados aos mesmos fatores — nível, inclinação e convexidade — encontrados por Litterman e Scheinkman, explicam grande parte dos movimentos da estrutura a termo no Brasil. Mostram que o *hedge* com base no modelo de fatores tem um desempenho bastante superior àquele obtido pelo método usual com base em duração.

No capítulo 18, Franklin Gonçalves e Márcio Barros analisam o efeito das opções embutidas nos eurobônus brasileiros sobre as medidas de *spread*. Os autores comparam o resultado obtido com as medidas de *spread* que desconsideram essas opções, comumente utilizadas no mercado. Além disso, examinam o efeito dessas opções sobre as medidas de duração e convexidade dos títulos.

Referência bibliográfica

Litterman, R. & Scheinkman, J. A. Common factors affecting bond returns. *Journal of Fixed Income*, *1*:54-61, 1991.

CAPÍTULO 14

Estrutura a termo da volatilidade no mercado futuro de DI*

Eduarda C. De La Rocque

Introdução

O estudo da volatilidade é a peça central da teoria de apreçamento de ativos, pois ela é que determina o preço dos derivativos — tanto assim que hoje é muito comum, no jargão do mercado, a expressão comprar ou vender volatilidade. Neste capítulo responderemos a uma pergunta simples e fundamental, mas surpreendentemente pouco abordada na literatura: como se comporta a volatilidade dos títulos e futuros (ou dos derivativos em geral) ao longo do tempo?

Modelos de variância no tempo têm sido amplamente desenvolvidos nas áreas de finanças e econometria, com destaque para os modelos X-ARCH de volatilidade estocástica e de deformação do tempo. Contudo, tais modelos aplicam-se exclusivamente aos ativos primários (ou seja, os ativos básicos, de referência de uma economia), uma vez que, na hipótese de ausência de arbitragem, a volatilidade dos ativos derivativos que forem redundantes será inteiramente determinada em função da volatilidade dos ativos primários (subjacentes), sem qualquer grau de liberdade.

Refiro-me aqui a uma forma especial de variação da volatilidade ao longo do tempo, relacionada ao prazo de maturação do contrato. Quando se analisa a trajetória de um preço futuro ao longo do tempo, não é comum considerar-se explicitamente o fato de que de um dia para o outro muda o prazo de maturação do contrato e, logo, a volatilidade da série (uma vez que esta depende do prazo de maturação).

* Este texto é uma versão reduzida do capítulo 4 de minha tese de doutorado, ver La Rocque (1996).

Uma série de diferenças diárias dos logs de preços futuros não é, portanto, uma série homogênea: ela está contaminada por uma heterocedasticidade "cíclica", que deve ser incorporada à análise em prol de maior eficiência estatística, o que é tanto mais importante quanto menores forem os prazos dos contratos. Sendo assim, de certa forma é justificável que essa questão não seja levada em consideração pela literatura, por ser menos relevante para economias estáveis, de contratos bastante longos. No caso do Brasil, entretanto, é fundamental incorporar tal heterocedasticidade à análise. Assim, o primeiro aspecto a ser abordado no capítulo diz respeito à evolução dos preços de um contrato futuro ao longo do respectivo prazo de maturação (ou seja, diz respeito à sua cotação no mercado secundário).

O segundo aspecto relativo aos prazos de maturação dos contratos diz respeito à estrutura a termo da volatilidade. Essa nomenclatura é em geral usada exclusivamente para as taxas de juros (para representar a volatilidade dos diferentes títulos existentes num determinado instante do tempo em função dos respectivos prazos de maturação). Sabe-se, porém, que a estrutura a termo da volatilidade dos juros irá influenciar de forma fundamental todos os derivativos de uma economia. Concentraremos a atenção na estrutura a termo da volatilidade dos mercados futuros.

Esclareçamos os dois aspectos da relação entre volatilidade e prazo de maturação do contrato. A cada instante do tempo coexistem na economia títulos (ou contratos futuros) de diferentes maturidades. A estrutura a termo da volatilidade indica a relação entre a volatilidade desses títulos e os respectivos prazos de maturação. Para estimá-la consideram-se em geral apenas títulos de lançamento primário; somente às vezes incluem-se cotações do mercado secundário. Ocorre que um título ou contrato futuro, depois de lançado (no mercado primário), continua sendo negociado (no mercado secundário). Em certas aplicações (modelos de risco, por exemplo),[1] é fundamental analisar a evolução do preço do título (ou do contrato futuro) *ao longo do seu prazo de maturação*. É nesse caso que a heterocedasticidade faz-se presente. Com o decorrer do tempo, muda o prazo de maturação do título (ou contrato futuro) e, portanto, sua volatilidade. Diz-se que a heterocedasticidade é cíclica porque a cada novo lançamento inicia-se um novo "ciclo" de volatilidade. A pergunta que pretendemos responder é: a volatilidade de um contrato futuro torna-se maior ou menor quando se aproxima o vencimento do contrato?

Segundo a "hipótese de Samuelson", formulada em 1965, a volatilidade dos futuros seria maior quando estivessem perto da maturidade. A intuição por trás desse argumento é que os contratos futuros longe da maturidade ainda têm muita incerteza por ser resolvida e por isso reagiriam pouco a novas informações sobre o preço à vista. O oposto se verificaria com contratos próximos à maturação, que tenderiam a reagir rápido para que o preço do futuro convirja para o preço à vista (*spot*) na data da

[1] Em modelos de análise de risco, buscar uma série de taxa de juros homocedástica é parte fundamental do trabalho e pode alterar substancialmente os resultados do modelo.

maturação. Com as derivações teóricas feitas por Samuelson, pode-se mostrar que sua hipótese, apesar de intuitiva, não tem fundamentação teórica. Na verdade, a resposta à pergunta feita anteriormente — acerca da estrutura a termo da volatilidade dos mercados futuros — irá depender do mercado específico a que se refere.

O mercado futuro de juros brasileiro (DI-futuro) — que nos últimos anos se tornou um dos mais importantes mercados financeiros de nossa economia — será minuciosamente estudado. Mostraremos que, do ponto de vista do apreçamento de ativos, ele se comporta exatamente como um mercado à vista de títulos, e não como um mercado futuro de juros.

Determinação do preço de derivativos[2]

Sejam **r** um processo adaptado para a taxa de juros de curto prazo e S um ativo cujo preço é determinado pelo processo de Ito, $dS_t = \mu_t dt + \sigma_t dB_t$, onde μ e σ são, respectivamente, coeficientes de *drift* e de volatilidade instantâneos apropriados. Pode-se mostrar que, afora condições técnicas, a ausência de arbitragem é equivalente à existência de uma medida de probabilidade Q com a propriedade especial de que, quando se substitui **P** — o espaço de probabilidade original — por essa medida "neutralizadora de risco" Q, é possível tratar qualquer ativo como se a sua taxa instantânea de retorno esperada fosse a taxa de curto prazo (instantaneamente sem risco) **r**. Se o processo S dá direito ao processo de dividendo acumulado **D**, obtém-se então a fórmula geral para apreçamento de ativos:

$$S_t = E_t^Q \, [\exp- (\int_t^s r_u du) S_s + \int_t^s \exp\, (\int_t^v - r_u du)\; dD_v]; \tag{1}$$

onde $E_t^Q(X)$ significa o valor esperado da variável aleatória **X** condicionado ao conjunto de informação do instante **t** sob a medida martingal equivalente Q.

Considere-se então um título sem risco e sem cupom (características que doravante devem ser subentendidas quando mencionarmos o ativo "título") que paga uma unidade monetária em s. O processo de dividendo acumulado *D* desse título é caracterizado por $dDj = 0, j \neq s$; $dDs = 1$;e, $S_s = 0$; portanto, o preço desse título para qualquer tempo $t < s$ é dado através de (1) por:

$$P_{t,\,s} = E_t^Q \, [\exp(\int_t^s - r_u du)] \tag{2}$$

Seja agora *F* o processo do preço a termo, definido pelo fato de o contrato a termo em *t* ser um compromisso de se pagar o valor líquido $(F_t - W)$ em *T*, sendo *W*

[2] Esta seção é baseada em Duffie (1992, cap. 7), que apresenta a abordagem da "medida martingal equivalente" introduzida por Harrison e Kreps (1979). Nas palavras do próprio Duffie, trata-se de "uma conveniente 'caixa-preta' para apreçamento de ativos na ausência de arbitragem". Os fundamentos teóricos dessa abordagem estão no cap. 6 (ibid.). Para uma análise menos formal, ver Hull (1993).

uma variável aleatória de variância finita. O processo de dividendo dado pelo contrato a termo é: $dD_s = 0, \forall s<T$ e $dD_T = W - F_t$. Como o preço verdadeiro de um contrato a termo é nulo, (1) implica que:

$$0 = E_t^Q \{[\exp - (\int_t^T r_u du](W - F_t)\}$$

Logo,

$$F_t = E_t^Q \{[\exp - (\int_t^T r_u du)]W\}/E_t^Q [\exp - (\int_t^T r_u du)]$$

Mas, como proposto pela equação (2), $E_t^Q [\exp - (\int_t^T r_u du)]$ é exatamente o preço de um título sem cupom que paga uma unidade monetária em T (ou seja, $P(t,T)$), tem-se então que:

$$F_t = E_t^Q \{[\exp - (\int_t^T r_u du)]W\}/P(t, T) \tag{3}$$

Suponhamos, por exemplo, que o contrato futuro seja para a entrega em T de uma unidade de ativo cujo processo de preço seja dado por S e de dividendos por D. Na ausência de arbitragem, a relação $W = S_T$ tem que valer. Considerando então a relação entre S_t e S_T embutida na fórmula (1) quando $s = T$ e substituindo-a na expressão (3), obtém-se:

$$F_t = [S_t - E_t^Q\{\int_t^T[\exp - \int_t^s(r_u du)]dD_s\}]/P(t, T)$$

No caso mais simples em que o ativo subjacente não paga dividendos entre t e T, temos então que:

$$F_t = S_t/P(t,T) \tag{4}$$

Um contrato futuro se distingue de um contrato a termo pela "repactuação diária" (*resettlement*), ou seja, o processo que gera pagamentos diários (ou até mais freqüentes) baseados na variação dos preços futuros. Define-se o contrato por um "processo de preço futuro" **X** tal que $X_T = W$. O contrato é na verdade um ativo cujo processo de preço é zero e com processo de dividendo *acumulado* X (ou seja, são as mudanças de preço, ΔX, que formam o processo de dividendos, sendo creditadas ao detentor do contrato no momento em que ocorrem). Pode-se mostrar que o processo de dividendo acumulado do contrato X é um martingal sob a medida martingal equivalente Q; ou seja, $X_t = E_t^Q(X_s)$ para quaisquer t e s.[3] Como $X_T = W$, temos então que:

[3] A prova é simples mas não-direta, uma vez que deve passar pela definição de deflator de preços de estados **Y** ($Y = \exp(\int_0^t - r_s ds)$). O processo de dividendo acumulado do contrato deflacionado por Y será então $X_Y = \int Y dX$. Pode-se mostrar que X_Y é um Q-martingal e que X_Y será um martingal se e somente se X também for um martingal. Ver Duffie (1992:122).

$$X_t = E_t^Q(W);\ t \in [0,T] \quad (5)$$

Se r e W forem estatisticamente independentes sob Q, o preço futuro (X) e o preço a termo (F) terão processos idênticos. Quando o ativo subjacente do contrato futuro (S) for positivamente correlacionado com as taxas de juros, os preços futuros tenderão a ser maiores do que os preços dos contratos a termo, ocorrendo a relação inversa no caso contrário.[4]

Vejamos então como se determina a *volatilidade* (ou seja, o coeficiente de volatilidade instantânea σ)[5] dos ativos acima considerados. Suponhamos que o mercado seja eficiente, que os preços dos títulos só dependam da taxa *spot* ao longo dos respectivos prazos de maturação e que a taxa de juros de curto prazo (r) siga um processo de Markov contínuo:

$$dr = f(r, t)dt + \varrho(r, t)dz_r$$

As duas últimas hipóteses implicam que o valor da taxa *spot* é a única variável de estado para toda a estrutura a termo e, portanto, o preço dos títulos dependerá apenas de t, r, e s — o respectivo prazo de maturação: $P(t, s, r)$. Aplicando o lema de Ito, obtém-se então o seguinte processo para o preço dos títulos:

$$dP = P\mu(t, s, r)dt - P\sigma(t, s, r)dz_r, \text{ com}$$

$$\mu(t, s, r) = [\partial P/\partial t + f\partial P/\partial r + 0.5\varrho^2\partial^2 P/\partial r^2]/P \quad (6)$$

$$\sigma(t, s, r) = -(\varrho\partial P/\partial r)/P$$

Sendo $\sigma(t, s, r)$ — que doravante denotaremos simplesmente por σ_P — a volatilidade de um título maturando em s. Sejam $dS = S\mu_S dt - S\sigma_S dz_S$ e C_{SP} o coeficiente de correlação entre dz_S e dz_r. O preço do ativo F (mercado a termo) seguirá então o seguinte processo, determinado pelo lema de Ito aplicado à equação (3):

---

[4] A intuição é dada pelo fato de, no caso de eles serem positivamente correlacionados, os ganhos de um investidor que detém uma posição longa no contrato futuro (que ocorrem com a subida de S) tenderem a ocorrer paralelamente a aumentos da taxa de juros. Sendo assim, esse investidor poderá acumular ganhos a uma taxa de juros maior do que a média e financiar perdas a uma taxa menor do que a média, o que faz com que, nesse caso, uma posição longa no mercado futuro seja, *ceteris paribus*, mais atraente do que no mercado a termo.

[5] Seja o processo de preço de um ativo, S, dado por $dS_t = S_t\mu_S dt - S_t\sigma_S dz_t$. Chamamos de volatilidade o coeficiente σ_S do processo, ou seja, o desvio-padrão "instantâneo" da taxa de retorno (ver Duffie, 1992:82).

$dF = F\mu_F dt + F\sigma_{F,S} dz_S + F\sigma_{F,P} dz_r$

$\mu_F = \mu_S - \mu_P + \sigma^2{}_P/2 + \sigma_S \sigma_P C_{SP}$

$\sigma_{F,S} = \sigma_S$

$\sigma_{F,P} = \sigma_P = \sigma(t, T, r)$

Para mercados futuros, e não a termo, obter-se-ia exatamente o mesmo resultado no caso de r e W serem independentes sob Q (nesse caso, mostramos que $X = F$). Mas, mesmo relaxando essa hipótese, obter-se-iam resultados muito parecidos, uma vez que se pode estabelecer a seguinte relação a partir das considerações feitas acima:

$$X = \Psi(F, C_{SP}) \tag{7}$$

Usando mais uma vez o lema de Ito, a volatilidade de X será:

$\sigma_X = (\partial\Psi/\partial F)\sigma_F + (\partial\Psi/\partial C_{SP})\sigma_{CSP}$. Como C_{SP} tende a ser um processo determinístico, o segundo termo da expressão acima se anula, e a volatilidade de X será guiada primordialmente pela de F. Se $\Psi(.,.)$ for uma função linear do tipo $X = f(C_{SP}) + F$, a volatilidade de X será idêntica à de F. Mas, se for uma função multiplicativa do tipo $X = f(C_{SP})F$, a volatilidade do preço futuro será $\sigma_X = f(C_{SP})\sigma_F$. Inúmeras são as alternativas, mas em nenhuma delas faz sentido a idéia de que C_{SP} irá interferir no formato geral da estrutura a termo da volatilidade dos futuros.

Mostra-se assim que, na ausência de arbitragem, o preço a termo ou futuro terá volatilidade "instantânea" completamente determinada por σ_S e σ_P, sem qualquer grau de liberdade — donde a inconsistência teórica da "hipótese de Samuelson". A volatilidade do ativo subjacente (σ_S) pode variar ao longo do tempo, no caso de modelos de volatilidade estocástica e/ou deformação do tempo. No entanto, não faz o menor sentido supor que o prazo de maturação do contrato futuro interfira na volatilidade do ativo subjacente. Sendo assim, a estrutura a termo da volatilidade dos contratos futuros irá depender exclusivamente da estrutura a termo da volatilidade das taxas de juros (dependerá mais específica e diretamente do coeficiente σ_P, a volatilidade do preço dos títulos). Esta, por sua vez, irá depender crucialmente dos parâmetros do processo seguido pela taxa de juros de curto prazo; tal como será visto a seguir.

Modelos da estrutura a termo da taxa de juros e a estrutura a termo da volatilidade dos futuros

Comecemos por estabelecer algumas das notações usadas no mercado de renda fixa.

- $P(t, s)$ — preço em t de um título de desconto que paga uma unidade monetária em s;

- $R(t, N)$ — *yield to maturity*: taxa de retorno interna em t num título que matura em $s = t + N$: $R(t, N) = -1/N^*\log P(t, s)$
- N — prazo de maturação
- $f(t, s)$ — taxa a termo (*forward*): $f(t, s) = -\partial \log P(t, s)/\partial s$[6]
- $r(t)$ — taxa instantânea (*spot*) de empréstimo: $r(t) = \lim_{N\text{->}0} R(t, N)$
- A relação entre $R(t, N)$ e N denomina-se estrutura a termo das taxas de juros

Um *survey* sobre modelos da estrutura a termo das taxas de juros pode ser encontrado em La Rocque (1996). A tabela 1 mostra as fórmulas para os preços de títulos geradas por todos os modelos, entre aqueles discutidos no trabalho mencionado, que possuem soluções fechadas.[7] Todas as fórmulas têm o mesmo formato geral:

$$P(t, s, r) = A(t, s)e^{-B(t, s)r}$$

$$dP = P\mu(t, s, r)dt - P\sigma(t, s, r)dz, \text{ com:} \qquad (8)$$

$$\mu(t, s, r) = r(t)$$

$$\sigma(t, s, r) = \sigma_r B(t, s)$$

sendo σ_r o coeficiente de difusão do processo da taxa de juros de curto prazo.

Como nosso interesse maior recai sobre o estudo da volatilidade, estamos particularmente interessados na função $B(t, s)$, que irá determinar a "estrutura a termo da volatilidade dos títulos", ou seja, a relação entre a volatilidade de um título e seu prazo de maturação $(s - t)$. Nota-se, na tabela 1, que os modelos incluídos poderiam ser divididos em dois grupos: aqueles nos quais a taxa de juros de curto prazo apresenta reversão à média e aqueles em que essa característica não está presente.[8] A reversão à média é uma das características mais importantes observadas na prática do processo da taxa de juros de curto prazo e que o distingue

[6] Observa-se, portanto, a seguinte relação entre as taxas de retorno e as taxas a termo: $R(t, N) = 1/T\int_t^{t+N} f(t, \tau)\partial\tau$.

[7] Limitamo-nos aos modelos com fórmulas fechadas para preço de títulos porque o objetivo básico é justamente derivar a estrutura a termo da volatilidade. No caso de modelos sem fórmulas fechadas, poder-se-ia determiná-la através de métodos numéricos — o que fica como uma proposta de extensão deste trabalho.

[8] Os modelos em que não há reversão à média são os de Merton e de Ho e Lee. Ambos geram uma estrutura linear de volatilidade para os preços dos títulos em função de seus prazos de maturação $(B(t, s) = s - t)$. Nos demais modelos há reversão, e a estrutura a termo da volatilidade torna-se mais complexa, como veremos adiante.

TABELA 1
$P(t, s, r) = A(t, s)e^{-B(t, s)r}$

Modelo	Processo de r	A(t, s)	B(t, s)
Merton	$dr = \alpha dt + \sigma dz$	$exp\{-\alpha(s-t)^2/2 + \sigma^2(s-t)^3/6\}$	$(s-t)$
Vasicek	$dr = \alpha(\gamma - r)dt + \varrho dz$	$exp\{(B(t, s) - s + t)(\gamma - \varrho^2/2\alpha^2) - \varrho^2 B(t, s)^2/4a\}$	$(1 - e^{-\alpha(s-t)})/\alpha$
CIR*	$dr = \alpha(\gamma - r)dt + \varrho r^{1/2}dz$	$\{2\lambda e^{(\lambda+\alpha)(s-t)/2}/[(\lambda+\alpha)(e^{\lambda(s-t)} - 1) + 2\lambda]\}^{2\alpha\gamma/\varrho 2}$	$2(e^{\lambda(s-t)} - 1)/[(\lambda+\alpha)(e^{\lambda(s-t)} - 1) + 2\lambda]$
Ho e Lee	$dr = \Theta(t)dt + \sigma dz$	$[P(0, s)/P(0, t)]exp\{-(s-t)dlnP(0, t)/dt - \sigma^2 t(s-t)^2/2$	$(s-t)$
Hull e White	$dr = (\Theta(t) - ar)dt + \sigma dz$	$[P(0, s)/P(0, t)]exp\{-B(t, s)dlnP(0, t)/dt - \sigma^2(e^{-as} - e^{at})^2(e^{2at} - 1)/4a^3\}$	$(1 - e^{-a(s-t)})/a$

* $\lambda = (\alpha^2 + 2\varrho^2)^{1/2}$

em muito das séries de preço de ações. "Reversão à média" significa que, ao longo do tempo, as taxas de juros parecem estar sendo atraídas para algum nível de média de longo prazo — quando a taxa está alta, a reversão à média faz com que o seu *drift* tenda a ser negativo; quando está baixa, a reversão à média faz com que o seu *drift* tenda a ser positivo.

A característica de reversão à média tem efeitos consideráveis sobre o mercado de juros, em especial sobre sua *volatilidade*. Em primeiro lugar, a *volatilidade dos preços dos títulos* torna-se uma função côncava crescente do prazo de maturação (e não mais proporcional à duração, como no caso dos modelos de Merton e de Ho e Lee, os quais, devido a essa característica, doravante serão denominados "*modelos lineares*"). Dois outros efeitos se destacam:

a) a volatilidade da taxa de juros torna-se uma função decrescente da maturidade: $d\sigma_{R(t,\, N)}/dN < 0$ (em vez de uma linha horizontal, como seria nos "modelos lineares" onde não existe reversão à média). Usando o exemplo de uma economia estável onde há contratos longos, a taxa de juros de um título de, por exemplo, cinco anos tende a ser, *ceteris paribus*, menos volátil que a de um título de um ano. Essa relação entre $\sigma_{R(t,\, N)}$ e N é o que se denomina *estrutura a termo da volatilidade* das taxas de juros. Cabe novamente enfatizar que não é ela que vai determinar diretamente a estrutura a termo da volatilidade dos futuros, e sim a relação entre a volatilidade dos preços dos títulos e seu prazo de maturação;

b) a volatilidade das taxas *forward* tende a declinar quando aumenta a maturidade do contrato futuro: $d\sigma_{f(t,\, s)}/ds < 0$ (ela seria constante nos "modelos lineares"). Nos EUA, por exemplo, pode-se observar que a volatilidade da taxa *forward* de três meses começando em três meses é maior que a da taxa *forward* de três meses começando em cinco anos (ou seja, a volatilidade de um contrato futuro de *T-bills* de três meses é maior quando se está a três meses do vencimento do contrato do que quando se está a cinco anos).

O modelo mais simples em que há reversão à média é o de Vasicek (que parte de um processo de Ornstein-Uhlenbeck para a taxa de juros de curto prazo). A fórmula específica dos preços de títulos de desconto derivada por Vasicek[9] é:

$$P(t, s, r) = A(t, s)e^{-B(t,\, s)r};$$

$$B(t, s) = (1 - e^{-\alpha(s-t)})/\alpha;$$

$$A(t, s) = \exp\{(B(t, s) - s + t)(\gamma - \varrho^2/2\alpha^2) - \varrho^2 B(t, s)^2/4\alpha\} \tag{9}$$

[9] Ver La Rocque (1996).

Escolhemos o modelo de Vasicek para ilustrar analiticamente os efeitos da característica de reversão à média sobre o mercado de juros, já mencionados.[10] A volatilidade do preço do título é dada exatamente por $\sigma(t, s, r) = \varrho(1 - e^{-\alpha(s-t)})/\alpha$, que, de fato, é uma função côncava crescente do prazo de maturação, determinada por $B(t, s)$. Além disso:

a) as taxas de retorno serão, nesse caso, $R(t, N) = - 1/T^*\log[A(t, s)e^{-B(t, s)r}]$. Logo, a volatilidade das taxas de retorno será dada por $\sigma_{R(t, N)} = B(t, s)\varrho/N$, que é uma função decrescente convexa do prazo de maturação;

b) a taxa a termo foi anteriormente definida como $f(t, s) = -\partial logP(t, s)/\partial s$. No caso de Vasicek, ter-se-á, portanto, de acordo com a expressão (8), que $f(t, s) = -\partial\{X\}/\partial s + (\partial B(t, s)/\partial s)r$. A volatilidade das taxas a termo será determinada pelo lema de Ito: $\sigma_{f(t, s)} = (\partial B(t, s)/\partial s)\sigma_r = e^{-\alpha(s-t)}\varrho$, que também é uma função decrescente convexa do prazo de maturação.

Volatilidade no mercado de títulos: a intuição por trás do efeito duração

Tal como derivado em (6), a volatilidade do preço de um título é determinada por $\sigma(t, s, r) = -(\partial P/\partial r)/P$. Vimos acima fórmulas explícitas (determinadas em função de parâmetros específicos do processo hipotético para a taxa de juros de curto prazo) para essa volatilidade. Mas, mesmo no nível intuitivo, é bastante razoável de imaginar que σ seja influenciado pelo prazo de maturação do contrato. Quanto mais longe se estiver da maturidade, maior tenderá a ser o ajuste no preço do título propiciado por uma alteração não-esperada de r e, portanto, *ceteris paribus*, maior σ.

No caso trivial em que r é determinístico ($P = \exp - (\int_t^s r_u du) = \exp - (s - t)r$), tem-se que $-(\partial P/\partial r)/P = (s - t)$; ou seja, a taxa de variação de P em função de r é proporcional à maturidade. Só que, nesse caso, a volatilidade do preço do título é obviamente nula, dado que r é determinístico ($\varrho = 0$). Mas é válida a noção geral de que, quanto maior for a duração, maior tenderá a ser o ajuste. No caso de um ambiente de incerteza ($P_t = E_t^Q\ [\exp(\int_t^s -r_u du)]$), quanto maior for a maturidade, maior será o período para o qual terão que se rever as expectativas quanto a taxas de juros futuras, a partir de uma variação não-esperada da taxa de juros presente.[11] Nesse caso, também irá interferir no resultado a forma pela qual se dá a revisão de expectativas, o que depende essencialmente do processo de r.

E, de fato, os casos anteriormente analisados para processos específicos da taxa de juros de curto prazo comprovam a existência dessas duas influências sobre a vo-

[10] O modelo de Vasicek/Ornstein-Uhlenbeck foi escolhido para ilustrar estes e demais resultados aqui obtidos a título de simplificação; todos os resultados se estendem aos demais modelos em que há reversão: CIR e Hull e White.

[11] Em tempo "discreto", seria maior o número de taxas esperadas que teriam de ser revisadas.

latilidade: a do prazo de maturação — influência que passaremos a denominar "efeito duração"[12] — e a dos parâmetros do processo $\{r\}$. A título de ilustração, vejamos, no caso em que r segue o processo de Ornstein-Uhlenbeck — modelo de Vasicek: $\sigma(t, s, r) = \varrho(1 - e^{-\alpha(s-t)})/\alpha$) —, os gráficos de σ em função do prazo de maturação $(s - t)$, para diferentes αs e ϱs. O prazo de maturação é medido numa unidade que diz respeito ao intervalo de tempo considerado: se, por exemplo, α e ρ medem respectivamente a velocidade de reversão e a volatilidade por dia, o prazo de maturação $(s - t)$ será medido em número de dias até o vencimento.

Nas figuras 1 e 2 (F1 e F2), mostra-se esta função $(\sigma(t, s, r)\, X\, (s-t))$ para $\varrho = 1$ e diferentes αs (α = (0, – 0,1, 0,1) em F1 e α = (0,1, 0,25, 0,5) em F2). Na figura 3 (F3), varia-se $\varrho(\varrho$ = (0,5, 1, 2)) fixando-se α em 0,25.

A volatilidade do preço do título será uma função côncava crescente do prazo de maturação. A concavidade é fortemente influenciada pela velocidade de reversão à média: quanto menor a velocidade de reversão (menor α), menor a concavidade. No caso-limite em que α = 0, chega-se ao modelo de Merton, em que não existe reversão à média e a volatilidade do título será proporcional à duração (se α assumisse valores negativos — significando uma "reversão à média às avessas", ou seja, quanto mais longe da "média", mais a taxa de juros tenderia a se afastar dela

Figura 1

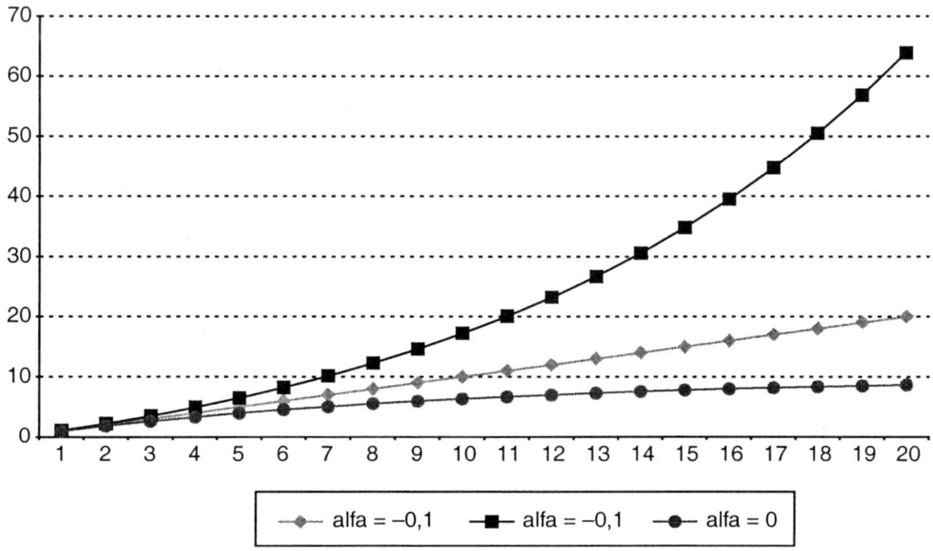

[12] A duração de um título (*duration*) é uma medida de quanto tempo, na média, o detentor de um título tem que esperar para receber pagamentos de caixa; obviamente, um título sem cupom de maturidade igual a n meses tem duração de n meses. Ver Hull (1993:99-105) para uma discussão mais detalhada sobre "duração", inclusive sobre como se devem traçar estratégias de *hedge* baseadas nesse conceito.

Figura 2

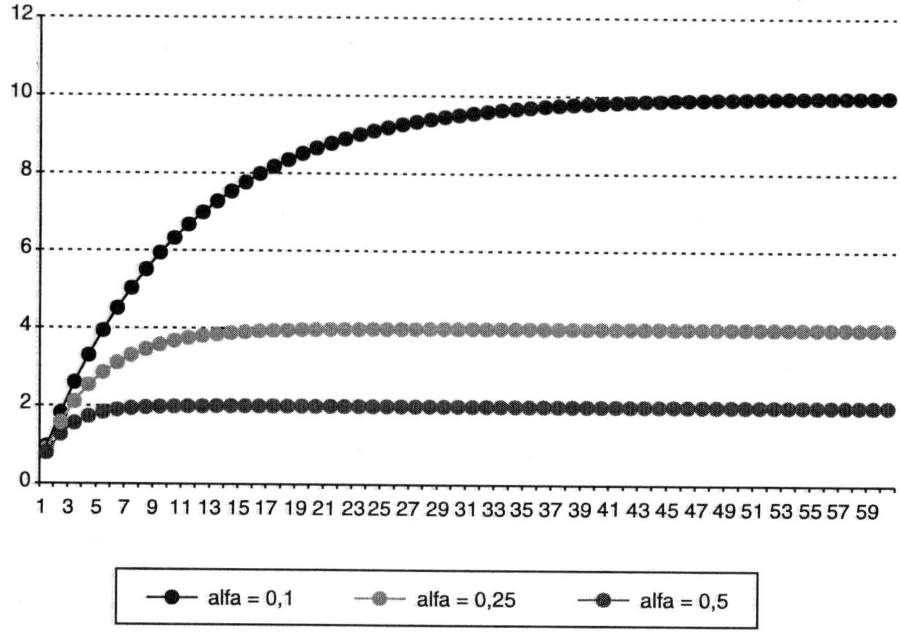

Figura 3

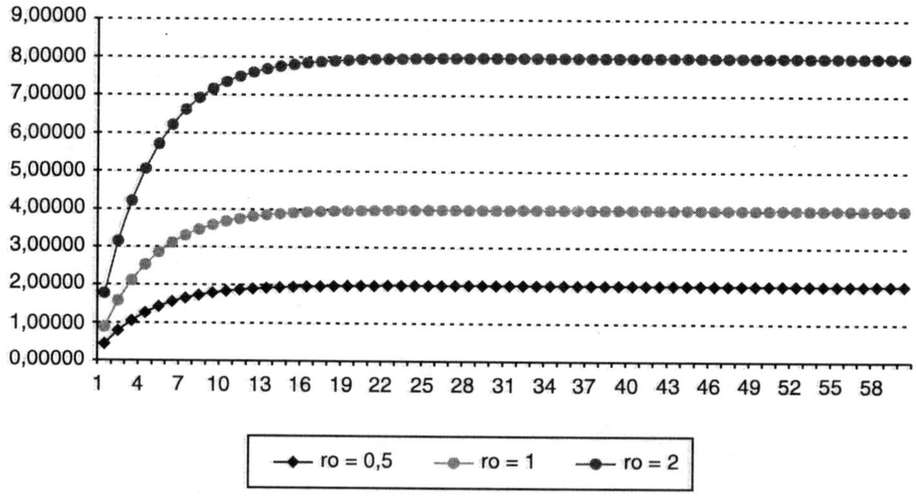

—, a volatilidade tornar-se-ia uma função convexa do prazo de maturação), tal como mostrado em F1. Entretanto, nos casos mais normais em que de fato existe uma reversão à média (F2, αs positivos), há uma concavidade na função, a qual, portanto, tende a se estabilizar (tanto mais rápido quanto maior for o α): o "efeito duração" tende a ser relevante apenas quando se está suficientemente próximo da maturidade (e tanto mais relevante quanto mais se estiver próximo). E será tanto mais e por mais tempo relevante quanto maior for o desvio-padrão do processo da taxa de juros de curto prazo (ϱ) — F3. A volatilidade de um título na data de sua maturação é obviamente nula, devido ao fenômeno *pull-to-par*: o preço do título tem que se igualar a seu valor de face na maturidade. Nos outros dois modelos em que há reversão (Hull & White e CIR) acontece essencialmente o mesmo, embora no modelo de CIR haja uma fórmula um pouco mais complexa para σ.

A estrutura a termo da volatilidade dos futuros: o caso especial do futuro de juros

Vimos anteriormente que a estrutura a termo da volatilidade dos futuros irá depender crucial e exclusivamente da relação entre a volatilidade e o prazo de maturação dos títulos com maturidade igual ao do contrato futuro. Ou seja, o formato da estrutura a termo da volatilidade dos futuros será determinado por $\sigma(t, T, r)$. A partir dos processos hipotéticos de $\{r\}$, que permitem fórmulas fechadas para os preços dos títulos, pode-se derivar a fórmula específica de $B(t, s)$ em $\sigma(t, s, r) = \varrho B(t, s)$. Nos casos derivados por Merton e por Ho e Lee, em que não há reversão à média (o que implica um processo não-estacionário — a versão contínua do passeio aleatório — para $\{r\}$), a volatilidade cresce linearmente com o prazo de maturação. Já nos casos em que existe reversão à média (Vasicek, CIR e Hull & White), a volatilidade é uma função côncava do prazo de maturação. A diferença diz respeito à "segunda derivada", mas em ambos os casos a relação ("primeira derivada") é inequívoca: a volatilidade é tanto maior quanto mais longe se estiver da maturidade. Esse resultado foi denominado "efeito duração". Nota-se que ele é oposto à "hipótese de Samuelson" (de que a volatilidade aumenta à medida que se aproxima a maturação dos contratos). A única exceção diz respeito aos mercados futuros de juros.

Nos mercados futuros de juros, o ativo subjacente é um título que matura em h, onde $h > T$, sendo T a data de maturação do contrato futuro. No mercado futuro de *Treasury-bills* da American Stock Exchange, por exemplo, o objeto de negociação é um título sem cupom (*T-bill*) cujo prazo de maturação é de 3 meses (a partir do vencimento do contrato futuro, ou seja, $(h - T) = N = 3$ meses) e cujo valor de face é US$1 milhão. Os participantes estarão, portanto, tentando "prever" qual será a taxa de juros de uma *T-bill* de 3 meses que seja negociada na data de vencimento do contrato futuro (T). Assim, o preço a termo (FJ) nesse mercado seria determinado, de acordo com (4), por:

$$FJ_t^{T,h} = P(t, h, r)/P(t, T, r); \qquad (11)$$

Conclui-se, portanto, que a teoria de *pricing* determina que a taxa embutida no preço *forward* do título seja exatamente igual à taxa embutida na "curva do papel" (determinada pela relação entre os preços dos títulos no mercado à vista). Usando o lema de Ito, teremos que: $dFJ = FJ\mu_{FJ}dt + FJ\sigma_{FJ}dz$; com volatilidade definida a partir da expressão (6) determinada por:

$$\sigma_{FJ} = \sigma_{P(t,\, T,\, r)} - \sigma_{P(t,\, h,\, r)} = \sigma(t, T, r) - \sigma(t, h, r).$$

Portanto, no caso específico do modelo de Vasicek, teremos:

$$\sigma_{FJ} = \varrho[e^{-\alpha(h-t)} - e^{-\alpha(T-t)}]/\alpha = -(\varrho/\alpha)[e^{-\alpha(T-t)}(1 - e^{-\alpha(h-T)})] \quad (12)$$

O fato de o sinal de σ ser negativo significa que FJ (o preço *forward*) estará negativamente relacionado às variações da taxa de juros de curto prazo.[13] Deve-se então analisar a volatilidade do preço futuro através do módulo de σ_{FJ}, que é uma função decrescente convexa do prazo de maturação do contrato a termo $(T - t)$ e crescente côncava do prazo de maturação do título $(h - t)$, que no caso é o ativo subjacente.

Efeito duração: considerações finais

A volatilidade do preço de um título irá variar de acordo com o prazo de maturação do contrato sempre que a taxa de juros seguir um processo estocástico (ou seja, não-determinístico). Essa característica — típica do mercado à vista de títulos — irá atingir qualquer mercado futuro. O prazo de maturação do futuro irá interferir na volatilidade do preço futuro indiretamente, através do efeito duração de um título de mesma maturidade. A diferença básica é que, em se tratando de um futuro, agrega-se à volatilidade do título a volatilidade instantânea do ativo de referência (subjacente), já que no caso de futuros não existe o fenômeno *pull-to-par* em sentido restrito (o valor do título na maturidade será uma constante igual ao valor de face do título, enquanto o do futuro será igual ao preço do ativo subjacente na maturidade, que, antes de ela ser atingida, é uma variável aleatória). Sendo assim, os gráficos mostrados anteriormente, quando adaptados para mercados futuros, sofreriam apenas um deslocamento linear (com a adição de σ_S, constante ao longo do prazo de maturação) em suas curvas, mantendo-se portanto seu formato geral.

Não é a variação, ao longo do tempo, do nível de incerteza envolvida na previsão do preço do ativo subjacente na data de maturidade do contrato futuro que provoca o "efeito duração". Sob a medida martingal equivalente, o valor presente esperado do preço de um ativo no futuro é, na ausência de dividendos, determinado pelo valor daquele ativo no presente. É portanto o efeito duração inerente ao preço do título de mesma maturidade — que irá "capitalizar" o preço do ativo do presente até o futuro — que afeta o preço futuro:

$$F_t = S_t/P(t, T, r) = S_t/E_t^Q\,[\exp - (\textstyle\int_t^T r_u du)]$$

[13] Ver Hull (1993:276) para uma discussão sobre o sinal da volatilidade de derivativos.

No caso do mercado futuro de juros, especificamente, o "efeito duração" se faz sentir duplamente, pois tanto o prazo de maturação do contrato futuro quanto o prazo de maturação do título (ativo subjacente) afetam a volatilidade do preço futuro. Nesse caso, o caráter de reversão à média embutido no processo da taxa de juros de curto prazo do modelo de Vasicek faz com que a volatilidade do preço *forward* (preço do mercado futuro de juros) *aumente* à medida que se aproxima a maturidade do contrato futuro (mantendo-se fixo o prazo de maturação do título, que no caso é o ativo subjacente). Isso porque o efeito do prazo de maturação do título de maturidade em h se sobrepõe ao do título de maturidade em T, invertendo o sinal do "efeito duração", ou seja, a relação usual entre a volatilidade do futuro e seu prazo de maturação (tanto no mercado à vista de títulos quanto nos mercados futuros onde o ativo subjacente é diferente de títulos, a volatilidade *diminui* à medida que se aproxima a maturidade do contrato).

Não é muito difícil explicar essa inversão. Considerem-se os efeitos de um "choque" no processo de taxa de juros de curto prazo (uma variação não-esperada de r) sobre o mercado à vista de títulos. Quanto mais longe se estiver da maturidade do contrato, maior será o número de expectativas quanto às taxas de juros futuras (desde o momento do choque até a data de maturação do título) que terão de ser revistas e, portanto, dada a volatilidade de r, maior será a volatilidade do preço. O mesmo ocorre com um mercado futuro diferente do de juros, já que a volatilidade do preço de um título de mesma maturidade do contrato se adiciona à volatilidade do ativo subjacente para determinar a volatilidade do futuro (tal como explicado anteriormente, as expectativas quanto às taxas de juros que irão vigorar do momento do choque até a data de vencimento do contrato futuro são importantes para determinar como o preço do ativo subjacente será "capitalizado" até a data de vencimento do contrato). Num contrato futuro de juros, as taxas que irão vigorar entre t (a data do eventual choque) e T (a data de vencimento do contrato futuro) perdem sua importância. O choque só será importante na alteração do preço futuro indiretamente, na medida em que afete a expectativa com relação às taxas que irão vigorar entre T e h.[14] Vejamos o caso em que não existe reversão à média, mais especificamente, o caso em que α tende a zero no modelo de Vasicek, chegando-se assim ao modelo de Merton:

$$\lim_{\alpha \to 0} \sigma_{FJ} = \varrho(h - T)$$

Tal como esperado, nesse caso o prazo de maturação do contrato futuro $(T - t)$ não influi na volatilidade do preço futuro, pois uma vez eliminada a reversão à mé-

[14] É essa explicação que está por trás da matemática na simplificação da fórmula (12) para σ_{FJ}, quando se passa de $\varrho[e^{-\alpha(h-t)} - e^{-\alpha(T-t)}]/\alpha$ para $-(\varrho/\alpha)[e^{-\alpha(T-t)}(1 - e^{-\alpha(h-t)})]$.

dia, o prazo do contrato futuro $(T - t)$ deixa de interferir na volatilidade das taxas futuras que irão vigorar entre T e h.[15]

Conseqüências para a análise empírica

Mostrou-se anteriormente que o "efeito duração" — típico de preços de títulos — tende a existir em qualquer mercado a termo ou futuro:[16] a volatilidade do preço futuro associada a z_r varia ao longo do prazo de maturação do contrato. Já explicamos as diferenças entre mercados futuros de juros, outros mercados futuros e mercado de título à vista. O que difere o mercado futuro de juros dos demais é o fato de que nele apenas o futuro (posterior à data de vencimento do contrato futuro, ou seja, o período entre T e h) realmente importa. No mercado à vista de títulos e em outros mercados futuros, é $(T - t)$ o prazo de maturação relevante. No que concerne à diferença entre o mercado de títulos e o de "outros futuros", o ponto básico é que no caso de um futuro agrega-se a volatilidade instantânea do ativo de referência (subjacente) à volatilidade do título, já que no caso de futuros não existe o fenômeno *pull-to-par* em sentido restrito.

O "efeito duração" — a tendência de a volatilidade do preço do título (ou futuro) variar ao longo do prazo de maturação do contrato (futuro) — costuma estar presente sempre que a taxa de juros segue um processo estocástico, tanto no mercado à vista de títulos quanto em qualquer mercado futuro. Nos mercados à vista de títulos e de futuros diferentes do de juros, a volatilidade *diminui* à medida que se aproxima a maturidade do contrato. No mercado futuro de juros, no caso tido como mais realista em que existe reversão à média (α positivo), a volatilidade do preço futuro do título *aumenta* à medida que se aproxima a maturidade do contrato. O caso do mercado futuro de juros em que não existe reversão à média é o único em que o "efeito duração" torna-se irrelevante.

Há dois aspectos do "efeito duração" que se esclarecem pela análise da expressão (9) para a volatilidade dos títulos: $\sigma_P = \sigma(t, s, r) = \varrho B(t, s)$. E em todas as fórmulas explícitas para os preços dos títulos apresentadas na tabela 1, $B(t, s)$ só depende de $(t - s)$, ou seja, de **N** (o prazo de maturação do contrato). Por isso é que no eixo horizontal das figuras 1 a 3 está alocado o prazo de maturação do contrato $(t - s)$. Tais figuras representam, ao mesmo tempo, os dois aspectos do "efeito duração". Primeiro, a estrutura a termo da volatilidade dos títulos propriamente dita, que in-

---

[15] Em termos dos processos "discretos" geralmente usados em séries temporais, o fato de α tender a zero significa que o processo da taxa de juros passa de um $AR(1)$, portanto estacionário, para um passeio aleatório com tendência, no qual $E_t(r_T) = r_t + \mu(T - t)$. No que diz respeito à volatilidade, portanto, $(T - t)$ não tem importância alguma.

[16] As simplificações feitas aqui — considerar mercados a termo e supor que o ativo subjacente não paga dividendos — visam a não mascarar o resultado, que tenderia inclusive a ser mais forte se elas não tivessem sido feitas.

dica para um determinado instante do tempo (t) a volatilidade dos títulos de diferentes prazos de maturação (diferentes s) — nesse caso teríamos somente alguns dos pontos da curva (em número igual ao do número de títulos de diferentes prazos de maturação existentes em *t*). Segundo, a evolução da volatilidade do preço de um título ao longo do tempo (fixando-se **s** ao longo de **t**, o prazo de maturação estará variando). Esse último aspecto do efeito duração gera um tipo especial de heterocedasticidade nas séries de preços de um título (ou futuros) ao longo do seu prazo de maturação (ou ao longo do contrato) que em geral não é considerado nos trabalhos empíricos.

Ou seja, existe uma heterocedasticidade cíclica em qualquer série contígua de diferença dos logs dos preços do "enésimo contrato futuro a vencer" (nota-se que σ_P diz respeito à volatilidade da série, ou seja, ao desvio-padrão "instantâneo" da taxa de retorno — aproximada em tempo "discreto" para a diferença de logs dos preços). Esta é a série que Duffie (1989) propõe para se analisar o comportamento estatístico das séries de futuros: organizar uma série de preços futuros por "contratos a vencer" ao longo do tempo. Para obter séries contíguas, a cada data de vencimento de um contrato transladam-se os contratos: o segundo contrato a vencer se transforma no primeiro a vencer, o terceiro no segundo e assim por diante. A partir daí, para obter as "condições de mínimos quadrados ordinários", Duffie propõe que se tire a diferença dos logs dos preços. Os incrementos ao longo dos "pontos de junção" não são incluídos nos cálculos estatísticos. Constroem-se assim as séries *L1* (diferença dos logs dos preços do primeiro contrato a vencer), *L2* e assim por diante. A heterocedasticidade para a qual chamamos aqui a atenção é cíclica porque a cada data de vencimento dos contratos inicia-se um novo "ciclo de prazo de maturação" e, portanto, de volatilidade.

Sendo assim, é incorreto considerar a série proposta por Duffie — diferença dos logs dos preços do enésimo contrato futuro a vencer — como se fosse homogênea: os dados nela contidos apresentam uma heterocedasticidade cíclica inerente que deve ser explicitamente incorporada à análise empírica dos mercados em prol da maior eficiência dos estimadores.

O formato de tal heterocedasticidade depende, como vimos, dos parâmetros do processo seguido pela taxa de juros de curto prazo. O "efeito duração" tende a ser relevante apenas quando se está suficientemente próximo da maturidade (e tanto mais relevante quanto mais se estiver próximo). E será tanto mais e por mais tempo relevante quanto maior for o desvio-padrão do processo da taxa de juros de curto prazo (ϱ) e menor for a velocidade de reversão à média (α). Sendo assim, pode-se dizer que o efeito duração será tanto mais importante quanto menores forem os prazos dos contratos, maior a volatilidade dos juros e menor seu caráter de reversão à média.

É justamente o caso do Brasil, mesmo após a adoção do Plano Real. Aqui os prazos, por serem excessivamente curtos, tornam de suma importância o "efeito duração" ao longo do contrato (efeito que continuará importante enquanto houver liquidez nos contratos de curto prazo). Cometer-se-ia um grave erro ao considerar, por exemplo, a diferença de logs de preços diários de um contrato de 30 dias (como são normalmente no Brasil os primeiros contratos futuros a vencer — de juros, câmbio etc. —, cujos prazos de maturação vão portanto de 30 dias a um dia do vencimento) como uma série homogênea: a volatilidade da série, por exemplo, a 20 dias do vencimento tende a ser bem maior do que a quatro dias do vencimento.

A infuência do "efeito duração" ao longo de um contrato perde relevância em economias estáveis cujos prazos são bastante longos. Nos EUA, por exemplo, estuda-se, entre outros, o mercado de *T-bills* através de dados semanais sobre os cinco primeiros contratos a vencer — cujos prazos de maturação são, respectivamente, de 90, 180, 270, 360 e 450 dias.[17] Sendo assim, o "ciclo de prazo de maturação" vai de aproximadamente 13 semanas a uma semana do vencimento para o primeiro contrato a vencer, de 27 a 13 semanas para o segundo, e de 64 a 51 semanas do vencimento para a série do quinto contrato a vencer. Faz algum sentido, portanto, a existência de heterocedasticidade cíclica apenas entre os dados do primeiro contrato a vencer. Já entre os dados do segundo contrato, havendo reversão à média, ela tende a desaparecer. Ao longo do quinto contrato a vencer, não há nem sombra do "efeito duração". Naquela economia negociam-se, inclusive, títulos do governo de 30 anos de maturidade.[18]

Não temos conhecimento de outro trabalho na literatura que tenha chamado a atenção para essa característica, aqui denominada heterocedasticidade cíclica, derivada do "efeito duração", apesar de se ter conhecimento de tal efeito. Isso porque a literatura estuda quase que exclusivamente as séries de economias estáveis, onde os prazos em geral são bastante longos (existe liquidez na negociação dos contratos justamente quando estão na parte estável da curva mostrada na figura 2). Porém, esse efeito torna-se particularmente importante em economias de alta inflação, onde os prazos são excessivamente curtos e existe grande instabilidade (note-se que a presença de ϱ maiores também contribui para tornar o efeito mais relevante; contudo, mesmo para um mesmo processo, o efeito pode ser relevante para prazos curtos, mas não para longos). Não é, pois, apropriada a adaptação direta da abordagem estatística anteriormente descrita — proposta, por exemplo, por Duffie (1989) e geralmente

[17] Ver Duffie, 1989, apêndice 6A.

[18] A relevância do efeito duração, quando se analisa a evolução do preço de um determinado título ao longo do tempo, reduz-se no caso de se estar muito longe da maturidade por duas razões: primeiro, por causa da concavidade da função no caso de existir reversão à média; segundo, por uma questão de proporcionalidade — mesmo que não exista reversão (ou seja, $\alpha = 0$; caso em que σ_P é uma função linear do prazo de maturação), a influência relativa de decorrer um "intervalo de tempo" (por exemplo, um dia, no caso de a freqüência dos dados ser diária) é muito menor quando se está a vários "intervalos de tempo" (dias) da maturidade do que quando se está próximo dela (quando volatilidade diminui de 100 para 99, o efeito é proporcionalmente muito menor do que quando ela diminui de três para dois, por exemplo).

usada em trabalhos empíricos — para os mercados futuros brasileiros, devido à presença dessa heterocedasticidade cíclica (ao longo do prazo de maturação) nas séries em questão. Na busca de estimadores mais eficientes, deve-se incorporar explicitamente tal característica (heterocedasticidade cíclica) em qualquer trabalho empírico sobre os mercados futuros do Brasil e de outras economias instáveis.

O mercado futuro de DI

Trata-se agora de determinar uma fórmula de apreçamento para o preço unitário (PU) do mercado futuro de DI. Primeiramente, cabe uma breve explicação sobre o funcionamento do mercado futuro de DI.

O objeto de negociação desse mercado é a taxa de juros efetiva dos DIs, definida pela acumulação das taxas médias diárias de DI de um dia (Cetip) entre o dia de operação (inclusive) e o último dia de negociação, ou seja, o dia útil anterior à data de vencimento do contrato (também inclusive). A cotação é dada pelo preço unitário (PU), definido como R$100, descontado pela taxa de juros mencionada. Os contratos futuros de DI vencem em todo primeiro dia útil do mês.

A seguir apresentaremos três abordagens alternativas para determinar o PU do DI-futuro, em função do processo seguido pela taxa de juros de curto prazo. As três abordagens têm em comum um único objetivo: mostrar que, do ponto de vista de apreçamento de ativos, o mercado futuro de DI se assemelha mais a um mercado à vista de título.

O mercado a termo de DI

Supondo que o mercado fosse a termo, em vez de futuro, na data de vencimento do contrato o comprador de uma unidade do DI-futuro receberia/pagaria a diferença entre os R$100 (doravante considerados, genericamente, como 100 unidades monetárias) e o valor do PU multiplicado pela taxa acumulada do dia da negociação até o vencimento.

Em termos do arsenal desenvolvido anteriormente, o PU de um mercado (a termo) de DI pode ser considerado um processo de Ito, de preço zero (nada a pagar na data de negociação do contrato) e com um único fluxo de dividendos em s:

$$D_s = PU_t * \exp\left(\int_t^s r_u du\right) - 100$$

$$D_t = 0, \ \forall t < s$$

Assim, em termos da fórmula básica de apreçamento de ativos (1):

$$0 = E_t^Q \{PU_t - [100 * \exp - (\int_t^s r_u du)]\} \text{ logo,}$$

$$PU_t = 100 * E_t^Q [\exp(-\int_t^s r_u du)] \quad (14)$$

Fórmula idêntica, portanto, à de um título de desconto de maturação em s — ver equação (2).

Arbitragem com o mercado de títulos prefixados

Outra forma de derivar o valor do PU no mercado futuro de DI seria através de um argumento de "ausência de arbitragem" relativamente ao mercado de títulos prefixados (CDBs). Considere-se a seguinte estratégia conjunta no instante *t*: a) tomar no mercado de títulos prefixados uma quantia (*Pf*), tal que exija um pagamento de 100 no primeiro dia útil do mês seguinte (*s*); b) aplicá-la diariamente no mercado à vista de DI (até s); c) comprar DI-futuro. Numa análise em tempo "discreto", mas abstraindo-se ainda dos ajustes diários, o fluxo de caixa dessa operação seria (defina-se: $I_{t,\, s-1} = \pi_{s\,=\,t}^{\,s-1} I_s$; $I_t = (1 + r_t)$):

Operação	t	s
a)	Pf	-100
b)	$-Pf$	$Pf^{*}I_{t,\, s-1}$
c)	0	$100 - PU^{*}I_{t,\, s-1}$
saldo:	0	$(Pf - PU)^{*}I_{t,\, s-1}$

O argumento de arbitragem faria com que PU = $Pf_{t,\, s}$ (mercado CDB). O $Pf_{t,\, s}$ é exatamente o preço de um título sem cupom (*discount-bond*) que paga 100 em s — ou seja, cujo processo de dividendo acumulado é caracterizado por $dD_s = 100$ e $dD_u = 0$ para qualquer *u* entre *t* e s. Portanto, segundo a fórmula (1), teríamos:

$$Pf_{t,\, s} = 100 \;^{*}\; E_t^{Q}\,[\exp(-\textstyle\int_t^s r_u du)].\ \text{Logo,}$$

$$PU_t = Pf_{t,\, s} = 100 \;^{*}\; E_t^{Q}\,[\exp(-\textstyle\int_t^s r_u du)] \qquad (15)$$

Adaptação da abordagem de Vasicek para o DI-futuro

Há, porém, três problemas com a utilização desse argumento de arbitragem. O primeiro é que, na prática, os CDBs são emitidos sempre com um prazo superior a 30 dias; e não existe liquidez no mercado secundário de CDBs. Portanto, o argumento de não-arbitragem só é legítimo para a valoração de PUs que estejam a mais de 30 dias do vencimento.[19] Os dois outros problemas dizem respeito não apenas a esse argumento, mas também à primeira forma utilizada para derivar o valor do PU: a) não se explicita como calcular a medida martingal equivalente Q; e b) no mercado futuro de DI há ajustes diários, o que o torna diferente de um mercado a termo. Para superar esses três problemas, estabelecemos a seguir uma terceira abordagem para o cálculo do valor do PU através de um argumento de arbitragem *à la* Vasicek (1979), usando dois contratos futuros (de diferentes prazos de maturação) de DI.

Primeiramente, vejamos como se dão, na prática, os ajustes diários. Seja PA_{t+i+1} o preço de ajuste do dia anterior a $(t + i + 1)$, ou seja, o preço de fechamento de $(t + i)$. O preço corrigido, de abertura em $(t + i + 1)$, é dado por $PC_{t+i+1} = PA_{t+i+1} {}^* I_{t+i}$. Assim, o fluxo de caixa do comprador de um contrato de DI (supondo uma base unitária) mantido em carteira até o vencimento seria:

Data	valor ganho
$t + 1$	$(PA_{t+1} - PU_t)$
$t + 2$	$(PA_{t+2} - PA_{t+1}{}^* I_t)$
$t + 3$	$(PA_{t+3} - PA_{t+2}{}^* I_{t+1})$
...	
$T - 1$	$(PA_{T-1} - PA_{T-2}{}^* I_{T-3})$
T	$(PA_T - PA_{T-1}{}^* I_{T-2})$
$T + 1$	$(100 - PA_T{}^* I_{T-1})$

A característica institucional que, no caso dos mercados futuros, se torna essencial à análise é o ajuste diário (*resettlement*) — o processo que gera pagamentos diários entre os negociadores do contrato baseados na variação do preço futuro. A denominação "preço futuro" é de certa forma inapropriada, visto que o preço futuro não é o preço do contrato (tal como no caso do mercado a termo, o preço efetivo do contrato é zero), e sim o "processo de dividendos acumulados" associado ao contrato. Mais intuitivamente, poderíamos dizer que o valor do contrato não existe como um estoque; nos mercados futuros, só os fluxos interessam.

Vejamos então a adaptação do modelo de Vasicek ao mercado futuro de DI. A adaptação não é direta, pois o objetivo de Vasicek era determinar os preços à vista de títulos, e não modelar o mercado futuro de juros.

[19] Na verdade, o mercado brasileiro é bastante arbitrado no que diz respeito a esses dois ativos — CDBs e DI-futuro — e existem formas alternativas de *hedge* quando os prazos de vencimento são não-coincidentes (ver BM&F, 1991 e 1992).

Sendo PU(t, s) o preço unitário em t do contrato futuro de DI maturando em s, façamos as seguintes hipóteses:

- A1: a taxa de juros (r) segue um processo de Markov contínuo de um único fator:

$$dr = f(r, t)dt + \varrho(r, t)dz \tag{16}$$

  onde $z(t)$ é um processo de Wiener com variância incremental dt, e as funções $f(r, t)$ e $\varrho^2(r, t)$ são, respectivamente, o *drift* e a variância instantâneos do processo $r(t)$.

- A2: PU(t, s) depende apenas da taxa *spot* ao longo de sua maturação.

- A3: o mercado é eficiente, ou seja, não existem custos de transação, a informação está disponível para todos os investidores simultaneamente e todo investidor age racionalmente (prefere mais a menos e usa toda a informação disponível). Portanto, os investidores têm expectativas homogêneas e não existe possibilidade de arbitragem.

As duas primeiras hipóteses implicam que o valor da taxa *spot* é a única variável de estado para toda a estrutura a termo: expectativas formadas com o conhecimento de todas as taxas, passadas e presentes, de todas as maturidades são equivalentes às expectativas condicionadas somente ao valor corrente da taxa de juros — passaremos então a designar PU(t, s) por $P(t, s, r(t))$. Pelo lema de Ito, temos que:

$$dP = P\mu(t, s, r)dt - P\sigma(t, s, r)dz, \text{ com}$$

$$\mu(t, s, r) = [\partial P/\partial t + f\partial P/\partial r + 0.5\varrho^2\partial^2 P/\partial r^2]/P \tag{17}$$

$$\sigma(t, s, r) = -(\varrho\partial P/\partial r)/P$$

Consideremos agora a seguinte estratégia: vender $w1$ contratos de DI-futuro do primeiro contrato a vencer e comprar $w2$ do segundo contrato a vencer.[20] Pelo fluxo de caixa apresentado acima, percebe-se que a versão contínua do processo de dividendo acumulado do portfólio construído é dada por:[21]

[20] $\Theta = (-w1, w2)$ é uma estratégia de negociação, ou seja, um processo adaptado que especifica em cada estado da natureza ω e tempo t o número $\Theta t(\omega)$ de unidades de cada um dos contratos a se reter — para uma definição formal detalhada, ver Duffie (1992:78-81 e apêndice C). Para uma discussão do conceito de "dividendo acumulado" mencionado a seguir, id. ibid, p.106-8.

[21] $PA_{t+2} - PA_{t+1}I_t = PA_{t+2} - PA_{t+1} - PA_{t+1}r_t$; cuja aproximação contínua seria: $dPA_{t+1} - Pa_{t+1}{}^*r_t dt$; o que, sob a nova nomenclatura, geraria: $dP_t - rP_t dt$.

$$dW = [-w1(dP1 - rP1dt) + w2(dP2 - rP2dt)],$$

onde $r = I - 1$, $P1 = P(t, s1, r)$ é o PU do primeiro contrato a vencer, e $P2 = P(t, s2, r)$ é o PU do segundo contrato a vencer; dPi é dado pela fórmula (2) para $i = 1,2$.

É possível tornar o portfólio instantaneamente sem risco fazendo $w2 = w1(P1\sigma1)/(\sigma2P2)$. Com essa relação e alguma álgebra, chega-se ao seguinte processo de dividendo acumulado para o portfólio:

$$dW = w1P1[(\sigma1/\sigma2)(\mu2 - r) - (\mu1 - r)]dt$$

Como no DI-futuro não se paga nada no momento da negociação, o preço é na verdade zero; e dw — o processo de dividendos gerado — tem que ser necessariamente zero, já que não existe qualquer risco inerente à transação. A condição necessária e suficiente para isto é: $(\mu2 - r)/\sigma2 = (\mu1 - r)/\sigma1$. Relação que tem que valer, em t, para qualquer contrato; donde se conclui que:

$$q(t, r) = (\mu(t, s, r) - r)/\sigma(t, s, r) \qquad (18)$$

sendo $q(t,r)$ o preço de mercado para o risco associado ao DI-futuro, que independe portanto de s (a maturidade do contrato).[22]

Substituindo as expressões derivadas em (17) para μ e σ em (18), gera-se a seguinte equação diferencial parcial:

$$\partial P/\partial t + (f + \varrho q)\partial P/\partial r + 0.5\varrho^2\partial^2 P/\partial r^2 = rP \qquad (19)$$

Essa equação é idêntica à "equação da estrutura a termo" de Vasicek, a equação básica derivada pelo autor para determinar os preços de *discount bonds* num mercado caracterizado pelas hipóteses A1, A2 e A3 e a qual se provou valer também, sob essas mesmas hipóteses, para o PU do mercado de DI-futuro. Ela é uma equação diferencial parcial que, adicionada à condição de fronteira $P(s, s, r) = 100$, determina $P(t, s, r)$, uma vez que se caracteriza o processo da taxa de juros de curto prazo $r(t)$ e que se especifica o preço de mercado do risco $q(t, r)$. A solução pode ser representada sob a forma integral em termos do processo estocástico seguido por $r(t)$, o ativo subjacente:

$$P(t, s, r) = 100 {*} E_t \exp\{-\int_t^s r(\tau)d\tau - 0{,}5\int_t^s q^2(\tau, r(\tau))d\tau + \int_t^s q(\tau, r(\tau))dz(\tau)\},\ t \le s \qquad (20)$$

[22] Na verdade, q representa o preço de mercado do risco da própria taxa de juros, e não do contrato de DI: q depende de r e t, mas não da natureza do ativo derivativo (vale para *qualquer* derivativo dependente apenas da taxa de juros). Mas, como os preços dos títulos (no caso os PUs) estão negativamente relacionados à taxa de juros, temos que o preço de mercado do risco da taxa de juros, que é negativo, é dado por $q_r = -q$. Ver Hull (1993:275-7).

Essa é a fórmula válida no espaço de probabilidades original (P); ela é absolutamente análoga às fórmulas (14) e (15), válidas sob a medida martingal equivalente Q (note-se que a diferença se resume à presença de q — o preço de mercado do risco associado à taxa de juros — no segundo e no terceiro elementos da chave da fórmula (20) acima). Como vimos anteriormente, dependendo da hipótese formulada para o processo seguido pela taxa de juros de curto prazo, poderemos obter ou não diferentes fórmulas fechadas para o preço unitário do contrato de DI. No caso da abordagem *à la* Vasicek, teremos também que formular uma hipótese acerca do preço de mercado do risco. Vasicek aventou as hipóteses específicas de um preço de mercado do risco constante ($q(t, r) = q$) e de um processo de Ornstein-Uhlenbeck para a taxa de juros de curto prazo (no espaço de probabilidade original: $dr = a(b-r)dt + \sigma dz$), a fim de derivar a fórmula explícita para os preços dos títulos:

$P(t, s, r) = A(t, s)e^{-B(t, s)r}$; sendo:

$$B(t, s) = (1 - e^{-a(s-t)})/a \tag{21}$$

$$A(t, s) = \exp\{(B(t, s) - s + t)(b + (q\sigma)/a - \sigma^2/2a^2) - \sigma^2 B(t, s)^2/4a\}$$

Ou seja, $P(t, s, r)$ é representado pelo processo de Ito, $dP = P\mu(t, s, r)dt - P\sigma(t, s, r)dz$, com:

$$\mu(t, s, r) = r(t) + \sigma q(1 - e^{-a(s-t)})/a = r(t) + \sigma q B(t, s)$$

$$\sigma(t, s, r) = \sigma(1 - e^{-a(s-t)})/a = \sigma B(t, s)$$

Comparemos a equação (21) derivada para o PU através da abordagem de Vasicek — que parte do processo seguido pela taxa de juros de curto prazo no espaço de probabilidade original **P** — com a fórmula (9) apresentada anteriormente, quando se parte da medida martingal equivalente **Q**:

$P(t, s, r) = A(t, s)e^{-B(t, s)r}$;

$B(t, s) = (1 - e^{-\alpha(s-t)})/\alpha$;

$$A(t, s) = \exp\{(B(t, s) - s + t)(\gamma - \varrho^2/2\alpha^2) - \varrho^2 B(t, s)^2/4\alpha\}; \tag{9}$$

$dP = P\mu(t, s, r)dt - P\sigma(t, s, r)dz$, com:

$\mu(t, s, r) = r(t)$;

$\sigma(t, s, r) = \varrho(1 - e^{-\alpha(s-t)})/\alpha = \varrho B(t, s)$;

Pode-se notar que a fórmula (9) acima difere da encontrada por Vasicek (21), principalmente por não incluir q, o preço de mercado do risco. Não é difícil estabelecer a relação entre elas, o que é, aliás, bastante ilustrativo para a compreensão do método de "avaliação neutra ao risco": tal como esperado, a taxa de *drift* do preço do título sob a medida martingal equivalente é dada por r, ao passo que sob P acrescenta-se a r o termo $q\sigma(t, s, r)$, sendo a taxa de difusão a mesma em ambos os casos. O preço do título torna-se exatamente igual se fizermos a transição de um espaço de probabilidade para o outro somando $q_r\sigma$ ao coeficiente de *drift* de r. Com isso estabelecemos as seguintes relações:

$$a = \alpha,\ b = \gamma + q_r\sigma/a,\ \sigma = \varrho$$

Constatamos assim que a fórmula para os preços do mercado futuro de DI (PUs) é exatamente igual à dos preços de títulos sem cupom, conclusão que pode ser tirada de qualquer uma das subseções anteriores. Senão vejamos: o preço do DI a termo calculado pela fórmula (14) é exatamente igual ao preço de um título de desconto determinado pelo mesmo arsenal — fórmula (2); e o argumento de ausência de arbitragem leva exatamente à conclusão de que o PU é igual ao preço de um título prefixado de mesma maturidade. Mas a comparação mais ilustrativa é aquela derivada do modelo de Vasicek.

Vasicek chega exatamente à mesma equação (18) para o preço de mercado do risco associado à taxa de juros, só que por caminhos diferentes. Em vez de usar o conceito de "processo de dividendo acumulado", ele usa o conceito de "equação de acumulação do valor do portfólio".[23] Quando se consegue uma relação entre as quantidades a serem retidas dos dois títulos que "elimina a incerteza" (o elemento *dz*) dessa equação de acumulação, o portfólio formado por tais quantidades dos dois títulos se torna instantaneamente sem risco e, portanto, deve ser remunerado à taxa de curto prazo r (lembremos que no mercado à vista de títulos existe um valor a ser pago na data de negociação inicial), pois do contrário haveria uma oportunidade de arbitragem. Essa "condição de não-arbitragem" é dada por: $[(\sigma 1\mu 2 - \sigma 2\mu 1)/(\sigma 1 - \sigma 2)] = r$. Comparê-mo-la com a "condição de não-arbitragem" derivada aqui: $[(\sigma 1/\sigma 2)^*(\mu 2 - r) - (\mu 1 - r)] = 0$. A diferença básica é que, nesta última, r, em vez de entrar do lado direito da equação, é subtraído de cada um dos coeficientes de *drift* no lado esquerdo da equação. O "efeito líquido" é nulo: a acumulação diária que se faz dos juros sobre o PU para o cálculo do ajuste compensa o fato de não haver pagamento inicial no contrato, gerando exatamente a mesma equação

[23] Na verdade, o procedimento é exatamente o mesmo, uma vez que ambos os conceitos fazem parte de outro conceito mais amplo: o de "ganhos acumulados". O processo de ganhos acumulados constitui-se na soma da valorização do portfólio com os dividendos acumulados. No caso do DI-futuro, a valorização do portfólio é nula, pois o preço verdadeiro é zero, só existindo dividendos acumulados. Dá-se o oposto no caso dos títulos, que não pagam dividendos até a maturação.

para o preço de mercado do risco associado à taxa de juros, que é a equação básica do modelo (a partir da qual se determinam os preços dos títulos ou PUs). Donde se conclui que, do ponto de vista de apreçamento de ativos, o mercado futuro de DI funciona exatamente como um mercado à vista de títulos de desconto.

Uma vez constatado que os preços do mercado futuro de DI (PUs) são exatamente iguais aos preços dos títulos sem cupom, podemos dizer que todas as características do mercado à vista de títulos anteriormente citadas se aplicam ao mercado futuro de juros brasileiro (DI-futuro). Em particular, a volatilidade do PU tende a diminuir ao longo da maturação do contrato (ou seja, a volatilidade é tanto maior quanto maior for o prazo de maturação do contrato) devido ao "efeito duração".

Se houver reversão à média no processo da taxa de juros de curto prazo brasileira (CDI-Cetip), teremos que: a) a volatilidade do PU seria uma função côncava crescente do prazo de maturação; b) a volatilidade da taxa mensal de juros do primeiro contrato a vencer seria maior que a do segundo, que seria maior do que a do terceiro e assim por diante. Já a adaptação do conceito de taxa *forward* para o DI-futuro não é tão direta — visto que o mercado "futuro" se assemelha mais ao mercado à vista de títulos: seria necessário o conceito de "taxa fechada" (dada pela curva do papel). Assim, a taxa fechada (*forward*) do primeiro mês seguinte ao da negociação (determinada por PU1/PU2) seria mais volátil que a do segundo mês seguinte (determinada por PU2/PU3) e assim por diante.

Testes empíricos desses resultados para o período pré-Plano Real foram realizados em La Rocque (1996). Todos os resultados foram contra a existência de um processo de reversão à média de Ornstein-Uhlenbeck para os juros. Na verdade, compatibilizaram-se com uma especificação de Ornstein-Uhlenbeck para $\{r\}$, mas com um α negativo (o caso "anômalo" de dispersão da média, que gera uma função convexa crescente da volatilidade dos PUs com relação aos prazos de maturação). Este não é um resultado tão surpreendente quanto pode parecer à primeira vista, já que se tratava de taxas de juros nominais, num período de inflação alta e extremamente instável. Testes preliminares para o período mais recente indicam que também não há indícios de reversão à média na série de taxas de juros nominais do período pós-Plano Real. Esse resultado não deixa de ser condizente com a literatura internacional: as séries temporais de taxa de juros comportam-se freqüentemente como processos não-estacionários a curto prazo, embora sejam estacionários a longo prazo.[24]

Conclusão

Neste capítulo examinamos, do ponto de vista da teoria de apreçamento de ativos, os mercados de títulos e futuros. Enfatizamos a volatilidade desses mercados, vi-

[24] Ver Ait-Sahalia (1995).

sando mostrar algo que é pouco ressaltado na literatura: a volatilidade nos mercados futuros depende do prazo de maturação do contrato em questão. Na ausência de arbitragem, é a estrutura a termo da volatilidade dos títulos que determina a estrutura a termo da volatilidade dos preços futuros que sejam ativos redundantes. Assim, tal estrutura irá depender crucialmente dos parâmetros do processo da taxa de juros de curto prazo, principalmente aquele que mede a velocidade de reversão à média.

A volatilidade dos títulos e dos contratos futuros em geral é uma função crescente do prazo de maturação do contrato. Tal função será côncava na presença de reversão à média, linear se esta não existir, e convexa no caso anômalo em que há "disparidade da média" (ou seja, quando o coeficiente que mede a velocidade de reversão é negativo). Uma exceção com relação a esses resultados genéricos é o mercado futuro de juros, onde a função será convexa e decrescente no caso de reversão, crescente no caso de "disparidade" e constante quando a velocidade de reversão for nula.

O efeito que está por trás desses resultados foi denominado "efeito duração": quanto mais longe se estiver da maturidade, maior será o número de taxas futuras de juros que terão de ser revistas para efeito de formação de expectativas a partir de um choque inesperado.[25] A forma pela qual se dá a revisão de expectativas irá depender dos parâmetros do processo da taxa de juros de curto prazo. Há dois aspectos do efeito duração que devem ser enfatizados: o primeiro diz respeito à estrutura a termo da volatilidade dos futuros propriamente dita (ou seja, para um dado instante do tempo, a relação entre as volatilidades dos preços futuros de contratos de diferentes prazos de maturação e os respectivos prazos); o segundo concerne à evolução dos preços futuros de um contrato específico ao longo do tempo (ou seja, seu preço no mercado secundário ao longo do prazo de maturação do contrato). Esse aspecto gera uma heterocedasticidade cíclica inerente às séries de preços futuros com que em geral se trabalha na prática. Assim, para maior eficiência estatística, deve-se incorporar tal característica explicitamente à análise. Vimos, porém, que ela será tanto mais importante quanto menores forem os prazos de maturação dos contratos e a velocidade de reversão à média da taxa de juros e quanto maior for a sua volatilidade. É exatamente isso que ocorre nas economias instáveis. Já nas economias estáveis, cujos contratos são bem longos, tal característica perde relevância. Uma vez que a literatura, tanto do ponto de vista teórico quanto empírico, concentra-se nessas economias, esse segundo aspecto não é devidamente enfatizado.

[25] O preço futuro é, sob a medida martingal equivalente, igual ao valor esperado para o ativo subjacente do contrato futuro na data da maturidade. E o valor esperado para essa data futura pode ser decomposto de trás para frente em variações periódicas (por exemplo, diárias) até o presente. Ocorre que, sob a medida martingal equivalente, todos os ativos têm valorização esperada igual à taxa de juros. Portanto, o que deve ser revisto são as taxas futuras de juros, e não as variações diárias do preço do ativo subjacente.

No caso do Brasil, estudou-se minuciosamente o mercado futuro de DI, determinando-se o PU de três formas alternativas. Todas elas levam a uma única conclusão: tal mercado assemelha-se muito mais a um mercado à vista de títulos do que a um mercado propriamente futuro. Procurou-se então analisar as implicações empíricas dessa constatação no que diz respeito à estrutura a termo da volatilidade no mercado futuro de DI.

Referências bibliográficas

Ait-Sahalia, Y. Testing the continuous-time models of the spot interest rate. University of Chicago, 1995. mimeog.

BM&F. Taxa média ajustada CDI/Cetip: metodologia de cálculo. *Revista Resenha* (70), 1991.

——. Especificação do contrato futuro de taxa média de depósito interfinanceiro de um dia. *Ofício Circular* 019-A/92-SG, 1992.

Cox, J.; Ingersoll, J. & Ross, S. A theory of the term structure of interest rates. *Econometrica, 53*:385-408, 1985.

Duffie, D. D. *Future markets*. Prentice Hall, 1989.

——. *Dynamic asset pricing theory*. Princeton University Press, 1992.

Harrison, M. & Kreps. Martingales and arbitrage in multiperiod securities markets. *Journal of Economic Theory, 20*:381-408, 1979.

Ho, T. & Lee, S. Term structure movements and pricing interest rate contingent claims. *The Journal of Finance, 41*:1.011-29, 1986.

Hull, J. *Options, futures and other derivative securities*. 2 ed. Prentice Hall, 1993.

—— & White, A. The pricing of options on assets with stochastic volatilities. *Journal of Finance, 42*:281-300, 1987.

La Rocque, E. O mercado de juros brasileiro: uma contribuição para a modelagem de mercados de juros e futuros em economias instáveis. Departamento de Economia, PUC-Rio, 1996. (Tese de Doutorado.)

Merton, R. Theory of rational option pricing. *Bell Journal of Economics and Management Science, 4*:141-83, 1973.

Milonas, N. T. Price variability and the maturity effect in future markets. *Journal of Futures Markets, 6*:443-60, 1986.

Vasicek, O. An equilibrium characterization of the term structure. *Journal of Financial Economics, 5*:177-88, 1977.

CAPÍTULO 15

Modelos não-lineares discretos e contínuos para a taxa de juros de curto prazo do Brasil*

Eduarda C. De La Rocque

Introdução

Este capítulo tem por objetivo estimar o processo da taxa de juros de curto prazo do Brasil. É sabido que a taxa de juros é a variável central tanto para a teoria do valor quanto para as teorias macroeconômicas sobre demanda de moeda e investimento. Porém, cabe ressaltar que a taxa de juros de curto prazo (ou seja, "instantaneamente sem risco") é o ativo primário mais importante para o apreçamento não apenas dos derivativos diretos da taxa de juros, mas também de praticamente todos os ativos derivativos da economia: futuros em geral, opções etc. É fundamental conhecer o processo da taxa de juros de curto prazo para testar a hipótese de mercados eficientes e para determinar os modelos da estrutura a termo da taxa de juros.

Mas, o que seria a taxa de juros de curto prazo do Brasil? Colocam-se várias questões, entre as quais cabe destacar três: a) quanto à freqüência das observações, devem-se usar dados diários ou mensais, ou de que outra periodicidade? b) qual o processo relevante: o das taxas reais ou o das taxas nominais? c) deve-se estimar um modelo "discreto" ou contínuo; paramétrico ou não-paramétrico?

Teoricamente, um bom guia para responder essas questões seria analisar o que se faz usualmente na literatura. Mas ocorre que se faz de tudo um pouco, não ha-

* Este texto é uma versão reduzida do capítulo 3 de minha tese de doutorado; ver La Rocque (1996).

vendo resposta consensual acerca de como deve ser abordado o tema. Há exemplos de estimação de modelos "discretos", especialmente na literatura sobre mudanças de regime: Garcia e Perron (1992), Gray (1993), Naik e Lee (1994). Mas a maioria dos trabalhos recentes visa estimar modelos contínuos, uma vez que os instrumentos teóricos de apreçamento de ativos em tempo contínuo são muito mais extensos do que em tempo "discreto", o que permite, paralelamente, maior simplicidade da análise teórica e uma estrutura bem mais rica para o comportamento da taxa de juros de curto prazo. Modelos específicos foram submetidos a uma série de testes, mas até recentemente faltava um *framework* adequado para comparações.

O modelo (CIR) de Cox, Ingersoll e Ross (1985a e 1985b) foi testado para taxas reais por Brown e Schaefer (1994) com dados ingleses e por Gibbons e Ramaswamy (1993) com dados americanos. Evans et alii (1994) estimaram o processo de Ornstein-Uhlenbeck também para taxas reais de juros, americanas e inglesas. O primeiro passo para a comparação de modelos alternativos foi dado por Chan et alii (1992) — doravante denominado simplesmente CKLS —, cujo método foi estendido por Broze et alii (1995) e aplicado também por Dahlquist (1996). Os três trabalhos usaram taxas nominais mensais de títulos de um mês de maturidade (os dois primeiros lidaram com dados relativos aos *T-bills* americanos, enquanto o último comparou dados de Alemanha, Suécia, Inglaterra e Dinamarca). Somente Dahlquist (1996:1.097) se deu o trabalho de justificar a escolha: "Seria possível estudar taxas de juros de menor maturidade e de maior freqüência, como as taxas *overnight* do mercado interbancário. Infelizmente, esses dados tendem a ter idiossincrasias (por exemplo, ausência de observações, sazonalidades e maiores *spreads* entre compra e venda devido à baixa liquidez ou a exigências de reservas por parte do Banco Central)".

Ora, essas "idiossincrasias" — que preferimos denominar "elementos institucionais"— são uma parte rica do processo de política monetária de cada país. Sendo assim, merecem e precisam ser estudadas. Em vez de evitar a questão (e modelar taxas mensais), preferimos enfrentá-la e modelar esses elementos institucionais. Decidimos portanto trabalhar com dados diários — nosso objeto de estudo será a taxa de depósitos interbancários (CDI-Cetip). Principalmente porque não há dúvidas de que esta é a taxa que mais se aproxima do conceito teórico de "taxa de juros instantaneamente sem risco" — não há como argumentar que não existem riscos com a taxa efetiva mensal (constituída da acumulação dessas taxas diárias); ao contrário, esta foi o principal elemento de incerteza movimentador do mercado financeiro brasileiro no passado recente (anterior ao Plano Real). Devido aos prazos excessivamente curtos, os ativos derivativos não dependiam de algo como as próximas quatro taxas mensais de juros, e sim dos dados diários. É a taxa CDI-Cetip diária o ativo subjacente, por exemplo, do mercado futuro de DI — um dos mais importantes mercados financeiros da economia brasileira — e, portanto, serão os parâmetros de seu processo que irão determinar a fórmula explícita para o preço do ativo negociado naquele mercado (PU).

Quanto a saber se as taxas de juros a serem modeladas devem ser reais ou nominais, do ponto de vista teórico tanto faz (podem-se formalizar tanto modelos reais quanto nominais). Na prática também, pois vimos que na literatura há exemplos de ambos. Assim como na questão anterior (acerca da periodicidade dos dados), deve-se contextualizar a literatura, adaptando-a (transformando-a quando necessário) para o caso brasileiro. Pelo gráfico da evolução da taxa CDI-Cetip no período estudado (maio de 1988 a maio de 1995), percebe-se que foi a inflação, alta e extremamente instável, que durante esse período guiou o processo da taxa de juros nominal (CDI) — ver figura 1A. Em busca de uma série mais estável — guiada mais por fundamentos macroeconômicos do que por choques e planos econômicos — optou-se por modelar a taxa real de juros de curto prazo. É ela a série mais apropriada para testar modelos teóricos, comuns na literatura, relativos ao processo da taxa de juros de curto prazo. Uma característica típica das taxas de juros é, por exemplo, a reversão à média, evidenciada no gráfico de taxas reais (figura 3), mas não no de taxas nominais (figura 1A). A opção por modelar as taxas reais advém do fato de elas apresentarem maior regularidade e estabilidade. Usando um jargão típico de séries temporais, pode-se dizer que as séries de taxas nominais e de inflação são não-estacionárias porém cointegram, gerando-se assim uma série estacionária de taxas reais.

No entanto, não é tão fácil eliminar a influência da inflação sobre as taxas reais. A primeira questão, obviamente, é saber como se deve deflacionar a série nominal para se obter a série de taxas reais; questão que não é das mais simples, em se tratando de taxas diárias de juros, pois não existem índices de inflação com a mesma periodicidade. Além disso, um índice deflator, por mais completo que seja, não é por si só capaz de eliminar a influência da inflação sobre a série de taxas reais. A relação entre inflação, taxas nominais e taxas reais de juros é bastante complexa. O ideal seria modelar ambos os processos — taxa real de juros e inflação (tal como fizeram Garcia e Perron, por exemplo) — em vez de tentar modelar a taxa real de juros através de um processo univariado. Contudo, a tarefa de modelar a inflação no período abordado — repleto de choques e grandes intervenções na economia — é um tanto árdua e foge completamente ao âmbito deste capítulo. A alternativa adotada foi então: a) escolher cuidadosamente o índice deflator; e b) através de outras variáveis explicativas, tentar reduzir a interferência da inflação sobre as taxas reais de juros. Estes dois pontos estão na verdade intimamente ligados aos "elementos institucionais" anteriormente citados. Há que entender muito bem o funcionamento do mercado de juros para poder escolher o índice deflator da série, controlar os "elementos institucionais" e minimizar a interferência da inflação sobre a série.

Adiante daremos maiores detalhes sobre o que vem a ser a taxa CDI-Cetip, mas em linhas gerais pode-se dizer que é grande o controle do BC sobre ela (o BC praticamente determina a taxa Selic, que guiará muito de perto a taxa CDI-Cetip do dia seguinte). Portanto, a taxa CDI será determinada em função dos objetivos de política monetária. Para entender o funcionamento do mercado, importa saber qual é a

Figura 1A
Taxas nominais diárias

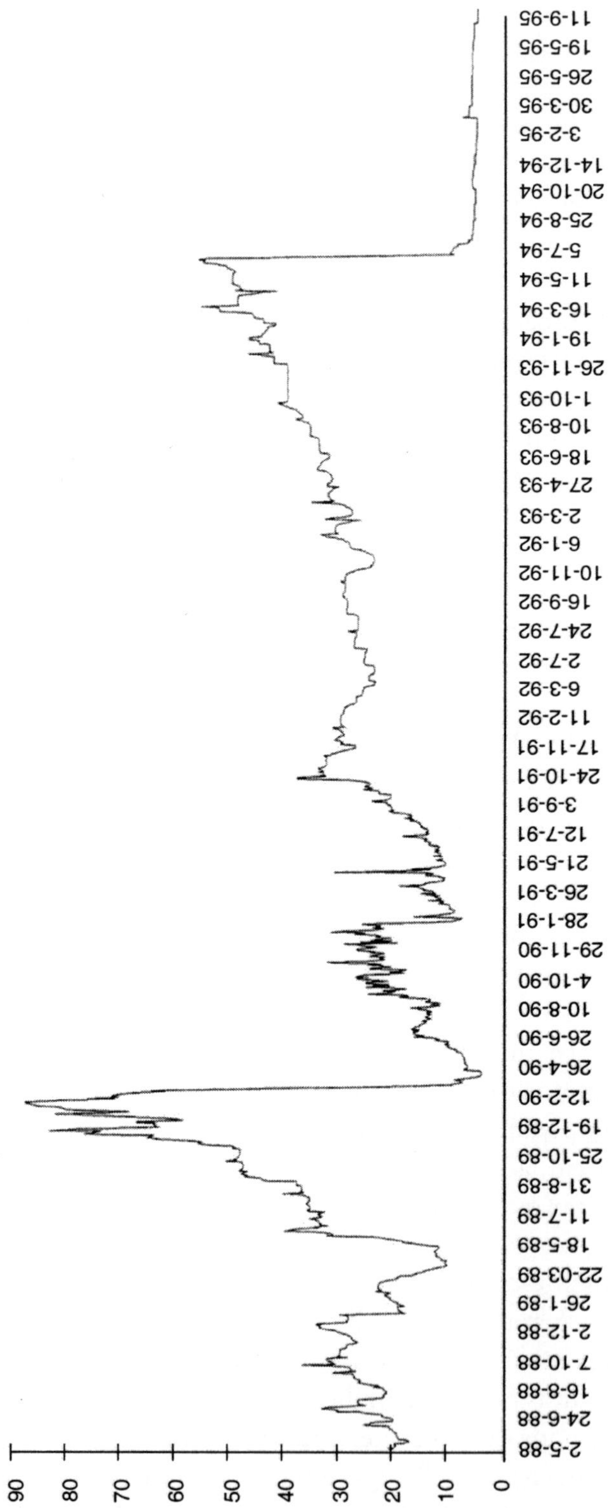

Figura 3
Taxas reais (oficiais) diárias

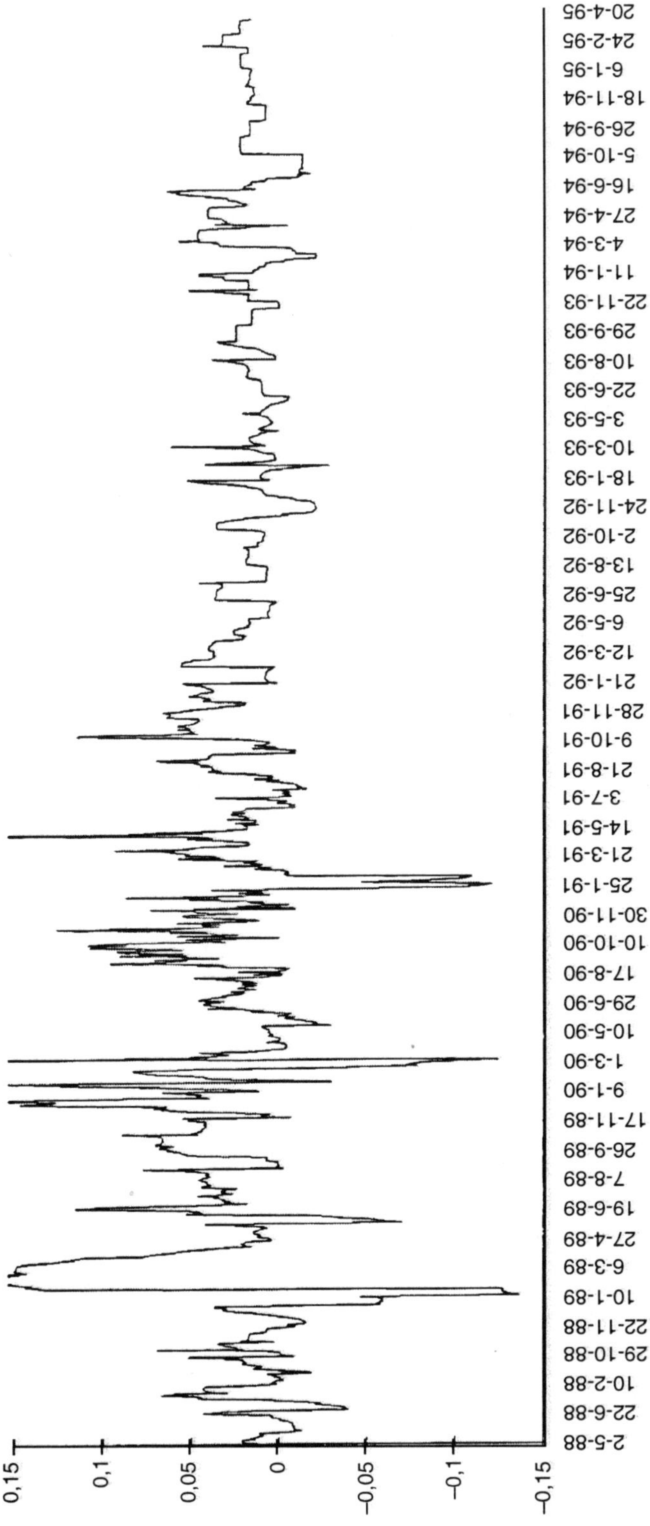

variável relevante do ponto de vista de política econômica, ou seja, quais são os objetivos do BC ao atuar diariamente no mercado de juros.

Teoricamente, o ideal seria que o objetivo de política monetária fosse a taxa de juros real esperada para o futuro — proximo mês ou meses —, que é o que interfere na decisão de investir em ativos financeiros ou reais e de investir no Brasil ou em outro país. A taxa real esperada é, no entanto, uma variável não-observável. Na prática, o melhor "termômetro" para ela são as taxas reais realizadas no passado recente, medidas segundo um deflator amplamente aceito pelo mercado. Assim, a taxa real efetiva mensal é o alvo intermediário, que acaba por se tornar o objetivo final, uma vez que é a única variável mensurável. Ou seja, é a taxa real mensal realizada *ex-post* o maior interesse do BC ao fixar diariamente a taxa Selic para aquele dia. A referência é portanto indubitavelmente mensal. No que diz respeito ao deflator, a melhor alternativa para representar uniformemente durante todo o período "algo amplamente aceito pelo mercado" seria a "taxa de inflação oficial", formada por uma "cesta" de vários índices e que era a referência para os esquemas de indexação oficiais.[1]

Tendo então como objetivo de política monetária a taxa real mensal a se realizar, como se determina a estratégia diária do BC para estabelecer a taxa CDI do dia? Isso depende crucialmente da inflação esperada pelo BC para o mês em vigor. E diariamente chegam informações sobre ela. Assim, o que melhor descreveria a dinâmica da taxa nominal, conferindo maior regularidade à série de taxa real, não seria a inflação diária, e sim as expectativas diárias quanto à inflação do mês. Tentamos construir alguns índices de inflação esperada, mas nenhum teve sucesso. Optamos então por usar o índice de inflação oficial mensal para deflacionar as taxas diárias. Ou seja, a taxa que acabou sendo a escolhida para representar a taxa de juros de curto prazo do Brasil foi a taxa de juros real realizada *ex-post*, formada pela taxa nominal Cetip diária deflacionada pela taxa de inflação "oficial" mensal. Essa alternativa pode parecer estranha, mas na verdade tem uma série de vantagens, que enumeramos a seguir.

Modela-se uma taxa real, que é a referência conceitual e apresenta maior regularidade do que a nominal. Quanto à periodicidade, estuda-se a dinâmica diária — rica do ponto de vista da compreensão da política monetária e relevante para o mercado financeiro. A partir da constatação de que é a taxa real mensal a referência conceitual, modelam-se os fundamentos teóricos guiadores das variações da taxa diária de juros ao longo do mês, também denominadas "variações espúrias", "elementos institucionais" ou "idiossincrasias" ao longo deste capítulo. No que diz respeito à diferença entre taxas reais efetivas realizadas *ex-post* e esperadas *ex-ante*, o ideal teórico seria modelar as taxas esperadas. Contudo, as taxas realizadas são, exceto por um termo de erro, iguais às esperadas — esse termo de erro pode ser heterocedástico, devido à velocidade de chegada de informação sobre a taxa de inflação que irá fechar o mês, o que é explicitamente incorporado à análise. A grande vantagem de usar um índice deflator mensal para dados diários é que isso faz com que a dinâmica diária da variação das taxas reais seja

[1] Esta série foi construída e gentilmente cedida pelo prof. Márcio Garcia.

semelhante à dinâmica diária da variação das taxas nominais (que é na prática o ativo subjacente do mercado futuro de DI e de outros ativos derivativos). A diferença que surge na "virada" do mês cumpre o papel de reduzir a influência da inflação sobre as taxas nominais. Dessa forma consegue-se manter como referência o que é relevante na prática (a taxa real mensal de juros) e ao mesmo tempo modelar (e eliminar da série, se for o caso) as variações "espúrias" da taxa nominal diária, ou seja, seus efeitos "sazonais" (intramês), que são perfeitamente previsíveis.

As séries mensais de taxa real (deflacionada pela inflação oficial) e taxa nominal de juros (nos períodos anterior e posterior ao Plano Real) podem ser vistas respectivamente nas figuras 2A e 2B. Vale frisar que nos concentramos no período anterior ao Plano Real. Assim, nem é necessário testar, poios não há dúvida de que houve uma mudança de regime com o advento do Plano Real. Limitamo-nos ao período anterior ao plano porque no período pós-real a dinâmica diária se empobreceu (ver figura 1B) e ainda não há dados suficientes para analisar a dinâmica mensal (tal como feito para as economias estáveis).

Obviamente é menos relevante saber qual o processo seguido pela taxa de juros de curto prazo no passado recente quando se sabe que hoje já não vigora o mesmo regime.[2] Contudo, os resultados são fundamentais para qualquer outro estudo empírico com séries financeiras daquele período, em particular para se testar a eficiência dos mercados financeiros brasileiros no passado recente. Também do ponto de vista da política monetária, é muito importante saber quais são os "elementos institucionais" do mercado de juros brasileiros (mesmo com a queda da inflação, a racionalidade por trás de seu funcionamento é exatamente a mesma, e alguns dos elementos institucionais permaneceram inalterados). Como é o dia-a-dia dos *policymakers* do BC em períodos de alta inflação? E, ainda mais relevante, como a inflação altera o funcionamento do mercado de juros (e, particularmente, a relação entre inflação, taxas nominais e reais) em economias instáveis? A idéia é mostrar que, uma vez feitos os ajustes necessários, é possível modelar séries financeiras de economias instáveis de acordo com os modelos teóricos usuais na literatura. Essa afirmação funciona como uma advertência em dois sentidos: não se deve achar que as técnicas econométricas e os modelos desenvolvidos para economias estáveis não servem para analisar séries de economias instáveis, mas a aplicação dessas técnicas e modelos não deve ser direta — os "elementos institucionais" são fundamentais e têm que se incorporar explicitamente à análise. A contribuição deste trabalho é ainda fundamental no que se refere ao uso e desenvolvimento de métodos econométricos, uma vez que se empregaram técnicas que estão entre as mais avançadas da teoria econométrica e que poderão servir para estimar o processo da taxa de juros de curto prazo do Brasil no período posterior ao Plano Real.[3]

---

[2] Os resultados específicos (ou seja, as estimativas dos parâmetros) de nada servem para se "ganhar dinheiro" hoje no mercado financeiro.

[3] Espera-se que, no caso, a série relevante seja a de taxas nominais mensais, tal como ocorre em economias estáveis onde os prazos dos contratos são longos.

Figura 1B
Taxas nominais diárias (pós-real)

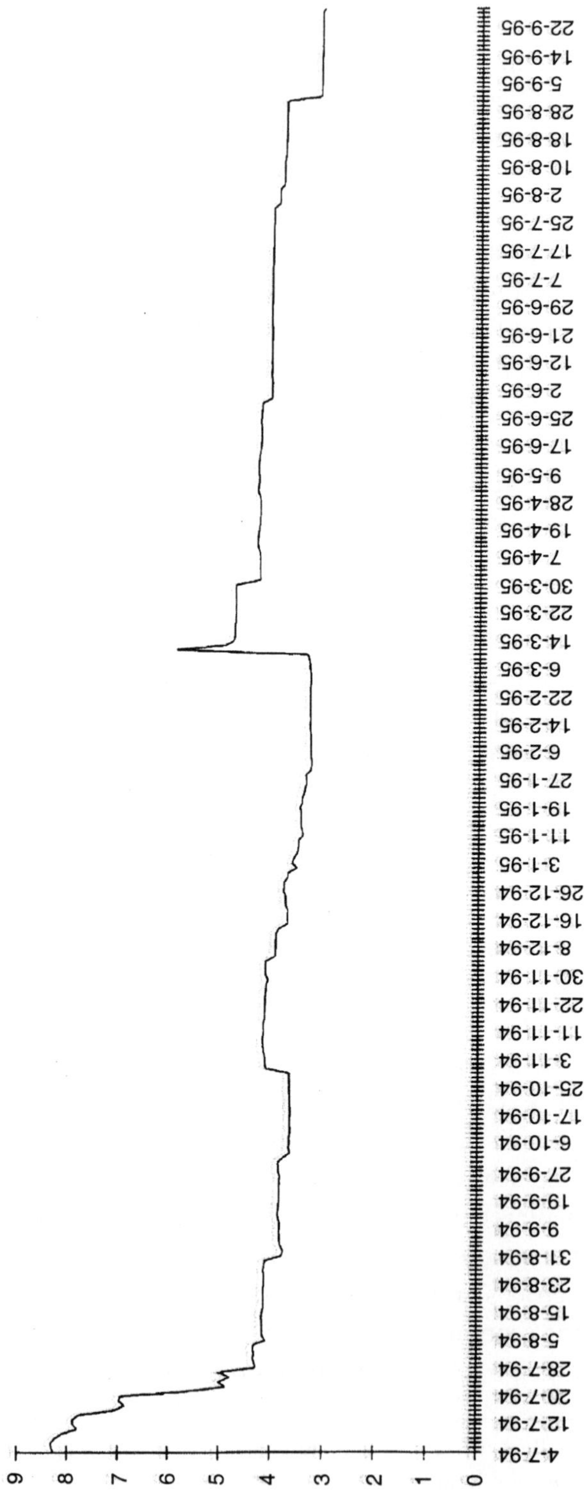

Figura 2A
Taxa real mensal

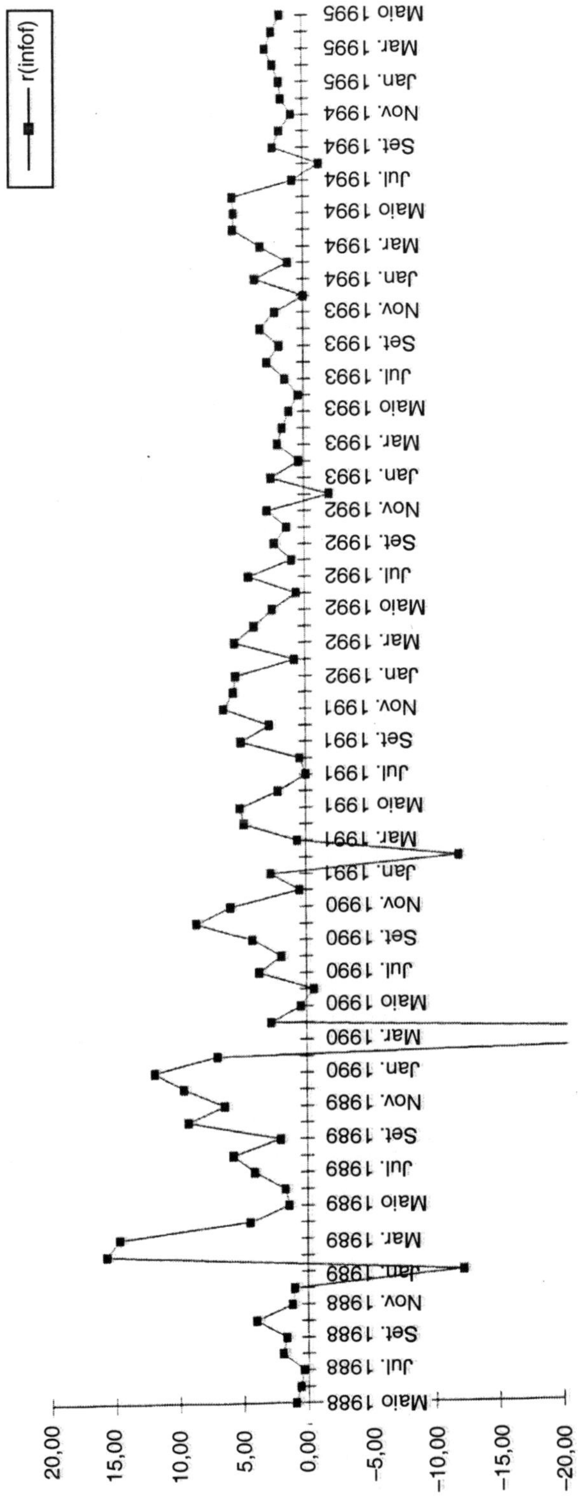

Figura 2B
Taxa nominal mensal

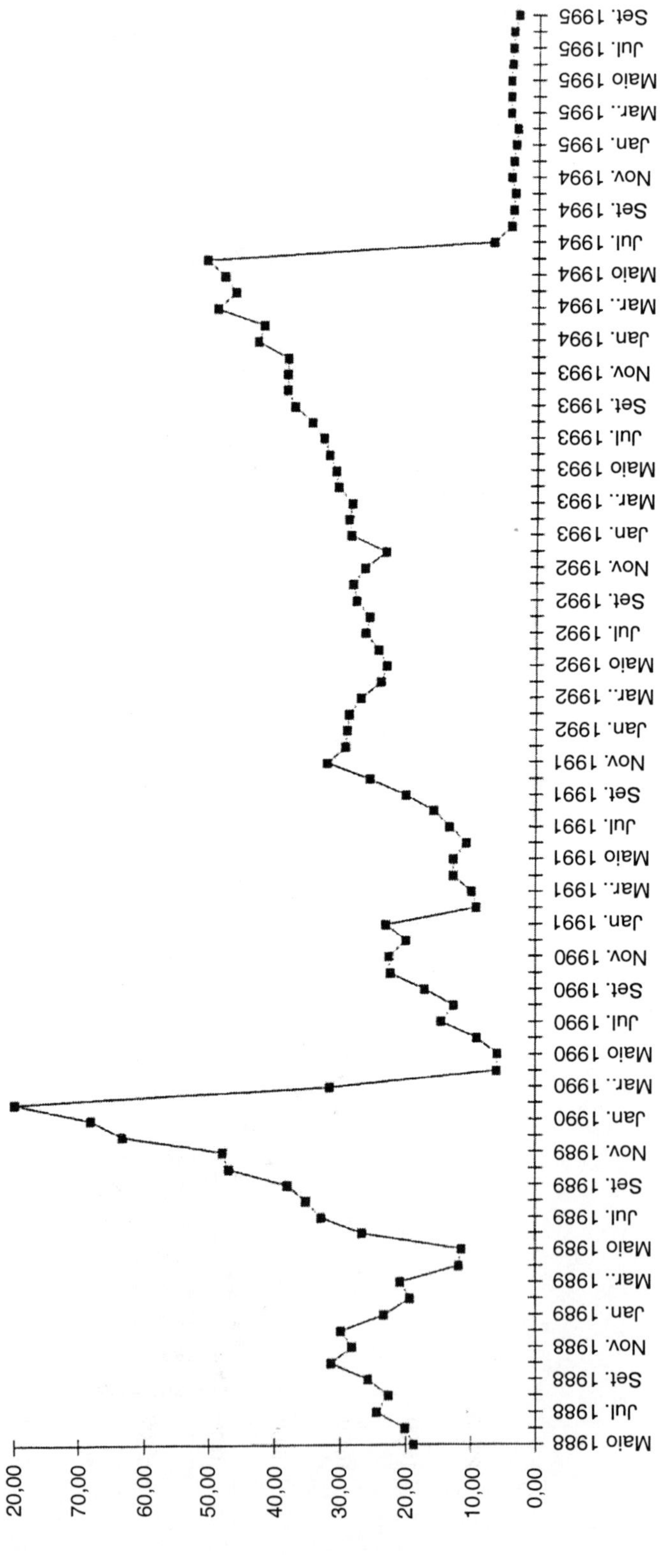

Até aqui discutimos a questão prática de saber que série usar como representante da taxa de juros de curto prazo do Brasil. Resta, pois, decidir a respeito dos aspectos teóricos relativos à modelagem e às técnicas de estimação: deve-se estimar um modelo "discreto" ou contínuo? Paramétrico ou não? Que técnicas usar? Já vimos que na literatura há exemplos de qualquer uma das alternativas levantadas e também que há uma preferência por modelos contínuos, devido às suas vantagens teóricas. Nosso objetivo final será estimar um modelo em tempo contínuo, paramétrico, mas pertencente a uma classe geral de modelos contínuos: ampliaremos o formato dos "modelos tradicionais" proposto por CKLS e seus seguidores ao entrarmos na classe dos modelos de volatilidade estocástica.

Recentemente surgiram na literatura diversos métodos alternativos para estimação em tempo contínuo, todos mais eficientes do que o utilizado por CKLS. O problema em nosso caso particular é como encarar os elementos institucionais — "discretos" por natureza — em tempo contínuo. Surge assim uma questão metodológica que acreditamos ainda não ter sido contemplada na literatura: como abordar elementos "discretos" *per se* em modelos contínuos? Propusemos então um procedimento que se insere no contexto do método de inferência indireta de Gorièroux, Monfort e Renault (1993) — doravante GMR — ou do método eficiente dos momentos (EMM) de Gallant e Tauchen (1994) (os dois métodos são equivalentes e possuem exatamente a mesma racionalidade).

Eram dois os objetivos que almejávamos atingir com este trabalho. O primeiro — mais associado à cadeira de economia monetária — era averiguar, através de um modelo "discreto", como o BC determinava a taxa de juros no dia-a-dia, isto é, quais eram as variações previsíveis/sistemáticas ao longo do mês ou, enfim, quais são as "idiossincrasias" do mercado de juros brasileiro (às quais preferimos denominar "elementos institucionais"). O segundo objetivo era estimar o modelo contínuo para a taxa de juros de curto prazo do Brasil. A utilização do método de inferência indireta ou EMM é bastante apropriada nesse caso pois, ao sugerir um procedimento de duas etapas, permite atingir os dois objetivos simultaneamente, poupando-nos da decisão entre modelos "discretos" ou contínuos. Isso porque a primeira etapa do método de inferência indireta ou EMM aplicado a esse contexto de modelos de tempo contínuo é justamente a estimação de um modelo "discreto" similar ao de tempo contínuo (denominado "modelo auxiliar"). Tal como realçado por Tauchen (1995), esse modelo auxiliar deve ser tão completo e sofisticado quanto possível, a fim de que o ajuste aos dados seja quase perfeito (esse é um requisito importante para a eficiência do método). O autor sugere um modelo "discreto" semi-não-paramétrico (classe dos modelos SNP) como modelo auxiliar. Utilizamos um modelo não-linear que, além dos elementos institucionais, inclui funções logísticas típicas da literatura de redes neurais e contempla modelos alternativos de volatilidade condicional auto-regressiva (classe dos modelos X-ARCH). Na segunda etapa é que se dá a estimação do modelo contínuo propriamente dito.

Com ela pretende-se saber não apenas qual é o melhor dos modelos teóricos "tradicionais" existentes, mas também se a entrada na classe dos modelos de volatilidade estocástica traz uma melhora substancial em termos de resultados.

A distribuição de todos esses temas por seções é a seguinte. Na primeira seção explica-se o funcionamento do mercado de juros brasileiro, com todas as suas "idiossincrasias", ou seja, analisam-se detalhadamente os "elementos institucionais". Na segunda discutem-se os aspectos teóricos do modelo "discreto" adotado, o qual se compõe de três partes — fatores estruturais, fatores institucionais e análise de intervenção.[4] Analisaremos cada uma das partes separadamente e também como elas se encaixam no modelo completo estimado. A terceira seção expõe os resultados do modelo "discreto", dividindo-os em três partes: na primeira, supondo que os erros têm distribuição normal, compara-se a *performance* de modelos X-ARCH alternativos; na segunda analisa-se o problema de curtose excessiva, que faz com que os erros sigam uma distribuição mais genérica que a normal (distribuição erro generalizada, que denominaremos GED); na última testam-se a relevância dos elementos institucionais e a possibilidade de mudança de regime. Na quinta seção, analisamos a questão da estimação em tempo contínuo. Fazemos um resumo da literatura e uma série de considerações metodológicas (mostrando como estender a modelagem de Broze et alii (1995) para incorporar a possibilidade de volatilidade estocástica e abordando a questão — nova na literatura — a respeito de como incorporar elementos "discretos" *per se* em modelos contínuos). Em seguida apresentamos os resultados. Estimamos os parâmetros dos modelos "tradicionais" contemplados por Chan et alii e, depois, o modelo de volatilidade estocástica. Mesmo sem a convergência final desse modelo, conclui-se que os modelos tradicionais contemplados por Chan et alii, cujo formato se enquadram na classe dos modelos estacionários, podem ser substancialmente melhorados se estendidos para contemplar a possibilidade de volatilidade estocástica. Já os resultados no que diz respeito à comparação entre a classe de modelos proposta por Broze et alii e o de volatilidade estocástica não foram conclusivos.

O principal resultado do trabalho, porém, diz respeito ao modelo "discreto". Note-se, em primeiro lugar, que ele cumpre dois objetivos: é o modelo básico para estudar os "elementos institucionais" e também o modelo auxiliar (primeira etapa) do método de inferência indireta para estimação em tempo contínuo. Chegamos a fazer algumas inferências a respeito dos elementos institucionais já na segunda seção, utilizando um modelo linear. No modelo "discreto" completo desenvolvido na terceira seção incluem-se não-linearidades tanto na média (termos logísticos associados a modelos de redes neurais) quanto na variância (modelos X-ARCH). A inclusão de tais linearidades é importante em dois sentidos, de acordo com os dois objetivos do

[4] Tentou-se intervir o mínimo possível na série. No entanto, diante dos vários choques econômicos ocorridos no período estudado, tornou-se inevitável alguma intervenção (que será, no entanto, detalhadamente explicada).

modelo "discreto" já mencionados. Quanto ao segundo objetivo, como já foi dito, é importante que o modelo auxiliar do método de inferência indireta se ajuste muito bem aos dados, e para tanto as não-linearidades são fundamentais. No tocante ao primeiro objetivo, ligado aos elementos institucionais, a inclusão de não-linearidades é importante para que se possa comparar sua *performance* com a dos elementos institucionais no que diz respeito à capacidade de explicação dos dados. Poder-se-ia pensar que os elementos não-lineares são capazes de substituir os elementos institucionais. Sendo assim, evitar-se-iam o estudo e a modelagem dos fatores institucionais (e, logo, as "idiossincrasias" do mercado de juros) com a incorporação de técnicas econométricas sofisticadas que captem não-linearidades e sazonalidades (tanto da média quanto da volatilidade do processo) no modelo. Tais técnicas poderiam captar, de alguma forma, as variações "espúrias" geradas por variáveis que, no caso, seriam consideradas "não-observáveis". O principal resultado é que essa linha de argumentação se mostra uma falácia: constata-se que as não-linearidades não substituem, e sim complementam os elementos institucionais. Argumentamos que é fundamental modelar essas "idiossincrasias", incorporando-as assim explicitamente à análise. Isso condiz perfeitamente com a principal conclusão de Campbell, Lo e MacKinlay (1995), doravante CLM: "ao contrário do que se pensa, os modelos não-lineares requerem mais estrutura econômica e considerações *a priori*". Mostramos que os "fatores institucionais" são fundamentais, o que serve de advertência àqueles que pensam que a sofisticação econométrica em modelos univariados não-lineares é capaz de explicar qualquer coisa. A intuição econômica e a perfeita compreensão do funcionamento dos mercados continuam sendo muito importantes.

Funcionamento do mercado

A taxa de juros denominada CDI (certificados de depósitos interbancários) é a taxa vigente nas operações diárias entre as instituições financeiras. Como essas operações são registradas e liquidadas na Central de Custódia e de Liquidação Financeira de Títulos — Cetip, o CDI é também denominado CDI-Cetip. Na verdade são dois os mercados envolvidos em transações diárias, o que gera o cômputo de duas taxas distintas:[5]

a) taxa Selic: taxa vigente no mercado de reservas bancárias; tem que ser lastreada em títulos públicos. É esta a taxa cobrada nas operações diárias entre o BC e as instituições financeiras. Há também operações entre duas instituições financeiras nesse mercado. Mas essa taxa é praticamente determinada pelo BC, que permite que ela oscile apenas dentro de um intervalo muito pequeno;

[5] Na verdade, há também o mercado Adelic (de cheques, lastreado em títulos públicos), cujo papel todavia é irrelevante para nossa análise. Laura Passos Domingues prestou uma contribuição inestimável para que a explicação a seguir se tornasse ao menos aceitável. Os erros remanescentes são meus.

b) taxa CDI-Cetip: taxa vigente para as operações em "cheque", que funcionam como depósitos à vista e por isso não necessitam de lastro. As operações em CDI feitas num dia (D0) só afetam as reservas bancárias do dia seguinte (D1) — usando o jargão do mercado, diz-se que a taxa CDI é D1. Logo, o CDI em D0 reflete a taxa Selic do dia seguinte (D1). E, de fato, salvo em situações muito particulares,[6] as duas taxas tendem a estar muito próximas. Sendo assim, pode-se dizer que é o BC que em última instância determina a evolução não só da taxa Selic, mas também da taxa Cetip.

Trata-se de examinar aqui a evolução da taxa CDI-Cetip diária entre maio de 1988, quando começou a ser computada, e maio de 1995 (ver figura 1A).[7] Em busca de uma série mais estável — guiada mais por fundamentos macroeconômicos do que por choques e planos econômicos — optou-se por modelar a taxa real de juros de curto prazo (ver figura 3). Como já foi dito, o índice deflator escolhido foi a "inflação oficial", cuja periodicidade é mensal. Temos então que: a) a taxa real escolhida para modelar é uma taxa diária, realizada *ex-post*, cujo deflator é um índice mensal; b) o objetivo é modelar a série de primeira diferença dessa taxa real (**dr**). Seguem-se algumas observações a respeito das relações entre a taxa nominal (*i*), a taxa de inflação (**p**), a taxa real realizada *ex-post* (**r**) e a taxa real esperada *ex-ante* ($\mathbf{r^e}$).[8]

Sejam **t** o indexador do tempo no que diz respeito aos dias e **T** esse mesmo indicador no que diz respeito aos meses. E, num abuso de notação, faça-se $t = T$ significar que t é o último dia útil do mês T. Ou seja, a taxa real (realizada *ex-post*) é dada por:

$$r_t = i_t - p_T \tag{1}$$

Pela lei das expectativas iteradas, tem-se que $E[E(p_T/t+1)/t] = E(p_T/t)$. Logo:

$$E(p_T/t+1) = E(p_T/t) + v_{t+1}; \text{ onde } v_{t+1} \text{ é um ruído branco;} \tag{2}$$

[6] Por exemplo, quando os bancos estaduais estão com dificuldades e acabam por pressionar o CDI. Outro exemplo seria a queda da então ministra Zélia Cardoso de Melo em 13-5-1991, quando o CDI *over* saltou de 23% para 37% ao mês, somente por causa do "vazio de poder" naquele dia, tendo tudo se normalizado e a taxa voltado para 24% no dia seguinte.

[7] As taxas de juros em geral são cotadas de acordo com o conceito "*over*", ou seja, em termos nominais e tendo 30 dias como base. Trabalha-se aqui com o conceito de taxa "efetiva": efetiva = $(((\text{over}/3000) + 1)^{\text{nº dias úteis}} - 1) * 100$. Como o CDI é D1, no último dia útil de cada mês considerou-se o número de dias úteis do mês seguinte para efeito do cálculo da taxa efetiva.

[8] Para simplificar, considera-se aqui a aproximação logarítmica para as taxas de juros e de inflação. Ou seja, considera-se i (taxa nominal de juros em termos percentuais:0,2 se a taxa for, por exemplo, 20% ao mês) aproximadamente igual ao $ln(1 + i)$ (que nesse caso seria, na verdade, 0,1823). Na parte empírica, entretanto, considera-se o fato de tal aproximação não ser válida quando as taxas diferem muito de zero: a taxa real é então calculada como: $r = (1 + i)/(1 + p) - 1$; mas os princípios gerais aqui propostos continuam válidos, salvo menção em contrário, válidos.

Substituindo recursivamente, obtém-se:

$$E(p_T/T) = p_T = E(p_T/t) + v_{t+1} + v_{t+2} + \dots + v_T \quad (3)$$

A taxa real esperada *ex-ante* é dada por:

$$r^e_t = i_t - E(p_T/t) \quad (4)$$

Substituindo (4) em (1) obtém-se $r_t = r^e_t - (p_T - E(p_T/t))$. Usando (3), tem-se portanto que a relação entre taxas esperadas e realizadas é dada por:

$$r_t = r^e_t - v_{t+1} - v_{t+2} - \dots - v_T;\ \text{e},\ r_T = r^e_T \quad (5)$$

Com relação à série de primeira diferença das taxas nominais e reais esperadas, obtém-se, a partir de (4), que:

$$dr^e_{t+1} = di_{t+1} - [(E_{t+1} - E_t)\ (p_T)] = di_{t+1} - v_{t+1} \quad (6)$$

Portanto,

$$di_{t+1} = dr^e_{t+1} + v_{t+1} \quad (7)$$

A partir das expressões acima, caracteriza-se a seguir a taxa real de juros escolhida (real, diária e realizada). Cabe relembrar que o objetivo último é modelar a série de primeira diferença dessa taxa real (**dr**). No entanto, fazem-se observações também para a série das taxas reais propriamente ditas — em níveis (**r**). Em todas as observações está implícita a idéia de que a série de taxa real esperada (**r**^{e}) tende a ser a mais estável, pois em geral deseja-se mantê-la constante. Nesse caso, a série de primeira diferença das taxas nominais (**di**) e também das taxas reais (**dr**) tenderiam a acompanhar as mudanças de expectativas com relação à inflação. Note-se que se trata de expectativas diárias quanto à inflação mensal.

1) A série de primeira diferença da taxa real é constituída pela série de primeira diferença das taxas nominais ($dr_t = di_t$),[9] exceto quando muda o mês. Na virada do mês, *dr* capta tanto *di* quanto a mudança de inflação de um mês para o outro. Sendo assim, é razoável supor que a volatilidade de *dr* será maior na virada do mês. Para formalizar o argumento, considere-se a transição do mês *T*1 para o mês *T*2 e denote-se o primeiro dia útil do mês seguinte (*T*2) por *T*1 + 1:

$$dr_{T1+1} = di_{T1+1} - (p_{T2} - p_{T1}) \quad (8)$$

[9] O que de fato se verifica na parte empírica é (ver nota anterior): $dr_t = di_t/(1+p_T)$, o que é vantajoso por ser uma forma de "normalizar" as magnitudes das variações diárias em função da taxa de inflação vigente.

Considere-se, ainda, que a inflação do mês já é conhecida no último dia do mês: $E_{T1}p_{T1} = p_{T1}$; tal como pressuposto em (3). Nesse caso, a partir de (6) tem-se que:

$$di_{T1+1} = dr^e_{T1+1} + E_{T1+1}p_{T2} - E_{T1}p_{T1} = dr^e_{T1+1} + (E_{T1+1}p_{T2} - p_{T1})$$

Substituindo esta última expressão em (8) obtém-se:

$$dr_{T1+1} = dr^e_{T+1} + (E_{T1+1}p_{T2} - p_{T1}) - (p_{T2} - p_{T1}) = dr^e_{T1+1} - (p_{T2} - E_{T1+1}p_{T2})$$

Ou seja, ao se considerar *dr* em vez de *di*, elimina-se a influência da diferença entre as taxas de inflação dos dois meses. Mesmo assim, o erro quadrático médio de *dr* é muito maior na virada do mês porque de (3) tem-se que:

$$p_{T2} - E_{T1+1}p_{T2} = v_{t+1} + v_{t+2} + \ldots + v_{T2}$$

No caso da virada do mês, como termina um horizonte de previsão ($r_{T1} = r^e_{T1}$), os erros de previsão deixam de se cancelar ($(p_{T2} - E_t p_{T2}) - (p_{T2} - E_{t-1}p_{T2}) = -v_t$), como nos demais dias úteis em que, partindo-se de $dr_t = di_t$, obtém-se, pela expressão (7), que $dr_t = dr^e_t + v_t$.

2) No que diz respeito à eventual presença de uma "heterocedasticidade sazonal" (que se repete a cada mês) nas séries de níveis e de primeira diferença da taxa real:

a) é óbvio que o número de "dias", ou seja, o número de termos de erro na expressão (5), interfere na variância da série de níveis das taxas (r_t);

b) $dr_{t+1} = dr^e_{t+1} + v_{t+1}$, exceto na virada do mês. Logo, só há heterocedasticidade ao longo dos demais dias do mês (vimos que na virada a variância tende a ser maior) se a velocidade de chegada de informação sobre a inflação do mês variar ao longo do mês.

3) No que concerne à comparação entre taxas esperadas e realizadas, nota-se que modelar **r** é o mesmo que modelar $\mathbf{r^e}$, exceto por um termo de erro:

$$r_t^e \equiv i_t - p_t^e;\ r_t \equiv i_t - p_t \Rightarrow r_t = r_t^e - (p_t - p_t^e) \Rightarrow r_t = r^e_t - \varepsilon_t$$

Todavia, no caso de índices diários de juros nominais e mensais de inflação, surge o problema de heterocedasticidade explicado anteriormente.[10]

[10] Segundo a expressão (5), ter-se-ia que $\varepsilon_t = v_{t+1} + v_{t+2} + \ldots + v_T$; sendo assim, a série de erros ε_t não seria nem independente nem identicamente distribuída, já que $\varepsilon_t = \varepsilon_{t+1} + v_{t+1}$. Essa é mais uma vantagem de trabalhar com a série de primeira diferença: $dr_t = dr^e_t + v_t$ (exceto na virada do mês), sendo v_t de fato um termo de erro IID.

4) A "virada" do mês a que vínhamos nos referindo ocorre no primeiro dia útil do mês (na "virada" do último dia útil do mês anterior para o primeiro do seguinte) no mercado Selic. No mercado Cetip, como o CDI é D1, a virada do mês ocorrerá no último dia útil do mês (na transição do penúltimo para o último). O CDI do último dia do mês refletirá a taxa que o mercado espera que o BC vá fixar no dia seguinte, para o mês seguinte. Como a cada mudança de mês o BC revê suas metas em termos de juros, é de se esperar que exista maior volatilidade da série de primeira diferença dos juros nominais (*di*) nessa "virada" do mês.[11] Mesmo quando o BC sinaliza qual será a taxa Selic do primeiro dia útil do mês seguinte antes de terminar o mês corrente (o que ele fazia com certa freqüência), a volatilidade da série *di* captada na nossa análise será maior no último dia útil do mês, já que não é possível distinguir os "saltos" esperados (ou seja, anunciados pelo BC e nos quais a volatilidade instantânea será portanto nula) dos não esperados. No caso de o BC não sinalizar o Selic do mês seguinte, pode-se suspeitar que a volatilidade do CDI será maior também no primeiro dia útil do mês, quando o mercado irá rever suas apostas ajustando-as para a sinalização do BC, que nesse caso só será feita no dia primeiro.

Nas observações anteriores sugerem-se alguns elementos (no caso, a questão de heterocedasticidade) de "sazonalidade" intramês que tornam a série diária não-homogênea. Há, porém, alguns outros elementos "idiossincráticos" que poderiam reforçar a tese de que seria melhor modelar a taxa mensal em vez da diária. O argumento seria que a taxa mensal é a referência, o relevante para o mercado (e o Banco Central) — não importaria a trajetória do CDI ao longo do mês, mas apenas a "taxa fechada", acumulada no mês. Ao longo do mês haveria essas variações "espúrias", perfeitamente previsíveis, que fariam a volatilidade intramês parecer excessivamente alta. Podemos relacionar os fatores responsáveis por essas variações "espúrias" da taxa nominal Selic, as quais, como já dissemos, irão guiar o CDI-Cetip.

O primeiro deles seria o efeito "escadinha"[12] associado à busca de uma transição tão suave quanto possível na virada do mês, efeito que pode advir de dois fenômenos distintos: a diferença entre o número de dias úteis de dois meses consecutivos e a expectativa de aceleração/desaceleração inflacionária. No primeiro caso, supondo que se esteja num momento de estabilidade e que portanto a taxa efetiva de um mês seja igual à do outro, para evitar um salto grande da taxa *over* o Banco Central suaviza esse salto, digamos, em aproximadamente sete dias úteis — gerando uma variação "espúria" na taxa efetiva. No segundo caso, quando por exemplo já está prevista uma aceleração inflacionária de um mês para o outro, o Banco Central promove um aumento em geral contínuo ao longo do mês para evitar um salto na virada do mês. Portanto, são dois os fenômenos associados ao efeito escadinha. Veremos como cada um, separadamente, interfere na dinâmica diária de *di* através dos dois esquemas apresentados a seguir.

[11] Cabe lembrar que no último dia útil do mês já é considerado o número de dias úteis do mês seguinte no cálculo da taxa efetiva. Para efeito do cálculo dos juros reais, considera-se também a inflação do mês seguinte como índice deflator.

[12] Este termo fazia parte do jargão de algumas pessoas do mercado.

No esquema A considera-se o "efeito número de dias úteis" isoladamente. Supõe-se que a economia esteja estabilizada, sendo a inflação esperada para o mês seguinte igual à do mês em vigor, e que a taxa real almejada seja constante. Manter-se-á, portanto, a taxa efetiva de juros constante: $(1 + o_1/3000)^{nd1} = (1 + o_2/3000)^{nd2}$; onde o_i e *ndi* significam respectivamente a taxa *over* e o número de dias úteis do mês *i*. Suponhamos que *nd*1 seja maior do que *nd*2. Para que se mantenha a mesma taxa efetiva, a taxa *over* terá que dar um salto para cima no primeiro dia útil do mês 2 (no caso do mercado Selic). Na prática, entretanto, o BC tende a suavizar a variação da taxa *over* por alguns dias no final do mês 1 até o primeiro dia útil do mês 2. Assim, a partir do momento em que a taxa *over* começa a se ajustar, a taxa efetiva se torna progressivamente maior do que a desejada, até o primeiro dia útil do mês seguinte, quando ela cai bruscamente de volta para o desejado.[13]

No caso do efeito aceleração (ou desaceleração) esperada da inflação, o BC tenderá a diluir ao longo do mês a variação necessária (para manter a taxa real constante) entre as médias das taxas nominais dos dois meses. Consideremos, por exemplo, um caso em que se prevê aceleração inflacionária entre dois meses (seguidos de estabilidade) com o mesmo número de dias úteis. Teremos o esquema B, no qual o BC acaba por "transferir" para a taxa real o salto que sofreria a taxa efetiva (nesse caso está-se considerando a taxa de inflação constante ao longo do mês).

Esquema A
Efeito diminuição do número de dias úteis

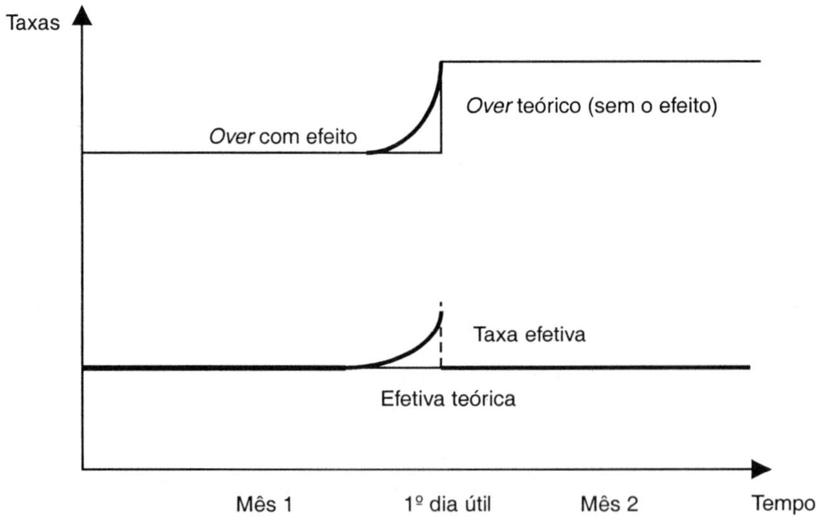

[13] No caso representado abaixo, a taxa mensal efetiva acabou sendo maior do que a desejada. Para evitar esse efeito, muitas vezes o BC, sabendo que no final do mês a taxa *over* terá que subir, já inicia o mês com um *over* mais baixo.

Esquema B
Efeito aceleração esperada da inflação

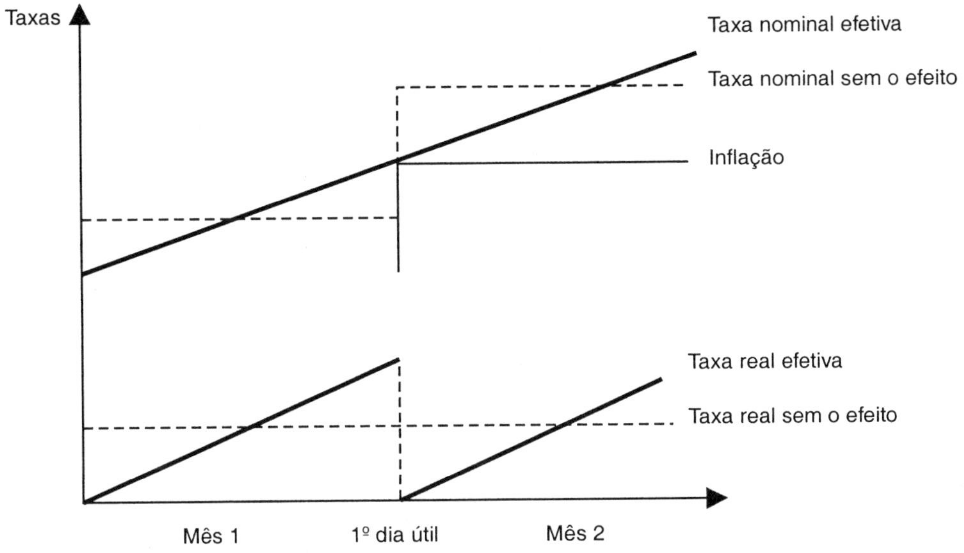

O segundo fator gerador das "variações espúrias" — ao contrário do primeiro (efeito "escadinha"), que está associado ao coeficiente de tendência (*drift*) ao longo do mês — tem a ver com a volatilidade da taxa de juros. Com um componente sazonal da volatilidade: a intuição do mercado é que a volatilidade da taxa Cetip se concentra no final do mês (nos últimos cinco, seis ou sete dias úteis e no primeiro dia útil do mês seguinte). Isso por duas razões: primeiro, por causa da velocidade de chegada de informação sobre qual vai ser a taxa de inflação do mês que finda, a qual seria mais intensa nesse período; segundo, por causa da atuação do BC em conseqüência dessa informação. A primeira razão já havia sido mencionada na observação 2b, na qual se "esqueceu", entretanto, essa segunda parte da explicação. Para entendê-la, vejamos um exemplo hipotético simplificado no qual o BC estivesse trabalhando com uma expectativa de inflação de 10% ao mês e uma taxa real desejada de 2%, estabelecendo, portanto, uma taxa efetiva de aproximadamente 12% ao mês.[14] Como o BC agiria, por exemplo, se no dia 25 fosse surpreendido pela notícia de que a taxa de inflação seria de 13% em vez de 10%? Não há resposta consensual, pois a ação dependeria do *policymaker* que estivesse conduzindo a política monetária no período em questão. A tendência da maioria dos *policymakers* que estiveram no poder durante o período estudado parece, entretanto, ter sido aumentar a taxa efetiva dos dias úteis restantes para um nível capaz de restabelecer o alvo de taxa real de 2% para aquele mês, ou seja, um aumento substancialmente maior do que os 3% necessários para restabelecer o alvo diário de juros. E o BC ten-

[14] Obviamente a taxa é determinada de forma composta; utiliza-se, porém, uma aproximação linear a fim de facilitar a compreensão do exemplo.

deria a suavizar o aumento pelos dias restantes, calculando qual deveria ser a taxa acumulada nos dias restantes para se poder atingir a taxa efetiva de 15% ao mês que propiciaria os 2% almejados em termos reais; a partir daí, embutiria uma taxa de crescimento constante até o final do mês.

Esse exemplo mostra por que a volatilidade tende a ser maior no final do mês, devido exclusivamente à ação diferenciada do BC em função de uma mesma chegada de informação. Quando o BC, surpreendido com um aumento de 2% da inflação esperada, tenta compensar as taxas diárias passadas daquele mês, o "choque" tem que ser muito maior no final do mês (há menos dias para se compensar os muitos dias iniciais) do que no início (há mais dias para se poder dissipar o pequeno efeito acumulado nos poucos dias iniciais). Já a primeira razão levantada para uma eventual heterocedasticidade nada tem a ver com isso, e sim com a velocidade da chegada de informação: é mais provável ter-se a "notícia" desse aumento de 2% no início ou no final do mês? O efeito final observado, no que diz respeito à variação da volatilidade ao longo do mês, será a soma das duas razões. No caso, a intuição do mercado seria que as duas agiriam na mesma direção. Essa é a hipótese que iremos testar. No entanto, a negação dessa hipótese gera um resultado dúbio: ou não foi persistente essa tentativa de compensação por parte do BC, nem a velocidade de informação se alterou na última semana do mês, ou uma razão compensou a outra (existia a compensação, mas a velocidade da chegada de informação era menor).

O exemplo pressupôs que não houvesse nenhuma restrição quanto à necessidade de suavizar a transição para o mês seguinte (diferença de número de dias úteis etc.) Mas, na verdade, o BC lida com os dois objetivos simultaneamente. Ou seja, no final do mês ele tem que atuar não só para propiciar uma transição tão suave quanto possível para o mês seguinte, mas também para "fechar a taxa desejada" para o mês que está terminando.

Variações espúrias: fatores institucionais que explicam a variação da série ao longo do mês

Os fatores anteriormente mencionados tornam a dinâmica diária dos juros mais complexa e, se não forem levados em consideração, podem gerar estimadores enviesados para o processo da taxa de juros de curto prazo. Mas como é justamente essa complexa dinâmica de curto prazo que estamos tentando modelar, optamos por estimar a taxa diária, incorporando explicitamente esses fatores à análise. Como fazê-lo?

Procederemos aqui a uma primeira análise — usando um modelo e técnicas econométricas bastante simples — do comportamento desses "fatores institucionais". Em primeiro lugar, cabe estabelecer que a variável endógena de que estamos tratando é a primeira diferença das taxas diárias, de modo que é interessante modelar tanto a taxa efetiva quanto a real, para testar se elas de fato se comportam tal como previsto pelos esquemas propostos anteriormente. Assim, analisaremos tanto a diferença da taxa efetiva Cetip (*di*) quanto a diferença da taxa real medida pela inflação oficial (*dr*). No que diz respeito ao *drift* do processo (ou seja, a média de *di* ou *dr*), vimos que as duas variáveis-chave — diferença do número de dias úteis e diferença das taxas inflacionárias dos dois meses — interferem de forma distinta (na verdade oposta) na "virada" e no restante do mês. A "virada" do mês diz respeito à diferença entre a taxa Selic do primeiro dia útil de um mês e a do último dia do mês anterior, diferença que se tenta antecipar no último dia útil do mês no mercado Cetip. Criaram-se assim quatro variáveis explicativas — *dinf*31, *dinf*, *dndu*31 e *d*5*dndu* — que definiremos a seguir:

> *di*31: embute o valor da diferença entre a inflação do mês seguinte e a inflação do mês corrente no último dia útil de cada mês e o valor zero nas demais células;
>
> *dinf*: embute o valor da diferença entre a inflação do mês seguinte e a inflação do mês corrente do primeiro ao penúltimo dia útil de cada mês e o valor zero no último dia útil do mês. Com isso estamos supondo que: a) o efeito "diferença das taxas inflacionárias" é suavizado ao longo de todo o mês; b) essa diferença é corretamente prevista pelo BC (obviamente ela não faz parte do conjunto de informação do BC quando este determina as taxas Selic diárias; supõe-se que o BC tenha expectativas racionais e, portanto, a diferença realizada *ex-post* seja uma boa *proxy* para a diferença esperada);
>
> *dn*31: embute o valor da diferença entre o número de dias úteis do mês seguinte e o número de dias úteis do mês corrente no último dia útil de cada mês e o valor zero nas demais células;
>
> *d*5: embute o valor da diferença entre o número de dias úteis do mês seguinte e o número de dias úteis do mês corrente do "sexto último" ao penúltimo dia útil de cada mês (portanto, em cinco células consecutivas) e o valor zero nas demais células. Com isso propõe-se que o "efeito número de dias úteis" dá-se em geral durante cinco dias úteis, além do primeiro do mês seguinte. Isso porque alguns testes indicaram que seria esse o intervalo mais significativo para o efeito (a maior estatística *t* para o coeficiente das variáveis alternativas *d*3*dndu*, *d*4*dndu*, ..., *d*7*dndu*, correspondentes aos intervalos de três a sete dias úteis).

Os sinais dos resultados apresentados nas duas primeiras colunas da tabela 1t estão absolutamente de acordo com os esquemas anteriormente propostos, embora alguns não tenham se apresentado suficientemente significativos.[15] A total irre-

---

[15] A parte econométrica aqui é bastante simples e se restringe a apresentar como resultados as estatísticas *t* e R^2 das regressões efetuadas pelo método de mínimos quadrados ordinários (os valores dos coeficientes serão apresentados na próxima seção, onde eles são estimados por um método estatístico mais eficiente). O critério de significância adotado foi a "regra de bolso" com relação à estatística *t*: diz-se que o coeficiente é significativamente diferente de zero quando ele apresenta uma estatística *t* maior do que dois em valor absoluto.

levância da variável *dinf*31 para explicar *di* mostra que a suavização associada ao efeito aceleração da inflação é de fato relevante. Nota-se que, ao incluir-se a taxa real de juros do período anterior entre as variáveis explicativas da variação da taxa real de juros — para assim impedir que sua característica de reversão à média interfira nos resultados —, as demais variáveis tornam-se indubitavelmente significativas (ver terceira coluna da tabela).

TABELA 1t
Estatísticas t e R^2 das regressões

	Dr	Di	Dr
di31	–25,6	–0,07	–24,6
dinf	1,79	1,90	4,88
dn31	6,25	6,88	6,06
d5	–1,69	–1,31	–2,38
r(–1)	–	–	–8,81
R^2	0,33	0,034	0,36

A série de erros das regressões acima elimina da respectiva série os componentes sazonais intramês associados ao coeficiente de tendência (*drift*). Falta então testar o componente sazonal que propusemos existir na volatilidade das séries *di* e *dr*. Uma forma de fazê-lo, usando um procedimento de dois estágios, seria regredir-se o quadrado dos erros de cada uma das regressões anteriores nas variáveis *dummies* *X*1 a *X*14, correspondentes respectivamente ao primeiro dia útil do mês, último dia útil do mês anterior, penúltimo dia útil, antepenúltimo dia e assim sucessivamente, de tal forma que na *dummie* *X*14 embute-se o valor 1 quando se está a 13 dias úteis do final de cada mês, e o valor zero no caso contrário. A constante (intercepto) dessa segunda regressão fornece, nesse caso, a volatilidade média. Os resultados obtidos com o procedimento sugerido não foram tão favoráveis, já que não se comprovou o componente sazonal conforme previsto. Existe, sim, um componente sazonal forte na volatilidade das séries, mas ele se restringe ao último dia útil do mês (correspondente às incertezas associadas à virada de um mês para o outro). Não existe, porém, um aumento de volatilidade na última semana do mês, o qual, de acordo com a intuição do mercado, estaria associado à soma dos efeitos da maior velocidade da chegada de informação sobre os índices de inflação de fechamento do mês e sobre a ação do BC em conseqüência dessa informação. Para comprová-lo, esperavam-se estatísticas *t* positivas e significativas para *X*3 a *X*8, aproximadamente. Nem mesmo a maior volatilidade prevista para o primeiro dia útil do mês (*X*1) — associada à revisão de expectativas do mercado Cetip em função do que é sinalizado pelo BC no dia primeiro no mercado Selic — foi comprovada (o coeficiente, embora positivo, não é significativamente diferente de zero). Notou-se, entretanto, que a volatilidade no último dia é substancialmente maior do que nos demais dias do mês — mesmo quando se está controlando para o efeito associado aos saltos dados pelas taxas reais quando se suavizam as taxas nominais. A figura 4 apresenta o valor dos coeficientes (e respectivas estatísticas *t*) da regressão do quadrado dos erros da regressão de *dr* numa constante, *X*1, *X*2 etc. — o primeiro dado corresponde ao intercepto, o segundo a *X*1, o terceiro a *X*2 e assim por diante.

Figura 4
Coeficientes de volatilidade e suas estatísticas t

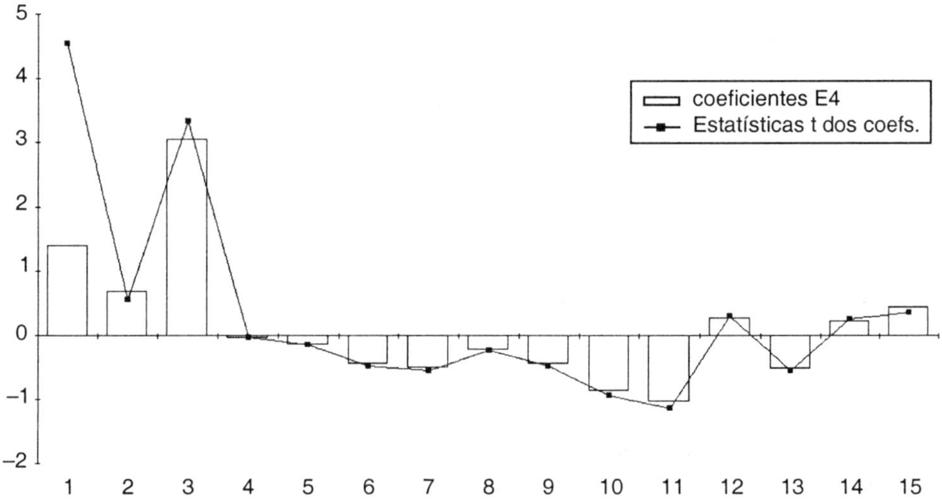

Relembremos que nosso objetivo último é estimar um modelo contínuo para a taxa de juros de curto prazo. Para tanto é necessário "controlar" essas "variações espúrias" intramês, as quais consistem em elementos "discretos" *per se* (em tempo contínuo não faz sentido, por exemplo, a noção de "último dia útil do mês"). Poder-se-ia considerar a análise aqui desenvolvida como o primeiro passo dessa estimação. Sua função seria eliminar essas "variações espúrias" da série original, para assim obter uma série homogênea. Mas para isso seria preciso fazer ainda uma transformação estabilizadora de variância, que consistiria em multiplicar os "erros" correspondentes ao último dia útil do mês pela raiz quadrada da razão entre a volatilidade média e a volatilidade média do último dia útil do mês, fazendo-se o correspondente para os erros dos demais dias. Esse processo seria uma forma de eliminar os efeitos sazonais associados à série diária, que a partir daí poderia ser considerada uma série homogênea estimável em tempo contínuo.

Apesar de intuitivo, esse é um procedimento pouco eficiente do ponto de vista estatístico. Em primeiro lugar, por ser um procedimento em dois estágios. Na verdade seriam quatro estágios pois, uma vez construída a série pelo procedimento de dois estágios, teríamos ainda que estimar um modelo "discreto" para a série construída (terceiro estágio, ou primeira etapa do método de inferência indireta) e só então estimar o modelo contínuo (quarto estágio, ou segunda etapa do método). A segunda razão para a ineficiência estatística reside no fato de serem excessivamente simples o modelo e as técnicas econométricas usados para estimar os "parâmetros institucionais" — vimos como a introdução de um único parâmetro (reversão à média) alterou seus resultados. Muito mais eficiente é fazer um modelo geral, constituído tanto de "elementos institucionais" quanto de "elementos estruturais" mais complexos que captem não-linearidades típicas de séries financeiras, e estimar conjuntamente os parâmetros de média e de volatilidade. É o que propomos na próxima seção.

O modelo "discreto"

O modelo "discreto" final proposto compõe-se de três partes:

TABELA 2t

Partes/característica	Estrutural	Institucional	Análise de intervenção
Média	Arma (2, 2) + RN	Di31,Dinf,Dinfd,D5,Dn31	D1 a D7
Volatilidade	EN, Endi, HC	X2 -> V31	D4, D8 a D10
Outros	–	–	Planos: Verão, Collor I e II

RN: redes neurais; EN: efeito nível; Endi: efeito nível da diferença da inflação; HC: heterocedasticidade condicional; D1 a D10: *dummies* associadas a datas específicas; as demais siglas ou já foram explicadas na seção anterior ou são auto-explicativas.

Começaremos explicando brevemente cada uma das partes. Tal explicação, porém, só será perfeitamente compreendida após a descrição formal do modelo. Portanto, no caso de dúvidas, sugerimos que se consultem as equações 21 a 25 a seguir.

Fatores estruturais

O baixo poder de explicação do "modelo institucional" estimado acima persiste quando se lhe agrega um modelo ARMA (p,q) mais geral do que o AR(1) anteriormente considerado. Dada a importância de um ajuste bastante satisfatório do modelo auxiliar aos dados no método de inferência indireta,[16] faz-se necessário buscar uma classe mais geral de modelos de séries temporais univariados não-lineares. Incorporam-se tanto as não-linearidades associadas à média — com o que se renuncia à hipótese de que os erros são martingais — quanto as associadas à variância — nesse caso mantém-se a hipótese de martingalidade dos erros, mas não a de independência.

[16] Ver Tauchen (1995).

Média

Várias são as formas de introduzir não-linearidades na média: diversos modelos paramétricos incorporando polinômios ou divisões tipo *piecewise* foram propostos recentemente na literatura, além de todas as alternativas não-paramétricas, que incluem técnicas de suavização (sendo a regressão de Kernel uma das mais importantes) e redes neurais artificiais.[17] Neste capítulo adaptamos um modelo paramétrico desenvolvido por Donaldson e Kamstra (1994), que capta não-linearidades através de termos logísticos típicos da literatura de redes neurais artificiais:[18]

$$y_t = \alpha + \sum_{i=1}^{n1} \beta_i y_{ti} + \sum_{i=1}^{n2} \psi\,(\omega_i, z_t, w_i) + \varepsilon_t; \tag{9}$$

$$\Psi(\omega_i, z_t, w_i) = (1 + \exp[\omega_i(\omega_0 + \sum_{j=1}^{l}(w_{1ij}z_{tj} + w_{2ij}z^2_{tj})])^{-1}; \tag{10}$$

$$d_{t-j} = (y_{t-j} - y_{t-j-1})/\sigma_{\Delta y}; \tag{11}$$

$$w_{kij} = \text{sen}(\pi\, ln[s + k^2 + i + j]); \tag{12}$$

$$\varepsilon_t = \sum_{i=1}^{q} \rho_i \varepsilon_{t-1} + u_t; \tag{13}$$

$$u_t = \sqrt{h_t}\;\eta_t\;;\;\eta_t \sim (0,1); \tag{14}$$

$$h_t = \lambda + \sum_{j=1}^{m1} \phi_j h_{t-j} + \sum_{j=1}^{m2} \zeta_j u^2_{t-j}; \tag{15}$$

$$n1, n2, s, l, q, m1, m2 \in \{0, 1, 2\}; \tag{16}$$

A primeira parte da equação (9) contém os coeficientes auto-regressivos padrões. A equação (13) completa a parte linear da especificação ao incorporar um processo auto-regressivo para ε_t.[19] O segundo somatório destina-se a captar efeitos não-lineares. Como pode ser visto em (10), os termos $\Psi(.)$ são uma transformação

[17] Para um excelente *survey* sobre não-linearidades em séries financeiras (tanto na média quanto na variância), ver Campbell, Lo e McKinlay (1995, cap.12).

[18] Essa literatura inspira-se na forma pela qual a informação é processada no cérebro humano e tem sido utilizada em diversas aplicações de modelos de série temporais para previsão, modelos de aprendizado pelos agentes econômicos, estimação não-paramétrica etc. Ver Kuan & White (1994) para um excelente *survey*.

[19] Nota-se que esta especificação linear é a de um ARAR(n_1, q) (AR na média e AR nos resíduos), que difere sutilmente de um ARMA(n_1, q). Os autores alegam que quando se incluem termos logísticos e ARCH a representação ARAR se ajusta melhor aos dados do que a ARMA. Testamos ambos os tipos de representação sem nenhuma alteração dos resultados qualitativos: apenas o coeficiente AR(1) se mostra significativo, tanto quando se testa um ARMA(2, 2) quanto um ARAR(2, 2).

logística das diferenças padronizadas (d) — definidas em (11) — e seus quadrados (d^2).[20] Eles servem para diminuir, de uma forma não-linear, a persistência dos efeitos de *outliers*. As equações (14) e (15) estabelecem um formato GARCH (m_1, m_2) para a variância condicional. Propõe-se que os valores das variáveis relacionadas em (16) sejam definidos através da metodologia de Box-Jenkins.

No que concerne à volatilidade, estendemos o modelo de Donaldson e Kamstra em dois aspectos: permitindo outras formas X-ARCH para a variância condicional e incorporando os "efeitos níveis" (EN, Endi) à volatilidade. Isso, além de incluir toda a parte institucional, permite uma distribuição dos erros além da normal.

Volatilidade

Uma característica empiricamente relevante das taxas de juros de curto prazo é o "efeito nível" da volatilidade: a tendência de a volatilidade do processo ser tanto maior quanto maior for o nível da taxa de juros. O modelo mais conhecido que incorpora esse efeito é o de Cox, Ingersoll e Ross (CIR): $dr = \alpha(\beta - r)dt + \gamma r^{1/2}dz$;

Nesse caso, diz-se que a variância condicional é proporcional ao nível da taxa de juros, ou que a elasticidade da volatilidade é de 0,5. Outros valores específicos para essa elasticidade foram considerados — Dothan (1978), por exemplo, analisa teoricamente o caso em que a elasticidade é igual a 1. No que diz respeito a trabalhos empíricos, têm surgido recentemente na literatura tentativas de estimar e comparar modelos teóricos alternativos da taxa de juros de curto prazo. CKLS foram os pioneiros, estimando a volatilidade em aproximadamente 1,5. Porém, Broze et alii (1995) mostraram que, para o processo ser estacionário, é necessário que a elasticidade seja menor ou igual a um. E como normalmente surgem problemas de multicolinearidade quando se tenta estimar tal elasticidade, a prática mais comum é fixar seu valor em 0, 0,5 ou 1, valores correspondentes aos modelos teóricos de Vasicek, CIR e Dothan, respectivamente. Cabe notar que, quando a elasticidade é maior ou igual a 0,5, excluem-se as taxas negativas — o que é considerado uma vantagem, uma vez que se estima em geral o processo das taxas nominais de juros.

Em nosso caso, como estamos estimando o processo da taxa real *ex-post*, é melhor não excluir as taxas negativas. Além disso, surge uma dúvida sobre qual variável gera o "efeito nível" da volatilidade: a inflação e/ou as taxas reais de juros. A taxa de inflação em si não se mostrou significativa para explicar a volatilidade da série de taxas reais de juros. E, de fato, é mais lógico pensar que é a aceleração da inflação, e não a taxa em si, que irá determinar a volatilidade das taxas nominais e reais

---

[20] Essas diferenças (d e d^2) seriam as $2l$ "unidades fatores" (*inputs*), processadas de uma forma previamente estabelecida por n_2 unidades intermediárias. Diz-se que a especificação é paramétrica devido a esse formato previamente estabelecido. Nota-se que os parâmetros são ω_0 e ω_i; os pesos w_{kij} têm formato definido pela equação (12).

de juros.[21] A variável proposta para captar o "efeito nível da diferença da inflação" (Endi) e assim tentar diminuir a influência da volatilidade da inflação sobre a da taxa real de juros foi denominada *dinfdv* e consiste no valor absoluto da soma das variáveis *dinfd* e *di*31. Ou seja, ela é uma medida que tenta explicar a volatilidade da série de juros ao longo de determinado mês através da aceleração ou desaceleração da inflação entre o mês corrente e o anterior. No que diz respeito ao efeito nível da taxa real de juros propriámente dito (EN), surge a dúvida com relação à existência ou não de simetria desse efeito — supusemos a existência de simetria ao considerar o valor absoluto de *r* como determinante do efeito nível.

Quanto às modelagens alternativas para a variância condicional, usaremos as seguintes siglas para os modelos contemplados, que analisaremos a seguir: GARCH (1,1); AGARCH; AGARCH (1,2); AIGARCH; e EGARCHE.

O primeiro modelo X-ARCH estimado foi o GARCH (1,1) de Bollerslev (1986), por ser o mais usado, uma vez que sua *performance* empírica é em termos gerais satisfatória: $h_t = \phi_0 + \phi_1 h_{t-1} + \phi_2 \mu^2_{t-1}$;

Uma das desvantagens da aplicação desse modelo a séries financeiras é a pressuposição de simetria nos efeitos de choques negativos e positivos sobre a volatilidade, pois observa-se que, na prática, inovações negativas nos retornos das ações tendem a aumentar mais a volatilidade do que inovações positivas da mesma magnitude. Essa assimetria é em geral chamada de *leverage effect* devido à explicação original dada por Black (1976).[22] Para descrever modelos alternativos de captação dessa assimetria, Engle e Ng (1993a) criaram o conceito de "curva de impacto das notícias". A forma mais simples de introduzi-la foi proposta por Engle (1990) com o modelo AGARCH, permitindo que a curva de impacto do modelo GARCH (1, 1) se desloque da origem:

$$h_t = \phi_0 + \phi_1 h_{t-1} + \phi_2(\mu_{t-1} - \phi_3)^2$$

Outra forma de embutir a assimetria dos choques nos é dada pelo modelo EGARCH proposto por Nelson (1991):

$$ln(h_t) = \phi_0 + \phi_1 ln(h_{t-1}) + \phi_2 \mu_{t-1}/h_{t-1}^{1/2} + \phi_3(|\mu_{t-1}|/h_{t-1}^{1/2} - (2/\pi)^{1/2})$$

[21] Na verdade é a própria volatilidade da inflação a variável que mais irá influenciar a volatilidade tanto das taxas nominais quanto das taxas reais. Assim, teoricamente o ideal seria usar uma medida de volatilidade da inflação para eliminar sua influência sobre a volatilidade das taxas reais. Testes preliminares, entretanto, indicaram que a substituição de *dinfdv* por medidas de volatilidade tanto da inflação quanto da aceleração da inflação não alteraria substancialmente os resultados. Na prática, *dinfdv* acabou por se mostrar a melhor variável para captar esse efeito, como veremos mais adiante.

[22] Sobre esta e outras explicações alternativas, ver Campbell, Lo e McKinlay (1995).

A assimetria surge porque se inclui o nível de μ relativamente ao seu desvio-padrão com coeficiente ϕ_2, que será tipicamente negativo para refletir o *leverage effect* (choques positivos geram menos volatilidade, todo o resto sendo igual). Os choques são medidos relativamente aos seus desvios-padrão — denominemos então $\mu_{t-1}/h_{t-1}^{1/2}$ por e_t. A utilização de erros absolutos e logs aumenta o impacto de grandes choques sobre a volatilidade condicional do próximo período. Em nosso caso aplicamos uma versão *estendida* do modelo EGARCH (daí a nomenclatura EGARCHE). A extensão baseia-se num modelo proposto por Bollerslev et alii (1994:3.018–30) e se dá pelos parâmetros ϕ_4,ϕ_5 e ϕ_6. Estes dois últimos permitem que tanto a variância condicional de $ln(\sigma^2)$ quanto a sua correlação com os erros variem com o nível de σ^2. O parâmetro φ_4 dá ao modelo flexibilidade no peso atribuído aos *outliers*:[23]

$$\begin{aligned} ln(h_t) &= \phi_0 + \phi_1 ln(h_{t-1}) \\ &+ [h_{t-1}{}^{\phi 5}\phi_2 e_{t-1} + h_{t-1}{}^{\phi 6}\phi_3(|e_{t-1}| - (2/\pi)^{1/2})]/(1 + \phi_4|e_{t-1}|) \end{aligned} \tag{17}$$

São várias as vantagens teóricas do modelo EGARCH sobre os demais. Nelson menciona três: além da possibilidade de captar assimetrias, a liberdade do espaço paramétrico (os modelos GARCH impõem restrições paramétricas freqüentemente violadas pelas estimativas) e a maior facilidade para interpretar a "persistência" dos choques. Na verdade, as duas primeiras não estão entre as suas principais vantagens — ressaltaremos outras na seção de estimação a seguir —, uma vez que existem alternativas. Quanto à assimetria, há muitas outras formas de captá-la com modelos mais simples (NGARCH, VGARCH, além do AGARCH já citado).[24] Já as restrições paramétricas sugeridas inicialmente por Bollerslev para os modelos GARCH — e que eram freqüentemente violadas na prática — mostraram-se excessivamente fortes e foram flexibilizadas por Nelson e Cao (1992).

A questão da "persistência dos choques" surge devido à constatação, feita em muitos trabalhos empíricos (principalmente com dados de alta freqüência), de que parece existir uma raiz unitária nos polinômios auto-regressivos associados às especificações ARCH ou GARCH. Isso fornece uma motivação empírica para o chamado GARCH *integrado* (IGARCH) introduzido por Engle e Bollerslev (1986). Em particular, o modelo IGARCH (1, 1) tem a seguinte especificação:

$$h_t = \phi_0 + \phi_1 h_{t-q} + (1 - \phi_1)\mu^2_{t-1} \tag{18}$$

[23] Na verdade, no modelo proposto por aqueles autores há mais dois parâmetros desempenhando esta última função.

[24] Ver Engle & Ng (1993a). Outra importante sugestão foi feita por Glosten, Jagannathan e Runkle (1993): permitir que ambos os lados da curva de impacto do modelo GARCH tenham inclinações diferentes.

Esse processo IGARCH (1,1) para h_t se assemelha bastante a um passeio aleatório com *drift* φ_0. Contudo, Nelson (1990) mostra que essa analogia deve ser usada com precaução. Como a variância não-condicional dos erros é infinita no IGARCH, eles não são "covariância-estacionários". No caso em que $\varphi_0 > 0$, eles podem advir de um processo estritamente estacionário, no sentido de que a densidade não-condicional dos erros é a mesma para qualquer instante do tempo. Quando $\varphi_0 = 0$, a distribuição estacionária da variância é degenerada com ponto de massa em zero. Essa combinação de estacionariedade estrita sem estacionariedade de covariância é uma propriedade estatística pouco usual, mas não invalida a utilização desse modelo: "De acordo com Lumsdaine (1992), parece não haver qualquer tipo de descontinuidade na distribuição dos estimadores de amostras finitas na fronteira do IGARCH (1,1) (...). As inferências são confiáveis (...) desde que o tamanho da amostra seja suficientemente grande: 200 ou mais observações".[25] Faz-se mister realçar esse ponto, uma vez que o modelo IGARCH (1,1) será o mais utilizado na próxima seção, considerando que o modelo EGARCHE mostrou-se de difícil implementação prática, apesar de todas suas vantagens teóricas.

Distribuição dos erros

Utilizar-se-á a distribuição erro generalizada (doravante simplesmente GED), que se pode considerar uma extensão da distribuição normal. Além da normal, várias outras distribuições se encaixam como casos especiais da distribuição GED, algumas de caudas mais largas do que a normal (como por exemplo a exponencial dupla) e outras de caudas mais finas (uniforme, por exemplo). A densidade de uma variável aleatória de distribuição GED normalizada para ter média zero e variância unitária é dada por:

$$f(z) = \upsilon \exp[-0{,}5|z/a|^{\upsilon}]/(2^{(1+1/\upsilon)} a\Gamma(1/\upsilon)); \qquad (19)$$

$$a = (2^{(-2/\upsilon)}\Gamma(1/\upsilon)/\Gamma(3/\upsilon))^{1/2};$$

sendo **a** uma constante e Γ a função gama. O parâmetro υ é o que mede a "largura das caudas" da distribuição (ou seja, é um *tail-thickness parameter*). Quando $\upsilon = 2$, z tem uma distribuição normal padronizada. Para $\upsilon < 2$, a distribuição tem caudas mais grossas do que a normal ($\upsilon = 1$ implica que z tenha distribuição exponencial dupla); para $\upsilon > 2$, ela tem caudas mais finas (para $\upsilon = \infty$, z é uniformemente distribuída entre $[-3^{1/2}, 3^{1/2}]$. É importante que υ seja maior do que um, de modo que os processos relevantes sejam covariância-estacionários.

[25] Bollerslev et alii (1994:3.983).

Fatores institucionais

À exceção de *Dinfd*, todas as demais variáveis, tanto as de média quanto de volatilidade, foram devidamente explicadas na seção anterior. A variável *Dinfd* é a variável *Dinf* defasada mês a mês.[26] Ou seja, embute o valor da diferença entre a inflação do mês corrente e a inflação do mês anterior, do primeiro ao penúltimo dia útil de cada mês, e o valor zero no último dia útil do mês. A inclusão dessa variável decorreu da insignificância da variável *Dinf* observada nesse modelo mais geral. Informalmente, é como se as expectativas fossem em parte "adaptativas", em vez de completamente "racionais", tal como anteriormente sugerido. Ou seja, é como se a variação esperada da inflação entre o mês seguinte e o mês corrente (da qual depende a variação da taxa de juros nominal ao longo de um mês) dependesse da aceleração inflacionária entre o mês corrente e o passado. Nesse modelo mais geral, comprovou-se que a volatilidade só é mesmo maior no último dia útil de cada mês (associado à variável *X2* descrita na seção anterior): os coeficientes de *X1*, *X3* e *X4* são positivos mas não chegaram a ser significativos, e os de *X5* a *X9* foram todos negativos (também não-significativos). Decidiu-se trocar o nome da variável X2 por algo mais intuitivo: V31 (que passa portanto a denotar a variável que embute o valor um no último dia útil de cada mês e zero nos demais, e que captará o aumento de volatilidade no último dia útil).

Análise de intervenção

Procurou-se intervir o mínimo possível na série. Por exemplo, se eliminássemos da série de diferenças das taxas reais diárias (*dr*) todos os dados maiores do que sua média mais dois desvios-padrão ou menores do que sua média menos dois desvios-padrão (procedimento usual em trabalhos empíricos), eliminaríamos aproximadamente 5% do número de observações da série. Não é razoável o argumento de que 5% sejam *outliers*. E ao retirá-los estaríamos perdendo a caracterização temporal da série. Por outro lado, não há como não fazer algum tipo de intervenção numa série contaminada por tantos choques econômicos quanto os verificados na economia brasileira no passado recente. Fizeram-se necessárias intervenções nos planos Verão, Collor I e Collor II. Uma intervenção nunca deixa de ser *ad hoc*, mas tentaremos explicar o mais detalhadamente possível os critérios que nos guiaram nessa análise de intervenção. A seguir resumimos exatamente o que foi feito. O objetivo maior — obter uma série tão suave quanto possível sem grandes intervenções — fica claro nas tabelas 1A e 1B, bem como na figura 5, que contrasta a série verdadeira (*of*) com a derivada desta análise de intervenção (denominada *real*" na tabela 1B e **r**" na figura 5). Cabe mencionar que tais intervenções não alteram substancialmente as estimativas da parte estrutural do modelo, e sim as estimativas dos parâmetros "institucionais".

---

[26] Nota-se que *Dinfd* não é o *lag* de *Dinf*, pois não basta defasar de um período (dia) a segunda para se obter a primeira. A defasagem dá-se mês a mês.

Esta análise de intervenção é importante principalmente para manter a série projetada tão próxima quanto possível da verdadeira — o que é necessário devido à existência de uma segunda etapa, que é a estimação do modelo em tempo contínuo.

TABELA 1A
Dados mensais ao redor dos choques

	PLANO VERÃO				
	Dez. 1988	Jan. 1989	Fev. 1989	Mar. 1989	Abr. 1989
taxa nominal	-	23,2900	19,2800	20,7700	11,7900
inflação	28,7900	35,4800	3,6000	6,0900	7,3100
taxa real	-	-8,9976	15,1351	13,8373	4,1748
dinf	0,0520	-0,2350	0,0240	0,0115	-
inf. ajustada	=	19,1800	11,4500	12,1100	=
real ajustada	=	3,4486	10,6236	9,9723	=
dinf. ajustada	-0,0750	-0,0650	0,0060	-0,0430	=
	PLANO COLLOR I				
	Jan. 1990	Fev. 1990	Mar. 1990	Abr. 1990	Maio 1990
taxa nominal	68,0353	79,7677	31,5651	6,0480	5,8465
inflação	56,1100	72,7800	84,3200	3,2900	5,3800
taxa real	7,6390	4,0443	-28,6214	2,6701	0,4427
dinf	10,6784	6,6790	-43,9616	2,0234	
Dados eliminados: 23 de fevereiro a 2 de abril					
	PLANO COLLOR II				
	Dez. 1990	Jan. 1991	Fev. 1991	Mar. 1991	Abr. 1991
taxa nominal	19,9237	22,9589	9,0631	9,8422	12,6314
inflação	19,3900	20,2100	21,0200	9,1900	7,8100
taxa real	0,4470	2,2867	-9,8801	0,5973	4,4721
dinf	0,6868	0,6738	-9,7752	-1,2639	
inf. ajustada		20,2100	11,0800	9,1900	7,8100
real ajustada		2,2867	-1,8157	0,5973	4,4721
dinf. ajustada		-7,5950	-1,7015	-1,2639	

Plano Verão. Fica claro, pela tabela 1A, que o ajuste se prolongou por três meses: a inflação medida pelo índice oficial cedeu bruscamente já em fevereiro de 1989, enquanto a taxa nominal foi diminuindo bem mais lentamente até abril. Além disso, já desde o dia 18 de janeiro as taxas nominais de juros começaram a refletir a inflação mais baixa, que só chegaria de fato a ser contabilizada pelos números em fevereiro. Sendo assim, propõe-se que os índices deflatores de janeiro, fevereiro e março sejam determinados pelas seguintes médias geométricas, respectivamente:

$$p(jan) = (pjan^2*pfev*pmar)^{1/4};$$

$$p(fev) = (pjan*pfev^2*pmar)^{1/4};$$

$$p(mar) = (pjan*pfev*pmar^2)^{1/4};$$

e que o índice de fevereiro passe a vigorar desde 18-1-1989. Com esse ajuste, as taxas reais mensais, que eram de –9%, 15% e 14% em janeiro, fevereiro e março de 1989, passaram para 3%, 11%, e 10%, respectivamente.[27]

Plano Collor I. Optou-se por retirar da amostra o mês de março de 1990 (na verdade, os dados entre os dias 23-2-1990 e 2-4-1990). Estes foram os únicos dados eliminados (as demais intervenções foram no sentido de *explicar* os "choques"), o que se justifica por ter sido esse o período em que se preparou e anunciou o plano que "confiscou" todos os ativos financeiros da economia e que mais transtornou a economia brasileira. O mercado de juros se tornou excessivamente volátil no período, tendo sido inclusive fechado entre os dias 14 e 29 de março.

Plano Collor II. Utiliza-se como índice de inflação de fevereiro de 1991 o "vetor de preços especiais" computado pelo governo para aquele mês, que foi de 11,08%, em vez dos 21,02% registrados pela inflação oficial.

Além da intervenção nos três planos mencionados, fizeram-se também necessárias algumas intervenções pontuais via *dummies*. No que diz respeito à média do processo, optou-se por intervir nos sete pontos em que a série de primeira diferença das taxas reais (*dr*) era maior em termos absolutos do que dois desvios-padrão (a média da série *dr* é aproximadamente nula). Constatou-se que, em todos os casos as variações consistiam em mudanças de níveis (ou seja, um salto seguido da permanência da série em torno do novo nível). Sendo assim, bastou construir as sete *dummies* (*D*1 a *D*7) computando-se o valor 1 na data do respectivo salto e zero nas demais.[28] Quanto à volatilidade, percebeu-se a necessidade de quatro intervenções na variável *V*31 (que, tal como já explicado, embute o valor 1 em todo último dia útil de cada mês): foram quatro pontos (correspondentes a últimos dias úteis) em que a variação não foi tão grande quanto o previsto para aqueles dias. A intervenção foi feita através das *dummies D*4 e *D*8 a *D*10.

---

[27] Seria indubitavelmente mais simples eliminar da amostra os dados dos referidos meses. Contudo, estaríamos assim perdendo informação sobre a dinâmica do processo e alterando sua média. A intervenção alternativa proposta acima é muito menos forte do que se imagina à primeira vista: em nada se alterou a dinâmica ao longo dos meses (a não ser na passagem de um mês para outro), tampouco a média global da série. A única modificação introduzida foi no sentido de tornar a taxa real média de janeiro, a de fevereiro e a de março mais próximas umas das outras.

[28] Tal intervenção foi fundamental para não deixar esses "saltos" contaminarem os parâmetros das variáveis institucionais. Se, por outro lado, eles fossem simplesmente eliminados da série de *dr*, alterar-se-ia em muito a média do processo, dado o caráter dos saltos explicado anteriormente.

TABELA 1B
Dados diários

PLANO VERÃO				PLANO COLLOR I			PLANO COLLOR II			
Data	tx. nom. %	real %	real" %	Data	tx. nom. %	real %	Data	tx. nom. %	real %	real" %
				1/2/90	68,76	**-2,33**	15/1/91	24,23	3,34	3,34
				2/290	72,31	**-0,27**	16/1/91	24,87	3,88	3,88
				5/2/90	75,75	**1,72**	17/1/91	30,75	8/76	8,76
				6/2/90	79,34	**3,80**	18/1/91	28,02	6,52	6,52
2/1/89	27/61	-5,81	**7,08**	7/2/90	80,08	**4,23**	21/1/91	23,11	2,41	2,41
3/1/89	27,82	-5,66	**7,25**	8/2/90	79,94	**4,14**	22/1/91	20,89	0,56	0,56
4/1/89	27,84	-5,64	**7,27**	9/2/90	80,40	**4,41**	23/1/91	20,84	0,53	0,53
5/1/89	27,45	-5,93	**6,94**	12/2/90	82,03	**5,35**	24/1/91	23,05	2,36	2,36
6/1/89	27,62	-5,80	**7,09**	13/2/90	84,87	**7,00**	25/1/91	21,31	0,92	0,92
9/1/89	27,49	-5,90	**6,97**	14/2/90	85,33	**7,26**	28/1/91	22,40	1,82	1,82
10/1/89	27,45	-5,92	**6,94**	15/2/90	86,16	**7,74**	29/1/91	21,38	0,97	0,97
11/1/89	27,78	-5,68	**7,22**	16/2/90	86,33	**7,84**	30/1/91	24,90	3,90	3,90
12/1/89	27,56	-5,85	**7,03**	19/2/90	87,16	**8,33**	31/1/91	20,42	-0,50	**0,17**
13/1/89	29,19	-4,64	**8,41**	20/2/90	87,22	**8,36**	4/2/91	7,90	-10,85	**-2,87**
18/1/89	16,97	-13,66	**4,96**	21/2/90	83,56	**6,24**	5/2/91	8,00	-10,75	**-2,77**
19/1/89	17,28	-13,43	**5,24**	22/2/90	80,48	**4,46**	6/2/91	7,00	-11,58	**-3,67**
20/1/89	17,80	-13,05	**5,70**	23/2/90	70,49	-1,32	7/2/91	6,53	-11,97	**-4,09**
23/1/89	17,91	-12,97	**5,80**	28/2/90	75,62	-4,72	13/2/91	6,39	-12,09	**-4,22**
24/1/89	18,17	-12,78	**6,03**	1/3/90	69,80	-7,88	14/2/91	9,62	-9,42	**-1,31**
25/1/89	18,34	-12,65	**6,19**	2/3/90	70,84	-7,32	15/2/91	11,89	-7,54	**0,73**
26/1/89	18,22	-12,74	**6,08**	5/3/90	71,01	-7,22	18/2/91	15,34	-4,69	**3,83**
27/1/89	18,26	-12,71	**6,11**	6/3/90	70,03	-7,75	19/2/91	10,84	-8,42	**-0,22**
30/1/89	18,57	-12,48	**6,39**	7/390	69,03	-8,29	20/2/91	10,52	-8,68	**-0,51**
31/1/89	17,16	13,09	**5,13**	8/3/90	76,91	-8,90	21/2/91	9,09	-9,86	**-1,79**
1/2/89	17,65	13,56	**5,56**	9/3/90	65,26	-10,34	22/2/91	8,24	-10,56	**-2,55**
2/2/89	17,65	13,56	**5,68**	12/3/90	61,61	-12,48	25/2/91	7,93	-10,81	**-2,83**
3/2/89	18,51	14,39	**6,34**	13/3/90	63,73	-11,17	26/2/91	7,75	-10,97	**-3,00**
8/2/89	16,51	14,39	**6,34**	30/3/90	23,23	19,30	27/2/91	7,91	-10,83	**-2,85**
9/2/89	18,17	14,06	**6,03**	2/4/90	8,76	5,30	28/2/91	8,10	-0,99	-0,99
10/2/89	19,25	15,11	**7,00**	3/4/90	8,45	**4,99**	1/3/91	8,70	-0,45	-0,45
13/2/89	19,39	15,25	**7,13**	4/4/90	7,53	**4,11**	4/3/91	8,88	-0,28	-0,28
14/2/89	19,71	15,55	**7,41**	5/4/90	6,69	**3,29**	5/3/91	8,66	-0,49	-0,49
15/2/89	19,74	15,57	**7,44**	6/4/90	6,25	**2,87**	6/3/91	8,58	-0,56	-0,56
16/2/89	19,68	15,52	**7,39**	9/4/90	6,65	**3,26**	7/3/91	8,70	-0,45	-0,45
17/2/89	19,93	15,77	**7,62**	10/4/90	7,19	**3,78**	8/3/91	8,76	-0,39	-0,39
20/2/89	20,27	16,09	**7,92**	11/4/90	8,00	**4,56**	11/3/91	9,24	0,04	0,04
21/2/89	20,66	16,46	**8,26**	16/4/90	5,42	**2,06**	12/3/91	10,75	1,43	1,43
22/2/89	20,81	16,62	**8,41**	17/4/90	4,41	**1,08**	13/3/91	10,38	1,09	1,09
23/2/89	20,38	16,20	**8,02**	18/4/90	3,61	**0,31**	14/3/91	9,69	0,46	0,46
24/2/89	20,13	15,95	**7,79**	19/4/90	2,99	**-0,29**	15/3/91	9,75	0,52	0,52
27/2/89	19,51	15,36	**7,23**	20/4/90	2,95	**-0,33**	18/3/91	12,65	3,17	3,17
28/2/89	21,74	14,75	**8,59**	23/4/90	2,82	**-0,45**	19/3/91	10,25	0,97	0,97
				24/4/90	2,93	**-0,35**	20/3/91	10,23	0,95	0,95
				25/4/90	2,84	**-0,43**	21/3/91	10,52	1,22	1,22
				26/4/90	2,886	**-0,41**	22/3/91	11,45	2,07	2,07
				27/4/90	3,04	**-0,24**	25/3/91	11,28	1,91	1,91
				30/4/90	5,02	**-0,34**	26/3/91	10,54	1,24	1,24
							27/3/91	13,15	4,95	4,95

Figura 5
Taxas reais de juros: reais × ajustadas

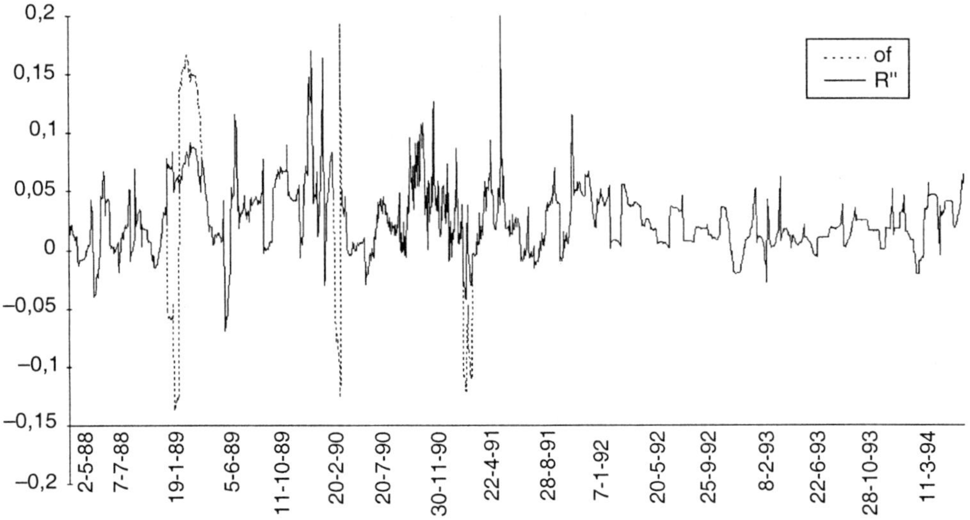

Estimação

Estimou-se, por máxima verossimilhança, o modelo completo (considerando os fatores institucionais e estruturais, além da análise de intervenção) usando modelos X-ARCH alternativos e supondo que a distribuição dos erros seja do tipo GED. A função logarítmica da verossimilhança para essa distribuição é:

$mv = c - 0{,}5\ \{ln(vd) + [|\mu|/(a.vd^{1/2})]^{\upsilon}\};$

$c = ln(\upsilon/a) - ln(2)*(1 + 1/\upsilon) - ln(\Gamma(1/\upsilon));$

μ = termo de erro — ver (21) abaixo; (20)

vd = variância condicional de μ;

υ, a = parâmetros da função GED — ver (19) acima;

Utilizando-se diferentes modelos X-ARCH, obteve-se o resultado quase generalizado de que as seguintes variáveis citadas na tabela 2*t* e descritas acima são não-significativas (de acordo com as respectivas estatísticas *t*):

- os dois coeficientes "média móvel" e o segundo coeficiente auto-regressivo da parte ARMA (2,2) ou ARAR (2,2); e o "efeito nível" da volatilidade na parte estrutural;

- *Dinf* e *Dinfd* na parte institucional;
- apenas uma (*D*1) das *dummies* impostas à média (todas as demais comportaram-se exatamente como previsto); com relação às *dummies* propostas para a volatilidade, todas se mostraram em geral relevantes, e duas delas não necessitaram estar associadas a coeficientes pois, como estes apenas cancelavam o efeito de *V*31 (gerando inclusive multicolinearidade), bastou subtraí-las desta última variável, como fica claro pela equação (23).

A seguir apresentamos a "versão compacta" do modelo (ou seja, sem incluir as variáveis que se mostraram generalizadamente não-significativas). O termo de erro μ_t consiste na diferença entre o valor da taxa real de juros em t (y_t) e as três "médias" relativas à análise de intervenção, parte institucional e parte estrutural (*mpai*, *mpi*, e *mpe*, respectivamente).

$$\mu_t = y_t - mpai_t - mpi_t - mpe_t;$$

$$mpai_t = \xi_1 D2_t + \xi_2 D3_t + \xi_3 D4_t + \xi_4 D5_t + \xi_5 D6_t + \xi_6 D7_t;$$

$$mpi_t = \delta_1 di31_t + \delta_2 dn31_t + \delta_3 d5_t;$$

$$mpe_t = \alpha + \beta y_{t-1} + RN1_t + RN2_t;$$

$$RN1_t = (1 + \exp\{\omega_1[\omega_0 + \text{soma}(1)]\})^{-1}; \tag{21}$$

$$RN2_t = (1 + \exp\{\omega_2[\omega_0 + \text{soma}(2)]\})^{-1};$$

$$\text{soma}(i) = \sum_{j=1}^{2}(w_{1ij} z0_{t-j} + w_{2ij}\, z0_{t-j}^2);$$

$$Z0_t = (y_t - mpai_t - y_{t-1})/\sigma_{\Delta y};$$

$$w_{kij} = \text{sen}(\pi x ln[s + k^2 + i + j]);$$

Ou seja, em termos do modelo de Kamstra e Donaldson — equações (9) a (16) —, tem-se que $n_1 = 1$, $n_2 = 2$, $q = 0$, $l = 2$. Escolheu-se $s = 2$ por ter sido o modelo que apresentou melhores resultados. Fazendo $s = 0$ ou $s = 1$, obtêm-se praticamente os mesmos resultados qualitativos: não se altera a significância (estatística t) das variáveis, e todas as estimativas, exceto as dos coeficientes de *RN*, permanecem praticamente inalteradas. Cabe notar que a parte sazonal intramês, ao contrário da análise de intervenção, está se sobrepondo aos efeitos associados às redes neurais. Tentou-se eliminar essa sobreposição subtraindo *mpi* de $Z0_t$ na modelagem acima, mas nesse caso surgiram problemas de multicolinearidade.

No que diz respeito à variância condicional (**vd**), o modelo aqui apresentado difere do de Donaldson e Kamstra por acrescentar o "efeito nível da diferença da inflação" (Endi) — lembremos que o efeito nível propriamente dito (EN) não se mostrou significativo — à parte recursiva da variância:

$$vd_t = h_t + \rho_1^2 (dinfdv_t - 0{,}05662)^{2\rho 2};$$

$$h_t = \text{parte recursiva da variância condicional}; \tag{22}$$

$$dinfdv_t = |dinfd_t + di31|;$$

O efeito da maior volatilidade no último dia útil do mês ($V31$) entra na parte recursiva da variância (h_t) através da variável *fds*:

$$fds = 1 + |\delta^v (V31 - D4 - D10) + \xi_1{}^v D8 + \xi_2{}^v D9|; \tag{23}$$

O formato específico de h_t dependerá do modelo X-ARCH que está sendo considerado. No caso de modelos tipo AGARCH ou AIGARCH, *fds* se impõe de forma multiplicativa; no modelo EGARCHE, *fds* se impõe sobre a média do processo:[29]
GARCH (1,1) irrestrito:

$$h_t = (\phi_0 + (\phi_1 h_{t-1} + \phi_2 \mu^2_{t-1})/fds_{t-1}) fds_t; \tag{24}$$

GARCH(1,1) restrito:

$$h_t = (\phi_0{}^2 + (d_1 h_{t-1} + d_2 \mu^2_{t-1})/fds_{t-1}) fds_t \tag{25}$$

$$d_1 = a\cos^2(\phi_2);\ d_2 = a\text{sen}^2(\phi_2);\ a = 1/(1 + |\phi_1|)$$

AGARCH (2,1):

$$h_t = [\phi_0 + (\phi_1 h_{t-1} + \phi_2 (\mu_{t-1} - \phi_3)^2)/fds_{t-1} + \phi_4{}^2 h_{t-2}/fds_{t-2}] fds_t; \tag{26}$$

AIGARCH (1,1)[30]

---

[29] Esta seria uma vantagem do modelo EGARCH sobre os demais: sua forma exponencial permite que a parte sazonal da volatilidade se imponha através da média da variância — tal como proposto por Nelson (1991) para medir o "efeito fim de semana" — sem comprometer a condição de não-negatividade da variância.

[30] Essa formulação faz com que ϕ_0 em (18) aparente ser nulo, o que geraria uma distribuição degenerada para a variância. Nota-se, entretanto, que há uma constante implícita nesta especificação de h_t: $(1 - \phi_1)\phi_2{}^2$. Além disso, há as médias de *fds* e dos demais componentes da variância condicional interferindo na sua média. Por isso o parâmetro ϕ_0 acaba por se anular também nos dois modelos anteriores.

$$h_t = (\phi_1 h_{t-1} + (1-\phi_1)(\mu_{t-1} - \phi_3)^2) fds_t / fds_{t-1} \quad (27)$$

EGARCHE (2,1) com erros de distribuição GED:[31]

$$ln(h_t) = mh_t + \phi_1(ln(h_{t-1}) - mh_{t-1}) + [h_{t-1}{}^{\phi 5}\phi_2 e_{t-1} + h_{t-1}{}^{\phi 6}\phi_3(|e_{t-1}| - mva)] / (1 + \phi_4|e_{t-1}|) + \phi_7(ln(h_{t-2}) - mh_{t-2})$$

$$e_{t-1} = \mu_{t-1}/h_{t-1}{}^{1/2}$$

$$mh_t = \phi_0 + ln(fds_t) \quad (28)$$

$$mva = 2^{1/\upsilon} a\Gamma(2/\upsilon)/\Gamma(1/\upsilon)$$

Cabe realçar que o componente não-recursivo da variância condicional (Endi) se sobrepõe implicitamente à parte recursiva de duas formas: gerando um limite inferior para a variância que se acrescenta à constante embutida na parte recursiva (ϕ_0) — é justamente por isso que essa constante tende a se anular, tal como discutido anteriormente — e interferindo no quadrado do erro (μ_t^2 ou $(\mu_t - \phi_3)^2$). A primeira sobreposição é inevitável; tenta-se porém diminuir esse "limite inferior" ao se subtrair de *dinfdv* o seu valor mínimo (.05662) na equação (22) acima.[32] Já a segunda forma de interferência pode ser evitada, como o foi no modelo EGARCH (essa é uma vantagem desse modelo com relação aos demais).[33]

Todos esses modelos podem ser estimados por máxima verossimilhança, sendo h_t resolvido recursivamente impondo-se condições iniciais apropriadas. O método, na verdade, é o de *quase* máxima verossimilhança, o que torna as estimativas robustas ante a presença de excesso de curtose condicional (ver Bollerslev et alii, 1994:3.017). Para compará-los, utilizaremos os critérios de informação de Akaike (AIC) e Schwartz (Sc) adaptados para esse contexto não-linear. Usaremos a versão de Gourièroux e Monfort (1995),[34] segundo a qual o objetivo é *maximizar* os valores dos critérios. A utilização desses critérios de informação é usual na literatura, embora não se conheçam suas propriedades estatísticas no contexto ARCH. No caso de modelos *nested*, usaremos também testes de razão de verossimilhança. Denotaremos o valor médio da função logarítmica de máxima verossimilhança por *mvm*.

---

[31] O fato de a distribuição ser GED só altera a especificação no sentido de que a média de $|e_{t-1}|$ passa a ser uma expressão mais complexa (determinada por *mva*) do que o valor $(2/\pi)^{1/2}$ embutido na equação (17).

[32] As tentativas de eliminá-lo completamente esbarram na condição de não-negatividade.

[33] Na verdade, poderia ser eliminada também nas demais especificações através dos modelos VGARCH, em que se divide o quadrado do erro pela variância esperada; ou seja, de acordo com a modelagem acima, considerar-se-ia a variável e_t em vez de μ_t (e_t sendo $\mu_t/vd_t^{0,5}$ em vez de $\mu_t/h_t^{0,5}$). Todavia, as tentativas de estimar tais modelos foram infrutíferas devido a problemas de multicolinearidade.

[34] AIC = $mvm - K/N$; Sc = $mvm - K.ln(N)/2$; onde K e N são respectivamente o número de parâmetros e o tamanho da amostra.

Resultados

A apresentação dos resultados divide-se em três partes. Na primeira parte, considerou-se o caso especial em que os erros têm distribuição normal ($\upsilon = 2$). Na etapa seguinte analisa-se o problema da curtose excessiva, partindo-se para a distribuição GED em sua forma genérica. O modelo AIGARCH com erros normais foi escolhido como modelo auxiliar (ou seja, a primeira etapa) da estimação do modelo em tempo contínuo. Na terceira e última etapa justifica-se essa escolha, além de se estender a análise com esse modelo comparando-o com o modelo exclusivamente estrutural (ou seja, sem incluir a parte institucional) e testando a hipótese de mudança de regime.

Erros de distribuição normal

Ao se estimar o modelo GARCH (1,1) percebeu-se que parecia existir[35] uma raiz unitária no processo da variância condicional, o que não é incomum em aplicações com dados financeiros de alta freqüência (ver Bollerslev et alii, 1994). Isso nos levou ao modelo GARCH integrado (IGARCH) de Engle e Bollerslev (1986). Embutimos a possibilidade de assimetria entre o efeito de choques positivos e negativos sobre a volatilidade através do modelo AGARCH. Tentamos também modelos GARCH (p,q) de outras ordens — considerando restrições mais brandas do que as sugeridas inicialmente por Bollerslev (1986), que foram derivadas por Nelson e Cao (1992). Destes últimos modelos, o que melhor se comportou foi o AGARCH (2,1), cuja *performance* foi, porém, muito inferior à do AIGARCH (1,1)[36] — GARCH integrado e assimétrico. O modelo AIGARCH estimado consiste na conjunção das equações (21), (23) e (27) acima, cujos resultados reproduzimos a seguir:[37]

---

[35] Testes formais para a existência de raízes unitárias na volatilidade ainda não foram definitivamente estabelecidos; a afirmação decorre, portanto, da intuição advinda dos seguintes fatos. No modelo GARCH (1,1) irrestrito (24) atribuindo valores iniciais para a variância iguais à variância não-condicional ($\phi_0/(1-\phi_1-\phi_2)$), o valor de ($\phi_1+\phi_2$) ultrapassava freqüentemente a unidade durante o processo de maximização, contrariando assim a restrição de não-negatividade da variância. Para forçar os parâmetros a satisfazer as condições de estacionaridade e não-negatividade, tentamos estimar o modelo GARCH (1,1) restrito (25). Porém, o algoritmo de maximização *não* convergia, pois o parâmetro φ_1 ficava oscilando em torno de zero.

[36] A *mvm* do AGARCH (2,1) foi *inferior* à do AIGARCH, apesar de este último ter dois parâmetros a menos do que o primeiro.

[37] Os modelos foram estimados usando o módulo de máxima verossimilhança do programa Gauss. Os algoritmos para maximização se alternaram: Newton, BHHH, ou BFGS. Na descrição dos resultados, omite-se a palavra "estimativa" ao se descrever o valor estimado dos parâmetros; ou seja, utiliza-se uma análise menos formal quando se diz, por exemplo, que "o parâmetro x é igual a y", em vez de "a *estimativa* do parâmetro x é igual a y".

TABELA 3t
AIGARCH (1,1) – modelo final

Return code = 0 (convergência normal)

***Mean log-likelihood*: –0,736863**; AIC: –0,7511; Sc: –0,7887

Matriz de covariância dos parâmetros computada pelo método QML

Parâmetros	Estimativas	Std. err.	Est./s.e.	Caracterização
α	–0,5885	0,0479	–12,276	constante da média
β	0,9711	0,0069	139,741	coeficiente AR(1)
ω_0	0,5707	0,1373	4,158	constante de RN
ω_1	2,9707	0,7366	4,033	coeficiente de RN1
ω_2	–0,0936	0,0800	–1,170	coeficiente de RN2
ϕ_3	–0,1051	0,0320	–3,285	assimetria dos choques (em h_t)
ϕ_1	0,8121	0,0485	16,756	coeficiente do AGARCH
δ_1	–0,9257	0,0542	–17,085	di31 (elemento institucional da média)
δ_2	0,1378	0,0242	5,704	dn31(idem)
δ_3	–0,0217	0,0041	–5,284	d5 (idem)
ρ_1	0,1464	0,0337	4,339	coeficiente do Endi
ρ_2	0,7460	0,1497	4,982	elasticidade do Endi
δ^V	0,9818	0,2533	3,877	coef. de V31(elem. institucional da variância)
ξ_1	–0,1925	0,0490	–3,928	|
ξ_2	–1,1820	0,4846	–2,439	|
ξ_3	–0,7123	0,0797	–8,932	|
ξ_4	–1,1135	0,1763	–6,316	*dummies* pontuais na média
ξ_5	1,1546	0,3258	3,544	|
ξ_6	–0,9265	0,3287	–2,818	|
$\xi^V{}_1$	–1,9788	0,5463	–3,622	*dummy* pontual na variância
$\xi^V{}_2$	–0,5010	0,5132	–0,976	(idem)

O fato de α ser negativo pode gerar estranheza, mas justifica-se porque existem outras "médias" no processo, advindas quer da parte institucional e da análise de intervenção, quer da parte referente a redes neurais — *pmi*, *pmai*, *RN*1 e *RN*2 na expressão (21) acima. Existe reversão à média (β é significativamente menor do que 1), o que ficará claro mais adiante, quando se modela *dr* em vez de *r* (ou seja, β passa a ser a velocidade de reversão, significativamente diferente de zero). Nota-se, ainda, que o segundo coeficiente de *RN* (ω_2) é não-significativo (o que é comum a quase todos os modelos), embora teoricamente um modelo de redes neurais com duas unidades intermediárias seja muito mais potente do que um com apenas uma.[38]

No que diz respeito à volatilidade, o resultado mais interessante é que o parâmetro φ_3 — correspondente à assimetria nos choques sobre a volatilidade — é significativamente negativo, gerando um "efeito *leverage* inverso": choques positivos causam um aumento maior da volatilidade do que choques negativos. A essência do resultado não é, porém, diferente do efeito *leverage*: más notícias geram maior volatilidade. A diferença advém do fato de a "má notícia" estar associada a aumento de juros e queda das ações, o que não é novidade alguma, já que eles são negativamente correlacionados. Um aumento dos juros é sempre uma má notícia, seja porque as expectativas de inflação estão sendo revistas para cima, seja porque as taxas reais estão se tornando mais altas, ambas tendo efeitos maléficos sobre o nível de atividade. Poder-se-ia pensar também numa relação de causalidade inversa: o governo tende a aumentar os juros quando há muita instabilidade na economia, todavia, é a primeira via de causalidade que está expressa na equação de volatilidade condicional do modelo AIGARCH.

Pode-se dizer que há bastante persistência na volatilidade, pois o fato de o parâmetro φ_1 ser maior do que 0,5 significa que o passado é mais importante para determinar a volatilidade do que a incidência de novos choques. Tal como será enfatizado mais adiante, o efeito nível da diferença da inflação sobre a volatilidade é bastante relevante — sua elasticidade foi estimada em 75%, o que significa que a volatilidade aumenta 0,75% quando há um aumento de 1% na variável *dinfdv*. Como vimos anteriormente, essa variável visa diminuir a influência da volatilidade da inflação sobre a da taxa real de juros. É óbvio que, teoricamente, faria mais sentido usar a própria volatilidade da inflação para eliminar essa influência, em vez de usar *dinfdv*, que nada mais é do que uma *proxy* para ela. Na prática, contudo, observou-se que *dinfdv* cumpre melhor o papel de "controlar" a volatilidade da inflação do que outras medidas teoricamente mais consistentes. Foram duas as medidas "teoricamente mais consistentes" testadas: a volatilidade da inflação propriamente dita, medida pelo desvio-padrão das taxas de inflação do mês em questão e os quatro meses anteriores ($\text{Var}[ln(1 + p_t), ln(1 + p_{t-1}), ln(1 + p_{t-2}), ln(1 + p_{t-3}), ln(1 + p_{t-4})]^{1/2}$); e a volatilidade da aceleração da inflação:$\text{Var}\{ln[(1 + p_{t+1})/(1 + p_t)], ln[(1 + p_t)/(1 + p_{t-1})], ln[(1 + p_{t-1})/(1 + p_{t-2})], ln[(1 + p_{t-2})/(1 + p_{t-3})], ln[(1 + p_{t-3})/(1 + p_{t-4})]\}^{1/2}$). Em ambos os casos, as *mvm* foram inferiores à do modelo básico (tabela 3t), e as estatísticas *t* dos parâmetros

[38] "Potência", no caso, diz respeito à capacidade de a combinação das funções logísticas apresentadas acima se aproximar de funções não-lineares, ou seja, funcionar como "aproximadores universais". Já foi demonstrado que uma função como $\Psi(.)$ em (2) pode aproximar-se de membros da classe $C(R^{n_2})$, onde n_2 é o número de unidades intermediárias – ver, por exemplo, o teorema I.1.1 em Kuan e White (1994).

envolvidos (ϱ_1 e ϱ_2) menores (embora ambos continuassem significativos); os demais resultados continuaram praticamente inalterados.

As *dummies* são bastante úteis. Realizou-se um teste de razão de verossimilhança no qual a hipótese nula é que o modelo verdadeiro não contém as *dummies*. Reestimou-se então o modelo acima com as restrições de que ξ_1 a ξ_6 sejam iguais a zero. O valor da *mvm* obtido foi –0,762647, gerando um valor observado da estatística de teste de 76,16, o que numa $X^2(8)$ gera um "valor *p*" menor do que 0,1%. Rejeita-se assim H_0 com o nível de significância de 0,1% (sendo esta a probabilidade de rejeitar H_0 quando ela é verdadeira — ou seja, de aceitar a relevância das *dummies* quando elas não são relevantes). A inclusão ou não das *dummies* faz com que os valores dos parâmetros mudem mais do que superficialmente (o que ficará claro quando compararmos as séries esperada e verdadeira), sem entretanto afetar a significância das variáveis explicativas. Na verdade, são as *dummies* da média as mais relevantes. As da volatilidade, que restaram como neutralizadoras da variável explicativa *V*31, são pouco importantes para esse modelo: $\xi_2{}^v$, embora significativa, gera um efeito líquido praticamente nulo, uma vez que o efeito total (1,9788 – 0,9818 = 0,997) é muito próximo daquele captado por δ^v (0,9818). As *dummies* da volatilidade se tornam mais importantes no modelo EGARCH. Todavia, não conseguimos estimá-lo nesse caso especial de erros normais, o que faremos no caso genérico analisado a seguir.[39] A motivação para uma distribuição mais genérica — em particular que admita curtose excessiva com relação à normal — advém das propriedades estatísticas apresentadas nas quatro primeiras colunas da tabela 2. A primeira coluna de resultados diz respeito às propriedades estatísticas da série inicial de primeira diferença das taxas, e a segunda coluna, à mesma série depois de realizada a primeira parte — associada aos choque econômicos — da análise de intervenção. Vê-se que esta é importante: o coeficiente de curtose diminuiu quase 60% apenas com essa medida. A terceira e a quarta colunas apresentam as propriedades estatísticas da série de erros padronizados ($e_t = \mu_t / vd_t$) dos modelos AGARCH (2,1) e AIGARCH (1,1), respectivamente. Também sob esse aspecto, o segundo modelo se mostra melhor do que o primeiro, pois tanto o coeficiente de curtose quanto o de assimetria estão mais próximos de zero (tal como deveria ser na hipótese de distribuição normal). Contudo, os resultados em termos absolutos ainda são sofríveis. Usando tanto o teste de Jarque-Bera quanto sua derivação menos formal, fica claro que ambos os coeficientes são indubitavelmente excessivos.[40]

---

[39] A já mencionada dificuldade de implementação do modelo EGARCH decorre do fato de, nos algoritmos de maximização, o processo da variância freqüentemente colapsar para zero.

[40] Sob a hipótese nula de que os erros padronizados são normalmente distribuídos e IID, temos os seguintes resultados assintóticos: a assimetria amostral deveria ser uma distribuição normal com média zero e variância igual a $6/N^{1/2}$ (no caso, 0,1561), e o coeficiente de curtose amostral ($\hat{a}_4 - 3$), uma distribuição normal com média zero e variância igual a $24/N^{1/2}$ (0,6245).

TABELA 2

Coluna 1	dr	dr'	AGARCH (2, 1)	AIGARCH (1)	AIGARCH (w = 1, 1)	EGARCH (w = 1, 1)	et (estrut.)	et (MR 2)
Média	3,6283E–07	3,6572E–07	0,0677	0,0550	0,1312	0,1199	0,0170	0,0243
Erro Padrão	0,0005	#N/A	0,0259	0,0260	0,0345	0,0353	0,0263	0,0258
Mediana	0,0000	0,0001	-0,0112	-0,0271	0,0106	0,0098	-0,0381	-0,0206
Moda	0,0000	0,0000	#N/A	#N/A	#N/A	#N/A	#N/A	#N/A
Desvio-Padrão	0,0184	0,0142	0,9966	0,9993	1,3273	1,3563	1,0093	0,9911
Variância	0,0003	0,0002	0,9933	0,9986	1,7617	1,8395	1,0188	0,9823
Curtose	89,5355	36,5275	12,4438	11,6251	22,5741	46,4530	9,5273	11,2691
Assimetria	3,0858	-2,6245	1,6536	1,5473	2,4779	4,0442	0,2429	1,3636
Intervalo	0,4985	0,3098	14,1880	13,5902	20,1983	25,1318	13,1029	13,9717
Mínimo	-0,1938	-0,1938	-4,9677	-4,5439	-66526	-7,1193	-5,6588	-5,2549
Máximo	0,3047	0,1160	9,2202	9,0463	13,5457	18,0124	7,4441	8,7169
Soma	0,0005	0,0005	99,9469	81,2300	193,7752	177,1528	25,1825	35,8402
Nº observações	1515,00	1503,00	1477,00	1477,00	1477,00	1477,00	1477,00	1474,00

Distribuição erro generalizada (GED)

Trabalhou-se aqui com duas especificações X-ARCH: a versão estendida do EGARCH examinada anteriormente — equação (28) — e o AIGARCH (1,1) — considerado o melhor modelo na fase anterior. A idéia é deixar livre no processo de maximização o parâmetro υ, que determina a "largura das caudas". Em ambos os modelos, entretanto, tal parâmetro ia convergindo para valores menores do que 1, e a partir daí os demais parâmetros deixavam de se comportar trivialmente, uma vez que, como já discutido anteriormente, uma das características importantes para garantir estacionaridade é que as caudas sejam mais finas do que as de uma distribuição exponencial dupla (ou seja, $\upsilon > 1$), decidiu-se impor tal restrição. Mesmo com ela, os diferentes algoritmos tentados (Newton, BHHH, DFP etc.) não conseguiam convergir. Fixou-se então tal parâmetro no valor de 1,1 (o que gerou melhores resultados entre outros valores tentados). Toda essa discussão "comprova" o que já era óbvio: a série apresentava curtose excessiva. Fixando υ no valor de 1,1 obtêm-se resultados substancialmente melhores do que quando $\upsilon = 2$: para o mesmo modelo AIGARCH (1), agora obtém-se uma *mvm* de –0,55693. Todavia, o fato de ter-se fixado υ no valor de 1,1 gera problemas de multicolinearidade entre os parâmetros, fazendo com que só se obtenha a convergência quando se fixam algumas das variáveis.

As dificuldades no processo de convergência foram ainda maiores com o modelo EGARCHE, cuja variância freqüentemente colapsava para zero. As características do modelo final a que chegamos (com υ = 1,1) são resumidas a seguir:

TABELA 4t
EGARCHE (2,1)

mvm: –,524453;

27 parâmetros; 1.477 observações;

AIC = –0,5427; SC = –0,5912;

estatística t dos parâmetros da volatilidade:

ϕ_0 = 0,831; ϕ_1 = 10,27; ϕ_2 = 3,339; ϕ_3 = 2,306; ϕ_4 = 2,394; ϕ_5 = –1,122; ϕ_6 = 1,821; ϕ_7 = 23

O *leverage effect* inverso é comprovado pelo fato de a variável ϕ_2 ser significativamente positiva. Os coeficientes ϕ_1 e ϕ_7 mostram que a recursividade do processo é forte. A positividade de ϕ_4 indica que esse modelo está diminuindo o peso dos erros muito grandes (*outliers*). Esta é a principal contribuição dessa extensão do EGARCH com relação ao modelo básico, uma vez que os demais parâmetros da extensão (ϕ_5 e ϕ_6) são não-significativos. De qualquer forma, o sinal negativo do primeiro está indicando que o efeito *leverage* inverso será tanto mais forte quanto maior for a volatilidade. A positividade de ϕ_6 indica por sua vez que os choques têm menos impacto sobre a volatilidade quando ela já é muito alta. A total irrelevância de ϕ_0 não significa muito diante da presença do "efeito inflação" da volatilidade (como vimos anteriormente, a média desse efeito gera uma variância média positiva).

A principal conclusão é que, segundo os critérios de Akaike ou de Schwartz, o modelo EGARCH (2,1) é de fato superior ao IGARCH (1,1). O modelo EGARCH (2,1) com o parâmetro υ da distribuição GED igual a 1,1 (indicando uma distribuição "próxima" da exponencial dupla) foi, portanto, o melhor modelo "discreto" estimado. Todavia, devido às inúmeras dificuldades numéricas encontradas no processo de convergência desse modelo, optou-se por trabalhar, de agora em diante, com o modelo IGARCH (1,1) de erros normais (υ = 2),[41] cujos resultados foram apresentados anteriormente (ver tabela 3t). Mesmo porque as propriedades estatísticas apresentadas para os erros padronizados gerados por esses modelos (quinta e sexta colunas da tabela 2) também não são satisfatórios: o fato de o coeficiente de curtose ser maior já era esperado, uma vez que o papel desempenhado por um υ < 2 é justamente permitir caudas mais largas; o problema está no coeficiente de as-

[41] Sabe-se que os estimadores gerados pelo método de quase máxima verossimilhança são eficientes mesmo na presença de excesso de curtose.

simetria, que em ambos os casos é maior que o do modelo escolhido — AIGARCH (1,1) com $\upsilon = 2$. O restante do trabalho consiste em:

a) analisar esse modelo escolhido como "final" comparando-o com o que seria o "modelo estrutural" (ou seja, aquele que não inclui os parâmetros ditos "institucionais") e testando a hipótese de mudança de regime;

b) estimar o processo contínuo que mais se aproxima da série brasileira de juros de curto prazo (ou seja, efetuar a segunda etapa da estimação por inferência indireta aqui proposta, usando esse modelo "final" como primeira etapa do processo de estimação).

Análise do modelo AIGARCH (1,1) de erros normais

a) *Comparação com o "modelo estrutural"* – Ao abordar o modelo apenas em sua parte estrutural (denominada simplesmente "modelo estrutural"), estaremos de fato analisando a relevância dos fatores institucionais. Mais especificamente, testaremos se a introdução de não-linearidades no modelo é capaz de substituir esses elementos institucionais. Reintroduzimos o "efeito nível" e a constante da volatilidade no modelo estrutural a ser estimado, para torná-lo o mais completo possível:

$$\mu_t = y_t - mpai_t - mpi_t - mpe_t;$$

$$mpai_t = \xi_1 D2_t + \xi_2 D3_t + \xi_3 D4_t + \xi_4 D5_t + \xi_5 D6_t + \xi_6 D7_t$$

$$mpi = 0$$

$$mpe_t = \alpha + \beta y_{t-1} + RN1_t + RN2_t$$

$$RN1_t = (1 + \exp\{\omega_1[\omega_0 + \text{soma}(1)]\})^{-1} \tag{29}$$

$$RN2_t = (1 + \exp\{\omega_2[\omega_0 + \text{soma}(2)]\})^{-1}$$

$$vd_t = h_t + \rho_1^2(\text{dinfdv}_t - 0{,}05662)^{2\rho 2} + \rho_3^2|y_{t-1}|^{2\rho 4}$$

$$h_t = (\phi_0^2 + \phi_1 h_{t-1} + (1 - \phi_1)(\mu_{t-1} - \phi_3)^2)$$

Os resultados são apresentados na primeira coluna da tabela a seguir:

TABELA 5t
Modelo estrutural

	Coluna 1: com dinfdv			Coluna 2: sem dinfd		
	Mean log-likelihood: -1,07264			*Mean log-likelihood*: -1,11206		
	Est.	Std. err.	Est./s.e.	Est.	Std. err.	Est./s.e.
α	-0,9535	0,0912	-10,458	0,0012	0,1402	0,009
β	0,9238	0,0198	46,599	0,9389	0,0136	68,834
ω_0	-1,0860	0,6571	-1,653	3,8393	4,7824	0,803
ω_1	6,7437	10,3659	0,651	4,3310	22,9878	0,188
ω_2	-1,7074	0,9344	-1,827	0,4265	0,3151	1,353
ϕ_3	-0,0351	0,0411	-0,854	-0,2184	0,0983	-2,222
ϕ_1	0,6525	0,0913	7,149	0,0000	-	-
ϕ_0	0,0049	0,0246	0,197	0,5609	0,0759	7,385
ρ_3	0,1588	0,0823	1,930	0,1201	0,0560	2,145
ρ_4	0,5000	-	-	1,1835	0,2239	5,287
ρ_1	0,2550	0,0455	5,607	0,0000	-	-
ρ_2	0,8776	0,1129	7,772		0,5000	-
ξ_1	-0,7548	-	-	-0,7513		
ξ_2	-0,8955	-	-	-0,8994	-	
ξ_3	-1,8289	-	-	-1,8323,	-	
ξ_4	-1,1192	-	-	-1,1451		
ξ_5	1,4130	-	-	1,2188	-	-
ξ_6	-0,6158	-	-	-0,6004	-	

Fixaram-se as *dummies* da média (ξ_1 a ξ_6) nos valores para os quais iam convergindo para assim facilitar a convergência do modelo. A elasticidade referente ao efeito nível (ρ_4) foi fixada em 0,5 (modelo de CIR), com o que o coeficiente relativo a esse efeito (ρ_3) torna-se muito perto de significativo. Os parâmetros relacionados a *RN* são todos não-significativos. Essa é uma constatação curiosa e importante, pois mostra que a inclusão de elementos captadores de não-linearidades típicos de redes neurais *não* são capazes de captar os fatores institucionais. Essa análise deixa claro que os parâmetros associados a redes neurais são complementares dos elementos institucionais, e não seus substitutos. A importância do efeito inflação sobre a volatilidade fica clara pela significância dos parâmetros ρ_1 e ρ_2, sendo a elasticidade da variável *dinfdv* 87,76%.[42]

[42] Outras experiências comparando o modelo completo com o modelo estrutural foram realizadas com o modelo GARCH (1,1) restrito e geraram exatamente os mesmos resultados qualitativos; indicando que também no modelo estrutural existe uma raiz unitária na volatilidade.

Para realçar a importância deste último efeito (Endi), estimou-se também o modelo estrutural sem incluí-lo (fazendo ρ_1 igual a zero). Deixou-se livre, por outro lado, a elasticidade do "efeito nível". Pelos resultados apresentados na segunda coluna da tabela 5t, nota-se, além de uma piora substancial em termos de *mvm*, que os valores dos parâmetros se alteram muito. O coeficiente de h_{t-1}do AIGARCH, por exemplo, acaba por se anular, gerando um modelo ARCH assimétrico de raiz unitária.[43] Os parâmetros de *RN* tornam-se ainda menos significativos. O parâmetro ϕ_0 torna-se positivo, comprovando que sua nulidade anterior resultava da média imposta pela variável *dinfdv*. A elasticidade do efeito nível da volatilidade é de 1,1835, gerando — assim como em CKLS — um modelo não-estacionário que, tal como proposto por Broze et alii (1995), deve ter seus resultados analisados com cautela.

Note-se que não é a introdução da variável *dinfdv* (Endi ou "efeito inflação" sobre a volatilidade) que torna o efeito nível da volatilidade (EN) insignificante. Ele é indubitavelmente insignificante no modelo completo, mesmo quando se retira a variável *dinfdv*. No modelo estrutural ele é muito próximo de significativo, mesmo quando essa variável é introduzida. Uma explicação plausível para isso seria que o "efeito nível", ou seja, a variável y_{t-1} estaria de alguma forma captando o efeito sazonalidade da volatilidade (ou seja, substituindo a variável *V*31): segundo a hipótese de que a taxa nominal (e portanto a real) tende a variar ao longo do mês conforme as expectativas com relação às mudanças de inflação de um mês para o outro, e visto que na maior parte do período a inflação foi ascendente, temos que a taxa real tende a ser alta no penúltimo dia útil de cada mês, ou seja, y_{t-1} tende a ser alto na data da virada do mês — quando há muita volatilidade, o que no modelo completo é captado por *V*31 — e pode portanto estar substituindo essa variável no modelo estrutural.

O objetivo aqui é comparar a *performance* do melhor modelo estrutural atingido (com *dinfdv*) com a do modelo completo escolhido, AIGARCH (1,1). Qual o critério de avaliação? A primeira opção é usar os critérios de informação de Akaike e/ou Schwartz, o que, a despeito das ressalvas feitas anteriormente, não deixa de ser uma forma de avaliar a capacidade de previsão do modelo. A alternativa seria testar se as hipóteses do modelo em questão são atendidas.

De acordo com a primeira opção, escolhe-se o modelo completo, já que os valores de AIC e Sc desse modelo são muito maiores do que a *mvm* do modelo estrutural. Donde se conclui que é realmente fundamental incluir explicitamente na análise os fatores institucionais. Para comparar mais claramente a capacidade de previsão do modelo, uma análise gráfica pode ser bastante útil. Vejamos os gráficos das séries esperadas para a variação da taxa de juros (**dye**) *vis-à-vis* a série verdadeira (**dy**) dos dois modelos em questão (figuras 6A e 6B). O modelo completo mostra

[43] Foi necessário fixar o parâmetro em zero — valor em torno do qual oscilava indefinidamente — para viabilizar a convergência do modelo.

Figura 6A
Modelo estrutural

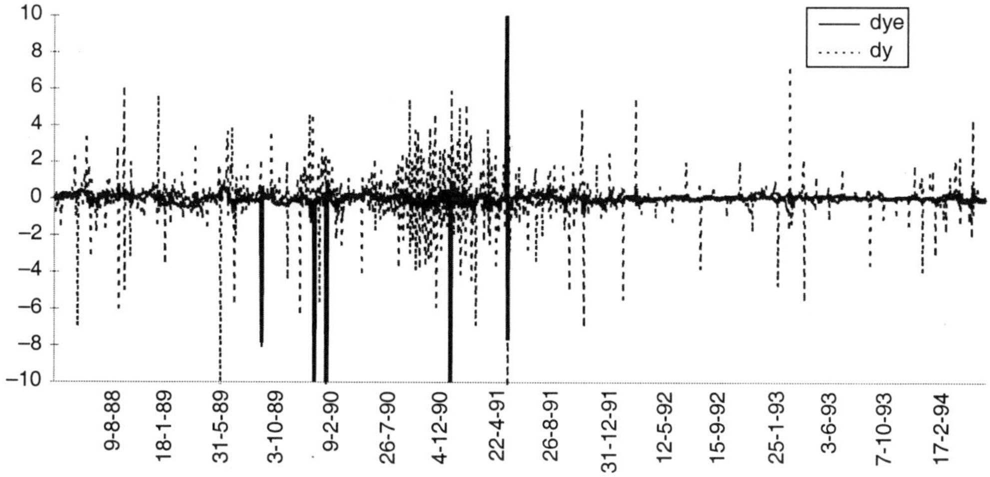

Figura 6B
AIGARCH (1,1)

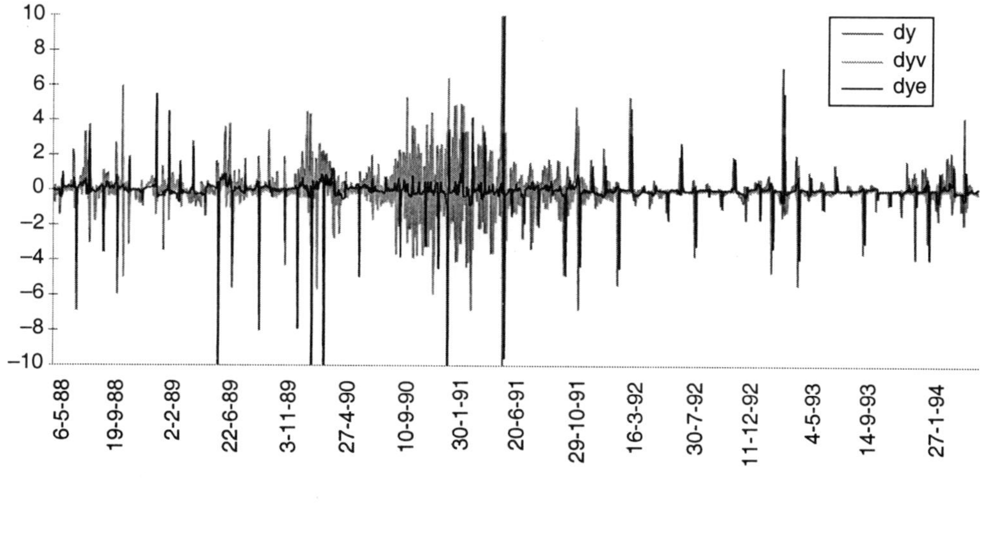

também a variável *dyv* — a parte estrutural da variação da taxa de juros estimada através do modelo completo.[44]

Fica claro que o poder de previsão do modelo estrutural é muito baixo. No que concerne ao modelo completo, percebe-se que a série esperada capta perfeitamente os saltos periódicos (relativos ao último dia útil do mês) — que em geral são negati-

[44] A parte estrutural visa reproduzir a série original despida de seus elementos institucionais e compõe-se da parte estrutural da "média" (ou seja, o valor esperado) acrescida do "erro estrutural": $dyv_t = div_t + \alpha + (1 - \beta)y_{t-1} + 1/(1 + \exp(\omega_1(\omega_0 + \mathrm{soma1}_t)))$, sendo $div_t = e_t\,(h_t/fds_t)^{1/2}$.

vos —, eliminando-os da série de *dyv*. A comparação da capacidade de previsão fica mais nítida com a reprodução das séries de taxas esperadas de juros (em níveis) — ver figuras 6C e 6D. Cabe notar que, nesse caso, os erros se acumulam. Afora períodos de grandes divergências — que se perpetuam no gráfico —, tanto a série **ye** quanto a série **yv** tendem a reproduzir as movimentações da série verdadeira no modelo completo (6D), o que nem de longe ocorre no modelo estrutural (6C). Esses períodos de grandes divergências no modelo estrutural motivaram a suspeição de eventuais mudanças de regime — que serão estudadas na próxima seção. Antes disso, porém, temos ainda que analisar aqui a segunda forma proposta para a comparação de modelos: os testes para descobrir se as hipóteses do modelo estão ou não sendo obedecidas.

Tais testes baseiam-se em geral nas propriedades estatísticas dos erros padronizados — teriam eles distribuição normal?— e constituem o procedimento mais usual dos trabalhos empíricos atuais. A sétima coluna da tabela 2 apresenta as estatísticas descritivas da série de erros padronizados (e_t) do modelo estrutural. Comparando-as com as da série *dr'* (a série de primeira diferença das taxas reais de juros da amostra reduzida após a primeira análise de intervenção) e com as dos erros padronizados do modelo completo escolhido — AIGARCH (1,1) —, poder-se-ia concluir que o modelo estrutural é o melhor do ponto de vista da obediência à hipótese de que o erro tem distribuição normal — embora esta ainda seja rejeitada pelo teste de Jarque-Bera —, uma vez que os coeficientes de curtose e, principalmente, de assimetria são substancialmente menores do que nos demais modelos.

Pela tabela 2 percebe-se que em nenhum dos modelos atende-se à hipótese de distribuição normal, o que gera incentivos à busca de outras distribuições que permitam excesso não só de curtose como também de assimetria, indo portanto além da distribuição do tipo GED.[45] Mas este não é o único critério a ser adotado na escolha de um modelo: é fundamental analisar a capacidade preditora dos modelos alternativos (seguindo o primeiro critério, poder-se-ia optar pelo modelo estrutural, a despeito de sua total falta de capacidade preditora). De certa forma, este é um ponto que remonta à disputa entre os grandes modelos econométricos usados antigamente e as técnicas de séries temporais mais modernas, que incluem menos variáveis explicativas. No caso aqui estudado há, sim, necessidade de outras variáveis explicativas que nada têm a ver com o passado da série; ou seja, os chamados "elementos institucionais" são fundamentais. Não se consegue nenhum poder preditor com modelos univariados, por mais sofisticados que sejam.

[45] Bollerslev et alii (1994) utilizaram, num dos exemplos empregados, a distribuição "*t*-generalizada", que inclui tanto a distribuição "*t* de Student" quanto a GED como casos particulares. Sua maior vantagem é ter dois parâmetros para determinação do "formato" da densidade, enquanto a distribuição GED tem apenas um, aparentemente insuficiente para se ajustar tanto à parte central quanto às caudas da distribuição condicional. No entanto, a distribuição "*t*-generalizada" também é simétrica, o que a torna impotente para lidar com o problema de assimetria detectado nos erros de todos os modelos que estimamos.

Figura 6C
y × ye (estrutural)

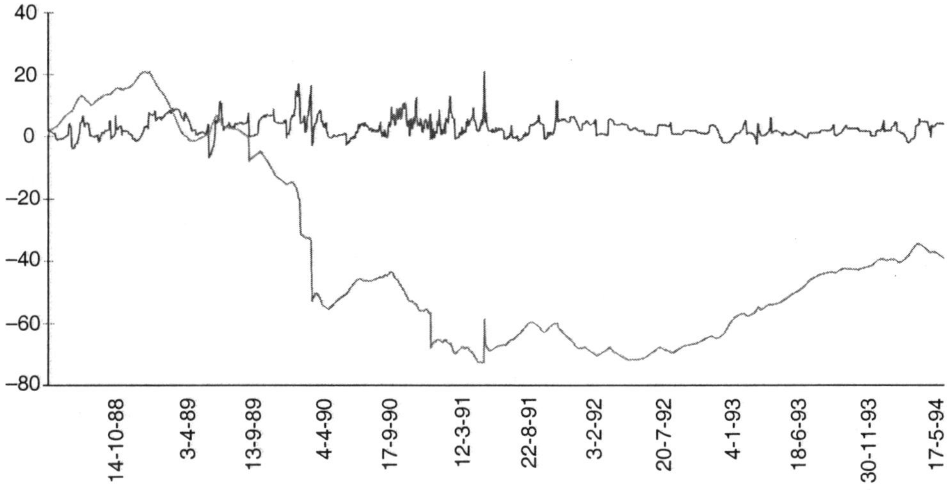

Figura 6D

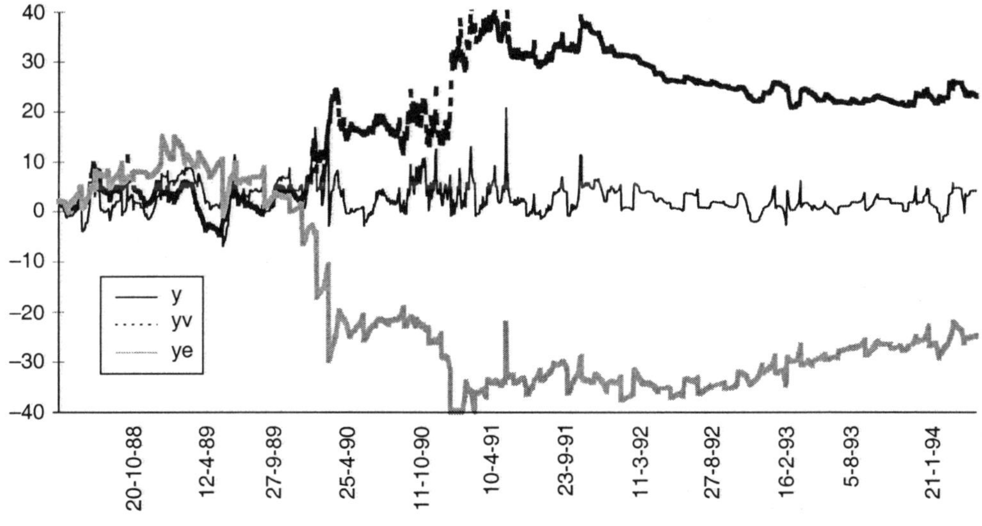

b) *Mudanças de regime* – Utilizamos aqui apenas testes de razão de verossimilhança para identificar mudanças de regime em momentos específicos, historicamente predeterminados. Não empregamos nenhuma técnica sofisticada do tipo Markov *switching*, nem mesmo o procedimento de Andrews (1993) para identificação endógena dessas mudanças. Nosso principal objetivo é obter séries **ye** e **yv** que se aproximem mais da série verdadeira do que aquelas apresentadas na figura 6D. Isso porque será **yv** a série usada na estimação do modelo contínuo (segunda etapa do procedimento estatístico proposto neste capítulo).

A primeira observação, óbvia mesmo com uma simples análise dos gráficos das séries originais de taxas nominais e reais de juros (figuras 1A e 1B), é que a volatilidade é muito maior na primeira parte do período estudado. Propõe-se como *turning point* outubro de 1991: foi quando, após a maxidesvalorização de setembro, ficou claro para o mercado que não haveria mais choques econômicos como os que se impuseram de 1986 até o início daquele ano (Plano Collor II). Então, após um breve período de política monetária ativa com a qual se conseguiu inclusive reduzir a inflação, veio um longo período de política absolutamente passiva acompanhada de uma aceleração grande porém esperada da inflação, que durou desde o início do processo de *impeachment* do ex-presidente Collor até o anunciado Plano Real.

Testou-se então a hipótese de mudança de regime, incluindo-se os parâmetros $\boldsymbol{\lambda}_1, \boldsymbol{\lambda}_2$ e $\boldsymbol{\lambda}_3$ no modelo básico sugerido, AIGARCH (1,1), do qual se excluíram, por serem não-significativos, o segundo coeficiente associado a redes neurais e as *dummies* da volatilidade. Reintroduziram-se no modelo as variáveis explicativas *dinf* e *dinfd*, que, embora não-significativas no modelo geral, acabaram por se mostrar peças fundamentais na busca de maior "previsibilidade".

$$\mu_t = y_t - mpai_t - mpi_t - mpe_t;$$

$$mpi_t = \delta_1 di31_t + \delta_2 dn31_t + \delta_3 d5_t + \delta_4 \text{dinf}_t + \delta_5 \text{dinfd}_t;$$

$$mpe_t = (\alpha + \boldsymbol{\lambda}_1 \mathbf{dmr}_t + (1 - \boldsymbol{\beta}')y_{t-1} - 1/(1 + \exp\{\omega_1[\omega_0 + \text{soma}_t(1)]\});$$

$$mpai_t \text{ e } \text{soma}_t(1), \text{ tal como em (13)},$$

$$h_t = (\phi_1 h_{t-1} + (1 - \phi_1)(\mu_{t-1} - \phi_3)^2) fds_t / fds_{t-1}$$

$$fds_t = 1 + |(\delta^v + \lambda_3 \mathbf{dmr}_t)(V31_t - D4_t - D10_t)|;$$

$$vd_t = h_t + \rho_1{}^2(\text{dinfdv}_t - 0{,}05662)^{2\rho 2} + \boldsymbol{\lambda}_2(1 - \mathbf{dmr}_t);$$

onde **dmr** é uma variável *dummie* que se iguala a 1 no período posterior a outubro de 1991 e a zero até então. Ou seja, permitiu-se uma mudança de "regime" com relação à constante (média) do processo (λ_1), à volatilidade média (λ_2) e à sazonalidade da volatilidade (λ_3). Outra mudança introduzida diz respeito ao parâmetro β: para verificar mais precisamente se há ou não reversão à média, ele passa agora, como β', a representar a velocidade de reversão à média de fato, e não mais o coeficiente $AR(1)$.

Aplicando-se o teste de razão de verossimilhança, rejeita-se a hipótese nula de que não houve mudança de regime ($\lambda_1 = \lambda_2 = \lambda_3 = 0$), mesmo a um nível de significância de 0,1%. Todavia, de acordo com as estatísticas *t* dos parâmetros, somente λ_2 se mostrou significativo. Anularam-se então os parâmetros λ_1 e λ_3, gerando assim a figura 7A (MR1a) para a taxa de juros esperada (**ye**).

Figura 7A (MR1a)

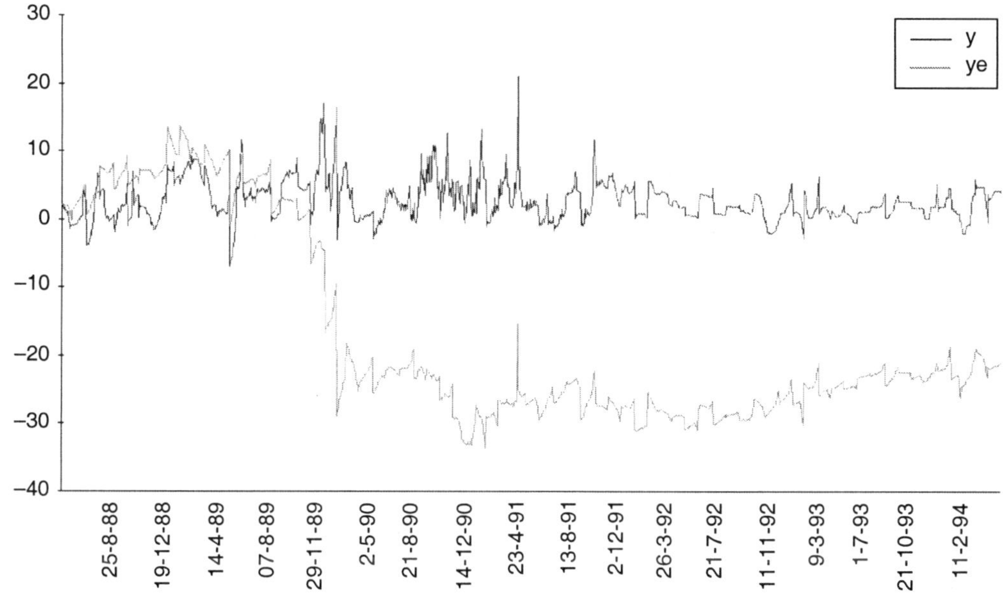

Recordando que nesse tipo de gráfico os erros se acumulam, percebe-se que o período causador das maiores divergências entre a série verdadeira e a esperada é o segundo semestre de 1989. Isso fica ainda mais claro quando se analisa a figura 7B (MR1b) das séries de diferenças (**dy** e **dye**): entre agosto de 1989 e março de 1990 (período de extrema indefinição, primeiro quanto aos rumos das eleições presidenciais e depois com relação ao que viria a ser o Plano Collor I), a série *dye* acompanha muito bem as grandes variações negativas de *dy*, mas não as positivas. Isso é indício de que a divergência tem origem no papel desempenhado pelas variáveis associadas à diferença de inflação entre os meses como explicativas da variação das taxas de juros ao longo do mês.

De fato, o período em questão foi caracterizado por grande instabilidade e aceleração da inflação (a variável *dinf*, por exemplo, tem média de 5,037 nesse período contra 0,197 no período restante). O argumento é que em nenhum outro período o efeito *dinf* (ou *dinfd*) foi tão importante para determinar a variação das taxas ao longo do mês; sendo assim, os valores estimados para os parâmetros δ_4 e δ_5 tendiam a estar subestimados para o período em questão (agosto de 1989 a março de 1990) e superestimados para o período restante, acabando por apresentar uma variabilida-

Figura 7B (MR1b)

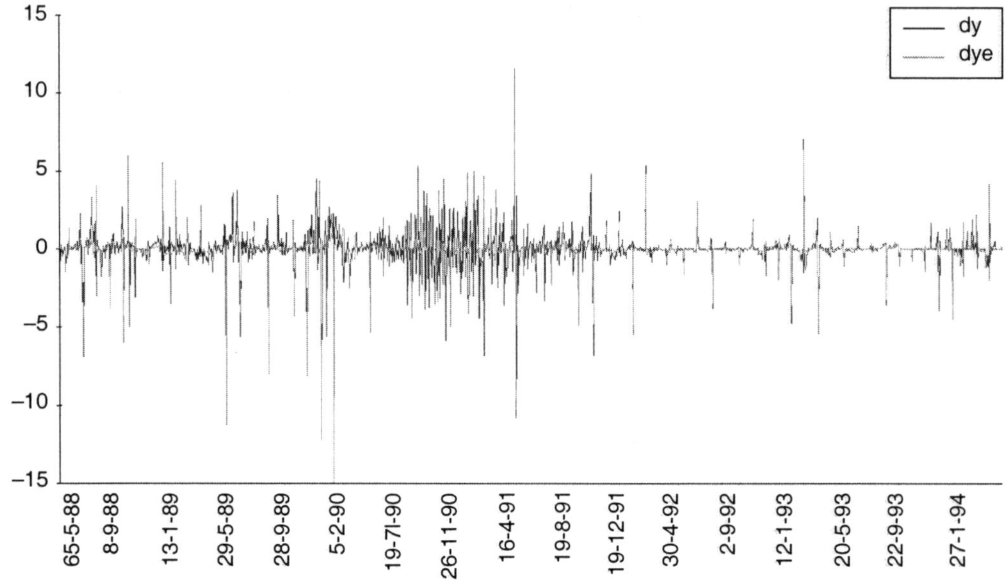

de excessiva que os tornava insignificantes. Criou-se então uma segunda variável *dummie* associada à mudança de regime, **d2mr**, de valor 1 nos meses de agosto de 1989 a fevereiro de 1990 (inclusive) e de valor zero nos demais. Utilizaram-se os parâmetros λ_4 e λ_5 para refletir as mudanças nos valores de δ_4 e δ_5 no período em questão. A especificação do modelo é:

$$\mu_t = y_t - mpai_t - mpi_t - mpe_t$$

$$mpi_t = \delta_1 di31_t + \delta_2 dn31_t + \delta_3 d5_t + (\delta_4 + \boldsymbol{\lambda_4 \mathrm{d2mr}_t})\mathrm{dinf}_t + (\delta_5 + \lambda_5 \mathrm{d2mr}_t)\mathrm{dinfd}_t$$

$$mpe_t = (\alpha + \mathbf{(1 - \beta')}y_{t-1} + 1/(1 + \exp\{\omega_1[\omega_0 + \mathrm{soma}_t(1)]\})$$

$$mpai_t \text{ e } \mathrm{soma}_t(1) \text{ tal como em (21)} \qquad (30)$$

$$h_t = (\phi_1 h_{t-1} + (1 - \phi_1)(\mu_{t-1} - \phi_3)^2) fds_t/fds_{t-1}$$

$$fds_t = 1 + |\delta^v(V31_t - D4_t - D10_t)|$$

$$vd_t = h_t + \rho_1^2(\mathrm{dinfdv}_t - 0{,}05662)^{2\rho_2} + \boldsymbol{\lambda_2(1 - \mathrm{dmr}_t)}$$

Obtém-se então a seguinte tabela de resultados:

TABELA 7t
Modelo AIGARCH com duas mudanças de regime

Parâmetros	Estimat.	Std. err.	Est./s.e.	Caracterização
α	-0,1215	0,0316	-3,846	constante da média
β'	0,0245	0,0098	2,496	coeficiente AR(1)
ω_0	0,6804	0,1658	4,103	constante de RN
ω_1	2,9180	0,7158	4,077	coeficiente de RN1
ϕ_3	-0,0671	0,0314	-2,136	assimetria dos choques (em h_t)
ϕ_1	0,7883	0,0826	9,538	coeficiente do Agarch
δ_1	-0,9474	0,0602	-15,726	di31 (elemento institucional da média)
δ_2	0,1676	0,0363	4,612	dn31(idem)
δ_3	-0,0261	0,0060	-4,326	d5 (idem)
ρ_1	0,1133	0,0471	2,406	coeficiente do Endi
ρ_2	0,5233	0,1930	2,711	elasticidade do Endi
δ^v	0,9102	0,3984	2,285	coef. de V31(el. institucional da variância)
ξ_1	-0,1351	0,0528	-2,560	|
ξ_2	-1,1848	0,5876	-2,016	|
ξ_3	-0,6400	0,0884	-7,237	|
ξ_4	-0,0557	0,0854	-0,652	*dummies* pontuais na média
ξ_5	1,1102	0,1778	6,243	|
ξ_6	-0,8798	0,3334	-2,639	|
δ_4	0,0103	0,0033	3,092	dinf (elemento institucional da média)
δ_5	0,0145	0,0065	2,233	dinfd (idem)
λ_2	-0,0139	0,0118	-1,178	coef. de dmr (diferença nível de volatilidade)
λ_4	0,0751	0,0365	2,056	complemento de dinf para ago. 89-mar. 90
λ_5	0,1755	0,0745	2,356	complemento de dinfd para ago. 89-mar. 90

Os resultados mostram não só que existe reversão à média, mas também que a intuição acima apresentada estava correta: tanto *dinf* quanto *dinfd* tornam-se significativas para o período que exclui ago. 1989-mar. 1990, com aproximadamente o mesmo nível de capacidade de explicação da variação da taxa de juros ao longo do mês. No período ago. 1989-mar. 1990, o que ocorre é que o efeito global da diferença de inflação para explicar essa variação torna-se maior, embora as expectativas pareçam tornar-se mais defasadas (menos racionais). O conjunto das figuras 8 é gerado por este modelo. As duas primeiras, 8A (MR2a) e 8B (MR2b), indicam que o ajuste é bastante satisfatório. A figura 8C (MR2c) reproduz a série de erros padronizados (e_t) dessa modelagem final com duas mudanças de regime. No eixo y temos, portanto, o resíduo, e no eixo x, a série temporal. A figura 8D (MR2d) apresenta a série **yvd'** (parte estrutural com a manutenção dos saltos que são explicados

Figura 8A (MR2a)

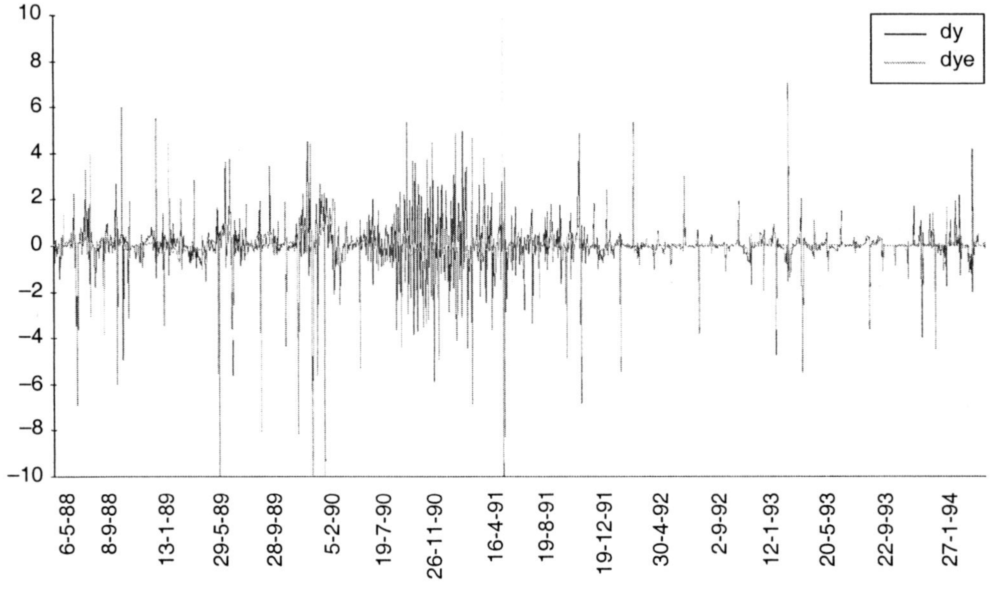

Figura 8B (MR2b)

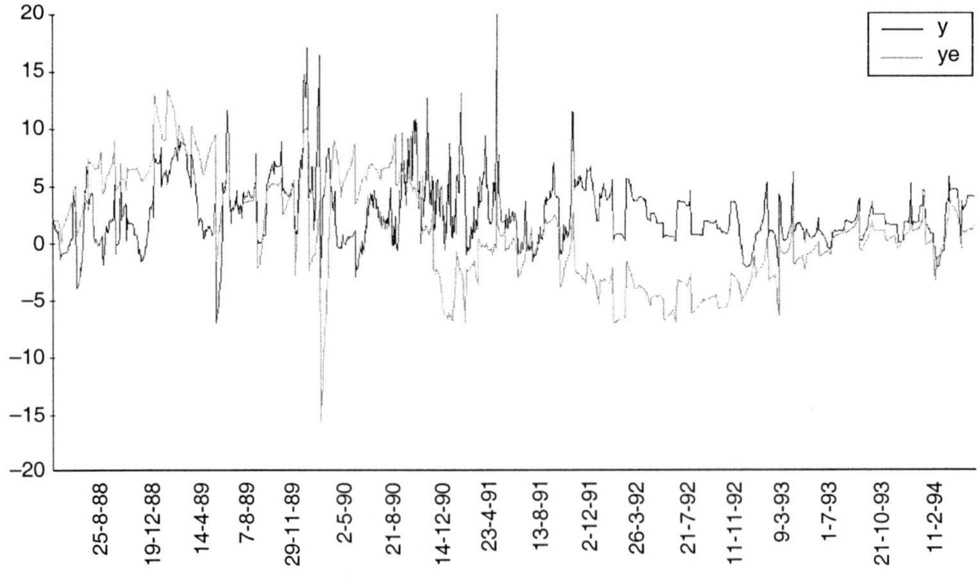

Figura 8C (MR2c)

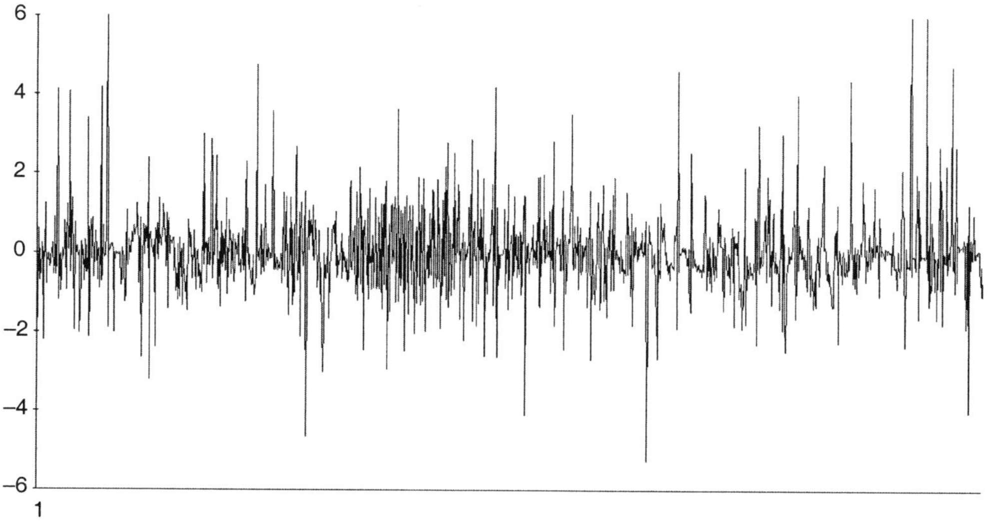

Figura 8D (MR2d)

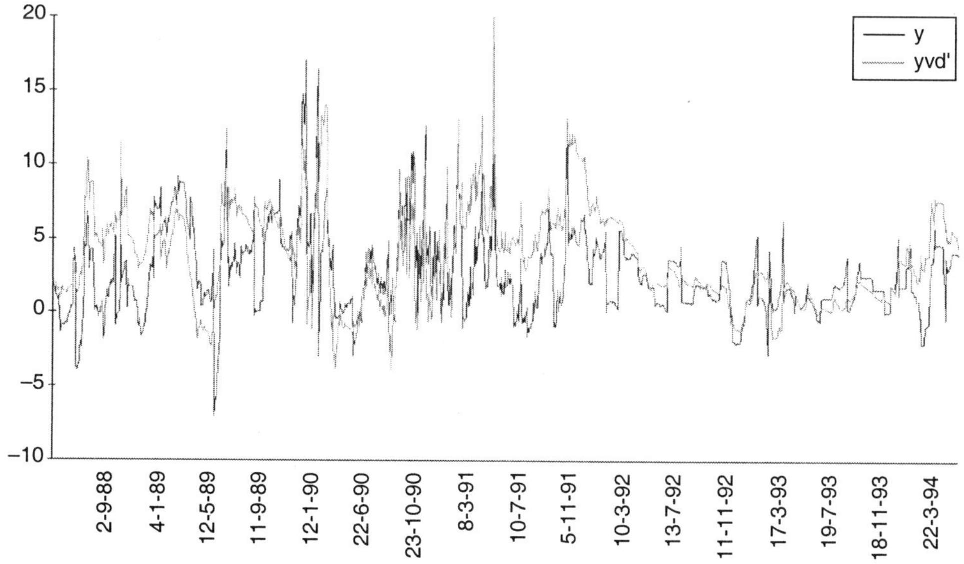

por *dummies*), após um reescalonamento com relação à sua média.[46] Esta é a série que propomos como "estruturalmente relevante" — por ser uma suavização da série original com a qual se eliminam os elementos ditos "institucionais" — e é com ela que vamos trabalhar na próxima seção, onde estimamos um modelo contínuo para a taxa de juros de curto prazo do Brasil.

Modelo contínuo

Muitos são os modelos de apreçamento de ativos derivativos que se baseiam numa especificação em tempo contínuo para a taxa de juros de curto prazo como um de seus fatores. Na literatura coexistem já há muito tempo várias especificações paramétricas.[47] Estas são em geral arbitrárias, mutualmente exclusivas e, quando usadas para determinar preços de ativos derivativos, costumam originar preços significativamente diferentes. Daí a importância de se estimar um modelo contínuo. Na prática, contudo, apenas recentemente vêm-se fazendo esforços nesse sentido, não havendo ainda um consenso acerca de como estimar o processo da taxa de juros de curto prazo. Na verdade, este é um problema mais geral, e ainda não se chegou a uma conclusão a respeito de como especificar uma equação diferencial estocástica apropriada para um ativo subjacente qualquer.

Há, entretanto, métodos alternativos de estimação em tempo contínuo. Obviamente, o problema que se pretende resolver é o "viés de discretização" que surge quando se quer estimar um modelo contínuo com "dados discretos" (ou seja, informação que é coletada periodicamente, e não continuamente). Uma forma de resolvê-lo é estimar um modelo que tenha uma aproximação discreta exata — como é o caso da especificação de Ornstein-Uhlenbeck usualmente aplicada à taxa de juros de curto prazo.[48] No entanto, tal abordagem não permite a comparação entre modelos alternativos. Um trabalho pioneiro, nesse sentido, foi o de CKLS, mas esses autores simplesmente ignoram o viés de discretização ao estimar, via GMM, uma discretização *naive* (ou seja, direta) do modelo contínuo. Broze et alii (1995) estenderam o método proposto por CKLS, permitindo uma especificação mais geral, determinando condições de estacionaridade e introduzindo uma seção na qual, através do método de inferência indireta, eliminavam o viés de discretização.

---

[46] A série *yvd'* difere da série *yv* explicada anteriormente por duas razões. Em primeiro lugar porque se reincorporam à série aqueles sete "saltos" que são explicados por *dummies* no modelo, obtendo-se assim uma série mais próxima da verdadeira — os "saltos" devem ser abordados no modelo, pois ocorreram de uma forma que era *ex-ante* imprevisível. Segundo, por causa do reescalonamento; este se fez necessário porque as médias das outras variáveis explicativas (que fazem parte de *mpi* e *RN*) influenciam o valor estimado da constante do modelo (α). Como separar tais influências é tarefa difícil, optou-se pelo "reescalonamento" mais simples possível: igualou-se a média de *dyv* à de *dy* para cada um dos períodos (ago. 1989/mar. 1990 e o período restante) ao se multiplicar cada dyv_t por um fator igual à razão entre as médias de *dy* e de *dyv*.

[47] Ver La Rocque (1996).

[48] Ver, por exemplo, Evans et alii (1994).

O método de inferência indireta (II) proposto por Gorièroux, Monfort e Renault (1993) é absolutamente idêntico ao método eficiente dos momentos (EMM) de Gallant e Tauchen (1994) aqui empregado. Ambos fazem parte de uma classe mais geral de métodos, a dos "estimadores baseados em simulações", cada vez mais difundidos devido ao enorme desenvolvimento da potência computacional verificado nos últimos anos. Outros métodos de estimação em tempo contínuo são o GMM em tempo contínuo, desenvolvido por Hansen e Scheinkman (1994); a abordagem de QML proposta por Harvey, Ruiz e Shephard (1994), que gera estimadores de quase máxima verossimilhança obtidos através de um algoritmo de filtro de Kalman;[49] e, mais recentemente, os métodos não-paramétricos de ajuste da densidade, de Ait-Sahalia (1994).

Os métodos II e EMM se baseiam na idéia de que é possível fazer inferências corretas a partir de um critério "incorreto" de estimação. A razão para utilizar um critério incorreto advém do fato de os modelos econométricos levarem freqüentemente a fórmulas complexas para a distribuição condicional da variável endógena para as quais não há uma função de verossimilhança tratável. O "incorreto" pode ser, por exemplo, a discretização *naive* de modelos contínuos, mas há várias outras situações em que essa idéia é útil: modelos de escolhas discretas múltiplas e de procura de trabalho, descrição do comportamento dinâmico ótimo, modelos não-lineares de expectativas racionais ou com coeficientes aleatórios, modelos de fatores ARCH e de volatilidade estocástica.[50]

Propomos aqui utilizar o método EMM para estimar e comparar modelos alternativos para a taxa de juros de curto prazo do Brasil. A idéia é ir além da classe mais geral dos modelos "tradicionais" proposta por Broze et alii (1995), incluindo a possibilidade de volatilidade estocástica. Assim poderemos descobrir não só qual é o melhor dos modelos ditos "tradicionais", mas também se a introdução de um fator estocástico na volatilidade é capaz de melhorar substancialmente tais modelos.

A classe dos modelos de volatilidade estocástica tem-se mostrado de grande relevância para explicar fenômenos econômicos dos mais variados tipos. Clark (1973), por exemplo, sugeriu modelar os retornos dos ativos como função de um processo aleatório de chegada de informação, originando assim a "abordagem de deformação do tempo", na qual a variância é estocástica. Hull e White (1987) não estavam diretamente interessados na relação entre volatilidade e chegada de informação, e sim no apreçamento de opções européias, supondo processos contínuos de volatilidade estocástica para o ativo subjacente. Outra abordagem surgiu do trabalho de Taylor (1986), que formulou um modelo "discreto" de volatilidade estocástica como alternativa a modelos X-ARCH. Até recentemente, o principal entrave ao desenvolvimento dos modelos de volatilidade estocástica era a dificuldade de

---

[49] Para uma análise dos métodos citados, ver, por exemplo, Ghysels, Harvey e Renault (1995).
[50] Para exemplos de aplicação, ver Gorièroux, Monfort e Renault (1993).

estimá-los, ao contrário dos modelos X-ARCH, em geral estimáveis por máxima verossimilhança sem grandes complicações. A dificuldade com os modelos de volatilidade estocástica advém da inexistência de uma função de verossimilhança explícita para essa classe de modelos — problema comum, aliás, a quase todos os modelos não-lineares de variáveis latentes. Contudo, os avanços recentes da teoria econométrica tornaram muito mais simples a estimação de modelos de volatilidade estocástica. Os métodos alternativos são idênticos àqueles utilizados para corrigir o viés de discretização.

Escolhemos o método EMM (que em essência é igual ao II) por ter ele se mostrado bastante eficiente em diversos trabalhos empíricos recentes.[51] Tal método cumprirá dois objetivos simultaneamente: eliminar o viés de discretização dos modelos ditos tradicionais e permitir a estimação de um modelo de volatilidade estocástica. Como já vimos, trata-se de estimar o modelo verdadeiro a partir de uma especificação mais simples que, embora incorreta, serve como primeiro passo de um procedimento de calibragem com o qual se chega interativamente ao parâmetro do modelo verdadeiro. Mais especificamente, são três as etapas a cumprir: a) escolhemos o modelo "falso", o parâmetro auxiliar (β) a ele associado e um método para estimá-lo; então estimamos o parâmetro com base na amostra observada (obtendo-se β^a); b) simulamos dados que reproduzam a amostra observada para um dado valor do parâmetro do modelo verdadeiro (θ) e, pelo método escolhido em (a), estimamos o parâmetro auxiliar associado a cada uma das S amostras simuladas ($\beta^s{}_j$, $j = 1, 2,..., S$); c) calibramos o parâmetro verdadeiro (θ) de forma a aproximar ao máximo os β^ss (que são implicitamente uma função de θ) de β^a. A vantagem do método EMM sobre o método II é permitir um subterfúgio na etapa (b): temos que simular os dados, mas não temos que estimar o parâmetro auxiliar (β) para cada trajetória simulada.

Supondo que o método escolhido para a estimação do modelo "falso" seja o de máxima verossimilhança e denotando então por f^* a "pseudo" função de verossimilhança, a etapa (a) consistirá na estimação de β_T:

$$\hat{\beta}_T = ArgMAX_{\beta} \sum_{t=1}^{T} \log f^*(y_t / y_{t1}, \beta); \qquad (31)$$

onde y_t, $t = 1,...,T$ é a amostra observada. Cumpre então simular dados que reproduzam essa amostra: denotaremos por $y^s{}_{t,j}$ a t-ésima observação da j-ésima simulação. O segundo passo do método II será portanto:

$$\hat{\beta}_{TS}(\theta) = ArgMAX_{\beta} \sum_{j=1}^{S} \sum_{t=1}^{T} \log f^*(y^s_{t,j}(\theta) / y^s_{t-1,j}, \beta);$$

[51] Ver Tauchen (1995:2).

Pode-se mostrar que se obtém o mesmo estimador ao simular-se uma única trajetória de tamanho *TS*:[52]

$$\hat{\beta}_{TS}(\theta) = ArgMAX_{\beta} \sum_{i=1}^{HS} \log f^{*}(y_i^s(\theta) / y_{i-1}^s, \beta)$$

No terceiro passo é que se estima o parâmetro de interesse (θ):

$$\hat{\theta}_{TS} = ArgMin_{\theta} \; [(\hat{\beta}_T \hat{\beta}_{TS}(\theta))' \, W_T \, (\hat{\beta}_T \hat{\beta}_{TS}(\theta))]$$

onde W_T é uma matriz definida positiva que converge para uma matriz definida positiva determinística *W*.

O método EMM segue exatamente o mesmo primeiro passo, mas agrega os dois seguintes num único segundo passo:

$$\hat{\theta}_N = ArgMin_{\theta} \hat{m}_N (\theta, \hat{\beta}_T)' \, I_T^{-1} \hat{m}_N (\theta, \hat{\beta}_T) \qquad (32)$$

onde *N* é o tamanho da amostra (única) de dados simulados, I_{T-1} é uma matriz de pesos com mesmas propriedades que W_T, e m_N é definido por:

$$\hat{m}_N (\theta, \beta) = \frac{1}{N} \sum_{i=1}^{N} sf^{*}(y_i^s(\theta) / y_{i-1}^s(\theta), \beta)$$

sendo s_{f^*} a função *score* da "pseudo" função de verossimilhança: $s_{f^*} = \partial log f^*(y_t/y_{t-1}, \beta)/\partial\beta$. Note-se que essa função deve ser calculada para a trajetória simulada (y^s), avaliada no valor ótimo de β estimado com a amostra observada (na estimativa de β_T).

Pode-se mostrar que os dois estimadores (de θ_N e de θ_{TS}) são assintoticamente equivalentes para $N = TS$, no caso de existir uma relação específica entre as matrizes *W* e *I*. A intuição por trás da utilização da função *score* no método EMM é que, como essa função tem que ser anulada para a amostra verdadeira, ela deve ser o mais próxima possível de zero também para a amostra simulada. Para a matriz de pesos I_T^{-1}, Gallant e Tauchen (1994) sugerem a matriz de variância-covariância da amostra, obtida no primeiro passo através do *outer-product* dos gradientes.

Tauchen (1995) sugeriu uma série de testes de especificação associados ao método EMM, dos quais o mais interessante — utilizado a seguir — propõe que a distribuição assintótica do valor da função objetivo normalizada ($f_{N,T}$) é qui-quadrado com grau de liberdade igual à diferença entre a dimensão do modelo auxiliar (l_β) e a do modelo de interesse (l_θ). Ou seja:

$$f_{N,T} \equiv T \, \hat{m}'_{N'} \; I_T^{-1} \; \hat{m}'_{N'} \approx \chi^2 \, (l_\beta - l_\theta)$$

[52] Ver Gorièroux, Monfort & Renault (1993).

A estatística $f_{N,T}$ serve para testar a hipótese nula de que o modelo estrutural pode ter gerado os dados, e os modelos alternativos podem ser comparados através do valor-p dos testes. Este será o critério de avaliação empregado a seguir. Antes, porém, há que discutir uma questão importante, ainda não abordada na literatura: como incorporar os elementos institucionais — "discretos" *per se* — nessa estimação em tempo contínuo?

Tudo o que se fez aqui anteriormente foi estimar um modelo "discreto", bastante sofisticado, de forma a produzir um ajuste satisfatório aos dados — isso é justamente o que se requer do modelo auxiliar para que o método EMM seja eficiente (eis o ponto que Tauchen mais enfatiza: a importância de um modelo auxiliar tão completo e flexível quanto possível). Assim, o modelo "discreto" estimado anteriormente — ver expressão (30) —, que inclui duas mudanças de regime, será o modelo auxiliar do método EMM para estimação do modelo contínuo. Na verdade ele será o modelo "pré-auxiliar", pois não representa ainda a primeira das três etapas dos métodos II ou EMM já descritas. Para eliminar os "elementos institucionais" será necessário introduzir mais uma etapa (anterior à primeira) nesse procedimento.

Propusemos anteriormente *yvd'* como a série "estruturalmente relevante" por ser ela uma suavização da série original, permitindo eliminar os elementos ditos "institucionais". Esta deve ser então a série com a qual vamos reestimar o modelo estrutural "discreto". Note-se que a "reestimação" é desnecessária somente se pudermos garantir *a priori* que os parâmetros "estruturais" estimados no modelo completo são exatamente iguais aos parâmetros "estruturais" estimados para a série *yvd'* no modelo estrutural. Isso seria verdade somente se a função de verossimilhança do modelo fosse linear, o que não é o caso. Assim, tudo o que se fez até agora foi um "pré-tratamento" dos dados para gerar uma série estimável em tempo contínuo.

Propusemos assim, implicitamente, um procedimento para resolver a questão anteriormente levantada (que julgamos ser nova na literatura): como estimar em tempo contínuo uma série que contenha elementos "discretos" *per se* através do método EMM? A resposta seria dar um pré-tratamento aos dados através de um modelo completo (constituído tanto dos elementos discretos/institucionais quanto dos elementos estruturais).[53] No caso de a função verossimilhança desse modelo ser linear, esse pré-tratamento já se constitui no primeiro passo dos métodos EMM e II. Caso contrário, faz-se necessário reestimar o modelo estrutural para a "série corrigida" (da qual se eliminam os elementos discretos/institucionais).[54] É o que faremos a seguir.

---

[53] Note-se que esse procedimento pelo qual se estima o modelo completo como pré-tratamento é muito mais eficiente do que a alternativa apresentada anteriormente: eliminar primeiro os elementos institucionais para depois estimar os parâmetros estruturais.

[54] Neste caso é possível que exista algum outro método que por evitar este procedimento de dois estágios seja mais eficiente.

Cabe destacar que a série *yvd'* consiste na soma da média "estrutural" com os erros "estruturais" (para os quais faz-se uma transformação estabilizadora de variância). Como os três parâmetros associados a mudanças de regime que se mostraram significativos fazem parte ou da média (λ_4 e λ_5) ou da variância (λ_2) da parte institucional, a série *yvd'* é "corrigida" também para essas mudanças — note-se que a variância está sendo normalizada de tal forma que a série final reflete o período de *menor* volatilidade (após outubro de 1991). O modelo estrutural que foi reestimado para a série **yvd'** e seus resultados são apresentados a seguir:

$$\mu_t = y_t - \beta y_{t-1} - (1 + \exp\{\omega_1[\omega_0 + \text{soma}(1)]\})^{-1} - mpai_t \quad (33)$$

$$vd_t = h_t + \rho_3{}^2|y_{t-1}|^{2\rho 4}$$

$$h_t = (\phi_0{}^2 + \phi_1 h_{t-1} + (1 - \phi_1)(\mu_{t-1} - \phi_3)^2)$$

Esta foi a primeira etapa do método EMM (ou II) descrito acima – expressão (30): as estimativas apresentadas na tabela são portanto as de β_T. O método de estimação foi o de máxima verossimilhança, sendo f^* (a "pseudo" função de verossimilhança) determinada pela equação (20), com μ_t e vd_t descritos pelo modelo (33).

TABELA 8t

Com *dummies*				Sem *dummies*			
***Mean log-likelihood:* -0,537170**				***Mean log-likelihood:* -0,556318**			
Parâmetros	**Estimat.**	**Std. err.**	**Est/s.e.**	**Parâmetros**	**Estimat.**	**Std. err.**	**Est/s.e.**
α	0,0000	-	-	α	0,0000	-	-
β'	0,0108	0,0058	1,873	β'	0,0111	0,0062	1,790
ω_0	1,4127	0,6120	2,308	ω_0	1,8260	1,1847	1,541
ω_1	2,7198	1,1263	2,415	ω_1	1,9650	1,1403	1,723
ϕj_3	-0,0702	0,0268	-2,622	ϕj_3	-0,0682	0,0250	-2,729
ϕ_2	0,5860	0,1917	3,056	ϕ_2	0,5808	0,1424	4,080
ϕ_0	0,0576	0,0305	1,891	ϕ_0	0,0579	0,0301	1,924
ρ_3	0,0731	0,0203	3,598	ρ_3	0,0741	0,0188	3,940
ρ_4	0,8000	-	-	ρ_4	0,8000	-	-
ξ_2	-0,8893	0,1482	-5,999				
ξ_3	-0,5880	0,0699	-8,409				
ξ_4	-0,0600	0,0163	-3,675				
ξ_5	1,2702	0,2235	5,683				
ξ_6	-0,7392	0,1807	-4,092				

Pela tabela percebe-se que as cinco *dummies* da média são bastante significativas. No entanto, nesse modelo "discreto" final (que representa a primeira etapa do método de estimação do modelo contínuo), elas devem ser excluídas, por dois motivos. Em primeiro lugar porque os saltos captados pelas *dummies* de fato existiram e de forma inesperada. Geraram na série uma grande volatilidade que deve ser incorporada no modelo (captada pelas estimativas dos parâmetros). Em segundo lugar porque se deve gerar nessa etapa uma matriz de variância-covariância apenas dos parâmetros estruturais para servir como estimativa no cálculo da matriz de pesos I_{t-1} da expressão (32). Porém, o valor das estimativas dos demais parâmetros não se altera substancialmente quando as *dummies* são excluídas.

Zerou-se a constante (α) porque essa foi a melhor forma de resolver os problemas de multicolinearidade emergentes (note-se, entretanto, que o parâmetro ω_0 gera uma média positiva para o processo). Foram sete os parâmetros estruturais deixados livres ($l_\beta = 7$). Fixou-se a elasticidade do efeito nível da volatilidade (ρ_4) em 80% porque foi para esse valor que a estimativa convergiu quando deixada livre (embora através de um modelo instável, com muitos problemas de multicolinearidade). No modelo que inclui as *dummies*, apenas dois desses parâmetros mostraram-se não-significativos: a velocidade de reversão à média (β) e a constante da volatilidade (ϕ_0). Mesmo estes, porém, estão muito perto de serem considerados significativos — tal como suspeitado, quando retiramos *dinfdv* e as *dummies* da volatilidade, esta passa a ter uma média positiva (ϕ_0). Quando se excluem as *dummies*, aumenta-se muito o desvio-padrão dos coeficientes associados a redes neurais. Estes, mesmo assim, ficam perto de serem considerados significativos; e, como o objetivo com esse modelo é obter o melhor ajuste possível aos dados, optou-se por mantê-los.

Todas as variáveis comportam-se normalmente, conforme previsto. Por isso (e também pelo valor de **mvm**), nota-se uma diferença substancial com relação à estimação do modelo estrutural com a série original — o que indica, mais uma vez, que é de suma importância a inclusão dos elementos institucionais na análise. Indica, além disso, que o procedimento sugerido para retirá-los da série original obteve êxito: é impressionante como a série **yvd'** (série "desinstitucionalizada"), que é tão parecida com a original (ver figura 8D), produz resultados tão diferentes (e melhores).

Passemos então à segunda etapa do método de EMM, na qual se estima o modelo contínuo. Quase todos os modelos contínuos contemplados podem enquadrar-se numa única forma geral:

$$dr_t = (B + \beta_{rt})\, dt + \sigma_t dW_t^r; \tag{33a}$$

$$\sigma_t^2 = \sigma_0^2 |r_t|^{2\gamma} + \sigma_{1,t}^2; \tag{33b}$$

onde W_t é um movimento browniano padrão. A especificação do processo de r inclui a possibilidade de reversão à média ($-\varepsilon/B$) com velocidade ($-B$) e também o efeito nível da volatilidade: para $\sigma_{1,t} = 0$ e $\gamma = 0{,}1/2{,}1$, teremos respectivamente os modelos de Vasicek, CIR e Dothan. Quando o parâmetro $\sigma_{1,t}$ é igual a zero, obtemos a classe de modelos testada por CKLS. A inclusão do parâmetro $\sigma_{1,t}$ permite estendê-lo para contemplar a possibilidade de volatilidade estocástica:

$$d\sigma_{1,t}^2 = b(a - \sigma_{1,t}^2)dt + c\sigma_{1,t}^2 dW_t^{\sigma};\ dW_t^{\sigma} \amalg dWt^r \qquad (34)$$

A especificação escolhida foi a segunda das duas possibilidades que existem para garantir a não-negatividade de σ_t: a) considerar uma difusão para o $\log\sigma^2_t$; b) descrever σ^2_t como um processo CEV (*constant elasticity of variance*).[55] A classe dos modelos CEV permite um formato mais geral do que o adotado aqui, pois supõe como coeficiente da volatilidade $c(\sigma^2_t)^{\delta}$, com $\delta \geq 1/2$ garantindo a condição de não-negatividade. Nossa opção pelo processo CEV visou a harmonia com o processo da taxa de juros (nosso ativo subjacente; a difusão para $\log\sigma^2_t$ em geral é adotada para descrever a volatilidade de ações, cujo processo também tende a ser lognormal). A opção por $\delta = 1$ dentro da classe CEV justifica-se por ser este o limite em difusão de um processo GARCH (1,1)[56] — exemplo de modelo em que há uma boa combinação de generalidade e simplicidade,

Fazendo o parâmetro $\sigma_{1,t}$ igualar-se simplesmente a uma constante ($\sigma_{1,t} = \sigma_1$), obtemos uma extensão da forma testada por CKLS, aproximando-nos da forma proposta por Broze et alii (1995). A inclusão dessa constante na variância condicional é motivada pela literatura dos modelos X-ARCH (um componente constante é sempre significativo nesses modelos). Vale notar, porém, que essa forma é significativamente diferente daquela proposta por Broze et alii:

$$\sigma_t = \zeta_0(|r_t|^{\gamma} + \zeta_1); \qquad (35)$$

Esta é uma forma que, devido ao formato quadrático da variância, confere muito mais flexibilidade ao "efeito nível da volatilidade" — no caso linear proposto em (33b), permite-se apenas um deslocamento vertical da parábola em que se constitui o gráfico da volatilidade em função do nível de r_t. Nos modelos estimados por Broze et alii, a estimativa do parâmetro σ_1 é negativa, o que permite formas não-monotônicas da volatilidade em função do módulo de r_t. Na figura 9A retrata-se o efeito nível da volatilidade gerado pelas estimativas de Broze et alii para os modelos estendidos de CIR ($\gamma = 0{,}5$) e Dothan ($\gamma = 1$). Estimamos também esses

[55] Ver Cox & Ross (1976).

[56] Isso quando o parâmetro b na especificação acima for maior do que zero. O caso $b = 0$ corresponde ao caso Igarch (1,1) de Engle e Bollerslev (1986); ver Nelson (1990).

Figura 9A

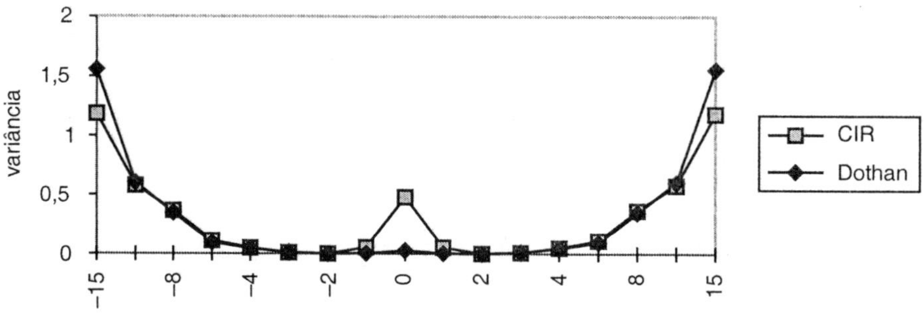

Figura 9B

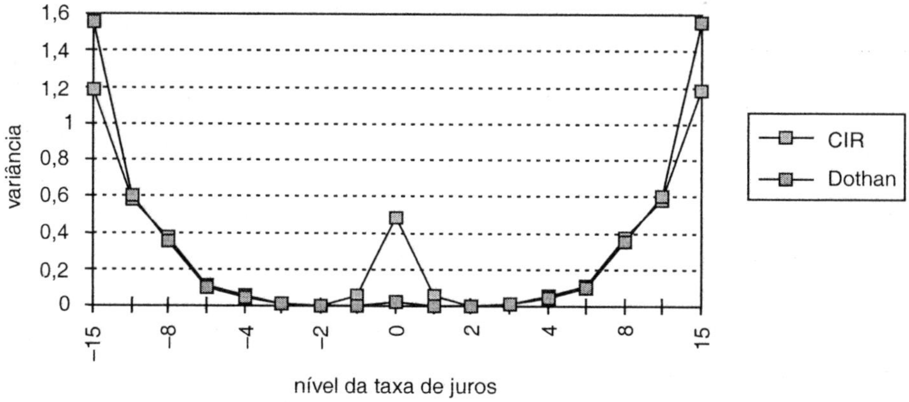

modelos (cujos resultados apresentamos no final desta seção), gerando a figura 9B para o efeito nível da volatilidade nos modelos estendidos de CIR e Dothan. Cabe notar que, embora mais flexível no que diz respeito ao efeito nível, o formato proposto em (35) é bem mais difícil de se estimar, pois os procedimentos numéricos tornam-se excessivamente complexos. Por isso optamos pelo formato (33b) na estimação do modelo de volatilidade estocástica.

O parâmetro de interesse θ é, pois, $\theta = \{\varepsilon, B, \sigma_0, \gamma, \sigma_1\}$ para a classe mais geral dos modelos "tradicionais" de acordo com a expressão (33b) — ou $\theta = \{\varepsilon, B, \zeta_0, \gamma, \zeta_1\}$ de acordo com a expressão (35) — e $\theta = \{\varepsilon, B, \sigma_0, \gamma, a, b, c\}$ para o modelo mais geral de volatilidade estocástica. Atende-se assim em ambos os casos à restrição de que $l_\beta \geq l_\theta$.[57] O segundo passo do método EMM é a minimização definida em (32), envolvendo as simulações e o cálculo da função *score* avaliado nos valores das estimativas de β_T estipulados na tabela 8*t*. Utilizamos como estimativa para I_{T-1} a matriz *outer-pro-*

[57] A dimensão do modelo auxiliar expresso em (33) é de sete parâmetros (l_θ= 7); quanto ao modelo de interesse, temos $l_\theta = 5$ no modelo tradicional mais geral e $l_\theta = 7$ no de volatilidade estocástica mais completo.

duct de variância-covariância obtida na estimação do modelo (33) multiplicada por T (o tamanho da amostra).[58] O procedimento adotado para contemplar o viés de discretização é simular uma discretização *naive* do processo contínuo dado por (33a) e (33b), mas para um intervalo amostral suficientemente pequeno x:

$$r_{t+1}^{(x)} = \varepsilon_x + (\beta_x + 1)\, r_t^{(x)} + \sigma_{t,h} Z_{t+1};$$

com valores $\varepsilon_x = \varepsilon x$; $B_x = Bx$; $\sigma_{t,x} = \sigma_t x^{1/2}$; fazendo o mesmo para a equação (34), $\{Z\}$ será a trajetória simulada com z extrações independentes (em termos das S trajetórias simuladas no método II, teremos $z = TS/x$). Os valores iniciais para os parâmetros são dados, e a partir de então o algoritmo de minimização passa a determiná-los. É muito importante que a trajetória simulada $\{Z\}$ seja fixa (igual para todos os valores dos parâmetros de interesse). Utilizamos $x = 1/20$ e $S = 6/$[59]. Como nossa amostra tem 1.477 dados (T = 1.477), o número de simulações (z) é 177.240. Eliminam-se entretanto as primeiras 1.000 simulações — procedimento sugerido por Tauchen (1995) para impedir que os valores iniciais interfiram na amostra — e também as simulações "intermediárias", ou seja, as $((1/x) - 1)$ observações entre dois intervalos "unitários" — é justamente assim que se corrige o viés de discretização. Portanto, na minimização são consideradas as simulações de número 1.000, 1.020, 1.040, 1.050, ...; o que gera uma trajetória final de dados simulados de tamanho N ($N = TS - 1.000x = 8.812$).[60]

Estimamos em primeiro lugar os "modelos tradicionais" — Vasicek (Γ = 0), CIR (Γ = 0,5) e Dothan (Γ = 1) —, obtendo os seguintes resultados:

TABELA 9t

Estimativas/modelos	Vasicek	CIR	Dothan
ε	0,3185	0,1236	0,0258
B	–0,0344	–0,0139	–0,0051
σ_0	0,7455	0,2365	0,095
$f_{N,T}$	**23,34**	**18,42**	**4,97**

Na última linha da tabela apresenta-se a estatística proposta por Tauchen (1995) para avaliar os modelos. Como já vimos, $f_{N,T}$ tem distribuição assintótica qui-quadrado com l ($l = l_\beta - l_\theta$) graus de liberdade. O valor crítico para uma distribuição qui-quadrado com quatro graus de liberdade a um nível de significância de 5% é 9,49. Sendo assim, só o modelo de Dothan não é rejeitado. O valor p do modelo de

[58] Ver Hamilton (1994:143).

[59] Broze et alii (1995) utilizaram $x = 1/10$ e $S = 2$; enquanto GMR utilizaram $x = 1/10$ e $S = 1$.

[60] Para detalhes do procedimento, ver Tauchen (1995) e/ou GMR (1993).

Dothan está entre 25 e 50% (o valor p dos dois outros modelos é menor que 0,1%). Porém, as estimativas encontradas no modelo de Dothan não são muito confiáveis, uma vez que sua condição de estacionaridade — $ce = (1 + B)^2 + \sigma_0^2 < 1$, tal como derivada em Broze et alii — está muito perto do limite (o valor encontrado para ce é 0,9989). A extensão dos modelos de CIR e Dothan sugerida anteriormente, incluindo uma constante na variância — $\sigma_{1,t} = \sigma_1$ de acordo com a expressão (33b) —, é absolutamente ineficaz: em ambos os casos a estimativa de σ_1 converge para zero.

TABELA 10t

	Broze et alii, 1995				Volatilidade estocástica		
Parâmetros	**CIR (γ = 0,5)**		**Dothan (γ = 1)**		**Parâmetros**	**Estimat.**	**Grad.**
	Estimat.	**Grad.**	**Estimat.**	**Grad.**	ε	0,3544	−0,0016
ε	0,0256	−0,0234	0,0212	−0,1491	B	−0,072	−0,0070
B	−0,0042	0,2776	−0,0037	−0,7599	a	0,2616	0,0001
ζ_0	0,3516	0,0179	0,0887	0,0435	b	0,2098	0,0001
ζ_1	−0,7796	0,0019	0,1781	0,0029	c	0,9797	−0,0022
$f_{N,T}$	8,4455		4,7810		$f_{N,T}$	3,2051	
v-p (l=3)[61]	2,5% a 5%		10% a 25%		*v-p (l=2)*	10% a 25%	

O motivo por que os modelos na forma especificada por Broze et alii não convergiram é a falta de estacionaridade: o parâmetro B, que mede a velocidade de reversão à média, torna-se muito próximo de zero, e seu gradiente relativo fica constantemente alto, fazendo com que o algoritmo não consiga convergir.[62] Isso é indício de que os modelos tendem a estar muito próximos de séries não-estacionárias ($B \geq 0$). No caso do modelo de Dothan estendido, as estimativas apresentadas já se encontram no espaço paramétrico de séries não-estacionárias ($ce = (1 + B)^2 + \zeta_0^2 = 1{,}0005$).[63] Não se pode garantir, uma vez que os algoritmos não conseguiram alcançar nem máximos locais, mas há indícios de que a inclusão de uma constante na volatilidade (de acordo com o formato sugerido por Broze et alii) é mais importante no modelo de CIR do que no de Dothan.

[61] As entradas nas células a seguir indicam que o valor p dos modelos estimados está dentro do intervalo mencionado.

[62] No modelo CIR estendido, por exemplo, quando se fixa o valor de β na estimativa para onde forçosamente convergiu, obtém-se a convergência normal (espontânea) para valores muito próximos aos acima apresentados (a estatística $f_{N,T}$ passa para 8,27). O mesmo ocorre com o modelo de Dothan, cuja estatística $f_{N,T}$ passa para 4,72. Em ambos os casos, os valores p não se alteram.

[63] A condição de estacionaridade não é afetada pela inclusão de ζ_1 ou σ_1.

No caso do modelo de volatilidade estocástica, a não-convergência advém de um problema associado ao viés de discretização: nas "redondezas" das estimativas apresentadas, acaba aparecendo o problema de negatividade da variância, o que teoricamente (ou seja, em tempo contínuo) seria impossível com a especificação (34). A saída, nesse caso, seria diminuir o intervalo de tempo considerado ($x = 1/20$), a fim de que se aproxime ao máximo da noção de tempo contínuo. Nossa intuição é que assim (e também aumentando S — o número de "réplicas"da amostra — o que aumenta a eficiência dos estimadores) obter-se-iam a convergência do modelo de volatilidade estocástica sem maiores problemas e a confirmação de que os modelos "tradicionais" na forma estendida proposta por Broze tenderiam à parte do espaço paramétrico não-estacionária. Mas isso é mera especulação que resta ser comprovada. Pretendemos ainda estender o trabalho de três outras maneiras: a) permitindo a liberdade do parâmetro γ (elasticidade do efeito nível da volatilidade), que foi aqui fixado em valores alternativos (0;1/2;1) de acordo com os modelos teóricos existentes; b) considerando conjuntamente o efeito nível e a parte estocástica da volatilidade — conjunção das equações (33a), (33b) e (34) com $\sigma_0 \neq 0$; e c) considerando outros modelos de volatilidade estocástica alternativos à especificação (24).

Os resultados no que diz respeito à comparação entre os modelos de CIR e Dothan estendidos (segundo a forma de Broze et alii) e o de volatilidade estocástica ainda têm caráter provisório: faltam não só a convergência dos modelos, mas também estatísticas que permitam traçar um intervalo de confiança para os parâmetros. O que temos de concreto é a comparação entre a tabela 9*t* e o modelo de volatilidade estocástico apresentado na tabela 10*t*: os modelos tradicionais contemplados por CKLS e cujo formato se enquadram na classe de modelos estacionários podem ser substancialmente melhorados se estendidos para contemplar a possibilidade de volatilidade estocástica.

Por fim, julgamos relevante registrar a nossa experiência com o método eficiente dos momentos (EMM), cuja eficiência prática ainda está sendo testada: o procedimento numérico é excessivamente demorado,[64] e, o que é mais grave, o método parece muito vulnerável a pequenas alterações (por exemplo, quando se muda o número de simulações ou a matriz de informação que pondera os "pesos" de cada parâmetro no processo de minimização).[65]

---

[64] Cada iteração do problema de minimização descrito em (32) dura aproximadamente 40 minutos num Pentium75, no caso do modelo de volatilidade estocástica.

[65] Mas isso pode ser causado pelo número de simulações. Como já vimos, embora o tamanho da amostra que simulamos seja de 177.240 observações — o que já esgota o espaço de memória do computador —, o número de dados aproveitados no algoritmo de minimização é apenas 8.812. Tauchen (1995) menciona um estudo no qual os parâmetros se tornam insensíveis ao tamanho da amostra simulada desde que esta seja maior do que 30.000 observações.

Conclusão

Este capítulo teve por objetivo estimar o processo da taxa de juros de curto prazo. Aqui não nos concentramos na aplicação de modelos ou técnicas econométricas mais sofisticadas, e sim no estudo minucioso dos fatores institucionais do mercado de juros brasileiro. A conclusão mais importante é que esses fatores são fundamentais e não podem ser substituídos pelos fatores não-lineares tipicamente incluídos em análises empíricas para captar as não-linearidades das séries financeiras. Pelo contrário, mostramos que os fatores institucionais e os elementos não-lineares são complementares entre si: o "modelo estrutural" (que não inclui os elementos institucionais) não funciona bem, e as não-linearidades tornam-se indubitavelmente não-significativas. Esse resultado condiz perfeitamente com a principal conclusão de CLM: "ao contrário do que se pensa, os modelos não-lineares requerem mais estrutura econômica e considerações *a priori*".

Este capítulo também presta algumas contribuições no tocante à modelagem "estrutural" propriamente dita. Estendeu-se o modelo "discreto" de Donaldson e Kamstra (1994) — que incorpora elementos de redes neurais à média — em duas direções. No que diz respeito à volatilidade, incluiu-se o "efeito nível da volatilidade" típico de processos de taxas de juros e experimentaram-se modelos X-ARCH alternativos que vão além do GARCH (2,2) considerado por aqueles autores — inclusive uma versão estendida do modelo EGARCH de Nelson (1991). Quanto à distribuição dos erros, considerou-se uma classe mais geral do que a normal, a "distribuição erro generalizada", que permite a existência da parte de curtose excessiva que não se consegue captar com modelos X-ARCH.

Quanto à modelagem em tempo contínuo, são duas as contribuições. Em primeiro lugar, do ponto de vista metodológico, propôs-se uma forma de contemplar elementos "discretos" numa estimação em tempo contínuo. Numa linha bastante intuitiva, trata-se, primeiramente, de "dessazonalizar" (o termo mais adequado seria "desinstitucionalizar") a série, para torná-la "estimável" em tempo contínuo. O êxito dessa "desinstitucionalização" pode ser medido principalmente pela comparação entre o gráfico gerado pelo "modelo estrutural" (sem fatores institucionais) e aquele gerado pelo modelo completo final para os níveis de taxas de juros esperadas (t passos à frente, ou seja, nos quais se acumulam os erros) — figuras 6C e 8D, respectivamente. Ainda pretendemos, numa extensão deste trabalho, estimar o modelo contínuo para a série verdadeira de taxa de juros (não "desinstitucionalizada"); nossa intuição (baseada em resultados preliminares) é que rejeitar-se-iam todos os modelos — tal resultado viria comprovar não apenas a importância dos elementos institucionais, mas também o êxito da "desinstitucionalização".

A segunda contribuição decorre do fato de a estimação em tempo contínuo estender o trabalho de CKLS em duas direções: no método (que é capaz de eliminar o viés de discretização) e na classe de modelos contemplados (introduz-se a possibilidade de volatilidade estocástica). Cabe notar que a extensão proposta no tocante à classe de modelos estimados é diferente do formato sugerido por Broze et alii[66] — formato que também foi contemplado nas estimativas. Alguns resultados dessa parte do capítulo ainda não têm caráter definitivo — aliás, nem mesmo o método eficiente dos momentos (EMM) está definitivamente estabelecido, pois resta comprovar sua eficácia empírica e desenvolver os testes de especificação —, mas pode-se afirmar com razoável grau de certeza que a introdução de modelos de volatilidade estocástica é fundamental para que passemos a aceitar modelos estacionários para a taxa de juros de curto prazo do Brasil.

Referências bibliográficas

Ait-Sahalia,Y. Nonparametric pricing of interest rate derivative securities. University of Chicago, 1994. mimeog.

——. Testing the continuous-time models of the spot interest rate. University of Chicago, 1995. mimeog.

Amin, K. & Morton, A. Implied volatility functions in arbitrage-free term structure models. *Journal of Financial Economics, 35*:141-80, 1994.

Andrews, D. Tests for parameter instability and structural change with unknown change point. *Econometrica, 61*:821-56, 1993.

Black, F. Studies of stock price volatility changes. In: *Proceedings of the 1976 Meetings of the Business and Economic Statistics Section*. American Statistical Association, 1976. p. 177-81.

——; Derman, E. & Toy, W. One-factor model of interest rates and its application to Treasury bond options. *Financial Analysts Journal*, Jan./Feb. 1990. p. 33-9.

—— & Karasinski, P. Bond and option pricing when short rates are lognormal. *Financial Analysts Journal*, July/Aug. 1991. p. 52-9.

BM&F. Taxa média ajustada CDI/Cetip: metodologia de cálculo. *Revista Resenha* (70):70, 1991.

——. Especificação do contrato futuro de taxa média de depósito interfinanceiro de um dia. *Ofício Circular* 019-A/92-SG, 1992.

Bollerslev, T. Generalized autoregressive conditional heteroskedasticity. *Journal of Econometrics, 31*:307-27, 1986.

——; Engle, R. & Nelson. Arch models. In: Engle, R. & McFadden (eds.). *Handbook of econometrics*. Amsterdam, Elsevier, 1994. v. 4.

Brennan, M. & Schwartz. E. A continuous time approach to pricing bonds. *Journal of Banking and Finance, 3*:135-55, 1979.

——. Conditional predictions of bond prices and returns. *Journal of Finance, 35*:405-17, 1980.

Brenner; Rarjes & Kroner. Another look at alternative models of the short-term interest rate. Merril Lynch/Wells Fargo Nikko/University of Arizona, 1994. mimeog.

[66] A forma geral aqui proposta não é capaz de "conter" a forma sugerida por Broze et alii. Porém, no que diz respeito ao método, pode-se dizer que este trabalho é uma extensão do daqueles autores, uma vez que eles usam o método eficiente dos momentos (EMM) apenas para corrigir o viés de discretização do seu "melhor" modelo, mas não para comparar modelos alternativos.

Brown, R. & Schaefer, S. Interest rate volatility and the term structure. London Business School, 1991. mimeog.

——. The term structure of real interest models and the Cox, Ingersoll, and Ross model. *Journal of Financial Economics, 35*:3-42, 1994.

Broze, L.; Scaillet, O. & Zacoian, J. Testing for continuous-time models of the short-term interest rates. *Journal of Empirical Finance, 2*:199-223, 1995.

Campbell, J. & Ammer, J. What moves the stock and bond markets? A variance decomposition for long-term asset returns. *Journal of Finance, 48*:3-37, 1993.

——; Lo, A. & MacKinlay, A. Models of the term structure of interest rates. Federal Reserve Bank of Philadelphia, 1994. (Working Paper nº 94-10).

——. The econometrics of financial markets, 1995. mimeog.

Chan; Karolyi; Longstaff & Sanders. An empirical comparison of alternative models of the short-term term interest rates. *Journal of Finance, 47*:1.209-27, 1992.

Clark, P. A subordinated stochastic process model with finite variance for speculative prices. *Econometrica, 41*:135-56, 1973.

Cohen, H. Testing pricing models for the Treasury bond futures contract. School of Operations Research, Cornell University, 1991. (PhD Thesis.)

Constantinides, G. A theory of the nominal term structure of interest rates. *Review of Financial Studies, 5*:531-52, 1992.

Courtadon, G. The pricing of options on default-free bonds. *Journal of Financial and Quantitative Analysis, 17*:75-100, 1982.

Cox, J.; Ingersoll, J. & Ross, S. An intertemporal general equilibrium model of asset prices. *Econometrica, 53*:363-84, 1985a.

——; —— & ——. A theory of the term structure of interest rates. *Econometrica, 53*:385-408, 1985b.

—— & Ross, S. The valuation of options for alternative stochastic process. *Journal of Financial Economics, 3*:145-66, 1976.

Dahlquist, M. On alternative interest rate processes. *Journal of Banking and Finance, 20*:1.093-119, 1996.

Donaldson, R. & Kamstra, M. A new dividend forecasting procedure that rejects bubbles in asset prices: the case of 1929's stock crash. University of British Columbia, 1994. mimeog.

Dothan, L. U. On the term structure of interest rates. *Journal of Financial Economics, 6*:59-69, 1978.

Duffie, D. D. *Future markets*. Prentice Hall, 1989.

——. *Dynamic asset pricing theory*. Princeton Univ. Press, 1992.

Engle, R. Discussion: stock volatility and the crash of 87. *Review of Financial Studies, 3*(1):103-6, 1990.

—— & Bollerslev, T. Modelling the persistence of conditional variances. *Econometric Review, 5*:1-50, 1986.

—— & Ng, V. Measuring and testing the impacts of news on volatility. *Journal of Finance, 48*:1.749-78, 1993a.

—— & ——. Time-varying volatility and the dynamic behavior of the term-structure. *Journal of Money, Credit and Banking, 25*:336-49, 1993b.

——; —— & Rothschild, M. Asset pricing with a factor Arch covariance structure: empirical estimates for Treasury bills. *Journal of Econometrics, 45*:213-37, 1990.

Evans, L.; Keef, S. & Okunev, J. Modelling real interest rates. *Journal of Banking and Finance, 18*:153-65, 1994.

Fama, E. Efficient capital markets: a review of theory and empirical work. *Journal of Finance, 25*:383-417, 1970.

Fisher, I. Appreciation and interest. *Publications of the American Economic Association, 11*:23-9; 91-92, Aug. 1896.

Flesaker, B. Testing and estimation of the constant volatility HJM term structure model. University of Illinois, 1992. (Technical Report.)

Fuller, W. A. *Introduction to statistical time series*. John Wiley & Sons, 1976.

Gallant, A. & Tauchen, G. Which moments to match. *Econometric Theory*, 1994.

Garcia, M. P. Política monetária e formação das expectativas de inflação: quem acertou mais, o governo ou o mercado futuro? *Pesquisa e Planejamento Econômico*, dez. 1992.

——. The formation of inflation expectations in Brazil: a study of the futures markets for the price level. *Revista Brasileira de Economia*, jan./mar. 1994.

Garcia, R. & Perron, P. An analysis of the real interest rate under regime shifts. Université de Montreal, 1992. mimeog.

Ghysels, E.; Harvey, A. & Renault, E. Stochastic volatility. Université Catholique de Louvain, 1995.

Gibbons, M. & Ramaswamy, K. A test of the Cox, Ingersoll, and Ross model of the term structure. *Review of Financial Studies, 6*:619-58, 1993.

Glosten, L.; Jagannathan, R. & Runkle, D. Relationship between the expected value and the volatility of nominal excess return on stocks. *Journal of Finance, 48*:1.779-801, 1993.

Goldberger, A. S. *A course in econometrics*. Harvard Univ. Press, 1991.

Gourièroux, C. & Monfort, A. *Statistics and econometric models*. Cambridge Univ. Press, 1995. v. 2.

——; —— & Renault, E. Indirect inference. *Journal of Applied Econometrics, 8*:85-118, 1993.

Gray, S. Regime-switching models: a new approach. Graduate School of Business, Stanford University, 1993. mimeog.

——. Modeling the conditional distribution of interest rates as a regime-switching processes. Fuqua School of Business, Duke University, 1995. mimeog.

Greene, W. H. *Econometric analysis*. Macmillan, 1990.

Hamilton, J. A new approach to the economic analysis of nonstationary time series and the business cycle. *Econometrica, 57*:357-84, 1989.

——. *Time series analysis*. Princeton Univ. Press, 1994.

Hansen, L. & Scheinkman, J. Back to the future: generating moment implications for continuous-time Markov processes. *Econometrica, 63*:767-804, 1995.

Harvey, A.; Ruiz, E. & Shephard, N. Multivariate stochastic variance models. *Review of Economic Studies, 61*:247-64, 1994.

Heath, D.; Jarrow, R. & Morton, A. Bond pricing and the term structure of interest rates: a new metodology for contingent claims valuation. *Econometrica, 60*:77-105, 1992.

Heston, S. Testing continuous-time models of the term structure of interest rates. Yale University, 1992. mimeog.

Heynen, R.; Kemma, A. & Vorst, T. Analysis of the term structure of implied volatilities. *Journal of Financial and Quantative Analysis, 29*(1):31-56, 1994.

Hicks, J. R. *Value and capital*. 2ed. Oxford Univ. Press, 1964.

Ho, T. & Lee, S. Term structure movements and pricing interest rate contingent claims. *The Journal of Finance, 41*:1.011-29, 1986.

Hull, J. *Options, futures and other derivative securities*. 2 ed. Prentice Hall, 1993.

—— & White, A. The pricing of options on assets with stochastic volatilities. *Journal of Finance*, 42:281-300, 1987.

——. Pricing interest rates derivative securities. *Review of Financial Studies*, 3:573-92, 1990.

Ingersoll, J. *Theory of financial decision making*. Rowman & Littlefield, 1987.

James, B. *Probabilidade: um curso em nível intermediário*. Impa, 1981.

Jamshidian, F. An exact bond option pricing formula. *Journal of Finance, 44*:205-09, 1989.

Kuan, C. & White, H. Artificial neural networks: an econometric perspective. *Econometric Reviews, 13*(1):1-91, 1994.

La Rocque, E. O mercado de juros brasileiro: uma contribuição para a modelagem de mercados de juros e futuros em economias instáveis. Departamento de Economia, PUC-RJ, 1996. mimeog.

Long, J. B. J. Consumption, investment decisions and equilibrium in the securities markets. In: Jensen, Michael C. *Studies in the theory of capital markets*. Praeger, 1972.

——. Stock prices, inflation and the term structure of interest rates. *Journal of Financial Economics, 1*(2), 1974.

Longstaff, F. & Schwartz, E. Interest rate volatility and the term structure. *Journal of Finance, 47*:1.259-82, 1992.

Lucas, R. Asset prices in an exchange economy. *Econometrica, 46*:1.426-46, 1978.

Lumsdaine, R.; Banerjee, A. & Stock, J. H. Recursive and sequential tests of the unit root and trend – break hypotheses: theory and international evidence. *Journal of Business and Economic Statistics, 10*(3):271-87, 1992.

Mandelbrot, B. & Taylor, H. On the distribution of stock prices differences. *Operations Research, 15*:1.057-62, 1967.

Meiselman, D. *The term structure of interest rates*. Englewood Cliffs, Prentice Hall, 1962.

Melino, A. The term structure of interest rates: evidence and theory. *Journal of Economic Surveys*, 2:335-66, 1988.

Merton, R. An intertemporal capital asset pricing model. *Econometrica, 41*: 867-87, 1973a.

——. Theory of rational option pricing. *Bell Journal of Economics and Management Science* 4:141-83, 1973b.

Naik, E. & Lee, M. The yield curve and bond options prices with discrete shifts in economic regimes. University of British Columbia/University of Saskatchewan, 1994. mimeog.

Nelson, D. B. Stationary and persistence in the Garch (1,1) model. *Econometric Theory*, 6(3):318-34, 1990.

——. Conditional heteroskedasticity in asset returns: a new approach. *Econometrica, 59*(2):347-70, 1991.

—— & Cao, C. Inequality constraints in the univariate Garch Model. *Journal of Business & Economic Statistics, 10*(2), 1992.

Pagan, A.; Hall, A. & Martin, V. Exploring the relations between the finance and econometrics literatures on the term structure. University of Melbourne, 1994. mimeog.

Pearson, N. & Sun, T-S. A test of the Cox, Ingersoll, Ross model of the term structure of interest rates using the method of moments. Sloan School of Management, MIT, 1989. mimeog.

Priestley, M. B. *Spectral analysis and time series*. Academic, 1981.

Richard, S. An arbitrage model of the term structure of interest rates. *Journal of Financial Economics*, 7:38-58, 1978.

Roll, R. Investment diversification and bond maturity. *The Journal of Finance*, 26(1), Mar. 1971.

Shiller, R. J. The term structure of interest rates, In: Friedman, B. M. & Hahn, F. (eds.). *Handbook of monetary economics*. Amsterdam, North-Holland, 1990.

Stambaugh, R. The information in forward rates: implications for models of the term structure. *Journal of Financial Economics*, 21:41-70, 1988.

Sun, T. Real and nominal interest rates: a discrete-time model and its continuous-time limit. *Review of Financial Studies*, 5:581-611, 1992.

Tauchen, G. New minimum chi-square methods in empirical finance. Duke University, 1995. mimeog.

Taylor, Stephen J. Conjecture models for trends in financial prices, tests and forecasts. In: Gross, Barry A. (ed.). *Future markets: their establishment and performance*. New York Univ. Press, 1986. p. 209-46.

Vasicek, O. An equilibrium characterization of the term structure. *Journal of Financial Economics*, 5:177-88, 1977.

CAPÍTULO 16

Movimentos da estrutura a termo da taxa de juros brasileira

Gyorgy Varga e Marcos Valli

Introdução

Fazemos aqui uma avaliação dos movimentos da estrutura a termo (ET) da taxa de juros através de um modelo conhecido como análise de componentes principais (ACP), que busca uma explicação para os movimentos da ET num conjunto mínimo de fatores. Aplicamos esse procedimento à ET brasileira e verificamos que três fatores explicam 94,3% dos movimentos. Utilizamos também um procedimento de eliminação do risco de taxa de juros, conhecido como imunização, baseado nesses três fatores e comparamos seu resultado com o do *duration hedge*, que é um procedimento muito usado no mercado.

Rebonato (1996) e Campbell et alii (1997) apresentam uma descrição mais detalhada desse tipo de análise e suas aplicações à ET. Litterman e Scheinkman (1991) e Knez, Litterman e Scheinkman (1994) mostram como esse modelo foi aplicado no mercado norte-americano. Wilson (1994) fornece um resumo de várias aplicações da ACP em diversos países.

A técnica de ACP é um instrumento poderoso para a avaliação de risco de instrumentos de renda fixa e variáveis. Sua aplicação no Brasil vem-se mostrando cada mais fácil e útil, quer pela estabilidade recente, que facilita a aplicação de modelos criados para economias com baixa taxa de juros nominal, quer pela determinação do Banco Central do Brasil em controlar melhor o risco das instituições financeiras nacionais, quer, ainda, pelo natural desenvolvimento do mercado financeiro brasi-

Agradecemos à *Revista Economia Aplicada* por permitir a reprodução do texto.

leiro. Este é um trabalho pioneiro que procura mostrar a aplicação dessa técnica ao mercado de renda fixa brasileiro.

Análise de componentes principais – ACP

Essa análise se utiliza essencialmente de um fato bastante conhecido em matemática, mais especificamente na álgebra linear: o chamado método de diagonalização de matrizes. Por meio dele, e a partir de uma dada matriz quadrada e simétrica, obtemos uma segunda matriz quadrada e um vetor, chamados respectivamente de matriz de *autovetores* e de vetor dos *autovalores*. Esses três objetos algébricos satisfazem uma relação muito particular que, aliada às conhecidas propriedades algébricas das variáveis de distribuição normal, nos fornece resultados úteis no estudo da dependência de uma grande quantidade de variáveis aleatórias normais.

Definamos inicialmente a matriz à qual aplicamos o método. Consideremos uma quantidade **N** (inteiro positivo) fixa de variáveis aleatórias normais:

$$X_1, X_2, ..., X_N$$

Suponhamos que todas elas possuam média zero e que sua matriz de covariâncias seja representada por:

$$V = \begin{pmatrix} \sigma_1^2 & \sigma_1\sigma_2\rho_{12} & \sigma_1\sigma_3\rho_{13} & \cdots & \sigma_1\sigma_N\rho_{1N} \\ \sigma_1\sigma_2\rho_{12} & \sigma_2^2 & \sigma_2\sigma_3\rho_{23} & \cdots & \sigma_2\sigma_N\rho_{2N} \\ \sigma_1\sigma_3\rho_{13} & \sigma_2\sigma_3\rho_{23} & \sigma_3^2 & & \vdots \\ \vdots & \vdots & & \ddots & \sigma_{N-1}\sigma_N\rho_{(N-1)N} \\ \sigma_1\sigma_N\rho_{1N} & \sigma_2\sigma_N\rho_{2N} & \cdots & \sigma_{N-1}\sigma_N\rho_{(N-1)N} & \sigma_N^2 \end{pmatrix}$$

onde: σ_i^2 e ρ_{ij} são, respectivamente, a variância da *i*-ésima variável e a correlação entre a *i*-ésima e a *j*-ésima variáveis. Note-se que a matriz **V** é quadrada e simétrica em relação à diagonal composta pelas variâncias.

Nesse caso, o método de diagonalização de matrizes garante a existência de uma matriz quadrada

$$A = \begin{pmatrix} a_{11} & a_{12} & \cdots & a_{1N} \\ a_{21} & a_{22} & \cdots & a_{2N} \\ \vdots & \vdots & \ddots & \vdots \\ a_{N1} & a_{N2} & \cdots & a_{NN} \end{pmatrix}$$

e ortonormal, isto é,

$$A'A = I, \qquad (1)$$

onde **A'** é a transposta de **A**, e **I**, a matriz-identidade; e também de um vetor:

$$\lambda = (\lambda_1\ \lambda_2 \dots \lambda_N) \text{ com } \lambda_1 > \lambda_2 > \dots > \lambda_N.$$

Ambos satisfazendo a seguinte relação com a matriz de covariância **V**:

$$V A = A\,\Lambda, \tag{2}$$

onde

$$\Lambda = diag\,(\lambda)_{N \times N} = \begin{pmatrix} \lambda_1 & & & 0 \\ & \lambda_2 & & \\ & & \ddots & \\ 0 & & & \lambda_N \end{pmatrix}$$

representa a matriz diagonal associada ao vetor $\boldsymbol{\lambda}$. Os vetores a_i das colunas da matriz **A** são os autovetores de **V**, e os números λ_i são seus autovalores.

Das propriedades (1) e (2) obtemos a igualdade abaixo:

$$V = A\,\Lambda\,A' \tag{3}$$

Vale notar que

$$V_{ij} = a_i\,\Lambda\,a_j, \tag{4}$$

onde a_i é a i-ésima linha da matriz A, e a_j é a j-ésima coluna de A'.

Seja

$$F' = (F_1\ F_2 \dots F_N)$$

um vetor-coluna cujas componentes são variáveis aleatórias normais independentes com média zero e variância 1.

Tomamos o vetor-coluna aleatório

$$\overline{x} = A\,\Lambda^{1/2}\,F\ , \tag{5}$$

onde

$$\Lambda^{\alpha} = diag(\lambda^{\alpha})_{N \times N} \quad \forall \alpha \in R.$$

Novamente, vale notar que $\overline{X}_i = a_i\,\Lambda^{1/2}\,F$ e $Cov(\overline{X}_i, \overline{X}_j) = a_i\,\Lambda a'_j$, exatamente como em (4). Um choque aleatório de um desvio-padrão no fator F_l ocasiona uma variação de $\lambda_l^{1/2}\,a_l$ no vetor $\overline{X}$, onde a_l é a l-ésima coluna de **A**.

Fazendo uso de (3) e (5) e das propriedades algébricas conhecidas das variáveis normais independentes, onde qualquer combinação linear de normais independentes também é normal, obtemos:

$$X \approx \overline{X} \quad \text{e} \quad F = \Lambda^{-\frac{1}{2}} A' \overline{X},$$

A variância total pode ser obtida de (4) segundo $\sum_{i=1}^{N} V_{ii}$, e a variância explicada pelo l-ésimo fator é calculada por λ_l; logo, a explicação proporcionada pelo l-ésimo fator é:

$$\frac{\lambda_l}{\sum_{i=1}^{N} V_{ii}}.$$

Para definir um conjunto mínimo de fatores, tomamos um número (inteiro positivo) $K < N$ tal que o vetor-coluna definido por

$$\tilde{X} = A_K \Lambda_K^{\frac{1}{2}} F_K \tag{6}$$

tenha as variâncias de suas coordenadas satisfazendo

$$\left| \frac{Cov(\tilde{X}_i, \tilde{X}_j) - \sigma_i \sigma_j \rho_{i,j}}{\sigma_i \sigma_j \rho_{i,j}} \right| < \xi \qquad \forall i, j = 1, \ldots, N,$$

onde

$$F_K = (F_1 \; F_1 \; \ldots \; F_K), \; A_K = (a_1 \; a_2 \; \ldots \; a_K) \text{ e } \Lambda_K^{\frac{1}{2}} = diag(\sqrt{\lambda})_{K \times K}$$

para $0 < \xi < 0{,}05$. Diremos então que as coordenadas de F_K são as *K-componentes principais* das variáveis X com confiança de 95%.

Aplicação no Brasil

Na aplicação da ACP para explicar os movimentos da ET da taxa de juros brasileira, tomamos as taxas prefixadas implícitas em *swap*[1] com prazo de até um ano. Escolhemos esse instrumento por ser um dos mais líquidos, entre os poucos existentes, no mercado brasileiro.[2] A amostra abrange o período de 2-1-1995 a 6-7-1999, num total de 1.113 observações. Para cada dia, construímos uma ET com 12 taxas com intervalos de aproximadamente um mês.

[1] Optamos por trabalhar com taxas implícitas nos *swaps* porque não há dados suficientes sobre os outros títulos prefixados. As taxas aqui tratadas foram gentilmente fornecidas pela BM&F.

[2] Uma alternativa usada por Barcinski (2000) seria o contrato futuro de DI. Ocorre que esse instrumento às vezes não tem nenhum negócio em prazos maiores do que seis meses, enquanto o *swap* costuma ser muito negociado para prazos até um ano. Além disso, a utilização do futuro de DI demanda algum tipo de interpolação de taxas, o que implica hipóteses adicionais sobre os processos geradores das taxas de juros brasileiras.

A variação de cada uma dessas taxas constitui o vetor aleatório X, e é essa variação que tentaremos explicar com um conjunto mínimo de fatores. Tomando simplesmente a variação da taxa implícita em *swaps* de mesmo prazo, podemos estar introduzindo um viés[3] por superestimar a variância dos retornos, pois, se a ET for positivamente (negativamente) inclinada, haverá uma variação positiva (negativa) na taxa implícita no *swap*, mesmo não havendo nenhuma mudança nas expectativas do mercado. Esse efeito deve ser de pequeno tamanho; por exemplo, tomando-se uma ET positivamente inclinada e linearmente crescente de 20% a.a a 25% a.a, o viés introduzido na taxa anual para o *swap* de um mês é de 0,05%, e para a taxa anual de um *swap* de um ano, de 0,02%. O procedimento mais apropriado seria tomar a taxa do mesmo *swap* no dia útil seguinte e descontá-la da taxa de um dia útil (*overnight*), obtendo-se assim o excesso de retorno do *swap* — tal como fazem Knez, Litterman e Scheinkman (1994:1.866).

Na tabela 1A temos o percentual da variância total explicado pelos fatores para cada prazo. A segunda coluna mostra a variância total da taxa de juros para cada prazo. Nota-se que, juntos, os três fatores explicam 94,3% dos movimentos da estrutura a termo. Tomamos como componentes principais esses três fatores.

TABELA 1A

Prazo (dias úteis)	Variância	Proporção da variância explicada pelo fator			Explicação pelos três fatores %
		1º fator %	2º fator %	3º fator %	
20	2,55	42,74	34,94	15,66	93,33
41	2,91	56,01	28,97	3,74	88,72
61	3,26	75,19	10,96	4,36	90,51
82	2,81	80,25	6,86	7,59	94,70
102	2,70	79,51	4,17	9,99	93,67
123	2,89	92,51	3,84	0,07	96,42
143	2,93	91,27	5,00	0,09	96,36
163	3,06	86,62	4,69	0,38	91,69
184	2,68	92,35	3,95	0,37	96,67
204	2,83	91,42	5,75	0,41	97,58
225	2,86	90,72	5,95	0,29	96,97
245	2,83	89,08	5,47	0,37	94,92
Média		**80,64**	**10,05**	**3,61**	**94,30**

[3] Devemos essa observação a Alexandre Barcinski.

A tabela 1B mostra os três primeiros autovetores que traduzem o impacto dos três primeiros fatores.

TABELA 1B

a_1	a_2	a_3
0,1981	(0,5123)	0,5789
0,2425	(0,4989)	0,3027
0,2973	(0,3246)	(0,3457)
0,2849	(0,2383)	(0,4231)
0,2783	(0,1823)	(0,4763)
0,3104	0,1810	0,0399
0,3102	0,2077	0,0481
0,3091	0,2057	0,0993
0,2987	0,1767	0,0917
0,3054	0,2191	0,0992
0,3056	0,2239	0,0840
0,3016	0,2138	0,0939

É fácil interpretar o significado de cada fator verificando seu efeito sobre toda a ET. Na figura 1 vê-se que choques aleatórios no fator 1 ocasionam movimentos paralelos da ET. Logo, pode-se dizer que o primeiro fator reflete movimentos paralelos na ET. O segundo fator, quando sofre um choque positivo, faz diminuir a taxa de curto prazo e aumentar a de longo prazo, implicando assim mudança na inclinação da ET. O terceiro fator, quando sofre choque positivo, faz aumentar as taxas curtas e longas e diminuir a taxa intermediária, representando assim um movimento na curvatura da ET.

Figura 1
Três fatores principais (94%)

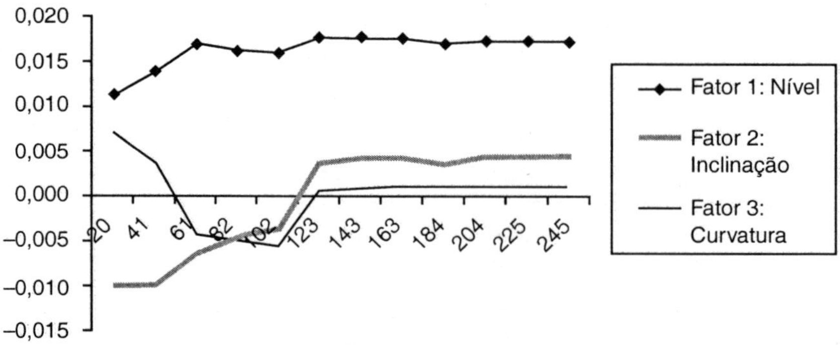

Na tabela 2, dividimos a amostra em duas partes iguais e verificamos que os três primeiros fatores têm maior poder de explicação na segunda metade da amostra, o que talvez esteja associado à maior estabilidade econômica.

TABELA 2

Fator	1ª metade por fator %	Acumulada %	2ª metade por fator %	Acumulada %
1	78,8	**78,8**	91,2	**91,2**
2	9,7	**88,5**	6,3	**97,5**
3	3,7	**92,2**	1,0	**98,5**
4	2,3	**94,4**	0,5	**99,0**
5	1,9	**96,3**	0,3	**99,3**
6	1,6	**97,9**	0,2	**99,5**
7	0,8	**98,7**	0,2	**99,7**
8	0,5	**99,2**	0,1	**99,8**
9	0,4	**99,6**	0,1	**99,9**
10	0,2	**99,8**	0,0	**100,0**
11	0,1	**99,9**	0,0	**100,0**
12	0,1	**100,0**	0,0	**100,0**

Esse resultado é muito semelhante àquele obtido por Litterman e Scheinkman (1991) para o mercado norte-americano: numa amostra de taxas mensais com dados de 1984 a 1988, eles constataram que os três primeiros fatores explicam 89,5%, 8,5% e 2% da variância total da ET, respectivamente. É importante frisar que, embora seja uma amostra mensal, o prazo das taxas usadas por Litterman e Scheinkman atinge 30 anos. Os movimentos da ET no Brasil têm direções parecidas, mas a ET é bem distinta, especialmente no tocante ao prazo das aplicações. Outra diferença importante entre esses dois mercados, não avaliada neste estudo, é o nível de volatilidade das taxas.

Imunização de carteira

A imunização consiste em adicionar uma carteira de títulos à carteira corrente, a fim de eliminar o efeito de variações da taxa de juros sobre o valor da carteira original.[4] Nesta seção, mostramos como fazer a imunização em relação a cada um dos fatores, tomando como exemplo uma carteira de zero cupom[5] composta de *N* títu-

[4] Ver Bierwag (1977).

[5] São títulos prefixados sem nenhum pagamento de juros, havendo apenas o pagamento do principal no vencimento.

los com prazos de maturação diferentes. Podemos encontrar uma aplicação para o mercado norte-americano em Barber e Copper (1996), e outra, muito bem detalhada, para o mercado brasileiro em Barcinski (2000).

Representamos uma carteira de títulos do tipo zero cupom, pelos seus prazos de vencimento, no vetor:

$$\mathbf{T} = (T_1\ T_2 \dots T_N)$$

onde *Ti* representa o *i*-ésimo prazo (em ordem crescente), e o vetor

$$\mathbf{r} = (r_1\ r_2 \dots r_N)$$

representa o conjunto das taxas contínuas[6] médias para cada vencimento. Assim, o preço de um título que paga o valor 1, fixo no final do *i*-ésimo prazo, tem seu valor presente dado por:

$$P_i = e^{-r_i T_i}$$

De fato, consideremos uma variação qualquer na estrutura a termo, representada aqui pelo vetor-coluna

$$\Delta\mathbf{r}' = (\Delta r_1\ \Delta r_2 \dots \Delta r_N)$$

e uma carteira de zero cupom

$$\mathbf{P} = (P_1\ P_2 \dots P_N)$$

Para todo *i* fixo sabemos, pela expansão em série de Taylor da função exponencial, que

$$\frac{\partial P_i}{\partial r_i} = -\ T_i \, . \, P_i$$

representa a aproximação linear[7] para a variação no valor do título P_i como conseqüência de uma variação de uma unidade na taxa r_i. Portanto, como o valor da carteira é dado por

---

[6] Se R_i denota a taxa efetiva para o *i*-ésimo prazo, temos que ter $r_i = \frac{1}{T_i} ln(1 + R_i)$. Esse formato especial de expressar as taxas é bastante vantajoso, pois simplifica as expressões quando analisamos o retorno gerado por um determinado movimento na estrutura a termo. Para mais detalhes sobre taxas de juros, ver Faro (1990).

[7] Esse é o coeficiente de primeira ordem; o efeito de segunda ordem é conhecido como convexidade. Ver Varga (1993).

$$V(\mathbf{P}) = \sum_{i=1}^{N} P_i,$$

a aproximação (de primeira ordem) na variação $V(\mathbf{P})$ provocada pelo movimento $\Delta\mathbf{r}$ na estrutura a termo é dada por

$$\mathbf{D}_{\mathbf{P}}^{\Delta\mathbf{r}} = \mathbf{D}_{\mathbf{P}} / \Delta_{\mathbf{r}}, \qquad (7)$$

onde

$$\mathbf{D}_{\mathbf{P}} = -\,(T_1.P_1 \;\; T_2.P_2 \ldots \; T_N.P_N)\,.$$

Suponhamos que as variações nas taxas tenham distribuição normal, como as coordenadas do vetor **X** da seção anterior sobre componentes principais.

Da fórmula (5), a j-ésima $(1 \leq j \leq N)$ coluna da matriz

$$\mathbf{A}\,\Lambda^{1/2}$$

representa, em nossa aplicação, a variação nas taxas para um desvio-padrão no j-ésimo fator. Denotaremos tal vetor-coluna por

$$\Delta\mathbf{r}^j = (\Delta r_1^j \;\; \Delta r_2^j \ldots \Delta r_N^j)^t.$$

Seja T_L $(1 \leq L \leq N)$ um determinado prazo (por exemplo, o prazo de maior liquidez), e suponhamos que queiramos saber quanto investir em contratos com esse prazo para imunizar a carteira resultante em relação ao j-ésimo fator. Pela fórmula (7), basta investir a quantia

$$Q_L = \frac{D_P^{\Delta r^j}}{T_L \Delta r_L^j}.$$

Em geral, podemos abordar o problema de como encontrar carteiras, dependendo de um "número pequeno" (em relação a N) de prazos, tais que sua aquisição imunize completamente a carteira **P** inicial com respeito às variações em todos os fatores principais.

Suponhamos que exista um "número pequeno" de componentes principais independentes explicando o comportamento da estrutura a termo. Nesse caso, uma alternativa seria encontrar K prazos (de preferência entre os de maior liquidez e com menor correlação entre si), os quais denotaremos por

$$\mathbf{T}_{\mathbf{K}} = (T_{L_1} \;\; T_{L_2} \ldots T_{L_k}),$$

e uma carteira associada a esses prazos

$$\mathbf{Q_K} = (Q_{L_1}\ Q_{L_2}\ \ldots Q_{L_k}),$$

que seja solução do sistema de equações

$$D_Q^{\Delta r^j} = -D_P^{\Delta r^j}, \quad j = 1, \ldots, K \tag{8}$$

isto é, que as variações nos preços das duas carteiras (linearmente aproximadas) como conseqüência da variação em cada um dos fatores independentes se compensem.

Esse sistema é formado por K equações lineares com K incógnitas. De fato, basta reescrevê-lo usando a fórmula (8) para obter as equações lineares

$$\begin{cases} (T_{L_1}\ \Delta r_{L_1}^1)Q_{L_1} + (T_{L_2}\ \Delta r_{L_2}^1)Q_{L_2} + \ldots + (T_{L_K}\ \Delta r_{L_K}^1)Q_{L_K} = \mathbf{D}_P^{\Delta r^1} \\ (T_{L_1}\ \Delta r_{L_1}^2)Q_{L_1} + (T_{L_2}\ \Delta r_{L_2}^2)Q_{L_2} + \ldots + (T_{L_K}\ \Delta r_{L_K}^2)Q_{L_K} = \mathbf{D}_P^{\Delta r^2} \\ \quad\vdots \qquad\qquad\qquad \vdots \qquad\qquad\qquad \vdots \qquad\qquad \vdots \\ (T_{L_1}\ \Delta r_{L_1}^K)Q_{L_1} + (T_{L_2}\ \Delta r_{L_2}^K)Q_{L_2} + \ldots + (T_{L_K}\ \Delta r_{L_K}^K)Q_{L_K} = \mathbf{D}_P^{\Delta r^K} \end{cases}$$

Sabemos pela álgebra linear que esses sistemas lineares têm solução (e solução única) se e somente se o determinante da matriz quadrada cujas entradas são os termos entre parênteses nas equações acima é não-nulo. No entanto, para tal matriz vale a igualdade abaixo:

$$\begin{pmatrix} T_{L_1}\ \Delta r_{L_1}^1 & T_{L_2}\ \Delta r_{L_2}^1 & \ldots & T_{L_K}\ \Delta r_{L_K}^1 \\ T_{L_1}\ \Delta r_{L_1}^2 & T_{L_2}\ \Delta r_{L_2}^2 & \ldots & T_{L_K}\ \Delta r_{L_K}^2 \\ \vdots & \vdots & \ddots & \vdots \\ T_{L_1}\ \Delta r_{L_1}^K & T_{L_2}\ \Delta r_{L_2}^K & \ldots & T_{L_K}\ \Delta r_{L_K}^K \end{pmatrix} = \begin{pmatrix} \lambda_{L_1}^{1/2} & & & \\ & \lambda_{L_2}^{1/2} & & \\ & & \ddots & \\ & & & \lambda_{L_K}^{1/2} \end{pmatrix} \cdot$$

$$\begin{pmatrix} a_{L_1,1} & a_{L_2,1} & \ldots & a_{L_K,1} \\ a_{L_1,2} & a_{L_2,2} & \ldots & a_{L_K,2} \\ \vdots & \vdots & \ddots & \\ a_{L_1,K} & a_{L_2,K} & & a_{L_K,K} \end{pmatrix} \cdot \begin{pmatrix} T_{L_1} & & & \\ & T_{L_2} & & \\ & & \ddots & \\ & & & T_{L_K} \end{pmatrix};$$

Portanto, visto que as matrizes diagonais acima possuem obviamente determinante não-nulo, basta que a matriz entre as duas matrizes diagonais tenha determinante não-nulo para que o sistema que nos interessa tenha solução.

Sabemos, novamente por um resultado de álgebra linear, que, fixado K, o determinante da matriz **A** (vale para qualquer matriz) pode ser escrito como uma combinação linear de determinantes de todas as submatrizes quadradas $K \times K$ da matriz $\mathbf{A}_K$ — matriz das primeiras K colunas de **A** (como na seção sobre componentes principais). Portanto, se todas essas submatrizes tivessem seus determinantes nulos, o determinante da matriz **A** seria, por conseqüência, também nulo, o que obviamente não ocorre, pois **A** é ortonormal e, logo, seu determinante igual a 1.

Por esses argumentos podemos então garantir a existência de uma carteira composta de K prazos que imuniza a carteira inicial **P** em relação aos K fatores. Se isso acontecer para os K prazos de maior liquidez (cada prazo está associado a uma linha), estaremos obviamente em melhor situação. Denotando tal submatriz com determinante não-nulo por $\mathbf{A}_{L,K}$, sabemos então que existe sua matriz inversa associada e concluímos que a solução do nosso problema pode ser obtida por

$$\mathbf{Q}_K = diag(\mathbf{T}_K)^{-1} \,.\, \mathbf{A}_{L,K}^{-1} \,.\, diag(\lambda)^{-1/2} \,.\, \mathbf{D}_{P,K}^{\Delta r}, \tag{9}$$

onde

$$D_{P,K}^{\Delta r} = (D_P^{\Delta r^1} \; D_P^{\Delta r^2} \; \ldots \; D_P^{\Delta r^K}).$$

Obtivemos, como havíamos proposto, um procedimento para fazer a imunização (aproximação de primeira ordem) de nossa carteira inicial **P** em relação aos fatores principais independentes que influenciam o comportamento da estrutura a termo da taxa de juros: incorporamos a carteira $\mathbf{Q}_K$ à carteira inicial **P** e por (8) garantimos que a carteira resultante se torna imune aos K fatores.

No entanto, essa carteira tem o inconveniente de poder custar caro. Podemos contornar esse problema acrescentando mais um prazo (título) aos K previamente fixados. Substituindo a última equação por

$$\mathcal{Q}_{L_1} + \mathcal{Q}_{L_2} + \ldots + \mathcal{Q}_{L_{k+1}} = 0,$$

impomos custo zero à carteira de imunização. Não é garantida a solução do sistema; nesse caso, as chances aumentam bastante se adicionamos graus de liberdade (prazos) extras. Mas, se assim não quisermos proceder, poderemos ainda tentar encontrar soluções para as K equações com $K + 1$ incógnitas com o menor custo possível aproveitando os graus de liberdade do sistema.

Por sorte, no caso da estrutura a termo brasileira, através da série estudada, vimos que ela possui três fatores principais independentes que explicam mais de 94% das variâncias. Então, podemos equacionar o problema da imunização em relação a esses três fatores investigando quatro prazos de maior liquidez que possuam menor correlação entre si. A menor correlação certamente será obtida se esses prazos forem o mais distantes possível um do outro. Portanto, temos que identificar quatro prazos de razoável liquidez que estejam mais ou menos eqüidistantes entre si e cujo sistema associado (imune a três fatores e com custo zero) tenha solução, isto é, o determinante da matriz 4×4 dos coeficientes do sistema tem que ser não-nulo. Se isso não ocorrer para nenhum grupo de quatro prazos, podemos, em vez de impor custo zero, tentar encontrar a carteira (com quatro prazos) mais barata e imune a três fatores, lembrando que, como provamos no parágrafo anterior, sempre é possível encontrar quatro prazos em que o sistema (imune a quatro fatores) associado tem solução. Solucionando então o sistema de quatro equações lineares associado (a quarta equação é a do custo zero), encontramos a carteira de imunização com custo zero. Esta depende dos quatro vencimentos, ao contrário da carteira inicialmente fixada, que pode ser composta, por exemplo, de contratos com vencimentos nos 12 prazos levantados na série estudada.

Um exemplo de imunização

Apenas para exemplificar o uso da ACP no Brasil, aplicamos o resultado da seção anterior a uma carteira fictícia de títulos prefixados, todos com valor final $1.000. Tomamos a ET por 10 dias, no período ao redor da crise da Ásia. A tabela 3 mostra a ET com prazo de até 102 dias úteis. Cada coluna se refere à taxa efetiva anual para o prazo (em dias úteis) colocado na primeira linha. Cada linha mostra as taxas efetivas obtidas nos dias indicados na primeira coluna.

TABELA 3

Data	1 %	20 %	41 %	61 %	82 %	102 %
28-10-97	19,28	24,98	**25,72**	26,90	**27,41**	27,12
29-10-97	19,99	27,92	**28,72**	31,82	**31,97**	31,84
30-10-97	47,37	34,07	**33,68**	34,65	**34,61**	34,45
31-10-97	44,68	43,54	**40,75**	38,68	**38,48**	37,29
3-11-97	44,68	43,61	**40,51**	39,01	**37,85**	36,15
4-11-97	44,56	41,44	**38,22**	36,75	**35,56**	34,06
5-11-97	45,04	42,59	**38,91**	37,13	**36,17**	35,30
6-11-97	45,28	43,15	**40,44**	38,79	**37,94**	37,28
7-11-97	45,28	50,36	**48,70**	48,09	**47,06**	45,14
10-11-97	45,28	47,53	**46,03**	46,06	**44,47**	43,51
11-11-97	45,28	45,10	**43,68**	43,21	**42,28**	42,14

A tabela 4 mostra a ET com prazo de 123 a 245 dias úteis.

TABELA 4

Data	123 %	143 %	163 %	184 %	204 %	225 %	245 %
28-10-97	28,11	28,27	28,33	**28,44**	28,41	28,43	28,60
29-10-97	32,44	32,55	32,64	**32,86**	32,77	32,81	33,07
30-10-97	34,89	34,61	34,73	**34,46**	34,10	34,01	34,18
31-10-97	37,29	36,61	36,54	**35,95**	35,42	35,41	35,30
3-11-97	36,82	35,80	35,10	**34,35**	34,06	33,79	33,75
4-11-97	34,89	34,02	33,53	**33,21**	32,86	32,61	32,71
5-11-97	35,89	35,20	34,94	**34,89**	34,59	34,46	34,68
6-11-97	37,81	37,11	37,22	**36,91**	36,52	36,39	36,70
7-11-97	45,28	44,16	44,20	**43,57**	42,99	43,04	43,09
10-11-97	43,01	42,37	41,97	**41,41**	41,52	41,25	41,29
11-11-97	41,99	41,01	40,46	**40,12**	39,87	39,45	39,61

Criamos uma carteira arbitrária com posições, em títulos do tipo zero cupom, compradas por prazo longo e vendidas (caso em que se trata de uma captação de recursos) em prazo curto, segundo as quantidades listadas na tabela 5. A tabela mostra a composição e o valor da carteira fictícia. A última coluna contém o valor corrente dos títulos que compõem a carteira, segundo o prazo dos títulos.

TABELA 5

Prazo	Quantidade	Valor
1	Dinheiro	(65.020,50)
20	−10	(9.824,61)
41	−30	(28.903,17)
61	40	37.758,66
82	30	27.725,87
102	10	9.074,40
123	5	4.430,53
143	5	4.341,20
163	5	4.255,03
184	5	4.164,91
204	5	4.083,67
225	5	3.998,85
245	5	3.915,16
	Total	(0)

Na tabela 6 temos o valor diário dessa carteira corrigido pela taxa de juros corrente, que varia a cada dia de acordo com a ET das tabelas 3 e 4. A última coluna indica o valor da carteira, e a segunda coluna, a variação do valor da carteira.

TABELA 6

Data	Carteira Variação corrigida	Valor
28-10-97		65.020,50
29-10-97	(1.335)	63.732,23
30-10-97	(495)	63.335,52
31-10-97	(550)	62.878,00
3-11-97	220	63.190,23
4-11-97	436	63.719,16
5-11-97	(327)	63.486,31
6-11-97	(516)	63.064,65
7-11-97	(1.895)	61.263,00
10-11-97	456	61.809,39
11-11-97	431	62.332,17

A imunização consiste em adquirir uma carteira cuja variação em valor seja exatamente igual à variação do valor da carteira a ser imunizada. A carteira escolhida para esse fim foi obtida a partir de três títulos (o motivo para escolher determinado título pode ser sua liquidez). A tabela 7 mostra comportamento da carteira de imunização com três fatores. O valor aplicado em cada título é obtido da fórmula (9), e os parâmetros foram calculados com base numa amostra da ET do ano anterior (últimos 252 dias úteis) à avaliação da imunização. Os títulos da carteira têm prazo de 41, 82 e 184 dias úteis. As quatro últimas colunas mostram o valor diário de aquisição dessa carteira. Da quarta à sétima coluna, temos o seu valor de venda. Na segunda coluna temos o ganho ou a perda proporcionada pela carteira a cada dia.

TABELA 7
Carteira de *hedge* com três fatores

Data	Variação	Acumulado	Valor corrente	Venda 41	Venda 52	Venda 184	Valor total	Compra 41	Compra 82	Compra 184
28/10/97							(51,776)	24,661	(50,885)	(25,551)
29/10/97	**1,137**	1,137	(50,676)	24,569	(50,314)	(24,931)	(50,546)	23,940	(49,657)	(24,829)
30/10/97	**463**	1,602	(50,161)	23,800	(49,345)	(24,616)	(50,169)	23,177	(48,850)	(24,495)
31/10/97	**520**	2,124	(49,722)	22,997	(48,418)	(24,302)	(49,759)	22,382	(47,971)	(24,170)
03/11/97	**(195)**	1,932	(50,027)	22,387	(48,039)	(24,376)	(50,061)	21,789	(47,637)	(24,212)
04/11/97	**(267)**	1,668	(50,401)	21,840	(47,882)	(24,358)	(50,454)	21,227	(47,427)	(24,254)
05/11/97	**337**	2,008	(50,191)	21,212	(47,363)	(24,041)	(50,138)	20,584	(46,790)	(23,932)
06/11/97	**473**	2,484	(49,740)	20,554	(46,610)	(23,684)	(49,706)	19,926	(46,061)	(23,571)
07/11/97	**1,552**	4,040	(48,227)	19,778	(45,203)	(22,802)	(48,145)	19,142	(44,591)	(22,696)
10/11/97	**(354)**	3,691	(48,571)	19,188	(44,821)	(22,936)	(48,582)	18,590	(44,391)	(22,781)
11/11/97	**(229)**	3,467	(48,883)	18,627	(44,585)	(22,925)	(48,966)	18,024	(44,162)	(22,829)

Comparando a segunda coluna da tabela 6 com a segunda coluna da tabela 7, é fácil verificar a qualidade da imunização com modelos de fatores. Na seção a seguir, comparamos esse procedimento com outro bastante utilizado no mercado.

Comparação com o *duration hedge*

Um caso particular da seção anterior consiste em considerar apenas movimentos paralelos nas taxas, isto é,

$$\Delta r_1 = \Delta r_2 = \ldots = \Delta r_N;$$

nesse caso, para que uma carteira **P** seja imune a esse tipo particular de movimento, basta que

$$D_P = -\sum_{i=1}^{N} T_i \,.\, P_i = 0; \qquad (10)$$

em particular, se $N = 2$, temos que ter

$$P_1 = -\frac{T_2 . P_2}{T_1}$$

Se a ET sofresse apenas movimentos paralelos, a imunização com apenas um título traria o mesmo resultado que a aplicação com mais de um título. Por exemplo, imunizando a carteira inicial apenas com o título de 41 dias de prazo, a quantidade adquirida é dada pela fórmula (10). A tabela 8 mostra o comportamento da carteira de *hedge* com apenas um título (*duration hedge*). A última coluna mostra o valor diário de aquisição da carteira. A quarta coluna mostra o seu valor de venda. Na segunda coluna temos o ganho ou a perda diária proporcionada pela carteira.

TABELA 8
***Duration hedge* com título de 41 dias úteis**

Data	Variação	Acumulado	Carteira	
			Venda	Compra
28/10/97				(230,209)
29/10/97	817	817	(229,558)	(229,900)
30/10/97	1,466	2,284	(228,788)	(232,679)
31/10/97	1,876	4,164	(231,144)	(235,481)
03/11/97	(34)	4,136	(235,860)	(241,604)
04/11/97	(542)	3,600	(242,500)	(248,440)
05/11/97	220	3,825	(248,587)	(252,515)
06/11/97	420	4,251	(252,469)	(256,336)
07/11/97	1,948	6,205	(254,768)	(255,214)
10/11/97	(613)	5,601	(256,206)	(263,587)
11/11/97	(533)	5,077	(264,510)	(272,248)

Na tabela 9 temos a comparação entre a imunização com três fatores e o *duration* (um fator). A segunda e a terceira colunas mostram a variação diária do valor da carteira original mais a carteira de imunização.

TABELA 9

Data	Variação diária três fatores	*Duration*
29-10-97	70	(518)
30-10-97	78	971
31-10-97	100	1,326
3-11-97	(12)	186
4-11-97	102	(106)
5-11-97	79	(107)
6-11-97	61	(96)
7-11-97	16	53
10-11-97	22	(158)
11-11-97	148	(102)
Média	**66**	**145**
DP	**47**	**564**

Comparando a segunda e a terceira colunas da tabela 9, verifica-se que a variação dessa carteira de *hedge* não compensa tão bem as variações na carteira a ser imunizada quanto a carteira obtida com três fatores. De fato, esse é o resultado esperado, uma vez que o *duration hedge* protege apenas contra variações paralelas na ET.

Pela última linha da tabela 9, vemos que o desvio-padrão da carteira protegida pelo *duration hedge* é três vezes maior que o da carteira com *hedge* por três fatores. Portanto é óbvia a superioridade da utilização de um número maior de fatores na proteção de carteiras de renda fixa. De fato, se os três fatores explicam uma parcela da volatilidade maior do que o primeiro fator, segue-se que o *hedge* é tanto melhor quanto maior o número de fatores protegidos.

Conclusão

Vimos que o comportamento da ET brasileira é semelhante àquele observado no mercado norte-americano, onde predominam os movimentos paralelos da ET. Mostrou-se aqui a praticidade e a qualidade do procedimento de análise de componentes principais na avaliação da ET brasileira, bem como sua maior utilidade para proteger uma carteira de títulos prefixados contra variações da taxa de juros, em comparação com o *duration hedge*.

Vale destacar a importância desse resultado para a gerência de risco de títulos de renda fixa, já que assim ela pode melhor avaliar e proteger as carteiras dos riscos gerados pelos diversos tipos de movimentos da ET. Os procedimentos aqui descritos permitem várias aplicações práticas de gerência de risco, como por exemplo o cálculo do VaR.[8]

Referências bibliográficas

Barber, J. & Copper, M. Immunization using principal component analysis. *Journal of Portfolio Management*. Fall, 1996. p. 99-105.

Barcinski, Alexandre. Hedging strategies using a multifactor model for the Brazilian interest rate. 2000. Cap. 22.

Bierwag, G. Immunization, duration, and the term structure of interest rates. *Journal of Financial and Quantitative Analysis, 12*:725-42, 1977.

Campbell, J; Lo, A. & MacKinlay, A. *The econometrics of financial markets*. Princeton Univ. Press, 1997.

Faro, Clóvis de. *Princípios e aplicações do cálculo financeiro*. Livros Técnicos e Científicos, 1990.

Knez, Peter; Litterman, Robert & Scheinkman, José. Exploration into factors explaning money market returns. *Journal of Finance*. Dec. 1994.

Litterman, Robert & Scheinkman, José. Common factors affecting bond returns. *Journal of Fixed Income, 1*:54-61, 1991.

Rebonato, Riccardo. *Interest-rate option models*. Wiley, 1996.

Singh, Manoj. Value at risk using principal components analysis. *Journal of Portfolio Management*. Fall, 1997. p. 101-12.

Varga, Gyorgy. Duração, convexidade e imunização. *Resenha da BM&F*. Set. 1993.

Wilson, T. Debunking the myths. *Risk*, 7, Apr. 1994.

[8] Ver Singh (1997).

Estratégias de *hedge* usando um modelo multifatorial para as taxas de juros brasileiras

Alexandre Barcinski*

Introdução

Uma característica comum dos ativos de renda fixa nos EUA é que as variações nas taxas de juros para diferentes maturidades podem ser explicadas quase que inteiramente por um modelo de três fatores. Litterman e Scheinkman (1991) foram os primeiros a constatar isso e designaram tais fatores como nível, inclinação e curvatura. O primeiro fator desloca toda a estrutura a termo para cima e para baixo, afetando todas as maturidades na mesma direção. O segundo fator afeta distintamente ativos com vencimentos curtos e longos, alterando a inclinação da estrutura a termo. O último fator "dobra" a curva de rendimento, afetando as maturidades longas e curtas na mesma direção, e as maturidades médias na direção oposta.

Litterman e Scheinkman mostram que o modelo de três fatores explica mais de 95% das variações nas taxas para títulos sem cupom com maturidades variando de seis meses a 18 anos.

Neste capítulo, testamos o modelo de três fatores com os dados brasileiros e avaliamos seu desempenho para a finalidade de *hedge*. A principal conclusão é que o modelo fatorial explica muito bem a variação na estrutura a termo brasileira e que, para algumas maturidades, não precisamos dos três fatores. Como era de se esperar, para a finalidade de *hedge*, o modelo fatorial é mais eficiente do que o *hedge*

* O autor agradece à Capes pelo apoio financeiro.

com base na duração dos ativos. Mostramos, também, que as estratégias de *hedge* podem ser aplicadas de maneira eficiente utilizando o mercado futuro para taxas de juros no Brasil.

O capítulo está organizado da seguinte maneira: na primeira seção, explicamos sucintamente[1] a implementação do modelo de três fatores. Na segunda seção, descrevemos o funcionamento do mercado brasileiro de renda fixa e algumas de suas peculiaridades, e mostramos como construir séries de retornos para títulos sem cupom. A terceira seção apresenta os resultados do modelo de três fatores aplicados aos dados de taxas de juros no Brasil. Na quinta seção, mostramos como utilizar o modelo de três fatores para a finalidade de *hedge* e comparamos as estratégias de *hedge* com um modelo fatorial com o *hedge* com base na duração. Todas as estratégias de *hedge* usam o mercado futuro para taxas de juros. Por último, apresentamos as conclusões.

A implementação de um modelo de fatores

A idéia básica de um modelo fatorial é tentar encontrar os fatores que mais contribuem para explicar a variação de determinada série de dados. Sejam $r_1, r_2, \ldots, r_n$ a série de taxas de juros para diferentes maturidades e $f_1, f_2, \ldots, f_m$ possíveis fatores independentes. Admitamos que a dinâmica da série seja tal que:

$$\begin{aligned}
\Delta r_1 &= \alpha_1 + \beta_{11}\Delta f_1 + \beta_{12}\Delta f_2 + \ldots + \beta_{1m}\Delta f_m + \epsilon_1 \\
\Delta r_2 &= \alpha_2 + \beta_{21}\Delta f_1 + \beta_{22}\Delta f_2 + \ldots + \beta_{2m}\Delta f_m + \epsilon_2 \\
&\;\;. \\
&\;\;. \\
&\;\;. \\
\Delta r_n &= \alpha_n + \beta_{n1}\Delta f_1 + \beta_{n2}\Delta f_2 + \ldots + \beta_{nm}\Delta f_m + \epsilon_n
\end{aligned} \tag{1}$$

com Σ denotando a matriz de covariância de Δr e $\sigma_{ij} = cov(\Delta r_i, \Delta r_j)$ os elementos de Σ.

Existem duas maneiras básicas de identificar esses fatores. Na primeira, usam-se fatores *ad hoc*. No caso das taxas de juros, podemos escolher algumas variáveis macroeconômicas que acreditamos influenciar o comportamento dessas taxas. Na segunda maneira, denominada "análise do componente principal" ou "análise fatorial", extraímos os chamados "fatores implícitos".

Como os fatores estão implícitos em Δr, podemos escrevê-los como

$$\Delta f_i = \gamma_{i1}\Delta r_1 + \gamma_{i2}\Delta r_2 + \ldots + \gamma_{in}\Delta r_n + \eta_1 \tag{2}$$

[1] Para uma explicação mais detalhada da análise do componente principal, ver o capítulo 16.

Para extrair o primeiro fator, f_1, precisamos encontrar $\gamma_{11}, \ldots, \gamma_{1n}$ que maximize a variância de Δf_1. A idéia é tentar capturar um fator que tenha máxima covariância com as variações nas taxas de juros.

$$\max Var\,(\Delta f_1) = \sum_{i=1}^{n}\sum_{j=1}^{n} \gamma_{1i}\gamma_{1j}\,\sigma_{ij}, \text{ sob a restrição de que } \sum_{j=1}^{n}\gamma \times\!\!\nearrow_{j} = 1.$$

Uma vez encontrados os coeficientes, podemos construir uma série para a variação do primeiro fator e com esses dados rodar as regressões:

$$\begin{aligned}
\Delta r_1 &= \alpha_1 + \beta_{11}\,\Delta f_1 + \epsilon_1 \qquad (3)\\
\Delta r_1 &= \alpha_2 + \beta_{21}\,\Delta f_1 + \epsilon_2\\
&\;\;\vdots\\
\Delta r_n &= \alpha_n + \beta_{n1}\,\Delta f_1 + \epsilon_n
\end{aligned}$$

para estimar os coeficientes $\alpha_1, \ldots, + \alpha_n$, $\beta_{11}, \ldots, \beta_{n1}$ e os resíduos $\epsilon_1, \ldots, \epsilon_n$.

Após utilizar o primeiro fator, ainda precisamos explicar a variação dos resíduos. Para tanto repetiremos a operação descrita acima usando como variáveis explanatórias os resíduos, em vez da variação nas taxas de juros. Assim, o segundo fator pode ser calculado como:

$$\Delta f_2 = \gamma_{21}\,\epsilon_1 + \ldots + \gamma_{2n}\,\epsilon_n \qquad (4)$$

onde $\gamma_{21}, \ldots, \gamma_{2n}$ maximiza a variação do segundo fator, novamente sujeito à soma dos quadrados dos coeficientes iguais a 1. Para extrair mais fatores, precisamos apenas repetir o procedimento já descrito.

Podemos fazê-lo facilmente usando a propriedade segundo a qual os autovetores de Σ são a solução para os problemas que nos dão os coeficientes γ. Sejam $\lambda_1 \geq \lambda_2 \geq \ldots \geq \lambda_n$ os autovalores de Σ e $v_1, \ldots, v_n$ os autovetores normalizados associado a eles. Sabemos que:

$$\begin{aligned}
v_1 &= (\gamma_{11}, \ldots, \gamma_{1n})\\
v_2 &= (\gamma_{21}, \ldots, \gamma_{2n})\\
&\;\;\vdots\\
v_q &= (\gamma_{q1}, \ldots, \gamma_{qn})
\end{aligned}$$

onde q representa o número de fatores que estão sendo usados. Com os valores para os coeficientes, podemos construir a série de Δf e encontrar os valores para os parâmetros α e β da equação (1).

Carteiras imitadoras de fator

Uma vez encontrados os parâmetros α e β, podemos construir o que chamamos de "carteira imitadora de fator". Tais carteiras vão desempenhar o papel dos fatores que não conhecemos na prática.

Assumindo $\alpha = 0$ e usando um modelo de três fatores, precisamos escolher três maturidades distintas a fim de formar as carteiras imitadoras.[2]

$$
\begin{aligned}
E(\Delta r_1) &= \beta_{11}\,\Delta f_1 + \beta_{12}\,\Delta f_2 + \beta_{13}\,\Delta f_3 \\
E(\Delta r_2) &= \beta_{21}\,\Delta f_1 + \beta_{22}\,\Delta f_2 + \beta_{23}\,\Delta f_3 \\
E(\Delta r_3) &= \beta_{31}\,\Delta f_1 + \beta_{32}\,\Delta f_2 + \beta_{33}\,\Delta f_3
\end{aligned}
\qquad (5)
$$

ou, em forma de matriz:

$$dR = \beta dF$$

Para chegarmos a uma expressão para as carteiras imitadoras de fator, precisamos apenas inverter a expressão anterior:

$$dF = \beta^{-1}\, dR$$

Vamos supor que desejamos saber como r_x se comporta onde X é uma maturidade arbitrária. Sabemos que

$$dr_x = \beta_{x1}\, df_1 + \beta_{x2}\, df_2 + \beta_{x3}\, df_3 = \beta_x\,(\beta^{-1})\, dR = \theta_x\, dR \qquad (6)$$

Se definirmos r como o retorno para instrumentos de renda fixa com três maturidades diferentes mantidas constantes, θ_x será um vetor 3×1 que nos mostrará a combinação linear de ativos com maturidades 1, 2, 3 que aproxima a variação no rendimento para maturidade X. Se r for definido como os preços para os instrumentos de renda fixa, então θ_x vai nos revelar a quantidade de ativos com maturidades 1, 2, 3 que teríamos que comprar para "imitar" um instrumento com maturidade X.

Algumas questões práticas

Ao aplicar um modelo de três fatores, estamos calculando carteiras imitadoras para títulos com diferentes maturidades, como fizemos anteriormente. A fim de obter resultados precisos, o melhor seria de fato estimar os parâmetros α e β para todas as

[2] Se α não fosse igual a zero, precisaríamos de quatro maturidades diferentes.

maturidades analisadas. Para isso teríamos que coletar dados para todas essas maturidades e refazer o cálculo do modelo inteiro para cada uma delas.

Em vez disso, vamos escolher nove maturidades fixas e calcular seus coeficientes α e β. Para as maturidades intermediárias, usaremos uma interpolação linear para calcular seus coeficientes. No exemplo anterior, os coeficientes para a maturidade arbitrária X seriam calculados dessa maneira. As nove maturidades básicas serão 5, 10, 20, 40, 60, 80, 100, 120 e 140 dias úteis. Se X estiver entre 20 e 40, por exemplo, os coeficientes β para a maturidade X serão:

$$\beta_{xi} = \delta\beta_{20,i} + (1 - \delta)\beta_{40,i} \text{ com } \delta = \frac{40 - X}{40 - 20}$$

Como veremos adiante, isso não parece ser problema, contanto que as maturidades escolhidas não estejam muito distantes umas das outras. É importante ter certeza de que os coeficientes não mudam de sinal duas vezes no intervalo entre uma maturidade e outra.

A estrutura a termo da taxa de juros para a economia brasileira

Existem duas diferenças básicas entre os instrumentos de renda fixa no Brasil e nos Estados Unidos. Em primeiro lugar, o mercado brasileiro trabalha com maturidades muito curtas. São raros os instrumentos de renda fixa com maturidade acima de seis meses. Além disso, o mercado brasileiro utiliza dias úteis como parâmetro de tempo.

Quando me refiro à estrutura a termo da taxa de juros para o Brasil, na verdade não há nenhum ativo de longo prazo envolvido. O prazo mais longo com o qual trabalharemos será de 140 dias úteis (aproximadamente sete meses), e o mais curto, de cinco dias úteis.

As taxas de juros no Brasil são determinadas através do mercado de DI (depósito interbancário) futuro e através de taxas de juros diárias, denominadas certificados de depósito interbancário (CDI). Os mercados de DI são bons parâmetros para os preços de títulos sem cupom que vencem no último dia de cada mês. O mercado é relativamente líquido para maturidades de até cinco ou seis meses. Percebemos que o mercado não se preocupa com as taxas de juros para instrumentos de maturidades constantes, e sim com as taxas de juros de cada mês.

Se quisermos trabalhar com a estrutura a termo da taxa de juros, teremos que construir uma série de rendimentos com maturidades constantes. Fazemos isso com os dados diários dos mercados de DI. Os valores de fechamento dos contratos de DI e a taxa do CDI na data t, junto com o número de dias úteis de cada mês, nos permitem calcular o que o mercado espera como taxa de juros diária para cada dia útil entre a data t e a maturidade do mais longo DI disponível. Compondo as taxas diárias é possível encontrar as taxas de juros para as maturidades constantes em dias úteis.

Infelizmente, isso não basta para calcular a variação diária na curva de rendimento brasileira. Comparar os rendimentos para maturidades constantes entre duas datas de fechamento pode levar a uma superestimação da variação de rendimento devido à peculiaridade do mercado brasileiro. Teremos casos em que a taxa de juros diária projetada pelo mercado de DI não sofrerá mudanças, ao contrário das taxas de maturidades constantes. Um exemplo prático pode mostrar isso de maneira mais clara.

No dia 29 de janeiro de 1997, o mercado fechou com as projeções das taxas diárias mostradas na tabela 1:

TABELA 1

Data	Taxa diária (%)
29 de janeiro	0,078
30 de janeiro	0,088
31 de janeiro	0,088
1 de fevereiro	0,093
2 de fevereiro	0,093
3 de fevereiro	0,093

Um título de cinco dias teria um rendimento de 0,44% nesse período (compondo 0,078, 2 vezes 0,088 e 2 vezes 0,093). Suponhamos que no dia seguinte o mercado confirme as previsões do dia 29 de janeiro, de modo que a taxa diária para o dia 30 seja de fato 0,88% e os valores previstos para o futuro continuem os mesmos. Ao calcular um rendimento num período de cinco dias, entre os dias 30 de janeiro e 3 de fevereiro, obteremos um resultado de 0,46% para o período de cinco dias.

A comparação dos resultados nos levaria a crer que houve um deslocamento nas taxas de juros do dia 29 para o dia 30 de janeiro, o que na verdade não ocorreu. Proponho calcular a variação diária comparando, em vez de duas taxas de fechamento, uma taxa de abertura com outra de fechamento do mesmo dia. Assim obteremos uma variação zero no exemplo descrito e estaremos fazendo exatamente o que todos os bancos brasileiros fazem para calcular variações nos preços de seus ativos de renda fixa.

O problema de superestimação da variação das taxas de juros é mais sério para prazos menores, principalmente antes de janeiro de 1998, quando o Banco Central tinha como política controlar as taxas de juros mensais. Em épocas com taxas de juros mensais constantes, teríamos meses mais curtos com taxas diárias mais altas do que as de meses mais longos. Isso ficava claro quando comparávamos as taxas diárias de fevereiro (em geral com 18 dias úteis) e março (em geral com 21 dias úteis). Desde janeiro de 1998, o Banco Central vem tentando trabalhar com taxas anuais. Mas, como o mercado futuro de DI continua sendo o principal mercado de renda fixa no Brasil, ainda lidamos com algumas diferenças nas taxas devido a efeitos de calendário.

A fim de construir a minha série de variação diária da curva de rendimento, calculei a diferença entre os juros anuais de "abertura" e de "fechamento" para diversos prazos de vencimento.

O modelo fatorial para dados brasileiros

Testamos o modelo de três fatores usando dados sobre a variação das taxas de juros diárias de nove maturidades distintas: 5, 10, 20, 40, 60, 80, 100, 120 e 140 dias úteis. Utilizamos dados de janeiro de 1999 até meados de janeiro de 2000 para estimar o modelo e usaremos os dados de meados de janeiro de 2000 até fevereiro de 2000 para testar as estratégias de *hedge* nas próximas seções. O resultado do modelo está resumido na tabela a seguir.

TABELA 2

Coef./mat.	5	10	20	40	60	80	100	120	140
β_1	0,113	0,136	0,176	0,285	0,355	0,387	0,419	0,441	0,459
T	7,93	9,63	11,38	13,27	13,67	13,77	14,03	13,80	13,50
R^2	0,363	0,506	0,674	0,891	0,942	0,955	0,989	0,958	0,918
β_2	-0,478	-0,453	-0,389	-0,302	-0,208	-0,084	0,138	0,294	0,411
T	-10,00	-9,52	-7,49	-4,18	-2,38	-0,89	1,38	2,74	3,59
R^2	0,831	0,927	0,937	0,974	0,969	0,959	0,998	0,994	0,98
β_3	0,428	0,326	0,175	-0,212	-0,397	-0,485	-0,074	0,220	0,435
T	4,67	3,57	1,76	-1,53	-2,37	-2,67	-0,38	1,07	1,98
R^2	0,933	0,986	0,951	0,986	0,996	0,993	0,999	1,00	0,999

Os resultados que encontrei são parecidos com os obtidos por Litterman e Scheinkman para os Estados Unidos e por Varga e Valli (cap. 16) para o Brasil: temos um primeiro fator que afeta todas as maturidades na mesma direção (o fator do "nível"); um segundo fator que afeta maturidades mais curtas numa direção e as mais longas noutra (o fator da "inclinação"); e um terceiro fator que "dobra" a estrutura a termo, afetando maturidades mais curtas e longas numa direção e maturidades médias na direção oposta (o fator da "curvatura").

Embora os sinais dos coeficientes sejam iguais, julgo difícil qualquer comparação entre os resultados dos diferentes trabalhos. A maturidade mais curta de Litterman e Scheinkman equivale à nossa mais longa. Varga e Valli usam um método diferente para calcular a variação de rendimento. Além disso, utilizam dados para um período em que as maturidades mais longas estavam disponíveis no mercado brasileiro.

É interessante observar o grande poder explanatório do modelo de três fatores quando aplicado aos nossos dados. De fato, para algumas maturidades não precisamos dos três fatores para explicar suas variações. O primeiro fator é significante para todas as maturidades, e seu poder explanatório é muito maior para maturidades mais longas. O primeiro fator explica apenas 36% da variação de um rendimento de cinco dias úteis, mas explica quase totalmente a variação de rendimento de 100 dias úteis. O segundo fator não é significativamente diferente de zero para maturidades de 80 e 100 dias úteis. O terceiro fator também não é significativamente diferente de zero para maturidades de 40, 100 e 120 dias úteis.

O valor dos coeficientes α é outra questão importante que não foi mostrada na tabela 2. Os coeficientes não são significativamente diferentes de zero para todas as maturidades. Vamos então ignorar esses valores e trabalhar com o modelo no qual supomos que os coeficientes sejam iguais a zero. Poderemos assim construir as carteiras "imitadoras" usando no máximo três ativos. Se os coeficientes fossem significativamente diferentes de zero, teríamos que usar, em alguns casos, quatro ativos diferentes a fim de implementar nossas estratégias de *hedge*.

A aproximação linear para os coeficientes beta

Para evitar resolver o modelo de três fatores para cada uma das maturidades, vamos calcular o coeficiente para nove maturidades básicas e usar uma interpolação linear para as outras maturidades. Para avaliar o resultado dessa aproximação, calculamos os coeficientes para algumas maturidades intermediárias com o objetivo de compará-los à aproximação linear. O resultado está na tabela abaixo:

TABELA 3

Mat.	β_{i1}		β_{i2}		β_{i3}	
	Exato	Aprox.	Exato	Aprox.	Exato	Aprox.
7	0,125	0,122	−0,465	−0,468	0,381	0,387
15	0,152	0,156	−0,427	−0,421	0,257	0,250
30	0,235	0,231	−0,354	−0,345	−0,065	−0,018
50	0,328	0,320	−0,239	−0,255	−0,295	−0,304
70	0,371	0,371	−0,161	−0,146	0,508	−0,441
90	0,404	0,403	0,036	0,027	−0,268	−0,279
110	0,431	0,430	0,223	0,216	0,085	0,073
130	0,451	0,450	0,356	0,352	0,336	0,327

A tabela mostra que o resultado da aproximação linear é bastante razoável e que para a finalidade de *hedge* não valeria a pena fazer o cálculo exato de todos os coeficientes. A seguir veremos que as estratégias de *hedge* funcionam muito bem com a aproximação linear.

As estratégias de *hedge*

O resultado anterior nos fornece o coeficiente β_{ij} para as nove principais maturidades escolhidas e comprova que uma aproximação linear é uma aproximação razoável para outras maturidades. Esses coeficientes mostram como a variação nos fatores afeta as variações no rendimento para essas maturidades. Precisamos relacionar essa variação de rendimento às mudanças nos preços dos ativos para poder usar o modelo para a finalidade de *hedge*.

Da variação das taxas de juros para a variação dos preços

Um título sem cupom com vencimento em X dias úteis terá seu preço dado por:

$$P_X = \frac{1}{(1+r_X)^{X/252}}$$

onde r_X é o rendimento anual para um instrumento com vencimento em X dias úteis, e 252 é o número médio de dias úteis do ano.[3] Tomando a derivada do preço com relação à taxa de juros anual, temos:

$$\frac{\partial P_x}{\partial r_x} = -\frac{X}{252(1+r_X)^{X/252-1}} = -\frac{XP_x}{252(1+r_X)} \Rightarrow dP_x \cong -\frac{XP_x}{252(1+r_X)} dr_X \qquad (7)$$

Usando a expressão (6), temos:

$$dP_x \cong -\frac{XP_x}{252(1+r_X)} \beta_x (\beta^{-1})\, dR = (T_x P_x)\, \theta_x\, dR \qquad (8)$$

onde

$dR \equiv$ vetor de variação no rendimento de três maturidades básicas escolhidas para formar a carteira imitadora,

$\beta_x = [\beta_{x1}\ \beta_{x2}\ \beta_{x3}]$, vetor dos coeficientes para a maturidade X,

$$\beta \equiv \begin{vmatrix} \beta_{11} & \beta_{12} & \beta_{13} \\ \beta_{21} & \beta_{22} & \beta_{23} \\ \beta_{31} & \beta_{32} & \beta_{33} \end{vmatrix}$$, matriz com os coeficientes para as três maturidades básicas.

[3] Utilizei 252 para calcular a taxa anual a partir da taxa diária.

$\theta_x \equiv [\theta_{x1}\, \theta_{x2}\, \theta_{x3}]$, o vetor relacionando a variação nos retornos das maturidades básicas com a variação no retorno da maturidade X.

$$T_i = -\frac{WD_i}{252(1+r_i)},$$

onde WD é o número de dias úteis para atingir a maturidade. Temos uma relação parecida com (7) para cada uma das maturidades básicas:

$$\left.\begin{aligned} dP_1 &= -\frac{WD_1}{252(1+r_1)} P_1\, dr_1 = T_1 P_1\, dr_1 \\ dP_2 &= -\frac{WD_2}{252(1+r_2)} P_2\, dr_2 = T_2 P_2\, dr_2 \\ dP_3 &= -\frac{WD_3}{252(1+r_3)} P_3\, dr_3 = T_3 P_3\, dr_3 \end{aligned}\right\} \Rightarrow dP = (T\, P)\, dR \tag{9}$$

onde TP é uma matriz diagonal 3 × 3 com $T_1 P_1$, $T_2 P_2$, $T_3 P_3$ na diagonal.

Se tivermos uma carteira com três maturidades básicas 1, 2, 3 com quantidades Q_1, Q_2, Q_3 imitando um ativo com maturidade X, teremos:

$$dP_x = Q_1\, dP_1 + Q_2\, dP_2 + Q_3\, dP_3 = Q dP = Q(T\, P)dR \tag{10}$$

Usando as expressões (8) e (10), temos:

$$(T_x P_x)\theta_x = Q(T\, P)$$

ou

$$Q_i = \frac{T_x P_x \theta_{xi}}{T_i P_i},\ i = 1, 2, 3$$

O valor Q_i nos mostra a quantidade do ativo básico i que precisamos comprar (ou vender) para "hedgear" um ativo com maturidade X.

Também podemos escrever as quantidades como:

$$Q_i = \theta_{xi} \frac{WD_x (P_i)^{-252/WD_i}}{WD_i (P_x)^{-252/WD_x}} \tag{11}$$

Hedge com base na duração

Hedge com base na duração é provavelmente a estratégia mais usada pelos bancos para "hedgear" suas posições de renda fixa. A estratégia supõe que a estrutura a termo da taxa de juros terá apenas movimentos paralelos que afetarão todos os prazos da mesma maneira. A estratégia ótima de *hedge* com base na duração pode ser encontrada facilmente. Seja

$$P = \frac{1}{(1+r)^N} \Rightarrow \frac{dP}{dr} = -\frac{N}{1+r}P = d$$

Queremos encontrar uma quantidade do ativo 2 que aproximará a variação do preço de uma unidade de ativo 1 quando as taxas de juros se deslocarem.

$$\frac{dP_1}{dr} = d_1 = \frac{dP_2}{dr}Q_2 = d_2Q_2 \Rightarrow Q_2 = \frac{d_1}{d_2}$$

Para adotar a estratégia *hedge* com base na duração, usaremos o contrato futuro de DI com duração mais próxima à duração da posição a ser "hedgeada".

Hedge usando o mercado futuro de taxas de juros no Brasil

A maneira mais comum de "hedgear" posições de renda fixa no mercado brasileiro é através dos mercados futuros para taxas de juros, os chamados DIs. São mercados bastante líquidos, permitindo que os bancos vendam títulos sem cupom com maturidades que variam de um dia até aproximadamente seis meses. No que diz respeito ao *hedging*, uma característica importante desse mercado, assim como de qualquer outro mercado futuro, são os ajustes diários de posição. Além disso, o preço para a compra do contrato é zero. Com isso não teremos maiores problemas para alavancar posições com a finalidade de *hedge*.

Usei o segundo, terceiro e quarto contratos de DI como os três ativos que formam minhas carteiras imitadoras. Escolhi esses contratos por serem muito líquidos e terem maturidades que variam de 18 a 80 dias úteis, possibilitando-me carregar uma posição nesses ativos para esse período, a fim de comparar as estratégias de *hedge*. Não quis usar o primeiro contrato de DI porque o curto vencimento desse contrato me obrigaria a fazer um novo balanço da minha carteira de *hedging*. Usei o segundo, terceiro e quarto contratos no dia da compra da estratégia de *hedge*. Dependendo do tempo de permanência nessa posição, os contratos podem se tornar o primeiro, o segundo e o terceiro, na hora da venda.

Como vimos anteriormente, os contratos de DI têm maturidades diferentes a cada dia, de modo que nossa matriz β da expressão (6) será construída com combinações lineares dos coeficientes para as nove maturidades básicas para as maturidades dos três contratos de DI usados. Teremos um quarto conjunto de coeficientes, β_X, também construído com aproximação linear, que será relacionado à maturidade da posição que queremos "hedgear".

Com esses coeficientes, a expressão (11) me dará a quantidade de cada contrato de DI que preciso comprar (ou vender) para "hedgear" uma posição em um ativo com maturidade X.

Os resultados das estratégias de hedge

Apresento os resultados para a estratégia de *hedge* usando o modelo de fatores e para uma estratégia baseada na duração dos ativos para posições com maturidades distintas carregadas do dia 11 de janeiro de 2000 até 24 de fevereiro de 2000. Mostro a variação diária dos preços da carteira-fator e da carteira-duração, e as posições a serem "hedgeadas".

Numa primeira abordagem, permito um reajuste diário das carteiras de *hedging*. Calculo diariamente os coeficientes β para os futuros contratos de DI e para as posições a serem "hedgeadas" para recalcular as quantidades ótimas para o modelo de fatores. Também permito que a carteira-duração seja reajustada. Essa abordagem é uma boa aproximação para o caso em que os custos de transação para mudar diariamente a posição no mercado futuro de DI são desprezíveis.

Numa segunda abordagem, a estratégia de *hedge* ótima é calculada em 11 de janeiro e carregada até 24 de fevereiro, sem nenhum reajuste. Ambas as abordagens são um tanto extremas e, na prática, um banco provavelmente irá optar por reajustar algumas vezes a carteira de *hedging*, dependendo do custo da transação.

As figuras 1 e 2 mostram a variação diária para a posição a ser "hedgeada" e as carteiras de *hedge* usando o modelo fatorial e o modelo baseado na duração. O ativo a ser "hedgeado" tem maturidade de 85 dias úteis em 11 de janeiro e valor de $1 no vencimento. Percebe-se que, quando permito um reajuste diário, o modelo fatorial é mais eficiente do que a carteira-duração. Quando não há reajuste diário, o resul-

Figura 1
Variação diária dos preços – com rebalanceamento diário

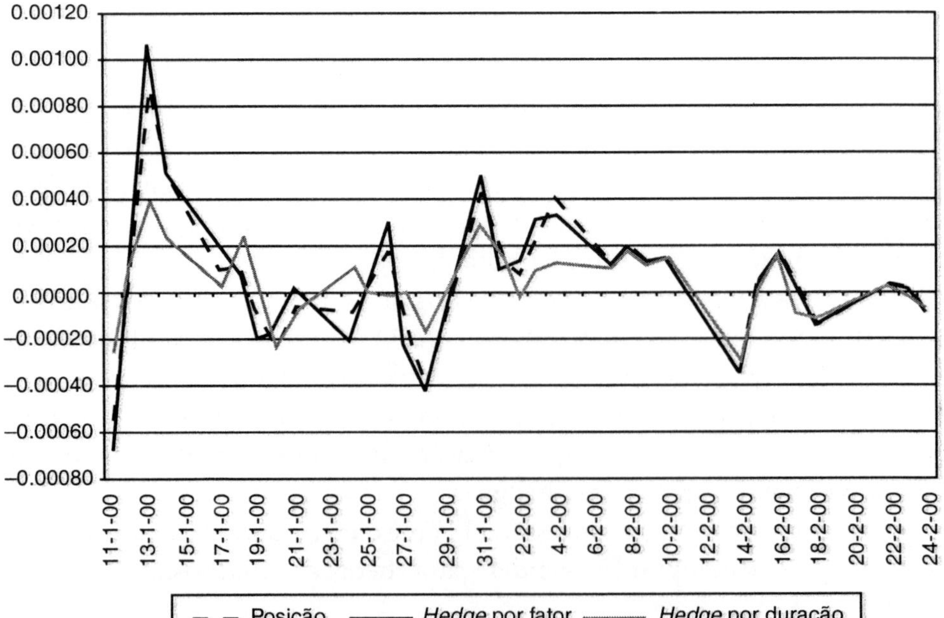

Figura 2
Variação diária dos preços – sem rebalanceamento

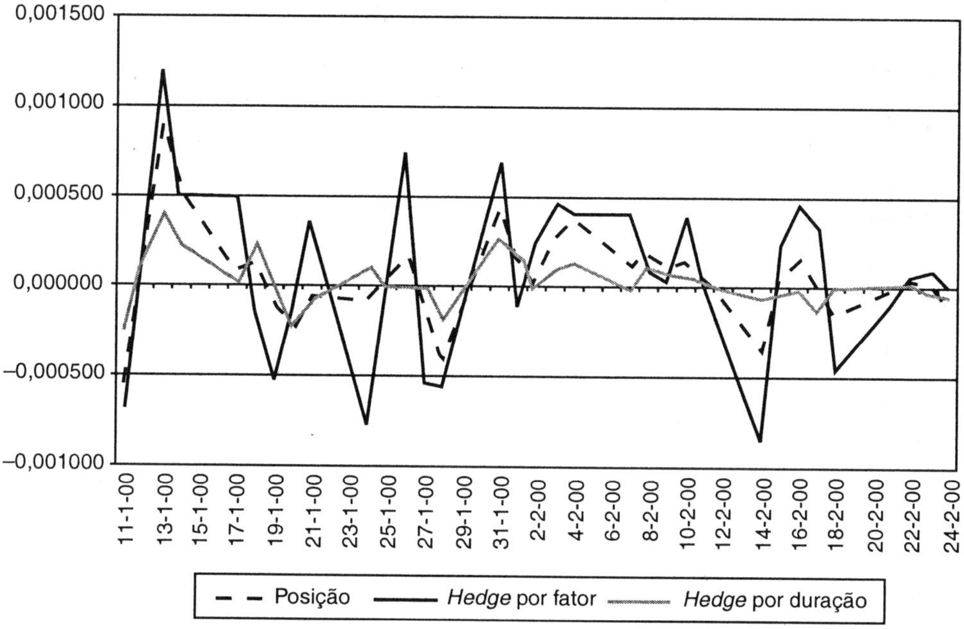

tado não é claro no que diz respeito à estratégia de *hedge*, mas a carteira-fator parece acompanhar melhor a variação na carteira "hedgeada".

Comparar o valor das carteiras com o valor das posições "hedgeadas" pode ser uma maneira mais pertinente de avaliar a eficácia das carteiras de *hedging*. As figuras 3 e 4 fazem isso para uma posição com maturidade de 85 dias úteis com valor de $1.000.000 no vencimento. O valor para a carteira-fator e a carteira-duração foi calculado investindo uma quantidade inicial igual ao preço do ativo "hedgeado" e todos os ganhos e todas as perdas numa conta corrente que paga a taxa de juros diária do CDI.

Ambas as estratégias de *hedge* parecem funcionar perfeitamente, já que a maior diferença entre o valor de nossa posição e o das carteiras de *hedging* não excede $1.500, aproximadamente 0,14% do valor da posição a ser "hedgeada". Em ambos os casos, a carteira estimada pelo modelo fatorial parece comportar-se relativamente melhor do que a carteira estimada pelo modelo de duração, com ou sem reajuste diário. A maior diferença entre o valor da carteira-fator e o valor de nossa posição é aproximadamente 0,07%, sem reajuste diário, ou 0,017%, com reajuste diário. Ou seja, uma diferença de aproximadamente $600 e $200 para uma posição de 1 milhão.

Esse resultado é robusto para as posições de *hedging* com maturidades distintas daquela apresentada, assim como em datas diferentes (antes e depois de 11 de janeiro).

Figura 3
Diferença absoluta entre o valor da posição das carteiras de *hedge* – Com rebalanceamento

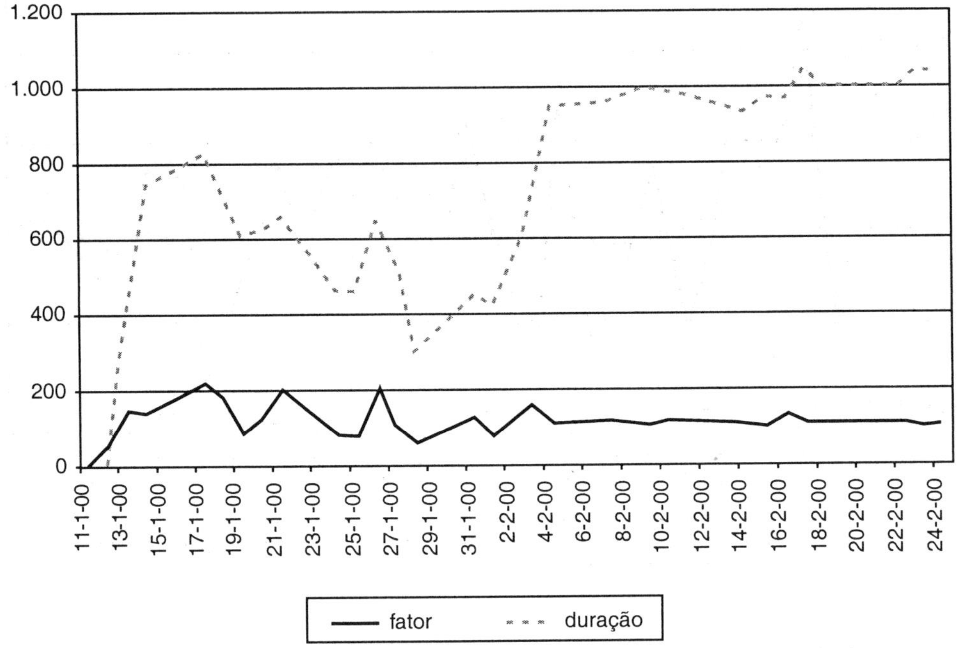

Figura 4
Diferença absoluta entre o valor da posição das carteiras de *hedge* – Sem rebalanceamento

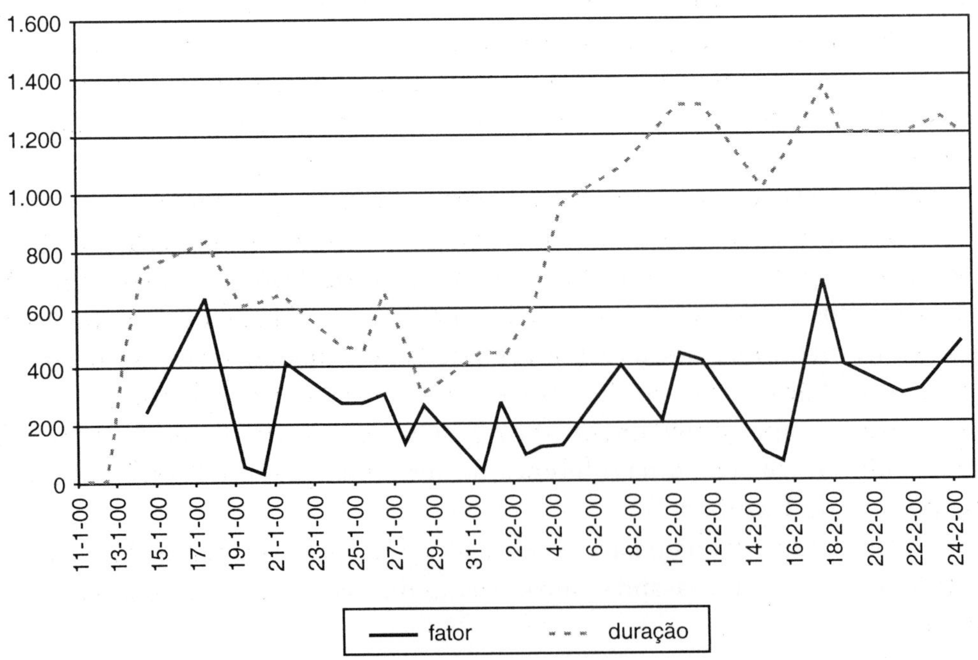

Conclusão

Testamos aqui o uso de decomposição de fatores para finalidades de *hedge* de instrumentos de renda fixa no mercado brasileiro, como o fizeram Litterman e Scheinkman para a economia norte-americana e Varga e Valli para o caso brasileiro. É difícil comparar meus resultados com os estudos anteriores. Litterman e Scheinkman usam dados com maturidades completamente diferentes das minhas. Sua maturidade mais curta equivale à minha mais longa. Varga e Valli usam outro método para calcular a variação diária para instrumentos de renda fixa.

Aqui o modelo de três fatores parece explicar satisfatoriamente o comportamento da estrutura a termo da taxa de juros no Brasil. Um modelo de três fatores explica mais de 90% da variação da curva de rendimento para todas as maturidades.

Em contraste com os estudos citados, como nem todos os coeficientes dos fatores são significativamente diferentes de zero, sua importância para explicar a variação de todas as maturidades é questionável.

O uso do modelo de três fatores para finalidades de *hedge* apresenta melhores resultados quando comparado com as simples estratégias de *hedge* com base na duração. Usando o mercado futuro para taxas de juros para "hedgear" instrumentos de renda fixa, no período de janeiro a fevereiro de 2000, a diferença entre o modelo de três fatores e a simples estratégia de *hedge* com base na duração pode ser significativa em termos absolutos, embora as duas estratégias apresentem resultados satisfatórios para o mercado brasileiro. Tal resultado parece robusto para diferentes períodos e para instrumentos de *hedging* com vencimentos variados.

Referência bibliográfica

Litterman, R. & Scheinkman, J. A. Common factors affecting bond returns. *Journal of Fixed Income*, *1*:54-61, 1991.

Apreçamento do *spread* de risco ajustado pelas opções em eurobônus brasileiros*

Franklin Gonçalves e Márcio Barros

Introdução

O mercado de títulos de renda fixa de empresas brasileiras negociados no mercado internacional em dólares norte-americanos, os eurobônus, vem-se tornando bastante atraente para investidores institucionais em todo o mundo. Os atrativos desses eurobônus são os altos *spreads* acima das taxas de juros norte-americanas e o fato de terem opções embutidas que garantem um certo pagamento mínimo antes do vencimento.

As opções embutidas nos bônus podem ser opções de compra (*callable bond*), opções de venda (*putable bond*) ou combinações (*callable and putable bond*). As opções embutidas de compra são exercidas pelo emissor do bônus, e as opções de venda, pelo comprador do bônus. Conseqüentemente, as opções embutidas de compra limitam os ganhos do comprador, e as opções embutidas de venda limitam suas perdas. O oposto ocorre para o emissor.

As opções embutidas nos eurobônus brasileiros devem ser consideradas na determinação do *spread* de risco, isto é, quanto na verdade se está pagando pela possi-

---

* Este texto tem uma versão em inglês publicada em *The Journal of Portfolio Management*, 24:123-30, 1998. Os autores agradecem a Roberta Cardim Geyer pela assistência na editoração. Os erros remanescentes são de nossa responsabilidade.

bilidade de inadimplência da empresa emissora.[1] No mercado internacional, esse *spread* é denominado *option adjusted spread* (OAS) porque geralmente, mas nem sempre, leva em consideração as opções embutidas na sua determinação.[2]

Neste capítulo apresentamos os resultados de um sistema computacional para apreçamento do OAS de eurobônus brasileiros, o qual denominamos *spread* dinâmico. Comparamos esses resultados com o *spread* que desconsidera essas opções, ou seja, o *spread* estático. Examinamos também as medidas de risco clássicas, *duration* e *convexity*, as quais, além de serem influenciadas pela direção do movimento da estrutura a termo, são também afetadas pela presença das opções embutidas. Mostramos que, quanto maior for o valor intrínseco das opções embutidas, maiores serão as diferenças entre o *spread* estático e o dinâmico. Investigamos igualmente o efeito causado nessas medidas de risco ao variarmos os parâmetros de volatilidade das taxas de curto prazo. Com isso o OAS torna-se uma variável importante na análise de títulos de dívida de mercados emergentes, proporcionando maior precisão na administração dos riscos por eles gerados.

Sistema de apreçamento do OAS

No caso de bônus sem opções embutidas, a determinação do *spread* de risco envolve apenas um cálculo relativamente simples de busca da raiz de uma equação algébrica. Esta é a equação básica de apreçamento estático de um bônus envolvendo a determinação do valor presente dos cupons e do principal descontados pela estrutura a termo norte-americana e o *spread* de risco constante. Na presença de opções, temos que incluir um modelo de apreçamento das mesmas no processo de determinação desse *spread*.[3]

Modelos de apreçamento de opções em ativos que dependem da estrutura a termo das taxas de juros requerem a modelagem da evolução da estrutura a termo como um todo ao longo do tempo. Ou seja, a cada data futura é preciso gerar uma estrutura a termo para cada estado da natureza considerado[4]. Além disso, esse modelo tem que ser compatível com a estrutura a termo observada no mercado na data de análise.

---

[1] A inadimplência pode ser causada pelas condições de uma empresa específica (risco idiossincrático ou de crédito) e/ou pelas condições macroeconômicas brasileiras ("risco Brasil"). O *spread* a ser determinado inclui essas duas fontes de risco simultaneamente. Para uma análise dinâmica dos *spreads* soberanos dos títulos Bradies, ver Gonçalves e Calôba (2000).

[2] Para levar em consideração as opções embutidas é necessário um modelo de apreçamento tal como descrito a seguir. Devido à sua complexidade, esses modelos nem sempre estão disponíveis nas mesas de operações das instituições financeiras.

[3] A referência básica para cálculos estáticos e dinâmicos de preços e *spreads* de ativos de renda fixa seria Fabozzi (1991).

[4] Note-se que a análise está sendo feita na dinâmica da curva, e não na dinâmica do ponto.

O ponto de partida de um modelo de apreçamento de derivativos de renda fixa é dado pela dinâmica da taxa de juros instantânea. O sistema de apreçamento e risco aqui utilizado implementa o modelo gaussiano desenvolvido originalmente por Vasicek (1977) e estendido por Hull e White (1990) de modo a torná-lo compatível com o paradigma de Heath, Jarrow e Morton (1992).[5] Para esse modelo, a dinâmica da taxa de juros instantânea, em tempo contínuo, seria dada por:

$$dr = (\theta(t) - ar)dt + \sigma dZ \tag{1}$$

onde $\theta(t)$ é a taxa de juros de longo prazo, a é a velocidade de reversão à média, σ é a volatilidade das taxas de juros, e dZ é um movimento browniano.

A partir da equação diferencial estocástica descrita acima e de uma condição de não-arbitragem entre bônus de vencimentos diferentes, determina-se uma estrutura a termo analítica entre datas futuras. Essa estrutura a termo analítica entre as datas t e T $(t \leq T)$ é dada por:

$$P(t, T) = A(t, T)\, e^{-B(t, T)r} \tag{2}$$

onde

$$B(t, T) = \frac{1-e^{-a(T-t)}}{a} \tag{3}$$

$$\operatorname{Log}A(t, T) = \operatorname{Log}\frac{P(0,T)}{P(0,t)} - B(t,T)\frac{\partial \operatorname{Log}P(0,t)}{\partial t} - \frac{1}{4a^3}\sigma^2 (e^{-aT} - e^{-at})^2 (e^{2at} - 1) \tag{4}$$

Note-se que $P(0, t)$ é a estrutura a termo observada no mercado[6] na data de análise (data 0) e que supomos $P(T, T) = 1$. As opções embutidas são caracterizadas pelas seguintes condições de exercício ótimo:

- No caso da opção de compra (*callable bond*), para uma data de exercício t e um estado da natureza i, o valor do eurobônus será dado por:

$$P(t, T, i) = Min\,\{P(t, T, i); Pc\} \tag{5}$$

- No caso da opção de venda (*putable bond*), para uma data de exercício t e um estado da natureza i, o valor do eurobônus será dado por:

$$P(t, T, i) = Max\,\{P(t, T, i); Pp\} \tag{6}$$

---

[5] Para que um modelo seja compatível com o de Heath, Jarrow e Morton, é necessário que ele seja também compatível com a estrutura a termo observada e que seus parâmetros sejam estacionários.

[6] A estrutura a termo observada representa as taxas de juros sem risco. No caso dos eurobônus, essas taxas de juros são as taxas de juros implícitas nos títulos do Tesouro norte-americano.

- No caso mais geral de uma combinação de opção de compra e venda (*putable and callable bond*) com exercício na mesma data t e estado da natureza i, o valor do eurobônus será dado por:

$$P(t, T, i) = Max\ \{Pp\ ;\ Min\ \{P(t, T, i);\ Pc\}\} \tag{7}$$

onde Pc e Pp são os valores dos preços de exercício para as opções de compra e venda, respectivamente.

O modelo foi implementado num algoritmo de programação dinâmica baseado em árvores livres de arbitragem que se recombinam.[7] Nesse caso, empregamos um procedimento de discretização com base em árvores trinomiais, tal como descrito por Hull e White. Esse procedimento é relativamente geral, permitindo a discretização de várias classes de modelos de apreçamento tais como o gaussiano aqui descrito. O sistema inclui o tratamento de exercício antecipado, possibilitando assim o apreçamento de bônus com mais de uma opção embutida ou mesmo períodos de exercício[8] e opções estilo americano sobre esses bônus.

A linguagem de programação utilizada no sistema de apreçamento foi C++.[9] A implementação do sistema explorou o paradigma de orientação para objetos a fim de reforçar as relações entre ativos, derivativos e estrutura a termo.[10] As técnicas de orientação para objetos também se mostraram muito úteis para o entendimento e a estruturação do programa computacional.

A figura 1 apresenta uma descrição esquemática da estrutura a termo observada, da árvore de apreçamento e da estrutura a termo para um determinado estado da natureza em uma data futura.

A árvore de apreçamento é composta de dois estágios: "presente-futuro" e "futuro-presente". No primeiro estágio são geradas as estruturas a termo para os estados da natureza considerados ao longo do tempo e as respectivas probabilidades ajustadas pelo risco (*martingale measures*). Já no segundo estágio é calculado o valor esperado do valor presente dos fluxos de caixa (principal e cupons), considerando as condições de exercício antecipado ótimo dadas pelas equações (5), (6) e/ou (7).

---

[7] O fato de o modelo gaussiano gerar árvores que se recombinam é talvez a sua principal vantagem em relação a outros modelos na área. Quando as árvores de apreçamento não se recombinam, o esforço computacional cresce exponencialmente.

[8] Esse caso seria equivalente à opção estilo Bermuda. Ver Gonçalves & Souza (1997).

[9] O sistema foi desenvolvido no sistema operacional Unix, em estações Silicon Graphics. Para maiores detalhes da linguagem C++ e da tecnologia de orientação para objetos, ver Stroustrup (1991). As vantagens do desenvolvimento orientado para objeto residem no mapeamento das relações conceituais entre o bônus, suas opções embutidas e seus derivativos e da estrutura a termo no apreçamento. A orientação para objetos também facilita o desenvolvimento de *softwares* de *trading* em tempo real.

[10] Explorando o fato de que, nesse caso, ativos e derivativos dependem da estrutura a termo para seu apreçamento e risco.

Figura 1
Descrição da árvore de apreçamento

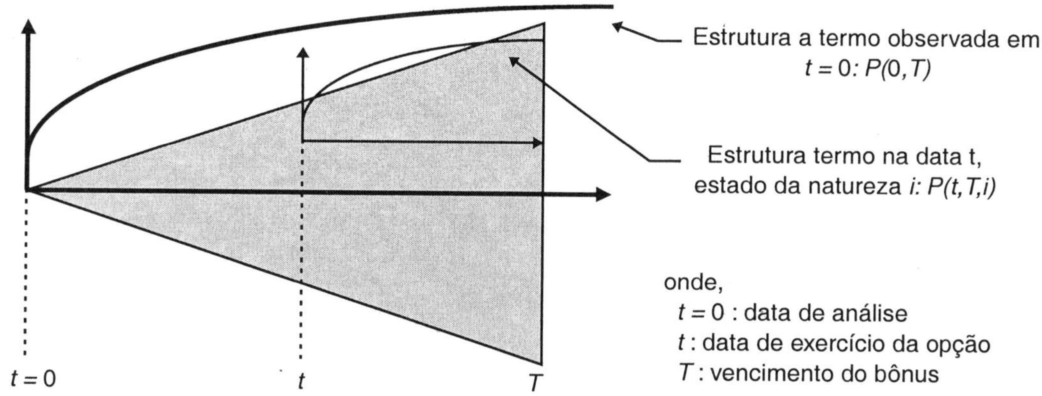

A determinação do OAS envolveria a utilização do procedimento de apreçamento descrito acima acoplado a um método de busca numérica como o Newton-Raphson. O OAS seria o *spread* implícito no valor de mercado do bônus, considerando suas opções.

Além do OAS (*spread* dinâmico), o sistema determina as medidas clássicas de risco, *duration* (sensibilidade do preço do bônus a variações nas taxas de juros) e *convexity* (sensibilidade da *duration* do bônus a variações nas taxas de juros), levando em conta tanto as opções embutidas quanto o preço e o *hedge* de opções européias e americanas.[11] Note-se que, devido ao comportamento não-linear das opções, considerando-se um aumento ou decréscimo nas taxas de juros, as medidas de risco, *duration* e *convexity* serão diferentes. Ou seja, a direção do movimento das taxas afeta as medidas de risco dos bônus, como será mostrado a seguir.

Os parâmetros a e σ apresentados acima, tal como estimados por Gonçalves e Issler (1996), são cruciais na implementação e utilização do sistema de apreçamento e risco. A análise de sensibilidade apresentada a seguir mostrará os efeitos desses parâmetros da taxa de juros instantânea nos *spreads* dinâmicos de eurobônus brasileiros. A figura 2 apresenta uma descrição esquemática do sistema de apreçamento como um todo.

[11] Para o caso das opções, tendo o eurobônus como ativo objeto, é gerada uma segunda árvore de apreçamento similar ao caso do bônus descrito anteriormente.

Figura 2
Descrição do sistema de apreçamento e risco

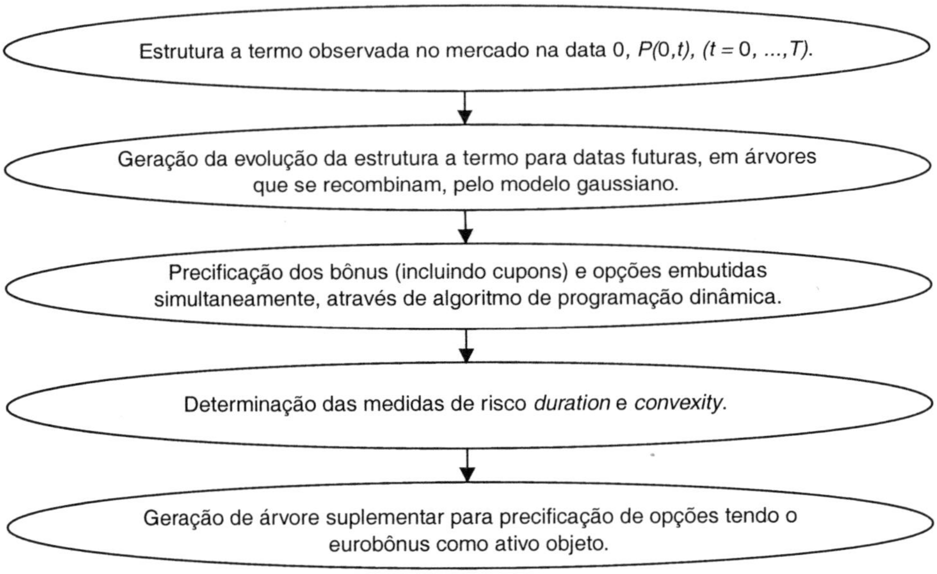

Análise empírica do OAS

Conforme mostrado por Gonçalves e Issler, o valor dos parâmetros a e σ são cruciais na implementação e utilização do sistema de apreçamento. A seguir comparamos os *spreads* estático e dinâmico dos eurobônus, bem como suas respectivas medidas de risco, *duration* e *convexity*. Apresentamos também a sensibilidade do *spread* aos parâmetros das taxas de curto prazo.

Os dados e a data de análise são referentes ao dia 27-11-1996. A estrutura a termo das taxas de juros norte-americanas observada no mercado nessa data é apresentada na tabela 1.[12]

TABELA 1
Estrutura a termo norte-americana observada no mercado

Data de análise	3 meses	6 meses	1 ano	3 anos	5 anos	30 anos
27-11-1996	5,14	5,25	5,38	5,76	5,91	6,44

A tabela 2 apresenta os nove eurobônus considerados na análise, assumindo um valor de face de US$100.[13] Os parâmetros da taxa de juros instantânea utilizados nos cálculos foram os estimados por Gonçalves e Issler: $a = 0,0014$ e $\sigma = 0,0146$.

[12] A fonte dessa informação, assim como dos termos e condições dos eurobônus considerados, foi o *Bloomberg Financial Markets*.

[13] Preços de mercado dos eurobônus fornecidos pela Reuters.

TABELA 2
Descrição dos eurobônus brasileiros considerados na análise

Empresa	Preço de merc.	Vencim.	Cupom	Op. comp.	Exerc.	Op. venda	Exerc.
Acesita	100,00	15-10-2004	11,125	–	–	15-10-2001	99,25
Bahia Sul	102,625	10-7-2004	10,625	10-7-2001	100,00	10-7-2001	99,375
Copene	100,00	19-10-2001	9,50	–	–	19-10-1998	98,781
CVRD	103,750	2-4-2004	10,00	2-4-2001	100,50	2-4-2001	99,80
Eletrobrás	102,375	6-7-2004	10,00	–	–	6-7-2001	99,125
Klabin	102,875	12-8-2004	11,00	12-8-2000	99,20	12-8-2000	98,50
				12-8-2002	99,46		
Net Sat	107,00	5-8-2004	12,750	de 5-8-2001	107,00	15-8-2001	101,00
				a 3-9-2001			
OPP Petroquímica	102,250	23-2-2004	11,50	–	–	23-2-1999	99,00
						23-2-2001	99,13

A tabela 3 apresenta os resultados dos *spreads* estático e dinâmico (OAS), expressos em *basis points* (bps).[14]

TABELA 3
Resultados do sistema de eurobônus: *spreads*

Empresa	*Spread* estático	*Spread* dinâmico	Diferença est.-din.
Acesita	510	529	–19
Bahia Sul	473	379	44
Copene	364	394	–30
CVRD	333	291	42
Eletrobrás	413	374	39
Klabin	486	378	98
Net Sat	652	515	137
OPP Petroquímica	545	550	–5

Note-se que apenas Acesita, Copene e OPP Petroquímica tiveram a diferença entre *spread* estático e dinâmico menor que 30 bps, indicando baixa sensibilidade ao risco implícito do *spread* dado pelo mercado. Net Sat teve a diferença mais expressiva, 137 bps, devido às opções de compra embutidas com preços de exercício relativamente baixos (107) se comparados com o preço de mercado (107) e cupons (12,75). O fato de o bônus ser *callable* por um mês e *putable* somente por dois dias torna essas opções bastante valiosas, retirando grande parte do potencial de ganhos desses bônus.

Apenas três eurobônus tiveram *spreads* dinâmicos maiores que os estáticos: Copene, Acesita e OPP Petroquímica. Estes últimos seriam os eurobônus "bara-

[14] 100 bps equivalem a 1%.

tos", e os restantes seriam os "caros". O bônus da Klabin também teve uma grande diferença entre o *spread* estático e o dinâmico: 98 bps.

A tabela 4 apresenta as medidas de risco, *duration* e *convexity*, pelos modelos estático, dinâmico e estático até a data da primeira opção. Essas medidas são dadas em termos de dólares norte-americanos, considerando um valor de face de US$100. Consideramos como *positive duration* (PD) ou *positive convexity* (PC) a medida de risco devido a um acréscimo de 100 bps na estrutura a termo observada, e como *negative duration* (ND) ou *negative convexity* (NC) a medida de risco devido a um decréscimo de 100 bps na estrutura a termo observada.[15]

TABELA 4
Resultados do sistema de eurobônus: risco

Empresa	Dinâmico				Estático				Estático 1ª opção			
	PD	ND	PC	NC	PD	ND	PC	NC	PD	ND	PC	NC
Acesita	4,49	4,96	0,34	0,54	5,18	5,54	0,31	0,42	3,60	3,77	0,15	0,18
Bahia Sul	3,68	3,85	0,16	0,17	5,12	5,47	0,30	0,40	3,50	3,65	0,14	0,17
Copene	2,67	3,21	0,31	0,45	5,41	5,78	0,32	0,42	3,89	4,07	0,16	0,20
CVRD	3,69	3,84	0,15	0,16	3,89	4,07	0,16	0,20	3,51	3,66	0,13	0,16
Eletrobr.	4,44	4,91	0,34	0,55	5,21	5,57	0,31	0,42	5,20	5,57	0,31	0,41
Klabin	3,12	3,23	0,12	0,11	5,18	5,53	0,31	0,41	2,94	3,04	0,10	0,11
Net Sat	3,62	3,78	0,15	0,17	4,91	5,25	0,29	0,38	3,60	3,76	0,14	0,17
OPP Petr.	3,43	4,11	0,45	0,65	4,88	5,20	0,28	0,36	1,90	1,94	0,04	0,04

Note-se que em todos os casos, devido à presença de opções embutidas, as medidas de risco serão substancialmente diferentes quanto maior for o valor intrínseco das opções, tanto para a *duration* quanto para a *convexity*. Copene foi o eurobônus mais afetado em termos de medidas de risco, sinal de que suas opções estão *at-the-money*. A presença das opções tende a reduzir a *duration*,[16] mas tanto pode reduzir quanto aumentar o valor da *convexity*.

A seguir apresentamos as sensibilidades do *spread* dinâmico aos parâmetros da taxa de juros instantânea, a velocidade de reversão à média (a) e a volatilidade (σ) para os eurobônus Bahia Sul, CVRD, OPP Petroquímica e Net Sat. Os gráficos da esquerda mostram a variação do OAS contra a volatilidade (variando entre 0,5 % e 10 %) para dois valores de a (0,0014 e 0,1). Os gráficos da direita apresentam a variação do OAS contra a velocidade de reversão à média a (variando entre 0,0010 e 0,15) para três valores de volatilidade (0,5 %, 1,5 % e 5%).

[15] Por exemplo, para um incremento de 100 bps na estrutura a termo observada, a OPP Petroquímica tem seu preço reduzido em 3,43. Para uma redução de 100 bps, seu preço sobe 4,11 no caso do risco dinâmico. No caso da convexidade, o sinal negativo implica redução e incremento na *duration*, respectivamente.

[16] Devido ao exercício de opções em alguns estados da natureza, encurtando a vida do bônus.

Figura 3
Sensibilidade do *spread* aos parâmetros

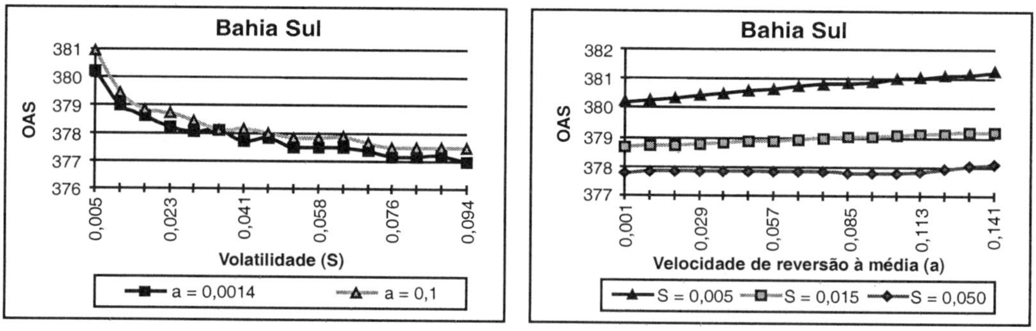

Figura 4
Sensibilidade do *spread* aos parâmetros

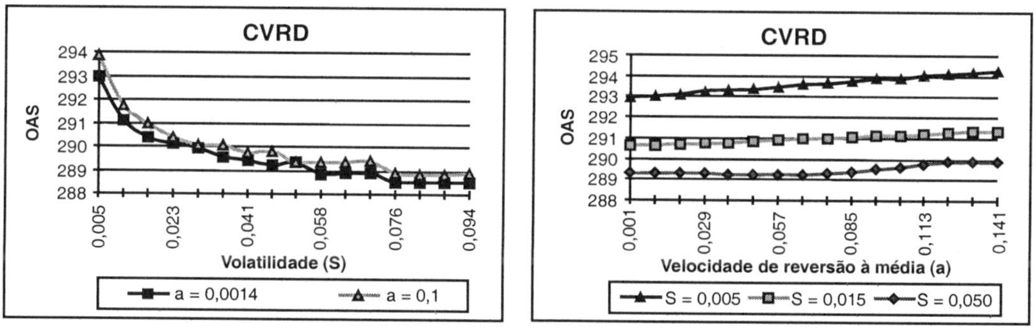

Figura 5
Sensibilidade do *spread* aos parâmetros

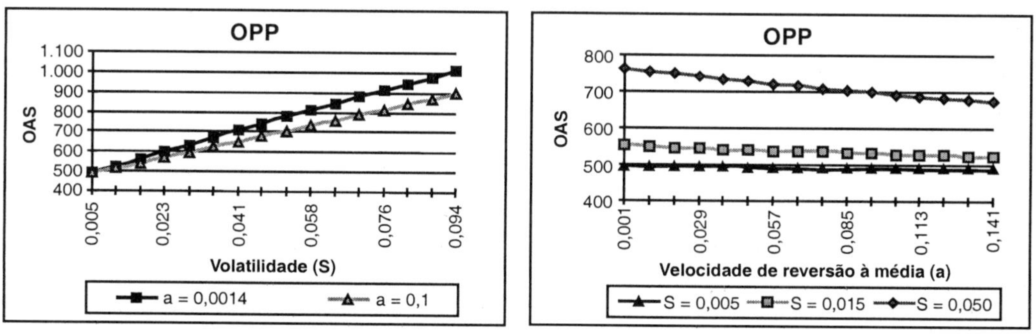

Figura 6
Sensibilidade do *spread* aos parâmetros

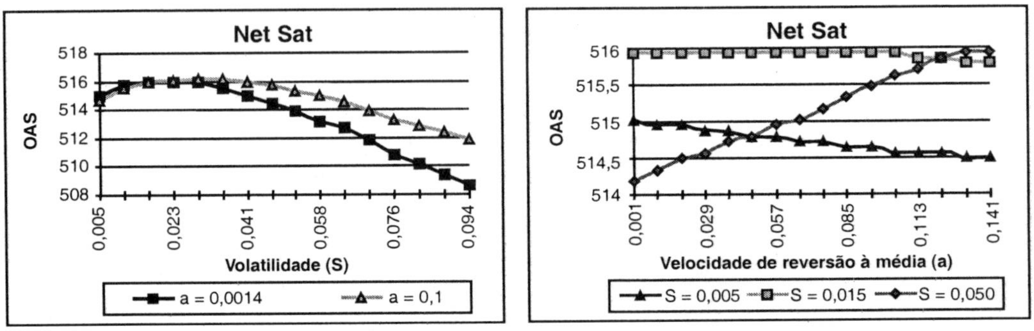

Como se pode ver nas figuras acima, OPP Petroquímica possui o OAS mais sensível aos parâmetros. Nesse caso, o risco do *spread* aumenta mais de 100% quando a volatilidade varia de 0,5% para 10%. Para Net Sat, o efeito do parâmetro volatilidade no *spread* é também significativo. Já o efeito desse mesmo parâmetro sobre os demais bônus é pequeno, da ordem de 10 bps ou menos.

Por fim, os efeitos das variações na velocidade de reversão à média não foram significativos para a maioria dos bônus, com exceção de OPP Petroquímica, cujo *spread* variou mais de 100 bps.

Essas análises indicam que as interações entre a dinâmica de mercado, expressa através dos parâmetros, e o risco de *spread* são substancialmente complexas, possivelmente devido à não-linearidade e à alta influência dos termos e condições das opções embutidas.[17] As opções embutidas devem ser consideradas pelos emissores do bônus, pois podem produzir variações no *spread*, em detrimento do valor de capital investido esperado. Ou seja, dependendo de como essas opções embutidas forem estruturadas, as mudanças no regime de taxas de juros[18] podem causar alterações substanciais no nível do *spread*. Assim, um emissor deve considerar o uso de um modelo de OAS na estruturação do bônus, especialmente no caso de dívida de países emergentes.[19]

---

[17] Para uma análise empírica alternativa, ver Bliss e Ritchken (1996). Note-se que a análise se refere aos *spreads* implícitos no preço de mercado do bônus. O *spread* tem sua própria dinâmica, que expressa o preço de inadimplência devido a eventos idiossincráticos da empresa ou do país onde ela atua. Para uma análise dinâmica do risco de *spread* de países, ver Boudoukh, Richardson e Whitelaw (1996).

[18] Geralmente as mudanças de regime das taxas de juros se traduzem em mudanças dos parâmetros selecionados.

[19] A estruturação do bônus consiste em como estabelecer *calls* e *puts* de modo que o preço do bônus seja influenciado da maneira desejada quando os parâmetros se alterarem. Para uma análise detalhada da relação entre finanças modernas e estruturação ótima de opções, ver Allen e Gale (1994).

Conclusão

Apresentamos aqui os resultados de um sistema computacional de apreçamento e risco para eurobônus brasileiros, levando em consideração as opções embutidas. Vimos, por meio de diversos exemplos, que essas opções embutidas afetam substancialmente o preço de risco desses bônus.

O modelo de apreçamento implementado no sistema leva em consideração a evolução da estrutura a termo ao longo do tempo, é compatível com a estrutura a termo observada no mercado, calcula as medidas de risco *duration* e *convexity* levando em conta as opções embutidas e determina o preço e o *hedge* das opções que têm os eurobônus como ativo objeto. Para desenvolver o sistema, utilizamos a linguagem de programação C++ e o paradigma de orientação para objetos, explorando as relações entre estrutura a termo, bônus e opções.

A presença das opções embutidas afeta também as medidas clássicas de risco: *duration* e *convexity*. Mostramos que essas medidas dependerão do valor intrínseco das opções embutidas, assim como da direção do movimento da estrutura a termo observada.

Investigamos também a sensibilidade desses bônus aos parâmetros da equação diferencial estocástica que descreve a dinâmica da taxa de juros instantânea no modelo gaussiano. Vimos que quanto maior for o valor intrínseco da opção embutida, maior será a sensibilidade do *spread* de risco dinâmico a esses parâmetros.

Outro ponto abordado foi a dependência da interação dos parâmetros de mercado com o *spread* nos termos e condições das opções embutidas. Essa complexa interação deve ser considerada pelo emissor ao estruturar um bônus com opcionalidade, particularmente nos mercados emergentes.

Em termos de pesquisas futuras, o próximo passo seria a inclusão de um segundo fator estocástico visando representar a dinâmica do *spread* do "risco Brasil". Existem várias pesquisas envolvendo tanto a dinâmica desse *spread* quanto um fator adicional do modelo de apreçamento. Análises empíricas mostram como os *spreads* são rígidos e destacam a relação existente entre estimação *versus* calibração dos parâmetros. Com isso será possível determinar o risco idiossincrático ou de crédito dos eurobônus brasileiros, levando em conta a presença das opções embutidas e a dinâmica do "risco Brasil".

Referências bibliográficas

Allen, Franklin & Gale, Douglas. *Financial inovation and risk sharing*. Cambridge, MIT Press, 1994.

Bliss, Robert R. & Ritchken, Peter. Empirical tests of two state-variable Heath-Jarrow-Morton models. *Journal of Money, Credit and Banking, 28*(3):452-78, 1996.

Boudoukh, Jacob; Richardson, Matthew & Whitelaw, Robert F. Hedging the interest rate risk of Brady bonds. School of Business, New York University, 1996.

Fabozzi, Frank J. *The handbook of fixed income securities*. 3 ed. New York, Business One Irwin, 1991.

Gonçalves, Franklin de O. & Calôba, Luiz Otávio. The dynamics of the option-adjusted spread of Brady bond securities. In: I World Congress of the Bachelier Finance Society. Paris, Collège de France, June 2000.

—— & Issler, João V. Estimating the term structure of volatility and fixed income derivative pricing. *Journal of Fixed Income, 6*(1): 32-9, 1996.

—— & Souza, Alessandra A. de. Pricing Bermudan style options with variable strike schedule with an application to Ibovespa options. *Emerging Markets Quarterly, 1*(1): 59-62, 1997.

Heath, David; Jarrow, Robert & Morton, Andrew. Bond pricing and the term structure of interest rates: a new methodology for contingent claims valuation. *Econometrica, 60*(1): 77-105, 1992.

Hull, John C. & White, Alan. Pricing interest rate derivative securities. *Review of Financial Studies, 3*(4):573-92, 1990.

——. Numerical procedures for implementing term structure models I: single-factor models. *Journal of Derivatives*, Fall 1994. p. 7-16.

Stroustrup, Bjarne. *The C++ programming language*. 2 ed. New York, Addison-Wesley/AT&T Bell Laboratories, 1991.

Vasicek, Oldrich A. An equilibrium characterization of the term structure. *Journal of Financial Economics, 5*:177-88, 1997.

Esta obra foi impressa pela
Markgraph – Gráfica e Editora Ltda. em offset
sobre papel chambril book da
International Paper para a Editora FGV
em setembro de 2002.